América del Sur

GUIDE TO ¡ANDA! CURSO INTERMEDIO ICONS

	Vocabulary Zoom Tool	Indicates that students can find the vocabulary digital zoom tool in *¡Anda!* **online** to zoom in on images and listen to the pronunciation of vocabulary words.
	Vocabulary Tutorial	Indicates that vocabulary tutorials are available in *¡Anda!* **online**.
	Readiness Check in *¡Anda!* online	This icon, located in the first grammar section of each chapter, reminds students to take the Readiness Check in *¡Anda!* **online** to test their understanding of the English grammar related to the Spanish grammar concepts in the chapter.
	Grammar Tutorial	Indicates that grammar tutorials are available in *¡Anda!* **online**.
	¡Explícalo tú!	Indicates that answers to the *¡Explícalo tú!* questions are available for students to review in Appendix 1.
	Preparación y práctica	Indicates that *Preparación y práctica* activities for each vocabulary and grammar chunk can be found in *¡Anda!* **online**.
	Additional online activities	Indicates that additional content and activities for *Cine* and *Literatura* are available in *¡Anda!* **online**.
	eText Activity	This icon indicates that an electronic version of this activity is available in *¡Anda!* **online**.
	Text Audio Program	This icon indicates that recorded material to accompany *¡Anda! Curso intermedio* is available in *¡Anda!* **online** or on the Companion Website (www.pearsonhighered.com/anda).
	Pair Activity	This icon indicates that the activity is designed to be done by students working in pairs.
	Group Activity	This icon indicates that the activity is designed to be done by students working in small groups or as a whole class.
	Recycling	Indicates that the concept is being recycled from *¡Anda! Curso elemental* or from another section of the *¡Anda! Curso intermedio* program.
	***Cine* icon**	This icon indicates that an authentic short film is available in *¡Anda!* **online**.
	***Cine* vocabulary**	Indicates there is a pop up activity to practice key vocabulary of the short film in *¡Anda!* **online**.
	MediaShare	Indicates that the activity can be completed using MediaShare either in *¡Anda!* **online** or with the MediaShare app.

DEDICATION

To Jeffrey and *all* our children
—Jean

To John, Jack, and Kate
—Glynis

To my mother and to David
—Audrey

¡Anda!

Curso intermedio

THIRD EDITION

Jean W. Leloup
United States Air Force Academy

Glynis S. Cowell • Audrey L. Heining-Boynton
The University of North Carolina at Chapel Hill

PEARSON

Boston   Columbus   Indianapolis   New York   San Francisco
Amsterdam   Cape Town   Dubai   London   Madrid   Milan   Munich   Paris   Montréal   Toronto
Delhi   Mexico City   São Paulo   Sydney   Hong Kong   Seoul   Singapore   Taipei   Tokyo

Editor in Chief: Bob Hemmer
Senior Acquisitions Editor: Denise Miller
Editorial Assistant: Janelle McGill
Senior Digital Product Manager: Samantha Alducin
Digital Editorial Assistant: Sandra Fisac Rodríguez
Director of Editorial Development: Scott Gravina
Lead Senior Development Editor: Gisela Aragón-Velthaus
Development Editors: Gabriela Ferland, Sarah Link, Andrew Bowen, Patricia Acosta, Kristen Chapron, Nina Tunac Basey
Director of Program Management: Lisa Iarkowski
Team Lead Program Management: Amber Mackey
Program Manager: Annemarie Franklin
Team Lead Project Management: Melissa Feimer

Project Manager: Jason Grasso
Full Service Project Manager: Melissa Sacco, Lumina Datamatics, Inc.
Front Cover Design: Lumina Datamatics, Inc.
Design Lead: Kathryn Foot
Operations Manager: Mary Fischer
Operations Specialist: Roy Pickering
Marketing Director: Steve Debow
Marketing Assistant: Jon Feuchter
Director of Market Development: Kristine Suárez
World Languages Consultants: Mellissa Yokell, Yesha Brill, Raúl J. Vázquez López
Cover Printer: LSC Communications
Interior Printer/Bindery: LSC Communications

This book was set in Times LT Pro 9.5/11.

Library of Congress Cataloging-in-Publication Data
Leloup, Jean, 1949- author. | Cowell, Glynis S. author. | Heining-Boynton, Audrey L., author.
Anda!: curso intermedio / Audrey L. Heining-Boynton, Jean W. LeLoup, Glynis S. Cowell.
Third Edition / Jean W. Leloup; Glynis S. Cowell; Audrey L. Heining-Boynton. | Boston : Pearson, [2016] |
    Previous edition: ¡Anda!: curso intermedio / Audrey L. Heining-Boynton, Jean W. LeLoup, Glynis S. Cowell, 2nd ed., 2013. |
    Includes bibliographical references and index.
LCCN 2016001409 (print) | LCCN 2016002625 (ebook) | ISBN
    9780134146874 (Student Edition) | ISBN 0134146875 (Student Edition) | ISBN
    9780134245003 (Annotated Instructor's Edition) | ISBN 0134245008
    (Annotated Instructor's Edition) | ISBN 0134244958 ()
LCSH: Spanish language—Textbooks for foreign speakers—English. |
    Spanish language—Grammar. | Spanish language—Spoken Spanish.
LCC PC4129.E5 H4285 2016 (print) | LCC PC4129.E5 (ebook) | DDC
    468.2/421--dc23
LC record available at http://lccn.loc.gov/2016001409

27 2022

PEARSON

Student Edition, ISBN-10: 0-13-414687-5
Student Edition, ISBN-13: 978-0-13-414687-4
Annotated Instructor's Edition, ISBN-10: 0-13-424500-8
Annotated Instructor's Edition, ISBN-13: 978-0-13-424500-3
a la Carte Edition, ISBN-10: 0-13-414717-0
a la Carte Edition, ISBN-13: 978-0-13-414717-8

BRIEF CONTENTS

SCOPE & SEQUENCE

(The numbers that precede the grammar and vocabulary sections indicate their numerical sequence within the chapter.)

	B **Para repasar**	7 **Bienvenidos a mi comunidad**	8 **La vida profesional**
VOCABULARIO	Capítulos A y 1, p. 270 Capítulo 2, p. 274 Capítulo 3, p. 279 Capítulo 4, p. 287 Capítulo 5, p. 292	1. Algunas tiendas y algunos lugares en la ciudad, p. 302 3. Algunos artículos en las tiendas, p. 316	1. Algunas profesiones, p. 342 3. Más profesiones, p. 352 5. Una entrevista, p. 363 7. El mundo de los negocios, p. 370
REPASO		• **Ser** y **estar**, p. 303 • El presente progresivo, p. 317	• Los adjetivos, p. 343 • Los adjetivos demostrativos, p. 364
GRAMÁTICA	Capítulos A y 1, p. 270 Capítulo 2, p. 274 Capítulo 3, p. 279 Capítulo 4, p. 287 Capítulo 5, p. 292	2. El subjuntivo en cláusulas adverbiales (expresando tiempo, manera, lugar e intención), p. 308 4. Expresiones con **hacer**, p. 320	2. El futuro, p. 347 4. El condicional, p. 355 6. El futuro perfecto, p. 367 8. El condicional perfecto, p. 373
NOTA CULTURAL Y PERFILES		**Nota cultural:** La ropa como símbolo cultural, p. 311 **Perfiles:** Unos diseñadores, p. 324	**Nota cultural:** La etiqueta del negocio hispano, p. 359 **Perfiles:** El trabajo y los negocios, p. 376
ESCUCHA		Un reportaje de televisión, p. 314 **Estrategia:** Determining setting and purpose	Una conversación entre colegas, p. 361 **Estrategia:** Repeating/ paraphrasing what you hear
¡CONVERSEMOS!		Conversing on the phone and expressing agreement (Part 1), p. 326	Expressing good wishes, regret, comfort, or sympathy, p. 378
ESCRIBE		Un artículo de opinión, p. 328 **Estrategia:** Using a dictionary	Una carta de solicitud, p. 380 **Estrategia:** Greetings and closings in letters
VISTAZO CULTURAL		Algunos lugares y productos en las ciudades de Chile y Paraguay, p. 330	Algunos negocios y profesiones en Argentina y Uruguay, p. 382
CINE		**Estatuas**, p. 332 **Estrategia:** Using visual clues to aid comprehension	**Recursos humanos**, p. 384 **Estrategia:** Pausing to ask and answer questions
LITERATURA		**El río** por Kirmen Uribe, p. 334 **Estrategia:** Identifying elements of texts: Tone and Voice	**El delantal blanco** por Sergio Vodanovic, p. 386 **Estrategia:** Checking comprehension and determining/ adjusting reading rate

NEW TO ¡ANDA! CURSO INTERMEDIO, THIRD EDITION

Students and instructors will benefit from a wealth of new content and features in this edition. Detailed, contextualized descriptions are provided in the features walk-through that follows.

- **Revised** *Scope and Sequence* creates a better balance between the first and second half of the text and across the full *¡Anda!* program.
- **Chapter openers have been redesigned** to highlight the warm-up activities and facilitate class discussion through three captioned photos, a cultural introduction to the chapter, and *¿Sabías qué?* fun facts.
- **Learning Outcomes** in the chapter openers focus students on what they will be able to do successfully by the end of each chapter. These are also tied to the *¿Cómo andas?* self-checks at the end of each *Comunicación* section.
- A *vocabulary digital zoom tool* in *¡Anda!* **online** allows students to zoom in on images and listen to the pronunciation of vocabulary words as they learn outside of class, helping them to quickly assimilate meanings and improve their pronunciation.
- *Preparación y práctica* activities for each vocabulary and grammar chunk in *¡Anda!* **online** will give your students a quick comprehension check before they come to class for communicative practice. An icon and directions in the text alert students when they should complete these activities.
- **NEW** *Cine* section presents a collection of short films for students to immerse themselves in the language and culture of the Spanish-speaking world. Films range in length from 3 minutes to 15 minutes and are accompanied by a series of activities to help students view and analyze the films.
- **NEW** *Literatura* section in all main content chapters introduces students to authentic literature of the Spanish-speaking world. Students read a variety of genres and pre-, during, and post-reading activities help students to understand literary works.

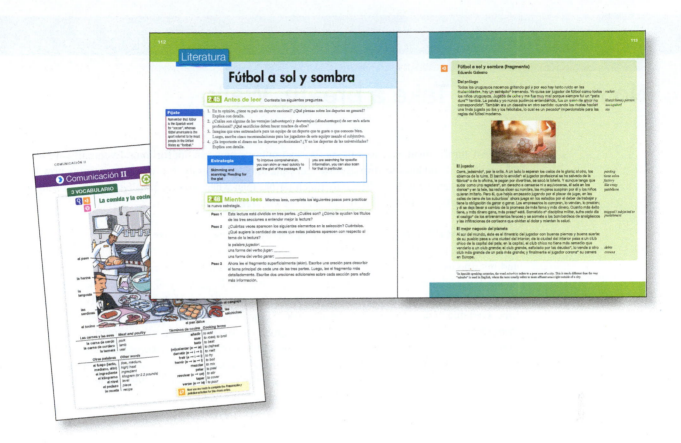

- **Two additional audio-based** activities in each chapter offer further listening comprehension practice for students.
- **Digital tools in *¡Anda!* online** to increase out-of-class communication opportunities include *LiveChat,* a pair/group video recording tool, *MediaShare,* a video sharing site, and *WeSpeke,* a website that allows students to connect virtually with native speakers.
- Grammar tutorials and vocabulary flashcards are now **mobile** and ready for study on the go with new apps for smartphones.
- Many new teacher annotations (Methodology, Expansion, Suggestion, Note, and Planning Ahead) have been added to provide additional guidance and options for instructors and to aid in lesson planning and implementation for the new sections of the program.
- The *Student Activities Manual,* fully revised for *¡Anda!* online, is now optimized for the best digital experience. New activity types—including *LiveChat,* drag-and-drop, and more—help students engage in homework to improve preparedness for class.
- The *Testing Program* had been revised to better reflect the goals of the *¡Anda!* program. Clearer direction lines and new activities allow instructors to personalize assessments for their courses.

No need to run. Take a breath. Walk.

The natural human pace is walking. We can run or sprint, but not for long. Eventually, we are exhausted and have to stop. But we can walk almost endlessly. It is actually amazing how far we can go when we walk—ultimately much farther than when we run. *So take a walk… a walk with* **¡Anda!***… and have **ample time to talk** and **see the sights** along the way.*

Why walk with ¡Anda!? In survey after survey, in focus group after focus group, you told us that you were finding it increasingly difficult to accomplish everything you wanted in your elementary and intermediate Spanish courses. You told us that contact hours are decreasing, that class sizes are increasing, and that more and more courses are being taught partially or totally online. You told us that your lives and your students' lives are busier than ever. You said that there simply isn't enough time available to do everything you want to do. Some of you told us that you felt compelled to rush through your text in order to cover all the grammar and vocabulary, omitting important cultural topics and limiting your students' opportunities to develop and practice communication skills. Others said that they had made the awkward choice to use a text designed for first-year Spanish over three or even four semesters. Many of you are looking for new ways to address the challenges you and your students are facing. We created *¡Anda!* to meet these needs.

The *¡Anda!* Story

The entire *¡Anda!* program was designed to increase the opportunity for student and instructor success by giving them **more of what they need… and less of what they don't!** *¡Anda!* is designed to be **ready to go!** Its innovations center around four key areas:

1. **Realistic goals with a realistic approach**
2. **Increasing student talk time inside and outside the classroom**
3. **Focus on student motivation**
4. **Tools to promote success**

REALISTIC GOALS WITH A REALISTIC APPROACH

Realistic goals are the *first step* in achieving success!

■ A realistic assessment of the basic language sequence

¡Anda! is the first college-level Spanish program created as a seamless sequence of materials to be completed in two academic years. The *¡Anda!* program is divided into two halves, *¡Anda! Curso elemental* and *¡Anda! Curso intermedio*, each of which can be completed in one academic year.

Each volume's scope and sequence has been carefully designed, based on advice and feedback from hundreds of instructors and users at a wide variety of institutions. Each volume introduces a realistic number of new vocabulary words, and the traditional basic language grammar sequence has been spread over two volumes so that students have adequate time throughout each course to focus on communication, culture, and skills development, and to master the vocabulary and grammar concepts to which they are introduced.

Each volume of *¡Anda!,* for both ***Curso elemental*** and ***Curso intermedio,*** has been structured to optimize learning through thoughtful presentation, preparation, recycling, and review within the context of a multi-term sequence of courses. The ten regular chapters are complemented by *two preliminary* chapters and *two recycling* chapters.

- *Capítulo A Para empezar* is a **review** of basic grammar structures that were presented in ***¡Anda! Curso elemental*** and is meant to jump-start your academic term for those who are coming from a different school, or those who need a refresher, to get up to speed. Most students should be very familiar with the review material in this chapter.
- *Capítulo B Para repasar* is a **review** of *Capítulo A* through *Capítulo 6* and allows those who join the class midyear, or those who need a refresher, to get up to speed at the beginning of the second half of the book.
- *Capítulos 1–5* and *7–11* are **regular** chapters.
- *Capítulos 6* and *12* are **recycling** chapters. No new material is presented. Designed for in-class use, these chapters recycle and recombine previously presented vocabulary, grammar, and culture, giving students more time to practice communication without the burden of learning new grammar or vocabulary. Rubrics are provided in these chapters to assess student performance. They provide clear expectations for students as they review.

■ A realistic approach for the achievement of realistic goals

- **Vocabulary and grammar presented in manageable chunks:** Vocabulary and grammar are presented in manageable amounts, or small **chunks**. Practice activities follow each presentation so that students get immediate practice on a manageable amount of material. Additionally, vocabulary and grammar explanations are interspersed, each introduced at the point of need.

- **Realistic vocabulary load:** *Not more or less than is needed!* Vocabulary has been selected for its relevance and support with the overall vocabulary load of approximately 100 words per chapter.

- **A nuanced approach to grammar:** Grammar explanations are **written in clear and concise English**, and include many supporting examples in Spanish followed by practice activities. Explanations vary between an inductive and a deductive approach. The inductive presentations provide students with examples of a grammar concept. Students then must formulate the rule(s) through the use of guiding questions. The inductive presentations are accompanied by an *¡Explícalo tú!* heading and an icon that directs them to Appendix 1 where answers to the questions in the presentations may be found. Research has shown that the inductive method enables students to **better remember and internalize the rules**. For those grammar concepts that are more difficult for students to learn, the more direct deductive approach is used.

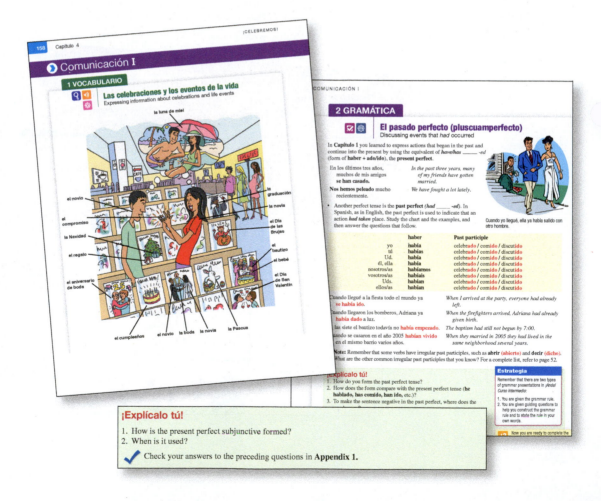

Promoting student communication inside and outside of class!

With so many real-life barriers to promoting oral proficiency—more students in each class, fewer contact hours, new course models like hybrid and fully online, students busier than ever—how can you make more time for speaking in the classroom? The *¡Anda!* program offers practical solutions that work. It gives students *more time to talk inside and outside the classroom* so that the opportunities for achieving oral proficiency increase dramatically.

- **NEW** to this edition, online *Preparación y práctica* activities give students the practice they need before coming to class to actively participate in pair and group work. Virtually all of the in-class practice is comprised of pair and group activities, thereby ensuring students spend their class time speaking. However, note that there is a realistic approach to the activity sequence; not all activities are open-ended (more demanding), but rather practice begins with the **online *Preparación y práctica*** comprehension activities, followed in class by more **mechanical** exercises. Practice then progresses through more **meaningful, structured** activities in which the student is guided but has some flexibility in determining the appropriate response, and ends with **communicative** activities in which students are manipulating language to create personalized responses. With *¡Anda!,* the goal is for students to speak 20–30 minutes per class period.

> **¿?** Now you are ready to complete the *Preparación y práctica* activities for this chunk online.

- **NEW!** A wealth of online tools that provide students with options for **out-of-class communicative practice** include LiveChat, a pair/group video recording tool, *MediaShare*, a video sharing site, and **WeSpeke,** the website that allows students to connect virtually with native speakers.

  - **NEW** *LiveChat* activities in *¡Anda!* **online** give students the opportunity to speak with other students online using chapter vocabulary, grammar, and cultural knowledge. The *LiveChat* tool offers synchronous audio and video recording capability, so instructors can **easily facilitate oral practice outside the classroom**. The *LiveChat* tool transmits the video and audio recording to the grade book where instructors can then review, comment or leave feedback, and assign a grade.
  - **NEW** *MediaShare* activities in *¡Anda!* **online** give students valuable practice in the presentational mode of communication. *MediaShare* **increases out-of-class talk time** by allowing language learners to create and post videos of assignments, role-plays, group projects, and more in a variety of formats including video, text documents, slide presentations, and spreadsheets. Structured much like a social networking site, *MediaShare* helps promote a sense of community among learners. Instructors can create and post assignments—or copy and use preloaded assignments—and then evaluate and comment on learners' submissions online. Instructors also have the option of allowing peer review of submissions. Integrated video-capture functionality allows learners and instructors to record video directly from a webcam, smartphone, or tablet using the *MediaShare* app and easily upload their assignment.

- In collaboration with *WeSpeke*, **NEW** chapter-specific activities enable students to **practice new language "live" with native speakers** of their choosing from around the world. Learners select native speaking partners and complete activities that put newly acquired language to use in the "real" world, which increases curiosity, cross-cultural communication, engagement, and motivation.

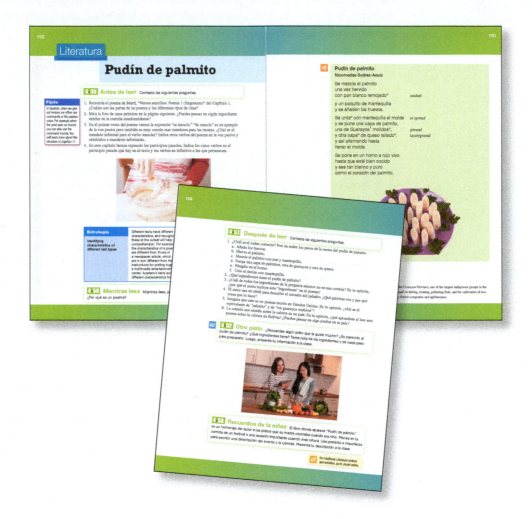

Students will *stride with enthusiasm* if they are engaged with the content and are not intimidated!

The many innovative features of *¡Anda!* that have made it such a successful program continue in the third edition to help instructors generate and sustain interest on the part of their students, whether they be of traditional college age or adult learners:

- **Jump-start chapters:** *¡Anda!* has two preliminary chapters, one at the beginning of each term. A preliminary chapter at the beginning is designed to give students a quick review of basic grammar structures from Elementary Spanish. The purpose of the second preliminary chapter, for the beginning of the second term, is to help students remember what they learned in the first term or to help those students who placed into second term by giving them a catch-up or review.

- **A refined approach to vocabulary:** A reasonable, basic vocabulary load was selected and tested for relevance and support throughout the development of *¡Anda!* Furthermore, **additional words and phrases** are offered so that **students can personalize their responses** and acquire the vocabulary that is most meaningful to them. Vocabulary from *¡Anda! Curso elemental* is also available in Appendix 2, so that students may recycle and review words they learned in their Elementary Spanish course.

- **All of the material** for which students entering this class would be responsible is provided, including elementary grammar and vocabulary Appendices that give students a ready reference for what they learned during first-year Spanish.

- **NEW! Authentic literature** bring the richness of the Spanish language alive for students. Activities were created especially for *¡Anda! Curso intermedio* to help students process and understand what they are reading. Selections from a variety of genres include:
  - "Poema I" de *Versos sencillos* por José Martí
  - *Fútbol a sol y sombra* por Eduardo Galeano
  - *He andado muchos caminos* por Antonio Machado
  - *Pudín de palmito* por Nicomedes Suárez-Araúz
  - *Viajes* por Julio Cortázar
  - *El río* por Kirmen Uribe

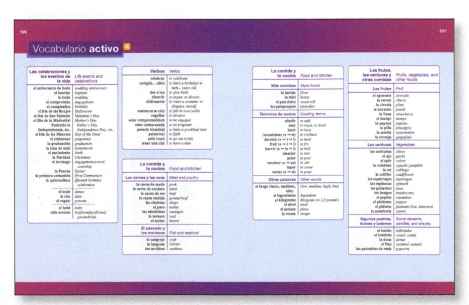

- *El delantal blanco* por Sergio Vodanovic
- *La tía Paulina* por Ángeles Mastretta
- *El Conejo y el León* por Augusto Monterroso
- *La tortuga gigante* por Horacio Quiroga

- **NEW!** In the *Cine* section, students are introduced to 10 authentic short films from the Hispanic world. The films provide high interest story lines that motivate learners to view authentic cultural settings, practices, and perspectives in a very real, functional way. Activities written especially for *¡Anda!* are language-controlled and offer a process approach to help students understand and gain insight into the films they are studying. Films include:
  - *De la noche a la mañana* (Argentina)
  - *Cristóbal* (Cuba)
  - *Vida nueva* (Argentina)
  - *La boda* (Spain)
  - *Yo tb tq* (Spain)
  - *Estatuas* (Mexico)
  - *Recursos humanos* (Spain)
  - *Alfred y Anna* (Spain)
  - *Amador y Caridad* (Colombia)
  - *Pelucas* (Spain)

- Both **"high" and "popular" culture** are woven throughout the chapters to enable students to learn to recognize and appreciate cultural diversity as they explore behaviors and values of the Spanish-speaking world.

Students and instructors will walk *with confidence* when they have the support tools when and where they need them!

The *¡Anda!* program includes many unique features and components designed to help students succeed at language learning and their instructors at language teaching.

■ Student learning support

- **A digital zoom tool for vocabulary** in *¡Anda!* **online** allows students to zoom in and see the vocabulary images more clearly and hear the words pronounced.
- One of the hallmarks of the *¡Anda!* program is the **transparent and comprehensive recycling system** that helps students link current learning to previously studied materials in earlier chapters or sections. Deliberate and explicit recycling makes students aware of the fact that language learning continually builds upon what they know and reuses what they know in different contexts:
  - Within chapters: vocabulary and grammar are carried from one chunk to another whenever possible and appropriate.
  - From chapter to chapter: There are many recycling activities in each chapter. Icons indicate this and give a reference to the student of exactly where the recycled concept is referenced earlier in the text. In *¡Anda! Curso intermedio*, we take the recycling even further by clearly indicating content recycled from Elementary Spanish. Recycling boxes direct students to the appendix where the vocabulary and grammar from *¡Anda! Curso elemental* is available for reference.
  - There are two chapters entirely devoted to recycling. *Capítulo 6* recycles materials from *Capítulo A* through *Capítulo 5* and *Capítulo 12* recycles material from *Capítulo 7* through *Capítulo 11*. No new material is presented in these chapters. Rubrics have been provided for these chapters to assess student performance.
- **Periodic review and self-assessment** boxes (*¿Cómo andas I?* and *¿Cómo andas II?*) help students gauge their understanding and retention of the material presented. A final assessment in each chapter (*Y por fin, ¿cómo andas?*) offers a comprehensive review and ties to the Learning Outcomes at the beginning of each chapter. Practice activities available in *¡Anda!* **online** allow students to self-assess their understanding of chapter concepts, including full-length practice tests with remediation.

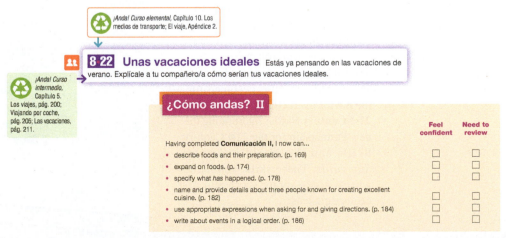

- **Student notes** provide additional explanations and guidance in the learning process. These notes offer learning strategies (*Estrategia*) and additional information (*Fíjate*).
- *¡Anda!* **online** offers students a wealth of online resources and a supportive environment for completing homework assignments and self-study. Extra resources appear at the point-of-need to support students as they complete online homework activities; providing links to English and Spanish grammar tutorials, eText sections, and additional practice activities—all directly relevant to the task at hand. Hints, verb charts, a glossary, and many other resources are available as well.

■ Instructor teaching support

One of the most important keys to student success is instructor success. The *¡Anda!* program has all of the support that you have come to expect and, based on our research, it offers many other enhancements!

- The **Annotated Instructor's Edition** of *¡Anda!* offers an abundance of materials designed to help instructors teach effectively and efficiently. Strategically placed annotations explain the text's methodology and function as **a built-in course in language teaching methods.**
- **Estimated time indicators** for presentational materials and practice activities help instructors create class plans.
- Other annotations provide **additional activities** and **suggested answers**.
- **The annotations are color-coded** and labeled for ready reference and ease of use.
- A treasure trove of supplemental activities, available for download in *¡Anda!* **online**, allows instructors to choose additional materials for in-class use.
- **NEW: Learning Catalytics™** offers instructors an easy way to engage students, incorporate quick checks, implement peer-to-peer learning in class, and track student performance through real-time analytics. Included in *¡Anda!* **online**, this interactive classroom tool uses students' smartphones, tablets, and laptops to engage them in sophisticated tasks and thinking in the classroom. Instructors can create their own activities or use activities especially prepared for *¡Anda!*

■ Teacher annotations

The teacher annotations in the *¡Anda!* program fall into several categories:

- **Section Goals:** Set of student objectives for each section.
- *World-Readiness Standards*: Information containing the correlation between each section with the *World-Readiness Standards*, as well as tips for increasing student performance.
- **Methodology:** A deep and broad set of methods notes designed for the novice instructor.
- **21st Century Skills:** Interpreting the new Partnership for the 21st Century Skills and the *World-Readiness Standards*. These skills enumerate what is necessary for successful 21st century citizens.

- **Planning Ahead:** Suggestions for instructors included in the chapter openers and key spots to help prepare materials in advance for certain activities in the chapter. Also provided is information regarding which activities to assign to students prior to them coming to class.
- **Warm-Up:** Suggestions for setting up an activity or how to activate students' prior knowledge relating to the task at hand.
- **Suggestion:** Teaching tips that provide ideas that will help with the implementation of activities and sections.
- **Expansion:** Ideas for variations of a topic that may serve as wrap-up activities.
- **Follow-Up:** Suggestions to aid instructors in assessing student comprehension.
- **Notes:** Information on people, places, and things that aid in the completion of activities and sections by providing background knowledge.
- **Additional Activity:** Independent activities related to the ones in the text that provide further practice.
- **Alternate Activity:** Variations of activities provided to suit individual classrooms and preferences.
- **Heritage Language Learners:** Suggestions for the heritage language learners in the classroom that provide alternatives and expansions for sections and activities based on prior knowledge and skills.

■ The authors' approach

Learning a language is an exciting, enriching, and sometimes life-changing experience. The development of the *¡Anda!* program, now in its third edition, is the result of many years of teaching and research that guided the authors independently to make important discoveries about language learning, the most important of which center on the student. Research-based and pedagogically sound, *¡Anda!* is also the product of extensive information gathered firsthand from numerous focus group sessions with students, graduate instructors, adjunct faculty, full-time professors, and administrators in an effort to determine the learning and instructional needs of each of these groups.

The importance of the *World-Readiness Standards* in *¡Anda!*

The *¡Anda!* program continues to be based on the *World-Readiness Standards*. The five organizing principles (the 5 Cs) of the Standards for language teaching and learning are at the core of *¡Anda!*: **Communication, Cultures, Connections, Comparisons,** and **Communities**. Each chapter opener identifies for the instructor where and in what capacity each of the 5 Cs are addressed. The **Weave of Curricular Elements** of the *World-Readiness Standards* provide additional organizational structure for *¡Anda!* The components of the **Curricular Weave** are: **Language System, Cultural Knowledge, Communication Strategies, Critical Thinking Skills, Learning Strategies, Other Subject Areas,** and **Technology**. Each of the Curricular Weave elements is omnipresent and, like the 5 Cs, permeates all aspects of each chapter of *¡Anda!*

- The **Language System**, which is comprised of components such as grammar, vocabulary, and phonetics, is at the heart of each chapter.
- The **Comunicación** sections of each chapter present vocabulary, grammar, and pronunciation at the point of need and maximum usage. Streamlined presentations are utilized that allow the learner to be immediately successful in employing the new concepts.
- **Cultural Knowledge** is approached thematically, making use of the chapter's vocabulary and grammar. Many of the grammar and vocabulary activities are presented in a cultural context. A cultural context organizes the two-page chapter openers and always starts with what the students already know about the cultural theme/concept from their home, local, regional, or

national cultural perspective. The *Nota cultural, Perfiles* and *Vistazo cultural* sections provide rich cultural information about each Hispanic country as well as notable Hispanics.

- **Communication and Learning Strategies** are abundant with tips for both students and instructors on how to maximize studying and in-class learning of Spanish, as well as how to utilize the language outside of the classroom. *¡Anda! Curso intermedio* moves students to higher levels of speaking proficiency by adding detailed conversational strategies in *¡Conversemos!* These strategies guide not only the current chapter but are also presented in progression to allow students to use them in future chapters. *¡Conversemos!* focuses on language functions, helping students put the language to use in a natural, conversational way.
- **Critical Thinking Skills** take center stage in *¡Anda!* Questions throughout the chapters, in particular tied to the cultural presentations, provide students with the opportunities to respond to more than discrete point questions. The answers students are able to provide do indeed require higher-order thinking, but at a linguistic level completely appropriate for an intermediate-level language learner.
- With regard to **Other Subject Areas**, *¡Anda!* is diligent with regard to incorporating **Connections** to other disciplines via vocabulary, discussion topics, and suggested activities.
- Finally, **Technology** is taken to an entirely new level with *¡Anda!* **online**. The authors and Pearson believe that technology is a means to the end, not the end in itself, and so the focus is not on the technology per se, but on how that technology can facilitate learning and deliver great content in better, more efficient, more interactive, and more meaningful ways.

By embracing the *World-Readiness Standards* and as a result of decades of experience teaching Spanish, the authors believe that:

- A **student-centered classroom** is the best learning environment.
- Instruction must **begin where the learner is,** and all students come to the learning experience with prior knowledge that needs to be tapped.
- All students can learn in a **supportive environment** where they are encouraged to take risks when learning another language.
- **Critical thinking** is an important skill that must constantly be encouraged, practiced, and nurtured.
- **Learners** need to **make connections** with other disciplines in the Spanish classroom.

With these beliefs in mind, the authors have developed hundreds of creative and meaningful language-learning activities for the text and supporting components that employ students' imagination and engage the senses. For both students and instructors, they have created an instructional program that is **manageable, motivating,** and **clear**.

THE AUTHORS

Jean LeLoup

Jean W. LeLoup has taught Spanish at the junior high, senior high and college levels for more than 35 years and is currently Professor of Spanish in the Department of Foreign Languages at the United States Air Force Academy (USAFA). She holds a Ph.D. in Foreign Language Education and an M.A. in Spanish Literature from The Ohio State University, as well as an M.S.Ed. in Counseling from the University of Missouri-St. Louis. She is Professor Emerita of Spanish from the State University of New York (SUNY) College at Cortland where she taught courses in language acquisition, methodology, and Spanish. She is co-founder and co-moderator of FLTEACH, the Foreign Language Teaching Forum discussion list. Her current areas of research are the integration of culture and leadership in the language curriculum, language immersion in the classroom, and the *voseo*. She is the recipient of several honors and awards for teaching, publishing, and service from the Fulbright Scholar Program, NYSAFLT, ACTFL, the SUNY system, and USAFA.

Glynis Cowell

Glynis Cowell is the Director of Spanish Language Instruction and the Director of Undergraduate Studies in the Department of Romance Studies at the University of North Carolina at Chapel Hill. She has taught first-year seminars, honors courses, and numerous face-to-face and hybrid Spanish language courses. She also team-teaches a graduate course on the theories and techniques of teaching foreign languages. Dr. Cowell received her M.A. in Spanish Literature and her Ph.D. in Curriculum and Instruction, with a concentration in Foreign Language Education, from the University of North Carolina at Chapel Hill. Prior to joining the faculty at UNC-CH in August 1994, she coordinated the Spanish Language Program in the Department of Romance Studies at Duke University. She has also taught Spanish at both the high school and community college level. At UNC-CH she has received the Students' Award for Excellence in Undergraduate Teaching as well as the Graduate Student Mentor Award for the Department of Romance Studies.

Dr. Cowell has directed teacher workshops on Spanish language and cultures and has presented papers and written articles on the teaching of language and literature, the transition to blended and online courses in language teaching, and teaching across the curriculum. She is the co-author of two other college textbooks.

Audrey Heining-Boynton

Audrey Heining-Boynton received her Ph.D. from Michigan State University and her M.A. from The Ohio State University. Her career spans K–12 through graduate school teaching, most recently as Professor of Education and Spanish at the University of North Carolina at Chapel Hill. She has won many teaching awards, including the prestigious ACTFL Anthony Papalia Award for Excellence in Teacher Education, the Foreign Language Association of North Carolina (FLANC) Teacher of the Year Award, and the UNC ACCESS Award for Excellence in Working with LD and ADHD students. Dr. Heining-Boynton is a frequent presenter at national and international conferences, has published more than one hundred articles, curricula, textbooks, and manuals, and has won nearly $4 million in grants to help create language programs in North and South Carolina. Dr. Heining-Boynton has also held many important positions: President of the American Council on the Teaching of Foreign Languages (ACTFL), President of the National Network for Early Language Learning, Vice President of Michigan Foreign Language Association, board member of the Foreign Language Association of North Carolina, committee chair for Foreign Language in the Elementary School for the American Association of Teachers of Spanish and Portuguese, and elected Executive Council member of ACTFL. She is also an appointed two-term *Foreign Language Annals* Editorial Board member and guest editor of the publication.

Faculty Reviewers

Elizabeth Adams, *State University of New York, Geneseo*
Melba Amador, *Western Kentucky University*
Teresa Arrington, *Blue Mountain College*
Julie Augustinaitis, *Schoolcraft College*
Shaun Bauer, *University of Central Florida*
Hilda Benton, *University of Arkansas*
Isabel Brown, *University of South Alabama*
Aurora Castillo-Scott, *Georgia College State University*
Esther Castro, *San Diego State University*
Zoila Castro, *University of Rhode Island*
Miguel Dominguez, *California State University,*
    Dominguez Hills
Cory Duclos, *Spring Hill College*
Marla Estes, *University of North Texas*
Miguel Estrada, *Houston Baptist University*
Dina A. Fabery, *University of Central Florida*
Jenny Faile, *University of South Alabama*
Benito Gomez, *California State University, Dominguez Hills*
Viviannette Gonzalez, *Indiana University, Bloomington*
Joe Guerra, *Navarro College*
Heather Hinds, *University of Arkansas*
Cari Jiménez, *University of Florida*
Catherine Kraft, *Navarro College*
Veronica Marquez, *University of North Florida*
Kyle Matthews, *State University of New York, Geneseo*
Monica Montalvo, *University of Central Florida*
Iris Myers, *Roanoke College*
Carla Naranjo, *Montgomery College*
Rosalinda Nericcio, *San Diego State University*
Lisa Noetzel, *College of Coastal Georgia*
Andrea Nofz, *Schoolcraft College*
Diego Pascual, *Texas Tech University*
Robin Reeves, *Indiana University*
Manuela Rodriguez-Morales, *University of North Florida*
Paul Roggendorff, *Abilene Christian University*
Steven Sheppard, *University of North Texas*
Christine Stanley, *Roanoke College*
Silvina Trica-Flores, *Nassau Community College*
Phoebe Vitharana, *Le Moyne College*
Consuelo Wallace, *Navarro College*
Richard Wallace, *Crowder College*

Walk with Us Advisory Board

ACKNOWLEDGMENTS

The third edition of *¡Anda! Curso intermedio* is the result of careful planning between ourselves and our publisher and ongoing collaboration with students and you, our colleagues. We look forward to continuing this dialogue and sincerely appreciate your input. We owe special thanks to the many members of the Spanish-teaching community whose comments and suggestions helped shape the pages of every chapter—you will see yourselves everywhere. We gratefully acknowledge the reviewers for this third edition, and we thank them for their invaluable support, input, and feedback.

We are grateful to those who have collaborated with us in the writing of *¡Anda!* Thank you to Anastacia Kohl, Cristina Carrasco, and Alicia Shade for their outstanding work on the new *Literatura* section. We also thank María del Carmen Caña Jiménez and Vinodh Venkatesh for their incredible contribution with the new *Cine* section. Thanks to Donna Binkowski for her work on the chapter openers. Thanks to Nina Tunac Basey for the wonderful new and revised *Perfiles*. For *¡Anda!* **online**, we thank Harold Swearingen and Gabriela Ferland for their hard work on the digital Student Activities Manual, Jon Aske for the thoughtful revision of the Testing Program, Jeff Longwell for creating the *LiveChat* Activities, Mónica Montalvo for the creation of the *MediaShare* activities, and Rob Martinsen for his work on the *WeSpeke* activities for *¡Anda!*

Equally important are the contributions of the highly talented individuals at Pearson Education. We wish to express our gratitude and deep appreciation to the many people at Pearson who contributed their ideas, tireless efforts, and publishing experience to this third edition of *¡Anda! Curso intermedio.* First, we thank Bob Hemmer, Editor in Chief, and Denise Miller, Senior Acquisitions Editor, whose support and guidance have been essential. We are indebted to Gisela Aragón-Velthaus, Senior Development Editor, for all of her hard work, suggestions, attention to detail, and dedication to the programs. We have also been fortunate to have Scott Gravina, Director of Editorial Development, who brings his special talents to the project, helping to create the outstanding final product. We send our thanks to the development team of Sarah Link, Gabriela Ferland, Andrew Bowen, Nina Tunac Basey, Patricia Acosta, and Kristen Chapron for their focus and attention on the myriad details of the program. We would also like to thank Samantha Alducin for all of the hard work on the integration of technology for the *¡Anda!* program. Thanks to Elle McGill, Editorial Assistant, for attending to many administrative details.

Our thanks also go to Steve Debow, Marketing Director, and the World Language Consultants, Yesha Brill, Raúl Vásquez López, and Mellissa Yokell, for their strong support of *¡Anda!*, and for creating and coordinating all marketing and promotion for this third edition. Thank you to Jason Grasso and Marlene Gassler, Project Managers, and Annemarie Franklin, Program Manager, who guided *¡Anda!* through the many stages of production. We continue to be indebted to Andrew Lange for the amazing illustrations that translate our vision.

We also thank our colleagues and students from across the country who inspire us and from whom we learn.

And finally, our love and deepest appreciation to our families for all of their support during this journey: Jeffrey; John, Jack, Kate; and David.

Jean W. LeLoup
Glynis S. Cowell
Audrey L. Heining-Boynton

A Para empezar

You are about to continue your exciting journey of acquiring the Spanish language and learning more about Hispanic cultures. Learning a language is a skill much like learning to ski or to play a musical instrument. Developing these skills takes practice and commitment.

Learning another language involves many steps and considerations. Research indicates that successful language learners are willing to take risks and experiment with the language. To acquire a high level of Spanish proficiency, you need to keep trying and to risk making mistakes, knowing that practice will garner results.

Why are **you** studying Spanish? Many of you realize the importance of being able to communicate in languages in addition to English. *¡Anda! Curso intermedio* will guide you through a review of basic concepts and provide you with the additional key essentials for becoming a successful Spanish language learner. Our goal is the same as yours: to prepare you to use and to enjoy Spanish throughout your adulthood in your professional and personal lives.

Preguntas

1. How might Spanish play a role in your future?
2. What are your goals for this course and what do you need to do to realize them?

¿Sabías que...?

El número de hispanohablantes en Estados Unidos ha subido (has risen) más del 200% desde 1980.

Learning Outcomes

By the end of this chapter, you will be able to:

✔ state possession, relate daily activities, and express actions and accomplishments in the present and the past.

✔ supply details about people, places, and things.

✔ describe states of being, characteristics, and location.

✔ convey likes and dislikes.

✔ use word stress and accent marks in speaking and writing.

✔ document the influence of Spanish in the United States and give at least two reasons why it is important to study and be able to communicate in Spanish.

Comunicación

1. Los adjetivos descriptivos   Supplying details about people, places, and things

alto   alta   bajo   baja   **guapo   guapa**   **delgado   gordo**
                                                                  delgada   gorda

débil   fuerte   **inteligente**

joven   mayor   **pobre   rico rica**

You will recall that **descriptive adjectives** are words that describe people, places, things, and ideas. In English, adjectives usually come before the words (nouns) they describe (e.g., **the *red* car**), but in Spanish, they usually follow the words (e.g., **el coche *rojo***).

1. Adjectives in Spanish agree with the nouns they modify in number (*singular* or *plural*) and in gender (*masculine* or *feminine*).

Javier es un **chico** cómic**o**.	*Javier is a funny boy.*
Isabel es una **chica** cómic**a**.	*Isabel is a funny girl.*
Javier e Isabel son unos **chicos** cómic**os**.	*Javier and Isabel are (some) funny children.*

2. A descriptive adjective can also directly follow the verb **ser**. When it does, it still agrees with the noun to which it refers, which is the subject in this case.

Javier es cómic**o**.	*Javier is funny.*
Isabel es cómic**a**.	*Isabel is funny.*
Javier e Isabel son cómic**os**.	*Javier and Isabel are funny.*

¡Anda! Curso elemental, Capítulo A Para empezar. El verbo *ser*; Capítulo 1. Los adjetivos descriptivos; El verbo *tener*, Apéndice 3.

A·1 **¿Cómo son?** Túrnense para describir a cada una de las siguientes personas usando por lo menos **dos** adjetivos descriptivos.

MODELO

Eva Longoria es baja y muy guapa.

Estrategia

Now that you have read the first review grammar points online, review the vocabulary on the family as well as some descriptive adjectives that you have learned in your previous Spanish classes. You may also wish to quickly review the forms of *ser* and *tener* before you do the next activities.

PERSONA	DESCRIPCIÓN:	PERSONA	DESCRIPCIÓN:	PERSONA(S)	DESCRIPCIÓN:
1. David Ortiz		2. Shakira		3. Juan Carlos Navarro y Leo Mainoldi	
4. Javier Bardem		5. Oprah Winfrey		6. Mark Zuckerberg	

A·2   ¿Cuáles son sus cualidades?

Piensa en las cualidades de tu mejor amigo/a y las de una persona que no te gusta mucho. Escribe **tres** oraciones que describan a estas personas y comparte (*share*) tu lista con un/a compañero/a.

MODELO

mi mejor amigo/a	**la persona que no me gusta**
1. *Es simpático/a.*	1. *No es paciente.*

A·3   ¿Es cierto o falso?   Describe a **cinco**

personas que tú y tu compañero/a conocen. Él/Ella va a reaccionar a tus descripciones diciendo **Es cierto** (*It's true*) o **No es cierto / Es falso** (*It's not true / It's false.*). Si tu compañero/a no está de acuerdo con tus descripciones, debe corregirlas.

MODELO   E1:   *David es fuerte, inteligente y simpático.*

E2:   *Sí, es cierto. David es fuerte, inteligente y simpático.*

o

No, es falso. David no es muy simpático.

A·4   ¿Cómo eres?   Ahora vas a

conocer a tus compañeros de clase. Completa los siguientes pasos.

¡Anda! Curso elemental, Capítulo 1. La familia, Apéndice 2.

Paso 1   Descríbete a ti mismo/a a un/a compañero/a y luego descríbele **dos** o **tres** miembros de tu familia.

MODELO   *Me llamo Katie. Soy joven, muy inteligente y alta. También soy cómica. Tengo dos hermanas. Las dos son inteligentes. Mi hermana Emily es alta y muy guapa. Mi otra hermana, Rebecca, es guapa también…*

Paso 2   Escriban una lista sobre lo que tu compañero/a y tú tienen en común y lo que no.

MODELO   *Tasha y yo somos jóvenes, altas y muy inteligentes. Nuestras familias son cómicas, simpáticas y pacientes. Tasha no tiene hermanos…*

Paso 3   Ahora circula por la clase y preséntate a otros compañeros de clase, compartiendo la información sobre tu familia y tú. Habla con por lo menos **cinco** estudiantes que no conozcas.

El español: lengua de millones 🔊

¿Por qué estudiamos español? Bueno, hay muchas razones. El español es la lengua oficial de veintiún países del mundo:

Argentina	Cuba	Guatemala	Nicaragua	Puerto Rico
Bolivia	Ecuador	Guinea Ecuatorial	Panamá	la República Dominicana
Chile	El Salvador	Honduras	Paraguay	Uruguay
Colombia	España	México	Perú	Venezuela
Costa Rica				

También figura como lengua importante en muchos otros países como Andorra, Belice, Filipinas, Gibraltar y Marruecos. Así, ¡el español es una lengua importante en cinco continentes! Y por supuesto, la presencia del español en los Estados Unidos es enorme. Hay más de 54 millones de hispanos viviendo en este país de más de 321 millones de personas. Con esta población hispana, los Estados Unidos es uno de los países con mayor número de hispanohablantes del mundo. Con tantos vecinos hispanohablantes en el mundo y en tu propio país, ¿por qué *no* estudiar español?

Preguntas

1. ¿En qué países se habla español como lengua oficial? ¿En qué continentes figura el español como lengua importante?
2. Describe la presencia del español en los Estados Unidos.
3. ¿Por qué es importante para ti estudiar español?

El mundo hispanohablante

REPASO

2. Los adjetivos posesivos   Stating possession

Review the following chart about expressing possession.

LOS ADJETIVOS POSESIVOS			
mi, mis	*my*	**nuestro/a/os/as**	*our*
tu, tus	*your*	**vuestro/a/os/as**	*your*
su, sus	*your* (for.)	**su, sus**	*your* (for.)
su, sus	*his, her, its*	**su, sus**	*their*

Mis padres se llaman Juan y María. ¿Cómo se llaman tus padres?

Note the following:

1. Possessive adjectives agree in form with the person, place, or thing possessed, not with the possessor. They agree in number (*singular* or *plural*), and in addition, **nuestro** and **vuestro** indicate gender (*masculine* or *feminine*).

2. The possessive adjectives **tu** and **tus** (*your*) refer to someone with whom you are familiar and/or on a first-name basis. **Su** and **sus** (*your*) are used to describe people you would call *Ud.* and *Uds.* (that is, people you treat more formally and with whom you are perhaps not on a first-name basis). Use **su/sus** (*their*) also when expressing possession with *ellos* and *ellas*.

mi hermano	*my brother*	**mis** hermanos	*my brothers/siblings*
tu primo	*your cousin*	**tus** primos	*your cousins*
su abuelo	*your grandfather*	**sus** abuelos	*your grandparents*
su tía	*her/his aunt*	**sus** tías	*her/his aunts*
nuestra familia	*our family*	**nuestras** familias	*our families*
vuestra mamá	*your mom*	**vuestras** mamás	*your moms*
su hermana	*your sister*	**sus** hermanas	*your sisters*
su hija	*their daughter*	**sus** hijas	*their daughters*

Nuestros abuelos tienen dos hijos.   *Our grandparents have two sons.*

Sus hijos son José y Andrés.   *Their sons are José and Andrés.*

3. In Spanish, you can also show possession expressing the equivalent of the English (*of*) *mine, yours, his, hers, ours,* and *theirs*.

SINGULAR		PLURAL		
MASCULINE	FEMININE	MASCULINE	FEMININE	
mío	**mía**	**míos**	**mías**	*mine*
tuyo	**tuya**	**tuyos**	**tuyas**	*yours* (fam.)
suyo	**suya**	**suyos**	**suyas**	*yours* (for.)
suyo	**suya**	**suyos**	**suyas**	*his, hers*
nuestro	**nuestra**	**nuestros**	**nuestras**	*ours*
vuestro	**vuestra**	**vuestros**	**vuestras**	*yours* (fam.)
suyo	**suya**	**suyos**	**suyas**	*yours* (for.)
suyo	**suya**	**suyos**	**suyas**	*theirs*

Study the following examples:

Mi refrigerador funciona bien.	**El refrigerador mío** funciona bien.	**El mío** funciona bien.
Nuestros sofás cuestan mucho.	**Los sofás nuestros** cuestan mucho.	**Los nuestros** cuestan mucho.
¿Cuánto cuestan **tus** lámparas?	¿Cuánto cuestan **las lámparas tuyas**?	¿Cuánto cuestan **las tuyas**?
Sus muebles son caros.	**Los muebles suyos** son caros.	**Los suyos** son caros.

Note that the third person forms (**suyo/a/os/as**) can have more than one meaning. To avoid confusion, you can use:

article + noun + de *+ subject pronoun:*
el coche suyo = el coche de él/ella/Ud./ellos/ellas/Uds.
his/her/your/their/your (plural) *car*

A·5   Tu familia   Túrnense para hablar de sus familias o de una de las familias que aparece en las fotos. Hablen también de sus casas y usen los adjetivos posesivos.

¡Anda! Curso elemental, Capítulo 1. La familia; Capítulo 3. La casa, Apéndice 2.

MODELO   *Hay cuatro personas en mi familia. Mi padre se llama Ben y mi madre Dorothy. En algunas fotos hay muchas personas en las familias, pero mi familia es pequeña. Mi casa es pequeña, pero probablemente las suyas son grandes…*

3. Presente indicativo de verbos regulares   Relating daily activities

You will remember that Spanish has three groups of verbs that are categorized by the ending of the **infinitive**. Remember that an infinitive is expressed in English with the word *to: to have, to be*, and *to speak* are all infinitive forms of English verbs. Spanish infinitives end in **-ar, -er,** or **-ir**. Review the following charts.

VERBOS QUE TERMINAN EN -*ar*			
bail**ar**	*to dance*	lleg**ar**	*to arrive*
cant**ar**	*to sing*	necesit**ar**	*to need*
cocin**ar**	*to cook*	prepar**ar**	*to prepare; to get ready*
compr**ar**	*to buy*	pregunt**ar**	*to ask (a question)*
contest**ar**	*to answer*	regres**ar**	*to return*
enseñ**ar**	*to teach; to show*	termin**ar**	*to finish; to end*
esper**ar**	*to wait for; to hope*	tom**ar**	*to take; to drink*
estudi**ar**	*to study*	trabaj**ar**	*to work*
habl**ar**	*to speak*	us**ar**	*to use*

A las 6:30 Mario **espera** el autobús. **Regresa** a su apartamento.

VERBOS QUE TERMINAN EN -*er*			
aprend**er**	*to learn*	corr**er**	*to run*
beb**er**	*to drink*	cre**er**	*to believe*
com**er**	*to eat*	deb**er** (+ inf.)	*should; must*
comprend**er**	*to understand*	le**er**	*to read*

VERBOS QUE TERMINAN EN -*ir*					
abr**ir**	*to open*	describ**ir**	*to describe*	recib**ir**	*to receive*
compart**ir**	*to share*	escrib**ir**	*to write*	viv**ir**	*to live*

1. To express ongoing activities or actions, use the present indicative.

   Cisco **lee** en la biblioteca.   *Cisco reads in the library.*
   Cisco is reading in the library.

2. You can also use the present indicative to express future events.

   Mario **regresa** mañana.   *Mario is coming back tomorrow.*

3. Remember that to form the present indicative, drop the **-ar, -er,** or **-ir** ending from the infinitive and add the appropriate ending. Follow this simple pattern with regular verbs.

	hablar	comer	vivir
yo	habl**o**	com**o**	viv**o**
tú	habl**as**	com**es**	viv**es**
Ud.	habl**a**	com**e**	viv**e**
él, ella	habl**a**	com**e**	viv**e**
nosotros/as	habl**amos**	com**emos**	viv**imos**
vosotros/as	habl**áis**	com**éis**	viv**ís**
Uds.	habl**an**	com**en**	viv**en**
ellos/as	habl**an**	com**en**	viv**en**

A·6 **Vamos a practicar** Tomen **diez** papelitos (*small pieces of paper*) y en cada papelito escriban un sustantivo (*noun*) o un pronombre personal (**yo, tú, él,** etc.). Luego, tomen otros **cinco** papelitos y escriban un **verbo** en el **infinitivo** en cada uno. Seleccionen cada uno un papelito de cada categoría y den la forma correcta del verbo según el sujeto. Cada persona debe dar la forma correcta de por lo menos **cinco** verbos.

MODELO INFINITIVE: *preguntar*
PRONOUN OR NOUN: *mi madre*
E1:   *mi madre pregunta*

A·7 **Dime quién, dónde y cuándo** Mira las tres columnas y combina cada pronombre con una actividad y con un lugar para crear **cinco** oraciones. Luego, comparte tus oraciones con un/a compañero/a.

MODELO nosotros / ver una película / el cine
Nosotros vemos una película en el cine.

PRONOMBRE	ACTIVIDAD	LUGAR
yo	comer el almuerzo	la clase de inglés
nosotros/as	leer muchas novelas	el centro comercial
ellos/as	necesitar una calculadora	la cafetería
ella	comprar un libro	la clase de matemáticas
tú	usar un diccionario bilingüe	el cine
Uds.	comprar un suéter	la clase de español
él	ver una película	la librería

REPASO

4. Algunos verbos irregulares
Expressing actions

You will recall that not all verbs follow the same pattern as regular verbs in the present indicative. What follows are the most common irregular verbs that you have learned.

	dar (to give)	conocer (to know; to be acquainted with)	estar (to be)	hacer (to do; to make)	poner (to put; to place)
yo	d**oy**	cono**zco**	es**toy**	ha**go**	pon**go**
tú	das	conoces	estás	haces	pones
Ud.	da	conoce	está	hace	pone
él, ella	da	conoce	está	hace	pone
nosotros/as	damos	conocemos	estamos	hacemos	ponemos
vosotros/as	dais	conocéis	estáis	hacéis	ponéis
Uds.	dan	conocen	están	hacen	ponen
ellos/as	dan	conocen	están	hacen	ponen

	salir (to leave; to go out)	traer (to bring)	ver (to see)	ir (to go)	ser (to be)
yo	sal**go**	tra**igo**	v**eo**	voy	soy
tú	sales	traes	ves	vas	eres
Ud.	sale	trae	ve	va	es
él, ella	sale	trae	ve	va	es
nosotros/as	salimos	traemos	vemos	vamos	somos
vosotros/as	salís	traéis	veis	vais	sois
Uds.	salen	traen	ven	van	son
ellos/as	salen	traen	ven	van	son

	decir (to say; to tell)	oír (to hear)	venir (to come)	tener (to have)
yo	d**igo**	o**igo**	ven**go**	ten**go**
tú	d**ices**	o**yes**	v**ienes**	t**ienes**
Ud.	d**ice**	o**ye**	v**iene**	t**iene**
él, ella	d**ice**	o**ye**	v**iene**	t**iene**
nosotros/as	decimos	oímos	venimos	tenemos
vosotros/as	decís	oís	venís	tenéis
Uds.	d**icen**	o**yen**	v**ienen**	t**ienen**
ellos/as	d**icen**	o**yen**	v**ienen**	t**ienen**

A·8 **La ruleta** Escuchen mientras su profesor/a les explica el juego de la ruleta.

1. traer
2. querer
3. decir
4. poner

5. hacer
6. ver
7. conocer
8. venir

9. oír
10. dar
11. poder
12. salir

A·9 **Otras combinaciones** Completa los siguientes pasos.

Paso 1 Escribe una oración con cada (*each*) verbo, combinando elementos de las tres columnas.

MODELO nosotros / (no) hacer / en el gimnasio

Nosotros hacemos ejercicio en el gimnasio.

A	B	C
Uds.	(no) hacer	estudiar matemáticas
mamá y papá	(no) ver	películas cómicas
yo	(no) conocer	en el gimnasio
tú	(no) poner	muchos libros a clase
el/la profesor/a	(no) querer	la mesa para la cena
nosotros/as	(no) salir	bien el arte de México
ellos/ellas	(no) traer	de casa los sábados

Paso 2 En grupos de tres, lean las oraciones y corrijan (*correct*) los errores.

Paso 3 Escriban juntos (*together*) **dos** oraciones nuevas y compártanlas (*share them*) con la clase.

A·10 Firma aquí Completa los siguientes pasos.

¡Anda! Curso elemental, Capítulo 2.
La formación de preguntas y las palabras interrogativas, Apéndice 3.

Estrategia

In previous activities, you have focused on talking about yourself. Now it is time to talk about other people: the things your siblings, your roommate, your parents, or your significant other do. This will give you practice using other verb forms, and you can be creative in your answers!

Paso 1 Circula por la clase haciéndoles preguntas a tus compañeros según la información del cuadro. Los compañeros que responden **sí** a las preguntas deben firmar el cuadro.

MODELO venir a clase todos los días

E1: *Bethany, ¿vienes a clase todos los días?*
E2: *No, no vengo a clase todos los días.*
E1: *Gayle, ¿vienes a clase todos los días?*
E3: *Sí, vengo a clase todos los días.*
E1: *Muy bien. Firma aquí, por favor.* <u>Gayle</u>

¿QUIÉN…?	FIRMA
1. ver una película todas las noches	
2. hacer la tarea todos los días	
3. salir con los amigos los jueves por la noche	
4. estar cansado/a hoy	
5. conocer Puerto Rico	
6. poder estudiar con muchas personas	
7. querer ser cantante	
8. venir a clase todos los días	

Paso 2 Comparte los resultados con la clase.

MODELO *Joe ve una película todas las noches. Chad y Toni están cansados hoy…*

 A·11 Entrevista Completen los siguientes pasos.

¡Anda! Curso elemental, Capítulo 2.
Los deportes y los pasatiempos, Apéndice 2.

Paso 1 Túrnense para hacerse y contestar las siguientes preguntas.

1. ¿Qué deportes y pasatiempos te gustan? ¿Con quién haces ejercicio?
2. ¿Cuándo ves la televisión? ¿Cuál es tu programa favorito?
3. ¿Qué persona famosa te gusta? ¿Por qué?
4. ¿Con quién sales los fines de semana? ¿Qué hacen ustedes?
5. ¿Qué quieres ser (o hacer) en el futuro?

Paso 2 Compartan con la clase un poco de lo que aprendieron de sus compañeros.

MODELO *Mi compañero sale los fines de semana con sus amigos y no hace ejercicio…*

Fíjate

Part of the fun of learning another language is getting to know other people. Your instructor structures your class so that you have many opportunities to work with different classmates. *¡Anda!* also provides activities that allow you to get to know each other better and encourage you to share that information with other members of the class.

Perfiles

🔊 ¿Quién habla español?

Hay muchas personas que hablan español en el mundo. Aquí tienes algunos de entre los millones que hablan español.

La actriz **America Ferrera** (n. 1984), de padres hondureños, habla inglés y español. Es famosa por su papel en varios programas de televisión y películas.

Sonia Sotomayor (n. 1954) es la primera jueza hispana en la Corte Suprema de los Estados Unidos.

El arquitecto español **Santiago Calatrava** (n. 1951) hace edificios y esculturas de estilo único.

Ricky Martin (n. 1971) es un cantante puertorriqueño. También es filántropo y activista social.

Preguntas

1. ¿A quién te gustaría conocer de las personas anteriores? ¿Por qué? ¿Qué preguntas tienes para él/ella?
2. ¿Quiénes son otras personas que hablan español?

REPASO

5. Los verbos con cambio de raíz   Communicating accomplishments

In your previous Spanish classes, you learned a variety of common irregular verbs that are known as **stem-changing verbs**. Review the following charts.

¡Cierro la ventana, pido una pizza y empiezo a estudiar!

Change e → ie			
cerrar (*to close*)			
Singular		Plural	
yo	ci**e**rro	nosotros/as	cerramos
tú	ci**e**rras	vosotros/as	cerráis
Ud.	ci**e**rra	Uds.	ci**e**rran
él, ella	ci**e**rra	ellos/as	ci**e**rran

Other verbs like **cerrar (e → ie)** are:

comenzar	*to begin*	**mentir**	*to lie*	**perder**	*to lose; to waste*
empezar	*to begin*	**recomendar**	*to recommend*	**preferir**	*to prefer*
entender	*to understand*	**pensar**	*to think*	**querer**	*to want; to love*

Change e → i			
pedir (*to ask for*)			
Singular		Plural	
yo	p**i**do	nosotros/as	pedimos
tú	p**i**des	vosotros/as	pedís
Ud.	p**i**de	Uds.	p**i**den
él, ella	p**i**de	ellos/as	p**i**den

Other verbs like **pedir (e → i)** are:

repetir	*to repeat*	**servir**	*to serve*
seguir*	*to follow; to continue (doing something)*		

*Note: The **yo** form of **seguir** is **sigo**.

Change o → ue			
encontrar (*to find*)			
Singular		Plural	
yo	enc**ue**ntro	nosotros/as	encontramos
tú	enc**ue**ntras	vosotros/as	encontráis
Ud.	enc**ue**ntra	Uds.	enc**ue**ntran
él, ella	enc**ue**ntra	ellos/as	enc**ue**ntran

Other verbs like **encontrar** (o ➙ ue) are:

almorzar	*to have lunch*	**mostrar**	*to show*	**recordar**	*to remember*
costar	*to cost*	**morir**	*to die*	**volver**	*to return*
dormir	*to sleep*	**poder**	*to be able to*		

Another common stem-changing verb that you learned is **jugar**.

Fíjate

The verb *jugar* is the only verb that falls into the *u* ➙ *ue* category.

Change u ➙ ue			
jugar (u ➙ ue) (*to play*)			
Singular		**Plural**	
yo	**jue**go	nosotros/as	jugamos
tú	**jue**gas	vosotros/as	jugáis
Ud.	**jue**ga	Uds.	**jue**gan
él, ella	**jue**ga	ellos/as	**jue**gan

¡Explícalo tú!

To summarize…

1. What is a rule that you can make regarding all four groups (**e ➙ ie, e ➙ i, o ➙ ue,** and **u ➙ ue**) of stem-changing verbs and their forms?
2. With what group of stem-changing verbs would you place each of the following verbs?

demostrar	*to demonstrate*	**encerrar**	*to enclose*
devolver	*to return (an object)*	**perseguir**	*to chase*

✓ Check your answers to the preceding questions in Appendix 1.

Fíjate

Some Spanish verbs, like English verbs, have prefixes (parts that are attached to the beginning of the verb). The verb *tener* has prefixes that form other verbs such as *obtener* (to obtain), *contener* (to contain), and *mantener* (to maintain), and those verbs are formed just like *tener* (*obtengo, contienes, mantiene,* etc.) The verbs *seguir* and *volver* are the roots for other verbs such as *conseguir* (to get) and *devolver* (to return).

 A•12 **¡Preparados, listos, ya!** Escuchen mientras su profesor/a les explica esta actividad.

MODELO cerrar

tú	E1: *cierras*	yo	E4: *cierro*
nosotros	E2: *cerramos*	Uds.	E5: *cierran*
ella	E3: *cierra*	ellos	E6: *cierran*

A·13   ¿Conoces bien a tu compañero/a de clase? Túrnense para hacerse las preguntas de esta entrevista. Al contestar, usen oraciones completas.

¡Anda! Curso elemental, Capítulo A Para empezar. La hora; Capítulo 2. Las materias y las especialidades, Apéndice 2.

1. ¿Entiendes a tu profesor/a cuando habla español?
2. ¿A qué hora comienzas la tarea los lunes?
3. ¿Prefieres estudiar por la noche o por la mañana?
4. ¿Pierdes tus lápices o bolígrafos frecuentemente?
5. Generalmente, ¿con quién almuerzas?

Estrategia

When working in pairs or groups, it is imperative that you make every effort to speak only Spanish. Because you will be learning from each other, use the following expressions as ways of interacting with each other and making suggestions, helpful comments, and corrections:

(No) Estoy de acuerdo.	I agree. / I don't agree.
Creo que es…	I think it is…
¿No debería ser…?	Shouldn't it be…?

A·14   Firma aquí Completa los siguientes pasos.

Paso 1   Circula por la clase haciéndoles preguntas a tus compañeros según la información del cuadro. Los compañeros que responden **sí** a las preguntas deben firmar el cuadro.

MODELO   siempre perder la tarea

E1:   *Ashley, ¿siempre pierdes la tarea?*

E2:   *No, no pierdo la tarea. Soy muy organizada.*

E1:   *Alex, ¿siempre pierdes la tarea?*

E3:   *Sí, siempre pierdo mi tarea.*

E1:   *Muy bien. Firma aquí, por favor.* <u>Alex</u>

¿QUIÉN…?	FIRMA
1. siempre perder la tarea	
2. almorzar en McDonald's a menudo	
3. querer visitar Centroamérica	
4. siempre entender al/a la profesor/a de español	
5. jugar muy bien al tenis	
6. preferir dormir hasta el mediodía	
7. querer ser artista	
8. volver tarde a casa a menudo	

Paso 2   Comparte los resultados con la clase.

MODELO   *Alex siempre pierde la tarea y David quiere visitar Costa Rica…*

REPASO

6. Las construcciones reflexivas   Relating daily routines

When the subject both performs and receives the action of the verb, a **reflexive verb** and **pronoun** are used.

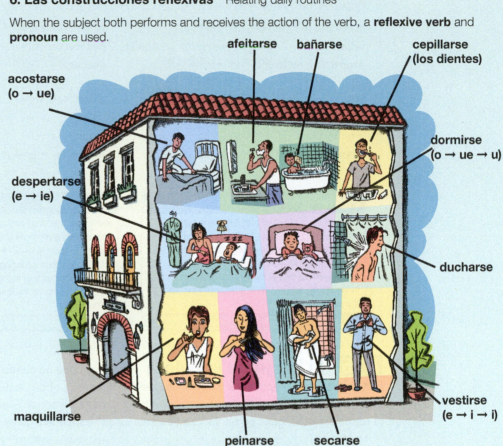

acostarse
(o → ue)

despertarse
(e → ie)

afeitarse   bañarse   cepillarse
(los dientes)

dormirse
(o → ue → u)

ducharse

maquillarse

peinarse   secarse

vestirse
(e → i → i)

Reflexive pronouns			
Yo **me** divierto	en las fiestas.		*I always enjoy myself at parties.*
Tú **te** diviertes	en las fiestas.		*You always enjoy yourself at parties.*
Usted **se** divierte	en las fiestas.		*You (formal) always enjoy yourself at parties.*
Él/Ella **se** divierte	en las fiestas.		*He/She always enjoys himself/herself at parties.*
Nosotros **nos** divertimos	en las fiestas.		*We always enjoy ourselves at parties.*
Vosotros **os** divertís	en las fiestas.		*You (all) always enjoy yourselves at parties.*
Ustedes **se** divierten	en las fiestas.		*You (all) always enjoy yourselves at parties.*
Ellos/Ellas **se** divierten	en las fiestas.		*They always enjoy themselves at parties.*

Reflexive pronouns:

1. precede a conjugated verb.
2. can be attached to infinitives and present participles (**-ando, -iendo**).

Me voy a levantar.
Voy a levantar**me**.   } *I am going to get up.*

¿**Se** van a levantar esta mañana?
¿Van a levantar**se** esta mañana?   } *Are they going to get up this morning?*

¡**Nos** estamos levantando!
¡Estamos levantándo**nos**!   } *We are getting up!*

Algunos verbos reflexivos

acordarse (o → ue) de	*to remember*	**ponerse (la ropa)**	*to put on (one's clothes)*
callarse	*to become/to keep quiet*	**ponerse (nervioso/a)**	*to become (nervous)*
divertirse (e → ie → i)	*to enjoy oneself; to have fun*	**quedarse**	*to stay; to remain*
irse	*to go away; to leave*	**quitarse (la ropa)**	*to take off (one's clothes)*
lavarse	*to wash oneself*	**reunirse**	*to get together; to meet*
levantarse	*to get up; to stand up*	**sentarse (e → ie)**	*to sit down*
llamarse	*to be called/named*	**sentirse (e → ie → i)**	*to feel*

Fíjate

Many verbs can be used both reflexively and non-reflexively: e.g., *ir:* to go; *irse:* to leave; *dormir:* to sleep; *dormirse:* to fall asleep. Also consider examples such as *Manolo lava el coche* versus *Manolo se lava.* Why is the verb not reflexive (*lavar*) in the first sentence? Why is it reflexive (*lavarse*) in the second sentence?

Estrategia

Remember that stem-changing verbs have the irregularities given in parentheses. For example, when you see *sentirse (e → ie → i)* you know that this infinitive is a stem-changing verb, that the first *e* in the infinitive changes to *ie* in the present indicative, and that the *e* changes to *i* in the third person singular and plural of the preterit.

A·15 El juego de la pelota Formen grupos de cuatro a seis estudiantes. Una persona del grupo le tira (*throws*) una pelota de papel a otro/a estudiante al mismo tiempo que nombra un verbo reflexivo y un pronombre o nombre personal. Si el/la compañero/a dice la forma correcta, gana un punto. Continúen el juego hasta que alguien tenga 6 puntos.

MODELO   E1: *ducharse… yo, (tira la pelota)*

E2: *me ducho*

E2: *vestirse… mi madre, (tira la pelota)*

E3: *mi madre se viste*

E3: *acordarse… tú, (tira la pelota)…*

A·16 **Mímica** Hagan mímica (*charades*) en grupos de cuatro. Túrnense para escoger un **verbo reflexivo** para representar al grupo. El grupo tiene que adivinar (*guess*) qué verbo es. Sigan jugando hasta que cada estudiante represente **cuatro** verbos diferentes.

A·17 **Un día típico** Completa los siguientes pasos.

¡Anda! Curso elemental, Capítulo A Para empezar. La hora, Apéndice 2.

Paso 1 Ordena las siguientes actividades diarias de forma cronológica. Después, con un/a compañero/a, escribe **tres** oraciones detalladas sobre un día típico.

1.

2.

3.

4.

5.

6.

Paso 2 Ahora escribe por lo menos **ocho** actividades que haces tú normalmente y a qué hora las haces. Usa **verbos reflexivos**. Después, comparte tu lista con un/a compañero/a.

A·18 **¿Cuál es tu rutina diaria?** Circula por la clase para entrevistar a varios compañeros. Sigue el modelo.

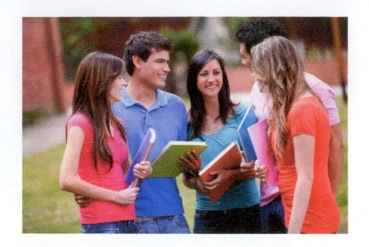

MODELO   E1:   *¿A qué hora te despiertas?*

E2:   *Me despierto a las siete.*

E1:   *Yo no. Me despierto a las siete y media.*

1. ¿A qué hora te despiertas y a qué hora te levantas?
2. ¿Prefieres ducharte o bañarte? ¿A qué hora?
3. ¿Qué haces para divertirte?
4. ¿A qué hora te acuestas?
5. ¿ … ? (*Crea tu propia pregunta*).

A·19 **¿Conoces bien a tus compañeros?** Trabajen en grupos de cuatro para completar los siguientes pasos.

Paso 1   Un/a compañero/a debe salir de la sala de clase por un minuto. Los otros estudiantes escriben **cinco** preguntas sobre la vida diaria del/de la compañero/a, usando **los verbos reflexivos**.

MODELO   *¿A qué hora te despiertas? ¿A qué hora te acuestas?*

Paso 2   Antes de entrar el/la compañero/a, el grupo de estudiantes debe adivinar cuáles van a ser las respuestas a esas preguntas.

MODELO   *Probablemente nuestro/a compañero/a se despierta a las siete. Luego, probablemente se acuesta a las once.*

Paso 3   Entra el/la compañero/a y los otros le hacen las preguntas.

Paso 4   Comparen las respuestas del grupo con las del/de la compañero/a. ¿Tienen razón? Pueden repetir la actividad con los otros miembros del grupo.

REPASO

7. Repaso de *ser* y *estar* Describing states of being, characteristics, and location

You learned two Spanish verbs that mean *to be* in English. These verbs, **ser** and **estar,** are contrasted below.

> Son las ocho y media. ¿Dónde está Beto?

1. Ser (soy, eres, es, es, somos, sois, son, son) is used:

- **To describe physical or personality characteristics that remain relatively constant**

Guillermo **es** inteligente.	*Guillermo is intelligent.*
Las casas **son** pequeñas.	*The houses are small.*

- **To explain who or what someone or something is**

La Dra. García **es** profesora de literatura.	*Dr. García is a literature professor.*
Mary **es** mi hermana.	*Mary is my sister.*

- **To tell time or to tell when or where an event takes place**

¿Qué hora **es**?	*What time is it?*
Son las nueve.	*It's nine o'clock.*
Mi clase de español **es** a las ocho y **es** en Peabody Hall.	*My Spanish class is at eight o'clock and is in Peabody Hall.*

- **To tell where someone is from and to express nationality**

Somos de Cuba. **Somos** cubanos.	*We are from Cuba. We are Cuban.*

2. Estar (estoy, estás, está, está, estamos, estáis, están, están) is used:

- **To describe physical or personality characteristics that can change, or to indicate a change in condition**

Elena **está** enferma hoy.	*Elena is sick today.*
Leo y Ligia **están** cansados.	*Leo and Ligia are tired.*

- **To describe the locations of people or places**

El cine **está** en la calle 8.	*The movie theater is on 8th Street.*
Estamos en el restaurante.	*We're at the restaurant.*
¿Dónde **estás** tú?	*Where are you?*

- **With the present participle (-ando, -iendo) to create the *present progressive***

¡Están bailando mucho!	*They are dancing a lot!*
Estamos esperándola.	*We are waiting for her.*

¡Explícalo tú!

Compare the following sentences and answer the questions below.

> Su hermano **es** simpático.
> Su hermano **está** enfermo.

1. Why do you use a form of **ser** in the first sentence?
2. Why do you use a form of **estar** in the second sentence?

 Check your answers to the preceding questions in Appendix 1.

You will learn several more uses for **ser** and **estar** by the end of *¡Anda! Curso intermedio.*

A·20 ¡A jugar! Vamos a practicar **ser** y **estar.** Completen los siguientes pasos.

Paso 1 Hagan una lista con dos columnas. Escriban **ser** en una columna y **estar** en la otra. Su profesor/a les va a dar tres minutos para escribir todas las oraciones que puedan con **ser** y **estar**.

Paso 2 Cuando terminen, formen grupos de cuatro para revisar sus oraciones. ¿Cuántas tienen correctas?

A·21 ¿Quiénes son Pilar y Eduardo? Pilar y Eduardo son estudiantes bilingües en una universidad de los Estados Unidos. Completen los siguientes pasos.

Paso 1 Túrnense para completar el siguiente párrafo con las formas correctas de **ser** o **estar** para conocerlos mejor.

(1) _____ las siete y media de la mañana. Pilar (2) _____ cansada y un poco enferma pero tiene que darse prisa porque su clase de periodismo (3) _____ a las ocho. Por suerte (*Luckily*) su apartamento no (4) _____ muy lejos de la universidad. Eduardo (5) _____ otro estudiante de la misma universidad. Toma la misma clase que Pilar, pero no la conoce. (6) _____ un hombre alto, inteligente y muy simpático. Le gusta estudiar. Sus abuelos (7) _____ de Perú y él (8) _____ tratando de mantener y respetar su cultura. Hoy no se siente muy bien; (9) _____ un poco enfermo. Los estudiantes ya (10) _____ en la clase. Pilar y Eduardo (11) _____ corriendo para llegar a tiempo. Los dos (12) _____ muy puntuales y no les gusta llegar tarde.

Paso 2 Expliquen por qué usaron (*you used*) **ser** o **estar** en cada espacio del párrafo del **Paso 1**.

MODELO   1. *Son*, telling time

A·22 **Quiero conocerte mejor** Túrnense para hacerse y contestar las siguientes preguntas.

¡Anda! Curso elemental, Capítulo A Para empezar. La hora; Capítulo 2. Emociones y estados; Capítulo 3. La casa, Los colores, Apéndice 2.

1. ¿De dónde eres?
2. ¿Cómo eres?
3. ¿Cómo estás hoy?
4. ¿A qué hora son tus clases?
5. ¿Cómo es tu casa?
6. ¿Dónde está tu casa?
7. ¿De qué color es tu casa?
8. ¿Dónde está tu residencia estudiantil?
9. ¿Cómo es tu dormitorio?
10. ¿Cuál es tu color favorito?
11. Describe a la persona más importante para ti.
12. ¿Dónde está él/ella ahora?

A·23 **Somos iguales** Completen los siguientes pasos.

Paso 1 Dibujen tres círculos, como los del modelo, y entrevístense para averiguar en qué se parecen y en qué se diferencian. En el círculo del centro, escriban oraciones usando **ser** y **estar** sobre lo que tienen en común. En los otros círculos, escriban en qué son diferentes.

Estrategia

Concentrate on spelling all words correctly. For example, make sure you put accent marks where they belong with forms of *estar* and other words that take accent marks. You may want to review the rules regarding accent marks on page 27 of this chapter. If you are a visual learner, try color-coding the words that have accents or writing the accents in a different color to call attention to those forms of the verb.

MODELO

E1: *¿Cuál es tu color favorito?*

E2: *Mi color favorito es el azul.*

E1: *Mi color favorito es el azul también.*

(E1/E2 writes: Nuestro color favorito es el azul.)

Paso 2 Comparen sus dibujos (*drawings*) con los dibujos de sus compañeros de clase. ¿Qué tienen en común?

REPASO

8. El verbo *gustar*   Conveying likes and dislikes

You will remember that the verb **gustar** is used to express likes and dislikes. **Gustar** functions differently from other verbs you have studied so far.

¡Me gusta este vestido!

- **The person, thing, or idea that is liked is the *subject* (S) of the sentence**.
- **The person (or persons) who like(s) another person, thing, or idea is the *indirect object* (IO)**.

Note the following examples.

	IO	S	
(A mí)	**me**	gusta la playa.	*I like the beach.*
(A ti)	**te**	gusta la playa.	*You like the beach.*
(A Ud.)	**le**	gusta la playa.	*You like the beach.*
(A él)	**le**	gusta la playa.	*He likes the beach.*
(A ella)	**le**	gusta la playa.	*She likes the beach.*
(A nosotros/as)	**nos**	gusta la playa.	*We like the beach.*
(A vosotros/as)	**os**	gusta la playa.	*You (all) like the beach.*
(A Uds.)	**les**	gusta la playa.	*You (all) like the beach.*
(A ellos/as)	**les**	gusta la playa.	*They like the beach.*

Fíjate

Remember that *mi* means "my" and *mí* means "me."

Note the following:

1. The construction **a + pronoun** (**a mí, a ti, a él,** etc.) or **a + noun** is optional most of the time. It is used for clarification or emphasis. Clarification of **le gusta** and **les gusta** is especially important because the indirect object pronouns **le** and **les** can refer to different people (*him, her, you, them, you all*).

   A él le gusta la música clásica. (clarification)   *He likes classical music.*

   A Ana le gusta la música clásica. (clarification)   *Ana likes classical music.*

2. Use the plural form **gustan** when what is liked (the subject of the sentence) is plural.

   Me gusta **el traje**.   *I like the suit.*

   Me gusta**n los trajes**.   *I like the suits.*

3. To express the idea that one likes *to do* something, **gustar** is followed by an infinitive. In that case you always use the singular **gusta,** even when you use more than one infinitive in the sentence:

   Me gusta ir de compras por la noche.   *I like to go shopping at night.*

   A Juan **le gusta ir** de compras y **salir** con sus amigos.   *Juan likes to go shopping and to go out with friends.*

¡Explícalo tú!

In summary:

1. To say you like or dislike one thing, what form of **gustar** do you use?
2. To say you like or dislike more than one thing, what form of **gustar** do you use?
3. Which words in the examples mean *I? You? He/She? You (all)? They? We?*
4. If a verb is needed after **gusta/gustan,** what form of the verb do you use?

   Check your answers to the preceding questions in Appendix 1.

A·24 **¿Qué te gusta?** Completen los siguientes pasos.

♻ *¡Anda! Curso elemental,* Capítulo 2. La formación de preguntas y las palabras interrogativas, Apéndice 3.

Paso 1 En parejas, túrnense para decidir si les gustan las siguientes cosas.

> **MODELO** los lunes
>
> E1: *No me gustan los lunes.*
>
> E2: *A mí tampoco me gustan los lunes.*

Fíjate

To express "me too," you use *a mí también;* to express "me neither," use *a mí tampoco.*

1. la cafetería
2. los viernes
3. vivir en una residencia estudiantil
4. las ciencias
5. aprender idiomas
6. cocinar comida mexicana
7. bailar salsa
8. las novelas de Ernest Hemingway

 Paso 2 Ahora hazles preguntas de las categorías del **Paso 1** a otros compañeros de clase.

> **MODELO** E1: ¿*Les gustan los lunes?*
>
> E2 AND E3: *No, no nos gustan los lunes.*

Estrategia

Remember, if you answer negatively, you will need to say *no* twice.

REPASO

9. La acentuación y el acento ortográfico   Applying word stress and accent marks

In your previous Spanish classes, you learned that written accents are used to distinguish word meaning, or when a word is "breaking" a pronunciation rule. Here are the basic rules of Spanish pronunciation and accentuation.

1. Words ending in a vowel, or in the consonants **n** or **s** are stressed on the *next-to-last syllable.* Consider the following words.

   medi**ci**na, de**re**cho, *gran*de, *tie*nen, a*bue*los, no*so*tros, *ar*te

2. Words ending in consonants other than **n** or **s** are stressed on the *last syllable.* Consider the following words.

   te*ner*, us*ted*, Rafa*el*, ciu*dad*, Ga*briel*, fe*liz*, lle*gar*

3. All words that are exceptions to rules #1 and #2 above need a written accent on the stressed syllable. Consider the following words.

   televi*sió*n, biolo*gí*a, infor**má**tica, *fá*cil, Ra**món**, *mú*sica

4. Written accents are used on all *interrogative* and *exclamatory* words.

   ¿**Có**mo?, ¿**Qué**?, ¿**Cuá**ndo?, ¿**Quié**n?, ¿**Cuá**ntos?, ¿**Dó**nde?, ¡**Qué** bueno!

5. Written accents are also used to *differentiate meaning* of certain one-syllable words that are written and pronounced alike. Consider the following words.

él (*he*)	**el** (*the*)
mí (*me*)	**mi** (*my*)
sí (*yes*)	**si** (*if*)
tú (*you*)	**tu** (*your*)

Fíjate

Accent marks appear only over vowels.

A·25   Las palabras   Túrnense para pronunciar y escribir cada palabra. Subrayen (*Underline*) la sílaba (*syllable*) que lleva la acentuación. Escribe el acento cuando sea necesario.

MODELO   la administracion   *la administra<u>ción</u>*

1. comico
2. aventura   5. pelicula   8. dormitorio
3. pajaros   6. importante   9. ingles
4. universidad   7. preferir   10. lapices

REPASO

10. El pretérito   Describing things that happened in the past

Up to this point in *Capítulo A Para empezar* you have been expressing ideas or actions that take place in the present. To talk about something you did or something that occurred in the past, you will recall that you can use the **pretérito** (*preterit*). Below are the endings for regular verbs in the **pretérito**.

¿Dónde compraste el helado?

Lo compré en Big Scoop.

Los verbos regulares

	-ar: comprar	-er: comer	-ir: vivir
yo	compré	comí	viví
tú	compraste	comiste	viviste
Ud.	compró	comió	vivió
él, ella	compró	comió	vivió
nosotros/as	compramos	comimos	vivimos
vosotros/as	comprasteis	comisteis	vivisteis
Uds.	compraron	comieron	vivieron
ellos/as	compraron	comieron	vivieron

—¿Dónde está el vino que **compré** ayer?   *Where is the wine that I bought yesterday?*

—Mis primos **bebieron** la botella   *My cousins drank the whole bottle*
 entera anoche.   *last night.*

—¿Ah, sí? ¿**Comieron** Uds. en casa?   *Really? Did you all eat at home?*

—No, **comimos** en un restaurante chino.   *No, we ate at a Chinese restaurant. They finished*
 ¡**Terminaron** el vino antes de salir a cenar!   *the wine before we went out to dinner!*

In speaking about past actions, you may want to use the following words:

anoche	*last night*
anteayer	*day before yesterday*
ayer	*yesterday*
el año pasado	*last year*
el fin de semana pasado	*last weekend*
el martes/viernes/domingo, etc., pasado	*last Tuesday/Friday/Sunday, etc.*
la semana pasada	*last week*

Fíjate

In the list of words, note that "last weekend" (*el fin de semana pasado*), the adjective *pasado* agrees with the masculine noun *fin* and not *semana*. In contrast, for "last week" (*la semana pasada*), the word "last" agrees with the feminine noun *semana*.

A·26   Rápido Túrnense para dar la forma correcta del verbo en el pretérito, según el sujeto.

¡Anda! Curso elemental. Capítulo 3. Los quehaceres de la casa, Apéndice 2.

MODELO   levantarse, yo   *me levanté*

1. preparar, nosotros
2. conocer, yo
3. salir, los estudiantes
4. preguntar, tú

5. compartir, Ud.
6. lavarse, mi hermano
7. aprender, yo
8. recibir, tú y yo

A·27   El día de ayer Escribe una oración sobre cada cosa que hizo Inés (*Inés did*) ayer. Después, compara tus oraciones con las de un/a compañero/a.

MODELO   E1:   *limpiar el baño*

E2:   *Inés limpió el baño.*

1. lavar la ropa
2. barrer el suelo
3. pasar la aspiradora
4. sacudir el polvo (*dust*) de los muebles
5. guardar los libros
6. perder las llaves

A·28   Creaciones Combinen elementos de las tres columnas para escribir **ocho** oraciones que describan lo que hicieron las siguientes personas.

MODELO   Yolanda / comprar / un helado en la heladería
Yolanda compró helado en la heladería.

A	B	C
Yolanda	beber	en pagar la cuenta para todos los amigos
Ud.	limpiar	cuatro botellas de agua
los estudiantes	preparar	un helado en la heladería
yo	cenar	dos hamburguesas con queso
mi mejor amigo y yo	recibir	la cocina después del almuerzo
tú	insistir	una cena deliciosa
mis primos	comprar	en el restaurante La Frontera
el/la profesor/a	comer	un libro de cocina para su cumpleaños

A·29 **¿Te puedo hacer una pregunta?** Entrevista a cinco estudiantes diferentes y anota sus respuestas. Después, compara tus respuestas con las de los otros estudiantes de la clase. ¿Cuáles son las tendencias?

¡Anda! Curso elemental, Capítulo 2. La formación de preguntas, Apéndice 3.

MODELO limpiar el cuarto hoy

Tú: *¿Limpiaste tu cuarto hoy?*

E1: *Sí, limpié mi cuarto hoy.*

E2: *No, no limpié mi cuarto hoy.*

E3: *No, limpié mi cuarto anoche.*

E4: *No, no limpié mi cuarto hoy. No me gusta limpiar.*

E5: *No, no limpié mi cuarto hoy, pero limpié mi cuarto ayer.*

	E1	E2	E3	E4	E5
1. escribir un ensayo para la clase de inglés la semana pasada					
2. hablar por teléfono con tus padres ayer					
3. comer en un restaurante anteayer					
4. estudiar para un examen la semana pasada					
5. salir con tus amigos el sábado pasado					
6. recibir buenas noticias (*news*) recientemente					
7. visitar la playa el verano pasado					
8. conocer a una persona interesante este año					

A·30 **Para conocernos mejor...** Túrnense para hacerse preguntas. Sigan el modelo.

MODELO   Alguna vez… repartir comida en el hospital

E1:   *¿Repartiste comida en el hospital alguna vez?*

E2:   *Sí, repartí comida en el hospital el año pasado.*

o

No, no repartí comida en el hospital nunca.

Alguna vez…

1. conocer a una persona famosa/muy importante
2. recibir una mala nota en un examen
3. ganar un premio (*award, prize*)
4. escuchar canciones en español
5. bailar salsa o merengue en un club
6. aprender a tocar un instrumento
7. viajar a otro país
8. escribir un blog

La influencia del español en los Estados Unidos

Desde la época de los conquistadores, el español ha tenido una influencia muy fuerte en los Estados Unidos y esta influencia sigue hoy en día. Muchas ciudades y lugares geográficos se reconocen por sus nombres españoles del tiempo colonial: El Álamo, El Paso, Las Vegas, Boca Ratón, Santa Fe, San Francisco y Los Ángeles, por mencionar algunos. También hay varios estados con nombres derivados de la lengua o herencia española como Colorado, Montana, Florida, California y Nevada. La población hispanohablante de los Estados Unidos es cada día más numerosa y tiene un gran poder económico. Por eso, hay muchas emisoras de radio (¡más de 890!) y varias cadenas de televisión (como Telemundo, Univisión, AméricaTeVé, Mega TV, etc.) con programación en español que compiten por la atención del público.

Preguntas

1. ¿Dónde se ve la influencia del español en los Estados Unidos?
2. ¿Dónde se ve el poder económico de los hispanohablantes en los Estados Unidos?

Y por fin, ¿cómo andas?

Each of the upcoming chapters of *¡Anda! Curso intermedio* will have three self-check sections for you to assess your progress. The first *¿Cómo andas? (How are you doing?)* section will appear approximately one-third of the way through each chapter. The second *¿Cómo andas?* will appear approximately two-thirds of the way through the chapter. At the end of each chapter you will find *Y por fin, ¿cómo andas?* (*Finally, how are you doing?*). Use the checklists as a measure of all that you have learned in the chapter. Place a check in the *Feel confident* column of the topics you feel you know and a check in the *Need to Review* column of those that you need to practice more. Be sure to go back and practice those concepts that you determine you personally need to review. Practice is key to your success!

Having completed this chapter, I now can…

	Feel confident	Need to review
Comunicación		
• identify masculine and feminine nouns. (online)	☐	☐
• use singular and plural nouns. (online)	☐	☐
• convey *the, a, one*, and *some*. (online)	☐	☐
• supply details about people, places, and things. (p. 4)	☐	☐
• state possession. (p. 8)	☐	☐
• relate daily activities. (p. 10)	☐	☐
• express actions. (p. 12)	☐	☐
• communicate accomplishments. (p. 16)	☐	☐
• relate daily routines. (p. 19)	☐	☐
• describe states of being, characteristics, and location. (p. 23)	☐	☐
• convey likes and dislikes. (p. 26)	☐	☐
• apply word stress and accent marks. (p. 27)	☐	☐
• describe actions in the past (p. 28)	☐	☐
Cultura		
• give at least two reasons why it is important to study and be able to communicate in Spanish. (p. 7)	☐	☐
• name numerous Spanish speakers. (p. 15)	☐	☐
• document the influence of Spanish in the United States. (p. 32)	☐	☐
Comunidades		
• use Spanish in real-life contexts. (online)	☐	☐

Estrategia

The *¿Cómo andas?* and *Por fin, ¿cómo andas?* sections are designed to help you assess your understanding of specific concepts. In *Capítulo A Para empezar*, there is one opportunity for you to reflect on how well you understand the concepts. Beginning with *Capítulo 1*, you will find three opportunities in each chapter to stop and reflect on what you have learned. These checklists help you become accountable for your own learning and determine what you need to review. Use them also as a way to communicate with your instructor about any concepts you still need to review. Additionally, you might use your checklist as a way to guide your studies with a peer group or peer tutor. If you need to review a particular concept, more practice is available in *¡Anda!* online.

¿Somos similares?

1 Así somos

Nuestra familia tiene una influencia fundamental en nuestra identidad: compartimos varias de nuestras características físicas y de personalidad, pero también desarrollamos cualidades únicas que nos diferencian. ¿Qué significa la palabra **familia** para ti? ¿Cómo es tu familia? ¿Compartes muchas características con otras personas de tu familia?

Preguntas

1. ¿Cómo son las personas que aparecen en las fotos?
2. ¿Cómo eres tú y cómo es tu familia?
3. Compara estas familias con la tuya.

¿Sabías que?

- En muchas familias hispanas, los abuelos, padres e hijos viven juntos, y los abuelos asumen un rol importante en la vida de sus nietos.
- En los Estados Unidos, cerca del 50% de las familias tiene tres o más miembros (*members*); entre las familias hispanas es más del 70%.

Tenemos dos hijos

Somos una familia pequeña

Learning Outcomes

By the end of this chapter, you will be able to:

✔ describe yourself and others in detail.

✔ express feelings and reactions.

✔ share information about family members.

✔ speak and write about past events.

✔ employ appropriate greetings and farewells.

✔ improve your writing by mapping / organizing your ideas.

✔ discuss well-known Hispanic families and family events in the United States.

✔ identify and share information about cultural and artistic expression through a film from Argentina and a poem by José Martí (Cuba).

Comunicación I

1 VOCABULARIO

¡Anda! Curso elemental, Capítulo 1. Los adjetivos descriptivos, Apéndice 3; Capítulo 2. Las emociones y los estados; Capítulo 9. El cuerpo humano, Apéndice 2.

El aspecto físico y la personalidad
Describing yourself and others in detail

El aspecto físico

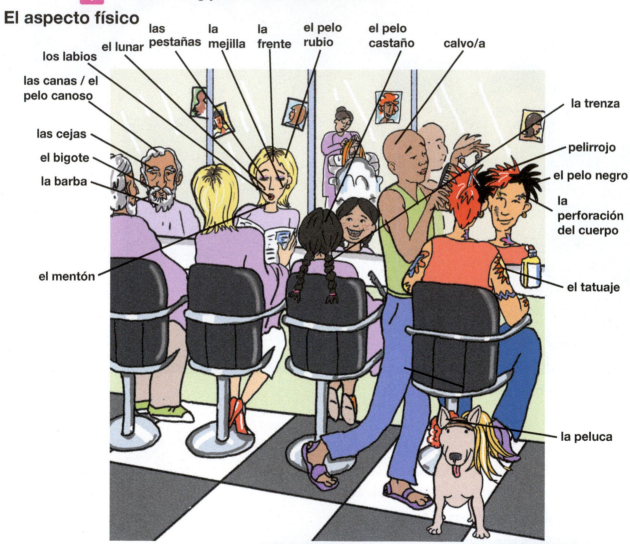

Labels: el lunar, las pestañas, la mejilla, la frente, el pelo rubio, el pelo castaño, calvo/a, los labios, las canas / el pelo canoso, las cejas, el bigote, la barba, el mentón, la trenza, pelirrojo, el pelo negro, la perforación del cuerpo, el tatuaje, la peluca

El pelo	*Hair*
corto	*short*
lacio	*straight*
largo	*long*
rizado	*curly*
teñido	*dyed*

Fíjate
Your instructor assigned this *Vocabulario* to be learned before you come to class. Therefore, when you come to class, you can immediately work with a partner to practice the vocabulary in context. This practice will help you become a highly successful Spanish language learner.

Estrategia
If the meaning of any vocabulary word is not clear, verify the definition in the *Vocabulario activo* at the end of this chapter.

La personalidad

alegre y extrovertido

callada, introvertida y tímida

desorganizada, maleducada y gastadora

seria

El aspecto físico	*Physical appearance*
la apariencia	appearance
la cicatriz	scar
los frenos	braces
las pecas	freckles
la piel	skin

La personalidad	*Personality*
agradable	agreeable; pleasant
chistoso/a	funny
despistado/a	absent-minded; scatterbrained
educado/a	polite
egoísta	selfish
flojo/a	lazy
generoso/a	generous
grosero/a	rude
honesto/a	honest
pesado/a	dull; tedious
presumido/a	conceited, arrogant
raro/a	strange
sencillo/a	modest; simple
sensible	sensitive
tacaño/a	cheap
terco/a	stubborn

Otra palabra	*Another word*
discapacitado/a	physically/ psychologically handicapped

 Now you are ready to complete the **Preparación y práctica** activities for this chunk online.

REPASO

Los pronombres de complemento directo e indirecto y los pronombres reflexivos   Avoiding repetition and clarifying meaning

For a complete review of direct and indirect object pronouns and reflexive pronouns, go to *¡Anda!* online or refer to **Capítulo 9** of *¡Anda! Curso elemental* in Appendix 3 of your textbook. The vocabulary activities that follow incorporate this grammar point. Practicing new vocabulary with a review grammar point helps to strengthen and increase your knowledge of Spanish.

¡Anda! Curso elemental, Capítulo A Para empezar. El verbo *ser*; Capítulo 1. Los adjetivos descriptivos; Capítulo 5. Los pronombres de complemento directo y la "a" personal, Apéndice 3; Capítulo 9. El cuerpo humano, Apéndice 2.

1·1 **¿Cómo son?** Miren los tres dibujos y completen los siguientes pasos.

Paso 1 Haz una lista de por lo menos **seis** características físicas de cada persona que aparece en los dibujos.

   MODELO La mujer joven:

      1. *es rubia*

Paso 2 Escribe una descripción de cada persona que aparece en los dibujos y compártela con un/a compañero/a.

   MODELO *La mujer es joven y rubia con la frente alta. No tiene pecas...*

1·2 **¿Qué tenemos en común?** Descríbete a un/a compañero/a, dando por lo menos **ocho** características. Después, hagan un diagrama de Venn. Escriban las características que tienen en común en la intersección de los dos círculos y escriban fuera de la intersección las características que no comparten.

MODELO E1: *Soy extrovertida.*

   E2: *Yo también soy extrovertido.*

   E1: *Soy desorganizada.*

   E2: *Yo no. Yo soy organizado...*

Clara   desorganizada   extrovertidos   Marco   organizado

1·3 **¿Algún día?** Gloria y Tomás están caminando por el parque. Se paran para observar a dos niños jugando mientras sus madres conversan. En parejas completen los siguientes pasos.

Paso 1 Completen la conversación entre Gloria y Tomás, usando **los pronombres de complemento directo e indirecto** y **los pronombres reflexivos**.

GLORIA: ¡Qué día tan agradable! ¡Y qué chistoso es aquel niño!

TOMÁS: ¿Chistoso? No lo puedo creer, ¡qué malo es ese niño! ¿Ves cómo rompe el juguete (*toy*) de aquella niña?… y ahora (1) _____ tira (*throws it*) al suelo.

GLORIA: Sí, amor. La niña (2) _____ levanta para buscar a su mamá. Parece que (3) _____ está llamando (*calling her*).

TOMÁS: Ah, no. Creo que va a recoger (*pick up*) el juguete. ¡No! Va a pegarle (*hit*) al niño. Mira.

GLORIA: Le pega fuerte. Cuidado… ¡Qué maleducada!

No (4) _____ preocupes, Tomás. Allí están sentadas las madres.

TOMÁS: Sí, y deben estar enojadas con sus niños. (5) _____ van a reñir (*scold*).

GLORIA: Ay, Tomás… los niños son preciosos, ¿verdad?

TOMÁS: A mí no (6) _____ gustan. No quiero hijos. Y tú, ¿(7) _____ quieres tener?

GLORIA: Pues, sí, algún día. Pienso tener cinco hijas y (8) _____ voy a llevar al parque todos los días. Tú y yo podemos…

TOMÁS: ¡Mi teléfono! Creo que mi madre (9) _____ llama. Tengo que ir (10) _____ ¡Adiós!

GLORIA: Pero, Tomás… ¡(11) _____ invitaste a comer!

Paso 2 Usen el dibujo y el vocabulario nuevo para describir a los niños en el parque.

MODELO *La niña tiene el pelo rizado y los dos probablemente tienen las pestañas largas…*

1·4 **Descripciones** Escoge a una de las personas de la lista y escribe **tres** palabras que describan a la persona. Después, inventa un horario para hoy para esa persona. Comparte la descripción y el horario con un/a compañero/a. Trata de usar **los pronombres reflexivos** con el vocabulario nuevo. ¡Sé creativo!

¡Anda! Curso elemental, Capítulo 1. Los adjetivos descriptivos, Apéndice 3; Capítulo 2. Las emociones y los estados; Capítulo 9. El cuerpo humano, Apéndice 2.

MODELO **tu mejor amigo:** agradable, generoso, despistado

Mi mejor amigo se llama Tonio. Es muy agradable y generoso. Se levanta a las seis. A las ocho se va a la universidad…

1. Javier Bardem y Penélope Cruz
2. Homer Simpson
3. Donald Trump
4. Beyoncé
5. Peyton Manning
6. tu mejor amigo/a

1·5 **¿Estás interesado/a?** Hay sitios en la red que te ayudan a encontrar a esa persona ideal. Completa los siguientes pasos.

¡Anda! Curso elemental, Capítulo A Para empezar. Los números 0–30; Capítulo 1. Los números 31–100, Los adjetivos descriptivos; Capítulo 2. Las emociones y los estados, Los deportes y los pasatiempos; Capítulo 5. El mundo de la música; Capítulo 9. El cuerpo humano, Apéndice 2; Capítulo 4. Las expresiones afirmativas y negativas, Apéndice 3.

¿Estás buscando pareja?. . . Para ayudarte a encontrar tu pareja ideal, necesitamos que completes el siguiente formulario:

Nombre _____

Correo electrónico _____

Sexo: ___ hombre ___ mujer

¿CÓMO ERES?

Soy: ___ guapo/a ___ normal

Edad: ___

Ojos: ___ verdes ___ azules ___ castaños

Pelo: ___ rubio ___ castaño ___ moreno ___ pelirrojo ___ teñido ___ calvo ___ canoso

Carácter: ___ organizado/a ___ serio/a ___ callado/a ___ sensible ___ honesto/a ___ tímido/a ___ interesante ___ simpático/a ___ gastador/a ___ chistoso/a ___ extrovertido/a ___ humilde

Inteligencia: ___ alta ___ normal ___ baja

¿Hablas español? ___ muy bien ___ un poco ___ no

¿Hablas otras lenguas? ___ sí ___ no

TRABAJO: ___ sí ___ no   **Licencia de conducir:** ___ sí ___ no

PASATIEMPOS:

Viajar: ___ sí ___ no   **Leer:** ___ sí ___ no

Deportes: ___ fútbol ___ básquetbol ___ coches/motos ___ natación ___ atletismo ___ gimnasia ___ artes marciales ___ esquí ___ deportes acuáticos ___ golf ___ fútbol americano ___ tenis ___ boxeo ___ ciclismo ___ patinaje ___ otros deportes ___ no me gusta hacer deporte

Fin de semana ideal: ___ cine/teatro ___ ir a la discoteca ___ ir a restaurantes ___ montaña ___ playa ___ ir de compras

Música preferida: ___ clásica ___ pop/rock en general ___ de los años 60–70 ___ de los años 80 ___ jazz ___ rock duro/heavy ___ New Age ___ tradicional/popular ___ salsa/música latina ___ No me gusta la música

¿Sabes cocinar? ___ sí ___ no

HORÓSCOPO: ___ Aries ___ Tauro ___ Géminis ___ Cáncer ___ Leo ___ Virgo ___ Libra ___ Escorpio ___ Sagitario ___ Capricornio ___ Acuario ___ Piscis

NOTAS ADICIONALES:

_____

_____

Paso 1 Completa el formulario para utilizar el servicio. Después, compara tu información con la de tus compañeros en grupos de cuatro para saber qué tienen ustedes en común.

Paso 2 Escribe por lo menos **cuatro** oraciones sobre tu hombre/mujer ideal. Usa por lo menos **cuatro** descripciones de características físicas y personales de él o ella.

MODELO *Mi hombre/mujer ideal tiene el pelo corto y las pestañas largas…*

Paso 3 Ahora haz una descripción de ti mismo/a. Usa por lo menos **cuatro** descripciones de características físicas y personales tuyas. Después, comparte las descripciones con un/a compañero/a.

MODELO *Mi apariencia no es nada extraordinaria. No tengo ni bigote ni barba. Soy callado y un poco serio. No soy grosero…*

2 GRAMÁTICA

Algunos verbos como *gustar*
Expressing feelings and reactions

> No me caen bien las personas egoístas.

> A mí tampoco. Me fascina la gente como tú.

In **Capítulo A Para empezar,** you reviewed the verb **gustar.**

Some other verbs that have a similar structure to **gustar** in Spanish are:

• **caer bien/mal** — *to like/to dislike someone*

A Javier **le cae** muy **bien** Pilar. — *Javier likes Pilar a lot.*

Me caen mal las personas egoístas. — *I dislike self-centered people.*

• **parecer** — *to seem; to appear*

Me parece que José tiene un carácter agresivo. — *It seems to me that José has an aggressive personality.*

¿Qué **te parece** este tatuaje? — *How do you like this tattoo?*

(How does this tattoo seem to you?)

• **interesar** — *to interest*

A ellos **les interesa** mucho la cirugía plástica. — *They are very interested in plastic surgery. / Plastic surgery interests them a lot.*

¿A quién **le interesa** solo el aspecto físico de las personas? — *Who is only interested in a person's physical characteristics?*

• **quedar** — *to have something left*

Nos queda un dólar. — *We have one dollar left.*

Me quedan dos años para graduarme. — *I have two more years (left) until I graduate.*

• **faltar** — *to need; to lack*

Me faltan dos dólares (Necesito dos dólares). — *I need two dollars.*

Me faltan dos cursos para graduarme (Necesito dos cursos para graduarme). — *I still need two courses to graduate.*

Additional verbs like **gustar** include:

encantar	*to love; to like very much*	**importar**	*to matter; to be important*
fascinar	*to fascinate*	**molestar**	*to bother*
hacer falta	*to need; to be lacking*		

Fíjate

Your instructor assigned this *Gramática* to be read, studied, and learned before you come to class. Therefore, when you come to class, you can immediately work with a partner to practice the grammar in context via the activities in your text. Your instructor will assign all *Gramática* to be learned before class. This practice will help you become a highly successful Spanish language learner.

¿? Now you are ready to complete the **Preparación y práctica** activities for this chunk online.

1·6 **Me cae bien** Túrnense para crear oraciones con los verbos como **gustar**.

MODELO   caer mal / las personas / presumido / (a mí)

Me caen mal las personas presumidas.

1. caer bien / gente / educado / (a nosotros)
2. caer mal / personas / grosero / (a ellos)
3. importar / canas / (a ella)
4. encantar / hombres / calvo / (a mí)
5. ¿parecer mal / profesores / despistado? / (a ti)
6. fascinar / pelo / corto / (a Rafael)
7. no interesar / personas / gastador / (a nosotros)

  1·7 **Los amigos de Angelina** Escucha a Angelina hablar de sus amigos y luego indica el número al lado de la opción apropiada.

_____ a. Le faltan 10 dólares.
_____ b. Le interesa mucho la psicología.
_____ c. Le quedan 2 años más del colegio.
_____ d. Me molestan las acciones de Javier.
_____ e. Nos parece que están enamorados.

1·8 **Combinaciones** Usando elementos de las tres columnas, escribe **seis** oraciones diferentes. Después, en parejas, túrnense para compartir sus oraciones.

MODELO   a mí / (no) fascinar / estudiar español

A mí me fascina estudiar español.

A	B	C
a mí	(no) caer bien/mal	el fútbol americano
a mis amigos	(no) importar	los bigotes
a mi hermano y a mí	(no) fascinar	un amigo despistado
a ti	(no) parecer bien/mal	cinco dólares
a mis padres	(no) quedar	los profesores chistosos
a usted	(no) faltar	estudiar español

1·9 **Sus opiniones** Los psicólogos nos dicen que formamos opiniones al mirar a una persona. Es hora de dar sus opiniones e impresiones. Completen los siguientes pasos. Usen los siguientes verbos:

| (no) caer bien/mal | (no) encantar | (no) fascinar | (no) interesar |

Paso 1 Túrnense para compartir sus opiniones sobre las personas que aparecen en las fotos.

> **MODELO** *No me cae bien la mujer con los tatuajes. Es muy seria.*

Paso 2 Repite lo que tu compañero/a dijo.

> **MODELO** *A mi compañero de clase no le cae bien la mujer con los tatuajes porque es muy seria.*

1·10 **Firma aquí** Busca a un/a compañero/a de clase que pueda responder **sí** a cada una de las siguientes preguntas. Al responder afirmativamente, la persona necesita firmar el cuadro.

MODELO fascinar el pelo rizado

> E1: *Ana, ¿te fascina el pelo rizado?*
>
> E2: *No, no me fascina el pelo rizado.*
>
> E1: *Tom, ¿te fascina el pelo rizado?*
>
> E3: *Sí, me fascina el pelo rizado.*
>
> E1: *Muy bien. Firma aquí, por favor.*

¿A QUIÉN… ?	FIRMA
1. fascinar el pelo rizado	Tom
2. caer bien las personas despistadas	
3. fascinar los hombres con barba	
4. parecer bien salir con personas tacañas	
5. molestar los frenos	
6. interesar los tatuajes	
7. importar el aspecto físico de una persona	

¿Hay un hispano típico?

¿Cómo puede ser? Los hispanos son producto de las civilizaciones europeas, indígenas, africanas y asiáticas: una rica mezcla (*mixture*) de muchos grupos diferentes. Hay hispanos de pelo castaño, piel oscura y ojos negros, y también los hay de pelo rubio, piel blanca y ojos azules. La comida en los países hispanohablantes es tan variada como la gente. Comer en un restaurante mexicano en España es tan exótico como hacerlo en Argentina. Para los españoles, un restaurante étnico con comida típica de México es igual (*the same*) que para nosotros aquí en los Estados Unidos.

Muchas veces la gente conoce solo a una o a dos personas de habla española y piensa que *todas* son iguales. En realidad, todos tienen su propia cultura y muchas veces una gran variedad de características físicas y personales. ¿Hay un *hispano* típico? Del mismo modo, también podemos preguntarnos: ¿hay un *estadounidense* típico?

Preguntas

1. ¿Los hispanohablantes son una mezcla de qué civilizaciones?
2. ¿Los estadounidenses son una mezcla de qué civilizaciones?
3. ¿Por qué es imposible describir a un estadounidense y a un hispano típico?

1·11 **¿Qué te parece?** Entrevista a **tres** compañeros de clase para descubrir más información sobre ellos.

1. ¿Cuántos años te faltan para graduarte?
2. ¿Qué tipo de profesor/a te cae bien? (Piensa en la personalidad.)
3. ¿Qué te molesta de tus profesores?
4. ¿Qué te fascina hacer en tu tiempo libre?
5. ¿Qué les interesa a tus amigos? ¿A tus padres?
6. ¿Te importa el dinero?

 1·12 **A conocerlo/a mejor** ¿Conocen bien a su profesor/a? Adivinen (*Guess*) sus posibles respuestas a las siguientes preguntas. Después, entrevisten a su profesor/a para saber las respuestas correctas.

¡Anda! Curso elemental, Capítulo 1. Los adjetivos descriptivos, Apéndice 3; Capítulo 2. Las emociones y los estados; Capítulo 9. El cuerpo humano, Apéndice 2.

1. ¿Qué le gusta más de ser profesor/a?
2. ¿Qué cualidades le parecen buenas en un estudiante?
3. ¿Le interesa viajar a un país hispanohablante este verano? ¿A dónde le interesa ir?
4. ¿Qué le fascina hacer en su tiempo libre?
5. ¿Qué aspectos le encantan de la vida universitaria?

Escucha

Un programa de televisión cómico

Estrategia	There are many ways that we can **anticipate** what we are going to hear before we even hear it! For example, we may be walking past the television and see an image of two people about to kiss. We can **predict** that we will probably hear tender words between two people in love. If we hear two children crying, we can	perhaps **anticipate** words of a confrontation or that they have been injured. Then, based on the context, we can **guess the meanings** of unknown or unfamiliar words. Using *visual* and *sound cues* is important to help **predict/anticipate content. Guessing** meaning is an equally important tool to help us determine what we hear.
Predicting content and guessing meaning		

1·13 Antes de escuchar A Adriana le encanta ver un programa de televisión sobre solteros que buscan a sus parejas ideales. El programa se llama "Una cita inolvidable" (*An Unforgettable Date*).

La soltera (*bachelorette*) les va a hacer preguntas a los tres solteros para averiguar cómo son y cómo son sus mujeres ideales.

Basándote en el dibujo, ¿cómo crees que son estos hombres? Describe a cada uno.

Soltero #1 _____

Soltero #2 _____

Soltero #3 _____

1·14 A escuchar Escucha el programa de televisión y completa los siguientes pasos.

Paso 1 La primera vez que lo escuches, trata de predecir las respuestas de cada soltero. Escoge la palabra que mejor describe a cada soltero.

Soltero #1:   a. sensible   b. presumido   c. callado

Soltero #2:   a. grosero   b. tímido   c. introvertido

Soltero #3:   a. egoísta   b. gastador   c. agradable

Paso 2 La segunda vez que lo escuches, adivina lo que significan las siguientes palabras, según el contexto.

Soltero #1:   reino, espejito

Soltero #2:   cerveza

Soltero #3:   conviene

1·15 Después de escuchar Escucha por tercera vez y haz una lista de todas las palabras que describan a cada soltero. Luego, compara tu lista con la de un/a compañero/a.

¿Cómo andas? I

Each chapter has three places at which you will be asked to assess your progress. This first assessment comes as you have completed approximately one third of the chapter. How confident are you with your progress to date?

	Feel confident	Need to review
Having completed **Comunicación I,** I now can…		
• describe myself and others in detail. (p. 36)	☐	☐
• avoid repetition and clarify meaning. (p. 37 and online)	☐	☐
• express feelings and reactions. (p. 41)	☐	☐
• examine stereotypes and the idea of a "typical" Hispanic. (p. 44)	☐	☐
• predict content and guess meaning. (p. 46)	☐	☐

◯ Comunicación II

3 VOCABULARIO

Algunos estados   Conveying personal descriptors

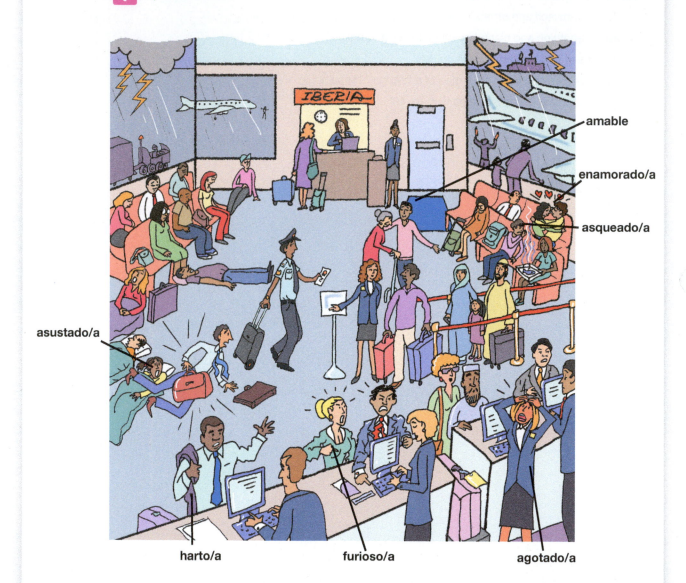

amable

enamorado/a

asqueado/a

asustado/a

harto/a

furioso/a

agotado/a

Más estados	*More states*
avergonzado/a	*embarrassed, ashamed*
celoso/a	*jealous*
confundido/a	*confused*
deprimido/a	*depressed*
orgulloso/a	*proud*
sorprendido/a	*surprised*

Verbos	*Verbs*
portarse bien/mal	*to behave/to misbehave*
ser buena/mala gente	*to be a good/bad person*

 Now you are ready to complete the ***Preparación y práctica*** activities for this chunk online.

REPASO

> **El pretérito; verbos con cambios de raíz y otros verbos irregulares** Discussing past events
>
> For a complete review of stem-changing and irregular verbs in the preterit go to *¡Anda!* online or refer to **Capítulo 7** of *¡Anda! Curso elemental* in Appendix 3 of your textbook. The vocabulary activities that appear in your textbook incorporate this grammar point. Practicing new vocabulary with a review grammar point helps to strengthen and increase your knowledge of Spanish.

¡Anda! Curso elemental, Capítulo 1. Los adjetivos descriptivos, Apéndice 3; Capítulo 2. Las emociones y los estados; Capítulo 9. El cuerpo humano, Apéndice 2.

1·16 La pirámide
Con un/a compañero/a, escuchen las instrucciones de su profesor/a y practiquen el vocabulario nuevo jugando a la pirámide.

MODELO
E1: *Es un sinónimo de enojado.*
E2: *¿Asqueado?*
E1: *No, empieza con la letra f.*
E2: *¿Furioso?*
E1: *¡Correcto! ¡Excelente!*

1·17 Asociación libre
Túrnense para explicar qué emociones asocian con las siguientes situaciones.

MODELO antes de un examen
E1: *Me siento confundido.*
E2: *Me siento confiada.*

1. estar en un grupo de personas que no conoces bien
2. trabajar con una persona floja
3. estudiar para un examen de matemáticas
4. estar con la persona que más quieres
5. después de terminar la tarea para la clase de español

1·18 La televisión nos controla
Estamos bombardeados con información sobre la gente famosa en la televisión. Túrnense para crear oraciones sobre lo que vieron y cómo se sintieron usando **el pretérito.**

MODELO Pink / estrenar (*show for first time*) / tatuajes / nuevo. Sentirme / _____.
Pink estrenó unos tatuajes nuevos. Me sentí celosa.

1. Raquel Welch y Lady Gaga / preferir / peluca / diferente. Sentirme / _____.
2. Javier Bardem y Marc Anthony / afeitarse / barba / y / bigote. Sentirme / _____.
3. Rosie Perez / discutir / algo muy serio. Sentirme / _____.
4. Los niños de Angelina Jolie y Brad Pitt / dormir / en la iglesia. Sentirme / _____.
5. Al Pacino / mostrar / cicatriz / grande. Sentirme / _____.
6. Sofía Vergara y Gael García Bernal / pedir / aparecer / misma película. Sentirme / ___.

1·19 **De niño/a** Tenemos muchos recuerdos sobre las cosas que nos pasaron de niños. Completa los siguientes pasos.

> *¡Anda! Curso elemental,* Capítulo 1. Los adjetivos descriptivos; Capítulo 9. Las construcciones reflexivas, Apéndice 3; Capítulo 2. Las emociones y los estados; Capítulo 9. El cuerpo humano, Apéndice 2.

Paso 1 Entrevista a **cuatro personas** para saber a quiénes les pasaron los siguientes sucesos (*events*) y cómo se sintieron.

> **MODELO** no probar (*try*) pescado
>
> E1: *¿No probaste el pescado?*
>
> E2: *No, no lo probé porque me sentí asqueada. Ahora me gusta.*

¿QUIÉN... ?	E1	E2	E3	E4
1. oír un búho (*owl*) por primera vez				
2. ir a la playa cuando tenía dos o tres años				
3. leer su primer libro antes de ir a la escuela primaria				
4. repetir todas las acciones de su mejor amigo el primer día de la escuela				
5. romper un juguete de su hermano/a o mejor amigo/a				

Paso 2 Comparte las respuestas de tus compañeros con el resto de la clase.

> **MODELO** *Cuando eran niñas, Mayra y Carmen ayudaron a personas mayores. Sus padres se sintieron muy orgullosos de ellas...*

1·20 **Mi mejor característica** En parejas, representen la siguiente situación: El/La estudiante 1 es un/a periodista del nuevo programa de televisión *¡Tipazo!* Va a entrevistar a su compañero/a para averiguar cuáles son sus mejores características. El/La estudiante 2 debe contestar y justificar sus respuestas.

MODELO E1: *¿Nos puedes decir cuáles son tus mejores características?*

E2: *Una de mis mejores características es que soy una persona amable y generosa: con mi dinero, con mi tiempo y con mis emociones...*

4 GRAMÁTICA

El presente perfecto de indicativo
Indicating what someone *has* done

In Spanish, as in English, the **present perfect** is used to refer to what someone *has* or *has not* done.

*I **have met** the man of my dreams.*	**He conocido** al hombre de mis sueños.
*We **have decided** to get married!*	¡**Hemos decidido** casarnos!

- In Spanish, the *present perfect,* **el presente perfecto de indicativo,** is formed with the present form of the verb *haber* and the **past participle.**

Note: In the present perfect, the past participle does *not* agree in number and gender with the subject.

	Present tense of *haber*	Past participle -ar: hablar	-er: conocer	-ir: decidir
yo	**he**	habl**ado**	conoc**ido**	decid**ido**
tú	**has**	habl**ado**	conoc**ido**	decid**ido**
Ud.	**ha**	habl**ado**	conoc**ido**	decid**ido**
él, ella	**ha**	habl**ado**	conoc**ido**	decid**ido**
nosotros/as	**hemos**	habl**ado**	conoc**ido**	decid**ido**
vosotros/as	**habéis**	habl**ado**	conoc**ido**	decid**ido**
Uds.	**han**	habl**ado**	conoc**ido**	decid**ido**
ellos/as	**han**	habl**ado**	conoc**ido**	decid**ido**

Me he sentido un poco deprimida recientemente.	*I have felt a little depressed lately.*
Nos ha admitido que es un hombre celoso.	*He has admitted to us that he is a jealous man.*
Mi madre **ha decidido** no teñirse el pelo.	*My mother has decided not to dye her hair.*
Tus hermanos siempre **han sido** muy buena gente.	*Your brothers/siblings have always been good people.*
Nuestros sobrinos nunca **se han portado** muy bien.	*Our nieces and nephews have never behaved very well.*
Hemos sorprendido a tus padres con las buenas noticias.	*We have surprised your parents with the good news.*

- Some past participles have irregular forms. They include:

Infinitivo	Participio	
abrir *(to open)*	**abierto**	He **abierto** la puerta.
cubrir *(to cover)*	**cubierto**	La profesora ha **cubierto** las instrucciones.
decir *(to say)*	**dicho**	Mis padres siempre me han **dicho** la verdad.
escribir *(to write)*	**escrito**	Te han **escrito** un e-mail.
hacer *(to do; to make)*	**hecho**	¿Has **hecho** la tarea para hoy?
morir *(to die)*	**muerto**	Su perro ha **muerto.**
poner *(to put; to place)*	**puesto**	He **puesto** tus libros en la mesa.
resolver *(to solve)*	**resuelto**	Mi profesora ha **resuelto** el problema.
romper *(to break)*	**roto**	He **roto** mis lentes.
ver *(to see; to watch)*	**visto**	¿Has **visto** el tatuaje de Juan?
volver *(to return)*	**vuelto**	Mis padres han **vuelto** de su viaje a Lima.

- Finally, object and reflexive pronouns (**me, te, lo, la, nos, los, las, le, les, se**) *always* come **before** forms of **haber.**

No **me lo** han dicho.	*They haven't told me about it.*
Se ha ido.	*She has left.*
¿**Nos las** has traído?	*Have you brought them for us?*

> **¿?** Now you are ready to complete the ***Preparación y práctica*** activities for this chunk online.

1·21 **Tres en línea** Haz un cuadro de **nueve** espacios. Llénalos con **nueve** verbos diferentes con las formas indicadas en **el presente perfecto de indicativo.** Pregúntense si tienen los verbos. La primera persona con tres **X** gana. Repitan el juego con verbos diferentes.

acabar (yo)	conocer (ella)	dar (nosotros)	decir (tú)
hacer (ellas)	oír (yo)	poner (Ud.)	querer (Uds.)
salir (nosotros)	traer (yo)	venir (ella)	ver (ellas)

MODELO   E1:   ¿Tienes *has dicho*?

E2:   No, no tengo *has dicho.*
      ¿Tienes *ha venido*?

E1:   Sí, tengo *ha venido…*

1·22 Así es él Gabriela tiene la oportunidad de ver a su amigo Ignacio. Hace mucho tiempo que no lo ha visto. Túrnense para completar la conversación entre ellos con **el presente perfecto de indicativo.**

GABRIELA: ¡Hola, Ignacio! ¿Qué tal (1) _____ (estar)? ¡Cuánto tiempo! Tú no (2) _____ (cambiar) en absoluto. Te ves igual. ¿Qué (3) _____ (estar) haciendo?

IGNACIO: ¡Es obvio que tú no (4) _____ (hablar) con mi mamá! Se lo está diciendo a todos porque está muy orgullosa: hace seis meses que trabajo como consejero de jóvenes. Otros dos colegas nuevos y yo (5) _____ (conocer) a mucha gente interesante en estos últimos meses. Por ejemplo, (6) _____ (tener) que aconsejar (*counsel*) a jóvenes que no (7) _____ (portarse) bien en la escuela, a otros que (8) _____ (ser) flojos en sus trabajos y a otros que (9) _____ (tener) problemas en casa. El trabajo es difícil pero me fascina. ¿Qué (10) _____ (hacer) tú?

GABRIELA: Yo escribo artículos para nuestro periódico en los que (11) _____ (poder) utilizar todo lo que aprendí en mis clases de psicología. Los otros reporteros y yo (12) _____ (escribir) historias sobre gente amable, generosa y honesta. Hoy vas a leer un reportaje de dos de mis colegas que (13) _____ (resolver) un caso de unas personas que (14) _____ (maltratar) a unos ancianos en varias ocasiones. ¡Qué mundo es este! ¿Verdad?

IGNACIO: Es verdad, Gabriela. Oye, ¡mira! Allí está José Luis. No lo (15) _____ (ver) en por lo menos seis meses. Oye, José Luis, ven acá. Tanto tiempo…

1·23 Un día típico para ti Todos los días ocurren muchas cosas y siempre hay mucho que hacer. Completen los siguientes pasos.

Paso 1 Túrnense para decir lo que ha pasado y lo que no ha pasado hoy.

1. ¿Has arreglado tu cuarto?
2. ¿Has terminado la tarea para mañana?
3. ¿Tus amigos te han escrito mensajes en Facebook?
4. ¿Tus amigos y tú han almorzado ya?
5. ¿Has ido a la biblioteca hoy?

Paso 2 Prepara un resumen de sus respuestas para compartir con otros estudiantes de la clase.

MODELO *Clara y yo hemos arreglado nuestros cuartos, pero nuestros compañeros no han lavado los platos…*

¡Anda! Curso elemental, Capítulo 9. Las construcciones reflexivas, Apéndice 3.

¡Anda! Curso intermedio, Capítulo A Para empezar. Las construcciones reflexivas, pág. 19.

1-24 **¿Cómo lo han pasado?** Todo el mundo reacciona de manera diferente en situaciones distintas. Túrnense para explicar cómo han reaccionado estas personas en las siguientes situaciones. Pueden usar los verbos de la lista.

agotarse	avergonzarse	divertirse	enojarse
asustarse	confundirse	enamorarse	sorprenderse

Estrategia

Words that are related or similar but are different parts of speech are known as *word families*. For example, the verb *avergonzarse* is like *avergonzado/a*, which you have learned. What do you think *avergonzarse* means, based on the meaning of *avergonzado/a*? Using the concept of word families will help you increase your vocabulary.

Mi padre

Mis padres

Mis amigos y yo

Yo

MODELO   *Yo me he divertido mucho cuando he ido a los parques de atracciones. He comido mucho y…*

1·25 **Lo que yo he hecho** En grupos de cuatro o cinco estudiantes, túrnense para decir una cosa que ha hecho cada persona del grupo en las siguientes situaciones.

MODELO servir a la comunidad

He sido voluntaria en un hospital.

1. servir a la comunidad
2. molestar a mis padres
3. hacer algo tonto
4. ayudar a tu familia
5. hacer una cosa atrevida
6. resolver un problema

1·26 **Así soy yo** Vas a hacer una descripción personal usando **el presente perfecto de indicativo.** Completa los siguientes pasos.

Paso 1 Usa las preguntas que siguen para escribir por lo menos **seis** oraciones.

- ¿Qué has hecho en tu vida?
- ¿Qué tipo de persona has sido en tu vida?
- ¿Qué te ha interesado?
- ¿Qué tipo de personas te han caído bien o mal?
- ¿Qué te ha fascinado?

MODELO *Siempre he sido una persona muy amable. Me he portado bien y soy buena gente. No me han caído bien las personas flojas…*

Paso 2 Comparte la descripción con un/a compañero/a de clase.

Paso 3 En grupos de tres o cuatro, túrnense para compartir las descripciones de las otras personas.

5 VOCABULARIO

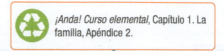

¡Anda! Curso elemental, Capítulo 1. La familia, Apéndice 2.

La familia   Sharing information about your family

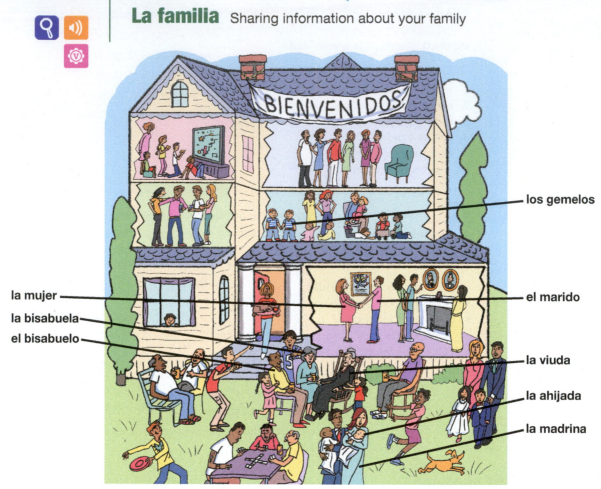

Otros parientes	Other relatives		Las etapas de la vida	Stages of life
el ahijado	godson		la adolescencia	adolescence
el cuñado/ la cuñada	brother-in-law/ sister-in-law		la jubilación	retirement
el hermanastro/ la hermanastra	stepbrother/ stepsister		la juventud	youth
el hijastro/la hijastra	stepson/stepdaughter		la muerte	death
el hijo único/la hija única	only child		el nacimiento	birth
			la niñez	childhood
la nuera/ el yerno	daughter-in-law/ son-in-law		la vejez	old age
el padrino	godfather			
la pareja	couple; partner			
el pariente	relative			
el sobrino/la sobrina	nephew/niece			
el suegro/la suegra	father-in-law/ mother-in-law			
el viudo	widower			

Adjetivos	*Adjectives*
anciano/a	*elderly*
casado/a	*married*
divorciado/a	*divorced*
embarazada	*pregnant*
soltero/a	*single (not married)*

Verbos	*Verbs*
casarse	*to marry; to get married*
divorciarse	*to divorce; to get divorced*
envejecer	*to grow old; to age*
nacer	*to be born*
recordar (o → ue)	*to remember; to remind*
separarse	*to separate; to get separated*

Fíjate

The words *anciano* and *soltero* use the verb *ser*. All the other adjectives use the verb *estar*.

¿? Now you are ready to complete the **Preparación y práctica** activities for this chunk online.

1·27 **¿Quiénes son?** Túrnense para describir las relaciones entre las siguientes personas. Usen todo el vocabulario nuevo posible en las descripciones.

MODELO *Mariela es la nuera de Luis y Gloria y la hija de...*

1·28 **La familia de Nines** Nines habla de su familia. Escucha cada descripción e identifica a cada miembro que ella menciona.

1. Ella es mi…
   a. suegra   b. cuñada   c. nuera

2. Él es mi…
   a. hijastro   b. sobrino   c. suegro

3. Ella es mi…
   a. hija   b. sobrina   c. hijastra

4. Ellos son mis…
   a. primos   b. sobrinos   c. nietos

5. Ella es mi…
   a. bisabuela   b. padrino   c. hermanastra

6. Él es mi…
   a. suegro   b. ahijada   c. yerno

1·29 **Seamos creativos** Este verano, Alberto se reunió con su familia en Costa Rica. Túrnense para hacerle preguntas (E1) y formar las respuestas de Alberto (E2) usando **el pretérito**.

¡Anda!
Curso
elemental,
Capítulo 1. La familia,
Apéndice 2; Capítulo
2. La formación de
preguntas y las palabras
interrogativas; Capítulo
9. Las construcciones
reflexivas, Apéndice 3.

MODELO   nacer / bisabuelos (Buenos Aires, Argentina)

E1:   *¿Dónde nacieron tus bisabuelos?*

E2:   *Mis bisabuelos nacieron en Buenos Aires, Argentina.*

1. tus suegros / divorciarse (sí, en mayo)
2. separarse / el año pasado (hermana y su marido)
3. compartir (Uds.) / historias / la juventud (sí)
4. nietos / dormirse (en la casa / los abuelos)
5. divertirse / los parientes (sí, mucho)

1·30 Un poco personal Túrnense para hacerse las siguientes preguntas sobre sus familias y sus parientes.

MODELO   ¿Cómo se llaman tus ahijados?

E1:   *No tengo ahijados.*

E2:   *Yo sí tengo una ahijada; se llama Adriana.*

1. ¿Cuándo y dónde naciste?
2. ¿Cuándo y dónde nacieron tus padres, tus abuelos y tus bisabuelos?
3. ¿Tienes hermanastros? ¿Cuántos?
4. ¿Eres hijo/a único/a?
5. ¿Conoces a un/a hijo/a único/a?

1·31 La familia real Túrnense para describir a la familia real española usando el árbol geneológico parcial. Incluyan por lo menos **cinco** personas y relaciones entre las tres generaciones.

MODELO   E1:   *El rey de España, Felipe VI, nació en el año 1968. Es hijo de Juan Carlos y Sofía. Se casó con…*

E2:   *Juan de Borbón es el abuelo de…*

D. Juan de Borbón, 1913–1993 Doña Mercedes, 1910–2000

Rey Juan Carlos, 1938 Reina Sofía, 1938

Infanta Elena Duquesa de Lugo, 1963   S.M. la Reina Doña Letizia, 1972

Infanta Cristina Duquesa de Palma, 1965

S.M. el Rey Don Felipe VI, 1968

1·32 **A ver si encuentras…** Es hora de entrevistarse. Completa los siguientes pasos.

Paso 1   Usa las frases del cuadro para formar preguntas en **el pretérito** según el modelo.

MODELO   conocer a tus bisabuelos

E1:   *¿Conociste a tus bisabuelos?*

Paso 2   Busca a algún/alguna compañero/a que responda (*answers*) afirmativamente.

MODELO   E1:   *¿Conociste a tus bisabuelos?*

E2:   *No, no conocí a mis bisabuelos.*

E1:   *¿Conociste a tus bisabuelos?*

E3:   *Sí, conocí a mis bisabuelos.*

E1:   *Bueno, firma aquí, por favor.*

E3:   _Janet_

recibir una herencia (*inheritance*) monetaria de tus bisabuelos	divorciarse unos amigos el año pasado	aprender algo importante de tus abuelos
casarse el año pasado	nacer en otro estado	visitar a tus primos la semana pasada
divertirse durante la niñez	ir de vacaciones con tus parientes el año pasado	conocer a tus bisabuelos

1·33 **¡Feliz cumpleaños!** ¿Has ido a una fiesta de cumpleaños recientemente? ¿Hablaste con unos parientes? Elige (¡o inventa!) a dos personas de tu familia y cuéntale a un/a compañero/a cómo están, que hicieron en la fiesta, cómo se sintieron. Debes usar **el pretérito** cuando puedas.

MODELO   *El cumpleaños de mi ahijado fue el mes pasado. Me dijeron que mi hermanastro Guillermo empezó un trabajo nuevo hace dos meses…*

Perfiles

🔊 Familias hispanas

La familia es muy importante en la cultura hispana. Frecuentemente, es el centro de muchas actividades sociales y culturales. Siempre ha sido el núcleo de apoyo (*support*) para el individuo hispano. Aquí tienes diferentes representantes de la familia hispana.

Pío de Jesús Pico (1801–1894) La familia Pico —con sangre africana, indoamericana y europea— fue muy poderosa (*powerful*) políticamente en la historia de California. Pío de Jesús Pico fue el último gobernador mexicano de Alta California. El Pico Boulevard en Los Ángeles fue nombrado en su honor.

Isabel Allende (n. 1942) pasó su niñez en Chile. Es una de las autoras latinas más conocidas; emplea elementos del realismo mágico en sus novelas. Ha vivido en diferentes países y ahora vive en los Estados Unidos. Algunas de sus obras se basan en sus experiencias familiares. Su tío fue Salvador Allende, el presidente de Chile entre los años 1970 y 1973.

Luis Carlos Sarmiento Angulo (n. 1933) es el hombre más rico de Colombia y es número 85 en la lista de *Forbes* de las personas más ricas del mundo en 2015. Es presidente del Grupo Aval Acciones y Valores, S.A., una sociedad de acciones (*holding company*) para sus varios bancos y compañías financieras. Todavía dirige (*runs*) el Grupo Aval, pero su hijo, Luis Carlos, es responsable de la mayoría de los deberes del presidente.

Preguntas

1. ¿Por qué son importantes estas personas?
2. ¿Qué papel tiene la familia para estas personas?
3. Compara tu familia con una de estas. ¿En qué son semejantes y en qué son diferentes?

¡Conversemos!

Estrategias comunicativas Employing greetings and farewells

You have already learned basic greetings and farewells such as **Hola, ¿cómo estás?,** and **Hasta luego.** Here are some additional expressions.

¡Anda! Curso elemental, Capítulo A Para empezar. El verbo *ser*; Capítulo 1. Los adjetivos descriptivos; Capítulo 5. Los pronombres de complemento directo y la "a" personal, Apéndice 3; Capítulo 9. El cuerpo humano, Apéndice 2

Saludos	Greetings
• ¿Cómo / Qué tal amaneció usted / amaneciste?	*How are you this morning?*
• (Muy) Buenas.	*Hello.*
• ¡(Qué) Gusto de verlo/la/te!	*How nice to see you!*
• ¿Qué hay (de nuevo)?	*What's up / new?*
• ¿Qué me cuenta/s?	*What do you say? / What's up?*

Despedidas	Farewells
• Chao.	*Bye.*
• Cuídese / Cuídate.	*Take care.*
• Gusto en verlo/la/te.	*Nice to see you.*
• Hasta la próxima.	*Till next time.*
• Nos vemos.	*See you. (literally, "we'll see each other")*
• Saludos a (nombre) / a todos por su/tu casa.	*Say hi to (name) / everyone at home.*
• Que le/te vaya bien.	*Take care.*

🔊 **1·34 Diálogos** Escucha los diálogos y contesta las siguientes preguntas.

1. ¿Cómo se saludan y se despiden Nines y Amalia, dos amigas?
2. ¿Cómo se saludan las Sras. Valdés y Lobo, dos personas que no se conocen muy bien?
3. ¿Qué otros saludos y despedidas usan Víctor y Paco, otros amigos?

👥 **1·35 ¿Cómo nos saludamos y cómo nos despedimos?**

Miren las fotos y decidan qué tipo de saludo o despedida es apropiado para cada situación. Luego, inventen un mini-diálogo entre las personas de cada foto para saludarse o despedirse.

👥 **1·36 Saludos y despedidas** En grupos de tres, seleccionen una de las siguientes situaciones y escriban un diálogo con un mínimo de **diez** oraciones.

1. Unos amigos se encuentran con la novia de uno de ellos en la calle.
2. Otro estudiante y tú llegan a la casa de tu profesor/a de español para cenar y conocen a su pareja por primera vez.

3. Te preparas para salir de la casa de tus tíos después de una visita.

4. Ves a dos vecinos, los saludas, y después de hablar unos minutos, te vas.

1·37 **Una entrevista** Eres presidente del club de aficionados (*fans*) de una estrella de rock y vas a entrevistarlo durante su gira en tu ciudad. Un estudiante hace el papel del presidente y el otro es la estrella de rock. Escriban un diálogo entre ustedes con un saludo y **cuatro** preguntas sobre lo que el músico ha hecho en su gira, lo que le fascina de ser músico y una despedida.

MODELO
E1: *Muy buenas.*

E2: *¿Qué hay?*

E3: *¿Dónde ha cantado en la gira?*

E4: *He cantado en las ciudades de…*

E5: *¿Qué le gusta más de su vida como músico?*

E6: *Me fascina ser famoso, me encanta cantar y me han caído bien los aficionados como tú…*

1·38 **Su historia** Completen los siguientes pasos para elaborar una historia creativa sobre las personas en las fotos.

Paso 1 En grupos de tres, miren las fotos y describan a las personas y lo que están haciendo.

Incluyan la siguiente información.

1. una descripción de sus apariencias físicas y de sus personalidades

2. la relación entre sí (*among them*)

3. lo que están haciendo

MODELO *La foto es de tres generaciones de una familia: abuela, madre e hija / nieta…*

Paso 2 Creen un diálogo entre las personas de la foto. Incluyan la siguiente información.

1. saludos y despedidas apropiados

2. lo que han estado haciendo

3. cómo se sienten en este momento

4. qué les gusta o les interesa hacer juntos

Escribe

Un perfil personal

Good writing is the result of a process involving several steps. Each chapter in *¡Anda! Curso intermedio* will focus on a different strategy.

Estrategia		
Process writing (Part 1): Organizing ideas	Organizing ideas around a subject brings them together into a coherent, whole unit for writing. The technique of *mapping* (drawing a graphic organizer showing relationships and/ or connections among ideas, concepts, themes, etc.) can help you organize your ideas	into logical categories that you can then use to begin writing. Try using a map graphic such as the one shown below to organize your thoughts before you begin. First, decide on and label your categories. Then begin to fill in your map with details expanding or explaining each category.

1·39 **Antes de escribir** Vas a asistir a una reunión de exalumnos de tu escuela secundaria y te han pedido un perfil (*profile*) personal para el libro de recuerdos. De esta manera te puedes reconectar con los compañeros que comparten (*share*) tus intereses.

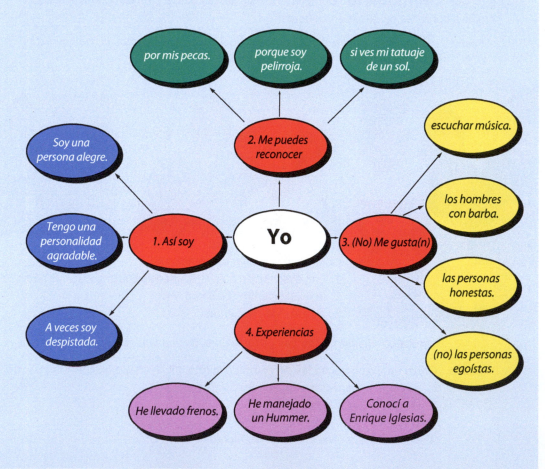

1. Primero, decide sobre las categorías descriptivas que vas a usar (e.g., características físicas, de personalidad, tu edad, los gustos que te describen mejor, etc.). Escribe nombres para cada categoría en tu diagrama. Puedes usar las categorías sugeridas en el modelo en los círculos rojos o algunas semejantes (*similar ones*).

2. Luego, haz una lista de tus características, según (*according to*) las categorías, y escribe una oración para cada una. Pon estas oraciones en el diagrama, bajo las categorías apropiadas y en los círculos apropiados.

1·40 A escribir Ahora, usando los grupos de características que has hecho en el diagrama y las oraciones relacionadas, elabora tu perfil personal. Puedes mencionar algunos detalles de tu familia si quieres. Tu párrafo debe tener por lo menos **seis** oraciones. Hay que usar **por lo menos dos verbos** en **el pretérito** y **por lo menos dos verbos** en **el presente perfecto.**

MODELO   *Soy Juana. Nací en California y tengo veinticuatro años; no estoy casada porque todavía soy joven…*

1·41 Después de escribir Entrégale el perfil personal a tu profesor/a. Tu profesor/a lo va a leer a la clase para ver si tus compañeros pueden identificarte.

¿Cómo andas? II

This is your second self-assessment. You have now completed two thirds of the chapter. How confident are you with the following topics and concepts?

	Feel confident	Need to review
Having completed **Comunicación II,** I now can…		
• convey personal descriptors. (p. 48)	☐	☐
• speak and write about past events. (p. 49 and online)	☐	☐
• indicate what someone *has* done. (p. 51)	☐	☐
• share information about my family. (p. 56)	☐	☐
• discuss well-known families. (p. 61)	☐	☐
• employ appropriate greetings and farewells. (p. 62)	☐	☐
• use the strategy of *mapping* to organize ideas before writing. (p. 64)	☐	☐

Vistazo cultural

🔊 Los hispanos en los Estados Unidos

Trabajo como socióloga en la ciudad de Chicago. Mi empleo me fascina porque hablo con personas hispanas. Estudio sus características, su cultura y su vida diaria. Vamos a explorar algunos ejemplos de la cultura hispana individual y familiar aquí en los Estados Unidos.

Lic. Anita Paulino Pavía, Socióloga

Los premios Herencia Hispana

Estos premios fueron creados en el año 1987 y la ceremonia de premiación (*awards ceremony*) se celebra cada septiembre en el Kennedy Center en Washington, D.C. Los premios rinden homenaje a muchas personas hispanas que han tenido una gran influencia positiva en los Estados Unidos. Las personas premiadas han sido de muchos campos diversos e incluyen líderes de la juventud. En esta foto se puede ver a Zoe Saldaña y a Cisely Saldaña en la alfombra roja de los Premios Herencia Hispana.

Robert Rodríguez

Robert Rodríguez nació en Texas en 1968 en una familia de ascendencia mexicana. Tiene nueve hermanos y hermanas entre los que se destacó desde pequeño por su creatividad. Es director, productor de cine y guionista (*screenwriter*). Es uno de los directores hispanos más destacados de los últimos tiempos. Ha dirigido (*directed*) películas como *El Mariachi, Érase una vez en México, Del crepúsculo al amanecer, Machete* y la serie de películas familiares *Spy Kids*.

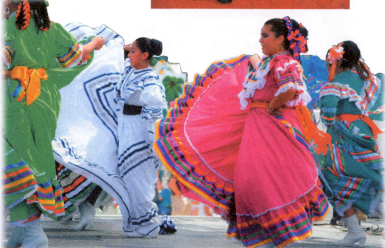

El Mes de la Herencia Hispana

El Mes de la Herencia Hispana se celebra del 15 de septiembre hasta el 15 de octubre. Las celebraciones tienen lugar en varias ciudades de los Estados Unidos.

Marlen Esparza

Marlen Esparza viene de una familia con una gran pasión por el boxeo. Su padre, un inmigrante mexicano, la introdujo al deporte. Ganó la medalla de bronce en los Juegos Olímpicos en 2012 en Londres. Fue Boxeadora del Año de Houston, su ciudad natal, por cinco años consecutivos, de 2010 a 2014.

El Paseo del Río en San Antonio, Texas

Los domingos, la familia puede pasar unas horas agradables en El Paseo del Río. Es muy popular hacer una caminata por el paseo. A las familias les encanta andar, pasear en barco, comer en un restaurante al lado del río o simplemente sentarse y mirar a las personas que pasean por allí.

El Festival de la Calle Ocho

Cada marzo hay un festival enorme en la Calle Ocho de la Pequeña Habana de Miami. En veintitrés cuadras (*blocks*) de la ciudad, la gran población cubana celebra allí su herencia cultural con comida, baile, música y actividades para los niños y toda la familia.

Preguntas

1. Selecciona a una de las personas de las fotos de esta sección o de *Perfiles* y descríbela. ¿Cuáles son las semejanzas y diferencias entre la familia de esta persona y tu familia?
2. ¿Cuál de los eventos culturales te gusta más? ¿Por qué?
3. ¿Cuáles son algunas cosas que haces con tu familia?

Cine

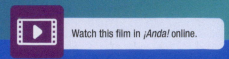Watch this film in *¡Anda!* online.

DE LA NOCHE A LA MAÑANA

1·42 **Antes de ver el cortometraje** Contesta las siguientes preguntas.

1. Cada familia es diferente. Hay familias grandes y familias pequeñas. ¿Cuántos miembros hay en tu familia? ¿Quiénes son?
2. Describe el aspecto físico y la personalidad de dos miembros de tu familia.
3. Mira los fotogramas. ¿Qué crees que va a ocurrir en el cortometraje?

Estrategia		
Determining the topic(s)	Consider the title and review the activies of *Antes de ver el cortometraje, Vocabulario, Mientras ves el cortometraje,* the video stills, and *Después de ver el cortometraje.* When you watch a film, the title gives you clues as to the main topics and characters in the plot. Focus your attention	on answering these key questions: What does the title mean? In what context does it apply to the plot? These are some questions that will help you determine the principal topics of a film. Answering questions such as these and reviewing the activities connected to the film will help you determine its principal topics.

Additional vocabulary practice in *¡Anda!* online

Vocabulario

armar	*to pack*
datos	*information*
dejar	*to leave (something or someone)*
dirección	*address*
enterarse	*to find out*
lágrimas	*tears*
llorar	*to cry*
pasar	*to proceed (into a place), to pass through (a place)*
valija	*suitcase*
velatorio	*wake, funeral parlor*

1·43 **Mientras ves el cortometraje** Presta atención a los lugares, los personajes y sus acciones. ¿Cuál es el tema central del cortometraje?

1. ¿Buscás a alguien?

2. Lo que me da curiosidad es saber qué hacés acá.

3. *(music)*

4. *(music)*

1·44 **Después de ver el cortometraje** Contesta las siguientes preguntas.

1. Mercedes está triste al comienzo del cortometraje porque _____.
   a. ha muerto su padre
   b. ha perdido su trabajo
   c. se va de viaje
2. ¿Qué relación tuvo Mercedes con su padre? ¿Y Pilar?
3. Pilar le dice a Mercedes "de la noche a la mañana… una hermana". ¿Qué quiere decir?
4. Pilar va a viajar a _____ para trabajar durante seis meses.
   a. Milán
   b. Madrid
   c. Munich
5. Al final del cortometraje, se ve un portarretrato (*frame*) sin la foto de Pilar. ¿Dónde está su fotografía ahora? ¿Por qué?

¿? For additional *Cine* content and activities, go to *¡Anda!* online.

Literatura

Poema I

1•45 **Antes de leer** Contesta las siguientes preguntas.

1. La lectura de esta sección es un poema, ¿has leído o escrito uno? ¿Te gusta la poesía? ¿Cuáles son las características generales de un poema? ¿Algún poema te ha hecho sentir algo especial? Explica.
2. Mira el título del libro en el que se incluye este poema. ¿Qué significa "sencillos"? ¿Por qué crees que el poeta llama "versos sencillos" a textos como "Poema I"?

Estrategia	Even before you begin to read something, you are already using many clues that help you understand the passage. For example, by focusing on titles and also on any pictures and illustrations, you begin to guess what	the passage might contain. You can also use cognates (words that look like English words and mean the same) and your prior knowledge of the world (part of schemata) to aid in your predictions.
Activating schemata, identify cognates, predicting, and guessing		

1•46 **Mientras lees** Mientras lees, presta atención al título del libro y del poema y a las palabras que te recuerdan al inglés (cognados). Haz predicciones de lo que pueden significar.

"Poema I" (fragmento) de *Versos sencillos*
José Martí

Yo soy un hombre sincero
De donde crece° la palma°,   *grows /palm tree*
Y antes de morirme quiero
Echar° mis versos del alma°.   *cast / soul*

Yo vengo de todas partes,
Y hacia° todas partes voy: *toward*
Arte soy entre las artes,
En los montes°, monte soy.   *hills*

Yo sé los nombres extraños
De las yerbas° y las flores,   *plantas*
Y de mortales engaños°,   *deceptions*
Y de sublimes dolores°.   *pain*

Yo he visto en la noche oscura
Llover sobre mi cabeza
Los rayos de lumbre° pura   *fire*
De la divina belleza°,   *beauty*

Todo es hermoso° y constante,   *bonito*
Todo es música y razón,
Y todo, como el diamante°,   *diamond*
Antes que luz es carbón°.   *coal*

1·47 Después de leer   Contesta las siguientes preguntas.

1. Indica qué verso de la primera estrofa se puede usar como leyenda (*caption*) para la foto del poema.

2. ¿Qué quiere decir Martí en la primera estrofa con "Y antes de morirme quiero echar mis versos del alma"? Elige la opción adecuada.
   a. Quiere echar sus versos en una botella al mar.
   b. Quiere hablar de sus sentimientos antes de morir.
   c. Quiere morirse de amor.

3. En el Capítulo 1 hemos aprendido los adjetivos para hablar de nuestra personalidad. Empareja los siguientes versos del poema con los adjetivos correspondientes.

aventurero	honesto	inteligente

   a. "yo soy un hombre sincero" = _____
   b. "yo vengo de todas partes/y hacia todas partes voy" = _____
   c. "yo sé los nombre extraños/de las yerbas y las flores" = _____

4. En este capítulo hemos repasado algunos verbos como *gustar*. Vuelve a leer las tres primeras estrofas e indica qué cosas le gustan al poeta (usa diferentes verbos y escribe por lo menos cuatro cosas).

5. En la tercera y cuarta estrofas, ¿qué referencias a la naturaleza vemos?

6. Reflexiona sobre los últimos dos versos del poema. ¿Qué piensas que el poeta quería comunicarnos con esta imagen del diamante, la luz y el carbón?

1·48 **Los versos** Completa los versos con palabras que reflejen tus opiniones. Luego, comparte tu poema con la clase.

Yo soy un hombre / una mujer _____
De donde crece _____
Y antes de morirme quiero _____.

Yo vengo de todas partes,
Y hacia todas partes voy:
_____ soy entre _____,
En _____, _____ soy.

 1·49 **Mi patria** El poema refleja los viajes del autor y su amor a sus raíces. Imagina que vives lejos de tu país (*country*). ¿En qué piensas más cuando recuerdas tu país? ¿Qué lo hace único? ¿Qué es lo que más te gusta de él? Escribe un párrafo donde respondas a estas preguntas y luego prepárate para presentar tus ideas a la clase.

¿? For additional *Literatura* content and activities, go to *¡Anda!* online.

Y por fin, ¿cómo andas?

Each chapter will end with a checklist like the one that follows. This is the third time in the chapter that you are given the opportunity to check your progress. Use the checklist to measure what you have learned in the chapter. Place a check in the *Feel confident* column for the topics you feel you know, and a check in the *Need to review* column for the topics that you need to practice more.

	Feel confident	Need to review

Having completed this chapter, I now can…

Comunicación I

- describe myself and others in detail. (p. 36) ☐ ☐
- avoid repetition and clarify meaning. (p. 37 and online) ☐ ☐
- express feelings and reactions. (p. 41) ☐ ☐
- predict content and guess meaning. (p. 46) ☐ ☐

Comunicación II

- convey personal descriptors. (p. 48) ☐ ☐
- speak and write about past events. (p. 49 and online) ☐ ☐
- indicate what someone *has* done. (p. 51) ☐ ☐
- share information about my family. (p. 56) ☐ ☐
- employ appropriate greetings and farewells. (p. 62) ☐ ☐
- use the strategy of *mapping* to organize ideas before writing. (p. 64) ☐ ☐

Cultura

- examine stereotypes and the idea of a "typical" Hispanic. (p. 44) ☐ ☐
- discuss well-known families. (p. 61) ☐ ☐
- consider famous Hispanic families and family events. (p. 66) ☐ ☐

Cine

- converse about a film from Argentina. (p. 68) ☐ ☐

Literatura

- converse about a poem from Cuba. (p. 70) ☐ ☐

Comunidades

- use Spanish in real-life contexts. (online) ☐ ☐

Vocabulario **activo**

El aspecto físico y la personalidad	Physical features and personality
La cara	Face
la barba	beard
el bigote	moustache
las cejas	eyebrows
la frente	forehead
los labios	lips
los frenos	braces
la mejilla	cheek
el mentón	chin
las pestañas	eyelashes
El pelo	Hair
calvo/a	bald
las canas	gray hair
canoso	gray
castaño	brunette; brown
corto	short
lacio	straight
largo	long
negro	black
pelirrojo/a	redheaded
la peluca	wig
rizado	curly
rubio/a	blond
teñido	hair
Otras características físicas	Other physical characteristics
la apariencia	appearance
la cicatriz	scar
el lunar	beauty mark; mole
las pecas	freckles
la perforación del cuerpo	body piercing
la piel	skin
el tatuaje	tattoo
la trenza	braid

Características personales	Personal characteristics
agradable	agreeable; pleasant
alegre	happy; cheerful
callado/a	quiet
chistoso/a	funny
(des)organizado/a	(dis)organized
despistado/a	absentminded, scatterbrained
educado/a / maleducado/a	polite / impolite; rude
egoísta	selfish
extrovertido/a / introvertido/a	extroverted / introverted
flojo/a	lazy
gastador/a	extravagant; wasteful
generoso/a	generous
grosero/a	rude
honesto/a	honest
pesado/a	dull, tedious
presumido/a	conceited, arrogant
raro/a	strange
sencillo/a	modest; simple
sensible	sensitive
serio/a	serious
tacaño/a	cheap
terco/a	stubborn
tímido/a	shy

Otra palabra	Another word
discapacitado/a	physically/psychologically handicapped

Algunos estados · *Some states*

agotado/a	*exhausted*
amable	*nice; kind*
asqueado/a	*disgusted*
asustado/a	*frightened*
avergonzado/a	*embarrassed, ashamed*
celoso/a	*jealous*
confundido/a	*confused*
deprimido/a	*depressed*
enamorado/a	*in love*
furioso/a	*furious*
harto/a	*fed up*
orgulloso/a	*proud*
sorprendido/a	*surprised*

Algunos verbos · *Some verbs*

portarse bien/mal	*to behave / to misbehave*
ser buena/mala gente	*to be a good/bad person*

La familia · *Family*

el ahijado/la ahijada	*godson/goddaughter*
el bisabuelo/ la bisabuela	*great-grandfather/ great-grandmother*
el cuñado/la cuñada	*brother-in-law/sister-in-law*
los gemelos	*twins*
el hermanastro/ la hermanastra	*stepbrother/ stepsister*
el hijastro/la hijastra	*stepson/stepdaughter*
el hijo único/ la hija única	*only child*
la madrina/el padrino	*godmother/godfather*
el marido	*husband*
la mujer	*wife*
la nuera/el yerno	*daughter-in-law/son-in-law*
la pareja	*couple; partner*
el pariente	*relative*
el sobrino/la sobrina	*nephew/niece*
el suegro/la suegra	*father-in-law/mother-in-law*
el viudo/la viuda	*widower/widow*

Las etapas de la vida · *Stages of life*

la adolescencia	*adolescence*
la jubilación	*retirement*
la juventud	*youth*
la muerte	*death*
el nacimiento	*birth*
la niñez	*childhood*
la vejez	*old age*

Algunos adjetivos · *Some adjectives*

anciano/a	*elderly*
casado/a	*married*
divorciado/a	*divorced*
embarazada	*pregnant*
soltero/a	*single (not married)*

Otros verbos · *Other verbs*

casarse	*to marry; to get married*
divorciarse	*to divorce; to get divorced*
envejecer	*to grow old; to age*
nacer	*to be born*
recordar (o → ue)	*to remember; to remind*
separarse	*to separate; to get separated*

Escalar montañas es muy popular en el mundo hispano.

2 El tiempo libre

A los hispanos les gustan los pasatiempos y los deportes, que son tan variados como las personas mismas (*themselves*): desde escalar montañas hasta practicar yoga o divertirse con el monopatín (*skateboard*). Los deportes más populares en el mundo hispano son el fútbol y el béisbol. Para muchos, son deportes para practicar y hacer ejercicio, y para otros son pasatiempos para observar y disfrutar (*enjoy*) con amigos. Hay deportes y pasatiempos para todos los gustos.

Preguntas

1. ¿Cuáles son tus deportes y pasatiempos favoritos? ¿Cuándo y dónde puedes practicarlos?
2. ¿Cuáles son los deportes más populares en los Estados Unidos? ¿Qué deportes se practican en los Estados Unidos y en los países hispanos?
3. ¿Qué deportes o pasatiempos practican las personas en las fotos? ¿Te gustan algunas de estas actividades también?

¿Sabías que?

- El béisbol es el deporte más popular en los países de Centroamérica y el Caribe, y el 23% de los jugadores profesionales de béisbol en EE. UU. viene de siete países hispanos.
- A muchos bebés en Argentina los padres fanáticos del fútbol los registran en sus clubes antes de nacer.

En algunas plazas del mundo hispano se puede ver a los chicos patinando en monopatín (*skateboard*).

El yoga es cada vez más común en los países hispanos.

Learning Outcomes

By the end of this chapter, you will be able to:

✔ share information about sports and pastimes.

✔ recommend, suggest, request, or require something of others.

✔ request pardon, clarification, and check comprehension.

✔ discuss elite athletes and champions in the Spanish-speaking world.

✔ make your writing more cohesive by using linking words.

✔ describe sports and pastimes in Mexican culture.

✔ identify and share information about cultural and artistic expression through a film from Cuba and an essay by Eduardo Galeano (Uruguay).

Comunicación I

¡Anda! Curso elemental, Capítulo 2. Los deportes y los pasatiempos, Apéndice 2.

1 VOCABULARIO

Deportes Sharing information about sports

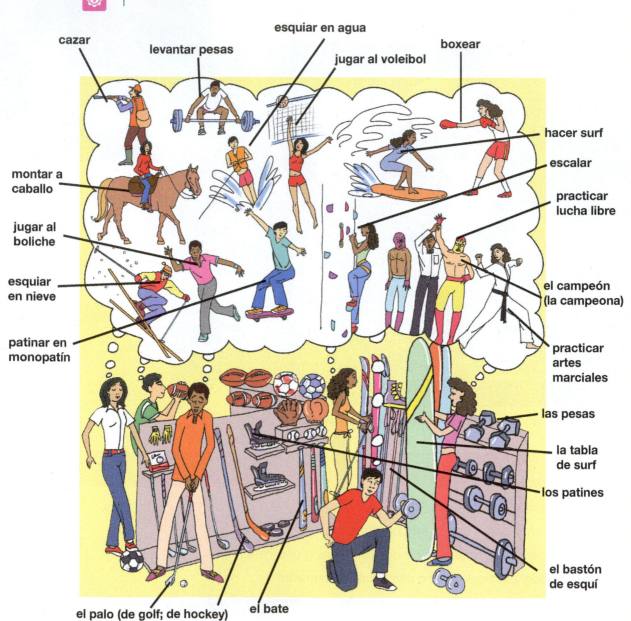

cazar

levantar pesas

esquiar en agua

jugar al voleibol

boxear

hacer surf

escalar

montar a caballo

practicar lucha libre

jugar al boliche

esquiar en nieve

patinar en monopatín

el campeón (la campeona)

practicar artes marciales

las pesas

la tabla de surf

los patines

el bastón de esquí

el palo (de golf; de hockey)

el bate

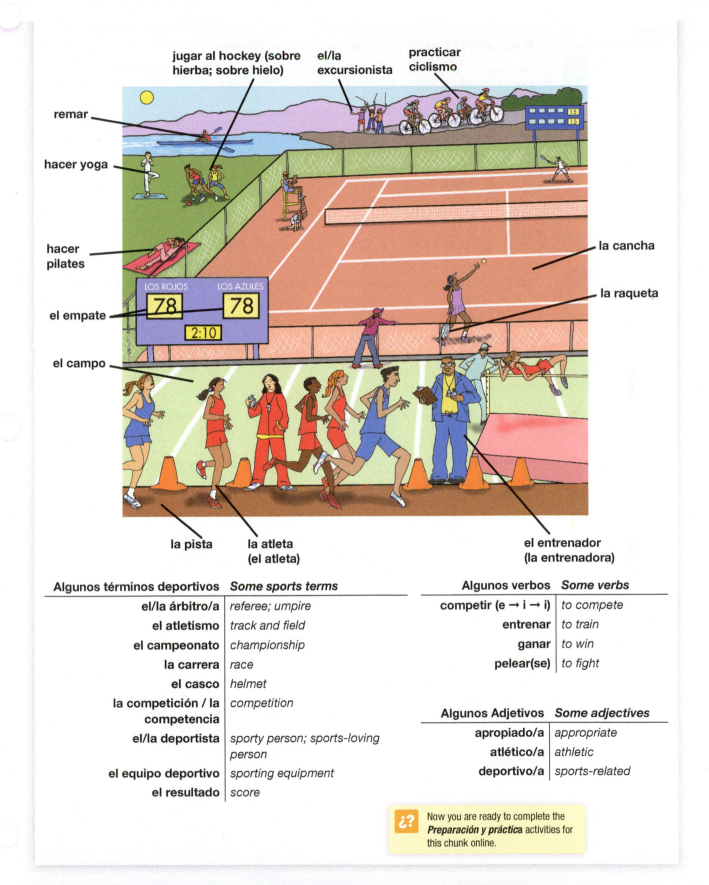

jugar al hockey (sobre hierba; sobre hielo)

el/la excursionista

practicar ciclismo

remar

hacer yoga

hacer pilates

el empate

el campo

LOS ROJOS 78 LOS AZULES 78 2:10

la cancha

la raqueta

la pista

la atleta (el atleta)

el entrenador (la entrenadora)

Algunos términos deportivos	*Some sports terms*
el/la árbitro/a	referee; umpire
el atletismo	track and field
el campeonato	championship
la carrera	race
el casco	helmet
la competición / la competencia	competition
el/la deportista	sporty person; sports-loving person
el equipo deportivo	sporting equipment
el resultado	score

Algunos verbos	*Some verbs*
competir (e → i → i)	to compete
entrenar	to train
ganar	to win
pelear(se)	to fight

Algunos Adjetivos	*Some adjectives*
apropiado/a	appropriate
atlético/a	athletic
deportivo/a	sports-related

¿? Now you are ready to complete the *Preparación y práctica* activities for this chunk online.

REPASO

El subjuntivo   Conveying doubt, influence, feelings, and hopes

For a complete review of the subjunctive, go to *¡Anda!* online or refer to **Capítulo 11** of *¡Anda! Curso elemental* in Appendix 3 of your textbook. The vocabulary activities that appear in your textbook incorporate this grammar point. Practicing new vocabulary with a review grammar point helps to strengthen and increase your knowledge of Spanish.

   ¡Anda! Curso elemental, Capítulo 2. Los deportes y los pasatiempos, Apéndice 2.

    2·1   **¿Va o no va?** Completen los siguientes pasos.

Estrategia

When learning vocabulary, study the list and quickly begin to eliminate the words you already know and the others that you can learn quickly. Focus on the remaining words and phrases for more concentrated study.

Paso 1   Túrnense para escoger la palabra que no pertenece a cada uno de los siguientes grupos.

1. el atletismo, la carrera, la pista, el boliche
2. el árbitro, la tabla de surf, la raqueta, el bate
3. el entrenador, la cancha, el atleta, el campeón
4. la pista, el palo, los patines, las pesas
5. la pelota, el bate, el atletismo, la raqueta

Paso 2   Expliquen por qué cada palabra que escogieron no pertenece.

   2·2   **Deseos** Túrnense para crear oraciones sobre los deseos de las siguientes personas.

MODELO   Ojalá / nosotros / escalar / el cerro Aconcagua / el próximo año.
Ojalá (que) nosotros escalemos el cerro Aconcagua el próximo año.

Fíjate

The expression *Ojalá (que)* comes from the Arabic expression that means "May it be Allah's will." *Tal vez* (maybe) and *Quizás* (perhaps) also take the subjunctive but do not use the word *que*.

1. Quizás / ellos / cazar / este octubre.
2. Ojalá / mis hijos / patinar en monopatín / como sus primos.
3. Ojalá / tú / jugar al boliche / con tu familia.
4. Tal vez / Inés / montar a caballo / la semana que viene.
5. Quizás / tú y yo / hacer surf / este verano.
6. Tal vez / Raúl / esquiar / en los Andes.
7. Quizás / yo / levantar pesas / contigo esta tarde.
8. Ojalá / Uds. / pelear / en la competencia nacional.

2·3 **Los deportes en la UCA** El semestre que viene vas a estudiar en la UCA (Universidad Católica Argentina) que tiene un gran programa deportivo en el que quieres participar. Completa los siguientes pasos.

¡Anda! Curso elemental, Capítulo 2. Los deportes y los pasatiempos; Capítulo 3. La casa, Apéndice 2.

Paso 1 Completa el formulario.

Paso 2 Comparte el formulario con tus compañeros en grupos de tres o cuatro. ¿Van a participar en los mismos deportes? ¿En qué deportes son novatos (*beginners*)? ¿En qué deportes están al nivel recreativo? ¿Nivel competitivo?

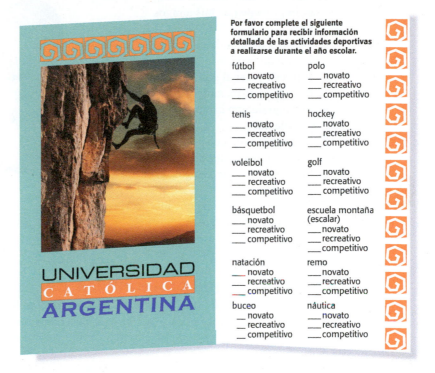

Por favor complete el siguiente formulario para recibir información detallada de las actividades deportivas a realizarse durante el año escolar.

fútbol
___ novato
___ recreativo
___ competitivo

polo
___ novato
___ recreativo
___ competitivo

tenis
___ novato
___ recreativo
___ competitivo

hockey
___ novato
___ recreativo
___ competitivo

voleibol
___ novato
___ recreativo
___ competitivo

golf
___ novato
___ recreativo
___ competitivo

básquetbol
___ novato
___ recreativo
___ competitivo

escuela montaña (escalar)
___ novato
___ recreativo
___ competitivo

natación
___ novato
___ recreativo
___ competitivo

remo
___ novato
___ recreativo
___ competitivo

buceo
___ novato
___ recreativo
___ competitivo

náutica
___ novato
___ recreativo
___ competitivo

2·4 **Para estar en forma** Diego no hace mucho ejercicio pero quiere estar en forma. Escucha lo que dice e indica si las oraciones son ciertas (**C**) o falsas (**F**).

C	F	
☐	☐	1. Los amigos de Diego creen que hace demasiado ejercicio.
☐	☐	2. Diego va a boxear contra Cristóbal Arreola.
☐	☐	3. Sus amigos le piden que vaya a esquiar con ellos este fin de semana.
☐	☐	4. Diego prefiere los deportes al aire libre.
☐	☐	5. Para ser más atlético, él planea levantar pesas.
☐	☐	6. Él va a registrarse en un gimnasio pronto.

2·5 **¿Qué quiero decir?** ¿Estás de acuerdo con tu compañero/a en estas situaciones? Completen las siguientes oraciones usando **el subjuntivo** para comparar tu opinión con la de un/a compañero/a.

MODELO   Para ser campeón, es importante que…

E1: *Para ser campeón, es importante que tú te enfoques en el deporte.*

E2: *Estoy de acuerdo. Para ser campeón, es importante que practiques todos los días.*

1. Para vivir una vida más sana, es importante que mis amigos y yo…
2. Después de salir de mis clases, es raro que yo…
3. Antes de jugar al golf, es probable que mi amigo…
4. Si tengo tiempo mañana, es posible que…
5. Para tener éxito con las artes marciales, es preferible que tú…
6. Si decides esquiar en agua, es mejor que…
7. Este año es imposible que mis padres…
8. Ojalá que mis amigos…

2·6 **Nuestras preferencias** Completa el cuadro con tus preferencias. Usa las expresiones **Es posible que…** y **Es poco probable que…** Compara tus respuestas con las de un/a compañero/a. ¿Qué preferencias tienen en común?

practicar artes marciales	cazar	boxear
montar a caballo	jugar al golf	practicar lucha libre
levantar pesas	remar	escalar montañas
hacer yoga	esquiar en nieve	jugar al boliche
practicar el ciclismo	hacer pilates	jugar al voleibol

SOLO/A	CON AMIGOS Y FAMILIARES
1. *Es poco probable que boxee.*	
2.	
3.	
4.	
5.	
6.	
7.	
8.	

2·7 **¿Dónde están?** Juana y su familia están de vacaciones y ella no sabe dónde está cada uno de los miembros de su familia. Túrnense para darle sugerencias de qué hacen las siguientes personas.

MODELO   No sé dónde está mi esposo, pero le fascina el agua.

E1:   *Tal vez esté nadando.*

E2:   *Sí, o quizás esté esquiando en agua.*

1. No sé dónde están mis hijos, pero les gustan los caballos.
2. Mi prima Gloria ha salido para el aeropuerto. Le encanta el océano Pacífico y las olas.
3. Mi abuelo tiene ochenta años. Ha tenido una vida muy activa y todavía quiere mantenerse en forma.
4. A mi esposo siempre le ha gustado estar en las montañas y también tener retos (*challenges*).

¡Anda! Curso elemental, Capítulo 2. Los deportes y los pasatiempos; Capítulo 7. La comida; Capítulo 9. El cuerpo humano, Apéndice 2.

2·8   **Sus consejos**   Antonia Novello, nacida en Fajardo, Puerto Rico, fue la primera mujer y la primera hispana en ocupar el puesto de Cirujana General de los Estados Unidos (1990–1993). Formen por lo menos **cinco consejos** (*advice*) que ella les puede dar a las personas para llevar una vida activa y saludable. Usen frases como **es importante que, es mejor que, es malo que** y el subjuntivo.

MODELO   *Es importante que las personas sean activas y es necesario que usen el equipo deportivo apropiado.*

2·9 **¿Probable o poco probable?** Entrevista a los compañeros de clase para saber para quiénes es probable y para quiénes es poco probable cada uno de los siguientes deportes y actividades. Escribe el nombre de la persona y la letra **P** para "probable" y **PP** para "poco probable".

MODELO   jugar al boliche

TÚ: *Felipe, ¿es probable que juegues al boliche esta noche?*

E1: *No, es poco probable que juegue al boliche. Levanto pesas todas las noches.*

ES PROBABLE O POCO PROBABLE QUE…	
jugar al boliche	Felipe (PP)
remar	
nadar	
hacer yoga	
jugar al tenis	
patinar en monopatín	
escalar una montaña	
boxear	
correr un maratón	
jugar al golf	
esquiar en las montañas	
dar clases de pilates	

2·10 **¿Cierto o falso?** Escribe **cinco** oraciones sobre ti mismo/a (*yourself*) usando el vocabulario de **deportes** y **el subjuntivo.** Una de las oraciones debe ser cierta y **cuatro** deben ser falsas. Luego, en parejas cada uno va a decir las oraciones que escribió y el/la compañero/a debe adivinar cuáles son falsas y cuál es cierta.

MODELO   E1: *Es probable que yo levante pesas todos los días.*

E2: *No. Es improbable que levantes pesas todos los días. Creo que eso es falso…*

2 GRAMÁTICA

Los mandatos de *nosotros/as*
Suggesting group action using *Let's*

Whenever you wish for people to join you in doing things, you use the **nosotros** commands. These commands are the equivalent of the English *Let us/Let's…*

- The endings are the same for all regular and irregular verbs and are identical to the **nosotros** form of the subjunctive:

1. Take the **yo** form of the present indicative tense of the verb.
2. Drop the **-o** ending.
3. Add **-emos** for **-ar** verbs, and add **-amos** for **-er** and **-ir** verbs.

¡Esquiemos!   ¡Cacemos!

camin**ar**   yo camin**ø** + **emos**   camin**emos**

	ganar	correr	vivir
nosotros	gan**emos**	corr**amos**	viv**amos**

Mont**emos** a caballo hoy.   *Let's go horseback riding today.*
Y corr**amos** en el parque.   *And let's go running in the park.*

- Note that these endings do not change their form in the negative **nosotros** command.

No mont**emos** a caballo hoy.   *Let's not go horseback riding today.*
Y no corr**amos** en el parque.   *And let's not go running in the park.*

- Some common irregular verbs are formed as follows:

	hacer	poner	ser	traer
nosotros	ha**gamos**	pon**gamos**	se**amos**	trai**gamos**

	decir	ir	oír	salir
nosotros	di**gamos**	va**yamos**	oi**gamos**	sal**gamos**

No **vayamos** al partido de fútbol esta noche.   *Let's not go to the soccer game tonight.*
Ha**gamos** una fiesta en casa.   *Let's have a party at home.*
Sal**gamos** para el centro.   *Let's go downtown.*

- Note the spelling changes for some common verbs ending in **-car**, **-gar**, and **-zar**.

	practicar	jugar	empezar
nosotros	practi**quemos**	ju**guemos**	empe**cemos**

Practi**quemos** ciclismo con toda la familia.   *Let's go cycling with the whole family.*
No ju**guemos** sin los niños.   *Let's not play without the children.*
Empe**cemos** el juego a las dos.   *Let's start the game at two.*

- Stem changing **-ir** verbs, such as dormir (**o → ue → u**) and **competir** (**e → i → i**) change as follows:

dormir (o → ue → u)		competir (e → i → i)	
PRESENT	*NOSOTROS* COMMAND	PRESENT	*NOSOTROS* COMMAND
nosotros dormimos	**durmamos**	competimos	**compitamos**

Durmamos más para poder jugar mejor.   *Let's sleep more so that we will be able to play better.*

Compitamos contra el equipo de tu hermano.   *Let's compete against your brother's team.*

- Object pronouns are used with **nosotros** commands as shown in the examples that follow. Note the difference in object pronoun placement with affirmative and negative commands. With reflexive verbs, or when adding the pronoun **se,** the final **-s** is dropped from **-mos** (for example, **sentémonos**).

—Jorge, ¿dónde está tu casco?   —*Jorge, where is your helmet?*

—**Busquémoslo ahora mismo.**   —*Let's all look for it right now.*

—¿Cuándo vamos a comprar las raquetas nuevas   —*When are we going to buy the new tennis*
de tenis? **Comprémoslas** ahora.   *rackets? Let's buy them now.*

—¿Las raquetas? **No las compremos** ahora;   —*The rackets? Let's not buy them now; let's wait*
esperemos hasta la semana que viene.   *until next week.*

—¿Tienes el palo de golf para Pepe?   —*Do you have the golf club for Pepe?*

—Sí, pero **no se lo demos** ahora.   —*Yes, but let's not give it to him now.*

—**Dejemos** de hablar. ¡**Levantémonos** y **juguemos**!   —*Let's stop talking. Let's get up and play!*

—Ella necesita unas pelotas de tenis.   —*She needs some tennis balls.*

—**Comprémoselas** antes de irnos a la cancha de tenis.   —*Let's buy them for her before going to the*
                                                          tennis court.

¡Explícalo tú!

1. Where are object pronouns placed when used with affirmative commands?
2. Where are object pronouns placed when used with negative commands?
3. When do you need to add a written accent mark?

   Check your answers to the preceding questions in Appendix 1.

Note: Affirmative **nosotros** commands can also be expressed using the phrase **vamos a** + *infinitive*. To express "let's not" do something, the subjunctive is used.

Vamos a patinar en monopatín mañana.   *Let's go skateboarding tomorrow.*

Vamos a esquiar este fin de semana.   *Let's go skiing this weekend.*

No vayamos a levantar pesas en el gimnasio hoy.   *Let's not go to lift weights at the gym today.*
   Estoy cansada.   *I'm tired.*

No vayamos a ver el partido de hockey esta noche.   *Let's not go watch the hockey game tonight.*

¿? Now you are ready to complete the *Preparación y práctica* activities for this chunk online.

2·11 **De otra manera** Túrnense para cambiar los verbos en infinitivo a **mandatos de *nosotros/as*.**

MODELO

boxear
Boxeemos.

1.

practicar lucha libre

2.

hacer surf

3.

competir contra el equipo de Tomás

4.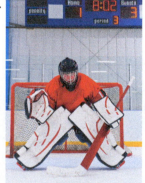

jugar al hockey

5.

patinar en monopatín

6.

escalar montañas

7.

montar a caballo

8.

esquiar en nieve

¡Anda! Curso elemental, Capítulo 1. Los adjetivos descriptivos; Capítulo 2. Los deportes y los pasatiempos, Apéndice 2.

¡Anda! Curso intermedio, Capítulo 1. El aspecto físico y la personalidad, pág. 36.

2·12   Cuestión de personalidad   ¿Qué actividad sugieres para cada tipo de personalidad? En parejas, túrnense para sugerir actividades para cada caso usando **los mandatos de** *nosotros/as.*

MODELO   Somos deportistas.
    E1:   *Escalemos las montañas.*
    E2:   *Buena idea. Esquiemos también.*

Somos…

1. extrovertidos.   3. creativos.   5. callados.   7. cuidadosos.
2. tacaños.   4. fuertes.   6. flojos.   8. débiles.

¡Anda! Curso intermedio, Capítulo 1. Algunos verbos como *gustar,* pág. 41.

2·13   ¡Conversemos!   Túrnense para hacer planes para el próximo fin de semana.

MODELO   jugar al boliche
    E1:   *Me gusta jugar al boliche.*
    E2:   *Yo también juego al boliche.*
    E1:   *Entonces, juguemos al boliche este fin de semana.*

1. boxear
2. practicar artes marciales
3. ir al partido de básquetbol
4. hacer pilates
5. hacer surf
6. ser árbitro/a
7. comprar unos patines para jugar al hockey
8. ver la competición de atletismo en la televisión

La Vuelta al Táchira

A muchos deportistas les encanta el desafío (*challenge*) que acompaña una competencia deportiva. Investiguemos un evento que tiene lugar anualmente en el estado de Táchira en Venezuela. Se trata de una competencia de ciclismo que ocurre en el mes de enero durante la Fiesta de San Sebastián. En esta difícil competencia participan ciclistas de todo el mundo. Muchas personas creen que la Vuelta al Táchira es el evento ciclista más importante de América.

Consideremos los elementos del desafío: la distancia de la ruta es difícil y larga, a veces hasta 1.600 kilómetros en total. El terreno es muy montañoso. La competencia se divide en doce etapas y dura casi dos semanas. Y no olvidemos la rivalidad que existe en esta competencia entre los participantes colombianos y venezolanos en particular. Así que es un evento con mucha emoción y actividad.

Preguntas

1. ¿Qué tipo de deporte se practica en Táchira?
2. Describe la competencia: cuándo es, el terreno, la distancia de la ruta, etc.
3. ¿Qué otras competencias internacionales conoces?

2·14 **¿Qué hacemos?** Circula por la clase y conversa con dos personas para ponerse de acuerdo (*agree*) en una(s) actividad(es) para hacer juntos.

MODELO
E1: *A mí me gusta jugar al boliche. ¿A ti, Julie?*
E2: *A mí también me gusta jugar al boliche. ¿A ti, Al?*
E3: *¡Me encanta jugar al boliche!*
E1: *Excelente. Juguemos al boliche.*

ACTIVIDAD	YO	Julie	Al
1. hacer surf	no	no	no
2. hacer ejercicio en el gimnasio			
3. jugar al tenis			
4. nadar			
5. patinar sobre hielo			
6. remar			
7. montar a caballo			

2·15 En el Hotel Palacio de la Luna ¡Van a pasar las vacaciones de primavera en Cancún, México, por cuatro días! En grupos de tres, decidan qué actividades quieren hacer. Después, compartan sus listas con los otros grupos.

la Luna Golf y Spa Resort

En el Palacio de la Luna Golf y Spa Resort se puede encontrar toda la acción y emoción que uno busca. Para empezar, nuestras piscinas al aire libre estilo laguna figuran entre las más grandes de México ocupando una extensión de más de 200 metros a lo largo de la playa e incluyen jacuzzis, bares y áreas infantiles. Además, nuestro campo de golf ofrece 18 hoyos y es uno de los mejores de México.

- 2 piscinas estilo libre con 6 jacuzzis
- 4 bares de piscina
- 2 piscinas para niños
- piscina al aire libre en el club de golf
- demostración de buceo
- marina de deportes acuáticos
- instalaciones de spa ($)
- 2 gimnasios
- sauna y baños de vapor
- bicicletas
- yoga y pilates
- 6 canchas de tenis iluminadas
- 2 canchas de básquetbol
- voleibol de playa
- fútbol de playa
- billares
- juegos de mesa
- Club de niños (4 a 12 años)
- Discoteca Andrómeda
- fiestas temáticas

NUESTRAS ACTIVIDADES POR DÍA:			
lunes	**martes**	**miércoles**	**jueves**
de día: levantemos pesas en el gimnasio	**de día:**	**de día:**	**de día:**
de noche: compitamos jugando al tenis	**de noche:**	**de noche:**	**de noche:**

2·16 Planes para este fin de semana Jamás hay suficiente tiempo durante los fines de semana. En grupos, conversen sobre las actividades que pueden hacer juntos este fin de semana.

comer en nuestro restaurante favorito	dormir hasta tarde
esquiar en agua	hacer la tarea
hacer un postre	ir al partido de béisbol
jugar al boliche	limpiar la casa
pasar la aspiradora	salir a bailar

etcétera

MODELO   E1: *¿Qué quieren hacer este fin de semana? Si todos tenemos hambre, comamos en nuestro restaurante favorito.*

E2: *Buena idea; también, si tenemos tiempo el sábado por la mañana, durmamos…*

Escucha

Una conversación entre dos amigos

Estrategia	When you are speaking with someone or listening to a description or narration, you can often understand what is being said by paying attention to the speaker's intonation, gestures, the topic being discussed, and the	overall context. You do not need to understand every word, but by focusing on specific details you can get the *gist,* or main idea(s), of what is being said. You should be able to state the gist of a passage in one or two sentences.
Listening for the gist		

2·17 Antes de escuchar Mira la foto y contesta las siguientes preguntas, según lo que piensas que pasa con los dos amigos.

1. ¿Dónde están?
2. ¿De qué crees que están hablando?
3. ¿Qué crees que van a hacer?
4. ¿Qué tienes en común con esas personas?

2·18 A escuchar Completa los siguientes pasos.

Paso 1 Lee las siguientes oraciones. Luego, escucha la conversación entre Jorge y Rafa en la que hablan de sus planes para el fin de semana. Después, escoge la oración que mejor describe la conversación.

a. Deciden hacer un poco de todo: levantar pesas, hacer surf y esquiar.
b. Se pelean porque Consuelo no va a limpiar las ventanas.
c. Al principio, no pueden ponerse de acuerdo (*agree*) porque quieren hacer cosas diferentes.

Paso 2   Antes de escuchar la conversación otra vez, lee las siguientes preguntas y respuestas. Por fin, ¿qué deciden hacer Jorge y Rafa? Escoge las respuestas correctas después de escuchar.

1. ¿Cuál de estas cosas quiere hacer Jorge?
   a. esquiar   b. jugar al boliche   c. patinar en monopatín

2. ¿Cuál de estas cosas quiere hacer Rafa?
   a. cazar   b. boxear   c. montar a caballo

3. ¿Cuál es el acuerdo (*compromise*)?
   a. Primero van a limpiar la casa y después van a ir al gimnasio.
   b. Deciden estudiar, pero el próximo fin de semana van a hacer algo más activo al aire libre.
   c. Van a hacer la compra para la semana y ayudar a Consuelo.

2·19 Después de escuchar Mira o escucha el pronóstico del tiempo (*weather report*) en español (de la televisión, la radio o Internet). Basándote en ese pronóstico, planea un fin de semana perfecto. Después, haz un segundo plan en caso de que cambie el tiempo (por ejemplo, si llueve).

¿Cómo andas? I

	Feel confident	Need to review
Having completed **Comunicación I**, I now can…		
• share information about sports. (p. 78)	☐	☐
• produce regular verb forms in the present subjunctive. (p. 80 and online)	☐	☐
• suggest group action using *Let's*. (p. 85)	☐	☐
• discuss an international sporting event. (p. 89)	☐	☐
• listen for the gist of a conversation. (p. 91)	☐	☐

Comunicación II

♲ *¡Anda! Curso elemental*, Capítulo 2. Los deportes y los pasatiempos, Apéndice 2.

3 VOCABULARIO

Pasatiempos y deportes Describing pastimes and sports

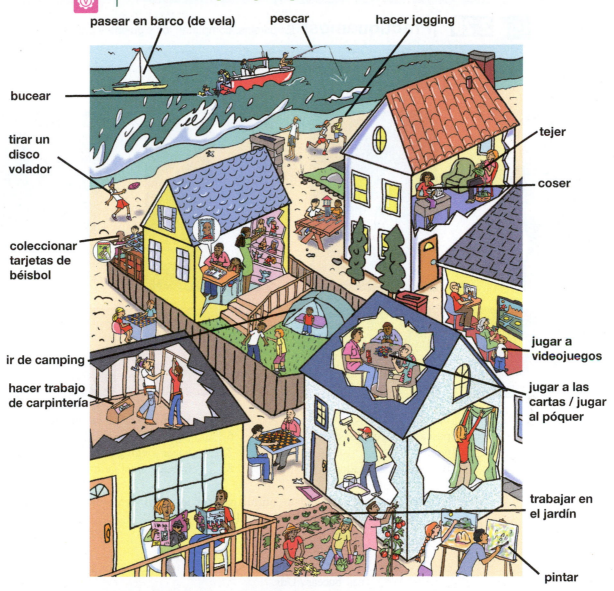

pasear en barco (de vela)

pescar

hacer jogging

bucear

tirar un disco volador

coleccionar tarjetas de béisbol

ir de camping

hacer trabajo de carpintería

tejer

coser

jugar a videojuegos

jugar a las cartas / jugar al póquer

trabajar en el jardín

pintar

Otros pasatiempos	*Other pastimes*
comentar en un blog	*to post to a blog*
decorar	*to decorate*
jugar al ajedrez	*to play chess*
jugar a las damas	*to play checkers*

 Now you are ready to complete the *Preparación y práctica* activities for this chunk online.

REPASO

Los mandatos formales e informales Telling others to do something

For a complete review of formal and informal commands, go to *¡Anda!* online or refer to **Capítulo 10** of *¡Anda! Curso elemental* in Appendix 3 of your textbook. The vocabulary activities that appear in your textbook incorporate this grammar point. Practicing new vocabulary with a review grammar point helps to strengthen and increase your knowledge of Spanish.

  2·20 **¡Practiquemos!** En parejas, completen los siguientes pasos.

Paso 1 Túrnense para escoger la foto que le corresponde a cada palabra o expresión en la lista.

a.

b.
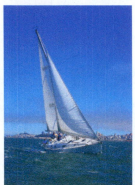
c.

d.

e.

f.

g.

h.

1. ____ bucear
2. ____ pasear en barco de vela
3. ____ tejer
4. ____ tirar un disco volador

5. ____ hacer trabajo de carpintería
6. ____ jugar al ajedrez
7. ____ hacer jogging
8. ____ trabajar en el jardín

Paso 2 Túrnense para dar mandatos afirmativos con los **ocho** verbos del **Paso 1.** Pueden alternar entre los mandatos informales y formales.

MODELO E1: jugar al ajedrez / tú

E2: *Juega al ajedrez.*

E2: bucear / Uds.

E1: *Buceen.*

Paso 3 Ahora túrnense para dar mandatos negativos con los mismos verbos.

MODELO E1: jugar al ajedrez / tú

E2: *No juegues al ajedrez.*

E2: bucear / Uds.

E1: *No buceen.*

Fíjate

Remember that you are familiar with *Ud.* (*¡Estudie!*) and negative *tú* (*¡No hables!*) commands from your practice forming the subjunctive earlier in the chapter.

2·21 **¿Qué puedo hacer?** Túrnense para darle instrucciones con **los mandatos informales** a un/a amigo/a que está aburrido. Dile lo que debe o no debe hacer.

MODELO   jugar / videojuegos en casa

Juega videojuegos en casa.

or

No juegues videojuegos en casa; camina afuera.

1. pasear en barco de vela / para disfrutar el buen tiempo
2. hacer trabajo de carpintería / con un casco
3. pescar / en el lago
4. pintar / el dormitorio de un color brillante
5. trabajar / en el jardín con las flores
6. hacer jogging / con tus amigos
7. ir de camping / este fin de semana
8. tirar / un disco volador
9. jugar al póquer / con nuestros amigos
10. comentar / en tu blog

2·22 **Te toca a ti** Están cuidando a su primito que es muy activo. Túrnense para contestar sus preguntas usando **los pronombres de complemento directo.**

MODELO   ¿Puedo escalar el estante de libros? (No)
No, no lo escales.

1. ¿Puedo tirar un disco volador en la sala? (No)
2. ¿Puedo pintar un cuadro? (Sí)
3. ¿Puedo usar tu computadora para jugar videojuegos? (No)
4. ¿Puedo mirar tu colección de tarjetas de béisbol? (Sí)
5. ¿Puedo usar tus pinceles nuevos (*brushes*)? (Sí)

2·23   Cosas para hacer y no hacer Son consejeros en un club que ofrece pasatiempos y tienen que decirles a los miembros lo que deben y no deben hacer. Túrnense para formar **mandatos formales** afirmativos y negativos con las siguientes palabras.

MODELO   buscar el bastón de esquí / comprar bastones nuevos (Sr. León)

Sr. León, busque el bastón de esquí. No compre bastones nuevos.

1. jugar al ajedrez / jugar a las cartas (Sr. Lima)
2. coleccionar tarjetas de béisbol / coleccionar arte (Sres. Pardo)
3. decorar la casa / pintar su sala de recreo (Srtas. Crespo)
4. pasear en barco de vela / bucear (Sr. García)
5. pescar / hacer jogging (Sres. Medina)
6. tirar un disco volador / comentar en un blog (Sra. Padilla)

2·24   Un pasatiempo para cada quien En parejas, creen una conversación corta en la que dan consejos a unos jóvenes que quieren hacer una variedad de pasatiempos. Sean creativos.

¡Anda! Curso elemental, Capítulo 2. Los deportes y los pasatiempos, Apéndice 2.

MODELO   E1: *Nos gustan los animales. ¿Qué nos recomienda?*

E2: *Pues, si les gustan los animales, monten a caballo o trabajen con los perros rescatados (rescued).*

E1: *¡Buena idea! ¿Vienen Uds. con nosotros?*

1. Nos gusta el océano.
2. Nos gustan las plantas.
3. Nos gustan los juegos de estrategia.
4. Nos gusta comer pescado.
5. Nos gusta comunicarnos por Internet.
6. Nos gusta correr.

¡Anda! Curso elemental, Capítulo 2. Los deportes y los pasatiempos; Capítulo 4. Los lugares; Capítulo 5. El mundo de la música, El mundo del cine, Apéndice 2.

2·25 **Vengan a vernos** Escriban un anuncio de publicidad para el Centro Turístico de Mazatlán, un centro turístico muy exclusivo. Usen por lo menos **ocho mandatos formales.** ¡Sean creativos!

MODELO   *¡Señoras y señores! Vengan al Centro Turístico de Mazatlán para pasar siete días estupendos con nosotros. Por ejemplo, paseen en barco de vela en el mar bonito o tiren un disco volador en la playa. También…*

Estrategia

Remember to use the *Ud./Uds.* forms with people you do not know well or with whom you are not on a first-name basis. An advertisement for the general public would fall into this category.

4 GRAMÁTICA

 El subjuntivo para expresar pedidos (requests), mandatos y deseos Recommending, suggesting, requesting, or requiring something of someone

A. There are a variety of different situations in which you need to use the **subjunctive.**

- Sometimes, you may want to **recommend** something to or **request** something from someone in a less demanding way than using a command.

Note the following examples.

Te **recomiendo** que **hagas** más ejercicio.

I recommend that you exercise more.

Es preferible que pintes la casa y que no vayas a pescar este fin de semana.

- You **express wishes** in the same way:

Deseo que mis padres me **regalen** tarjetas de béisbol.

I wish that my parents would give me baseball cards.

Espero que **estés** contento; no quiero pelear contigo hoy.

I hope that you are happy; I don't want to fight with you today.

- You may also **report on others' requests, recommendations, or wishes:**

José y Gregorio **quieren** que sus padres les **compren** videojuegos.

José and Gregorio want their parents to buy them video games.

Gloria y Yolanda **esperan** que sus esposos no **vayan a pescar** este fin de semana.

Gloria and Yolanda hope that their husbands will not go fishing this weekend.

Javier no **quiere** que Pilar **haga jogging** por la noche.

Javier doesn't want Pilar to jog/go jogging at night.

Sonia les **recomienda** que **jueguen** al póquer.

Sonia recommends that they play poker.

B. When **wishing or hoping something for oneself,** and **the subject does not change,** you must **use the infinitive, NOT the subjunctive.**

Quieren ir de camping este fin de semana.

They want to go camping this weekend.

Espera tejer un suéter pronto.

She hopes to knit a sweater soon.

Deseo trabajar en el jardín esta tarde.

I want to work in the garden this afternoon.

- Some verbs used to express **requests, commands,** and **wishes** are:

aconsejar	to recommend; to advise	**preferir (e → ie → i)**	to prefer
desear	to wish	**prohibir**	to prohibit
esperar	to hope	**proponer**	to suggest; to propose
exigir	to demand	**querer (e → ie)**	to want; to wish
insistir (en)	to insist (on)	**recomendar (e → ie)**	to recommend
necesitar	to need	**rogar (o → ue)**	to beg
pedir (e → i → i)	to ask (for); to request	**sugerir (e → ie → i)**	to suggest

- The following are some common impersonal expressions that also express **requests, commands,** and **desires:**

Es importante que	*It is important (that)*	**Es necesario que**	*It's necessary (that)*
Es mejor que	*It's better (that)*	**Es preferible que**	*It's preferable (that)*

Fíjate

Remember to put an accent on most forms of *prohibir (prohíbo, prohíbes, etc.)* due to the silent "h". Other verbs that requite an accent are *enviar (envío)* and *continuar (continúo).*

¡Explícalo tú!

Based on the sentences on page 98,

1. In **Part A**, how many verbs are in each sample sentence?
2. Which verb is in the present indicative: the verb in blue or the one in red?
3. Which verb is in the present subjunctive: the verb in blue or the one in red?
4. Is there a different subject for each verb?
5. What word joins the two distinct parts of the sentence?
6. State a rule for the use of the subjunctive in the sentences from **Part A**.
7. State a rule for the sentences in **Part B**.

✔ Check your answers to the preceding questions in **Appendix 1**.

Estrategia

Educational researchers have found that it is *always* important for you to state grammar rules orally, in your own words. Correctly stating the rules demonstrates that you are on the road to using the grammar concept(s) correctly in your speaking and writing.

¿? Now you are ready to complete the ***Preparación y práctica*** activities for this chunk online.

 ¡Anda! Curso elemental, Capítulo 2. Presente indicativo de verbos regulares; Capítulo 3. Algunos verbos irregulares; Capítulo 4. Los verbos con cambio de raíz, Apéndice 3.

2·26 La práctica hace maestros Su instructor/a les va a explicar una actividad para practicar la formación del subjuntivo. ¡Diviértanse!

2·27 El juego de la pelota Formen grupos de tres estudiantes. Un/a estudiante le tira una pelota de papel a otro/a mientras nombra un (pro)nombre y un verbo del cuadro. El/La estudiante que recibe la pelota debe crear una oración breve usando **el subjuntivo** y las expresiones **Es preferible, Es importante** o **Es necesario.**

Tomás y Carlos / comprar	ellas / vivir	los dos chicos / perder
nosotros / saber	tú / comenzar	tú / querer
Susana / escribir	Víctor y yo / esperar	nosotros / dormir
Gabriela y Héctor / encontrar	yo / servir	yo / ser
nuestros profesores / repetir	tú / volver	tú / poder
Paola / ponerse	los estudiantes / sentarse	tú / tener

MODELO E1: *nosotros / dormir* (tira la pelota)

E2: *Es importante que durmamos ocho horas.*

2·28 **Los cuentos del barrio** Cada barrio tiene sus historias. Túrnense para crear oraciones con **el subjuntivo** y descubrir las opiniones e historias de los vecinos del barrio Central.

MODELO   Los Grajera / esperar / los nuevos vecinos García / no hacer trabajo de carpintería hasta muy tarde.

Los Grajera esperan que los nuevos vecinos García no hagan trabajo de carpintería hasta muy tarde.

1. El Sr. Vargas / preferir / su mujer / no decorar la sala.
2. La Sra. Vargas / desear / su esposo / no jugar al póquer.
3. Los jóvenes Vargas / rogar / sus padres / pintar sus dormitorios / negro y morado.
4. Silvia Hernández / proponer / yo / tirar un disco volador / con ella / mañana.
5. Muchos padres / decir / es preferible / sus niños / hacer jogging / y / no jugar a videojuegos / en casa.

2·29 **Michelle Wie nos recomienda** Michelle Wie, una de las mejores jugadoras de golf del mundo, nos da consejos de cómo mejorar nuestras habilidades en el juego de golf. Usen los siguientes verbos con **el subjuntivo** para crear sus consejos.

MODELO   no jugar con expertos al principio / (a los novatos)

Les aconsejo (recomiendo, sugiero, etc.) que no jueguen con expertos.

1. nunca dejar de mirar la pelota / (a ti)
2. comprar pelotas buenas / (a tu amiga)
3. mantener limpios los palos / (a tu profesor/a)
4. llevar lentes de sol / (a tus tíos)
5. darle a la pelota suavemente / (a los jugadores)

2·30 **Rafael Nadal** Lean la información sobre Rafael Nadal y túrnense para terminar las siguientes oraciones usando esta información.

MODELO Recomendamos que los aficionados…

Recomendamos que los aficionados vean el torneo Abierto de Australia en la televisión.

1. Es mejor que Rafael…
2. Mi amigo/a y yo esperamos que…
3. Los aficionados esperan que…
4. Recomendamos que los aficionados…
5. Los otros jugadores de tenis profesionales exigen que…
6. Prefiero que Rafael…
7. Su entrenador le propone que…
8. Los árbitros le ruegan al público que…
9. Ojalá que…
10. Tal vez…

Rafael NADAL Parera

Nacionalidad:	España (Mallorca)
Fecha de nacimiento:	3 de junio de 1986
Residencia:	Manacor, Mallorca, España
Familia:	Sebastián, Ana María y una hermana menor llamada María Isabel
Profesional desde:	2001
Entrenador:	Toni Nadal (tío)
Comida favorita:	Mariscos y la pasta
Pasatiempos preferidos:	Jugar con el PlayStation, fútbol, golf, pescar, salir con amigos para ir a fiestas y al cine
Equipo favorito:	Real Madrid
Películas favoritas:	*Gladiator, Titanic*
Próximo torneo:	Australian Open

Fíjate

Real Madrid is a professional soccer team from Madrid, Spain.

  2·31 **Para relajarte** Escucha mientras Sara habla con Nuria, su nueva compañera de cuarto en la universidad. Ella está muy estresada porque es nueva en la uni y Sara le da consejos sobre pasatiempos que la van a ayudar a relajarse y adaptarse. Después escoge la opción correcta para cada pregunta según lo que dicen.

1. ¿Quién está preocupada?

   a. Sara   b. Nuria

2. Nuria dice que no se adapta fácilmente porque…

   a. no tiene amigos.   b. estudia todo el tiempo.

3. Sara recomienda que Nuria…

   a. haga ejercicios con ella.   b. estudia con ella en la biblioteca.

4. A Nuria no le gusta…

   a. leer novelas.   b. levantar pesas.

5. Sara tiene unos amigos en el equipo de…

   a. Ultimate.   b. voleibol.

6. Sara y Nuria van a practicar un deporte…

   a. en el gimnasio.   b. en la playa.

7. Después, van a nadar…

   a. en la piscina.   b. en el mar.

Campeones famosos del mundo hispano

Hay deportes y pasatiempos para todos los gustos. Aquí hay tres campeones muy admirados por sus aficionados.

Karla Wheelock (n. 1968) es una alpinista mexicana extraordinaria que descubrió su amor por la naturaleza y el montañismo cuando tenía solo seis años de edad. En una conferencia dijo: "Los montañistas tenemos una frase: Tu actitud determina tu altitud". Es decir, el individuo es el que determina dónde llega en la vida. Y Wheelock ha llegado a una altitud impresionante, ya que es la primera mujer latinoamericana en escalar las "Siete cumbres" (*Seven Summits*) o los picos más altos del mundo.

José Alberto Pujols Alcántara (n. 1980) es de la República Dominicana. Emigró a los Estados Unidos con su familia y empezó a jugar al béisbol. Por muchos años jugó la posición de primera base para los *St. Louis Cardinals* en las grandes ligas y en el año 2012 empezó a jugar para los *Los Angeles Angels of Anaheim*. Es un jugador fenomenal; algunos lo comparan con el famoso jugador Lou Gehrig. En su primer año lo nombraron novato *(rookie)* del año en la Liga Nacional y también ha sido designado el jugador del año varias veces.

Lionel Messi (n. 1987) es un futbolista argentino que juega en el equipo FC Barcelona en España. Actualmente es considerado uno de los mejores jugadores y delanteros *(forwards)* del mundo. Es el primer futbolista de la historia en recibir cinco veces el Balón de Oro de la FIFA. Quizás sea el nuevo Maradona.

Fíjate

Diego Armando Maradona is a former soccer player from Argentina and is considered one of the best players in the history of the sport.

Preguntas

1. ¿Qué deportes se representan aquí?
2. ¿Por qué estas personas son reconocidas en sus deportes respectivos?
3. Probablemente, ¿qué recomiendan estos campeones que otros atletas y deportistas hagan para tener éxito?

2·32 **Tus consejos** Siempre tenemos deseos y consejos para los demás. Completa los siguientes pasos.

Paso 1 Expresa tus deseos y recomendaciones para las siguientes personas. Termina cada oración usando el **vocabulario nuevo** cuando sea posible y usa **un verbo diferente** para cada situación.

MODELO **A TUS PADRES O FAMILIARES** / Recomendamos que…

Recomendamos que comenten en un blog. Es un pasatiempo interesante.

A TUS PADRES O FAMILIARES	A NOSOTROS	A TU PROFESOR/A	A TU MEJOR AMIGO/A
1. Recomendamos que…	1. Es preferible que…	1. Espero que…	1. Es importante que…
2. Siempre exigimos que…	2. Es necesario que…	2. Nosotros deseamos que…	2. Te aconsejo que…
3. Sugiero que…	3. No es importante que…	3. Los estudiantes ruegan que…	3. Espero que…
4. Quiero que…	4. Los profesores nos sugieren que…	4. Propongo que…	4. Prefiero que…

Paso 2 Compara tus recomendaciones con las de un/a compañero/a.

 ¡Anda! Curso elemental, Capítulo 3. Los quehaceres de la casa; Capítulo 4. Los lugares; Capítulo 10. Los medios de transporte, Apéndice 2.

 2·33 **Recomiendo que…** Túrnense para hacer comentarios y sugerencias para las siguientes situaciones. Usen por lo menos **cuatro** oraciones diferentes para cada una.

¡Anda! Curso intermedio, Capítulo 1. El aspecto físico y la personalidad, pág. 36.

Estrategia

For **2-33**, note that for various scenarios you are directed to review certain chapters from *¡Anda! Curso elemental* in Appendix 2. There, you will be reminded of helpful vocabulary you have learned that is appropriate to incorporate here.

1. Tienes tres primos. Recomiéndales deportes y pasatiempos según sus personalidades. Diana es extrovertida y amable. Carlos es callado y bien educado. Manuel es flojo y terco.
2. Un amigo quiere comprar un Rolls-Royce nuevo.
3. Tus amigos viven de una manera muy desorganizada.
4. Unos amigos van a viajar a Sudamérica.

¡Conversemos!

Estrategias comunicativas Expressing pardon, requesting clarification, and checking for comprehension

When learning a language, we often do not understand what a native speaker says the first time, or we wish to check our comprehension. Use the following phrases to help in these situations.

Para pedir perdón	To excuse yourself
• **Disculpa./Discúlpame. (familiar)**	
• **Disculpe./Discúlpeme. (formal)**	*Excuse me.*
• **Disculpen./Discúlpenme. (plural)**	
• **Perdón./Perdóname. (familiar)**	
• **Perdóneme./Perdónenme. (formal)**	*Pardon.*
• **Con permiso.**	*With your permission, excuse me.*

Para pedir clarificación	To ask for clarification
• **¿Cómo?**	*What?*
• **Repite/a, por favor.**	*Repeat, please.*
• **¿Qué dijiste/dijo?**	*What did you say?*
• **¿Qué quiere decir...?**	*What does... mean?*
• **¿Qué significa...?**	*What does... mean?*

🔊 2·34 Diálogos Escucha los diálogos y contesta las siguientes preguntas.

1. ¿Qué le dijo José a Josefina cuando sonó el teléfono?
2. ¿Qué dijeron Teresa y Marina al salir del metro?

👥 2·35 Disculpa, por favor En parejas, túrnense para dar una respuesta a cada situación usando las estrategias comunicativas. Pueden usar más de una estrategia.

1. En un partido de fútbol donde hay mucho ruido, no oíste lo que tu amigo te dijo.
2. En el partido de béisbol anuncian los resultados de otros partidos importantes del día, pero no entendiste lo que se dijo sobre tu equipo favorito.
3. En el mismo partido, un aficionado te explica algo complicado que un jugador hizo, usando palabras que no has escuchado antes.
4. Necesitas bajar del autobús porque has oído que la próxima parada es la tuya. Hay muchas personas delante de ti.
5. Cuando sales del autobús, le pisas (*step on*) el pie a alguien sin querer.

2·36 **Adivina el deporte** Formen equipos. Un miembro de cada equipo selecciona una palabra del vocabulario sobre los deportes y pasatiempos y se la describe a su equipo sin usar ninguna palabra de la misma familia (p. ej., atleta, atletismo, atlético/a). Usen las estrategias comunicativas para clarificar las pistas.

MODELO   E1:   *Es un deporte en que usas una raqueta.*

E2:   *¿Se usa una pelota también?*

E1:   *Sí.*

E2:   *Es el tenis.*

2·37 **Situaciones** En parejas, dramaticen las siguientes situaciones:

1. E1:   Recibes una llamada telefónica de una persona que cree haber llamado a un teatro. No te deja hablar.

E2:   Llamas a un teatro para comprar boletos para un concierto de Juanes. La persona que contesta no parece ni oírte ni entenderte.

MODELO   E1:   *¿Aló?*

E2:   *Buenos días. ¿Hablo con El Teatro de Oro? Quiero comprar unos boletos para el concierto de Juanes este viernes a las siete y media.*

E1:   *Perdón. ¿Qué dijo usted? Creo que usted se equivocó.*

E2:   *¿Cómo? Disculpe. Unos boletos. Quiero comprar dos boletos…*

2. E1:   Trabajas en la ventanilla (*ticket window*) del estadio municipal. Un turista te hace preguntas, pero no entiendes.

E2:   Eres turista y quieres comprar una entrada para ver el partido de fútbol esta tarde. Parece que el vendedor te ignora o no quiere venderte el boleto.

3. E1:   Vas en autobús a una exhibición de lucha libre. Hay mucha gente en el pasillo y necesitas pasar porque tu parada viene pronto.

E2:   Estás en el autobús y una persona te dice algo pero no entiendes. Pide clarificación.

2·38 **Sobre gustos no hay nada escrito** Tu amigo/a y tú van a pasar dos días en un hotel de lujo. En este hotel hay todo tipo de deportes y actividades y ustedes tienen que decidir cuáles van a practicar en su tiempo limitado. Deben hacer una lista de por lo menos **seis** de las actividades que más quieren hacer. Usen **los mandatos de *nosotros/as*** y las estrategias comunicativas.

MODELO   E1:   *El primer día, levantemos pesas por la mañana. Y luego juguemos al tenis.*

E2:   *Discúlpame. La verdad es que no me gustan los gimnasios. Mejor primero juguemos al tenis y luego buceemos en el mar.*

Escribe

Un comentario de blog

Estrategia

Process writing (Part 2): Linking words

Linking words can provide a smooth transition between portions of your writing so that it does not appear choppy or disjointed. Use linking words to connect simple thoughts and turn them into complex sentences. Linking words will help you communicate your ideas in a natural way, and by using these words, your writing will flow more smoothly.

Nexos	Linking Words
así	*thus*
cuando	*when*
o/u	*or*
pero	*but*
porque	*because*
pues	*well, since*
que, quien	*that, who*
y/e	*and*

2·39 Antes de escribir Vas a comentar en un blog sobre una experiencia con un deporte.

1. Primero, piensa en los momentos principales de tu experiencia.
2. Después, haz una lista de los momentos que quieres mencionar; escribe **una** o **dos** oraciones descriptivas para cada momento.
3. Finalmente, planea las oraciones con nexos donde sea necesario para que tengan más sentido.

2·40 A escribir Escribe tu comentario de blog sobre tu experiencia deportiva. Menciona por lo menos **cuatro** momentos que ocurrieron. Tu comentario debe contener por lo menos **seis** oraciones. Usa por lo menos **dos oraciones en el subjuntivo.** Asegúrate de que:

• hayas incluido los momentos más importantes de la experiencia deportiva.

• conectes tus pensamientos para que tengan más sentido.

MODELO   *Mi amigo siempre quiere que vaya con él a esquiar. Así que por fin decidí intentarlo, pero primero tuve que comprar los esquís y luego los bastones de esquí...*

2·41 Después de escribir Comparte tu comentario de blog con un/a compañero/a de clase. Haz una comparación de las dos experiencias que ustedes han tenido. ¿En qué son semejantes (*similar*) y en qué son diferentes?

¿Cómo andas? II

	Feel confident	Need to review
Having completed **Comunicación II**, I now can…		
• describe pastimes and sports. (p. 93)	☐	☐
• tell others to do something. (p. 94 and online)	☐	☐
• recommend, suggest, request, or require something of someone. (p. 98)	☐	☐
• identify three elite athletes and champions in the Spanish-speaking world. (p. 102)	☐	☐
• express pardon, request clarification, and check for comprehension. (p. 104)	☐	☐
• use linking words to make writing more cohesive. (p. 106)	☐	☐

Vistazo cultural

Deportes y pasatiempos en la cultura mexicana

Me interesa todo tipo de arte creativo relacionado con la tecnología de las computadoras. Así decidí seguir una carrera en la cual puedo combinar los dos intereses. Estudio para sacar una Licenciatura en Animación y Arte Digital. Exploremos más pasatiempos y deportes en México. Quizás un deporte o un pasatiempo pueda inspirar tu carrera.

Julio López Ríos, estudiante del Instituto Tecnológico y de Estudios Superiores de Monterrey (ITESM), México

La lucha libre
La lucha libre continúa subiendo en popularidad. Las máscaras de los luchadores son a la vez símbolos de la política, del mito (*myth*) histórico, del alma (*soul*) individual y de la resistencia social del pueblo. Llevar una máscara convierte al luchador en otro personaje y le da cierta libertad.

Los alebrijes
Hay muchos artistas en México que hacen artesanía (*crafts*), no como un pasatiempo, sino para ganarse la vida. En el estado de Oaxaca hay artesanos que trabajan con madera para hacer figuritas de animales; se llaman alebrijes. Los alebrijes tienen colores brillantes y están decorados con muchos detalles.

Cozumel
Hay varios lugares para bucear en México, y la costa de Cozumel es famosa en todo el mundo por todas sus atracciones. Tiene más de cien lugares oficiales para el buceo. Para los aficionados a este deporte, es un paraíso marino con una gran variedad de flora y fauna.

El Parque Chapultepec
Un pasatiempo favorito en México es pasar un domingo en el Parque Chapultepec con sus diversiones: los lagos, los museos y los jardines botánicos y zoológicos. Entre los museos se encuentra el Museo Nacional de Historia en el Castillo (*Castle*) de Chapultepec. Así que los fines de semana las familias visitan el castillo y comen en el parque.

La Quebrada, Acapulco
Si te gustan los deportes difíciles, ¿has considerado el clavadismo (*cliff diving*)? El espectáculo de clavados en La Quebrada es impresionante. Los clavadistas lo hacen parecer fácil y divertido, pero definitivamente es un deporte para los profesionales. ¡De fácil no tiene nada!

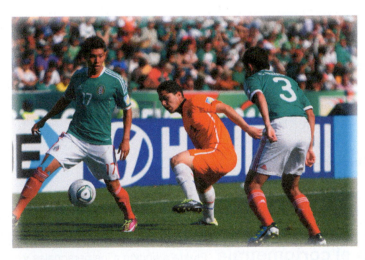

Xochimilco
Los jóvenes y las familias van tradicionalmente los fines de semana a pasear unas horas al aire libre en Xochimilco. Es una serie de canales y jardines flotantes (*floating*) con trajineras, barcos decorados de colores brillantes. En estas trajineras se venden flores, bebidas y comida ¡y algunas tienen músicos para darles una serenata a los visitantes!

El fútbol mexicano
El fútbol es el deporte más popular en México. El equipo nacional mexicano se llama El Tricolor, conocido con cariño como "El Tri". El Estadio Azteca, localizado al suroeste de México D.F., es uno de los más grandes del mundo con más de 105.000 asientos. El Club América, un equipo mexicano popular, juega allí, igual que El Tri.

Preguntas

1. ¿Cuáles de estos deportes o pasatiempos cuestan mucho dinero para practicarlos? ¿Con cuáles se puede ganar la vida (*earn a living*)? ¿Cómo?

2. Compara el Parque Chapultepec o Xochimilco con el Paseo del Río en San Antonio (*Capítulo 1*, pág. 67).

3. ¿Cuáles de estos deportes o pasatiempos en México son semejantes y cuáles son diferentes a los de tu comunidad y tu mundo?

Cine

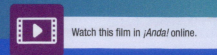 Watch this film in *¡Anda!* online.

CRISTOBAL

2·42 Antes de ver el cortometraje Contesta las siguientes preguntas.

1. El béisbol es un deporte muy popular tanto en la región del Caribe como en los Estados Unidos. ¿Te gusta el béisbol? ¿Por qué? ¿Lo has practicado alguna vez? ¿Cuándo?
2. ¿Conoces a algún jugador de béisbol famoso? ¿Qué sabes de él?
3. Mira los fotogramas. ¿Qué crees que va a ocurrir en el cortometraje?

Estrategia	When you watch a film, you do not have to understand every dialogue or scene to comprehend and summarize the main actions. Focus your attention on answering these key questions: Who is the	protagonist? What happens to this character? What is the principal conflict and how is this resolved? These are some questions that will help you recognize the central ideas and events of a film.
Viewing for main ideas		

Additional vocabulary practice in *¡Anda!* online

Vocabulario

carrera	*career (or a race)*
entrenamiento	*training*
gorra	*cap*
gradas	*bleachers*
lesión	*injury*
medalla	*medal*
temporada	*season*
trofeo	*trophy*

2·43 Mientras ves el cortometraje Presta atención a los personajes y sus acciones. ¿Quién es el protagonista? ¿Qué le ocurre a este personaje? ¿Cómo termina el cortometraje?

1. Cuba, campeón mundial.

2. *(music and radio announcer)*

3. Estuve toda la madrugada limpiándola porque estaba sucia…

4. Pero, ¿esto no es importante para ti?

2·44 **Después de ver el cortometraje** Contesta las siguientes preguntas.

1. ¿Cuál era la profesión de Cristóbal? ¿Por qué se retiró de esta carrera?
2. ¿Adónde va el protagonista para recoger la medalla?
   a. al estadio   b. a La Bodeguita del Medio   c. a su casa
3. ¿Por qué hay tantos recortes (*clippings*) de periódico y trofeos al comienzo del cortometraje?
4. ¿Qué relación tiene el joven jugador que entrena en el estadio con Cristóbal? ¿Cómo lo sabes?
5. Al final del cortometraje, Cristóbal le entrega la medalla al joven jugador. ¿Qué importancia tiene esta medalla?

¿? For additional *Cine* content and activities, go to *¡Anda!* online.

Fútbol a sol y sombra

2·45 **Antes de leer** Contesta las siguientes preguntas.

1. En tu opinión, ¿tiene tu país un deporte nacional? ¿Qué piensas sobre los deportes en general? Explica con detalle.
2. ¿Cuáles son algunas de las ventajas (*advantages*) y desventajas (*disadvantages*) de ser un/a atleta profesional? ¿Qué sacrificios deben hacer muchos de ellos?
3. Imagina que eres entrenador/a para un equipo de un deporte que te gusta o que conoces bien. Luego, escribe cinco recomendaciones para los jugadores de este equipo usando el subjuntivo.
4. ¿Es importante el dinero en los deportes profesionales? ¿Y en los deportes de las universidades? Explica con detalle.

Estrategia	To improve comprehension, you can skim or read quickly to get the gist of the passage. If	you are searching for specific information, you can also scan for that in particular.
Skimming and scanning: Reading for the gist		

2·46 **Mientras lees** Mientras lees, completa los siguientes pasos para practicar la nueva estrategia.

Paso 1 Esta lectura está dividida en tres partes. ¿Cuáles son? ¿Cómo te ayudan los títulos de las tres secciones a entender mejor la lectura?

Paso 2 ¿Cuántas veces aparecen los siguientes elementos en la selección? Cuéntalos. ¿Qué sugiere la cantidad de veces que estas palabras aparecen con respecto al tema de la lectura?

la palabra *jugador*: _____
una forma del verbo *jugar*: _____
una forma del verbo *ganar*: _____

Paso 3 Ahora lee el fragmento superficialmente (*skim*). Escribe una oración para describir el tema principal de cada una de las tres partes. Luego, lee el fragmento más detalladamente. Escribe dos oraciones adicionales sobre cada sección para añadir más información.

Fútbol a sol y sombra (fragmento)
Eduardo Galeano

Del prólogo

Todos los uruguayos nacemos gritando gol y por eso hay tanto ruido en las maternidades, hay un estrépito° tremendo. Yo quise ser jugador de fútbol como todos los niños uruguayos. Jugaba de ocho y me fue muy mal porque siempre fui un "pata dura"° terrible. La pelota y yo nunca pudimos entendernos, fue un caso de amor no correspondido°. También era un desastre en otro sentido: cuando los rivales hacían una linda jugada yo iba y los felicitaba, lo cual es un pecado° imperdonable para las reglas del fútbol moderno.

racket

klutz/clumsy person

unrequited

sin

El jugador

Corre, jadeando°, por la orilla. A un lado lo esperan los cielos de la gloria; al otro, los abismos de la ruina. El barrio lo envidia°: el jugador profesional se ha salvado de la fábrica° o de la oficina, le pagan por divertirse, se sacó la lotería. Y aunque tenga que sudar como una regadera°, sin derecho a cansarse ni a equivocarse, él sale en los diarios° y en la tele, las radios dicen su nombre, las mujeres suspiran por él y los niños quieren imitarlo. Pero él, que había empezado jugando por el placer de jugar, en las calles de tierra de los suburbios[1] ahora juega en los estadios por el deber de trabajar y tiene la obligación de ganar o ganar. Los empresarios lo compran, lo venden, lo prestan; y él se deja llevar a cambio de la promesa de más fama y más dinero. Cuanto más éxito tiene, y más dinero gana, más preso° está. Sometido a° disciplina militar, sufre cada día el castigo° de los entrenamientos feroces y se somete a los bombardeos de analgésicos y las infiltraciones de cortisona que olvidan el dolor y mienten la salud.

panting

tiene celos

factory

like crazy

periódicos

trapped / subjected to punishment

El mejor negocio del planeta

Al sur del mundo, éste es el itinerario del jugador con buenas piernas y buena suerte: de su pueblo pasa a una ciudad del interior; de la ciudad del interior pasa a un club chico de la capital del país; en la capital, el club chico no tiene más remedio que venderlo a un club grande; el club grande, asfixiado por las deudas°, lo vende a otro club más grande de un país más grande; y finalmente el jugador corona° su carrera en Europa.

debts

crowns

---

[1]In Spanish-speaking countries, the word *suburbios* refers to a poor area of a city. This is much different than the way "suburbs" is used in English, where the term usually refers to more affluent areas right outside of a city.

2·47 **Después de leer** Contesta las siguientes preguntas.

1. Indica si las siguientes oraciones son **C** (ciertas) o **F** (falsas). Busca una cita (*quote*) del texto para apoyar tu respuesta.

   C   **F**

   ☐   ☐   a. El autor cree que el fútbol es el deporte nacional de Uruguay.

   ☐   ☐   b. El narrador cree que el jugador profesional tiene una vida muy agradable.

   ☐   ☐   c. El narrador no cree que el jugador profesional viva una vida muy sana.

   ☐   ☐   d. El narrador cree que el fútbol es una profesión con la que se puede ganar mucho dinero.

2. Según el prólogo, ¿cuál es la primera palabra que dicen los bebés uruguayos? ¿Cuándo la dicen? ¿Crees que es verdad o que es una exageración?

3. Según el prólogo, ¿por qué el autor no tuvo éxito como jugador de fútbol? Menciona dos razones. ¿Qué nos indica la segunda razón sobre la personalidad de Galeano?

4. Según el texto, ¿por qué piensa la gente que el jugador profesional es una persona que tiene mucha suerte y que vive una vida muy agradable? ¿Cuáles son algunas de las desventajas de la vida del jugador profesional?

5. Ilustra con dibujos cada paso de la carrera de un jugador profesional sudamericano, según lo que dice el narrador en la sección "El mejor negocio del planeta". ¿Cuántos pasos hay según el narrador? Compara tus dibujos con los de un/a compañero/a de clase.

6. ¿Has leído o visto noticias recientemente relacionadas con las ideas de Galeano sobre el deporte? Compara los temas de estas noticias con las ideas de Galeano.

Media Share

2·48 **Eres un/a atleta** Imagina que eres un/a atleta profesional. Escribe una descripción en la que hables sobre tu carrera. Incluye estos temas. Luego, presenta tu descripción a la clase.

- qué deporte practicas
- cuántas horas a la semana entrenas

- qué premios has ganado
- cuál es tu próxima competencia internacional

2·49 **Un prólogo** Completa la primera oración del "Prólogo" desde un punto de vista estadounidense: "Todos los estadounidenses nacemos gritando ＿＿＿＿＿＿＿, y por eso hay tanto ruido en las maternidades, hay un estrépito tremendo". ¿Qué quiere decir esta oración sobre la cultura y los valores estadounidenses? Comenta tu oración del prólogo y tus ideas con tus compañeros/as.

¿? For additional *Literatura* content and activities, go to *¡Anda!* online.

Y por fin, ¿cómo andas?

	Feel confident	Need to review

Having completed this chapter, I now can...

Comunicación I

- share information about sports. (p. 78) ☐ ☐
- produce regular verb forms in the present subjunctive. (p. 80 and online) ☐ ☐
- suggest group action using *Let's*. (p. 85) ☐ ☐
- listen for the gist of a conversation. (p. 91) ☐ ☐

Comunicación II

- describe pastimes and sports. (p. 93) ☐ ☐
- tell others to do something. (p. 94 and online) ☐ ☐
- recommend, suggest, request, or require something of someone. (p. 98) ☐ ☐
- express pardon, request clarification, and check for comprehension. (p. 104) ☐ ☐
- use linking words to make writing more cohesive. (p. 106) ☐ ☐

Cultura

- discuss an international sporting event. (p. 89) ☐ ☐
- identify three elite athletes and champions in the Spanish-speaking world. (p. 102) ☐ ☐
- describe and communicate on the topic of sports and pastimes in Mexican culture. (p. 108) ☐ ☐

Cine

- converse about a film from Cuba. (p. 110) ☐ ☐

Literatura

- converse about an authentic essay from Uruguay. (p. 112) ☐ ☐

Comunidades

- use Spanish in real-life contexts. (online) ☐ ☐

Vocabulario **activo**

Deportes	*Sports*
boxear	to box
cazar	to go hunting
escalar	to climb
esquiar (en agua; en nieve)	to ski (on water; on snow)
hacer pilates	to do Pilates
hacer surf	to surf
hacer yoga	to do yoga
jugar al boliche	to bowl
jugar al hockey (sobre hierba; sobre hielo)	to play (ice; field) hockey
jugar al voleibol	to play volleyball
levantar pesas	to lift weights
montar a caballo	to go horseback riding
patinar en monopatín	to skateboard
practicar artes marciales	to do martial arts
practicar ciclismo	to go cycling
practicar lucha libre	to wrestle
remar	to row

Personas	*People*
el/la atleta	athlete
el/la árbitro/a	referee; umpire
el campeón/la campeona	champion
el/la deportista	sporty person; sports-loving person
el/la entrenador/a	coach; trainer
el/la excursionista	hiker

Equipo deportivo	*Sporting equipment*
el bastón de esquí	ski pole
el bate	bat
el casco	helmet
el palo (de golf; de hockey)	golf club; hockey stick
los patines	skates
las pesas	weights
la raqueta	racket
la tabla de surf	surfboard

Lugares, eventos y acciones	*Places, events, and actions*
el atletismo	track and field
el campeonato	championship
el campo	field
la cancha	court
la carrera	race
la competición / la competencia	competition
el empate	tie
la pista	track; rink
el resultado	score

Algunos adjetivos	Some adjectives
apropiado/a	appropriate
atlético/a	athletic
deportivo/a	sports-related

Algunos verbos	Some verbs
competir (e → i → i)	to compete
entrenar	to train
ganar	to win
pelear(se)	to fight

Pasatiempos y otros deportes	Pastimes and other sports
bucear	to scuba dive
coleccionar tarjetas de béisbol	to collect baseball cards
coser	to sew
comentar en un blog	to post to a blog
decorar	to decorate
hacer jogging	to jog
hacer trabajo de carpintería	to do woodworking
ir de camping	to go camping
jugar al ajedrez	to play chess
jugar a las cartas	to play cards
jugar a las damas	to play checkers
jugar al póquer	to play poker
jugar a videojuegos	to play video games
pasear en barco (de vela)	to sail
pescar	to fish
pintar	to paint
tejer	to knit
tirar un disco volador	to throw a frisbee, to play frisbee
trabajar en el jardín	to garden

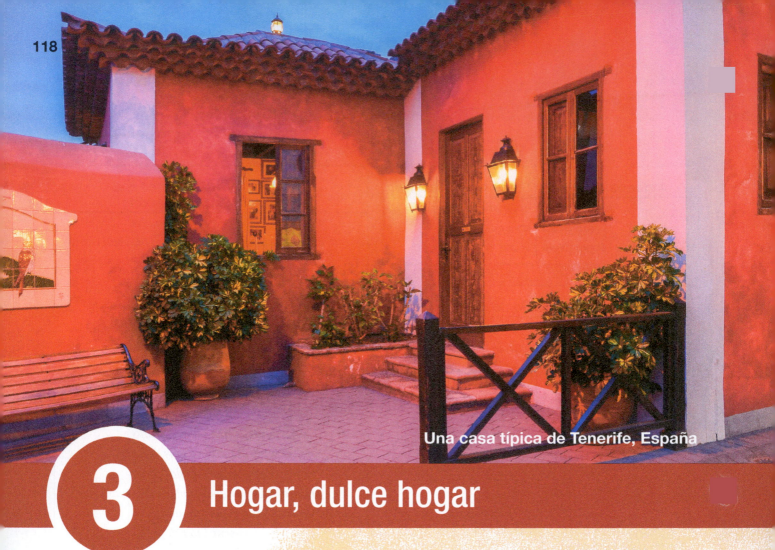

Una casa típica de Tenerife, España

3 Hogar, dulce hogar

En España, así como también en el mundo hispano, hay gran variedad de casas: casas modernas y antiguas, casas de adobe y de madera (*wood*), casas bajas y edificios muy altos. Las casas hispanas son tan diferentes como las personas que las habitan. Muchas veces depende del gusto del dueño (*owner*) y de la decoración. A veces depende del lugar en que se encuentra y las costumbres de cada región o país. Pero en cualquier caso, cada persona necesita convertir la casa en *su* hogar (*home*).

Preguntas

1. ¿Cómo son estas casas? Descríbelas.
2. ¿Vives en una casa, en un apartamento o en una residencia estudiantil? ¿Cómo es?
3. ¿Cómo influye el lugar (geografía, cultura, etc.) en las casas de las personas que viven allí?

¿Sabías que...?

- España tiene más ascensores (*elevators*) por persona que cualquier otro país.
- El 65% de los españoles vive en apartamentos, el porcentaje más alto de Europa.

Apartamentos en el pueblo de Mijas, España

Un dormitorio característico de la arquitectura mexicana

Learning Outcomes

By the end of this chapter, you will be able to:

✔ describe houses, their rooms, and their surroundings.

✔ report results of actions.

✔ express doubt, emotions, and sentiments.

✔ extend, accept, and decline invitations.

✔ add supporting details to a description.

✔ investigate and identify housing, architecture, and design in Spain.

✔ identify and share information about cultural and artistic expression through a film from Argentina and a poem by Antonio Machado (Spain).

⟩ Comunicación I

1 VOCABULARIO

♻ *¡Anda! Curso elemental.* Capítulo 3. La casa, Apéndice 2.

La construcción de casas y sus alrededores
Describing houses and their surroundings

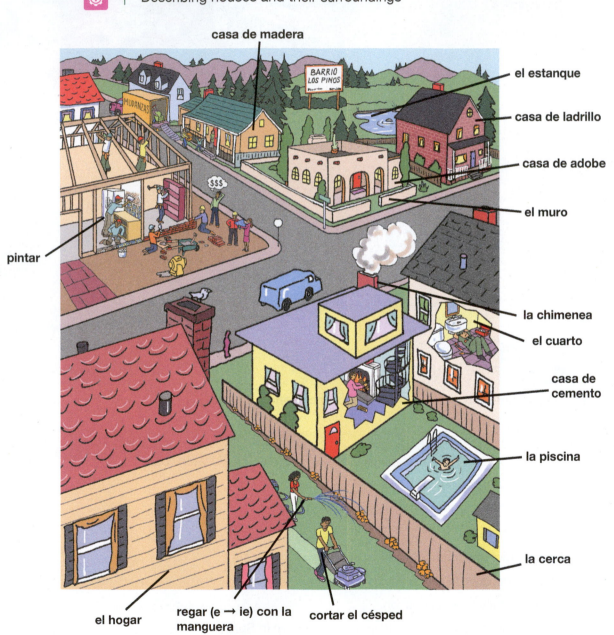

casa de madera

el estanque

casa de ladrillo

casa de adobe

el muro

pintar

la chimenea

el cuarto

casa de cemento

la piscina

la cerca

el hogar

regar (e → ie) con la manguera

cortar el césped

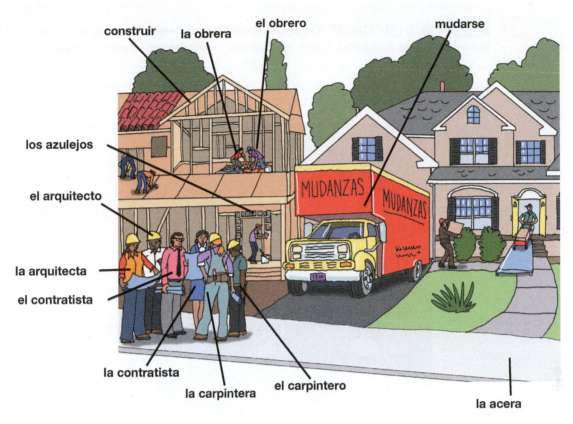

construir
la obrera
el obrero
mudarse
los azulejos
el arquitecto
la arquitecta
el contratista
la contratista
la carpintera
el carpintero
la acera

Algunos verbos	*Some verbs*
alquilar	*to rent*
añadir	*to add*
comparar con	*to compare with*
componer	*to repair; to fix an object*
gastar	*to spend; to wear out*
ponerse de acuerdo	*to agree; to reach an agreement*
quemar	*to burn*
reparar	*to repair*

Algunos sustantivos	*Some nouns*
el alquiler	*rent*
la cuadra	*city block*
el/la diseñador/a	*designer*
el/la dueño/a	*owner*
la factura (mensual)	*(monthly) bill*
la hipoteca	*mortgage*
el préstamo	*loan*
el presupuesto	*budget*
el tamaño	*size*
el yeso	*plaster*

 Now you are ready to complete the *Preparación y práctica* activities for this chunk online.

REPASO

Tener que + (infinitivo); Hay que + (infinitivo); Deber + (infinitivo) Stating "to have to"

For a complete review of **tener que** + (infinitive); **hay que** + (infinitive); **deber** + (infinitive), go to *¡Anda!* online or refer to **Capítulos 1** and **3** of *¡Anda! Curso elemental* in Appendix 3 and **Capítulo 4** in Appendix 2 of your textbook. The vocabulary activities that appear in your textbook incorporate this grammar point. Practicing new vocabulary with a review grammar point helps to strengthen and increase your knowledge of Spanish.

3·1   A organizar Organicen el **vocabulario nuevo** poniendo las palabras en las siguientes cuatro categorías. Luego reporten sus categorías siguiendo el modelo.

MODELO   En la categoría MATERIALES DE LA CASA, hay que poner (o *tenemos que poner* o *debemos poner*) los ladrillos, etc.

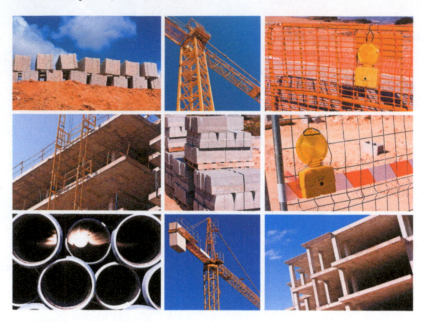

MATERIALES DE LA CASA	ALREDEDOR DE LA CASA	LA CONSTRUCCIÓN	LAS CONSIDERACIONES ECONÓMICAS
los ladrillos			la hipoteca

3·2   ¿Va o no va? Escojan la palabra que no pertenece a cada uno de los siguientes grupos y túrnense para explicar por qué la palabra que escogieron no pertenece.

MODELO   el yeso, el ladrillo, el cemento, el césped

Hay que quitar (Tenemos que quitar o Debemos quitar) "el césped" porque no es un material para construir casas.

1. el barrio, la acera, los azulejos, la cuadra
2. la factura, el muro, el préstamo, la hipoteca
3. quemar, componer, construir, reparar
4. la carpintera, la hipoteca, el contratista, la diseñadora
5. la madera, la manguera, la piscina, el estanque

3·3 **¿Cuál prefieres?** Mira el dibujo de las tres casas. Decide cuál es tu favorita y prepara una lista de por lo menos **cinco** razones. Después, explícale a un/a compañero/a por qué te gusta más.

¡Anda! Curso elemental, Capítulo 3. La casa, Apéndice 2.

Estrategia

Remember that you can state your likes by using negative sentences. For example, *Me gusta la casa roja porque no tiene acera y a mí no me gustan las aceras.*

3·4 **¿Qué hicieron?** En grupos de tres, escriban **tres** oraciones en **el pretérito** para cada grupo de palabras. Después, compartan sus oraciones con otros grupos. ¡Sean creativos!

¡Anda! Curso elemental, Capítulo 3. La casa, Apéndice 2.

MODELO arquitecta, contratista, obrero, diseñadora

La arquitecta trabajó con un contratista nuevo. Juntos encontraron a unos obreros de mucha experiencia y construyeron la casa en seis meses. La diseñadora decoró la casa en tres semanas.

1. préstamo, hipoteca, presupuesto, factura
2. comparar con, ponerse de acuerdo, añadir, gastar
3. barrio, cuadra, cerca, estanque, tamaño
4. madera, ladrillo, cemento, azulejos

3·5   **Contratista González**   Escucha mientras Ramón González habla de su trabajo durante los años y de una casa específica que construyó para la familia León. Consulta el dibujo en la página 121 para ayudarte a escuchar y luego escoge la opción correcta.

1. El material de la casa León es de color _____.
   a. beige   b. amarillo   c. rosado
2. La persona que habla es _____.
   a. el arquitecto   b. el carpintero   c. el contratista
3. La casa León _____.
   a. tiene 15 años   b. tiene 30 años   c. es nueva
4. Dice la familia León que en el futuro tienen que construir _____.
   a. un garaje de madera   b. una piscina   c. un estanque

3·6   **¿Cómo es la casa?**   Completen los siguientes pasos.

¡Anda! Curso elemental, Capítulo 3. La casa; Los muebles y otros objetos de la casa; Los colores, Apéndice 2.

Paso 1   Descríbele tu casa, la casa de tus padres o la casa de un/a amigo/a a tu compañero/a usando por lo menos **ocho** oraciones. Debes hablar de los materiales de la casa, los alrededores y el interior de la casa.

> **MODELO**   *Me encanta la casa de mi amigo Francisco. Es una casa blanca de madera. Detrás tiene un patio de cemento donde siempre tenemos fiestas. Está en el campo y el jardín es muy bonito. Para ser ideal, tienen que construir una piscina…*

Paso 2   Repite por lo menos **tres** cosas que tu compañero/a te dijo.

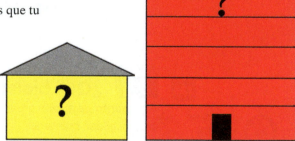

3·7   **Preguntas y más preguntas**   Es hora de hacerles preguntas a tus compañeros/as. Completa los siguientes pasos.

¡Anda! Curso elemental, Capítulo 2. La formación de preguntas y las palabras interrogativas, Apéndice 3; Capítulo 3. La casa, Apéndice 2.

Paso 1   Escribe una lista de **ocho** preguntas que se puedan hacer, incorporando el **vocabulario** nuevo y el **pretérito.**

Paso 2   Circula por la sala de clase, haciéndoles las preguntas a diferentes compañeros/as.

> **MODELO**   E1: *¿Cortaste el césped en la casa de tus padres el verano pasado?*
>
>   E2: *No. Mis padres no tienen jardín. Viven en un apartamento. ¿Y tú?*
>
>   E1: *Sí, corté el césped muchas veces…*

2 GRAMÁTICA

Estar + el participio pasado
Reporting results of actions

In **Capítulo 1,** you learned about the **present perfect** tense (present tense of **haber** [**he, has, ha,** etc.] + past participle [**-ado/ido**]). You can also use the **past participle as an adjective**.

   Estar + *past participle* describes the **result of an action**. The verb **estar** can be used in the **present** or **imperfect tense**.

¡No puedes salir sin arreglar tu cuarto!

Mamá ¡ya está arreglado!

Las ventanas **están cerradas.**	*The windows are closed.* *(Someone closed the windows.)*
La puerta **estaba abierta** cuando yo llegué.	*The door was open when I arrived.* *(Someone opened the door.)*
La casa ya **está pintada;** la terminamos ayer.	*The house is already painted; we finished it yesterday.* *(Someone painted the house.)*

Note: Please review the irregular past participles you learned in **Capítulo 1,** p. 52 such as **dicho, hecho, puesto,** etc.

¡Explícalo tú!

Based on the examples above, what rule can you state with regard to what determines the endings of the past participles (**-ado / -ido**) when used as adjectives?

✔ Check your answer to the preceding question in Appendix 1.

¿? Now you are ready to complete the *Preparación y práctica* activities for this chunk online.

3·8 **¡Cuánto trabajo!** Tu compañero/a y tú trabajaron mucho hoy y están muy cansados/as. Túrnense para describir lo que ya hicieron.

¡Anda! Curso intermedio, Capítulo 1. El presente perfecto, pág. 51.

MODELO   puerta / pintar
            La puerta está pintada.

1. factura mensual / pagar
2. casa de adobe / pintar
3. casas de ladrillo / alquilar
4. silla rota / reparar
5. césped / cortar
6. cerca / componer
7. los azulejos / añadir
8. el césped/ regar

¡Anda! Curso elemental, Capítulo 3. Los quehaceres de la casa, Apéndice 2; Capítulo 10, Los mandatos informales, Apéndice 3.

3·9   Por favor Trabajan en la oficina de un contratista que es un poco exigente (*demanding*). Completen los siguientes pasos.

 ¡Anda! Curso intermedio, Capítulo 1. El presente perfecto de indicativo, pág. 51.

Paso 1   Túrnense para formar **mandatos informales** y para responder de manera positiva al contratista.

MODELO   quemar los papeles

E1: *Por favor, quema los papeles.*

E2: *Ya están quemados.*

Por favor,

1. cerrar las ventanas de tu cuarto.
2. apagar la chimenea.
3. comparar el presupuesto.
4. guardar la ropa en el dormitorio.
5. pedir unos préstamos.
6. pintar los cuartos de color azul.
7. cubrir la pared con yeso.
8. reparar las cercas.

Paso 2   Ahora cambien las respuestas al **imperfecto.**

MODELO   Ya están quemados.

Ya estaban quemados.

3·10   ¿Eres competitivo/a? Túrnense para hacer el papel de una persona que siempre quiere hacer las cosas mejor que los demás.

MODELO   No tengo tiempo para decorar mi apartamento.

Mi apartamento está bien decorado.

1. No tengo tiempo para cortar el césped.
2. Necesito pintar el cuarto.
3. Nunca guardo mi ropa limpia.
4. No puedo hacer la cama todos los días.
5. Necesito componer el coche.
6. Nunca tengo tiempo para lavar mi carro.
7. Debo poner la mesa cuando invito a mis amigos a comer.
8. No me gusta barrer el suelo.

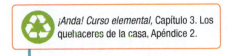

¡Anda! Curso elemental, Capítulo 3. Los quehaceres de la casa, Apéndice 2.

3·11 **Ya lo hicimos** Juntos/as hagan una lista de por lo menos **ocho** cosas que hicieron ayer. Después, conviertan la lista a oraciones completas usando **el participio pasado.**

MODELO Ayer saqué la basura.

La basura está sacada.

3·12 **¿Qué pasó?** Necesitan ayudar a la policía porque hubo un crimen en el apartamento del vecino. Miren el dibujo y túrnense para describir, con **participios pasados,** lo que vieron al entrar en el apartamento.

¡Anda! Curso elemental, Capítulo 3. La casa; Capítulo 8. La ropa, Apéndice 2.

Fíjate

You may find these words useful in the completion of this activity: *abrir, cerrar, desordenar, hacer, poner, romper, sacar, tirar* (to throw).

3·13 **¡Ya soy responsable!** Imagínense que es la primera vez que viven solos y sus padres están muy preocupados. Completen los siguientes pasos.

¡Anda! Curso elemental, Capítulo 5. El pretérito, Apéndice 3.

Paso 1 Inventen una conversación entre un/a hijo/a y su padre/madre. ¿Cuáles son las preguntas de los padres y cuáles son las respuestas del hijo/de la hija responsable? Usen **el participio pasado.**

MODELO E1: *¿Pagaste las facturas de este mes?*

E2: *Sí, mamá. Todas las facturas están pagadas.*

Paso 2 Presenten la conversación a su profesor/a y a sus compañeros/as de clase.

El mejoramiento de la casa 🔊

El mejoramiento de la casa: Hazlo tú mismo

Cumpliste tu sueño de tener tu propia casa y ahora ves que necesita algunas reparaciones[1] y renovaciones. ¿Cómo las vas a hacer? Pues, *hazlo tú mismo*, el lema de muchos negocios nuevos de mejoramiento de la casa. Esta moda es muy popular en el mundo hispano hoy en día. Las personas quieren participar en el trabajo de renovación por muchas razones. Por ejemplo, la gente ahora no tiene tanto miedo de hacer sus propias reparaciones; para otros, hay razones económicas; y hasta para algunos, es un pasatiempo.

Muchas compañías se especializan en el mejoramiento de la casa. *Sodimac* es el líder en Chile y también está en Colombia, Perú, Uruguay, Argentina y Brasil. En España y Portugal se encuentra *Bricor* y está *EPA* en Venezuela. Por dondequiera[2] que vivas, si quieres mejorar la casa, siempre tienes la opción de *hacerlo tú mismo*.

[1]*repairs*   [2]*wherever*

Preguntas

1. ¿Cuál es el lema para el mejoramiento de la casa? ¿Cuáles son las razones que contribuyen a la popularidad de esta moda?
2. ¿Dónde se encuentran algunas tiendas de mejoras para la casa en el mundo hispano?
3. ¿Qué tipo de reparaciones puedes hacer en la casa?

  3·14   **¿Qué piensan?**   Túrnense para contestar las siguientes preguntas.

1. En la construcción de una casa, ¿cuál es la diferencia entre las responsabilidades del arquitecto y las del contratista?
2. ¿Cuáles son los materiales que usaron en la construcción de tu casa o de la casa de tus padres?
3. ¿Cuáles son las consideraciones al escoger materiales de construcción para una casa?
4. ¿Es importante que los diseñadores tengan un título universitario o cuenta más la experiencia?
5. ¿Cuáles son algunos de los problemas que puede tener un negocio de construcción de casas?

Escucha

Un programa de televisión

Estrategia	When listening for the main ideas, you are not focusing on details, but rather on the main points. For example, if you were getting ready to go to work or class and are listening to the weather report, you would probably want to know the maximum high and low temperatures in your area and whether there	will be precipitation. You would not necessarily listen for what the temperature and weather conditions were on the other side of the country. *Listening for the main ideas* means focusing on the most important points. Those can be dictated based on your need for and use of the information.
Listening for the main ideas		

3·15 **Antes de escuchar** Mientras Mari Carmen limpia su casa, ella escucha (¡y también mira de vez en cuando!) el programa de televisión *¡Estamos en casa!* en el que muestran unas casas extraordinarias de su área. A Mari Carmen le encanta el programa y mientras está limpiando le gusta imaginarse a ella y a su familia viviendo en una de esas grandes mansiones. Escribe **tres** ideas principales que pueden estar incluidas en la descripción de una mansión grande.

1. _____
2. _____
3. _____

🔊 **3·16** **A escuchar** Completa los siguientes pasos.

Paso 1 Escucha parte del programa *¡Estamos en casa!* La primera vez que escuchas, enfócate en alguna(s) idea(s) general(es).

Paso 2 La segunda vez que escuchas, determina una o dos características de la casa, escogiendo entre las siguientes opciones.

1. La casa está en…
   a. el centro de la ciudad.
   b. medio del campo.
2. La casa…
   a. no es muy grande.
   b. es muy grande.

3·17 **Después de escuchar** Escucha una vez más, esta vez notando otra idea principal.

¿Cómo andas? I

	Feel confident	Need to review
Having completed **Comunicación I**, I now can…		
• describe houses and their surroundings. (p. 120)	☐	☐
• state to have to do something. (p. 121 and online)	☐	☐
• report results of actions. (p. 125)	☐	☐
• relate information about home improvements. (p. 128)	☐	☐
• note main ideas. (p. 129)	☐	☐

Comunicación II

¡Anda! Curso elemental, Capítulo 3. La casa;
Los quehaceres de la casa, Apéndice 2.

3 VOCABULARIO

Dentro del hogar: la sala, la cocina y el dormitorio
Depicting a home and its rooms

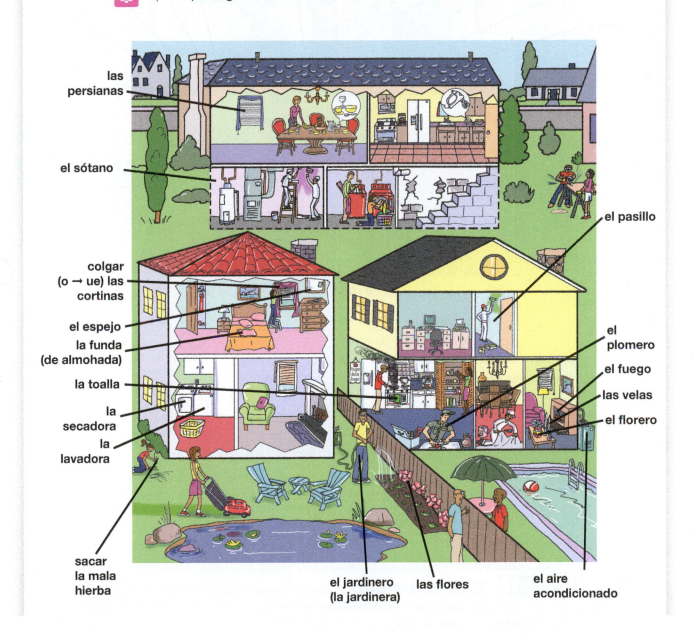

las persianas

el sótano

el pasillo

colgar (o → ue) las cortinas

el espejo

la funda (de almohada)

la toalla

la secadora

la lavadora

el plomero

el fuego

las velas

el florero

sacar la mala hierba

el jardinero (la jardinera)

las flores

el aire acondicionado

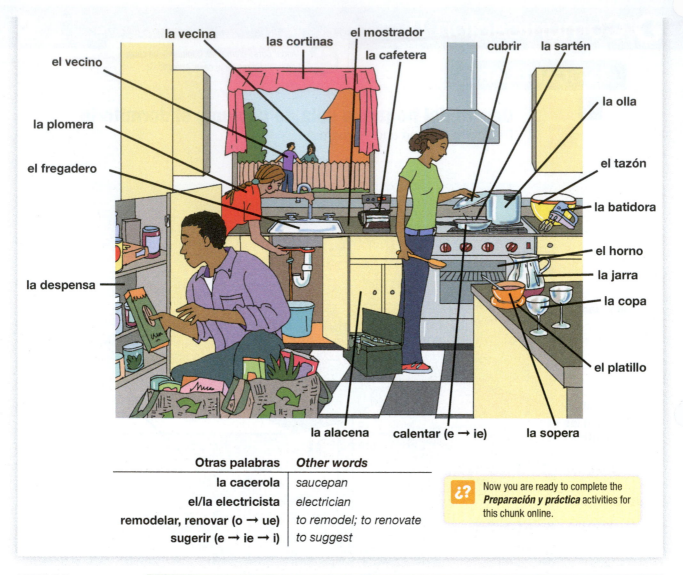

Otras palabras	Other words
la cacerola	saucepan
el/la electricista	electrician
remodelar, renovar (o → ue)	to remodel; to renovate
sugerir (e → ie → i)	to suggest

¿? Now you are ready to complete the **Preparación y práctica** activities for this chunk online.

REPASO

El imperfecto   Sharing about situations in the past and how things used to be

For a complete review of the imperfect, go to ¡Anda! online or refer to **Capítulo 8** of **¡Anda! Curso elemental** in Appendix 3 of your textbook. The vocabulary activities that appear in your textbook incorporate this grammar point. Practicing new vocabulary with a review grammar point helps to strengthen and increase your knowledge of Spanish.

3·18 Buena memoria   Escoge **cinco** letras diferentes. Bajo cada letra escribe todas las palabras que empiecen con esta letra del vocabulario de **Dentro del hogar** que recuerdes. Después, compara tu lista con la de un/a compañero/a. ¿Quién tiene mejor memoria?

MODELO   a   c   f
          alacena   cafetera   fuego

3·19 **Asociaciones** Piensa en una palabra del vocabulario **Dentro del hogar.** Con un/a compañero/a, túrnense para darse pistas y adivinar las palabras.

MODELO   E1: [las persianas]

             E1: *la ventana*

             E2: *las cortinas*

             E1: *Similar a las cortinas.*

             E2: *las persianas*

             E1: *¡Correcto!*

3·20 **La casa de su niñez** Miren la foto y el plano de la casa donde nació Diego Rivera el 8 de diciembre del año 1886. Ahora es un museo y contiene una gran colección de obras del famoso muralista mexicano. Juntos/as describan la casa, usando **el imperfecto** según el modelo. ¡Sean creativos/as!

¡Anda! Curso elemental, Capítulo 3. La casa, Apéndice 2; Capítulo 11. Las preposiciones y los pronombres preposicionales, Apéndice 3.

> **Fíjate**
>
> The words *la habitación, la recámara, el cuarto,* and *la alcoba* are common words for *el dormitorio.* Sometimes different words are used in different Spanish-speaking countries. In *¡Anda! Curso intermedio,* you are learning vocabulary that tends to be used the most universally across the Spanish-speaking world.

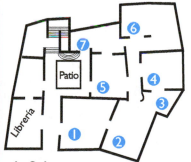

1. Sala
2. Dormitorio
3. Vestidor
4. Dormitorio de la tía Vicenta
5. Dormitorio del matrimonio Rivera
6. Comedor
7. Estudio

MODELO   *Cuando Diego vivía en la casa, sus padres dormían en un dormitorio que estaba enfrente del dormitorio de la tía. Creo que Diego dormía en…*

3·21   La casa de mi niñez Completa los siguientes pasos.

Paso 1   Dibuja un plano sencillo (*simple*) de la casa de tu niñez o de la de un/a amigo/a. Incluye los cuartos y detalles sobre el exterior; por ejemplo, la cerca, el jardín, la piscina, etc.

Paso 2   Descríbele la casa a un/a compañero/a, usando por lo menos **ocho** oraciones en **el imperfecto.** Tu compañero/a va a dibujar lo que dices.

   MODELO   *La casa de mi niñez tenía una cerca de madera alrededor de la casa…*

Paso 3   Túrnense para comparar los dos dibujos y ver si las describieron e interpretaron bien.

3·22   ¿Y tu vida? Piensen en su niñez y túrnense para compartir la siguiente información.

♻ *¡Anda! Curso elemental,* Capítulo 3. Los colores; Capítulo 7. La comida, Apéndice 2.

MODELO   E1:   *¿Qué tipo de comida guardaba tu familia en el refrigerador y en la despensa?*

   E2:   *Mi familia guardaba refrescos, leche, frutas, verduras y condimentos en el refrigerador. En la despensa…*

1. ¿Qué tipo de comida guardaba tu familia en el refrigerador y en la despensa?
2. ¿Cuántas almohadas necesitabas para dormir?
3. ¿De qué colores eran tus sábanas, fundas y toallas?
4. ¿Usabas cortinas o persianas?
5. ¿Tu padre reparaba las cosas o le hablaba a un plomero o a un electricista?
6. ¿Te permitían tus padres cocinar o usar una sartén?
7. ¿Cuántas familias vivían en tu barrio o en tu cuadra?
8. ¿Te caían bien los vecinos?

3·23   Una imagen vale… Mira el dibujo en la página 131. Imagina que tienes que describirle a alguien lo que pasaba (usando **el imperfecto**) en estas casas y sus alrededores. Túrnense para crear **ocho** oraciones cada uno/a.

♻ *¡Anda! Curso elemental,* Capítulo 3. La casa, Apéndice 2.

MODELO   *Había sábanas y fundas rosadas. El aire acondicionado estaba encendido porque era verano y hacía calor afuera.*

¡Anda! Curso intermedio, Capítulo A Para empezar. Los artículos definidos e indefinidos (online)

3·24 El mundo es un pañuelo ¿Cuánto sabes de tus compañeros y de sus pasados? Entrevístalos para encontrar a los que puedan contestar afirmativamente a las siguientes preguntas. Completa los siguientes pasos.

Paso 1 Usa **el imperfecto** para crear las preguntas.

MODELO ¿Tenía piscina tu casa?

Paso 2 Pregúntaselas a tus compañeros/as de clase. Si alguien contesta que **sí,** tiene que firmar su nombre en el espacio apropiado.

MODELO E1: ¿Tenía piscina tu casa?

E2: Sí, mi casa tenía piscina.

E1: Firma aquí, por favor.

Charlie

tu casa / tener / piscina Charlie	las casas en tu barrio / ser / de ladrillo	tú / componer / cosas rotas	tu casa / tener / un estanque
tus hermanos / cortar / el césped	tu casa / haber / azulejos	tu casa / haber / chimenea	tu familia y tú / quemar / madera en la chimenea
tu casa / tener / un muro enfrente	tú / usar / la lavadora	tú / guardar / cosas especiales / en tu cuarto	tú / renovar / tu casa con la ayuda de revistas (*magazines*)

¡Anda! Curso intermedio, Capítulo 2. El subjuntivo para expresar pedidos, mandatos y deseos, pág. 98.

3·25 ¡La lotería! ¡Tu esposo/a y tú acaban de ganar 80.000 euros! Túrnense para describir sus planes para la renovación y la decoración de su casa vieja, usando por lo menos **ocho** oraciones.

MODELO E1: *Primero quiero que renovemos los mostradores de la cocina. Sugiero usar azulejos del sur de España.*

E2: *Buena idea. Me gusta. Quizás construyamos alacenas de madera y tal vez las pintemos blancas…*

4 GRAMÁTICA

 El subjuntivo para expresar sentimientos, emociones y dudas

Expressing doubt, emotions, and sentiments

In **Capítulo 2,** you learned about the **subjunctive** to express **volition** or **will** (commands, requests, and wishes). In Spanish, you also use the **subjunctive** to express **feelings, emotions, doubt,** and **probability**.

Dudo que podamos renovar esta casa. No creo que sea una opción para nosotros.

¡Qué potencial! No creo que la casa necesite mucho trabajo. Pintamos... unas cortinas nuevas y ya está.

Estrategia

You may want to review the present tense subjunctive forms on p. 80 and the sentence construction with verbs of volition on p. 98 before beginning this section.

Fíjate

Gustar (to like) and most verbs like it (see *Capítulo* 1, p. 41) can express feelings and emotions.

1. Some verbs and phrases used to express **feelings** and **emotions:**

alegrarse de	*to be happy (about)*	**ser bueno/malo**	*to be good/bad*
avergonzarse (o → ue) de	*to feel (to be) ashamed of*	**ser una lástima**	*to be a shame*
gustar	*to like*	**temer / tener**	*to fear; to be*
sentir (e → ie → i)	*to regret*	**miedo (de)**	*afraid (of)*

Me alegro de que **tengas** un presupuesto.

I'm happy that you have a budget.

Pepa **teme** que ella y su esposo no **tengan** el dinero para pagar el alquiler este mes.

Pepa fears that she and her husband do not have the money to pay the rent this month.

Nos gusta que la casa **esté** bien decorada ahora.

We like (the fact) that the house is well decorated now.

Es una lástima que no **podamos** comprarla.

It's a shame we cannot buy it.

2. Some verbs used to express **doubt** and **probability:**

dudar	*to doubt*	**no pensar**	*not to think*
no creer	*not to believe; not to think*	**ser dudoso**	*to be doubtful*
no estar seguro (de)	*to be uncertain*	**ser probable**	*to be probable*

Marco **no cree** que nosotros **sepamos** suficiente para renovar una casa.

Marco doesn't think that we know enough to renovate a house.

No estoy segura de que Hosun **tenga** un jardinero.

I am not sure that Hosun has a gardener.

3. The verbs **creer, estar seguro de,** and **pensar** do **not** use the **subjunctive,** but rather the indicative, after **que** because they do not express doubt.

<table>
<tr><td>**DOUBT**</td><td>**CERTAINTY**</td></tr>
<tr><td>**dudar, no creer, no estar seguro (de), no pensar**</td><td>**no dudar, creer, estar seguro (de), pensar**</td></tr>
<tr><td>**No creo que** podamos terminar de renovar el baño para septiembre.</td><td>**Creo que** podemos terminar de renovar el baño para septiembre.</td></tr>
<tr><td>*I don't believe that we can finish renovating the bathroom by September.*</td><td>*I believe that we can finish renovating the bathroom by September.*</td></tr>
<tr><td>Julio **no está seguro de que** esta lavadora sea la mejor que jamás ha tenido.</td><td>Julio **está seguro de que** esta lavadora es la mejor que jamás ha tenido.</td></tr>
<tr><td>*Julio is not certain that this washing machine is the best he has ever had.*</td><td>*Julio is certain that this washing machine is the best he has ever had.*</td></tr>
</table>

4. When only one subject/group of people expressing **feelings, emotions, doubt,** or **probability** exists, you must use the **infinitive** and **NOT** the **subjunctive.**

Se alegran (de) comprar una casa en aquel barrio.   *They are happy to buy a house in that neighborhood.*

¡Explícalo tú!

After studying the previous presentation on the subjunctive, answer the following questions:

1. In which part of the sentence do you place the verb that expresses feelings, emotions, or doubts: to the right or the left of **que?**
2. Where do you put the subjunctive form of the verb: to the right or the left of **que?**
3. What word joins the two parts of the sentence?
4. When you have only one subject/group of people and you are expressing **feelings, emotions, doubt,** or **probability,** do you use a subjunctive sentence?

  Check your answers to the preceding questions in Appendix 1.

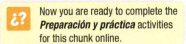
Now you are ready to complete the *Preparación y práctica* activities for this chunk online.

3·26   Práctica Terminen las siguientes oraciones de manera apropiada. Tienen que decidir si necesitan usar **el subjuntivo** o **el indicativo.**

comprar	organizar	pagar	preparar	querer

MODELO   Nos alegramos de que nuestros padres… / una lavadora y una secadora nuevas.

*Nos alegramos de que nuestros padres **compren** una lavadora y una secadora nuevas.*

1. Mis padres no creen que nosotros… / una casa nueva este año.
2. Dudan que yo… / la comida todos los días.
3. Estoy seguro/a de que ella siempre… / las facturas.
4. No pienso que su ahijada… / las alacenas. Es muy perezosa.
5. Creo que él… / construir un muro de cemento.

3·27   Optimista o pesimista Hay optimistas y pesimistas en este mundo. ¡Hoy es tu día para jugar a ser el/la pesimista! Túrnense para responder de manera pesimista.

¡Anda!, Curso intermedio, Capítulo 1. La familia, pág. 56.

MODELO   Creo que los platos y las copas hacen juego (*match*).

PESIMISTA: *No creo que los platos y las copas hagan juego.*

1. Creo que el sótano de mis tíos necesita reparaciones.
2. Mi madrina está remodelando su casa y no duda que los azulejos son del color correcto.
3. Los gemelos Sánchez creen que su horno calienta bien y que no necesitan uno nuevo.
4. Estoy seguro/a de que mis primos son buenos cocineros y que nunca queman la comida.
5. Creemos que tu padrino te va a regalar una nueva casa de madera para tu cumpleaños.

3·28   ¡Espías! Carlota tiene unos binoculares y observa (¡o espía!) a sus vecinos. En la página 131, tú puedes observar las mismas casas que Carlota observa. Indica si lo que ella dice que observa es cierto (**C**) o falso (**F**).

	C	F
1.	☐	☐
2.	☐	☐
3.	☐	☐
4.	☐	☐
5.	☐	☐

3·29 **Lo siento, pero lo dudo** No estás de acuerdo con lo que te dice tu compañero/a. Responde con **Dudo que…, No creo que…,** etc.

MODELO E1: Mi cuñada quema la comida todos los días.

E2: *Dudo que tu cuñada queme la comida todos los días.*

1. Mi casa es tan sofisticada como la Casa Blanca.
2. Lavo las toallas, las sábanas y las fundas todos los días.
3. Nos mudamos todos los años.
4. Vivo en una casa con dos piscinas.
5. Mis padrinos tienen unos espejos de Francia del siglo XVII.

3·30 **Mis quehaceres** Siempre hay cosas que hacer y tu compañero/a te va a ayudar. Túrnense para responder con gratitud (**me alegro, me gusta, me encanta,** etc.).

> ♻ *¡Anda! Curso elemental,* Capítulo 3. Los quehaceres de la casa, Apéndice 2.

MODELO E1: pintar la oficina

E2: *Me alegro de que pintes la oficina.*

1. comprar la comida para la cena
2. cortar el césped
3. hacer la cama con nuevas sábanas, fundas y almohadas
4. barrer el piso
5. organizar la despensa
6. limpiar el sótano

3·31 **Mis opiniones** Tus abuelos te regalan una casa vieja. Estás agradecido/a pero necesitas renovarla. Completa los siguientes pasos.

Paso 1 Escribe por lo menos **cinco** ideas que expresen **duda, sentimientos** o **emociones** sobre el proyecto.

MODELO *Voy a renovar la cocina. Primero, necesito encontrar a un buen contratista. Creo que el contratista debe tener buenas referencias. Temo que la renovación sea cara…*

Paso 2 Comparte tus ideas con **tres** compañeros.

Perfiles

🔊 La importancia de la casa y de su construcción

La construcción de los lugares donde la gente vive es personal y refleja los gustos y las necesidades de las personas que los van a habitar. Muchas personas se especializan en el trabajo de mejorar los edificios, por fuera y por dentro *(inside)*. Aquí tienes tres ejemplos del intento de crear un espacio agradable y útil para vivir o pasar el tiempo.

Pedro Barrail (n. 1964) es un diseñador de muebles paraguayo. Sus piezas reflejan tanto la cultura tradicional de su país como el diseño contemporáneo. Por ejemplo, colabora con una tribu *(tribe)* paraguaya que tatúa *(tattoo)* los muebles con formas geométricas de bosques y animales. Ha presentado sus muebles en exhibiciones como *Design Art London* y *Design Miami/Art Basel*.

Sandra Tarruella es una diseñadora de interiores española con más de 30 años de experiencia. Por varios años trabajó en colaboración con Isabel López, otra reconocida diseñadora española. A partir de 2009 tiene su propio estudio en Barcelona. En 2015, recibió el premio Interiorista del Año de *Architectural Digest España*. Sus proyectos —restaurantes, hoteles y tiendas, entre otros— figuran entre los más modernos y famosos del país.

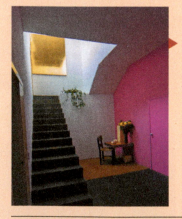

Luis Barragán (1902–1988) es uno de los arquitectos mexicanos más importantes del siglo XX. Creó su propia versión del modernismo mexicano caracterizada por líneas limpias, colores brillantes y la integración de elementos naturales. En 1980 ganó el Premio Pritzker, el premio más prestigioso de la arquitectura. La casa-estudio de Barragán en la Ciudad de México fue declarada Patrimonio de la Humanidad *(World Heritage Site)* por la UNESCO en 2004.

Preguntas

1. ¿En qué son semejantes *(similar)* y en qué son diferentes los trabajos de las personas representadas?
2. ¿Qué es más importante para ti: el exterior o el interior de tu casa? ¿Por qué?
3. ¿Cuál es el cuarto de tu casa que más te gusta? ¿Por qué?

3·32 **El futuro es dudoso** Dos amigos suyos van a casarse. Expresen sus opiniones en por lo menos **cinco** oraciones sobre la boda (*wedding*) y/o su futuro. ¡Sean creativos! Después, compartan sus oraciones con sus compañeros/as.

¡Anda! Curso intermedio, Capítulo 1. El aspecto físico y la personalidad, pág. 36; Algunos estados, pág. 48.

MODELO *En el futuro, dudo que se pongan de acuerdo sobre cómo gastar el dinero. Ella es muy gastadora y él es muy tacaño. Por ejemplo, ella quiere gastar $5.000 dólares en un horno y una estufa, pero él no cree que sea muy importante…*

¡Anda! Curso elemental, Capítulo 2. Los pasatiempos y los deportes; Capítulo 5. El mundo de la música, El mundo del cine, Apéndice 2.

 3·33 **Y otra cosa…** Expresa tus dudas, sentimientos y emociones con respecto a tus pasatiempos y diversiones. Comparte la información con un/a compañero/a.

¡Anda! Curso intermedio, Capítulo 2. Deportes, pág. 78; Pasatiempos y deportes, pág. 93.

MODELO *Me encanta mi familia y creo que debemos ver la televisión mucho menos y hablar mucho más. Me alegro de que tengamos tiempo para reunirnos y comer juntos, pero…*

¡Conversemos!

Estrategias comunicativas   Extending, accepting, and declining invitations

A good way to improve your Spanish is to spend time with Spanish speakers. To do this, you need to know how to extend, accept, or decline an invitation.

Use the expressions below when you wish to extend, accept, or decline an invitation:

Para invitar a alguien	To extend an invitation
• Quisiera invitarte/le/les…	*I would like to invite you (all)…*
• ¿Está/s/n libre/s…?	*Are you (all) free…?*
• ¿Podría/s/n venir…?	*Could you (all) come…?*

Para aceptar una invitación	To accept an invitation
• Nos/Me encantaría…	*We/I would love to…*
• ¡Claro! ¡Por supuesto!	*Sure! Of course!*
• ¡Con mucho gusto!	*It would be a pleasure!*

Para rechazar una invitación	To decline an invitation
• Me da mucha pena, pero…	*I'm really sorry, but…*
• Lo siento, pero no puedo esta vez/en esta ocasión. Tengo otro compromiso.	*I'm sorry, but I can't this time. I have another commitment. / I have other plans.*
• Nos/Me encantaría, pero…	*We/I would love to, but…*
• Lástima, pero…	*It's a shame/pity, but…*

🔊 **3·34**   **Diálogos**   Escucha los diálogos y contesta las siguientes preguntas.

1. ¿Para qué es la primera invitación?
2. ¿Puede ir Laura? ¿Qué dice?
3. ¿A qué invitan Paco y Verónica a Inés y a Jorge?
4. ¿Pueden ir? ¿Qué dice Inés?

👥 **3·35**   **¡Bienvenido!**   Piensen en un personaje histórico a quien quieran invitar a cenar. Luego escriban un mini-diálogo. Su compañero/a hace el papel del invitado y puede aceptar o negar la invitación, pero necesita explicar por qué.

MODELO   E1:   *Saludos, Sr. Quijote.*

E2:   *Buenos días. ¿Lo conozco?*

E1:   *No, pero he leído el libro sobre su vida y me gustó mucho. Espero que usted pueda cenar conmigo esta noche.*

E2:   *Ah, muchísimas gracias, pero lo siento, esta vez no puedo. Tengo otro compromiso… Tengo una cita con Dulcinea…*

3·36 **¿Aceptas o no?** Mira la siguiente lista de invitaciones y decide si quieres aceptar o no cada una. Con un/a compañero/a, dramaticen las situaciones y luego cambien de papel y háganlo de nuevo.

1. Un amigo te invita a una fiesta latina en su casa donde se va a bailar mucho; no sabes bailar.
2. Tu profesor/a de español quiere que la clase vaya a su casa para una tertulia (*informal social gathering*). Tienen que hablar toda la noche en español. Responde por toda la clase (nosotros).
3. Tu novio/a quiere que conozcas a sus padres. Te ha invitado a cenar en casa con ellos. No tienes ropa apropiada en este momento.
4. Tus vecinos te han invitado a una barbacoa en su casa, pero eres vegetariano/a.
5. Tu amigo va a ayudar a construir unas casas para Hábitat para la Humanidad durante las vacaciones de primavera y te invita a acompañarlo.

MODELO E1: *Hola, Juanita. Quisiera invitarte al baile este sábado.*

E2: *Ah, ¡qué bueno! ¡Claro que sí!…*

3·37 **Una casa de vacaciones** Quieres alquilar una casa para ir de vacaciones, pero quieres más información sobre la propiedad. Solamente has leído un anuncio en el periódico que no la describe con mucho detalle.

Estudiante 1: Llama al/a la dueño/a y pídele una descripción. Pregúntale lo que quieras sobre la casa: por ejemplo, ¿Hay piscina? ¿De qué está hecha la casa? ¿Cómo es la cocina?

Estudiante 2: Eres el/la dueño/a. Describe la casa lo mejor posible, indicando cuáles son los mejores aspectos de la casa y de sus alrededores (*surroundings*) e invita al cliente a verla.

MODELO E1: *Muy buenos días, señora. ¿Usted todavía tiene una casa disponible o ya está alquilada?*

E2: *¡Claro! ¡Por supuesto! ¿Qué quiere saber? ¿Desea que le describa la casa?…*

3·38 **Manos a la obra** Tu vecino/a te pide que le ayudes con un proyecto de mejoramiento de su casa. Túrnense con un/a compañero/a de clase y creen un diálogo entre tu vecino/a y tú, teniendo en cuenta que:

TÚ	EL/LA VECINO/A
• tu vecino/a te cae bien y no quieres ofenderlo/a • no te gusta trabajar en la casa ni hacer renovaciones • no eres muy hábil con las herramientas (*tools*), pero tienes un juego (*set*) nuevo que tus padres te regalaron; nunca lo has usado	• necesitas hacer las reparaciones de casa, pero no te gusta trabajar a solas • quieres conocer mejor a tu vecino/a y crees que esta es la mejor manera • has visto que tu vecino/a tiene muchas herramientas buenas y te parecen nuevas

MODELO E1: *Hola, Raúl. ¿Qué tal?*

E2: *Hola, pues muy bien, ¿y tú? ¿Qué haces?*

E1: *Pienso renovar mi sala. A propósito, ¿me quieres ayudar? Temo que no pueda hacerlo yo mismo…*

Escribe

Una lista detallada

Estrategia	Unless you are jotting down a quick note or outline, you will need to add details that support your main ideas or statements. These details provide additional information that clarify and expand upon your main	thoughts, conveying your message more vividly. Details can be in the form of facts, examples, or reasons. One way to begin is to supply two or three supporting details for each main idea in your writing.
Process writing (Part 3): Supporting details		

3·39 Antes de escribir Vas a mudarte a otra ciudad en otro estado. Te has comunicado con un agente de bienes raíces (*real estate*) para poder encontrar tu "casa ideal". El agente quiere que escribas una descripción de lo que constituye tu casa ideal; es decir, ¿qué tiene que tener tu casa? ¿Cómo es?

ESTILO: español
MATERIAL: ~~cemento~~ adobe
PISCINA: ??? ~~$$$~~
DORMITORIOS: ~~3~~ 4
BAÑOS: 3 baños con azulejos

3·40 A escribir Para escribir tu descripción de casa, completa los siguientes pasos.

Paso 1 Indica las **cinco** cosas más importantes que buscas en tu casa ideal.

Paso 2 Añade **dos** detalles apropiados con cada idea principal para que el agente entienda perfectamente lo que quieres.

Paso 3 Escribe la descripción completa. Debe tener por lo menos **diez** oraciones. Crea por lo menos **cuatro** oraciones en **el subjuntivo**.

MODELO *Mi casa ideal necesita tener ciertas características. La casa debe ser de adobe; me gustan las casas de estilo español y es bueno que sea de color blanco...*

3·41 Después de escribir Compara la descripción de tu casa ideal con la de un/a compañero/a de clase. ¿En qué son semejantes y en qué son diferentes sus descripciones?

¿Cómo andas? II

	Feel confident	Need to review
Having completed **Comunicación II,** I now can...		
• depict a home and its rooms. (p. 131)	☐	☐
• share about situations in the past and how things used to be. (p. 132 and online)	☐	☐
• express doubt, emotions, and sentiments. (p. 136)	☐	☐
• identify people who specialize in home and architectural design. (p. 140)	☐	☐
• extend, accept, and decline invitations. (p. 142)	☐	☐
• add supporting details to a description. (p. 144)	☐	☐

Vistazo cultural

◀) Las casas y la arquitectura en España

Saqué mi Maestría en Diseño Arquitectónico en la Escuela Técnica Superior de Arquitectura de la Universidad de Navarra. Ahora logré mi sueño de ser arquitecta. Trabajo en la firma Duarte Verano, Arquitectos que está localizada en Marbella, España. Mis colegas y yo diseñamos edificios maravillosos.

Arq. Ana María Pintado Escudero,
Arquitectura

La Casa Batlló
El exterior de La Casa Batlló en Barcelona se destaca (*stands out*) por su decoración, sus curvas y sus chimeneas peculiares. Antonio Gaudí (1852–1926), un arquitecto catalán, remodeló un edificio tradicional existente y sobre su base construyó este original edificio en el año 1906 como residencia de la familia Batlló, a quien se debe su nombre.

La manzana de la discordia en Barcelona
En una sola cuadra del Passeig de Gràcia, una ruta principal en Barcelona, se encuentran tres ejemplos maravillosos de la arquitectura modernista. Esta cuadra se llama la manzana de la discordia.

El patio de la Casa Sorolla
Joaquín Sorolla y Bastida (1863–1923) fue un pintor realista e impresionista de Valencia. Construyó la casa donde también tenía su estudio en el año 1911 en Madrid. Pintó más de veintiocho vistas de su jardín, captándolo principalmente durante la primavera con muchas flores.

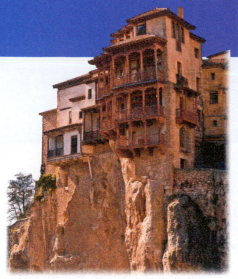

Las casas colgantes de España

Es dudoso que se encuentren casas más precarias que las casas colgantes de Cuenca. Cuelgan de un precipicio al lado del río Huécar. Antes, servían de hogar para la gente del pueblo. Hoy, una de las casas está convertida en el Museo de Arte Abstracto Español y otra es un restaurante famoso.

El puente del Alamillo, Sevilla y El museo de las Ciencias Príncipe Felipe

Santiago Calatrava (n. 1951), nativo de Valencia, es el arquitecto más conocido de España y uno de los más famosos del mundo. Tiene títulos en arquitectura y en ingeniería civil; también ha estudiado pintura y dibujo. Sus estructuras son distintas, modernas, bonitas y llamativas (*striking*).

El parador de Carmona

Los paradores son lugares de turismo dirigidos por el gobierno de España. Son edificios viejos e históricos como palacios, monasterios, conventos y mansiones. Todos están renovados y sirven como hoteles; cada uno tiene su propio restaurante con la comida típica de la región. Algunos datan del siglo X.

Una casa cueva en Andalucía

¿Te gustan las cuevas (*caves*)? ¡Es posible que sea tu nueva casa! Las casas cuevas han empezado a ser populares, sobre todo en Andalucía. Las cuevas han sido renovadas en hogares muy cómodos y modernos con teléfono, electricidad, agua corriente y hasta acceso a Internet.

Preguntas

1. ¿Cuáles son las semejanzas (*similarities*) y diferencias entre los edificios y las construcciones en esta presentación?
2. Compara la construcción de tu edificio favorito en este vistazo con la de tu casa ideal.
3. ¿Cómo y dónde se ve la influencia de la arquitectura española en los Estados Unidos y otras partes del mundo hispano?

Cine

 Watch this film in *¡Anda!* online.

VIDA NUEVA

3·42 **Antes de ver el cortometraje** Contesta las siguientes preguntas.

1. Las casas pueden ser muy diferentes. ¿Dónde vives? ¿Cómo es tu casa? ¿Cuántas habitaciones tiene y cómo son?
2. Por lo general, en los países de habla hispana la gente suele tener una relación más cercana con sus vecinos. ¿Cuántos vecinos tienes y cómo es tu relación con ellos?
3. Presta atención al título del cortometraje y a los fotogramas. ¿Qué crees que va a ocurrir?

Estrategia	When you watch a film, the title and first few images and dialogues give you clues as to the main plot points and themes. Focus your attention on answering these key questions: What does	the title mean? Where does the action take place? How do the initial scenes frame the main plot of the *cortometraje*? These are some questions that will help you anticipate the events of a film.
Anticipating content		

Additional vocabulary practice in *¡Anda!* online

Vocabulario

apurado	*in a hurry*
(hacer un) brindis	*(to make a) toast*
cuenta atrás	*countdown*
enchufar	*plug in*
esperanza	*hope*
petardos	*firecrackers*
portero	*doorman*
recuerdos	*memories*

3·43 **Mientras ves el cortometraje** Presta atención a los personajes y sus acciones. ¿Qué ocurre en la historia? ¿Está progresando como habías pensado?

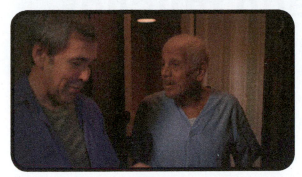

1. Anoto a los que me invitan.

2. (music)

3. Siempre me acuerdo de vos, ¿eh?

4. ¿Pensás que es mi último fin de año?

3·44 **Después de ver el cortometraje** Contesta las siguientes preguntas.

1. ¿Para qué se reúne cada familia? ¿Cuántos miembros tiene cada una de ella?
2. ¿Por qué visita el portero la casa del abuelo?
   a. Su tortuga está enferma.
   b. El abuelo ha perdido sus llaves.
   c. El abuelo tiene un problema con la luz.
3. ¿Qué escribe el portero en su cuaderno?
   a. El precio de su servicio.
   b. Las invitaciones que recibe de sus vecinos.
   c. El número de teléfono de las personas que viven en el edificio.
4. El joven le dice a la chica, "Siempre me acuerdo de vos". ¿Cómo interpretas estas palabras?
5. De acuerdo con la última escena del cortometraje, ¿cuál crees que va a ser la relación entre los abuelos a partir de este momento? ¿Qué relevancia tiene el título del cortometraje aquí?

¿? For additional *Cine* content and activities, go to *¡Anda!* online.

Literatura

He andado muchos caminos

3·45 Antes de leer Contesta las siguientes preguntas.

1. Mira el título del poema y adivina de qué se trata el poema. Escribe una oración sobre el tema central que piensas que va a tener el poema.
2. En el poema, un viajero deja su hogar para viajar por el mundo, ver lugares diferentes y conocer gente. ¿Prefieres quedarte en casa o explorar el mundo? ¿Por qué?
3. ¿De qué manera tu casa puede protegerte? ¿De quién? ¿Por qué?

Estrategia	First, identify your purpose for reading. Next, skim the passage for the main idea(s). Make use of prior strategies such as predicting from titles, identification of cognates, and use of	background knowledge to help pinpoint the main topics of the reading. When reading poetry, it is appropriate to refer to the main idea as the theme of the poem.
Establishing a purpose for reading; determining the main idea		

3·46 Mientras lees Mientras lees, presta atención a lo que quiere decir el poeta. ¿Cuál es el mensaje/tema de cada estrofa y del poema?

He andado muchos caminos

Antonio Machado

He andado muchos caminos
he abierto muchas veredas°;   caminos
he navegado en cien mares
y atracado° en cien riberas°.   aparcado mi barco / costas

En todas partes he visto
caravanas de tristeza,
soberbios° y melancólicos   personas arrogantes
borrachos° de sombra° negra.   *drunkards* / ausencia de luz

Y pedantones° al paño°   personas muy pedantes / separados de los demás
que miran, callan° y piensan   silencian
que saben, porque no beben
el vino de las tabernas.

Mala gente que camina
y va apestando° la tierra...   contaminando

Y en todas partes he visto
gentes que danzan o juegan,
cuando pueden, y laboran
sus cuatro palmos° de tierra.   pequeña parte

Nunca, si llegan a un sitio
preguntan a dónde llegan.
Cuando caminan, cabalgan°   montan
a lomos de° mula vieja.   sobre

Y no conocen la prisa
ni aun en los días de fiesta.
Donde hay vino, beben vino,
donde no hay vino, agua fresca.

Son buenas gentes que viven,
laboran, pasan y sueñan,
y un día como tantos,
descansan bajo la tierra.

3·47 **Después de leer** Contesta las siguientes preguntas.

1. Según la primera estrofa, se puede decir que el poeta o narrador es:
   a. una persona perezosa
   b. una persona aventurera y valiente
   c. trabajador y no disfruta de la vida
2. Nombra por lo menos cuatro cosas que el poeta ha hecho en su vida, según las primeras dos estrofas.
3. Es importante visualizar lo que ves cuando lees poesía. Para cada verso a continuación, crea un dibujo para demostrar lo qué está pasando.
   a. "He andado muchos caminos".
   b. "He navegado en cien mares".
   c. "Mala gente que camina".
   d. "Gentes que danzan o juegan".
4. Describe a las personas que se mencionan en cada estrofa. ¿Qué tipo de persona es cada una?
5. Crea un subtítulo para indicar la idea más importante, en tu opinión, de cada estrofa del poema. Al final, ¿cuál es el tema central del poema? ¿Hay varios temas?
6. Reflexiona sobre la última estrofa del poema. ¿Qué piensas que el poeta quería transmitirnos? ¿Qué tenemos en común todas las personas?
7. Después de contemplar las vidas de los varios grupos de personas del poema, ¿qué recomendaciones tienes para los seres humanos en general? ¿Cómo debemos vivir? Usa el subjuntivo para escribir tres frases y comparte las sugerencias con un compañero de clase.
8. Después de una vida de viajes, ¿piensas que el poeta diría (*would say*) que valió la pena (*it was worth it*)? ¿Es mejor quedarse en casa o explorar el mundo?

 3·48 **Los vecinos** Imagina que "el viajero" del poema ha regresado a su casa después de muchos años de viajar y quiere volver a ver a sus vecinos. ¿Qué tipo de personas del poema va a buscar e invitar a su casa? Prepara una presentación para compartir con tus compañeros de clase.

3·49 **¿Qué has hecho en la vida?** Imagina que eres mayor y tienes que decir qué has hecho en la vida. Lee otra vez la primera estrofa del poema y escribe la primera estrofa de "tu" poema siguiendo el modelo del poema de Machado.

¿? For additional *Literatura* content and activities, go to *¡Anda!* online.

Y por fin, ¿cómo andas?

	Feel confident	Need to review
Having completed this chapter, I now can…		

Comunicación I

- describe houses and their surroundings. (p. 120) ☐ ☐
- express to have to do something. (p. 121 and online) ☐ ☐
- report results of actions. (p. 125) ☐ ☐
- note main ideas. (p. 129) ☐ ☐

Comunicación II

- depict a home and its rooms. (p. 131) ☐ ☐
- share about situations in the past and how things used to be. (p. 132 and online) ☐ ☐
- express doubt, emotions, and sentiments. (p. 136) ☐ ☐
- extend, accept, and decline invitations. (p. 142) ☐ ☐
- add supporting details to a description. (p. 144) ☐ ☐

Cultura

- relate information about home improvements. (p. 128) ☐ ☐
- identify people who specialize in home and architectural design. (p. 140) ☐ ☐
- investigate housing and architecture in Spain. (p. 146) ☐ ☐

Cine

- converse about a film from Argentina. (p. 148) ☐ ☐

Literatura

- converse about a poem from Spain. (p. 150) ☐ ☐

Comunidades

- use Spanish in real-life contexts. (online) ☐ ☐

Vocabulario **activo**

La construcción de casas y sus alrededores	Describing houses and their surroundings
el adobe	adobe
los azulejos	ceramic tiles
el cemento	cement
el ladrillo	brick
la madera	wood
el yeso	plaster
la acera	sidewalk
la cerca	fence
la chimenea	chimney
la cuadra	city block
el cuarto	room
el estanque	pond
el hogar	home
el muro	wall (around a house)
la piscina	swimming pool
el alquiler	rent
la factura (mensual)	(monthly) bill
la hipoteca	mortgage
el préstamo	loan
el presupuesto	budget
el tamaño	size
el/la arquitecto/a	architect
el/la carpintero/a	carpenter
el/la contratista	contractor
el/la diseñador/a	designer
el/la dueño/a	owner
el/la obrero/a	worker

Algunos verbos	Some verbs
alquilar	to rent
añadir	to add
comparar con	to compare with
componer	to repair; to fix an object
construir	to build
cortar el césped	to cut the grass; to mow the lawn
gastar	to spend; to wear out
mudarse	to move
pintar	to paint
ponerse de acuerdo	to agree; to reach an agreement
quemar	to burn
regar (e→ie) (con la manguera)	to water (with the hose)
reparar	to repair

Dentro del hogar	Inside the home
el aire acondicionado	air conditioning
las flores	flowers
el fuego	fire
la lavadora	washing machine
la secadora	dryer
el pasillo	hall
el sótano	basement

La sala	Living room
el florero	vase
las velas	candles

La cocina	Kitchen
la alacena	cupboard
la batidora	hand-held beater; mixer; blender
la cacerola	saucepan
la cafetera	coffeemaker
la copa	goblet; wine glass
las cortinas	curtains
la despensa	pantry
el fregadero	kitchen sink
el horno	oven
la jarra	pitcher
el mostrador	countertop
la olla	pot
el platillo	saucer
la sartén	skillet; frying pan
la sopera	soup bowl
el tazón	bowl
la toalla	towel

El dormitorio	Bedroom
el espejo	mirror
la funda (de almohada)	pillowcase
las persianas	blinds

Algunas personas	Some people
el/la electricista	electrician
el/la jardinero/a	gardener
el/la plomero/a	plumber
el/la vecino/a	neighbor

Algunos verbos	Some verbs
calentar (e → ie)	to heat
colgar (o → ue)	to hang
cubrir	to cover
remodelar, renovar (o → ue)	to remodel, to renovate
sacar la mala hierba	to weed
sugerir (e → ie → i)	to suggest

Fiesta de quince años de una joven argentina

4 ¡Celebremos!

Las celebraciones y las fiestas son eventos muy importantes en todas las culturas. Algunas celebraciones se asocian con temas religiosos y son formales. Otras celebran eventos importantes en la historia de una nación o en la vida de una persona. Pueden ser eventos para toda la comunidad, para una familia o simplemente ocasiones para divertirse con amigos, música y buena comida.

Preguntas

1. ¿Cómo y con quiénes celebras los momentos más importantes de tu vida?
2. ¿Qué fiestas te gusta celebrar?
3. ¿Qué piensas que celebran las personas de las fotos?

¿Sabías que...?

- Un ritual típico en las fiestas de quince años es el cambio de zapatos sin tacón (*heel*) a zapatos de tacón alto.

- En los países hispanos las parejas normalmente celebran dos ceremonias de matrimonio: una ceremonia civil y otra ceremonia religiosa.

Una pareja recién casada y su sobrina

Baile tradicional en Oaxaca, México

Learning Outcomes

By the end of this chapter, you will be able to:

✔ express information about celebrating life events.

✔ describe and narrate events in the past.

✔ talk about foods and their preparation.

✔ ask for and give directions.

✔ discuss details about three famous chefs.

✔ improve your writing through sequencing events.

✔ share information about celebrations and traditions in the Hispanic world, in particular in Guatemala, Honduras, and El Salvador.

✔ identify and share information about cultural and artistic expression through a film from Spain and a poem by Nico Suárez (Bolivia).

Comunicación I

1 VOCABULARIO

Las celebraciones y los eventos de la vida
Expressing information about celebrations and life events

la luna de miel

el novio

el compromiso

la Navidad

el regalo

el aniversario de boda

la graduación

la novia

el Día de las Brujas

el bautizo

el bebé

el Día de San Valentín

el cumpleaños   el novio   la boda   la novia   la Pascua

Las celebraciones y los eventos de la vida	*Life events and celebrations*
el baile	*dance*
la cita	*date*
el Día de la Madre/ del Padre/ de la Independencia, etc.	*Mother's Day, Father's Day, Independence Day, etc.*
el Día de los Muertos	*Day of the Dead*
el embarazo	*pregnancy*
el nacimiento	*birth*
el noviazgo	*engagement period; courtship*
la primera comunión	*First Communion*
la quinceañera	*fifteenth birthday celebration*

Verbos	*Verbs*
celebrar	*to celebrate*
cumplir… años	*to have a birthday/to turn . . . years old*
dar a luz	*to give birth*
discutir	*to argue; to discuss*
disfrazarse	*to disguise oneself; to wear a costume*
enamorarse (de)	*to fall in love (with)*
engañar	*to deceive*
estar comprometido/a	*to be engaged*
estar embarazada	*to be pregnant*
pasarlo bien/mal	*to have a good/bad time*
pelear(se)	*to fight*
salir (con)	*to go out (with)*
tener una cita	*to have a date*

 Now you are ready to complete the **Preparación y práctica** activities for this chunk online.

REPASO

El pretérito y el imperfecto   Reporting and narrating past events

For a complete review of the preterit and the imperfect, go to *¡Anda!* online or refer to **Capítulo 9** of *¡Anda! Curso elemental* in Appendix 3 of your textbook. The vocabulary activities that appear in your textbook incorporate this grammar point. Practicing new vocabulary with a review grammar point helps to strengthen and increase your knowledge of Spanish.

4·1 **¿Cuál fue?** Túrnense para leer lo que hicieron estas personas e indiquen de qué celebración o evento se trata cada situación.

1. _____ Los niños se disfrazaron y fueron a una fiesta.
2. _____ Sara dio a luz a una niña.
3. _____ Hoy hace veinte años que Gastón y Patricia se casaron.
4. _____ Julia y Felipe llevaron a su bebé a la iglesia y hubo una ceremonia con los padrinos y un cura (*priest*).

    a. el Día de las Brujas
    b. el bautizo
    c. el aniversario de boda
    d. el nacimiento

> **Estrategia**
>
> To help you remember vocabulary, use images in association with the words. You could create visual flash cards with pictures instead of English translations. Also, try to associate these celebrations with activities you might do to acknowledge them. When you put your vocabulary into a personal context, it becomes more meaningful to you and you will retain it better.

 4·2 **Y la palabra es...** Escuchen mientras el/la profesor/a explica la actividad. Van a tener que describir palabras, según el modelo.

MODELO   tener una cita

        una persona invita a otra a salir, entonces salen juntos;
        pueden ser más que amigos; el amor es una posibilidad...

4·3 **¿Qué celebración es?** Escucha cada oración y decide a cuál evento o celebración se refiere.

| el compromiso | el Día del Padre | el embarazo |
| la graduación | la Pascua | la primera comunión |

1. _____   3. _____   5. _____
2. _____   4. _____   6. _____

 4·4 **La cita de Paula y Pablo** En parejas, elijan el verbo apropiado para completar la historia. Después expliquen por qué son correctos.

(1) <u>Eran / Fueron</u> las cinco de la tarde cuando Pablo (2) <u>decidía / decidió</u> llamar a Paula. Paula (3) <u>hacía / hizo</u> yoga cuando (4) <u>sonaba / sonó</u> el teléfono. (5) <u>Era/Fue</u> Pablo y la (6) <u>quería / quiso</u> invitar a cenar con él. A las siete y media la (7) <u>recogía / recogió</u> (8) <u>e iban / y fueron</u> en coche al restaurante Tío Tapa. El restaurante (9) <u>era / fue</u> pequeño pero acogedor (*cozy*). (10) <u>Se sentaban / Se sentaron</u> en el patio y (11) <u>empezaban / empezaron</u> a conocerse. (12) <u>Pedían / Pidieron</u> diferentes tapas y cerveza. Después de tres horas de comer, beber y conversar (13) <u>decidían / decidieron</u> ir a un club para bailar. (14) <u>Se divertían / Se divirtieron</u> mucho en su primera cita.

4·5 **Una celebración en Sevilla** Este semestre Adriano está estudiando en Sevilla, España. Le escribe un email a su madre sobre una experiencia muy interesante. Completa los siguientes pasos.

Estrategia

Attempt to work with a different partner in each class. This enables you to help and learn from a variety of your peers, an important and highly effective learning technique. Equally important is the fact that working in small groups, rather than as a large class, gives you more opportunities and time to practice Spanish, as well as to get to know your classmates better.

Paso 1 Completa el email con las formas correctas de los verbos apropiados en **el pretérito** o **el imperfecto.** Después compara tus respuestas con el de un/a compañero/a.

decir	empezar	leer	llamar
llegar	salir	ser (×2)	tener

Querida mamá:

¡Me gusta Sevilla más que nunca! Anoche yo (1) _____ *Don Quijote* cuando mi amigo Luis me (2) _____. Él me (3) _____ que (4) _____ una sorpresa para mí y que me recogería (*would pick me up*) en diez minutos. Cuando (5) _____ del piso (apartamento) vi que (6) _____ una noche perfecta con buena temperatura, una brisa deliciosa y un cielo estrellado. (7) _____ las once y media cuando Luis (8) _____. Inmediatamente nosotros (9) _____ a caminar hacia un lugar secreto (por lo menos para mí).

andar	encontrarse	esperar
estar	iluminar	parecer

(10) _____ por casi media hora y por fin (11) _____ en un lugar con mucha gente y fue muy emocionante. Me (12) _____ que toda la gente (13) _____ algo importante. Nosotros (14) _____ cerca de la entrada de un sitio grande y oscuro. A las doce en punto 20.000 bombillas (15) _____ una gran portada. ¡Era el comienzo de la famosa Feria de Abril!

Besos,
Adriano

Paso 2 Ahora, expliquen el uso de los verbos y los tiempos verbales del **Paso 1.**

MODELO 1. leía

describes what was going on when another action interrupted; he was reading when Luis called

4·6   Tres momentos importantes Piensa en los momentos importantes de tu vida. Completa los siguientes pasos.

Paso 1   Escribe sobre **tres** eventos importantes que tuvieron lugar en tu vida, contestando las preguntas, según el modelo.

Estrategia

Concentrate on spelling and accent marks. If you are a visual learner, try color-coding the words that have accents or writing the accents in a different color to call attention to those forms of the verb.

¿CUÁNDO FUE?	¿DÓNDE ESTABAS?	¿CON QUIÉN(ES) ESTABAS?	¿QUÉ PASÓ?	¿CÓMO TE SENTÍAS?
el quince de mayo	la playa	mis padres	conocí a mi novio	feliz

Paso 2   Escribe **tres** oraciones (una para cada evento) resumiendo toda la información. Después comparte la información con un/a compañero/a.

MODELO   *El quince de mayo estaba en la playa con mi familia cuando conocí a mi novio.*
Me sentía muy feliz...

4·7   El Hotel Playa Sol Lean el anuncio del Hotel Playa Sol y luego escriban una historia creativa de **seis** a **ocho** oraciones sobre lo que les ocurrió allí a Andrea y Roberto, una pareja de Guadalajara, México.

¡Anda! Curso elemental, Capítulo 2. Los deportes y los pasatiempos; Capítulo 10. El viaje, Apéndice 2.

¡Bodas en el paraíso!
Hotel Playa Sol es su lugar.

El Hotel Playa Sol tiene un bello jardín tropical donde un sendero° con velas y antorchas° lo conduce hacia una playa hermosa donde su ser amado lo espera...

path
candles and torches

2 GRAMÁTICA

El pasado perfecto (pluscuamperfecto)
Discussing events that *had* occurred

In **Capítulo 1** you learned to express actions that began in the past and continue into the present by using the equivalent of ***have/has*** _____ *-ed* (form of **haber + ado/ido**), the **present perfect**.

En los últimos tres años, muchos de mis amigos **se han casado.**

In the past three years, many of my friends have gotten married.

Nos hemos peleado mucho recientemente.

We have fought a lot lately.

- Another perfect tense is the **past perfect** (*had* _____ *-ed*). In Spanish, as in English, the past perfect is used to indicate that an action ***had taken*** place. Study the chart and the examples, and then answer the questions that follow.

Cuando yo llegué, ella ya había salido con otro hombre.

	haber	**Past participle**
yo	**había**	celebr**ado** / com**ido** / discut**ido**
tú	**habías**	celebr**ado** / com**ido** / discut**ido**
Ud.	**había**	celebr**ado** / com**ido** / discut**ido**
él, ella	**había**	celebr**ado** / com**ido** / discut**ido**
nosotros/as	**habíamos**	celebr**ado** / com**ido** / discut**ido**
vosotros/as	**habíais**	celebr**ado** / com**ido** / discut**ido**
Uds.	**habían**	celebr**ado** / com**ido** / discut**ido**
ellos/as	**habían**	celebr**ado** / com**ido** / discut**ido**

Cuando llegué a la fiesta todo el mundo ya **se había ido**.

When I arrived at the party, everyone had already left.

Cuando llegaron los bomberos, Adriana ya **había dado** a luz.

When the firefighters arrived, Adriana had already given birth.

A las siete el bautizo todavía no **había empezado**.

The baptism had still not begun by 7:00.

Cuando se casaron en el año 2005 **habían vivido** en el mismo barrio varios años.

When they married in 2005 they had lived in the same neighborhood several years.

- **Note:** Remember that some verbs have irregular past participles, such as **abrir** (**abierto**) and **decir** (**dicho**). What are the other common irregular past participles that you know? For a complete list, refer to page 52.

¡Explícalo tú!
1. How do you form the past perfect tense?
2. How does the form compare with the present perfect tense (**he hablado, has comido, han ido,** etc.)?
3. To make the sentence negative in the past perfect, where does the word *no* go?
4. Which verbs have irregular past participles?

 Check your answers to the preceding questions in **Appendix 1.**

Estrategia

Remember that there are two types of grammar presentations in *¡Anda! Curso intermedio:*

1. You are given the grammar rule.
2. You are given guiding questions to help you construct the grammar rule and to state the rule in your own words.

¿? Now you are ready to complete the *Preparación y práctica* activities for this chunk online.

4·8   ¿Qué habían hecho? Túrnense para decir lo que habían hecho ya los artistas Pablo Picasso y Wifredo Lam cuando se encontraron en un museo a las diez de la noche.

MODELO   Wifredo / comer en un restaurante cubano
Wifredo había comido en un restaurante cubano.

1. Pablo / pintar un cuadro (*painting*)
2. Wifredo / llevar cuadros al museo
3. Pablo y Wifredo / aprender nuevas técnicas
4. Wifredo / experimentar con una acuarela (*watercolor*)
5. Pablo / mirar la joyería (*jewelry store*) de su hija Paloma
6. Pablo y Wifredo / conversar con algunos aficionados (*fans*)

4·9   ¿Una novia celosa? Paco es un chico con muchas amigas, pero su nueva novia es muy celosa y tiene muchas preguntas. Túrnense para contarle a Paco las preguntas que su novia les hizo a ustedes para saber si Paco es un buen novio. Usen **el pasado perfecto** según el modelo.

MODELO   notar algo diferente (yo)
Me preguntó si yo había notado algo diferente.

1. tener conversaciones contigo sobre otras mujeres (yo)
2. observar un comportamiento (*behavior*) raro (yo)
3. recibir llamadas extrañas (tú)
4. verte en fiestas sin ella (yo)
5. venir a mi casa con otra mujer (tu hermano y tú)
6. comprar regalos recientemente (tú)
7. ir a bares juntos (tú y yo)
8. mentir o decir la verdad (yo)

4·10 **Sí, me encanta el español** En parejas, expliquen lo que estas personas habían hecho antes de tomar una clase de español para demostrar su interés por la lengua y la cultura hispana.

> *¡Anda! Curso elemental,* Capítulo A Para empezar. Los adjetivos de nacionalidad, Apéndice 2. Capítulo 4. Las expresiones afirmativas y negativas, Apéndice 3.

MODELO ver una película de un director de España (yo)

Había visto una película de un director español.

1. leer una novela de una escritora de Argentina (mi compañero/a y yo)
2. viajar a un lugar turístico en Honduras (Clara)
3. pedir comida de El Salvador en un restaurante (Jorge y Julián)
4. escribir un poema para imitar a una poeta de Chile (yo)
5. ser voluntario/a en una clínica en Guatemala (José)
6. escuchar música de Puerto Rico (mis amigos)
7. conversar con unos amigos de Colombia sobre su país (mis padres y yo)
8. ver una telenovela de México (tú)

> **Estrategia**
>
> In the *modelo*, you will note the use of the adjective of nationality *español* that replaces the country *España*. Practice adjectives of nationality in the remainder of 4-10.

4·11 **¿Qué había pasado?** Túrnense para describir lo que **había pasado** antes de sacar cada foto.

MODELO

El cura ya había bautizado al bebé cuando llegamos.

1.

2.

3.

4.

5.

4·12 **Antes de la clase de español** Conversa con unos compañeros de clase y pregúntales si ya habían hecho estas actividades antes de venir a la clase hoy.

1. ducharse
2. desayunar
3. pelearse con alguien
4. tener una cita
5. chequear email
6. hacer la tarea de español

El Día de los Muertos

La tradición del Día de los Muertos tiene su origen en una celebración indígena y representa una combinación de unas creencias (*beliefs*) precolombinas y cristianas. Se celebra principalmente en México y en las comunidades mexicanas en los Estados Unidos. El primero y el dos de noviembre las familias van al cementerio para limpiar y decorar con flores las tumbas de sus parientes que ya han muerto. También construyen ofrendas (altares) en las casas o en lugares públicos en honor de los difuntos (muertos). Allí ponen flores y unos recuerdos de cada persona: una fotografía, la comida y la bebida que le habían gustado en la vida. El altar y las ofrendas simbolizan la conexión que los difuntos habían tenido con la familia mientras vivían. Durante estos días los niños reciben dulces en forma de esqueletos (*skeletons*) y calaveras (*skulls*) y muchas personas preparan el pan de muerto para llevar al cementerio o poner en las ofrendas. Es un tiempo para recordar a los parientes difuntos y celebrar sus vidas.

Preguntas

1. ¿Cómo se honra a los difuntos el primero y el dos de noviembre?
2. ¿Qué simbolizan las ofrendas y para qué sirven?
3. Piensa en las actitudes ante las etapas de la vida que representan estas tradiciones. ¿En qué son semejantes y en qué son diferentes a las actitudes de tu cultura? ¿Te parecen tristes o alegres estas tradiciones? ¿Por qué?

4·13 **Antes de graduarme** ¿Qué cosas interesantes habías hecho antes de graduarte de la escuela secundaria? En grupos de seis a ocho estudiantes, túrnense para compartir algunas de las cosas que habían hecho. Tienen que recordar y repetir lo que todas las personas dicen.

¡Anda! Curso intermedio, Capítulo 1.
Algunas características físicas, pág. 36.
Algunas características personales, pág. 37.

MODELO   E1 (TINA):   *Antes de graduarme había trabajado en Zara.*

E2 (TOM):   *Antes de graduarme había visitado veinte estados de Estados Unidos y Tina había trabajado en Zara.*

E3 (SAM):   *Antes de graduarme había estudiado un verano en España, Tom había visitado veinte estados de Estados Unidos y Tina había trabajado en Zara.*

4·14 **La foto nos habla** Mira la foto e imagina lo que había pasado antes de sacar la foto. Sé creativo, inventando personas y situaciones. Escribe por lo menos **ocho** oraciones usando **el pasado perfecto.** Después, comparte tu historia con tus compañeros de clase.

Escucha

Un mensaje de teléfono

Estrategia	When listening, always determine the main idea(s) first and *then* take note of supporting details. Jotting down the details is helpful. You can then use your notes to confirm and verify your information. When listening to someone	in person, you can confirm and verify by asking follow-up questions for clarification. If you are listening to a recording, there is always the option to replay what you have heard for confirmation and verification of details.
Listening for details		

4·15 Antes de escuchar Rogelio trabaja para un famoso cocinero latino, Aarón Sánchez, el dueño del restaurante Paladar en Nueva York. Rogelio va al mercado cuando se da cuenta de (*realizes*) que tiene un mensaje del gerente (*manager*) de la cocina. ¿Qué crees que dice el gerente en su mensaje? Escribe **dos** detalles que crees que debe recordar Rogelio.

1. _____
2. _____

4·16 A escuchar Completa los siguientes pasos.

Paso 1 La primera vez que escuchas capta la idea general.

Paso 2 Al escuchar el mensaje por segunda vez, escribe **tres** detalles que Rogelio debe recordar.

1. _____ 2. _____ 3. _____

Paso 3 Compara lo que escribiste con lo que escribió un/a compañero/a.

4·17 Después de escuchar Mira o escucha un anuncio (en línea) sobre un producto específico, y escribe **tres** detalles que el anuncio presenta sobre el producto. Después presenta esta información a la clase.

¿Cómo andas? I

	Feel confident	Need to review
Having completed the **Comunicación I,** I now can...		
• express information about celebrations and life events. (p. 158)	☐	☐
• report and narrate past events. (p. 159 and online)	☐	☐
• discuss events that *had* occurred. (p. 163)	☐	☐
• relate information about celebrations and traditions in the Hispanic world. (p. 166)	☐	☐
• listen for and register details. (p. 168)	☐	☐

❯ Comunicación II

♻ ¡Anda! Curso elemental, Capítulo 7. La comida; La preparación de las comidas, Apéndice 2.

3 VOCABULARIO

La comida y la cocina   Describing foods and their preparation

- el pavo
- la harina
- la langosta
- las sardinas
- el tocino
- la carne molida
- la carne de res
- los panqueques
- la miel
- las chuletas
- el cangrejo
- las salchichas
- el pan dulce

Las carnes y las aves	Meat and poultry
la carne de cerdo	pork
la carne de cordero	lamb
la ternera	veal

Otras palabras	Other words
el fuego (lento, mediano, alto)	(low, medium, high) heat
el ingrediente	ingredient
el kilogramo	kilogram (or 2.2 pounds)
el nivel	level
el pedazo	piece
la receta	recipe

Términos de cocina	Cooking terms
añadir	to add
asar	to roast; to broil
batir	to beat
(re)calentar (e → ie)	to (re)heat
derretir (e → i → i)	to melt
freír (e → i → i)	to fry
hervir (e → ie → i)	to boil
mezclar	to mix
pelar	to peel
revolver (o → ue)	to stir
tapar	to cover
verter (e → ie)	to pour

¿? Now you are ready to complete the **Preparación y práctica** activities for this chunk online.

REPASO

Verbos con distinto significado en el pretérito y el imperfecto   Reporting and narrating past events accurately.

For a complete review of **Verbs with different meanings in the preterit and imperfect**, go to *¡Anda!* online or refer to **Capítulo 9** of *¡Anda! Curso elemental* in Appendix 3 of your textbook. The vocabulary activities that appear in your textbook incorporate this grammar point. Practicing new vocabulary with a review grammar point helps to strengthen and increase your knowledge of Spanish.

  4·18   **Pan de coco**   Con un/a compañero/a, revisen la lista de ingredientes y pongan en orden con un número del 1 al 6 los pasos de la receta para preparar este delicioso pan de coco.

Pan de coco hondureño

Ingredientes:

2 cocos
1 ½ kilos de harina
3 cucharadas de levadura (*yeast*)
¼ taza de agua tibia (*warm*)
1 cucharada de mantequilla
3 ½ cucharadas de azúcar
3 cucharaditas de sal

a. _____ Después de colar (*strain*) el coco, disuelva la levadura en 1/4 taza de agua tibia y añada una cucharada de azúcar y una cucharada de harina para que la levadura suba.

b. _____ En un plato hondo grande ponga la masa que amasó, tape con un trapo de cocina (*kitchen cloth*) y deje descansar la masa por unas dos horas.

c. _____ Amase la masa otra vez y forme los panes que va a colocar en moldes. Deje descansar nuevamente para que el volumen de los panes aumente un poco más.

d. _____ Primero, pele y ralle (*shred*) los cocos, y luego añada 2 tazas de agua al coco rallado y cuélelo.

e. _____ Cuando haya subido la levadura, añada el resto de los ingredientes. Amásela (*Knead it*) bien hasta que quede suave.

f. _____ Finalmente, ponga los panes en el horno a fuego mediano durante 40 o 45 minutos. Saque los moldes y deje enfriar cuando están horneados.

4·19 Un chef esperanzado (*hopeful*) Estás entrevistando a Leto, que quiere ser un gran chef en el futuro. Empareja las preguntas con las repuestas más adecuadas.

_____ 1. ¿Cuándo supo Ud. que quería ser un chef famoso?

_____ 2. ¿Tuvo que convencer a sus padres para estudiar cocina?

_____ 3. ¿Qué pasó cuando usted solicitó un puesto en el instituto culinario?

_____ 4. Después de entrar en el instituto, ¿conoció usted a muchos chefs famosos allí?

_____ 5. ¿Pudo usted graduarse del instituto finalmente?

a. Sí, porque cuando supieron mis planes, no querían dejarme hacer eso.

b. Sí, me gradué como el chef número uno de la clase.

c. Conocí a Gastón Acurio, a Patricia Quintana y a Ferran Adrià que fueron a dar varios discursos al instituto.

d. Al principio, la directora del instituto no quiso admitirme por ser demasiado joven.

e. Desde la primera vez que leí sobre Gastón Acurio, el famoso chef peruano.

4·20 Un gran desastre Completa el párrafo con lo que pasó en la cocina de Dolores anoche cuando ella intentó preparar una nueva receta. Usa el pretérito.

Anoche Dolores (1. querer) _____ cocinar algo nuevo para su familia: unos huevos rancheros. Ella (2. freír) _____ unos huevos pero los quemó. Entonces (3. tener) _____ que empezar de nuevo. Después de mezclar todos los ingredientes, Dolores los (4. verter) _____ en la sartén pero al instante (5. darse) _____ cuenta de que se había equivocado. En vez de poner sal, ¡ella (6. añadir) _____ azúcar! Ella lo (7. saber) _____ al probar el plato. Al final, Dolores no (8. poder) _____ cocinar los huevos rancheros ni servirlos a su familia. ¡Qué desastre!

4·21 **En el instituto culinario** Imaginen que uno/a de ustedes es un estudiante en el famoso instituto culinario de D'Gallia en Perú. El/La otro/a estudiante es un/a reportero/a del periódico local y va a hacerle estas preguntas.

1. ¿Qué tuviste que hacer para ser aceptado/a a este instituto?
2. ¿Cuándo supiste que fuiste aceptado/a para asistir a este instituto?
3. ¿Cómo decidiste inscribirte en D'Gallia?
4. ¿Pudiste llegar al instituto sin problemas de viaje?
5. ¿Conociste a tus compañeros del instituto antes de llegar a D'Gallia?
6. ¿Tuviste que trabajar mucho durante el primer semestre en el instituto?

4·22 **Firma aquí** Circula por la clase haciéndoles preguntas a varios compañeros de clase.

PREGUNTA	FIRMA – E1	FIRMA – E2	FIRMA – E3
1. ¿Cuándo aprendiste a cocinar?			
2. ¿Cuál es tu plato más creativo?			
3. ¿Quisiste cocinar para tu familia alguna vez? ¿Cuándo?			
4. ¿Tuviste que botar un plato que habías preparado?			
5. ¿Preparaste una gran cena para tus amigos y ellos no quisieron probar la comida?			
6. ¿Has quemado la comida por accidente?			
7. ¿Añadiste los ingredientes incorrectos alguna vez? ¿Cómo salió?			
8. ¿Cómo recalientas la comida normalmente?			

4·23 Conversando Habla con varios compañeros de clase utilizando las siguientes preguntas para guiar la conversación.

1. Si sabes cocinar, ¿cuándo aprendiste? ¿Cómo aprendiste? ¿Cuáles son tus platos favoritos para preparar? Si no sabes cocinar, ¿cuáles son tus platos favoritos para comer?

2. ¿Alguna vez alguien te quiso preparar una comida especial? ¿Quién fue esa persona? ¿Qué preparó? ¿Cómo salió la comida?

3. ¿Ya pudiste hacer las compras para esta semana (comida)? ¿Qué compraste?

4. ¿Te gustan los programas de cocina en la televisión? ¿Quién es tu cocinero/a favorito/a? ¿Has tratado de cocinar una de sus recetas?

5. ¿Cuándo fue la última vez que pudiste cenar en un restaurante elegante? ¿Qué comiste? ¿Con quién estuviste?

4 VOCABULARIO

 ¡Anda! Curso elemental, Capítulo 7. La comida; La preparación de las comidas, Apéndice 2.

Frutas, verduras y otras comidas Expanding on Foods

Algunas frutas y verduras

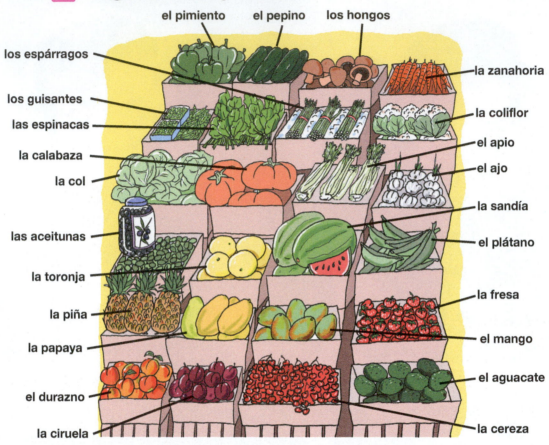

- el pimiento
- el pepino
- los hongos
- los espárragos
- los guisantes
- las espinacas
- la calabaza
- la col
- las aceitunas
- la toronja
- la piña
- la papaya
- el durazno
- la ciruela
- la zanahoria
- la coliflor
- el apio
- el ajo
- la sandía
- el plátano
- la fresa
- el mango
- el aguacate
- la cereza

Algunos postres, dulces y botanas

- las palomitas de maíz
- el batido
- la dona
- el flan
- los bombones

Now you are ready to complete the **Preparación y práctica** activities for this chunk online.

4·24   ¿De qué colores son?   Completen los siguientes pasos.

¡Anda! Curso elemental, Capítulo 3. Los colores; Capítulo 7. La comida, Apéndice 2.

Paso 1   Organicen las diferentes comidas del vocabulario nuevo **Frutas, verduras y otras comidas** según su color. Algunas comidas pueden tener más de un color.

MODELO   VERDE: la col, el apio…

Paso 2   Ahora añadan otras comidas a las listas.

BLANCO	AMARILLO	ROJO	VERDE	MARRÓN	ROSADO	ANARANJADO	OTRO

4·25   Eres poeta   Sigue las instrucciones para crear un poema estilo *cinquain* —un poema corto de cinco versos (*lines*)— sobre una de las frutas o verduras que acaban de aprender. Después comparte tu poema con los compañeros de clase.

¡Anda! Curso elemental, Capítulo 3. Los números ordinales, Apéndice 3; Capítulo 7. La comida, Apéndice 2.

primer verso: una o dos palabras para indicar el tema

segundo verso: dos o tres palabras que describan el tema

tercer verso: tres o cuatro palabras que expresen acción

cuarto verso: cuatro o cinco palabras que expresen cómo te hace sentir

quinto verso: una o dos palabras para aludir (referirse) nuevamente al tema

MODELO   *La toronja*

El sol anaranjado

Me da mucha vida

Cada mañana me despierta

Pura energía

4·26 ¿Cuáles son tus favoritas? Completa los siguientes pasos.

¡Anda! Curso elemental, Capítulo 7. La comida; La preparación de las comidas, Apéndice 2.

Paso 1 Haz una lista de tus comidas favoritas y de cómo las prefieres: crudas (**C**), hervidas (**H**), asadas (**A**), a la parrilla (**P**) o fritas (**F**).

crudo/a	*raw*
hervido/a	*boiled*
asado/a	*grilled*
a la parrilla	*grilled; barbecued*
frito/a	*fried*

Fíjate

A *plátano* is a cooking banana, known in the United States as a plantain. While bananas are usually eaten raw and are sweet, *plátanos* are firmer, less sweet, and are always cooked in some way before eating. They are a staple food in many tropical regions, much like potatoes in other cultures and climates.

FRUTAS	VERDURAS	PESCADOS	MARISCOS	AVES	CARNES	POSTRES	OTRAS COMIDAS
durazno (C)	hongos (H)		cangrejo (F)				
	plátanos (H)						

Paso 2 Compara la lista con las de otros compañeros.

MODELO   E1: *¿Cuáles de las comidas prefieres crudas?*

E2: *Prefiero comer las zanahorias, el durazno, los tomates y la lechuga crudos.*

E3: *Yo solo como las verduras crudas en la ensalada…*

4·27 Y ahora son dueños

Usando el cuadro de la actividad **4-26,** en grupos de tres o cuatro creen un menú para un restaurante pequeño incorporando las comidas favoritas en platos especiales. Deben ponerle un nombre al restaurante y decidir qué tipo de restaurante es. Después, presenten los menús a los otros compañeros y voten por el mejor restaurante del grupo.

¡Anda! Curso elemental, Capítulo 7. La comida, Apéndice 2.

4·28 Una cena virtual

Según el *Libro Guinness de los Récords,* Casa Botín es el restaurante más antiguo del mundo. Fundado en Madrid en el año 1725, es uno de los restaurantes más famosos de España. Ahora van a conocer el restaurante de manera virtual.

Paso 1 Estás en Madrid y tienes mucha hambre y dinero. Vas a Casa Botín para cenar con tus amigos. Mira la carta (el menú) en Internet y decide qué platos quieres pedir.

Paso 2 Ahora entrevista a **cinco** personas y apunta las comidas que eligieron. Decide si sus selecciones son *sanas* o *no muy sanas.*

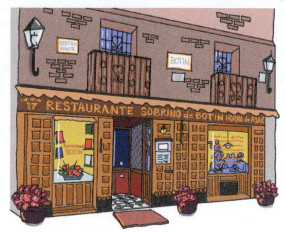

COMIDA SANA	COMIDA NO MUY SANA

Paso 3 Presenta tus resultados a tus compañeros de clase.

MODELO *El veinticinco por ciento de los estudiantes no sigue una dieta sana porque…*

4·29 Entrevista

Circula por la sala de clase haciendo y contestando las siguientes preguntas.

¡Anda! Curso elemental, Capítulo 7. La comida, La preparación de las comidas, Apéndice 2.

1. ¿Sigues una dieta sana? Explica con ejemplos.
2. ¿Qué comida(s) te gusta(n) menos? ¿Por qué?
3. Cuando preparas una comida especial para tu novio/a, esposo/a o amigos, ¿qué sueles preparar? (soler preparar = *usually prepare*)
4. ¿Qué ingredientes sueles poner (o comer) en una ensalada?
5. ¿Te gusta el pescado?, ¿las aves?, ¿y la carne? ¿Cómo lo(s)/la(s) prefieres?
6. ¿Eres un/a buen/a cocinero/a? Explica.

4·30 La fiesta sorpresa

Van a planear una fiesta sorpresa para el cumpleaños de un/a amigo/a que cuida mucho de su dieta y siempre come comidas sanas. Consideren esto en el menú y usen la lista como guía para planear la fiesta. Después, presenten su plan a la clase.

1. el día y la hora
2. el lugar
3. el tema
4. el menú de comida
5. los invitados y qué decirles para que no digan nada a tu amigo
6. la excusa para llevar a la persona homenajeada (*honored*) al lugar de la fiesta

5 GRAMÁTICA

 El presente perfecto de subjuntivo
Specifying what *has* happened

You have already worked with the **present perfect** (*he llamado, has comido, etc.*) and **past perfect** (*había llamado, habías comido, etc.*) **indicative.**

The **present perfect subjunctive** is formed in a similar way.

Present subjunctive form of *haber* + **past participle** is used when the subjunctive mood is needed.

Study the forms and examples below, and then answer the questions that follow.

Espero que mis padres hayan puesto más dinero en mi cuenta.

	Present subjunctive of *haber*	**Past participle**
yo	**haya**	preparado / comido / servido
tú	**hayas**	preparado / comido / servido
Ud.	**haya**	preparado / comido / servido
él, ella	**haya**	preparado / comido / servido
nosotros/as	**hayamos**	preparado / comido / servido
vosotros/as	**hayáis**	preparado / comido / servido
Uds.	**hayan**	preparado / comido / servido
ellos/as	**hayan**	preparado / comido / servido

Mis padres **han preparado** una comida fabulosa.	*My parents have prepared a fabulous meal.*
Espero que mis padres **hayan preparado** una comida fabulosa.	*I hope (that) my parents have prepared a fabulous meal.*
Hemos comido en Casa Botín.	*We have eaten at Casa Botín.*
Dudan que **hayamos comido** en Casa Botín.	*They doubt (that) we have eaten at Casa Botín.*
Siempre nos **han servido** muy rápido.	*They have always served us quickly.*
Es bueno que siempre nos **hayan servido** muy rápido.	*It is a good thing (that) they have always served us quickly.*

¡Explícalo tú!

1. How is the present perfect subjunctive formed?
2. When is it used?

 Check your answers to the preceding questions in **Appendix 1.**

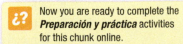
¿? Now you are ready to complete the *Preparación y práctica* activities for this chunk online.

4·31 **Tres en línea** Llena un cuadro con **nueve** verbos diferentes de la lista en las formas indicadas del **presente perfecto de subjuntivo.** Pregúntense si tienen esos verbos. La primera persona con tres **X** gana. Repitan el juego.

añadir (yo), asar (ellos), batir (ella), dar (nosotros), decir (tú), disfrazarse (Ud.), discutir (ellos), engañar (yo), hacer (yo), hervir (ellas), mezclar (tú), oír (yo), poner (Ud.), querer (Uds.), revolver (él), salir (nosotros), traer (yo), verter (ella), ver (ellas)

MODELO   E1: ¿Tienes *hayas hecho*?

E2: No, no tengo *hayas hecho.*

¿Tienes *haya revuelto?*

E1: Sí, tengo *haya revuelto…*

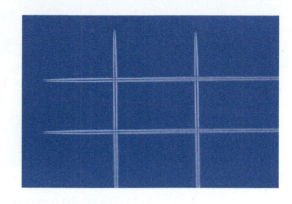

 [e] **4·32** **Dos viejos amigos** En parejas, túrnense para completar la siguiente conversación entre Rosalía y Miguel. Elijan entre **el presente perfecto de indicativo** y el **presente perfecto de subjuntivo.**

¡Anda! Curso intermedio, Capítulo 2. El subjuntivo para expresar pedidos, mandatos y deseos, pág. 98; Capítulo 3. El subjuntivo para expresar sentimientos, emociones y dudas, pág. 136.

ROSALÍA: ¡Hola, Miguel! ¿Qué tal (1) <u>has estado / hayas estado</u>? Tanto tiempo sin verte. Es increíble que no (2) <u>has cambiado / hayas cambiado</u> en absoluto. Te ves igual. ¿Qué (3) <u>has estado haciendo / hayas estado haciendo</u>?

MIGUEL: Hola, Rosalía. ¡Es obvio que no (4) <u>has hablado / hayas hablado</u> con mi mamá! Se lo está diciendo a todos porque está muy orgullosa: hace seis meses que trabajo como consejero de las estrellas, quiero decir de la gente famosa e importante. Por ejemplo, recientemente (5) <u>he tenido / haya tenido</u> que aconsejar (*counsel*) a una mujer joven (no puedo mencionar su nombre) que no se (6) <u>ha portado / haya portado</u> bien —muchas fiestas, muchos bares, muchas citas— ya sabes. Además, también (7) <u>he aconsejado / haya aconsejado</u> a muchos atletas profesionales. Oye, dudo que tu trabajo (8) <u>ha sido / haya sido</u> tan difícil como el mío. A propósito, ¿qué (9) <u>has hecho / hayas hecho</u> recientemente?

ROSALÍA: (*¡Umf! Dudo que* (10) <u>has estudiado / hayas estado</u> *interesado en otra persona que no seas tú… piensa ella antes de contestar.*) Bueno, yo escribo columnas para el periódico. Nuestro objetivo es tratar de ayudar a la gente buena, honesta y humilde: ayudar a la sociedad en general. Por ejemplo, hoy si quieres, puedes leer un reportaje de dos de mis colegas que (11) <u>han resuelto / hayan resuelto</u> un crimen de unas personas que (12) <u>han maltratado / hayan maltratado</u> a unas personas mayores. ¡Qué mundo este! ¿Verdad?

MIGUEL: Pues, sí… (*le comenta totalmente desinteresado*). Mira, allí está José Luis. No me (13) <u>ha visto / haya visto</u> en por lo menos seis meses. Oye, José Luis, ven acá. Tanto tiempo sin verte…

4·33 La creatividad de Cecilia Cecilia está preparando una cena para su amigo Pablo. Escucha lo que dice y decide si las siguientes oraciones son ciertas (**C**) o falsas (**F**).

1. Cecilia estaba segura de que Pablo iba a aceptar la invitación.
2. Cecilia no cree que Pablo haya comido este plato antes.
3. Ella ha seguido la receta exactamente como dicen las instrucciones.
4. Las sustituciones han sido hechas a causa del color y no del sabor (*flavor*).
5. El plato de mariscos ha salido delicioso.
6. Cecilia y Pablo no han disfrutado (*enjoyed*) del nuevo plato.

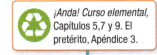

¡Anda! Curso elemental, Capítulos 5, 7 y 9. El pretérito, Apéndice 3.

4·34 ¡No te creo! Tienes un amigo que casi nunca dice la verdad. Túrnense para responder a sus comentarios usando las siguientes expresiones.

 ¡Anda! Curso intermedio, Capítulo 2. El subjuntivo para expresar pedidos, mandatos y deseos, pág. 98; Capítulo 3. El subjuntivo para expresar sentimientos, emociones y dudas, pág. 136.

no creo	dudo	es imposible	es improbable	no es cierto

MODELO E1: *Cené con Barack y Michelle Obama.*
E2: *Dudo que hayas cenado con ellos.*

1. "Cuando estuve en Casa Botín, vi a Letizia Ortiz, la reina de España".
2. "Me invitaron a cocinar en el programa *Simply Delicioso*".
3. "Rafael acaba de ganar la competición de *Top Chef* y el programa le va a publicar su libro de cocina".
4. "Mis hermanas abrieron un restaurante nuevo en la isla Roatán en Honduras. Está justo en la playa".
5. "Fui a cenar con Selena Gómez y me ha dicho que quiere salir otra vez".

¡Anda! Curso intermedio, Capítulo 2. El subjuntivo para expresar pedidos, mandatos y deseos, pág. 98; Capítulo 3. El subjuntivo para expresar sentimientos, emociones y dudas, pág. 136.

4·35 **¿Y yo?** Ahora escribe una lista de **seis** cosas que te han ocurrido recientemente. **Dos** de las cosas no deben ser verdaderas. Después, en grupos de tres o cuatro, túrnense para leer y responder a las oraciones.

MODELO
E1: *He ido a El Salvador cuatro veces.*
E2: *Es probable que hayas ido a El Salvador cuatro veces.*
E3: *Dudo que hayas ido a El Salvador cuatro veces.*
E4: *Es cierto que has ido a El Salvador cuatro veces.*
E1: *Hakeem tiene razón. No he ido a El Salvador nunca.*

> **Fíjate**
>
> Some expressions to use in activity **4-35** are *No creo que…, Creo que…, Dudo que…, Es verdad que…,* and *Es probable que….* For other expressions, consult pages 98 and 136 on *el subjuntivo.*

4·36 **Cita a ciegas** Esta noche Inés tiene una cita con alguien que no conoce, pero tiene muchas dudas y se arrepiente de (*regrets*) haber aceptado salir con él. En parejas, túrnense para completar sus pensamientos usando **el presente perfecto de subjuntivo.** Sean creativos añadiendo detalles.

MODELO   Ojalá que él (ducharse)…
Ojalá que él se haya duchado antes de encontrarse conmigo.

1. Espero que (ir al cajero automático)…
2. Dudo que (comprarme flores)…
3. Es probable que (no tener tiempo de)…
4. No creo que (hablar con… sobre…)…
5. Es preferible que (graduarse de)…
6. No ha venido y es tarde. Tal vez (decidir)…

Perfiles

🔊 Grandes cocineros del mundo hispano

Se dice que cocinar bien es un arte. Aquí hay unos ejemplos de "artistas" de la cocina de varias partes del mundo hispano.

Gastón Acurio (n. 1967) es considerado el embajador de la cocina novoandina que recrea platos originarios de épocas prehispánicas combinando ingredientes nativos de Perú con técnicas modernas. El resultado son platos sofisticados e innovadores. Acurio cuenta con más de 40 restaurantes dedicados a distintos tipos de comida peruana en varios países como Perú, Chile, México y los Estados Unidos.

Ferran Adrià Acosta (n. 1962) es considerado uno de los mejores cocineros del mundo por muchos críticos gastronómicos. Era propietario del restaurante El Bulli en España que tenía tres estrellas en la guía Michelin. En 2011 El Bulli cerró sus puertas para reinventarse como una fundación gastronómica dedicada tanto al conocimiento como a la creatividad. La fundación tiene varios proyectos como BulliPedia, un tipo de Wikipedia para la alta cocina.

Patricia Quintana es una famosa cocinera, maestra y autora de docenas de libros de la cocina mexicana. Si has ido a su restaurante en México, D.F., *Izote*, es muy probable que hayas comido una de sus recetas que combinan las tradiciones culinarias mexicanas de elote (maíz) y chiles con la alta cocina (*haute cuisine*) mexicana.

Preguntas

1. ¿Cómo se han hecho famosas estas personas?
2. Compara a una de estas personas con algún/alguna cocinero/a famoso/a de los Estados Unidos. ¿Qué sabes de él/ella?
3. ¿Qué opinas tú de que algunas personas consideran a estos cocineros artistas?

¡Anda! Curso intermedio, Capítulo 2. El subjuntivo para expresar pedidos, mandatos y deseos, pág. 98; Capítulo 3. El subjuntivo para expresar sentimientos, emociones y dudas, pág. 136.

4·37 ¿Qué habrían hecho? Imagínense que son unos de estos tres chefs, Patricia Quintana, Gastón Acurio o Ferran Adrià Acosta, y que tienen una columna de cocina en una revista. Lean las consultas de estos lectores (*readers*) y den sus comentarios. Usen **el presente perfecto de subjuntivo** y **el presente de subjuntivo** y sean creativos en sus respuestas.

MODELO   Me gusta cocinar pero no he tenido tiempo para hacerlo recientemente. ¿Qué puedo hacer?

Es bueno que hayas cocinado en el pasado y que te haya gustado. Para tener más tiempo para preparar una comida sugiero que prepares todos los ingredientes la noche anterior...

1. He leído muchos de sus libros de la cocina mexicana, pero no puedo elegir mis recetas favoritas. ¿Qué me aconseja?

2. Hemos visto muchos de sus programas de cocina en la televisión, pero sus recetas nos han parecido muy difíciles. ¿Qué puedo hacer?

3. Siempre he querido ser cocinero en un restaurante conocido, pero es casi imposible encontrar un trabajo así. ¿Qué me recomienda?

4. Por seis años he sido dueño de un restaurante de mucho éxito, pero en los últimos dos años no he tenido tiempo para experimentar con nuevas recetas. ¿Qué me aconseja?

5. Siempre he querido ser famosa. He estudiado para ser cocinera y he trabajado en el mismo restaurante por cinco años. Todo el mundo conoce al dueño del restaurante pero nadie sabe quién soy yo. ¿Qué puedo hacer?

¡Conversemos!

Estrategias comunicativas Asking for and giving directions

The need to ask for and give directions comes up often. Below are some useful phrases for politely requesting and giving directions.

Para pedir indicaciones	Asking for directions
• ¿Me podría/n decir cómo se llega a...?	*Could you (all) tell me how to get to . . .?*
• Perdón, ¿sabe/n usted / ustedes llegar al...?	*Pardon, do you (all) know how to get to . . .?*
• Estoy perdido/a. ¿Puede/n usted / ustedes decirme dónde está...?	*I'm lost. Can you tell me where . . . is?*
• ¿Cómo voy / llego a...?	*How do I go / get to . . . ?*

Para dar indicaciones	Giving directions
• Vaya/n / Siga/n derecho / todo recto.	*Go straight.*
• Doble/n/a la derecha / izquierda.	*Turn right / left.*
• Tome/n un taxi / autobús.	*Take a taxi / bus.*
• Al llegar a..., doble/n...	*When you get to . . . , turn . . . .*

4·38 Diálogos Escucha los diálogos y haz las siguientes actividades.

1. ¿A qué mercado va el turista? ¿Cómo piensa viajar allí?
2. ¿Adónde quieren ir Nines y Mercedes?
3. ¿Por qué quieren ir allí ellas?
4. En la **Situación 1,** dibuja un mapa para el turista para que pueda llegar a la estación de autobuses.
5. En la **Situación 2,** dales de nuevo las indicaciones (*directions*) a Nines y a Mercedes.

> **Fíjate**
>
> *La esquina* (corner) and *la cuadra* (block) are important words to know when giving directions.

4·39 ¿Cómo llegamos? En grupos de tres o cuatro personas, dramaticen la siguiente situación.

Una delegación de estudiantes internacionales de países hispanohablantes ha llegado a tu comunidad. Ellos quieren saber dónde pueden comer y qué sirven de comer en los distintos restaurantes. Explíquenles cómo llegar a algunos restaurantes y qué tipo de comida sirven.

MODELO E1: *Hola. ¿Me podría decir cómo llegar a un restaurante mexicano y cuáles son sus platos especiales?*

E2: *Sí, mi favorito está muy cerca. Siga derecho…*

4·40 Mi restaurante favorito es…

Conversa con un/a compañero/a de clase sobre cuál es tu restaurante favorito y explica por qué. Después, cada uno debe darle indicaciones al otro para llegar al restaurante que cada uno describió.

4·41 Vamos a comer

Quieren ir a comer a un restaurante en su comunidad. En un grupo de tres, preparen su plan. Usen las preguntas guía, el vocabulario y las estructuras de este capítulo. ¡Sean creativos/as!

1. ¿Adónde quieren ir?
2. ¿Qué tipo de comida quieren comer?
3. ¿Cómo se llega al restaurante?

MODELO   E1:   *Vamos al restaurante Mixto; creo que tienen buena comida allí.*

E2:   *¿Dónde está? Espero que tengan bistec a la parrilla.*

E3:   *Es fácil llegar; he ido antes. Salgan por la puerta principal de la universidad, sigan recto dos cuadras y doblen a la izquierda. Está a mano derecha.*

E4:   *Es bueno que hayas ido allí antes. ¿Qué tipo de comida sirven?*

4·42 Una entrevista   En parejas, dramaticen la siguiente situación. Uno/a es un/a reportero/a para la revista *Buen provecho* y va a entrevistar a su compañero/a que es un/a cocinero/a de un restaurante muy famoso. Juntos preparen una lista de preguntas que incluya la historia del restaurante, la experiencia del cocinero, su plato favorito y cómo llegar al restaurante. El cocinero debe responder a cada pregunta en forma apropiada. Traten de usar el vocabulario y la gramática del capítulo en la entrevista.

MODELO   E1 (REPORTERO):   *Gracias por darme esta entrevista. Hace tiempo que quiero conocerlo. Tengo muchas preguntas para usted.*

E2 (COCINERO):   *De nada. Es un placer también para mí. Un reportero de su revista me contactó hace un año, pero no he podido hacer la entrevista hasta ahora…*

Escribe

Un artículo de revista

Estrategia		
Process writing (Part 4): Sequencing events	Narratives about events—past, present, or future—have a logical sequence that the reader can follow. Using a logical sequence in your writing will give it cohesion and make it flow naturally.	Expressions such as those listed can be used to indicate the natural order of events in your narrative. These words also provide smooth transitions between portions of your writing.

Adverbios y expresiones adverbiales	*Adverbs and adverbial expressions*
al principio, primero	*at first, first, in the beginning*
el primer día/mes	*the first day/month*
luego, entonces	*then, next*
antes (de)	*before*
después (de)	*afterward, after*
en seguida	*immediately (after)*
más tarde	*later*
pronto	*soon*
por fin, finalmente	*finally*
al final	*at the end*
por último	*last (in a list)*

4·43 Antes de escribir Vas a escribir un artículo sobre una celebración local que tiene lugar en tu comunidad. Primero selecciona una celebración. Luego, haz una lista de los datos y los eventos (nombre de la celebración, la fecha, el lugar, etc.).

4·44 A escribir Ahora ha llegado el momento de escribir tu artículo.

- Primero, toma la lista que escribiste y empieza a escribir el artículo incluyendo los datos que encontraste.
- Luego, pon tu lista de los eventos en orden cronológico, conectándolos con las expresiones nuevas como **primero, luego, después,** etc.
- Añade a cada evento los detalles que sean interesantes como la descripción de una competencia, la comida, etc.

Finalmente, asegúrate de que en el artículo:

- hayas puesto los eventos en orden cronológico usando las expresiones de esta sección.
- hayas escrito por lo menos **ocho** oraciones.

4·45 Después de escribir Comparte tu artículo con un/a compañero/a. Haz una comparación de las dos celebraciones que ustedes han descrito. ¿En qué son semejantes y en qué son diferentes? Presenta esta información al resto de la clase.

¿Cómo andas? II

	Feel confident	Need to review
Having completed **Comunicación II,** I now can…		
• describe foods and their preparation. (p. 169)	☐	☐
• expand on foods. (p. 174)	☐	☐
• specify what *has* happened. (p. 178)	☐	☐
• name and provide details about three people known for creating excellent cuisine. (p. 182)	☐	☐
• use appropriate expressions when asking for and giving directions. (p. 184)	☐	☐
• write about events in a logical order. (p. 186)	☐	☐

Vistazo cultural

🔊 Tradiciones de Guatemala, Honduras y El Salvador

Soy estudiante en el Instituto Femenino de Estudios Superiores de Guatemala y estudio artes culinarias. Siempre había pensado en estudiar la comida y la cultura de otros países. En mis cursos he aprendido que muchas veces la comida típica es una parte integral de las celebraciones culturales. Aquí les ofrezco un vistazo a algunas fiestas y platos típicos de estos tres países.

Carmen Barreto Molina, estudiante de Artes Culinarias

Un plato guatemalteco

Un plato típico guatemalteco es pepián o pipián. Es un rico plato tradicional a base de tomates, chiles, pollo y otras verduras como la papa. También contiene especias y a veces se sirve como un guisado (*stew*). A menudo se come con tortillas.

Las máscaras guatemaltecas

Por muchos siglos, las máscaras tradicionales han tenido un papel muy importante en las celebraciones guatemaltecas. El uso de las máscaras data de los tiempos precolombinos y aún en tiempos de los conquistadores. Se habían usado para representar animales, diablos, santos y otras figuras míticas que aparecían en las historias y los bailes folklóricos. Hoy en día la gente se disfraza con máscaras para celebrar eventos tanto sociales como religiosos.

Antigua, Guatemala

Durante la Semana Santa en Antigua, Guatemala, las procesiones religiosas caminan sobre "alfombras" en las calles. Estas alfombras se hacen principalmente de aserrín (*sawdust*) de muchos colores y a veces de verduras, plantas, flores y hasta de pan. La gente planea sus diseños por meses pero se hacen en las veinticuatro horas antes de comenzar las procesiones.

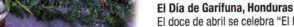

El Día de Garífuna, Honduras
El doce de abril se celebra "El Día de Garífuna", el aniversario de la llegada de los Garífuna a Honduras hace más de doscientos años. El pueblo Garífuna es de herencia africana y caribeña. La fecha se celebra con baile, música, teatro y desfiles (*parades*).

Copán, Honduras
En Santa Rosa de Copán, un pueblo en las montañas de Honduras, la celebración de la Semana Santa es impresionante. Hay seis desfiles que celebran diferentes partes de la historia de la Pascua. El Viernes Santo, una procesión pasa por el pueblo sobre una alfombra de flores extendida en la calle.

Comida salvadoreña
Las pupusas son la comida más común en El Salvador. Son tortillas a base de masa de maíz con relleno de queso, frijoles o carne de algún tipo. Por un decreto legislativo salvadoreño del año 2005, el segundo domingo del mes de noviembre de cada año es "El Día Nacional de las Pupusas".

Juayúa, El Salvador
Este pueblo se conoce por su famosa Iglesia del Cristo Negro, cuyo santo patrón se celebra cada enero con un festival. También es famoso por su feria gastronómica. Hace más de veinticinco años que se festeja cada fin de semana con un festival de comida típica salvadoreña pero también unos platos exóticos e internacionales.

Preguntas

1. ¿Qué elementos tienen en común estas celebraciones?
2. ¿Qué comidas tradicionales se mencionan? ¿En cuáles de estas celebraciones es probable que se haya servido comida?
3. Compara estas celebraciones con otras que has estudiado y con las celebraciones en los Estados Unidos. ¿En qué se parecen o se diferencian?

Cine

La Boda

Watch this film in *¡Anda!* online.

Galardonado con más de 50 premios en festivales como el New York City Short Film Festival.

4·46 **Antes de ver el cortometraje** Contesta las siguientes preguntas.

1. Las bodas se pueden celebrar de diferentes maneras según la situación de cada pareja. Da ejemplos de diferentes tipos de bodas.
2. Mira los fotogramas. ¿Qué crees que va a ocurrir en el cortometraje?

Estrategia	When you watch a film, you do not have to understand every dialogue or scene to comprehend and summarize the main actions. Focus your attention on answering these key questions: Who is the	protagonist? What happens to this character? What is the principal conflict and how is this resolved? These are some questions that will help you recognize the central ideas and events of a film.
Viewing for main ideas		

Additional vocabulary practice in *¡Anda!* online

Vocabulario

adelantar	*to pay in advance*
cuota	*installment (payment)*
liquidez	*liquidity*
quincena	*biweekly pay*
saldo	*balance*
tarta	*cake*
traje	*dress/suit*
turno	*work shift*

4·47 **Mientras ves el cortometraje** Mientras ves el cortometraje, presta atención a los lugares, los personajes y sus acciones. ¿Cuál es la idea principal de la historia?

1. Es la boda de mi hija.

2. Ya, pero si no me trae el dinero, no se lo puedo entregar.

3. Oye, ¿tu amiga tiene papeles (*immigration documents*)?

4. ¡Ay, una foto, una foto!

4·48 Después de ver el cortometraje Contesta las siguientes preguntas.

1. Mirta pierde algo muy importante ese día. ¿Qué es?
   a. el teléfono   b. la torta de boda   c. su trabajo
2. La empleada de la tienda le dice a Mirta: "Ya, pero si no me trae el dinero, no se lo puedo entregar". ¿Qué cosa no le puede dar? ¿Por qué es eso importante?
3. Mirta dice que tiene "un día negro" en el que todo le sale mal. ¿Quiénes ayudan a Mirta? ¿Cómo?
4. ¿A dónde va Mirta para celebrar la boda de su hija?
   a. a un hotel elegante   b. a una cabina de un centro telefónico   c. a un restaurante
5. Al final del cortometraje, la dedicatoria de la directora dice: "Dedicado a todas las mujeres que son madres en la distancia". ¿Cómo se relacionan estas palabras con Mirta, la protagonista? Explícalo detalladamente.

¿? For additional *Cine* content and activities, go to *¡Anda!* online.

Pudín de palmito

4·49 Antes de leer Contesta las siguientes preguntas.

1. Recuerda el poema de Martí, "Versos sencillos: Poema 1 (fragmento)" del Capítulo 1. ¿Cuáles son las partes de un poema y los diferentes tipos de rima?

2. Mira la foto de unos palmitos en la página siguiente. ¿Puedes pensar en algún ingrediente similar en la comida estadounidense?

3. En el primer verso del poema vemos la expresión "se mezcla." "Se mezcla" es un ejemplo de la voz pasiva pero también es muy común usar mandatos para las recetas. ¿Cúal es el mandato informal para el verbo mezclar? Indica otros verbos del poema en la voz pasiva y cámbialos a mandatos informales.

4. En este capítulo hemos repasado los participios pasados. Indica los cinco verbos en el participio pasado que hay en el texto y los verbos en infinitivo a los que pertenecen.

Estrategia

Identifying characteristics of different text types

Different texts have different characteristics, and recognizing these at the outset will help your comprehension. For example, the characteristics of a poem are different from those of a newspaper article, which are in turn different from the instructions for putting together a multimedia entertainment center. Academic texts exhibit different characteristics from literary texts; reading for information differs from reading for pleasure. Looking at the poem on the next page, what are the characteristics of this text that make it different from other texts? How does this change the way that we approach the work? Recognition of these differences provides you, the reader, with aids for comprehension.

4·50 Mientras lees Mientras lees, presta atención a la forma del texto. ¿Por qué es un poema?

Pudín de palmito

Nicomedes Suárez-Araúz

Se mezcla el palmito
una vez hervido
con pan blanco remojado°   *soaked*

y un poquito de mantequilla
y se añaden los huevos.

Se unta° con mantequilla el molde   *to spread*
y se pone una capa de palmito,
una de Guarayos[1] molidos°,   *ground*
y otra capa° de queso rallado°,   *layer/grated*
y así alternando hasta
llenar el molde.

Se pone en un horno a rojo vivo
hasta que esté bien cocido
y sea tan blanco y puro
como el corazón del palmito.

[1]"Guarayo" refers to an indigenous group living in the Guarayos Province, one of the largest indigenous groups in the Amazonian region of Bolivia. Their way of life—based on fishing, hunting, gathering fruit, and the cultivation of rice, pineapples, and other crops—is being threatened by timber companies and agribusiness.

4·51 Después de leer Contesta las siguientes preguntas.

1. ¿Cuál es el orden correcto? Pon en orden los pasos de la receta del pudín de palmito.
   a. Añada los huevos.
   b. Hierva el palmito.
   c. Mezcle el palmito con pan y mantequilla.
   d. Ponga una capa de palmitos, otra de guarayos y otra de queso.
   e. Póngalo en el horno.
   f. Unte el molde con mantequilla.
2. ¿Qué ingredientes tiene el pudín de palmito?
3. ¿Cuál de todos los ingredientes de la pregunta anterior no es una comida? En tu opinión, ¿por qué el poeta incluye este "ingrediente" en el poema?
4. El autor usa un símil para describir el corazón del palmito. ¿Qué palabras usa y por qué crees que lo hace?
5. Imagina que este es un poema escrito en Estados Unidos. En tu opinión, ¿cúal es el equivalente de "palmito" y de "los guarayos molidos"?
6. La comida nos enseña sobre la cultura de un país. En tu opinión, ¿qué aprendiste al leer este poema sobre la cultura de Bolivia? ¿Puedes pensar en algo similar en tu país?

4·52 Otro plato ¿Recuerdas algún plato que te guste mucho? ¿Es parecido al pudín de palmito? ¿Qué ingredientes tiene? Toma nota de los ingredientes y de cada paso para prepararlo. Luego, presenta tu información a la clase.

4·53 Recuerdos de la niñez El libro donde aparece "Pudín de palmito" es un homenaje del autor a los platos que su madre cocinaba cuando era niño. Piensa en la comida de un festival o una ocasión importante cuando eras niño/a. Usa pretérito e imperfecto para escribir una descripción del evento y la comida. Presenta tu descripción a la clase.

¿? For additional *Literatura* content and activities, go to *¡Anda!* online.

Y por fin, ¿cómo andas?

	Feel confident	Need to review
Having completed this chapter, I now can…		

Comunicación I

- express information about celebrations and life events. (p. 158) ☐ ☐
- report and narrate past events. (p. 159 and online) ☐ ☐
- discuss events that *had* occurred. (p. 163) ☐ ☐
- register details. (p. 168) ☐ ☐

Comunicación II

- describe foods and their preparation. (p. 169) ☐ ☐
- expand on foods. (p. 174) ☐ ☐
- specify what *has* happened. (p. 178) ☐ ☐
- use appropriate expressions when asking for and giving directions. (p. 184) ☐ ☐
- write about events in a logical order. (p. 186) ☐ ☐

Cultura

- relate information about celebrations and traditions in the Hispanic world. (p. 166) ☐ ☐
- name and provide details about three people known for creating excellent cuisine. (p. 182) ☐ ☐
- share and compare cultural information regarding celebrations and traditions in Guatemala, Honduras, and El Salvador. (p. 188) ☐ ☐

Cine

- converse about a film from Spain. (p. 190) ☐ ☐

Literatura

- converse about a poem from Bolivia. (p. 192) ☐ ☐

Comunidades

- use Spanish in real-life contexts. (online) ☐ ☐

Vocabulario **activo** 🔊

Las celebraciones y los eventos de la vida	*Life events and celebrations*
el aniversario de boda	*wedding anniversary*
el bautizo	*baptism*
la boda	*wedding*
el compromiso	*engagement*
el cumpleaños	*birthday*
el Día de las Brujas	*Halloween*
el Día de San Valentín	*Valentine's Day*
el Día de la Madre/del Padre/de la Independencia, etc.	*Mother's Day, Father's Day, Independence Day, etc.*
el Día de los Muertos	*Day of the Dead*
el embarazo	*pregnancy*
la graduación	*graduation*
la luna de miel	*honeymoon*
el nacimiento	*birth*
la Navidad	*Christmas*
el noviazgo	*engagement period; courtship*
la Pascua	*Easter*
la primera comunión	*First Communion*
la quinceañera	*fifteenth birthday celebration*
el baile	*dance*
la cita	*date*
el regalo	*present*
el bebé	*baby*
el/la novio/a	*boyfriend/girlfriend; groom/bride*

Verbos	*Verbs*
celebrar	*to celebrate*
cumplir… años	*to have a birthday/ to turn… years old*
dar a luz	*to give birth*
discutir	*to argue; to discuss*
disfrazarse	*to wear a costume; to disguise oneself*
enamorarse (de)	*to fall in love (with)*
engañar	*to deceive*
estar comprometido/a	*to be engaged*
estar embarazada	*to be pregnant*
pasarlo bien/mal	*to have a good/bad time*
pelear(se)	*to fight*
salir (con)	*to go out (with)*
tener una cita	*to have a date*

La comida y la cocina	*Food and kitchen*
Las carnes y las aves	*Meat and poultry*
la carne de cerdo	*pork*
la carne de cordero	*lamb*
la carne de res	*beef*
la carne molida	*ground beef*
las chuletas	*chops*
el pavo	*turkey*
las salchichas	*sausages*
la ternera	*veal*
el tocino	*bacon*
El pescado y los mariscos	*Fish and seafood*
el cangrejo	*crab*
la langosta	*lobster*
las sardinas	*sardines*

La comida y la cocina	Food and kitchen
Más comidas	*More foods*
la harina	*flour*
la miel	*honey*
el pan dulce	*sweet roll*
los panqueques	*pancakes*
Términos de cocina	*Cooking terms*
añadir	*to add*
asar	*to roast; to broil*
batir	*to beat*
(re)calentar (e → ie)	*to (re)heat*
derretir (e → i → i)	*to melt*
freír (e → i → i)	*to fry*
hervir (e → ie → i)	*to boil*
mezclar	*to mix*
pelar	*to peel*
revolver (o → ue)	*to stir*
tapar	*to cover*
verter (e → ie)	*to pour*
Otras palabras	*Other words*
el fuego (lento, mediano, alto)	*(low, medium, high) heat*
el ingrediente	*ingredient*
el kilogramo	*kilogram (or 2.2 pounds)*
el nivel	*level*
el pedazo	*piece*
la receta	*recipe*

Las frutas, las verduras y otras comidas	Fruits, vegetables, and other foods
Las frutas	*Fruit*
el aguacate	*avocado*
la cereza	*cherry*
la ciruela	*plum*
el durazno	*peach*
la fresa	*strawberry*
el mango	*mango*
la papaya	*papaya*
la piña	*pineapple*
la sandía	*watermelon*
la toronja	*grapefruit*
Las verduras	*Vegetables*
las aceitunas	*olives*
el ajo	*garlic*
el apio	*celery*
la calabaza	*squash; pumpkin*
la col	*cabbage*
la coliflor	*cauliflower*
los espárragos	*asparagus*
las espinacas	*spinach*
los guisantes	*peas*
los hongos	*mushrooms*
el pepino	*cucumber*
el pimiento	*pepper*
el plátano	*plantain (Lat. America)*
la zanahoria	*carrot*
Algunos postres, dulces y botanas	*Some desserts, candies, and snacks*
el batido	*milkshake*
el bombón	*sweet; candy*
la dona	*donut*
el flan	*caramel custard*
las palomitas de maíz	*popcorn*

¡Una foto espectacular en las ruinas de Machu Picchu!

5 Viajando por aquí y por allá

¿Te gusta ir de viaje? En el mundo hispano hay muchos lugares y destinos turísticos bonitos que puedes visitar: desde ruinas de civilizaciones muy antiguas, hasta selvas y bosques en toda América Latina y grandes ciudades como Madrid o México, D.F. Y con la gran expansión tecnológica en todo el mundo hispano, la tecnología puede llegar hasta cualquiera de esos lugares. ¡Vamos a explorar!

Preguntas

1. ¿Adónde te gusta viajar?
2. ¿Cómo prefieres viajar? ¿Por qué?
3. ¿Cómo usamos la tecnología para viajar? ¿Y en nuestra vida diaria?

¿Sabías que...?

- Costa Rica es uno de los países pioneros (*pioneer*) del ecoturismo en todo mundo.

- El bosque lluvioso de Costa Rica es uno de los lugares más impresionantes en donde se puede hacer tirolesa (*zip-line*).

El ecoturismo es muy importante en Costa Rica.

Un guía (*guide*) electrónico en la Plaza Mayor de Madrid.

Learning Outcomes

By the end of this chapter, you will be able to:

✔ discuss travel and means of transportation.

✔ indicate how technology is useful both at home and in travel.

✔ depict something that is uncertain or unknown.

✔ ask for input and express emotions.

✔ identify individuals for whom travel and technology are important.

✔ use peer editing to improve narrative expression.

✔ share information and explore green initiatives in Nicaragua, Costa Rica, and Panamá.

✔ identify and share information about cultural and artistic expression through a film from Spain and a short story by Julio Cortázar (Argentina).

⟩ Comunicación I

1 VOCABULARIO

¡Anda! Curso elemental, Capítulo 2. Los deportes y los pasatiempos; Capítulo 4. Los lugares; Capítulo 10. Los medios de transporte; El viaje, Apéndice 2.

Los viajes Discussing travel and means of transportation

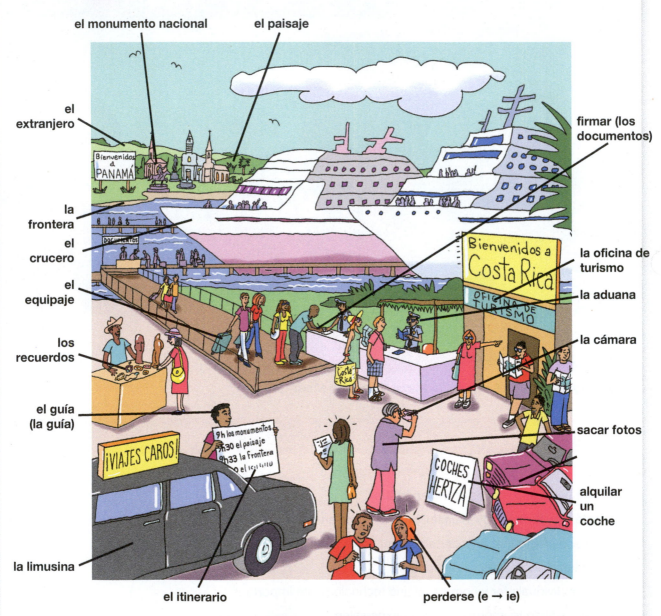

el monumento nacional
el paisaje
el extranjero
firmar (los documentos)
la frontera
el crucero
el equipaje
la oficina de turismo
la aduana
los recuerdos
la cámara
el guía (la guía)
sacar fotos
alquilar un coche
la limusina
el itinerario
perderse (e → ie)

¡VIAJES CAROS!

9h los monumentos
9h30 el paisaje
9h33 la frontera

COCHES HERTZA

Bienvenidos a PANAMÁ

Bienvenidos a Costa Rica
OFICINA DE TURISMO

Algunas palabras	*Some words*
el puerto	*port*
hacer un crucero	*to go on a cruise*

¿? Now you are ready to complete the **Preparación y práctica** activities for this chunk online.

REPASO

> **Por y para**   Expressing time, location, purpose, destination, and direction
>
> For a complete review of **por** and **para,** go to *¡Anda!* online or refer to **Capítulo 11** of *¡Anda!*
> *Curso elemental* in Appendix 3 of your textbook. The following vocabulary activities that appear
> in your textbook incorporate this grammar point. Practicing new vocabulary with a review grammar
> point helps to strengthen and increase your knowledge of Spanish.

5·1   **Viaje** ¿Qué necesitas para viajar? Con un grupo de cuatro compañeros/as de clase, hagan una lista de lo que necesitan y/o lo que van a ver en su "viaje". Cada persona del grupo debe tomar por lo menos **dos** turnos. ¡Diviértanse!

MODELO   E1 [JOE]:   *Llevo un mapa.*

E2 [ABBY]:   *Voy a la frontera y Joe lleva un mapa.*

E3 [MARK]:   *Voy con un guía para no perderme, Abby va a la frontera*
y Joe lleva un mapa…

 ¡Anda! Curso elemental, Capítulo 10. Los medios de transporte; El viaje, Apéndice 2.

5·2   **En un mundo (im)perfecto** Siempre hay recuerdos de los viajes. Termina las siguientes oraciones de manera lógica, usando el vocabulario nuevo de **Los viajes.**

 *¡Anda! Curso intermedio,* Capítulo 2. El subjuntivo para expresar pedidos, mandatos y deseos, pág. 98.

MODELO   Mañana, mis amigos y yo salimos para…

Mañana, mis amigos y yo salimos para Panamá en un crucero de dos semanas.

1. Me gustó pasear por…
2. Mis amigos y yo salimos para…
3. Fui a la frontera por…
4. Compraron unos recuerdos para…
5. ¿Alquilaste un coche por… ?
6. Yo pagué más de $100 por…

5·3   Un reportaje del aduana Escucha mientras un agente de la aduana habla de un día típico en el puerto. Según el dibujo en la página 200, determina si el dibujo representa un día típico.

	Cierto	Falso
1. Primero…	☐	☐
2. Segundo…	☐	☐
3. Tercero…	☐	☐
4. Finalmente…	☐	☐

> ¡Anda! Curso elemental, Capítulo 8.
> El imperfecto, Apéndice 3; Capítulo 10.
> Los medios de transporte, Apéndice 2.

5·4   ¿Por o para? Carlos planea las vacaciones de la familia. Completen los siguientes pasos.

> ¡Anda! Curso intermedio, Capítulo 4.
> El pasado perfecto (pluscuamperfecto), pág. 163.

Paso 1   Túrnense para descubrir los planes finales de Carlos usando **por** y **para**.

Carlos y su familia trabajaban demasiado. (1) _____ más de cinco años habían hablado de irse de vacaciones y (2) _____ fin decidieron que iban a hacerlo (3) _____ finales de julio. Era el primero de mayo y todavía no habían decidido (4) _____ cuánto tiempo se iban a ir. Carlos quería ir (5) _____ tres semanas y hacer un crucero (6) _____ el Caribe, pero sus hermanos y sus padres no podían dejar el trabajo (7) _____ más de diez días. Tampoco les quedaba mucho dinero (8) _____ las vacaciones porque acababan de renovar su casa.

Entonces, ya era hora de decidir adónde y cómo ir. (9) _____ Carlos, si no podían hacer un crucero, era mejor alquilar una camioneta (*truck*) y una tienda de campaña y viajar (10) _____ el oeste de los Estados Unidos (11) _____ conocer los parques nacionales. Se puede hacer camping (12) _____ menos dinero que quedarse en un hotel. También, Carlos pensaba pasar (13) _____ la carretera Panamericana, quizás la parte entre Denver, Albuquerque y San Antonio. Sabía que había atascos (*traffic jams*) a causa de la construcción, pero no le importaba. Sus padres se conocieron en un pueblo en la carretera Panamericana cerca de San Antonio, y Carlos pensaba que (14) _____ esa razón iba a ser una buena sorpresa (15) _____ ellos. (16) _____ ayudar a sus padres, Carlos tenía la intención de planear toda la ruta yendo (17) _____ unos caminos interesantes en vez de pura autopista.

Decidieron tomar sus sugerencias, y sus padres se lo agradecieron. (18) _____ los hermanos no fue tan emocionante aquella decisión; ¡querían ir a Disneylandia!

Paso 2   Túrnense para explicar por qué usaron **por** o **para** en cada espacio en blanco. Sigan el modelo.

MODELO   1. Por, *duration of time*

5·5 **Soñando** Tú y tu mejor amigo/a han buscado en Internet recomendaciones sobre unos viajes. Túrnense para crear oraciones diciendo lo que es bueno y lo que no es bueno hacer. Sean creativos y usen **por** y **para** cuando sea posible.

Estrategia

Remember that you can use the following verbs and expressions to create your recommendations for **5-5**: *aconsejar, recomendar (e → ie), sugerir (e → ie → i), es aconsejable / deseable / mejor / preferible / recomendable que…*

MODELO   ir por tren

Es preferible que vayan por tren porque es más rápido y económico.

1. no manejar en esa ciudad
2. revisar el coche antes de alquilarlo
3. comprar un boleto de ida y vuelta
4. llegar a tiempo al aeropuerto
5. renovar (*renew*) el pasaporte
6. no llevar demasiado equipaje

5·6 **Preguntas para Carlos** Túrnense para hacerle **seis** preguntas a Carlos de la actividad **5-4** sobre sus planes y luego contéstenlas. Pueden añadir información. Practiquen **por** y **para** en sus preguntas y sus respuestas.

MODELO   E1:   *¿Por qué querías viajar por el Caribe en un crucero?*

E2 (CARLOS):   *Quería viajar por el Caribe en un crucero porque me gustan las playas y quería descansar y relajarme un poco.*

Estrategia

When you create with language, you use *critical thinking skills* such as *hypothesizing*. Create questions that might not be directly answered in **5-6.** Then create hypothetical, plausible answers that Carlos might give.

5·7   Mi viaje en un crucero por el río Amazonas Lee el folleto sobre el crucero y después escribe una entrada de diario para describir lo que viste e hiciste durante el viaje. Puedes añadir más detalles. Usa por lo menos **cinco** de las palabras nuevas de **Los viajes**. También usa **por** y **para** por lo menos **cinco** veces. Después, compara tu entrada con la de un/a compañero/a.

¡Anda! Curso elemental, Capítulo 9. El pretérito y el imperfecto, Apéndice 3.

MODELO   *Querido diario:*

El domingo pasado salimos de Iquitos, Perú, para Tabatinga, en Brasil. Hicimos un viaje por barco por el río Amazonas. Vimos e hicimos muchas cosas interesantes. Por ejemplo, por la mañana…

RÍO AMAZONAS

Este crucero de siete días sale los domingos de Iquitos, Perú, y lo lleva en el barco RÍO AMAZONAS a Tabatinga, Brasil, de regreso a Iquitos. Viajar en un barco cómodo le permite gozar de un recorrido inolvidable por la selva y conocer algunas comunidades nativas. También puede observar la exuberante flora y fauna de la selva tropical.

El barco
RÍO AMAZONAS:

ITINERARIO:

- **Primer día:** Navegación río abajo a través de la zona industrial de Iquitos y una breve visita a los campos de caña de azúcar°.
- **Segundo día:** Observación de aves° por la mañana. Visita a pueblos indígenas.
- **Tercer día:** Caminata por la selva, pesca de pirañas en un lago pequeño y observación de los caimanes°.
- **Cuarto día:** Llegada a la Isla de Santa Rosa. Mañana libre para pasear y hacer compras.
- **Quinto día:** Por la mañana, visita a la villa de Atacuari; por la tarde, visita al remoto hospital de leprosos de San Pablo.
- **Sexto día:** Breve parada en Pijuayal para un chequeo de documentos, una visita a Pevas para intercambiar artículos fabricados por artesanía de los nativos.
- **Séptimo día:** Llegada a Iquitos temprano por la mañana.

sugar cane
pájaros

un tipo de
alligator

2 VOCABULARIO

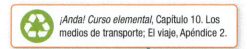

¡Anda! Curso elemental, Capítulo 10. Los medios de transporte; El viaje, Apéndice 2.

Viajando por coche Becoming familiar with cars and automobile travel

el vehículo utilitario deportivo

la bocina

la carretera

el faro

la camioneta

la transmisión

el acelerador

el paso de peatones

el norte

el este

el sur

el oeste

el parachoques

el espejo retrovisor

el cinturón de seguridad

el navegador personal

Algunas palabras	Some words
el atasco	*traffic jam*
el camino	*route; path; dirt road*
los frenos	*brakes*
el seguro del coche	*car insurance*
el silenciador	*muffler*
la velocidad	*speed*

Fíjate

You may also want to know how to say the following words:

northeast	noreste	*northwest*	noroeste
southeast	sureste	*southwest*	suroeste

 Now you are ready to complete the *Preparación y práctica* activities for this chunk online.

5·8 **Combinaciones** Túrnense para combinar los elementos de las dos columnas para formar oraciones lógicas.

1. ___ Deja de tocar la bocina…
2. ___ Cruzaron la calle…
3. ___ Compré una transmisión nueva…
4. ___ Salieron esta mañana…
5. ___ Para obedecer la ley (*the law*)…
6. ___ Piden setecientos dólares al año…

a. por el seguro de coche.
b. para la frontera.
c. siempre se pone el cinturón de seguridad.
d. para el vehículo utilitario deportivo viejo.
e. por el paso de peatones.
f. para no molestar a los vecinos.

♻ *¡Anda! Curso elemental*, Capítulo 10.
Los medios de transporte, Apéndice 2.

 5·9 **Mi carrito** ¿Conoces bien tu carro? Escribe los nombres de las partes en el dibujo. Después, comparte tu trabajo con un/a compañero/a.

Estrategia

When you study vocabulary, writing the words down is a useful technique. Making a list helps you remember the new words better and learn their spellings. Study the words from your written list by looking at each English word as a prompt and saying the Spanish word. Check off the words you know well, and then concentrate on those you do not know yet.

5·10 Piloto de carreras (*Race car driver*) Juan Pablo Montoya empezó a competir oficialmente en carreras de karting de su país a la edad de seis años. Vamos a ver lo que él nos cuenta. Completa el siguiente párrafo sobre Montoya con las palabras apropiadas de la siguiente lista. Después, comparte tu trabajo con un/a compañero/a.

Número del vehículo:	42
Fecha de nacimiento:	20/09/1975
Lugar de nacimiento:	Bogotá, Colombia
Altura:	1,68 m
Peso:	72 kg.
Residencia:	Miami, Florida
Familia:	Connie, esposa, e hijos Sebastian, Paulina & Manuela
Pasatiempos:	deportes acuáticos, golf

carretera	cinturones	bocina	frenos
navegador personal	transmisión	velocidad	vehículo utilitario deportivo

Desde niño me han gustado las carreras. De karting fui a Fórmula Uno, donde me quedé por varios años. Desde el año 2007 a 2013 fui piloto de carreras de stock car con NASCAR. En 2014 transicioné a IndyCar. Vivo en los Estados Unidos. Mucha gente me pregunta cuál es mi carro favorito—aunque tengo varios coches muy buenos, mi favorito es mi (1) _____. Tiene más de doscientas mil millas, pero es como nuevo para mí porque lo acabo de restaurar (*restore*). Por ejemplo, anda bien porque la (2) _____ es nueva. Para la seguridad de mis hijos puse nuevos (3) _____. Para poder parar con rapidez y precisión, tengo unos (4) _____ nuevos también. Es un coche muy seguro y lo suficientemente grande para poder llevar a mis hijos con todas sus cosas y mis perros a la playa o de excursión. Para no perderme compré un (5) _____. Una cosa que no cambié fue la (6) _____ porque funciona y suena (*sounds*) muy bien. Cuando quiero correr más (ir más rápido), no lo hago en la (7) _____ donde hay muchos otros carros; me meto en mi auto de carreras y puedo ir a alta (8) _____ en la pista de carreras.

5·11 Un coche distinto Trae a clase una foto de un coche. Puede ser un coche extraordinario o un coche "regular". Descríbeselo a un/a compañero/a de clase usando por lo menos **diez** palabras nuevas del vocabulario **Viajando por coche.**

3 GRAMÁTICA

Los pronombres relativos *que* y *quien*
Connecting sentences and clarifying meaning

The words **que** and **quien** can link two parts of a sentence. When used in this way **que** (*that, which, who, whom*) and **quien(es)** (*who, whom*):

- do not have accents.
- refer back to ***nouns*** in the main clause (main part of sentence).
- provide a smooth transition from one idea to another, eliminating the repetition of the noun.

1. **Que** is the most frequently used and can refer to ***people, places, things, or ideas***.

¡¿Es esta la limusina que alquilamos por $200?!

¿Es esta	**la limusina**	**que**	alquilamos por doscientos dólares?
Is this	*the limousine*	*(that)*	*we rented for two hundred dollars?*

La agente de viajes **que** conocimos ayer viajó por todo el mundo hace tres años.

The travel agent (that) we met yesterday traveled around the world three years ago.

El itinerario y los mapas son algunas de las cosas **que** necesitamos llevar con nosotros.

The itinerary and the maps are some of the things (that) we need to take with us.

El monumento nacional **que** quieren visitar está en el centro de la ciudad.

The national monument (that) they want to visit is in the center of the city.

2. **Quien(es)**, set off by commas, refers *to people,* BUT **que** is normally used instead of **quien.**

El guía, **quien** / **que** nos llevó por toda la ciudad, no nos acompaña mañana.

The guide, who took us around the city, is not accompanying us tomorrow.

3. What follows are some additional guidelines for using **que** and **quien**:
   a. Use **que** after the simple prepositions **a, con, de,** and **en** to refer to *places, things, or abstract ideas*—NOT *people*.
   b. To refer to *people* after the simple prepositions **a, con, de,** and **en,** *you must use* **quien(es)**.

El **avión en que** volamos ahora es uno de los más grandes del mundo.

The plane in which we are now flying is one of the largest in the world.

Los **peatones con quienes** cruzan necesitan apurarse un poco.

The pedestrians with whom they are crossing need to speed up a bit.

Fíjate

Note that while the word *that* can sometimes be omitted in English, **que** and **quien** are always needed in Spanish:

*El atasco **que** vimos ayer duró cuatro horas.*

The traffic jam (that) we saw yesterday lasted four hours.

Fíjate

A *dependent clause* cannot stand alone as a complete sentence and depends on the main clause to complete its meaning. In the following sentence, the underlined portion is the dependent clause:

*El itinerario y los mapas son algunas de las cosas **que** dejamos en casa.*

 Now you are ready to complete the ***Preparación y práctica*** activities for this chunk online.

5·12 Selecciones Termina el siguiente párrafo con **que** y **quien**. Después, compara tu trabajo con el de un/a compañero/a. Túrnense para explicar sus elecciones.

La agencia (1) _____ ofrece viajes baratos no tiene problemas económicos sino unos arreglos muy especiales con la comunidad. Ayer, sin embargo, cuando llamamos a la agencia, el agente con (2) _____ hablamos no nos pudo ayudar mucho. Ese agente, (3) _____ se mudó aquí de Santiago, Chile, no sabe mucho sobre las ofertas (4) _____ tienen. Por ejemplo, no sabe si hay cruceros muy económicos (5) _____ hagan giras por todo el Caribe. Mis padres, (6) _____ hacen un viaje casi todos los años, dicen que hay cruceros enormes (7) _____ salen del puerto de nuestra ciudad. Dicen que se puede hacer muchas actividades a bordo: nadar en la piscina, relajarse en el jacuzzi, tomar el sol, asistir a diferentes clases para hacer ejercicio, como el pilates y el yoga, ir al cine, visitar los bares y las discotecas para tomar y bailar y comer las veinticuatro horas del día. ¡Mis amigas, con (8) _____ pienso hacer el crucero, nunca van a querer dormir!

5·13 ¿Has visitado la luna? Combinen las oraciones usando **que** y **quien** para evitar la repetición.

MODELO   El Valle de la Luna está en Bolivia. El Valle de la Luna es un lugar muy curioso.

El Valle de la Luna, que está en Bolivia, es un lugar muy curioso.

1. El Valle de la Luna está a diez kilómetros del centro de La Paz. Es un lugar muy extraño.
2. El paisaje ofrece un gran contraste. Es un paisaje extraterrestre.
3. El Valle de la Luna está al lado de un pueblo. El pueblo se llama Malilla.
4. El día que estuve allí había un hombre encima de una roca enorme. El hombre tocaba una flauta.
5. El taxista nos cobró veinte dólares por llevarnos allí. Nos encontramos con el taxista al lado del bar Max Beber.

5·14 La historia de Rapunzel Su profesor/a los va a poner en grupos de tres o cuatro estudiantes y les va a dar ocho papeles que contienen la historia de Rapunzel. Ustedes tienen que poner los papeles en orden, marcar **que** y **quien(es)** y luego contar la historia.

¡Anda! Curso elemental, Capítulo 9. El pretérito y el imperfecto, Apéndice 2.

5·15 ¿Quién puede ser? En grupos de cuatro o cinco, túrnense para dar pistas (clues) sobre una persona de la clase hasta que alguien pueda adivinar quién es. Enfóquense en el uso de **que** y **quien**.

MODELO E1: *Estoy pensando en una persona que tiene una camioneta roja y lleva jeans. También es una persona a quien le gusta mucho el básquetbol y con quien trabajo mucho en la clase.*

E2: *¿Es Mark?*

E1: *Sí, es Mark.*

5·16 Biografía Ahora piensen en unas personas famosas para continuar el juego de la actividad **5-15.** Deben dar de **tres** a **cinco** pistas, o más si los compañeros no pueden adivinar quién es.

4 VOCABULARIO

Las vacaciones Planning and illustrating vacations

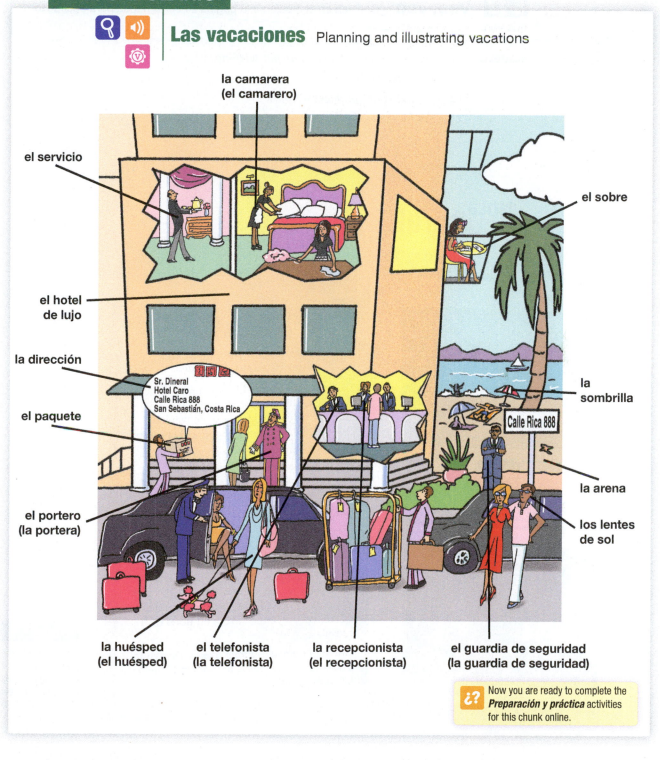

la camarera
(el camarero)

el servicio

el sobre

el hotel
de lujo

la dirección

Sr. Dineral
Hotel Caro
Calle Rica 888
San Sebastián, Costa Rica

la
sombrilla

el paquete

Calle Rica 888

la arena

el portero
(la portera)

los lentes
de sol

la huésped
(el huésped)

el telefonista
(la telefonista)

la recepcionista
(el recepcionista)

el guardia de seguridad
(la guardia de seguridad)

¿? Now you are ready to complete the *Preparación y práctica* activities for this chunk online.

5·17   Veo, veo ¿Qué ven en el dibujo de la página 211? Túrnense para decirse lo que ven.

MODELO   E1:   *Veo a una persona hablando por teléfono.*

E2:   *Ves al telefonista.*

E2:   *Veo algo para proteger los ojos.*

E1:   *Ves los lentes de sol.*

Nota cultural

El fin del mundo y los glaciares en cinco días:

Para los viajeros que quieren algo diferente en sus vacaciones

Día 1: *Punta Arenas:* Llegada entre las 09:00 y las 16:00 horas al puerto en el crucero "Sueño". Cóctel de bienvenida con el capitán, quien encabeza el crucero.

Día 2: *Isla Magdalena y los pingüinos:* Visita a la Isla Magdalena y los pingüinos magallánicos. Excursión al Parque Nacional Cabo de Hornos. Noche a bordo.

Día 3: *Ushuaia:* Navegación y llegada a Ushuaia, Tierra del Fuego, la ciudad más austral del mundo. Gira de la ciudad. Noche en hotel de 4 estrellas.

Día 4: *El Calafate y el Perito Moreno:* Traslado° al aeropuerto; vuelo a Calafate. Exploración de los glaciares masivos de El Calafate, Patagonia. Noche en hotel de 4 estrellas.

Día 5: *El Calafate – Punta Arenas:* Desayuno. Traslado en autobús al aeropuerto. Vuelo a Punta Arenas.

transfer

> **Fíjate**
>
> *Perito Moreno* is one of the few glaciers that is growing and expanding instead of receding.

Preguntas

1. ¿Qué lugares incluye el recorrido de este viaje? ¿Qué van a ver los pasajeros? ¿Con quién tienen el cóctel de bienvenida?

2. ¿Qué medios de transporte se mencionan? ¿Adónde van en cada uno de los medios de transporte?

3. ¿Cuáles son los medios de transporte más comunes para las vacaciones en tu cultura?

5·18 **Entrevista** Circula por la sala de clase haciendo y contestando las siguientes preguntas. Debes hablar por lo menos con **cinco** personas diferentes. Después, tu profesor/a va a pedirles la información para averiguar qué tienen en común.

1. Cuando viajas, ¿normalmente te quedas en hoteles de lujo, hoteles más económicos o montas una tienda de campaña? ¿Por qué?
2. Típicamente, ¿en qué se diferencian los hoteles de lujo de los hoteles más económicos?
3. ¿Te gusta tomar el sol o prefieres quedarte bajo una sombrilla cuando estás en la playa? ¿Por qué?
4. ¿Siempre llevas lentes de sol? ¿Qué marca (*brand*) prefieres? ¿Cuánto te costaron? ¿Dónde los compraste? ¿Por qué te gustan?
5. ¿Coleccionas sellos o tarjetas postales? ¿Conoces a alguien que los coleccione? ¿De dónde has recibido tarjetas postales?

Estrategia

Answer in complete sentences when working with your classmates. Even though it may seem mechanical at times, using complete sentences leads to increased comfort with speaking Spanish.

5·19 **Nuestra historia** Mira el dibujo en la página 211, **Las vacaciones**. Con un/a compañero/a, túrnense para crear una historia sobre lo que pasó aquel día incluyendo por lo menos **diez** oraciones.

MODELO Empezó como un día normal en el Hotel Caro.

E1: *Hacía sol y no llovía en la playa.*

E2: *Pero, llegaron dos huéspedes en una limusina…*

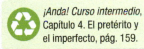

¡Anda! Curso intermedio, Capítulo 4. El pretérito y el imperfecto, pág. 159.

5·20 **Tus vacaciones ideales** ¡Qué suerte! Ganaste $100.000 dólares en un concurso para realizar el viaje de tus sueños. Después de regresar del viaje, te entrevistó un periodista de la revista *Viajes*. Un/a estudiante hace el papel del periodista y el/la otro/a el papel del ganador. Túrnense para formar y contestar las siguientes preguntas usando **el pretérito** y **el imperfecto**.

¡Anda! Curso elemental, Capítulo 9. Un resumen de los pronombres de complemento directo e indirecto y reflexivos, Apéndice 3.

1. ¿Adónde / decidir / ir? ¿Por qué?
2. ¿En qué hotel / quedarse?
3. ¿Qué servicios / ofrecer / en el hotel?
4. Cuando / estar / en el hotel, ¿cómo / pasar / el tiempo (día y noche)?
5. ¿Viajar / por la región? ¿Qué excursiones / hacer?
6. ¿Perderse / en algún momento? Da algún ejemplo.
7. ¿Sacar / muchas fotos?
8. ¿Cómo / viajar? ¿Alquilar / un carro / o / ir / en taxi o autobús / o / caminar?

Estrategia

Both you and your partner should answer the questions individually, according to your dream vacations.

Escucha

Un anuncio de radio

Estrategia Pinpointing specific information	When pinpointing specific information, it is usually necessary for you to know the topic or context of what you will hear in advance. Then you need to anticipate what you will want and/or need to know. When pinpointing specific information, you may wish to	write or make a brief mental list of specific questions or topics upon which you will focus your listening. When performing this strategy in real life in an interpersonal setting, you would want to follow up with clarifying questions if you did not glean all the details.

5·21 Antes de escuchar Vas a escuchar un anuncio de radio para la agencia de viajes Zona del Viaje. Si estás pensando en tomar un viaje y oyes este anuncio, ¿qué información esperas sacar? Escribe **tres** cosas que crees que vas a escuchar en el anuncio.

1. _____
2. _____
3. _____

5·22 A escuchar Lee esta lista de información que puede ser importante para este tipo de promoción y escucha el anuncio.

1. El tipo de viaje	
2. Las ofertas (*special offers*)	
3. El precio	
4. Lo que está incluido en ese precio	
5. Cómo comprar el viaje	

5·23 Después de escuchar Llena el cuadro de la actividad **5-22** con la información que escuchaste y compáralo con el de un/a compañero/a. Después, decidan si el viaje es una buena oferta y si a ustedes les gustaría hacerlo.

¿Cómo andas? I

	Feel confident	Need to review

Having completed **Comunicación I,** I now can...

- discuss travel and means of transportation. (p. 200)
- express time, location, purpose, destination, and direction. (p. 201 and online)
- become familiar with cars and automobile travel. (p. 205)
- connect sentences and clarify meaning. (p. 208)
- plan and illustrate vacations. (p. 211)
- compare notes on travel and transportation. (p. 212)
- pinpoint specific information. (p. 214)

❯ Comunicación II

5 VOCABULARIO

♻ *¡Anda! Curso elemental,* Capítulo 2. En la universidad, Apéndice 2.

La tecnología y la informática
Indicating how technology is useful, both at home and in travel

el archivo adjunto — la arroba — el punto — la máquina de fax — la impresora — la cámara web — el mensaje de texto — el enchufe — el disco duro — el teclado — la pantalla — el escáner

ANDAINTERMEDIO@PEARSON.COM

La tecnología	*Technology*
el archivo	*file*
la cámara digital	*digital camera*
el correo electrónico / el e-mail	*e-mail*
el correo de voz	*voicemail*
el cursor	*cursor*
los datos	*data*
el icono	*icon*
la imagen	*image*
la multitarea	*multitasking*
la página principal/inicial	*homepage*
el programa de computación	*software*
el ratón	*mouse*

Términos de Internet	*Internet terms*
la barra	*slash (in a URL: /)*
la contraseña	*password*
el enlace	*link*
Internet	*the Internet*
el mirón	*lurker*
el navegador	*browser*
el servidor	*server*

Algunos adjetivos	*Some adjectives*
compatible	*compatible*
(des)conectado	*offline/online*
digital	*digital*

¿? Now you are ready to complete the *Preparación y práctica* activities for this chunk online.

REPASO

El pretérito y el imperfecto (continuación)   Communicating about events in the past

For a complete review of the preterit and the imperfect, go to *¡Anda!* online or refer to **Capítulo 9** of *¡Anda! Curso elemental* in Appendix 3 of your textbook. The following vocabulary activities that appear in your textbook incorporate this grammar point. Practicing new vocabulary with a review grammar point helps to strengthen and increase your knowledge of Spanish.

5·24 ¿Cierto o falso? Es el año 2050. Un abuelo habla con su nieta y bromea (*jokes around*) con ella sobre cómo era la tecnología en el año 2000. Túrnense para hacer el papel (*the role*) de abuelo y de nieta. La nieta decide si las oraciones del abuelo son ciertas o falsas. Si son falsas, corríjanlas (*correct them*) para hacerlas ciertas.

MODELO   E1 (ABUELO):   *Para usar Internet, la primera vez necesité una barra, después solo necesitaba un navegador.*

E2 (NIETA):   *No, abuelo. Para usar Internet, usted siempre necesitaba un navegador.*

> **Fíjate**
>
> Most Spanish-speaking countries use either *el computador* or *la computadora* for *computer*. In Spain, *el ordenador* is used.

1. Buscaba mis documentos y los encontré en el mirón.
2. Mandaba mensajes, revisaba el presupuesto personal y escribía un reporte —todo a la vez— la multitarea era parte de mi vida.
3. Para comprar algo por Internet necesitaba usar la impresora y el disco duro, pero una vez no los usé.
4. Leía mi correo electrónico todos los días, pero nunca tuve una pantalla.
5. El cursor y el teclado eran necesarios para poder escribir los correos electrónicos en la computadora.

  5·25 Evaluados por la jefa Janina y Marco son muy trabajadores pero siempre se ponen nerviosos cuando su jefa (*boss*) los observa. La jefa reporta sus observaciones de los dos. Mira la página 216 y escribe la única (*only*) cosa que no es correcta de sus observaciones.

Lo que no es correcto es: _____

5-26 La tecnología en mi vida Llena el cuadro con información sobre el uso que tú haces de la tecnología. Después, pídele a un/a compañero/a su información. Usa **los pronombres de complemento directo e indirecto** para evitar la repetición. Finalmente, compartan sus datos con otros compañeros para averiguar qué tienen ustedes en común.

¡Anda! Curso elemental, Capítulo 5. Los pronombres de complemento directo; Capítulo 8. Los pronombres de complemento indirecto.

Estrategia

Note the options for answering the questions in **5-26.** As you work with your partner, always push yourself to be as creative as possible. By varying your answers, you practice and review more of the structures, which in turn helps you become a strong speaker of Spanish.

MODELO   teléfono celular

E1: *¿Tienes un teléfono celular?*

E2: *Sí, y es un teléfono nuevo.*

E1: *¿Cuándo lo compraste?*

E2: *Lo compré el mes pasado.*

E1: *¿Cuántas veces al día lo usas?*

E2: *Lo uso por lo menos veinte veces al día.*

E1: *¿Para qué lo usas?*

E2: *Lo uso para llamar a mis amigos, para mandar mensajes de texto y para leer mi e-mail.*

APARATO	CUANDO LO/LA COMPRÉ	CON QUÉ FRECUENCIA LO/LA USO	PARA QUÉ LO/LA USO
teléfono celular	el mes pasado	por lo menos veinte veces al día	para llamar a mis amigos, para mandar mensajes de texto y para leer mi e-mail
tableta			
cámara digital			
cámara de video digital			
fax			
reproductor de MP3			
televisión HD o 1080p			

5-27 ¿Qué puede ser? Van a describir aparatos electrónicos usando cuatro pistas (*clues*). Completen los siguientes pasos.

Paso 1   En grupos de tres o cuatro, escojan un aparato y escriban las cuatro pistas. La primera pista debe ser la más general y la cuarta la más específica.

MODELO   E1: (escáner)

Es tan útil como una computadora.

Se comunica con una computadora.

Copia y transmite información.

Con esta máquina, puedo mandarle por computadora una página de un libro a mi amiga.

Paso 2   Túrnense para adivinar.

MODELO   E2: *¿Es una impresora?*

E1: *No. Adivina de nuevo.*

E3: *¿Es un escáner?*

E1: *¡Sí! ¡Correcto!*

Paso 3   Escojan dos aparatos para presentar a los otros grupos.

5·28 **Busco un cibercafé que…** Ustedes son unos ejecutivos importantes de una compañía multinacional y están en Arequipa, Perú, para una conferencia. Necesitan acceso a la tecnología porque la maleta en que tenían todos los materiales para la presentación se perdió. Encuentran este anuncio sobre el Cibercafé Dos Mundos. Hablen de lo que pueden hacer (y de lo que no pueden hacer) allí para preparar de nuevo la presentación. ¡Sean creativos!

¡Anda! Curso elemental, Capítulo 5. Los pronombres de complemento directo; Capítulo 8. Los pronombres de complemento indirecto, Apéndice 3.

MODELO *Es bueno que el Cibercafé Dos Mundos tenga un fax. Entonces podemos decirle a la secretaria que nos mande una copia de los documentos que están en la maleta perdida. También tenemos que…*

CIBERCAFÉ DOS MUNDOS

Plaza Bolívar
Arequipa, Perú
tel. (54)-42-3082
www.cibercafedm.pe

PUEDES CONECTAR TU EQUIPO

5·29 **Un invento muy importante** En grupos de tres o cuatro, inventen un aparato que mejore la calidad (*quality*) de nuestra vida. Necesitan describir el aparato con un dibujo y con palabras, explicar sus usos y decir a quién/es le/s ayudaría (*would help*).

6 GRAMÁTICA

El subjuntivo con antecedentes indefinidos o que no existen

Depicting something that is uncertain or unknown

So far you have used the subjunctive to indicate wishes, recommendations, suggestions, and commands. You have also used it to express doubt, uncertainty, disbelief, and denial as well as emotions and opinions.

The **subjunctive** is also used to express the possibility that something is **uncertain** or **nonexistent**. If it is clear that the **_person, place or thing_ does exist**, then the **indicative** is used. Note the following sentences.

Quiero comprar **una** computadora que **sea** compatible con el sistema que tengo.	_I want to buy **a** computer that is compatible with the system I have. (may not exist)_
Quiero comprar **la** computadora que **es** compatible con el sistema que tengo.	_I want to buy **the** computer that is compatible with the system I have._ (the computer exists)
Necesitamos **un** servidor que **sea** lo suficientemente grande para satisfacer todas nuestras necesidades.	_We need **a** server that is large enough to accommodate all our needs. (does not yet exist for the speaker)_
Necesitamos **el** servidor que **es** lo suficientemente grande para satisfacer todas nuestras necesidades.	_We need **the** server that is large enough to accommodate all our needs._ (the server exists)
No conocemos a nadie que **sepa** cifrar los documentos.	_We don't know anyone who knows how to encrypt the documents._ (speakers do not know anyone)
Conocemos a alguien que **sabe** cifrar los documentos.	_We know someone who knows how to encrypt the documents._ (speakers do know someone)

Estrategia

To determine whether you should use the subjunctive or the indicative, ask the question: _Does the person, place, or thing exist at that moment for the speaker?_ If it does, then use the indicative; if not, the subjunctive is needed.

 Now you are ready to complete the **_Preparación y práctica_** activities for this chunk online.

5·30 **Trabajos nuevos** Son ayudantes para el jefe de una compañía internacional nueva que necesita muchos empleados. Usando la información de la lista, túrnense para describir al tipo de persona que necesitan o buscan.

> **MODELO** hablar varios idiomas
>
> *Necesito/Busco un secretario/ayudante que hable varios idiomas.*

1. saber organizar una oficina
2. querer trabajar los fines de semana
3. tener experiencia con muchos programas de computación
4. hablar inglés perfectamente
5. ser honesto/a y eficiente
6. entender los programas de computación de la oficina
7. escribir bien cartas y reportes
8. ser intérprete y traductor/a

5·31 **A repasar** Han hablado de los aparatos tecnológicos que tienen, e incluso han inventado un aparato nuevo. Ahora vamos a repasar un poco. Terminen las siguientes oraciones de manera lógica.

> **MODELO** Quiero un teléfono celular que (no existe todavía)…
>
> *Quiero un teléfono celular que no sea tan caro.*
>
> Quiero el teléfono celular que (ya existe)…
>
> *Quiero el teléfono celular que cuesta veinte dólares, como el que tiene Pati.*

1. Mis padres quieren una computadora que…
2. Mis padres quieren la computadora que…
3. Necesito un teléfono celular que…
4. Necesito el teléfono celular que…
5. Busco una cámara digital que…
6. Quiero comprar la cámara digital que…

5·32   El mío es mejor Tu amigo/a siempre tiene lo mejor de todo y siempre lo exagera. Túrnense para responder tal como respondería él/ella (*as he/she would respond*) a las siguientes oraciones.

MODELO   Busco una computadora que _____ (reconocer) mi voz.

E1:   *Busco una computadora que reconozca mi voz.*

E2 (AMIGO):   *Yo tengo una computadora que reconoce mi voz y me llama por teléfono cuando tengo un correo electrónico importante.*

1. Necesito una pantalla para mi computadora que _____ (ser) tan grande como la pantalla de mi televisión.
2. Quiero encontrar una impresora que _____ (poder) imprimir, copiar y escanear.
3. ¿Hay una computadora que _____ (escribir) lo que dice una persona?
4. ¿Tienes un teléfono que _____ (poder) mostrar películas?
5. No existe un carro que _____ (ser) realmente económico.
6. Busco una televisión que _____ (tener) todas las características que _____ (tener) mi computadora.

5·33   El teléfono ideal Hoy en día un teléfono celular es mucho más que un teléfono: es útil pero también puede ser casi como un juguete (*toy*). ¿Cuáles son las características y usos más importantes para ti? Haz una descripción de **tres** o **cuatro** oraciones sobre el teléfono perfecto para ti, usando **el subjuntivo con antecedentes indefinidos o que no existen.** Después, comparte la descripción con un/a compañero/a.

MODELO   *Quiero un teléfono que sea pequeño y que...*

5·34   ¡No existen! Hagan una lista de por lo menos **diez** cosas que no existen, pero que quieren que existan. Sigan el modelo.

MODELO   E1: *No existe un tren que sea tan rápido como un avión.*

E2: *No existe un teléfono celular que sea barato.*

...

5·35   Enamórate en BuscaPareja.com Piensas utilizar un servicio en Internet para encontrar el amor. Pero primero, necesitas decidir cuáles son las características personales en una pareja más importantes para ti. Haz una lista de **diez** características y después compártelas con un/a compañero/a. Usa **el subjuntivo.**

MODELO   *Necesito un hombre / una mujer que sea inteligente. Busco una persona que...*

7 VOCABULARIO

¡Anda! Curso elemental, Capítulo 7.
El pretérito, Apéndice 3.

Las acciones relacionadas con la tecnología
Describing technology

Algunos verbos	Some verbs
acceder	to log on; to access
actualizar	to update
apagar	to turn off; to shut down
arrancar	to boot up; to start up
borrar	to delete; to erase
cifrar	to encrypt
conectar	to connect
congelar	to freeze; to crash
cortar	to cut
descargar	to download
deshacer	to undo
deslizar	to swipe
digitalizar	to digitalize
encender (e → ie)	to start
enchufar	to plug in
escanear	to scan
grabar	to record

guardar	to save; to file
hacer clic	to click
imprimir	to print
navegar	to navigate; to surf
pegar	to paste
pulsar el botón derecho	to right-click
reiniciar	to reboot
sabotear	to hack
tocar	to tap

Estrategia

Another way to study new vocabulary is to create flash cards. It is best to study the vocabulary by looking at the English word and saying or writing the Spanish word.

 Now you are ready to complete the *Preparación y práctica* activities for this chunk online.

¡Anda! Curso elemental, Capítulo 8. Los pronombres de complemento directo e indirecto usados juntos; Capítulo 10. Los mandatos informales, Apéndice 3.

 5·36 Poner todo en orden Juntos pongan las siguientes oraciones en el orden correcto para explicar lo que hizo José Luis con su computadora.

Fíjate

You may have noticed that many technology words are cognates in English, e.g., *fax, escanear.* Because much of the technology originated in the United States with English words, much of the terminology has entered the Spanish language as cognates. This is a common way that languages evolve. What are some words that fall into this category?

_____ a. Después de que se abrió mi página principal, fui a leer mi correo electrónico.

_____ b. Accedí con mi contraseña.

_____ c. Después de borrar el *spam,* abrí un mensaje de mi sobrino que tenía un archivo adjunto.

_____ d. No sé cómo, pero alguien la había desenchufado. Entonces, la enchufé.

_____ e. Navegué por Internet un poco y por fin apagué la computadora.

_____ f. Mi página principal se abrió.

_____ g. Borré unos treinta mensajes de *spam.*

_____ h. Imprimí el archivo que era una foto de él detrás del volante de su coche nuevo.

__1__ i. Traté de encender la computadora, pero no encendió.

_____ j. Luego la encendí.

5·37 Ayer en el cibercafé Ayer fue un día de mucho trabajo en el cibercafé. Describan el dibujo, incluyendo en la descripción por lo menos **una oración** sobre cada persona.

5·38 **¿Qué debo hacer?** Túrnense para darle consejos a su amigo Federico.

MODELO E1 (FEDERICO): Quiero mostrarles las fotos de mis vacaciones en Perú.

E2 (USTEDES): *Descarga las fotos y muéstranoslas.*

¡Anda! Curso elemental, Capítulo 8. Los pronombres de complemento directo e indirecto usados juntos; Capítulo 10. Los mandatos informales, Apéndice 3.

1. Mi computadora funciona mal y tarda mucho en abrir las ventanas nuevas.
2. Este programa de computación no hace lo que necesito.
3. Mi teléfono celular se congeló.
4. No me gusta leer los documentos que me mandan en la pantalla.
5. Necesito información sobre los cibercafés de Barcelona.
6. Tengo demasiados mensajes en mi correo electrónico.

Fíjate

Text messaging is very popular in the Spanish-speaking world. What follows are some common abbreviations.

100pre (*siempre*)	Bs / Bss (*besos*)
a2 (*adiós*)	TQM (*Te quiero mucho*)
asias / grax (*gracias*)	x fa (*por favor*)
ac (*hace*)	q tal?(*¿Qué tal?*)
bb (*bebé*)	

5·39 **El uso de la computadora** ¿Cómo usas tu computadora? ¿Cuánto tiempo pasas delante de tu computadora? Completa los siguientes pasos.

Paso 1 Completa el cuadro con tu información personal.

	PROGRAMA DE COMPUTACIÓN O PÁGINA WEB	ACCIÓN/ ACCIONES	DÍAS	HORAS	MINUTOS
YO					
E1					
E2					
E3					

Paso 2 Entrevista a por lo menos **tres** personas para averiguar cómo ellos usan la computadora.

MODELO E1: *¿Qué programas de computadora usas más?*

E2: *Uso Word y PowerPoint más.*

E1: *¿Cuáles son tus páginas web favoritas?*

E2: *Escribo mucho en Facebook y…*

Paso 3 Comparen cómo todos los estudiantes de la clase usan la computadora. ¿En qué aspectos son parecidos? ¿En qué aspectos son diferentes?

MODELO E1: *Paso una hora al día de lunes a viernes escribiendo documentos en Word. ¿Y ustedes?*

E2: *Yo paso menos tiempo en Word; generalmente media hora durante la semana. Trabajo más con Excel por mi trabajo.*

E3: *Escribo en Word una hora, pero paso tres horas en Facebook…*

Perfiles

🔊 Viajando hacia el futuro

La tecnología puede ser muy útil: nos ayuda a comunicarnos, trabajar y viajar. Las siguientes personas tienen algo que ver con la tecnología y los viajes.

▶ ¿Cómo crees que se puedan combinar la tecnología y los viajes? **Diego Saez-Gil,** un empresario (*entrepreneur*) tecnológico argentino, ha co-fundado dos compañías tecnológicas relacionadas con los viajes: Bluesmart y WeHostels. Bluesmart ha creado la primera maleta de mano "inteligente" que se puede cerrar con llave (*lock*) desde una aplicación móvil, entre otras cosas. Desde la aplicación de WeHostels, los viajeros jóvenes pueden hacer una reserva en un hostal u hotel.

▶ ¿Hay muchas personas a quienes no les guste montar en bicicleta? **Alberto Contador** (n. 1982 en Madrid, España) ha montado mucho en bicicleta porque es un corredor (*racer*) profesional y como todo atleta hoy en día incorpora la tecnología en sus rutinas de entrenamiento. Aunque usa diferentes aparatos (*devices*) para entrenarse, Contador confía más en su instinto que en la tecnología a la hora de competir. Ha ganado el Tour de Francia, el Giro de Italia y la Vuelta a España. Con esto, se ha convertido en el sexto corredor de la historia en ganar las tres grandes competencias de ciclismo.

> **Fíjate**
>
> Franklin Chang Díaz's father is a Costa Rican of Chinese descent.

▶ ¿Conoces a alguien que sea astronauta? **Franklin Chang Díaz** (n. 1950), de San José, Costa Rica, trabajó para la NASA como astronauta de 1980 a 2005 y participó en siete vuelos al espacio exterior. Ahora es presidente de Ad Astra Rocket Company, una compañía de tecnología avanzada de cohetes (*rockets*). En el presente, trabaja en numerosos proyectos para promover la ciencia y la tecnología espacial en Latinoamérica.

Preguntas

1. ¿Cómo usan estas personas la tecnología para viajar?
2. Estas personas utilizan la tecnología en sus profesiones de una manera u otra. ¿Cómo piensas usar la tecnología en tu futuro?
3. ¿Qué profesiones utilizan la tecnología con más frecuencia?

5·40 ¡Tengo la pantalla negra!

Hace cinco días que pediste ropa nueva por Internet. Estabas tratando de ver el estado de tu pedido (*order*) cuando de repente ¡tu computadora se congeló! Llama para pedir asistencia técnica. Crea un diálogo con un/a compañero/a, preguntando y describiendo lo que pasó en **ocho** pasos. Incluye por lo menos **cinco** de los siguientes verbos.

apagar	borrar	descargar	encender	funcionar
grabar	guardar	imprimir	navegar	quemar

MODELO   E1:   *¿En qué puedo servirle?*

E2:   *¡Mi computadora se congeló!*

5·41 Entrevista
Circula por la clase haciendo y contestando las siguientes preguntas.

1. ¿Cuántos cibercafés hay cerca de la casa de tus padres?, y ¿cerca de la universidad? ¿Por qué crees que hay tantos (o tan pocos)? ¿Qué hacen las personas en los cibercafés?
2. ¿Cuál es más inteligente: la computadora o el ser humano (*human being*)? Explica.
3. ¿Cuáles son algunas cosas que la computadora puede hacer que una persona no puede hacer? ¿Cuáles son algunas cosas que una computadora no puede hacer que una persona sí puede?
4. ¿Tienes la televisión por cable o satélite? ¿Cuántos canales recibes? ¿Cuántos canales recibes que son en español?
5. ¿Cómo te comunicas con tus compañeros/as? ¿Y con amigos/as que viven lejos de ti?
6. ¿Cómo te comunicas con tus padres y otros parientes?
7. ¿Cuál es el aparato que no tienes, pero que más necesitas? ¿Por qué lo necesitas? ¿Qué marca prefieres? ¿Cuánto cuesta?
8. ¿Es la tecnología siempre aplicable, necesaria o deseada?

5·42 Un anuncio comercial
Han creado un nuevo modelo de computadora a la moda, y para promocionarla tienen que crear un anuncio comercial de **quince segundos.** Deben hablar de las características generales y enfocarse en lo que es realmente nuevo (e increíble) de su producto. Pueden empezar con unas cuantas preguntas retóricas, usando el **subjuntivo con antecedentes indefinidos o que no existen.**

♻ *¡Anda! Curso elemental*, Capítulo 10. Los mandatos informales; Los mandatos formales, Apéndice 3.

MODELO   *¿Quiere comprar una computadora que haga todo su trabajo y más en un instante? ¿Existe una computadora que no necesite un teclado tradicional? Fíjense en el nuevo modelo RELÁMPAGO…*

¡Conversemos!

Estrategias comunicativas Asking for input and expressing emotions

Many aspects of our lives (including travel and using technology) have us asking for opinions and suggestions as well as expressing emotions. What follows is a variety of ways to ask for input and to respond to situations both positively and negatively.

Para obtener información	Asking for input
• ¿Qué le/te parece?	What do you think (about the idea)?
• ¿Le/Te parece bien?	Do you like the suggestion?
• ¿Qué opina/s?	What do you think?
• ¿Qué dice/s?	What do you say?
• ¿Le/Te importa?	Do you mind?
• ¿Le/Te importa si...?	Do you mind if...?

Para expresar emoción	Expressing emotions
• ¡Qué barbaridad!	How awful!
• ¡Qué pena!	What a pity/shame!
• ¡Qué bueno!	Good!
• ¡Fenomenal!	Phenomenal!
• ¡Formidable!	Super!
• ¡Qué emoción!	How exciting! / How cool!
• ¡No me digas!	You don't say! / No way!
• ¡No puede ser!	This/It can't be!
• ¡Ya no lo aguanto!	I can't take it anymore!

🔊 **5·43 Diálogo** Adriana quiere que ella y su esposo David planeen unas vacaciones para celebrar su aniversario de boda. Ella busca una gira que tenga un poco de todo. Escucha el diálogo para conocer los detalles.

1. ¿Qué sugiere Adriana?
2. ¿Qué recomienda David?
3. ¿Qué pasa al final y cómo se expresan?

5·44 ¿Quién me puede ayudar? Haz una llamada para buscar a alguien que te pueda ayudar con un aparato tecnológico que no está funcionando. Túrnense, usando el vocabulario de este capítulo y las expresiones nuevas.

MODELO	E1:	¿Aló?
	E2:	(Quieres hablar con alguien que sepa algo de tu aparato.)
	E1:	¿En qué le puedo ayudar?
	E2:	(Dile que tu aparato no funciona y quieres saber su opinión de la situación.)
	E1:	¿Qué opina usted?
	E2:	(Expresa tu frustración con la situación.)

5·45 **¿Qué opinas?** ¡Están en un atasco y van a llegar tarde al aeropuerto donde van a iniciar el viaje de sus sueños! Creen un diálogo de por lo menos **ocho** interacciones, expresando su frustración y pidiendo sugerencias.

MODELO E1: *¡Qué barbaridad! ¡Qué atasco!*

E2: *¿Qué te parece si tomamos la carretera?…*

5·46 **¿Conoces a alguien que…?**

Conocemos a muchas personas que han tenido una gran variedad de experiencias en sus vidas. Completa los siguientes pasos.

¡Anda! Curso intermedio, Capítulo 4. El presente perfecto de subjuntivo, pág. 178.

Paso 1 Pregúntales a tus compañeros si conocen a alguien a quien le hayan pasado las siguientes cosas.

¿Conoces a alguien que…?		
haber ido en una limusina _____	tener una tableta _____	haber hecho un crucero _____
haber borrado archivos importantes sin querer _____	navegar diariamente en la computadora _____	haber creado una página personal en Internet _____
haber tenido un accidente porque los frenos no funcionar _____	no tener teléfono celular _____	usar demasiado la bocina _____

Paso 2 Cuando tu compañero/a contesta, pídele una opinión o expresa una emoción apropiada.

MODELO E1: *¿Conoces a alguien que haya ido en una limusina?*

E2: *No, no conozco a nadie que haya ido en una limusina.*

E1: *¿Qué opinas de las limusinas?…*

o

E2: *Sí. Yo he ido en una limusina.*

E1: *¡Qué emoción! ¿Te gustó?…*

5·47 **¿Qué te parece?** Tu compañero/a de clase y tú acaban de obtener un trabajo ideal como planeadores de fiestas exóticas. ¡Su cliente es Oprah Winfrey y quiere que planeen una fiesta extraordinaria para cien personas fuera de los Estados Unidos! Creen un diálogo de por lo menos **veinte** oraciones que incluya la siguiente información:

¡Anda! Curso intermedio, Capítulo 2. El subjuntivo para expresar pedidos, mandatos y deseos, pág. 98; Capítulo 4. Las celebraciones y los eventos de la vida, pág. 158; La comida y la cocina, pág. 169.

1. El destino y cómo llegar
2. Los invitados (*guests*) y la comida
3. Sus dudas acerca de la existencia de ciertas cosas (*certain things*)
4. Pregúntense sus opiniones y expresen sus emociones

MODELO E1: *¡No puede ser! Oprah Winfrey nos llamó y quiere que planeemos una fiesta para ella.*

E2: *¡No me digas! ¿Qué te parece…?*

Escribe

El proceso de revisar

Estrategia	Before you begin to edit a peer's writing sample, it is helpful to know upon what to focus your attention. Two important categories are *clarity* and *accuracy*. *Clarity* refers to how well you, the reader, understand the message of	the writing. *Accuracy* pertains to how correctly the writer has used the target language. For example, are the grammar and punctuation correct? The peer editor helps the original writer improve upon the sample with suggestions and corrections.
Peer editing		

5·48 Antes de revisar Estudia la siguiente guía de revisión. Luego cambia papeles con tu compañero/a y lee su composición.

> **Estrategia**
>
> Peer editing gives you the opportunity to read a classmate's work carefully. This will, in turn, help you edit and polish your own writing.

LA GUÍA DE REVISIÓN

I. Clarity of expression

1. What is the main idea of the narration?
   State it in your own words; then verify with the author.
   _____
2. My favorite part is: _____
3. Something I do not understand: _____

II. Accuracy of Grammar and Punctuation

The peer editor should check for the following:
1. Agreement (*Concordancia*)

   _____ Subject/verb agreement (e.g., *Mi hermana y yo fuimos…*)

   _____ Noun/adjective agreement (e.g., *Llegamos a una playa bonita.*)
2. _____ Usage of the preterit and the imperfect (e.g., *Cuando yo era niña fui a…*)
3. _____ Usage of subjunctive, where appropriate
4. _____ Spelling and accent marks

5·49 A revisar Ahora, usa la guía para revisar la narración.

1. Lee el párrafo por primera vez y concéntrate en la claridad de expresión. Si no entiendes algo, debes indicarlo. Si tienes algunas ideas para mejorar o aclarar el párrafo, escríbelas.
2. Ahora, lee el párrafo otra vez para ver si la gramática es correcta. Si encuentras un error, escribe las correcciones.
3. Haz comentarios beneficiosos para tu compañero/a y también señala (*point out*) las partes que consideras bien hechas.

5·50 Después de revisar Completen los siguientes pasos.

Paso 1   Comparte tus comentarios con el/la autor/a del párrafo.

Paso 2   Después, lee los comentarios de tu compañero/a sobre tu párrafo y pide clarificación si es necesario.

Paso 3   Finalmente, revisa tu párrafo con la información de la revisión de tu compañero/a.

¿Cómo andas? II

	Feel confident	Need to review

Having completed **Comunicación II,** I now can...

- indicate how technology is useful, both at home and in travel. (p. 216) ☐ ☐
- communicate about events in the past. (p. 217 and online) ☐ ☐
- depict something that is uncertain or unknown. (p. 220) ☐ ☐
- describe technology. (p. 223) ☐ ☐
- identify some people for whom travel and technology are important. (p. 226) ☐ ☐
- ask for input and express emotions. (p. 228) ☐ ☐
- use peer editing to improve narrative expression. (p. 230) ☐ ☐

Vistazo cultural

Héctor Robles Matos,
estudiante de turismo

🔊 Un viaje por mundos diferentes en Nicaragua, Costa Rica y Panamá

Estudio turismo ecológico en la Universidad del Turismo (UTUR) en San José, Costa Rica. Es muy importante en mi país y las agencias de viajes de primera categoría buscan gente que tenga buena formación en esta área. Una profesora mía me sugirió la posibilidad de añadir el estudio de la administración hotelera. Con esta combinación, va a ser muy fácil conseguir un buen trabajo que me guste.

Algunos autobuses decorados en América Central

Estos autobuses pintados son un medio popular de transporte público en muchas ciudades latinas, y en la Ciudad de Panamá se llaman *los diablos rojos*. Tienen diseños artísticos y/o folklóricos, y los chóferes tienen mucho orgullo (*pride*) de su artesanía (*crafts*) creativa. Muchos clientes esperan en la parada hasta que llegue su autobús favorito.

Las islas de Maíz

Un lugar muy tranquilo para las vacaciones caribeñas son las islas de Maíz, que quedan a unas cincuenta millas de la costa de Nicaragua. La arena es blanca, el clima agradable, hay buenos lugares para bucear y hacer *snorkeling*, y los costos son bajos. Estas islas son un paraíso tropical.

La construcción del canal de Panamá: 1534–1914

La construcción del canal fue terminada en el año 1914 a un costo de unos $375.000.000. Hoy en día, su tecnología e ingeniería siguen siendo impresionantes. La primera investigación de la posibilidad del canal fue en el año 1534, después de la exploración de la región por Vasco Núñez de Balboa, explorador español.

El *canopy* en Costa Rica

¿Buscas una aventura que sea divertida y única? Una excursión por el *canopy* de la selva en líneas de cable puede ser para ti. Es una actividad muy popular para los ecoturistas; se puede apreciar la naturaleza desde un punto muy alto en los árboles de la selva nubosa.

La isla Ometepe con los volcanes Concepción y Maderas

El lago Nicaragua, también conocido como el lago Cocibolca, es el lago más grande de América Central. Contiene un archipiélago de más de 350 isletas y una isla grande, Ometepe, formada de dos volcanes: Concepción y Maderas. Es el único lago del mundo que tiene tiburones de agua dulce (*freshwater*).

El volcán Arenal cerca de La Fortuna, Costa Rica

A muchos turistas les gusta combinar una visita al volcán Arenal y luego una caminata en la selva nubosa (*cloud forest*) de Monteverde. La ruta más corta entre estos dos lugares turísticos es el muy popular viaje de *jeep-boat-jeep*. Cruzando el lago Arenal recorta el viaje a tres horas.

La tecnología "verde"

En Costa Rica, la tecnología está convirtiendo los desperdicios (*waste products*) de animales en formas de energía. En un intento de ser más "verde", se cambia el gas metano a combustible para la calefacción y la electricidad. Este ejemplo buenísimo de reciclaje apoya el ecoturismo, de mucha importancia para el país.

Preguntas

1. ¿Cuáles son los medios de transporte indicados en los tres países?
2. ¿Cómo se usa la tecnología para crear un planeta más "verde"?
3. En los capítulos anteriores, has tenido *un vistazo* de México, España, Honduras, Guatemala y El Salvador. De todos estos lugares incluyendo los tres países de este capítulo, ¿adónde prefieres ir de viaje? ¿Por qué?

Cine

 Watch this film in *¡Anda!* online.

Yo tb tq|

5·51 Antes de ver el cortometraje Contesta las siguientes preguntas.

1. ¿Usas tu teléfono celular con frecuencia? ¿Cuándo y para qué lo usas?
2. Si tienes que dar una mala noticia, ¿prefieres hablar personalmente o escribir un mensaje de texto? ¿Por qué?
3. Presta atención al título del cortometraje y a los fotogramas. ¿Qué crees que va a ocurrir?

Estrategia	Now that you have developed several skills to help your comprehension of the *cortometraje* (e.g., anticipate content and view for main ideas), you are now ready to view *cortometrajes* for specific	information. Focus your attention on specific dialogues, actions, and the scenery to connect precise information to broader topics and themes.
Viewing for specific information		

Additional vocabulary practice in *¡Anda!* online

Vocabulario

comerse la cabeza	*to rack one's brain*
churri	*(colloquial – Spain) boyfriend, husband*
dsd	*desde*
en línea	*online*
k	*que*
kien	*quien*
m	*me*
muxo/a	*mucho/a*
nena	*(colloquial – Spain) darling, honey*
t	*te*
tb	*también*
tq	*te quiero*
x	*por*
xa	*para*
xq	*porque*

5·52 Mientras ves el cortometraje Presta atención a los personajes, sus palabras y sus acciones. ¿Qué ocurre en la historia?

1. Tnemos k hablar

2. *(music)*

3. Tenemos que hablar.

4. Esto no tiene sentido.

5·53 Después de ver el cortometraje Contesta las siguientes preguntas.

1. ¿Por qué le escribe un mensaje la chica al chico al comienzo del cortometraje?
   a. Es el cumpleaños del chico.
   b. Están enfadados.
   c. El chico llega tarde a la fiesta.
2. Las dos chicas dicen: "Tnemos k hablar" y "Tenemos que hablar". ¿Cómo interpretas esta expresión?
3. La segunda pareja tiene exactamente la misma conversación que la primera. ¿Qué cambia en su comunicación?
4. Los dos chicos dicen: "Yo tb tq" y "Yo también te quiero". ¿Cuál es la diferencia principal entre ambos?
5. Al final del cortometraje aparece la siguiente definición: "(según la RAE) Comunicación: trato, correspondencia entre dos o más personas". ¿Cómo se relaciona esta definición con la historia?

¿? For additional *Cine* content and activities, go to ¡*Anda!* online.

Literatura

Viajes

5•54 **Antes de leer** Contesta las siguientes preguntas.

1. ¿Te gusta viajar? ¿Cómo te sientes cuando planeas un viaje? ¿Es difícil o es fácil? ¿Cuáles son algunas de las cosas que necesitas considerar mientras planeas el viaje?

2. ¿Conoces a alguna persona a quien le gusta criticar todo? ¿Qué tipo de persona es? Imagina que esta persona está de viaje en un lugar en el extranjero. ¿Qué va a decir sobre su hotel, la comida y la gente que vive en el lugar adonde viaja? ¿Cómo puede influir en el viaje la actitud de esta persona?

3. ¿Conoces a alguien que siempre ve las cosas en una manera positiva? ¿Qué tipo de persona es? Imagina que esta persona está de viaje y hace mal tiempo, se pierde en la ciudad, sus maletas nunca llegan a su destino, etc. ¿Cómo va a reaccionar está persona a lo que le pasa? ¿Prefieres viajar con esta persona o con la persona que lo critica todo? ¿Por qué?

Estrategia	It is important to learn the skillful use of a dictionary. Learning how to use one will help you properly identify parts of speech and word usage. As a language learner, you will need to pay attention to dictionary abbreviations and conventions. Additionally,	cross-checking (looking up Spanish to English and vice versa) will help you pinpoint the best translation for a particular context. Remember, you do not have to look up every word—just those whose meaning is vital for your comprehension.
Using a dictionary		

5•55 **Mientras lees** Mientras lees, completa los siguientes pasos para practicar la nueva estrategia.

1. Mira la foto en la página siguiente y lee el título del texto. Luego, echa un vistazo (*skim*) al primer párrafo e identifica los cognados que encuentres. Esto recicla las estrategias que aprendiste en los **Capítulos 1** y **2**. Usar estos consejos para identificar significados te va a ayudar mientras te preparas para consultar un diccionario.

2. Busca estas palabras del primer párrafo en dos diccionarios distintos: **pernoctar, cautelosamente, labrar, inmuebles**. Escribe el equivalente que consideres mejor para cada palabra y los títulos de los diccionarios que consultaste. Compara tus respuestas con las de un/a compañero/a. ¿Escogieron palabras en inglés similares o diferentes?

3. ¿Qué abreviaturas acompañaban las definiciones de las palabras que buscaste en los diccionarios? ¿Qué significan esas abreviaturas? ¿Cómo te ayudaron a entender mejor las palabras?

4. Usa los mismos diccionarios para buscar la definición de las palabras de la pregunta 2 en la sección del inglés al español. ¿Encuentras la palabra original del español en la definición? Si no, ¿qué supone (*implies*) esto sobre la definición que escogiste? Si es necesario, revisa tus selecciones para capturar con más precisión el significado de las palabras.

Viajes

Julio Cortázar

Cuando los famas salen de viaje, sus costumbres al pernoctar en una ciudad
son las siguientes: Un fama va al hotel y averigüa cautelosamente los precios,
la calidad de las sábanas y el color de las alfombras. El segundo se traslada° a
la comisaría y labra un acta declarando los muebles e inmuebles de los tres, así
como el inventario del contenido de sus valijas°. El tercer fama va al hospital y
copia las listas de los médicos de guardia y sus especialidades.

va

equipaje

Terminadas estas diligencias°, los viajeros se reúnen en la plaza mayor de
la ciudad, se comunican sus observaciones, y entran en el café a beber un
aperitivo°. Pero antes se toman de las manos y danzan en ronda°. Esta danza
recibe el nombre de "Alegría de los famas".

errands

una bebida alcohólica /
en un círculo

Cuando los cronopios van de viaje, encuentran los hoteles llenos, los trenes ya
se han marchado, llueve a gritos°, y los taxis no quieren llevarlos o les cobran
precios altísimos. Los cronopios no se desaniman porque creen firmemente
que estas cosas les ocurren a todos, y a la hora de dormir se dicen unos a
otros: "La hermosa ciudad, la hermosísima ciudad". Y sueñan toda la noche
que en la ciudad hay grandes fiestas y que ellos están invitados. Al otro día se
levantan contentísimos, y así es como viajan los cronopios.

cats and dogs

Las esperanzas, sedentarias, se dejan viajar por las cosas y los hombres, y son
como las estatuas que hay que ir a verlas porque ellas ni se molestan.

5•56 Después de leer Contesta las siguientes preguntas.

1. ¿Cómo se llaman los tres grupos de personas mencionados en el texto? Describe a cada grupo en tus propias palabras.
2. Según la descripción de los tres grupos, ¿qué actividades posibles piensas que incluye el itinerario de cada uno?
3. Escribe una reacción para las siguientes oraciones desde el punto de vista de cada grupo mencionado en la lectura. Usa el presente perfecto del subjuntivo.

MODELO   El empleado del hotel no puede encontrar nuestra reservación.

      EL FAMA: *No me sorprende que la haya perdido; es un hotel malo.*

      EL CRONOPIO: *Es bueno que la haya perdido. ¡Ahora podemos dormir al aire libre!*

      LA ESPERANZA: *Me alegro de que la haya perdido; ahora puedo quedarme en casa y no moverme.*

   a. Hace frío y nieva. No podemos salir.
   b. No hay ningún hotel que pueda alojarnos en la ciudad.
   c. Vamos a perder el avión.

4. ¿Qué tipo de narrador tiene el cuento (omnisciente, protagonista, etc.)? ¿Cómo lo sabes? ¿Por qué crees que el autor usa este tipo de narrador?

5•57 Un diálogo entre los grupos Escriban un diálogo entre los tres grupos (los cronopios, los famas y las esperanzas) sobre su viaje a Costa Rica. Usa la información cultural del **Capítulo 5**, la información de la lectura y tu imaginación. Presenten su diálogo frente a la clase.

5•58 ¿Quién eres? ¿Eres tú un cronopio, un fama o una esperanza? Descríbete a ti mismo y da ejemplos específicos para explicar por qué crees que eres uno de estos tres personajes.

¿? For additional *Literatura* content and activities, go to *¡Anda!* online.

Y por fin, ¿cómo andas?

	Feel confident	Need to review

Having completed this chapter, I now can...

Comunicación I

- discuss travel and means of transportation. (p. 200) ☐ ☐
- express time, location, purpose, destination, and direction. (p. 201 and online) ☐ ☐
- become familiar with cars and automobile travel. (p. 205) ☐ ☐
- connect sentences and clarify meaning. (p. 208) ☐ ☐
- plan and illustrate vacations. (p. 211) ☐ ☐
- pinpoint specific information. (p. 214) ☐ ☐

Comunicación II

- indicate how technology is useful, both at home and in travel. (p. 216) ☐ ☐
- communicate about events in the past. (p. 217 and online) ☐ ☐
- depict something that is uncertain or unknown. (p. 220) ☐ ☐
- describe technology. (p. 223) ☐ ☐
- ask for input and express emotions. (p. 228) ☐ ☐
- use peer editing to improve narrative expression. (p. 230) ☐ ☐

Cultura

- compare notes on travel and transportation. (p. 212) ☐ ☐
- identify some people for whom travel and technology are important. (p. 226) ☐ ☐
- share information about interesting vacations and explore green initiatives in Nicaragua, Costa Rica, and Panama. (p. 232) ☐ ☐

Cine

- converse about a film from Spain. (p. 234) ☐ ☐

Literatura

- converse about a short story from Argentina. (p. 236) ☐ ☐

Comunidades

- use Spanish in real-life contexts. (online) ☐ ☐

Vocabulario **activo**

Los viajes	Trips
la aduana	customs
la cámara	camera
el crucero	cruise ship; cruise
el equipaje	luggage
el extranjero	abroad
la frontera	border
el/la guía	guide
el itinerario	itinerary
la limusina	limousine
el monumento nacional	national monument; monument of national importance
la oficina de turismo	tourism office
el paisaje	countryside, landscape
el puerto	port
los recuerdos	souvenirs

Las vacaciones	Vacations
la arena	sand
la dirección	direction
el hotel de lujo	luxury hotel
los lentes de sol	sunglasses
el paquete	package
el servicio	room service
el sobre	envelope
la sombrilla	umbrella
el/la camarero/a	housekeeper
el/la guardia de seguridad	security guard
el/la huésped	guest
el/la portero/a	door attendant
el/la recepcionista	receptionist
el/la telefonista	telephone operator

Algunos verbos	Some verbs
alquilar un coche	to rent a car
firmar (los documentos)	to sign (documents)
hacer un crucero	to go on a cruise
perderse (e → ie)	to get lost
sacar fotos	to take pictures/photos

Viajando por coche	Traveling by car
el acelerador	accelerator, gas pedal
la bocina	horn
el cinturón de seguridad	seat belt
el espejo retrovisor	rearview mirror
el faro	headlight
los frenos	brakes
el navegador personal	GPS; navigation system
el parachoques	bumper
el silenciador	muffler
la transmisión	transmission
el este	east
el norte	north
el oeste	west
el sur	south
el atasco	traffic jam
el camino	route; path; dirt road
la camioneta	van; station wagon; small truck
la carretera	highway
el paso de peatones	crosswalk
el seguro del coche	car insurance
el vehículo utilitario deportivo	sport utility vehicle (SUV)
la velocidad	speed

La tecnología — *Technology*

el archivo	*file*
la cámara digital	*digital camera*
la cámara web	*web camera*
el correo electrónico/ el e-mail	*e-mail*
el correo de voz	*voicemail*
el cursor	*cursor*
los datos	*data*
el disco duro	*hard drive*
el enchufe	*plug*
el escáner	*scanner*
el icono	*icon*
la imagen	*image*
la impresora	*printer*
la máquina de fax	*fax machine*
el mensaje de texto	*text message*
la multitarea	*multitasking*
la página principal/ inicial	*homepage*
la pantalla	*screen*
el programa de computación	*software*
el ratón	*mouse*
el teclado	*keyboard*

Términos de Internet — *Internet terms*

el archivo adjunto	*attachment*
la arroba	*at (in an e-mail address/ message: @)*
la barra	*slash (in a URL: /)*
la contraseña	*password*
el enlace	*link*
Internet	*the Internet*
el mirón	*lurker*
el navegador	*browser*
el punto	*dot (in a URL)*
el servidor	*server*

Algunos adjetivos — *Some adjectives*

compatible	*compatible*
(des)conectado	*offline; online*
digital	*digital*

Algunos verbos — *Some verbs*

acceder	*to log on; to access*
actualizar	*to update*
apagar	*to turn off; to shut down*
arrancar	*to boot up, to start up*
borrar	*to delete; to erase*
cifrar	*to encrypt*
conectar	*to connect*
congelar	*to freeze; to crash*
cortar	*to cut*
descargar	*to download*
deshacer	*to undo*
deslizar	*to swipe*
digitalizar	*to digitalize*
encender (e → ie)	*to start*
enchufar	*to plug in*
escanear	*to scan*
grabar	*to record*
guardar	*to save; to file*
hacer clic	*to click*
imprimir	*to print*
navegar	*to navigate; to surf*
pegar	*to paste*
pulsar el botón derecho	*to right-click*
reiniciar	*to reboot*
sabotear	*to hack*
tocar	*to tap*

6 ¡Sí, lo sé!

This chapter is a recycling chapter, designed for you to see just how much you have progressed in your quest to learn and use Spanish. The *major points* of **Capítulos 1–5** are included in this chapter, providing you with the opportunity to "put it all together." You will be pleased to see how much more you know and are able to do with the Spanish language.

Because this is a recycling chapter, no new vocabulary is presented. The intention is that you review the vocabulary of **Capítulos 1–5** thoroughly, focusing on the words that you personally have difficulty remembering.

All learners are different in terms of what they have mastered and what they still need to practice. Take the time with this chapter to determine what you feel confident with and what concepts you need to review. Then devote your efforts to what you personally need to practice.

Remember, language learning is a process. Like any skill, learning Spanish requires practice, review, and then more practice!

Learning Outcomes

After reviewing Chapters 1-5, you will be able to:

✔ describe yourself, your family, your home, and other people.

✔ share ideas about sports, pastimes, and travel and indicate how you can use technology with them.

✔ relate life events and celebrations, and describe foods and their preparation.

✔ narrate and report events in the past.

✔ express wishes, doubts, feelings, and emotions.

✔ link together and sequence simple and complex ideas.

✔ compare and contrast cultural themes and information from the countries in these chapters.

✔ review and reflect on the authentic film and literature from these chapters.

Organizing Your Review

The following research-based tips can help you organize your review. These suggestions will help you utilize your time and energy.

1 Reviewing Strategies

1. Make a list of the *major* topics you have studied and need to review, dividing them into three categories: *vocabulary, grammar,* and *culture.* These are the topics on which you need to focus the majority of your time and energy.
   Note: The two-page chapter openers for each chapter can help you determine the *major topics.*

2. Allocate a minimum of an hour each day over a period of days to review. Budget the majority of your time for the major topics. After beginning with the most important grammar and vocabulary topics, review the secondary/ supporting grammar topics and the culture. Cramming the night before a test is *not* an effective way to review and retain information.

3. Many educational researchers suggest that you start your review with the most recent chapter, or in this case, **Capítulo 5.** The most recent chapter is the freshest in your mind, so you tend to remember the concepts better, and you will experience quick success in your review.

4. Spend the greatest amount of time on concepts in which you determine *you* need to improve. Revisit the self-assessment tools **Y por fin, ¿cómo andas?** in each chapter to see how you rated yourself. Those tools are designed to help you become good at self-assessing what you need to work on the most.

2 Reviewing Grammar

1. When reviewing grammar, begin with the *subjunctive,* because this is the most important topic you have learned in the first semester. Begin with how the subjunctive is formed in both regular and irregular verbs, and then progress to how and when it is used. Once you feel confident with using the subjunctive correctly, then proceed to the additional new grammar points and review them.

2. As you assess what you personally need to review, you may determine that you still need more practice with the **preterit** and the **imperfect.** Although these past tenses were the focus of your previous Spanish classes, you may determine that you need additional practice

expressing yourself well in the past tenses. If so, review the **preterit** and **imperfect** and pay special attention to the activities in this chapter that require you to use these tenses.

3. Good ways to review include redoing activities in your textbook and (re)doing activities in *¡Anda!* online.

3 Reviewing Vocabulary

1. When studying vocabulary, it is usually most helpful to look at the English word and then say or write the word in Spanish. Make a special list of words that are difficult for you to remember, writing them in a small notebook or in an electronic file. Pull out your list every time you have a few minutes (in between classes, waiting in line at the grocery store, etc.) to review the words. The **Vocabulario activo** pages at the end of each chapter will help you organize the most important words of each chapter.

2. Saying vocabulary (which includes verbs) out loud helps you retain the words better.

4 Overall Review Technique

1. Get together with someone with whom you can practice speaking Spanish. If you need something to spark the conversation, take the drawings from each vocabulary presentation in *¡Anda! Curso intermedio* and say as many things as you can about each picture. Have a friendly challenge to see who can make more complete sentences or create the longest story about the pictures. This will help you build your confidence and practice stringing sentences together to speak in paragraphs.

2. Yes, it is important for you to know "mechanical" pieces of information such as verb endings. *But,* it is *much more important* that you be able to take those mechanical pieces of information and put them all together, creating meaningful and creative samples of your speaking and writing on the themes of the five chapters.

3. You are well on the road to success if you can demonstrate that you can speak and write in paragraphs, using a wide variety of verb tenses and vocabulary words correctly. Keep up the good work!

❯ Comunicación

Capítulo A y Capítulo 1

Capítulo A y Capítulo 1

¡Anda! Curso elemental, Capítulo 1. Los adjetivos descriptivos, Apéndice 3.

 6·1 **¿Quiénes son?** Lee los siguientes anuncios de citas en Internet y completa los siguientes pasos.

¡Anda! Curso intermedio, Capítulo 1. El aspecto físico y la personalidad, pág. 36.

Estrategia

Before beginning each activity, make sure that you have reviewed and identified recycled chapters and their concepts carefully so that you are able to move through the activity seamlessly as you put it all together!

CITAS EN EL INTERNET

Dama honesta (21 años), chistosa, delgada, con unos tatuajes interesantes, busca caballero educado, trabajador, generoso y con cicatriz, sin compromiso. Foto 14823

Mujer costarricense (35 años) amable, en forma, busca un caballero mayor de 30 años, generoso, divertido y sin compromiso para una bonita relación. Foto 75527

Chileno (35 años), me encantan la playa, los deportes y bailar, busco dama atractiva sin perforación del cuerpo, de buen carácter, alegre y cortés para llenar mi vida de amor. Foto 59232

Caballero (50 años) educado y de buena familia, busco una dama hermosa, de pelo largo, para una relación profunda y permanente. Foto 47520

CITAS EN EL INTERNET

Nombre _____
Edad _____
Características físicas _____
_____
_____
Personalidad _____
_____
Me gusta(n) _____
No me gusta(n) _____
Busco una pareja... _____
_____

Estrategia

As you study your vocabulary or grammar, it might be helpful to organize the information into a word web. Start with the concept you want to practice, such as *las personalidades*, write the word in the center of the page, and draw a circle around it. Then, as you brainstorm how your other vocabulary fits into *las personalidades*, you can create circles that branch off from your main idea. For example, you might write *positivas* and *negativas* in circles. Once you have your categories arranged, add vocabulary that belongs to each category. Branching from *positivas* might be *alegre*. Branching from *negativas* might be *gastador/a*.

Paso 1 Túrnense para contestar las siguientes preguntas.

1. De las fotos, ¿quién escribió cada anuncio personal? ¿Cómo lo sabes?
2. ¿Qué persona te parece la más interesante y por qué?
3. ¿Cuál te parece la menos interesante y por qué?

Paso 2 Escribe tu propio anuncio y compártelo con un/a compañero/a.

¡Anda! Curso elemental, Capítulo 1. Los adjetivos descriptivos; Capítulo 9. El pretérito y el imperfecto, Apéndice 3.

 ¡Anda! Curso intermedio, Capítulo 1. El aspecto físico y la personalidad, pág. 36.

6·2   Identificaciones

Estabas en un café con unos amigos cuando de repente vieron a dos personas corriendo por la calle. La última persona gritaba —¡Ladrón! ¡Me robaste mi dinero! ¡Párenlo!— Un policía llegó y ahora tienes que describirle al policía cómo eran el criminal y la víctima. Túrnense para completar los siguientes pasos.

Estrategia

You may wish to create names or descriptions for each of the characters in the lineup in order to identify them.

Paso 1   Explícale lo que pasó a tu compañero/a, describiéndole al ladrón y a su víctima. Puedes escogerlos entre las personas del dibujo. Sé creativo/a.

Paso 2   Basándose en tu explicación, tu compañero/a tiene que identificar al ladrón y a su víctima. Tú debes decirle si adivinó correctamente o darle más detalles si los necesita. Usa **el pretérito** y **el imperfecto** cuando sea apropiado.

MODELO   E1:   *El ladrón corría muy rápido, pero la víctima, muy enojada, no podía correr tan rápido. La víctima tenía pelo…*

E2:   *Entonces, ¿el ladrón fue _____ y la víctima fue _____?*

E1:   *¡Sí! / No, voy a explicártelo de nuevo…*

 ¡Anda! Curso intermedio, Capítulo 1. El presente perfecto de indicativo, pág. 51.

6·3   ¿Qué tal has estado?

Están en una reunión de exalumnos de su escuela secundaria. Túrnense para describir lo que han hecho en los últimos años, usando por lo menos **ocho** verbos diferentes en **el presente perfecto** *(haber + -ado / -ido)*.

MODELO   E1:   *Hola, Bernardo. Tanto tiempo que no nos hemos visto. ¿Qué has hecho en estos últimos años?*

E2:   *Hola, Jaime. ¿Qué he hecho? Pues, muchas cosas. Primero, he trabajado para una compañía…*

Estrategia

Remember to use the *present perfect* (*haber* + *-ado/-ido*) to state what you or other person/s *has/have done*. Also remember that *-ado/-ido* often translates to the *-ed* verb form in English.

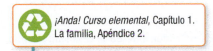

¡Anda! Curso elemental, Capítulo 1.
La familia, Apéndice 2.

 ¡Anda! Curso intermedio, Capítulo 1.
El aspecto físico y la personalidad, pág. 36; Algunos verbos como *gustar*, pág. 41; La familia, pág. 56.

6·4 Nuestras familias Completen los siguientes pasos.

Estrategia

People rarely remember *everything* they hear! It is important that you feel comfortable asking someone to repeat information or asking for clarification using expressions such as *¿Qué dijiste? ¿Me lo puedes repetir, por favor?*

Paso 1 Túrnense para describir a una de las familias de las fotos, a su propia familia o a una familia famosa. Traten de usar por lo menos **diez** oraciones con un mínimo de **cinco** verbos diferentes. Incluyan: aspectos de su personalidad, descripciones físicas, qué o quién(es) le(s) fascina(n)/falta(n), qué cosas especiales han hecho en su vida, etc.

MODELO E1: *Me fascinan mis dos hermanastros. Cuando los conocí, me cayeron mal, pero siempre han tenido unas personalidades interesantes. Por ejemplo, Joaquín es chistoso y Manolo es callado…*

Paso 2 Ahora descríbele la familia de tu compañero/a a otro miembro de tu clase, usando por lo menos **cinco** oraciones. Si no recuerdas bien los detalles o si necesitas clarificación, pregúntale a tu compañero/a.

MODELO E2: *Adriana tiene dos hermanastros. Al principio le cayeron mal, pero ahora le fascinan. Uno es chistoso; el otro es callado…*

Estrategia

With situations like those in **6-4**, it is not essential that *all* details be remembered. Nor is it essential in this type of scenario to repeat *verbatim* what someone has said; it is totally acceptable to express the same idea in different words.

Estrategia

Focus on using as much of the vocabulary from *Capítulo 1* as possible in your descriptions. Remember to create negative sentences as well: e.g., *A mi mamá no le gustan mucho los tatuajes.*

Rúbrica

All aspects of our lives benefit from self-reflection and self-assessment. Learning Spanish is an aspect of our academic and future professional lives that benefits greatly from such a self-assessment. Also coming into play is the fact that, as college students, you personally are being held accountable for your learning and are expected to take ownership for your performance. Having said that, we instructors can assist you greatly by letting you know what we expect of you. It will help you determine how well you are doing with the recycling of **Capítulo A** and **Capítulo 1.** This rubric is meant first and foremost for you to use as a self-assessment, but you can also use it to peer-assess. Your instructor may use the rubric to assess your progress as well.

	3 EXCEEDS EXPECTATIONS	2 MEETS EXPECTATIONS	1 APPROACHES EXPECTATIONS	0 DOES NOT MEET EXPECTATIONS
Duración y precisión	• Has at least 10 sentences and includes all the required information. • May have errors, but they do not interfere with communication.	• Has 7–9 sentences and includes all the required information. • May have errors, but they rarely interfere with communication.	• Has 4–7 sentences and includes some of the required information. • Has errors that interfere with communication.	• Supplies fewer sentences and little of the required information in *Approaches Expectations.* • If communicating at all, has frequent errors that make communication limited or impossible.
Gramática nueva del *Capítulo 1* (e.g., **verbs similar to** *gustar* and **the present perfect indicative**)	• Makes excellent use of the chapter's new grammar. • Uses a wide variety of new verbs when appropriate.	• Makes good use of the chapter's new grammar. • Uses a variety of new verbs when appropriate.	• Makes use of some of the chapter's new grammar. • Uses a limited variety of new verbs when appropriate.	• Uses little, if any, of the chapter's grammar.
Vocabulario nuevo del *Capítulo 1* (e.g., **physical and personality descriptions, emotional states,** and **the family**)	• Uses many of the new vocabulary words.	• Uses a variety of the new vocabulary words.	• Uses some of the new vocabulary words.	• Uses few, if any, new vocabulary words.
Gramática y vocabulario de repaso/reciclaje del *Capítulo 1* (e.g., **object pronouns** and **the preterit of stem-changing and irregular verbs**)	• Does an excellent job using review grammar and vocabulary to support what is being said. • Uses a wide array of review verbs. • Uses review vocabulary appropriately while utilizing new vocabulary.	• Does a good job using review grammar and vocabulary to support what is being said. • Uses an array of review verbs. • Uses some review vocabulary, but focuses predominantly on new vocabulary.	• Does an average job using review grammar and vocabulary to support what is being said. • Uses a limited array of review verbs. • Uses mostly review vocabulary and some new vocabulary.	• Almost solely uses the present tense. • If speaking at all, relies almost completely on vocabulary from beginning Spanish course.
Esfuerzo	• Clearly the student made his/her best effort.	• The student made a good effort.	• The student made an effort.	• Little or no effort went into the activity.

Capítulo 2

> *¡Anda! Curso elemental*, Capítulo 2.
> Los deportes y los pasatiempos, Apéndice 2.

6·5 **Vamos de vacaciones y...** ¡Tu compañero/a y tú van a tener diez gloriosos días de vacaciones después de los exámenes! ¿Qué van a hacer? Túrnense para crear oraciones usando **los mandatos de *nosotros/as*** y **el vocabulario de los deportes y los pasatiempos.** Sigan el modelo.

> *¡Anda! Curso intermedio*, Capítulo 2.
> Deportes, pág. 78;
> Los mandatos de *nosotros/as*, pág. 85;
> Pasatiempos y deportes, pág. 93.

MODELO

E1: *¡Estamos de vacaciones! Juguemos al voleibol.*

E2: *Muy bien. Juguemos al voleibol y patinemos en monopatín.*

E1: *Muy bien. Juguemos al voleibol, patinemos en monopatín y buceemos.*

E2: *...*

> *¡Anda! Curso elemental*, Capítulo 2. Los deportes y los pasatiempos, Apéndice 2.

6·6 **¿Qué tenemos en común?** ¿Qué hacían tu compañero/a de clase y tú durante sus años de la escuela secundaria? Túrnense para hacerse **diez** preguntas para ver qué deportes y pasatiempos tenían en común. Escriban sus respuestas en un diagrama de Venn.

> *¡Anda! Curso intermedio*, Capítulo 2.
> Deportes, pág. 78;
> Pasatiempos y deportes, pág. 93.

Estrategia

Before doing **6-6**, review the formation and uses of *el pretérito* and *el imperfecto*, pp. 28 and 132.

MODELO

E1: *¿Comentabas en un blog?*

E2: *Sí, comenté en un blog por lo menos una vez... quizás dos veces. ¿Y tú? ¿Comentabas en un blog?*

E1: *Sí, comentaba mucho en un blog. ¡Hacíamos la misma cosa!*

YO
Buceé en México.
Pinté muchos cuadros.

NOSOTROS/AS
Comentamos en un blog.
Fuimos de camping.

TÚ
Patinaste en monopatín.
Practicaste artes marciales.

¡Anda! Curso elemental, Capítulo 11. El subjuntivo, Apéndice 3.

 6·7   **Artuditu, quiero que…**   ¡Ah… el mundo moderno! ¡Tienes un robot que hace todo lo que tu familia y tú quieren! Túrnense para decirle por lo menos **ocho** cosas, con **ocho** verbos diferentes, que quieren que haga. Usen **el subjuntivo.**

 ¡Anda! Curso intermedio, Capítulo 2. Deportes, pág. 78; Pasatiempos y deportes, pág. 93.

Estrategia

After doing **6-7** using the subjunctive, practice with the *tú* and *usted* commands: e.g., *Robot, trae las cartas por favor* or *traiga las cartas* or *tráemelas* or *tráigamelas.*

MODELO   *Robot, por favor, quiero que me traigas las cartas para jugar al póquer. Van a venir diez amigos a la casa para jugar. Entonces, también necesito que prepares unos sándwiches. Luego, mi mamá dice que es necesario que limpies la cocina…*

Rúbrica

Estrategia

You and your instructor can use this rubric to assess your progress for **6-5** through **6-7**.

	3 EXCEEDS EXPECTATIONS	2 MEETS EXPECTATIONS	1 APPROACHES EXPECTATIONS	0 DOES NOT MEET EXPECTATIONS
Duración y precisión	• Has at least 8 sentences and includes all the required information. • May have errors, but they do not interfere with communication.	• Has 5–7 sentences and includes all the required information. • May have errors, but they rarely interfere with communication.	• Has 4 sentences and includes some of the required information. • Has errors that interfere with communication.	• Supplies fewer sentences and little of the required information in *Approaches Expectations.* • If communicating at all, has frequent errors that make communication limited or impossible.
Gramática nueva del *Capítulo 2* (e.g., ***nosotros/as* commands** and **the subjuntive**)	• Makes excellent use of the chapter's new grammar. • Uses a wide variety of new verbs when appropriate.	• Makes good use of the chapter's new grammar. • Uses a variety of new verbs when appropriate.	• Makes use of some of the chapter's new grammar. • Uses a limited variety of new verbs when appropriate.	• Uses little, if any, of the chapter's grammar.
Vocabulario nuevo del *Capítulo 2* (e.g., **sports** and **pastimes**)	• Uses many of the new vocabulary words.	• Uses a variety of the new vocabulary words.	• Uses some of the new vocabulary words.	• Uses few, if any, new vocabulary words.

	3 EXCEEDS EXPECTATIONS	2 MEETS EXPECTATIONS	1 APPROACHES EXPECTATIONS	0 DOES NOT MEET EXPECTATIONS
Gramática y vocabulario de repaso/reciclaje del *Capítulo 2* (e.g., **the subjunctive** and **formal/informal commands**)	• Does an excellent job using review grammar and vocabulary to support what is being said. • Uses a wide array of review verbs. • Uses review vocabulary appropriately while utilizing new vocabulary.	• Does a good job using review grammar and vocabulary to support what is being said. • Uses an array of review verbs. • Uses some review vocabulary, but focuses predominantly on new vocabulary.	• Does an average job using review grammar and vocabulary to support what is being said. • Uses a limited array of review verbs. • Uses mostly review vocabulary and some new vocabulary.	• Almost solely uses the present tense. • If speaking at all, relies almost completely on vocabulary from beginning Spanish course.
Esfuerzo	• Clearly the student made his/her best effort.	• The student made a good effort.	• The student made an effort.	• Little or no effort went into the activity.

Capítulo 3

Capítulo 3

 ¡Anda! Curso elemental, Capítulo 3. La casa, Apéndice 2; Capítulo 11. El subjuntivo, Apéndice 3.

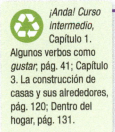 ¡Anda! Curso intermedio, Capítulo 1. Algunos verbos como *gustar*, pág. 41; Capítulo 3. La construcción de casas y sus alrededores, pág. 120; Dentro del hogar, pág. 131.

6·8 **Mi hogar favorito** Túrnense para mirar las fotos y describir su casa o apartamento favorito. Digan por qué les gusta y expliquen por qué no les gustan los/las otros/otras dos. En su descripción, cada uno debe incluir información sobre los materiales con los que han construido la casa o el apartamento y los alrededores. Utilicen por lo menos **ocho** oraciones y usen **el subjuntivo** cuando sea necesario.

MODELO *Me encanta la casa tradicional. Quizás sea difícil de construir y dudo que sea barata, pero ¡me fascina el color del ladrillo!...*

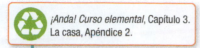 *¡Anda! Curso elemental*, Capítulo 3. La casa, Apéndice 2.

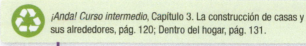 *¡Anda! Curso intermedio*, Capítulo 3. La construcción de casas y sus alrededores, pág. 120; Dentro del hogar, pág. 131.

6·9 **Adivina** Trae unas revistas o páginas de revistas que tengan fotos de casas y sus interiores. Túrnense para describir una de las casas detalladamente para que tu compañero/a adivine cuál estás describiendo.

6·10 **Renovación** ¡Qué emoción! Cada uno/a de ustedes acaba de ganar $75.000 dólares para renovar la cocina y el dormitorio de sus sueños. Cada uno/a debe dibujar sus planos y turnarse para describirlos.

 *¡Anda! Curso elemental*, Capítulo 3. La casa, Apéndice 2.

 ¡Anda! Curso intermedio, Capítulo 3. La construcción de casas y sus alrededores, pág. 120; Dentro del hogar, pág. 131.

MODELO   *Empiezo en la cocina con alacenas y mostradores nuevos. Quiero que las alacenas sean de madera y los mostradores de color café…*

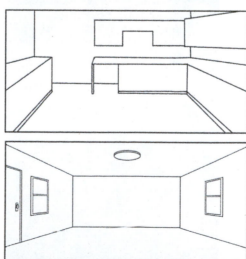

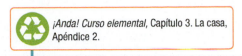

¡Anda! Curso elemental, Capítulo 3. La casa, Apéndice 2.

 ¡Anda! Curso intermedio, Capítulo 3. La construcción de casas y sus alrededores, pág. 120; Dentro del hogar, pág. 131.

6·11 En venta Estás trabajando en una compañía de ventas (*sales*) de casas. Escoge una de las siguientes situaciones y escribe una descripción donde incluyas por lo menos **diez** detalles. Busca algunas fotos en Internet para incluir con tu descripción.

SITUACIÓN 1: Tienes que vender tu propia casa.

SITUACIÓN 2: Tienes que vender dos casas: una que vale quince millones de dólares y la otra que vale setenta y cinco mil dólares.

FOTO

Dirección _____
Descripción _____
_____
_____
Precio _____
Teléfono _____

¡Anda! Curso elemental, Capítulo 3. La casa; Capítulo 11. El medio ambiente, Apéndice 2. Capítulo 11. El subjuntivo, Apéndice 3.

¡Anda! Curso intermedio, Capítulo 3. La construcción de casas y sus alrededores, pág. 120; Dentro del hogar, pág. 131. El subjuntivo para expresar sentimientos, emociones y dudas, pág. 136.

6·12 Mis dudas El futuro no es siempre seguro. En parejas, completen los siguientes pasos.

Estrategia

For **6-12**, consider the following emotions: *tener miedo, dudar, temer, esperar, no creer.* Also consider as suggestions the following categories of uncertainty: *el dinero, el trabajo, el matrimonio, los hijos, la jubilación,* etc.

Estrategia

You may wish to incorporate review vocabulary from *¡Anda! Curso elemental, Capítulo 11, El medio ambiente, Appendix 2* in **6-12**.

Estrategia

Being a good listener is an important life skill. Repeating what your classmate said gives you practice in demonstrating how well you listened.

Paso 1 Expresa **ocho** dudas, sentimientos y emociones que tus amigos, tus parientes y tú tengan sobre el futuro. Usa **el subjuntivo.**

MODELO *Dudo que haya menos contaminación del aire y del agua en el futuro. Mis padres tienen miedo de no tener suficiente dinero para su jubilación. Mi hermano teme que su mujer gaste demasiado dinero para reparar su casa…*

Paso 2 Menciona por lo menos **cuatro** sentimientos, emociones y dudas de tu compañero/a.

MODELO *Mi compañera Mandy duda que su hermano y su cuñada tengan suficiente dinero para reparar su casa…*

Rúbrica

Estrategia

You and your instructor can use this rubric for **6-8** through **6-12**.

	3 **EXCEEDS EXPECTATIONS**	**2** **MEETS EXPECTATIONS**	**1** **APPROACHES EXPECTATIONS**	**0** **DOES NOT MEET EXPECTATIONS**
Duración y precisión	• Has at least 8 sentences and includes all the required information. • May have errors, but they do not interfere with communication.	• Has 5–7 sentences and includes all the required information. • May have errors, but they rarely interfere with communication.	• Has 4 sentences and includes some of the required information. • Has errors that interfere with communication.	• Supplies fewer sentences and little of the required information in *Approaches Expectations*. • If communicating at all, has frequent errors that make communication limited or impossible.
Gramática nueva del *Capítulo 3* (e.g., the subjunctive and *estar* + el participio pasado)	• Makes excellent use of the chapter's new grammar. • Uses a wide variety of new verbs when appropriate.	• Makes good use of the chapter's new grammar. • Uses a variety of new verbs when appropriate.	• Makes use of some of the chapter's new grammar. • Uses a limited variety of new verbs when appropriate.	• Uses little, if any, of the chapter's grammar.
Vocabulario nuevo del *Capítulo 3* (e.g., homes and their surroundings)	• Uses many of the new vocabulary words.	• Uses a variety of the new vocabulary words.	• Uses some of the new vocabulary words.	• Uses few, if any, new vocabulary words.
Gramática y vocabulario de repaso/reciclaje del *Capítulo 3* (e.g., *tener que / deber / hay que* + infinitivo and the imperfect)	• Does an excellent job using review grammar and vocabulary to support what is being said. • Uses a wide array of review verbs. • Uses review vocabulary appropriately while utilizing new vocabulary.	• Does a good job using review grammar and vocabulary to support what is being said. • Uses an array of review verbs. • Uses some review vocabulary, but focuses predominantly on new vocabulary.	• Does an average job using review grammar and vocabulary to support what is being said. • Uses a limited array of review verbs. • Uses mostly review vocabulary and some new vocabulary.	• Uses grammar almost solely from beginning Spanish course. • If speaking at all, relies almost completely on vocabulary from beginning Spanish course.
Esfuerzo	• Clearly the student made his/her best effort.	• The student made a good effort.	• The student made an effort.	• Little or no effort went into the activity.

Capítulo 4

 ¡Anda! Curso intermedio, Capítulo 2. Deportes, pág. 78; Pasatiempos y deportes, pág 93; Capítulo 3. La construcción de casas y sus alrededores, pág. 120; Dentro del hogar, pág. 131; Capítulo 4. El pasado perfecto, pág. 163; El presente perfecto de subjuntivo, pág. 178.

 6·13 **Adivina** Formen grupos de cuatro y completen los siguientes pasos.

Estrategia

Although you are focusing on the *Capítulo 4* grammar review in **6-13**, for maximum success, review vocabulary from *Capítulo 2, Deportes*, p. 78; *Pasatiempos y deportes*, p. 93; *Capítulo 3, La construcción de casas y sus alrededores*, p. 120; *Dentro del hogar*, p. 131.

Paso 1 Una persona sale del grupo y los otros tres estudiantes dicen y escriben si creen que su compañero/a ha hecho cada una de las cosas de la lista.

Paso 2 El/La compañero/a regresa al grupo para confirmar.

MODELO

E1: *Angie, ¡es imposible que hayas cosido algo!*

E2 (ANGIE): *Es cierto que no he cosido nada.*

E3: *Angie, dudamos que hayas reparado la casa.*

E2 (ANGIE): *No tienen razón. Sí, he reparado la casa… un poco.*

E1: *Angie,…*

Estrategia

Note the use of the *perfect tenses* (*haber + -ado/-ido*) in the *Modelo* of **6-13**: e.g., *que hayas cosido, he cosido, que hayas reparado, he reparado.* Activity **6-13** was created to help you use those tenses.

	ESTUDIANTE 1 Angie		ESTUDIANTE 2		ESTUDIANTE 3		ESTUDIANTE 4	
	DUDAMOS	**CREEMOS**	**DUDAMOS**	**CREEMOS**	**DUDAMOS**	**CREEMOS**	**DUDAMOS**	**CREEMOS**
1. coser algo	Es imposible que haya cosido algo.							
2. reparar la casa	Dudamos que haya reparado la casa.							
3. …								
4. …								

¡Anda! Curso elemental, Capítulo 7. La comida, La preparación de las comidas, Apéndice 2.

 ¡Anda! Curso intermedio, Capítulo 1. El aspecto físico y la personalidad, pág. 36; Capítulo 4. La comida y la cocina, pág. 169.

6·14   Observándolos En parejas, observen a las personas de las fotos y noten lo que están comiendo. Túrnense para describirlas (características de personalidad y físicas, lo que comen, etc.) en por lo menos **ocho** oraciones.

 *¡Anda! Curso elemental,* Capítulo 7. La comida, La preparación de las comidas, Apéndice 2.

¡Anda! Curso intermedio, Capítulo 4. Las celebraciones y los eventos de la vida, pág. 158; La comida y la cocina, pág. 169.

6·15   ¡Fiesta! ¡Qué emoción! Todos tus amigos y tu familia vienen para festejar (*celebrate*) contigo. Completa los siguientes pasos.

Paso 1   Decide qué ocasión festejas.

Paso 2   Planea el menú.

Paso 3   Escribe una receta para un plato que vas a servir.

DE LA COCINA DE _____
RECETA PARA _____
INGREDIENTES _____

Paso 4   Comparte tus ideas con un/a compañero/a.

¡Anda! Curso elemental, Capítulo A Para empezar. El tiempo; Capítulo 7. La comida, La preparación de las comidas, Apéndice 2.

 ¡Anda! Curso intermedio, Capítulo 4. La comida y la cocina, pág. 169.

6-16 **¡Luces, cámara, acción!** ¡Te invitaron a informar sobre la fiesta del siglo en Hollywood! Haz un reportaje, incluyendo por lo menos **diez** detalles. Puedes empezar con información sobre qué tiempo hacía aquella noche. Comparte tu reportaje oralmente con un/a compañero/a o con toda la clase.

Estrategia

Note that in **6-16** you will need to use the *preterit* and *imperfect* tenses to report what happened.

Fíjate

Remember that some verbs, such as *querer, tener, poder, conocer,* and *saber,* have different meanings when used in the *preterit* versus the *imperfect*.

Rúbrica

Estrategia

You and your instructor can use this rubric for **6-14** through **6-16.**

	3 EXCEEDS EXPECTATIONS	2 MEETS EXPECTATIONS	1 APPROACHES EXPECTATIONS	0 DOES NOT MEET EXPECTATIONS
Duración y precisión	• Has at least 8 sentences and includes all the required information. • May have errors, but they do not interfere with communication.	• Has 5–7 sentences and includes all the required information. • May have errors, but they rarely interfere with communication.	• Has 4 sentences and includes some of the required information. • Has errors that interfere with communication.	• Supplies fewer sentences and little of the required information in *Approaches Expectations.* • If communicating at all, has frequent errors that make communication limited or impossible.
Gramática nueva del *Capítulo 4* (e.g., past perfect and present perfect subjunctive)	• Makes excellent use of the chapter's new grammar. • Uses a wide variety of new verbs when appropriate.	• Makes good use of the chapter's new grammar. • Uses a variety of new verbs when appropriate.	• Makes use of some of the chapter's new grammar. • Uses a limited variety of new verbs when appropriate.	• Uses little, if any, of the chapter's grammar.
Vocabulario nuevo del *Capítulo 4* (e.g., celebrations and food)	• Uses many of the new vocabulary words.	• Uses a variety of the new vocabulary words.	• Uses some of the new vocabulary words.	• Uses few, if any, new vocabulary words.
Gramática y vocabulario de repaso/reciclaje del *Capítulo 4* (e.g., the preterit and the imperfect, and verbs with different meanings in the preterit/imperfect)	• Does an excellent job using review grammar and vocabulary to support what is being said. • Uses a wide array of review verbs. • Uses review vocabulary appropriately while utilizing new vocabulary.	• Does a good job using review grammar and vocabulary to support what is being said. • Uses an array of review verbs. • Uses some review vocabulary, but focuses predominantly on new vocabulary.	• Does an average job using review grammar and vocabulary to support what is being said. • Uses a limited array of review verbs. • Uses mostly review vocabulary and some new vocabulary.	• Almost solely uses the present tense. • If speaking at all, relies almost completely on vocabulary from beginning Spanish course.
Esfuerzo	• Clearly the student made his/her best effort.	• The student made a good effort.	• The student made an effort.	• Little or no effort went into the activity.

Capítulo 5

 6·17   ¿Adónde vamos?   Planea tus vacaciones ideales. Expresa tus ideas usando por lo menos **diez** oraciones. Usa **el subjuntivo** en por lo menos **dos** de las oraciones. Comparte tus ideas con un/a compañero/a.

¡Anda! Curso elemental, Capítulo 10. El viaje, Apéndice 2; Capítulo 11. El subjuntivo, Apéndice 3.

¡Anda! Curso intermedio, Capítulo 5. Los viajes, pág. 200; El subjuntivo con antecedentes indefinidos o que no existen, pág. 220.

MODELO   *Vamos a hacer un crucero. Busco un crucero que no sea muy caro porque no tengo mucho dinero en este momento. Quiero visitar varios puertos. Mis hermanos van a venir y espero que no se pierdan…*

¡Anda! Curso elemental, Capítulo 11. El subjuntivo, Apéndice 3.

 6·18   Busco ayuda…   En el mundo digital, las cosas no siempre funcionan. Con un/a compañero/a, creen un diálogo usando **el subjuntivo**. Uno/a de ustedes tiene problemas con su computadora y el/la otro/a trabaja en la línea de ayuda (*help line*).

¡Anda! Curso intermedio, Capítulo 5. La tecnología y la informática, pág. 216; Las acciones relacionadas con la tecnología, pág. 223; El subjuntivo con antecedentes indefinidos o que no existen, pág. 220.

MODELO
E1:   *¿En qué puedo servirle?*
E2:   *Busco a alguien que me pueda ayudar. Mi computadora ha borrado todos mis archivos.*
E1:   *¿Cómo? Necesito que mi supervisor me ayude. No sé nada de impresoras.*
E2:   *¿Impresoras? ¡No necesito que me hable de impresoras! ¡Necesito a alguien que sepa algo sobre computadoras!*
E2:   *…*

Rúbrica

Estrategia

You and your instructor can use this rubric for **6-17** and **6-18**.

	3 EXCEEDS EXPECTATIONS	2 MEETS EXPECTATIONS	1 APPROACHES EXPECTATIONS	0 DOES NOT MEET EXPECTATIONS
Duración y precisión	• Has at least 8 sentences and includes all the required information. • May have errors, but they do not interfere with communication.	• Has 5–7 sentences and includes all the required information. • May have errors, but they rarely interfere with communication.	• Has 4 sentences and includes some of the required information. • Has errors that interfere with communication.	• Supplies fewer sentences and little of the required information in *Approaches Expectations*. • If communicating at all, has frequent errors that make communication limited or impossible.
Gramática nueva del *Capítulo 5* (e.g., **relative pronouns** and **the subjunctive**)	• Makes excellent use of the chapter's new grammar. • Uses a wide variety of new verbs when appropriate.	• Makes good use of the chapter's new grammar. • Uses a variety of new verbs when appropriate.	• Makes use of some of the chapter's new grammar. • Uses a limited variety of new verbs when appropriate.	• Uses little, if any, of the chapter's grammar.
Vocabulario nuevo del *Capítulo 5* (e.g., **travel** and **technology**)	• Uses many of the new vocabulary words.	• Uses a variety of the new vocabulary words.	• Uses some of the new vocabulary words.	• Uses few, if any, new vocabulary words.
Gramática y vocabulario de repaso/reciclaje del *Capítulo 5* (e.g., *por* and *para*, the preterit and the imperfect)	• Does an excellent job using review grammar and vocabulary to support what is being said. • Uses a wide array of review verbs. • Uses review vocabulary appropriately while utilizing new vocabulary.	• Does a good job using review grammar and vocabulary to support what is being said. • Uses an array of review verbs. • Uses some review vocabulary, but focuses predominantly on new vocabulary.	• Does an average job using review grammar and vocabulary to support what is being said. • Uses a limited array of review verbs. • Uses mostly review vocabulary and some new vocabulary.	• Uses grammar almost solely from beginning Spanish course. • If speaking at all, relies almost completely on vocabulary from beginning Spanish course.
Esfuerzo	• Clearly the student made his/her best effort.	• The student made a good effort.	• The student made an effort.	• Little or no effort went into the activity.

Un poco de todo

6·19 **Tengo talento** Escribe un poema en verso libre o una canción sobre uno de los siguientes temas.

TEMAS

- Mi mejor amigo
- Mi tiempo libre
- Hogar, dulce hogar
- El viaje
- La tecnología: ¿amiga o enemiga?

6·20 **El viaje de mis sueños** Estás en un crucero de siete días y les quieres contar a tus padres o a tus amigos lo bien que lo estás pasando. Escríbeles un mensaje de correo electrónico donde describas tus actividades de los últimos 3-4 días. Incluye también lo que esperas hacer en los próximos días. Usa por lo menos **diez** oraciones.

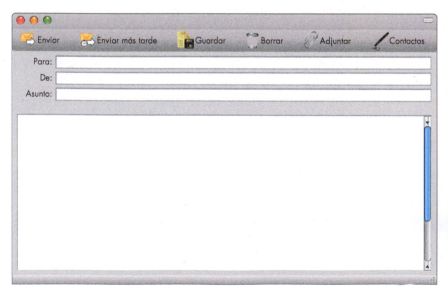

6·21 **El juego de la narración** Con un/a compañero/a, seleccionen uno de los cortometrajes que han visto en este curso. Luego, túrnense para crear una narración oral sobre el corto. ¡Incluyan muchos detalles!

MODELO

E1: *El cortometraje "Cristóbal" cuenta una historia muy conmovedora sobre un exjugador de béisbol de Cuba. ¿Te acuerdas?*

E2: *Sí, Cristóbal fue un gran jugador que se lesionó durante un partido y ya no pudo seguir jugando profesionalmente.*

E1: *Todavía tiene muchos recuerdos de su profesión y le regala uno a su hijo.*

Capítulo 1: *De la noche a la mañana*

Capítulo 2: *Cristóbal*

Capítulo 3: *Vida nueva*

Capítulo 4: *La boda*

Capítulo 5: *Yo tb tq*

6·22 Su versión En la actividad **6-21,** narraron una versión oral de un cortometraje. Ahora es su turno como escritores. Sean muy creativos y creen su propia versión imaginativa. Su profesor/a les va a explicar cómo hacerlo. Empiecen con la oración del modelo. ¡Diviértanse!

MODELO   *En un edificio de apartamentos, dos familias se reunen para celebrar el fin de año.*

Estrategia

When creating your interview questions, decide whether you should use *tú* or *usted.* What will guide your decision?

6·23 ¿Cómo eres? Conoces un poco a los estudiantes y a los profesionales de los países que hemos estudiado en **Vistazo cultural.** ¿Qué más quieres saber de ellos? Escribe por lo menos **diez** preguntas que quieras hacerles. Sé creativo/a. Escribe por lo menos **tres** preguntas usando **el presente** o **pasado perfecto (haber + -ado / -ido)** y **tres** preguntas usando **el subjuntivo.**

MODELO

1. ¿Dónde ha vivido usted?
2. ¿Le gusta montar a caballo?
3. ¿Necesita viajar mucho para su trabajo?…

6·24 Aspectos interesantes
Escribe por lo menos **tres** cosas interesantes sobre cada uno de los siguientes países.

MÉXICO	ESPAÑA	HONDURAS	GUATEMALA

EL SALVADOR	NICARAGUA	COSTA RICA	PANAMÁ

6·25 Un/a agente de viajes
Durante el verano, tienes la oportunidad de trabajar en una agencia de viajes. Tienes unos clientes que quieren visitar un país hispanohablante. Escoge uno de los países que estudiamos y recomiéndales el país, usando por lo menos **seis** oraciones.

6·26 Mis favoritos
Describe tu país favorito (de **Vistazo cultural**) o tu persona favorita (de **Perfiles**) de los **Capítulos 1** a **5.** En por lo menos **diez** oraciones, explica por qué te gusta y lo que encuentras interesante e impresionante de ese país o persona.

6·27 Compáralos
Escoge dos de los países que estudiamos y escribe las diferencias y semejanzas *(similarities)* entre los dos.

MODELO   *En México y en Nicaragua se practican deportes acuáticos porque los dos países tienen costas…*

6·28 ¡A jugar! En grupos de tres o cuatro, preparen las respuestas para las siguientes categorías de **¿*Lo sabes?***, un juego como *Jeopardy!*, y después las preguntas correspondientes. Sugieran valores de dólares, pesos, euros, etc. ¡Buena suerte!

CATEGORÍAS

VOCABULARIO	VERBOS	CULTURA
El aspecto físico y la personalidad	Verbos como **gustar**	Personas importantes
La familia	Los tiempos perfectos	Estados Unidos
Los deportes y los pasatiempos	Los mandatos de **nosotros/as**	México
La construcción de casas y sus alrededores	El subjuntivo	España
Dentro del hogar		Honduras
Algunas celebraciones		Guatemala
La comida		El Salvador
Los viajes		Nicaragua
La tecnología		Costa Rica
		Panamá

MODELOS

VOCABULARIO
CATEGORÍA: EL ASPECTO FÍSICO

Respuesta: pelo en el mentón
Pregunta: *¿Qué es "una barba"?*

VERBOS
CATEGORÍA: EL SUBJUNTIVO

Respuesta: Es importante que tú _____ (venir).
Pregunta: *¿Qué es "vengas"?*

CULTURA
CATEGORÍA: PERSONAS IMPORTANTES

Respuesta: **Alberto Contador**
Pregunta: *¿Quién es un atleta español que practica ciclismo y ganó varias veces el Tour de Francia?*

¿LO SABES?

Notas culturales	Perfiles	Vistazo cultural

¿LO SABES? DOBLE

Notas culturales	Perfiles	Vistazo cultural

6·29 **¿Qué opinan?** Tu compañero/a y tú fueron al teatro para ver la obra *La vida es sueño.* Después, fueron a un café para discutir lo que vieron. Túrnense para compartir sus opiniones.

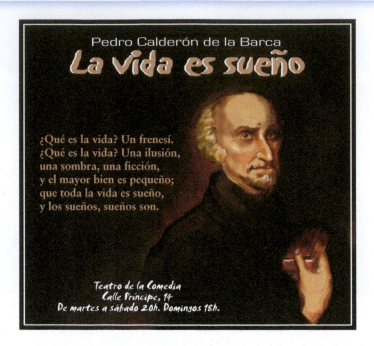

Pedro Calderón de la Barca
La vida es sueño

¿Qué es la vida? Un frenesí.
¿Qué es la vida? Una ilusión,
una sombra, una ficción,
y el mayor bien es pequeño;
que toda la vida es sueño,
y los sueños, sueños son.

Teatro de la Comedia
Calle Príncipe, 14
De martes a sábado 20h. Domingos 18h.

1. Para ti, ¿qué es la vida?
2. ¿Por qué dice Calderón que "la vida es sueño (*dream*)"? ¿Qué puede significar?
3. ¿En qué aspecto(s) puede ser la vida "un frenesí"? Da ejemplos de tu vida.
4. ¿Cuándo se puede comparar la vida a una sombra (*shadow*)?, ¿y a una ficción?

6·30 **Querido/a autor/a...** Escríbele una carta a uno de los autores de las selecciones que has leído en este curso. Dile lo que más te gusta de su obra y lo que no te gusta o lo que no entiendes muy bien. Compara su obra literaria con la de otro/a autor/a que leíste.

Y por fin, ¿cómo andas?

	Feel confident	Need to review

Having completed this chapter, I now can...

Comunicación

- describe myself, my family, my home, and other people. ☐ ☐
- share ideas about sports and pastimes. ☐ ☐
- relate life events and celebrations, and describe foods and their preparation. ☐ ☐
- talk about travel, and indicate how technology is useful. ☐ ☐
- narrate and report events in the past. ☐ ☐
- express wishes, doubts, feelings, and emotions. ☐ ☐
- link together and sequence simple and complex ideas. ☐ ☐

Cultura

- share information about the United States, Mexico, Spain, Guatemala, Honduras, El Salvador, Nicaragua, Costa Rica, and Panama. ☐ ☐
- compare and contrast cultural themes and information from the countries in *Capítulos 1–5*. ☐ ☐

Cine y Literatura

- review and reflect on the authentic film and literature from *Capítulos 1–5*. ☐ ☐

Comunidades

- use Spanish in real-life contexts. (online) ☐ ☐

Para repasar

This chapter is a review of vocabulary and grammatical concepts that you are already familiar with in Spanish. Some of you are continuing with *¡Anda! Curso intermedio* while others may be coming from a different program. As you begin the second half of *¡Anda!* it is important for you to feel confident about what you already know about the Spanish language while you continue to acquire knowledge and proficiency. This chapter will help you determine what you already know and focus on what you personally need to improve upon.

If you are new to *¡Anda!* you will not only want to review the grammar already introduced but also familiarize yourself with the active vocabulary used in the textbook. *¡Anda!* recycles vocabulary and grammar frequently to help you learn more effectively, and this chapter will review what we consider to be the basics of the preceding chapters.

Before you begin this chapter, you may wish to review the studying and learning strategies in **Capítulo 6**. These strategies are applicable to your other subjects as well. So on your mark, get set, let's review!

¿Sabías que…?

- El español tiene más hablantes nativos en el mundo que el inglés; solo el chino mandarín tiene más.
- Casi 20 millones de personas estudian español como segunda lengua, mundialmente *(worldwide)*.

Learning Outcomes

By the end of this chapter, you will be able to:

✔ describe yourself, your family, others, and houses and their surroundings in detail.

✔ narrate and report on past events, and depict something that is uncertain or unknown.

✔ share information about sports and pastimes, celebrations and life events, and food.

✔ express feelings, opinions, doubt, and reactions.

✔ recommend, suggest, request, or require something of someone.

✔ discuss travel, means of transportation, and technology.

⟩ Comunicación

• Capítulo A *and* Repaso *Grammar Boxes*: Capítulos 1–5 •

1. **Capítulo A and Repaso grammar boxes in *Capítulos 1–5*.** They served as an organized review of beginning Spanish grammar concepts via the following topics. Consult the pages listed or go to *¡Anda!* online to review these topics before moving on to **Capítulo 1**.

- identify masculine and feminine nouns, online
- use singular and plural nouns, online
- convey *the*, *a*, *one*, and *some*, online
- descriptive and possessive adjectives, pp. 4, 8
- **present indicative** of regular, irregular, and stem-changing verbs, pp. 10, 12, 16
- reflexive constructions, p. 19
- **ser** and **estar**, p. 23
- **gustar**, p. 26
- word stress and accent marks, p. 27
- **preterit** of regular verbs, p. 28
- direct (**me, te, lo, la, nos, os, los, las**) and indirect (**me, te, le/se, nos, os, les/se**) object pronouns and reflexive pronouns, p. 37

- **preterit** of stem-changing and irregular verbs, p. 49
- specify people, places, and things, online the present **subjunctive**, p. 80
- formal (**Ud./Uds.**) and informal (**tú**) commands, p. 94
- *tener que* + (infinitivo); *hay que* + (infinitivo); *deber* + (infinitivo), p. 121
- the **imperfect**, p. 132
- the **preterit** and the **imperfect**, pp. 159, 217
- verbs with different meanings in the **preterit** and **imperfect**, p. 170
- **por** and **para**, p. 201

• Capítulo 1 •
Describing yourself, your family, and others in detail
Narrating past events
Indicating something *has* or *had* happened

---

2. **El aspecto físico y la personalidad.** Repasa el vocabulario **El aspecto físico y la personalidad** de la página 36 y haz la siguiente actividad.

Estrategia

Whenever you do an activity like **B-1**, always try to go beyond the images you see. For example, talk about not only the obvious physical features and possible personality traits, but also imagine and describe their families. Perhaps you can pretend that you are siblings, and that one of the photos is of your family.

B-1 **¿Cómo describirlos?** Túrnense para describir a algunas personas que conozcan o que aparecen en las fotos, describiendo sus aspectos físicos y personalidades. Utilicen por lo menos **ocho** oraciones cada uno/a.

MODELO *Mi amiga Carol es simpática, inteligente y amable. Es alta, rubia, tiene los ojos verdes y es muy delgada. Tiene pestañas muy largas y unas cejas…*

3. **Algunos verbos como** *gustar.* Repasa los verbos como **gustar** de la página 41. ¿Qué otros verbos son como **gustar?** Ahora, haz la siguiente actividad.

B·2 **Y mis amigos…** Túrnense para crear y terminar las siguientes oraciones con algunos verbos como **gustar.**

Estrategia

Remember that you can find reviewing techniques in *Capítulo 6* that you may use. Also remember *¡Anda!* online is available for your use.

MODELO Las características que más (interesarme) en una persona son…

Las características que más me interesan en una persona son la inteligencia y la simpatía.

1. Las características que menos (interesarme) en una persona son…
2. A mi mejor amigo/a no (interesarle)…
3. (Fascinarme)…
4. A los estudiantes (encantarnos)…
5. (Caerme) bien las personas que…

4. **Algunos estados.** Repasa **Algunos estados** en la página 48 y haz la siguiente actividad.

B·3 **Grandes artistas** Inventen cómo era la personalidad de las personas que aparecen en estas obras de arte. Utilicen por lo menos **ocho** oraciones.

Estrategia

Remember that you can find reviewing techniques in *Capítulo 6* that you may use. Also remember *¡Anda!* online is available for your use.

Estrategia

In **B-3**, you are directed to say at least eight sentences. See how many more than eight you can do in the time allotted. Always try to do more than the minimum suggested.

Felipe VI Cazador, Diego Velázquez, entre los años 1632 y 1638

Marianito Goya, Francisco de Goya, c.1835

MODELO *El señor con bigote probablemente era amable, pero tímido…*

5. El presente perfecto de indicativo. Repasa **El presente perfecto de indicativo** en la página 51. Explícale a un/a compañero/a cómo formarlo y luego haz la siguiente actividad.

B·4   Así soy yo   Si te describieras, ¿qué dirías (*what would you say*)? ¿Qué has hecho en tu vida? ¿A cuántas escuelas has asistido? ¿En cuántas ciudades has vivido? ¿Qué te ha interesado? ¿Qué te ha fascinado? ¿Qué tipos de personas te han caído bien/mal? Descríbete en por lo menos **ocho** oraciones usando **el presente perfecto de indicativo.** Después, comparte la descripción con **cinco** compañeros.

MODELO   *Siempre he sido una persona muy generosa con mi tiempo y mi dinero. No me han caído bien las personas flojas…*

Estrategia

When reading, you will at times come across a word that you have not formally learned. It is important that you do not become frustrated but rather look for clues to the word's meaning. Maybe it looks like another word you have already learned; perhaps you can guess its meaning from the context of the sentence or paragraph. One example is *describieras* in the directions for **B-4**. Although you have not yet learned the tense for *describieras,* what is the infinitive for this verb? What do you suppose it means?

6. **La familia.** Repasa el vocabulario de **La familia** en la página 56 y haz las siguientes actividades.

B·5 **A ver si encuentras…** Es hora de entrevistar a tus compañeros. Completa los siguientes pasos.

Estrategia

If necessary, review the formation of the preterit on p. 28 before beginning **B-5**.

Paso 1   Crea preguntas en **el pretérito** según el modelo.

   MODELO   conocer a tus bisabuelos

   ¿Conociste a tus bisabuelos?

Paso 2   Busca a algún/alguna compañero/a que responda afirmativamente.

   MODELO   E1: *¿Conociste a tus bisabuelos?*   E3: *Sí, conocí a mis bisabuelos.*

   E2: *No, no conocí a mis bisabuelos.*   E1: *Bueno, firma aquí, por favor.*

   E1: *¿Conociste a tus bisabuelos?*   E3: _____ Ray

conocer a tus bisabuelos _____ Ray	nacer un/a sobrino/a u otro miembro de tu familia este año _____	ir de vacaciones con tus parientes durante la niñez _____
conocer a algunos gemelos en la universidad _____	recibir una herencia monetaria de tus bisabuelos _____	divertirse durante la adolescencia _____
aprender algo importante de unos ancianos cuando eras niño/a _____	divorciarse unos amigos el año pasado _____	casarse en la playa u otro lugar exótico _____

B·6 **Pregúntale** Usa las siguientes palabras para formar por lo menos **ocho** preguntas. Luego, házselas a tus compañeros/as.

Estrategia

If necessary, make a list of all of the question words to assist you with **B-6**.

los gemelos	el padrino/la madrina	el yerno/la nuera
el hermanastro/la hermanastra	el marido/la mujer	la pareja
el hijastro/la hijastra	el hijo único/la hija única	el suegro/la suegra

	E1	E2	E3
1. ¿Conoces a algunos gemelos?			
2.			
3.			
4.			
5.			
6.			
7.			
8.			

MODELO   E1: *Tengo una pregunta para ti: ¿Conoces a algunos gemelos?*

   E2: *No, no conozco a ningunos gemelos. Ahora una pregunta para ti: ¿Cómo se llama el marido de Penélope Cruz?…*

Estrategia

¡Anda! Curso intermedio has provided you with reviewing and recycling references to help guide your continuous review of previously learned material. Make sure to consult the indicated pages if you need to refresh your memory about this or any future recycled topics.

• Capítulo 2 •

Sharing information about sports and pastimes
Expressing feelings, opinions, and reactions
Suggesting group action using *Let's*
Recommending, suggesting, requesting, or requiring something of someone

7. **Deportes.**   Repasa el vocabulario de **Deportes** en la página 78 del **Capítulo 2**. Luego haz las siguientes actividades.

B·7   **¿En qué orden lo hicieron?**   La familia Hernández fue de vacaciones por seis días. Hicieron algo diferente cada día. Túrnense para poner los dibujos en el orden que quieran y para explicarle a su compañero/a qué hicieron. El/La compañero/a tiene que decirte el orden.

Estrategia

¡Anda! Curso intermedio encourages you to be creative when practicing and using Spanish. Being creative now in your Spanish class will help you become a more confident speaker when you use Spanish in your everyday life. One way to be creative with Spanish is to devise mini-stories about photos or drawings that you see. Being creative also includes giving individuals in drawings names and characteristics.

B·8 **¿Cierto o falso?** Escribe **cinco** oraciones sobre lo que miembros de tu familia, personas que conoces o tú **han hecho** o **no han hecho** en el mundo deportivo. **Cuatro** de las cinco oraciones deben ser **falsas** y **una** debe ser **cierta.** En grupos de cuatro, túrnense para adivinar cuál de las oraciones de cada uno/a es cierta.

MODELO
    E1: *Mis padres han hecho surf en Hawaii. Mi mejor amigo ha ganado un premio en boliche,…*

    E2: *A ver. La oración cierta es Mi mejor amigo ha ganado un premio… ¿Qué opinas?*

    E3: *En mi opinión, la oración cierta es…*

8. **Los mandatos de *nosotros/as*.** Repasa **Los mandatos de *nosotros/as*** en la página 85. ¿Cómo se forman? Ahora, haz la siguiente actividad.

B·9 **Hagamos lo siguiente…** Invita a tu compañero/a a hacer alguna de las actividades del dibujo usando **mandatos de** *nosotros/as*. Túrnense para iniciar, aceptar o rechazar las invitaciones.

MODELO
    E1: *¡Hagamos surf!*

    E2: *Gracias, pero no lo hagamos este fin de semana porque va a hacer mal tiempo.*

9. **Pasatiempos y deportes y el subjuntivo.**   Repasa **Pasatiempos y deportes** y **El subjuntivo** en las páginas 93 y 80. ¿Cómo se forma **el subjuntivo**? Explícaselo a un/a compañero/a de clase. ¿Cuáles son algunos de sus usos? Ahora, haz las siguientes actividades.

B·10   Nuestros pasatiempos   Juntos hagan un diagrama de Venn, categorizando los siguientes pasatiempos de acuerdo con los que se pueden hacer en casa, los que se hacen al aire libre y los que se pueden hacer en ambos lugares.

coleccionar tarjetas de béisbol	jugar a las damas
decorar la casa	pescar
hacer trabajo de carpintería	tejer
pasear en barco de vela	comentar en un blog
trabajar en el jardín	hacer yoga
coser	pintar
jugar a videojuegos	tirar un disco volador
ir de camping	montar a caballo

Estrategia

Another tip to help you remember vocabulary is to use images in association with the words. You could create visual flash cards with pictures instead of English translations. Also, try to associate these activities with times when you have done them or seen someone else do them. When you put your vocabulary in a personal context, it becomes more meaningful to you and you will retain it better.

MODELO

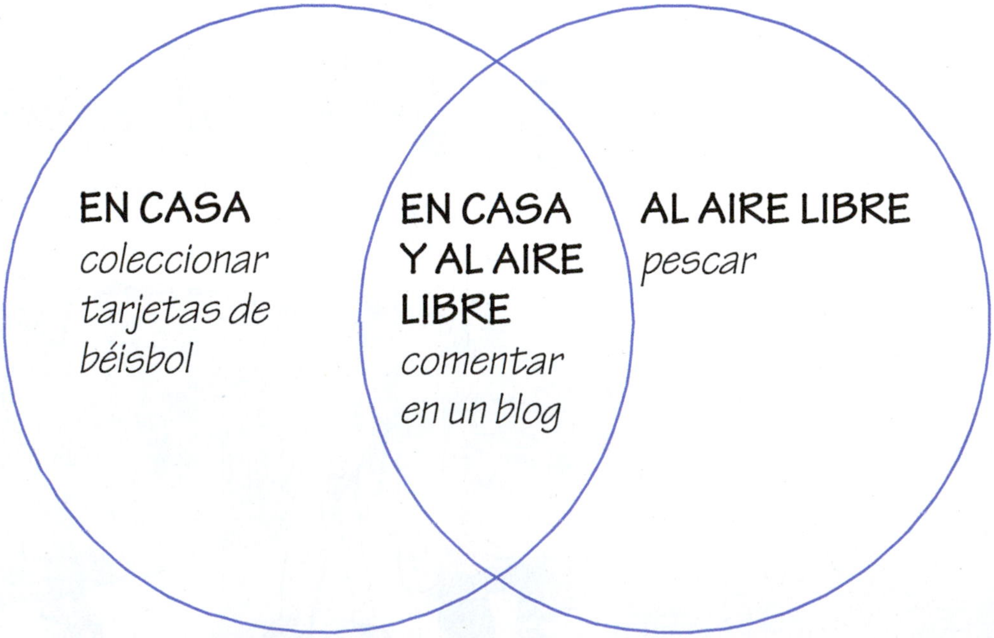

EN CASA
coleccionar tarjetas de béisbol

EN CASA Y AL AIRE LIBRE
comentar en un blog

AL AIRE LIBRE
pescar

B·11 ¿Probable o poco probable? ¿Para quién es probable…?
Completa los siguientes pasos.

Paso 1 Entrevista a los compañeros de clase para saber para quién es probable y para quién es poco probable cada una de las siguientes acciones. Escribe el nombre de la persona y las letras **P** para "probable" y **PP** para "poco probable".

MODELO bucear

TÚ: *Leo, ¿es probable que bucees esta noche?*

E1: *No, es poco probable que bucee. Comento en un blog todas las noches…*

Es Probable O Poco Probable Que…		
pescar _____	coleccionar tarjetas de béisbol _____	tomar clases de artes marciales _____
coser _____	bucear _____Leo PP_____	hacer jogging _____
jugar a videojuegos _____	decorar un cuarto _____	jugar al ajedrez _____

Paso 2 Comunica los resultados a la clase usando el siguiente vocabulario.

el cien por ciento de los estudiantes	casi todos los…	más de la mitad de los…
todos los…	la mitad (*half*) de los…	pocos estudiantes…
	casi la mitad de los…	solo un estudiante…

LOS RESULTADOS

TÚ: *El noventa y cinco por ciento de la clase dice que es poco probable que buceen esta noche…*

10. El subjuntivo para expresar pedidos, mandatos y deseos. Repasa las páginas 98 y 99 donde se explica **El subjuntivo para expresar pedidos, mandatos y deseos.** ¿Cuáles son algunos verbos o algunas expresiones para expresar pedidos, mandatos y deseos? Escribe una lista con algunos de los verbos y expresiones para tenerlos como referencia. Ahora, haz las siguientes actividades.

B·12 Más mentiras Escribe **cinco** oraciones sobre ti mismo/a (*yourself*) usando el vocabulario de **Pasatiempos y deportes** y **El subjuntivo. Una** de las oraciones debe ser **cierta** y **cuatro** deben ser **falsas.** Túrnense para adivinar cuáles son falsas y cuál es cierta.

MODELO   E1:   *Yo tejo todos los días.*

E2:   *Creo que es falso. No creo que tejas todos los días… / Creo que es cierto. Es posible que tejas todos los días.*

B·13 Tus consejos Siempre tenemos deseos y consejos para los demás. Completa los siguientes pasos.

Fíjate

Note the use of the word *sino* in the *modelo* for **B-13.** It is used when you have a negative clause preceding another clause, e.g., *no juegues.*

Paso 1   Expresa tus deseos para las siguientes personas. Termina cada oración con el vocabulario apropiado y verbos diferentes para cada una.

MODELO   A TU MEJOR AMIGO/A: *Es importante que…*
Es importante que no juegues tantos videojuegos sino que hagas algo al aire libre como trabajar en el jardín.

A TU MEJOR AMIGO/A	A TU PROFESOR/A	A TUS PADRES O FAMILIARES	A TI MISMO/A
1. Es importante que…	1. Espero que…	1. Les recomiendo que…	1. Es preferible que yo…
2. Te aconsejo que…	2. Nosotros deseamos que…	2. Siempre les exijo que…	2. Es necesario que…
3. Espero que…	3. Los estudiantes ruegan que…	3. Sugiero que…	3. No es importante que…
4. Prefiero que…	4. Propongo que…	4. Quiero que…	4. Mis amigos no me recomiendan que…

Paso 2   Compara tus recomendaciones con las de un/a compañero/a.

B·14 Les recomiendo que… ¡Muchas personas necesitan sus consejos! Túrnense para hacer comentarios y sugerencias para cada situación. Usen por lo menos **cuatro** oraciones diferentes para cada una.

1. Una amiga recién divorciada quiere casarse con un hombre a quien conoció hace menos de un mes.
2. Tus cuñados viven de una manera muy desorganizada.
3. Tus vecinos tienen siete nietos que vienen a visitarlos por ocho días.
4. Tienes tres amigos. Recomiéndales algunos deportes y pasatiempos según sus personalidades: Dolores es extrovertida y amable. Eduardo es callado y bien educado. Manolo es flojo y terco.

👥 **B·15** **A conocerte mejor** Siéntense en un círculo. Su profesor/a les va a dar las instrucciones de esta actividad. ¡Diviértanse!

• **Capítulo 3** •
Describing houses and their surroundings
Expressing doubt, emotions, and sentiments

11. **La construcción de casas y sus alrededores.** Repasa el vocabulario de **La construcción de casas y sus alrededores** en la página 120 y haz las siguientes actividades.

👥 **B·16** **¿Cómo es la casa de tus sueños?** Completa los siguientes pasos.

Paso 1 Describe la casa de tus sueños (*dream house*). Debes hablar de los materiales de la casa, los alrededores y el interior de la casa.

MODELO *La casa de mis sueños no es muy grande. Es una casa de madera pintada de amarillo. Tiene un patio de ladrillos detrás donde siempre podemos tener fiestas. Está en el campo y el jardín es muy bonito…*

Paso 2 Repite por lo menos **tres** cosas que tu compañero/a te dijo para ver cuántos detalles recuerdas.

B·17   **¿Cuál prefieres?**   Mira las fotos de las tres casas. Imagina cómo son por dentro. Escoge tu favorita y descríbesela a tu compañero/a.

Una casa en Córdoba, España

La casa Vicens de Gaudí, Barcelona

La casa Aurora, Huatulco, México

B·18   **Preguntas y más preguntas**   Es hora de hacerles preguntas a tus compañeros/as. Completa los siguientes pasos.

Paso 1   Escribe una lista de **ocho** preguntas que se puedan hacer incorporando **el pretérito** y las siguientes palabras.

ALGUNOS SUSTANTIVOS			
los azulejos	la cerca	el césped	el estanque

ALGUNOS VERBOS					
construir	componer	cortar	gastar	guardar	reparar

Paso 2   Circula por la sala de clase haciéndoles las preguntas a diferentes compañeros/as.

      MODELO   E1:   *¿Cortaste el césped en casa de tus padres el verano pasado?*

                   E2:   *No. Mis padres no tienen jardín. Viven en un apartamento. ¿Y tú?*

                   E1:   *Sí, lo corté muchas veces…*

12. Dentro del hogar: la sala, la cocina y el dormitorio. Repasa el vocabulario de **Dentro del hogar: la sala, la cocina y el dormitorio** en la página 131 y haz las siguientes actividades.

B·19 Veo, veo... Miren el dibujo y túrnense para describirle a su compañero/a lo que ven.

Fíjate

Remember that a number of words related to the home are cognates. What do the following words mean? *el balcón, el patio, el salón, la terraza, el vestíbulo*

MODELO   E1: *Veo una cosa en la cocina donde puedes lavar los platos.*

E2: *¿El fregadero?*

E1: *¡Sí! ¿Qué ves?*

E2: *Veo...*

B·20   La casa de mi niñez Dibuja un plano sencillo (*simple*) de la casa de tu niñez o de la de un/a amigo/a. Completa los siguientes pasos.

Paso 1   Incluye los cuartos y detalles sobre el exterior; por ejemplo, la cerca, el jardín, la piscina, etc.

Paso 2   Descríbele la casa a un/a compañero/a, usando por lo menos **ocho** oraciones en **el imperfecto.** Tu compañero/a va a dibujar lo que dices.

MODELO   *La casa de mi niñez tenía una cocina pequeña con unos mostradores azules…*

Paso 3   Túrnense para comparar los dibujos y ver si describieron e interpretaron bien.

B·21   ¿Y tu vida? Piensen en su niñez y completen los siguientes pasos.

Estrategia

If you need help remembering how to form the imperfect and why and when it is used, consult page 132.

Paso 1   Háganles las siguientes preguntas a varios/as compañeros/as. Usen **el imperfecto** y apunten sus respuestas en cada cuadro.

MODELO   ¿Qué tipo de comida (*guardar*) tu familia en el refrigerador y en la despensa?

E1:   *¿Qué tipo de comida guardaba tu familia en el refrigerador y en la despensa?*

E2:   *Mi familia guardaba refrescos, leche, frutas, verduras y condimentos en el refrigerador. En la despensa…*

1. ¿Qué tipo de comida (*guardar*) tu familia en el refrigerador y en la despensa? E1: _____ E2: _____	2. ¿Cuántas almohadas (*necesitar / tú*) para dormir? E1: _____ E2: _____	3. ¿De qué colores (*ser*) tus sábanas, fundas y toallas? E1: _____ E2: _____	4. ¿(*Usar / ustedes*) cortinas o persianas? E1: _____ E2: _____
5. ¿(*Tener / tú*) cómodas o nada más que armarios? E1: _____ E2: _____	6. ¿Te (*permitir*) tus padres cocinar o usar una sartén? E1: _____ E2: _____	7. ¿Cuántas familias (*vivir*) en tu barrio o en tu cuadra? E1: _____ E2: _____	8. ¿Te (*caer*) bien los vecinos? E1: _____ E2: _____

Paso 2   Comuníquenles los resultados a sus compañeros de clase.

MODELO   *El cien por ciento de mis compañeros guardaba leche en el refrigerador…*

por ciento	*percent (e.g.,* sesenta por ciento*)*
un cuarto	*one quarter*
tres cuartos	*three quarters*
la mitad	*half*

B·22 **Una imagen vale...** Imagínense que tienen que describirle a alguien lo que pasaba (**el imperfecto**) en estas casas y sus alrededores. Túrnense para crear **ocho** oraciones cada uno.

MODELO *Había una piscina y el niño nadaba. La casa no se calentaba con la chimenea porque hacía calor y buen tiempo...*

B·23 **El mundo es un pañuelo** ¿Cuánto sabes de tus compañeros y de su pasado? Entrevístalos para saber quiénes contestan afirmativamente a las siguientes preguntas. Completa los siguientes pasos.

Paso 1 Usa **el imperfecto** para crear las preguntas.

MODELO *¿Tenía piscina tu casa?*

Paso 2 Pregúntaselas a los compañeros de clase. Si alguien contesta que **sí,** tiene que firmar su nombre en el espacio apropiado.

MODELO tu casa / tener piscina

E1: *¿Tenía piscina tu casa?*

E2: *Sí, mi casa tenía piscina.*

E1: *Firma aquí, por favor.*

tu casa / tener jardín	tu casa / ser de madera	tu casa / tener piscina
_____	_____	_____
tener / aire acondicionado en tu dormitorio	usar / la batidora	haber / azulejos en el baño
_____	_____	_____
mudarse / cada año	renovar / tu dormitorio cada verano	tu casa / tener escaleras
_____	_____	_____

B·24 ¡La lotería! ¡Tu esposo/a y tú acaban de ganar un millón de dólares! Túrnense para describir sus planes para la renovación y la decoración de su casa vieja, usando por lo menos **ocho** oraciones.

MODELO	E1:	*Primero, quiero renovar las alacenas de la cocina. Sugiero pintarlas.*
	E2:	*Buena idea. Me gusta. Sugiero que renovemos los mostradores.*
	E1:	*No quiero renovarlos. Quiero comprar unos nuevos.*

13. **El subjuntivo para expresar sentimientos, emociones y dudas.** Repasa **El subjuntivo para expresar sentimientos, emociones y dudas** en la página 136. Escribe una lista de los verbos y las expresiones que expresan sentimientos, emociones y dudas. ¿Qué verbos y expresiones no usan el subjuntivo, sino el indicativo? ¿Por qué? Ahora, haz las siguientes actividades.

B·25 Mis quehaceres Siempre hay cosas que hacer y tu compañero/a te va a ayudar. Túrnense para expresar sus sentimientos con **me alegro, me gusta, me encanta,** etc.

MODELO   E1:   pintar la sala

         E2:   *Me alegro de que pintes la sala.*

1. comprar velas para el comedor
2. organizar el sótano
3. lavar las sábanas, las fundas y las almohadas
4. limpiar el mostrador
5. regar las flores
6. sacar la mala hierba

B·26 **Optimista o pesimista** Hay optimistas y pesimistas en este mundo. ¡Hoy es tu día para jugar a ser el/la pesimista! Túrnense para responder de manera pesimista.

MODELO Creo que la jarra que me regaló mi madrina es de Picasso.

No creo que aquella jarra sea de Picasso.

1. Mi suegro cree que su aire acondicionado funciona muy bien.
2. Estoy segura de que Ingrid Hoffman cocina bien y nunca quema la comida.
3. Creo que el sótano de mis tíos está en perfectas condiciones.
4. Creo que te voy a regalar un florero para la Navidad.

B·27 **Lo siento, pero lo dudo** Inventa cosas que tengan que ver con la casa. Tu compañero/a no está de acuerdo con las cosas que le dices. Túrnense para responder con **Dudo que…, No creo que…,** etc. Sean creativos con más de cuatro oraciones cada uno/a.

MODELO E1: *Mi casa tiene doce dormitorios.*

E2: *Dudo que tu casa tenga doce dormitorios…*

B·28 **Mis opiniones** Acabas de comprar una casa vieja que necesita muchas reparaciones. Túrnense para dar por lo menos **cinco** ideas que expresen duda, sentimientos o emociones sobre el proyecto.

MODELO   *No sé por dónde empezar. Quizás renueve la cocina. Es una lástima que no conozca un buen contratista. Temo que la renovación sea cara...*

14. ***Estar* + el participio pasado.** Repasa ***Estar* + el participio pasado** en la página 125 y haz las siguientes actividades.

 B·29 **Por favor** Siempre hay algo que hacer. Completen los siguientes pasos.

Paso 1   Túrnense para responder de manera positiva a los siguientes mandatos de sus madres.

MODELO   E1: *Por favor, rieguen las flores.*

E2: *Ya están regadas.*

Por favor, ...

1. laven las toallas.
2. enciende la chimenea.
3. reparen las persianas rotas.
4. cubre la almohada con una funda limpia.
5. laven las cacerolas en el fregadero.
6. organicen los comestibles en la despensa.
7. pon el café en la cafetera.
8. guarda la batidora en la alacena.

Paso 2   Ahora cambia las respuestas al **imperfecto.**

MODELO   Ya están regadas.

Ya estaban regadas.

B·30 **¿Eres competitivo/a?** Túrnense para hacer el papel de una persona que siempre quiere competir con los demás.

MODELO   No tengo tiempo para renovar mi cocina.
          Mi cocina está bien renovada.

1. No tengo tiempo para regar las flores.
2. Necesito guardar mis toallas limpias.
3. Tengo que organizar la despensa.
4. Necesito reparar las persianas rotas.
5. Nunca cierro las ventanas cuando llueve.

B·31 **¡Ya soy responsable!** Imagínense que es la primera vez que viven solos y sus hermanos mayores están muy preocupados. Completen los siguientes pasos.

Paso 1   Inventen una conversación entre ustedes y sus hermanos mayores. ¿Cuáles son las preguntas de los hermanos y cuáles son las respuestas de tu compañero/a y tú? Usen **el participio pasado** de por lo menos **cinco verbos diferentes.**

MODELO   E1:   *¿Pagaron las facturas de este mes?*
          E2:   *Sí, todas las facturas están pagadas.*

Paso 2   Preséntenles la conversación a su profesor/a y a sus compañeros de clase.

• Capítulo 4 •
Relating information about celebrating life events, and elaborating on foods and food preparation

15. **Las celebraciones y los eventos de la vida.** Repasa **Las celebraciones y los eventos de la vida** en la página 158. Luego, haz la siguiente actividad.

B·32 **Adivina** Piensa en una palabra o expresión del vocabulario de **Las celebraciones y los eventos de la vida.** Túrnense para hacerse preguntas a las que se responde **sí** o **no** y para adivinar la palabra o expresión.

MODELO   E1:   (la palabra que escogiste es *el Día de las Brujas*)
          E2:   *¿Es una celebración?*
          E1:   *Sí.*
          E2:   *¿Tiene lugar en la primavera?*
          E1:   *No.*
          E2:   *…*

16. El pasado perfecto (pluscuamperfecto). Repasa **El pasado perfecto (pluscuamperfecto)** en la página 163. ¿Cómo se forma? Ahora, haz las siguientes actividades.

B·33   ¿Qué había pasado? Describan lo que **había pasado** antes de sacar cada una de las siguientes imágenes en el álbum de fotos.

MODELO   *Los novios ya se habían casado cuando llegamos a la iglesia.*

B·34   Antes de graduarme ¿Qué cosas interesantes habías hecho antes de graduarte de la escuela secundaria? En grupos de seis a ocho estudiantes, túrnense para compartir algunas de las cosas que habían hecho. Tienen que recordar y repetir lo que todas las demás personas dicen.

MODELO   E1: *Soy Joe. Antes de graduarme, había trabajado como carpintero.*

E2: *Soy Julie. Antes de graduarme, había visitado cinco estados de los Estados Unidos y Joe había trabajado como carpintero.*

E3: *Soy Jorge. Antes de graduarme, había estudiado un verano en España, Julie había visitado cinco estados de los Estados Unidos y Joe había trabajado como carpintero.*

17. La comida y la cocina y Frutas, verduras y otras comidas. Repasa el vocabulario en la página 169 de **La comida y la cocina** y también el vocabulario de **Frutas, verduras y otras comidas** en la página 174. Luego, haz las siguientes actividades.

B·35 **¿Qué tipo de comida es?** Completen los siguientes pasos.

Paso 1 Organicen las diferentes comidas del vocabulario según las siguientes categorías.

MODELO **VERDURAS:** *el pepino, la zanahoria…*

CARNES/AVES	PESCADO/ MARISCOS	FRUTAS	VERDURAS	POSTRES

Paso 2 Ahora, añadan otras comidas a las categorías.

B·36 **Firma aquí** Circula por la clase hasta encontrar a un estudiante que pueda contestar afirmativamente tu pregunta. Usa **el pretérito** de los verbos.

MODELO trabajar como camarero/a

E1: *¿Trabajaste como camarera el verano pasado?*

E2: *Sí, trabajé como camarera durante los últimos tres veranos.*

E1: *Pues, firma aquí, por favor.*

_____Sally_____

1. comer postres después de la cena	2. poder estudiar anoche	3. ver un programa de cocina la semana pasada
_____	_____	_____
4. tener un examen en español ayer	5. querer preparar carne a la parrilla para la familia el domingo pasado	6. conocer a una persona famosa durante las vacaciones
_____	_____	_____

B·37 **¿Cuáles son tus comidas favoritas?** Completa los siguientes pasos.

Paso 1 Haz una lista de tus comidas favoritas y de cómo las prefieres: crudas, hervidas, asadas, a la parrilla o fritas.

CRUDO/A (*RAW*)	HERVIDO/A (*BOILED*)	ASADO/A (*GRILLED*)	A LA PARRILLA (*GRILLED; BARBECUED*)	FRITO/A (*FRIED*)
zanahorias				camarones

Paso 2 Compara tu lista con las de otros compañeros.

MODELO   E1:   *¿Cuáles de las comidas prefieres fritas?*

            E2:   *Prefiero comer los camarones fritos.*

            E1:   *Yo prefiero comerlos asados.*

18. El presente perfecto de subjuntivo. Repasa **El presente perfecto de subjuntivo** en la página 178. ¿Cómo se forma? Escribe unas oraciones en español usando **el presente perfecto de subjuntivo** y di lo que significan en inglés. Ahora, haz las siguientes actividades.

B·38 **No te creo** Tienes una amiga que casi nunca dice la verdad. Túrnense para responder a sus comentarios.

no creo	dudo	es imposible	es improbable	no es cierto

Estrategia

Look at the *modelo* in **B-38.** What past tense is *cené?* If you need to review the preterit, go to pages 28 and 49.

MODELO   E1:   *Cené con Daddy Yankee.*

            E2:   *Dudo que hayas cenado con él.*

1. ¡Me comprometí! Mi novio es Rafael Nadal y me ha dicho que me ama.
2. Cuando estuve en Casa Botín, vi a Letizia Ortiz, la reina de España.
3. Acabo de escribir un libro de cocina y una casa editorial muy famosa lo quiere publicar.
4. Me invitaron a cocinar en el programa *Simply Delicioso.*
5. Mis hermanastras abrieron un restaurante nuevo en Acapulco. Está justo en la playa.

B·39 **¿Plantada?** Esta noche, Gloria tiene una cita con una persona que no conoce. Tiene muchas dudas y se arrepiente de (*regrets*) haber aceptado salir con él. Además, dijo que estaría en el restaurante a las seis y ya son las siete. Terminen sus pensamientos usando siempre **el presente perfecto de subjuntivo** y otras palabras apropiadas. Sean creativos.

> **Fíjate**
>
> *Plantado/a* is a colloquial expression that means "stood up."

MODELO   Ojalá que él (no perderse)…

Ojalá que él no se haya perdido al venir al restaurante.

1. Espero que (comprarme flores)…
2. Dudo que (querer salir conmigo)…
3. Ojalá que (no llegar a la dirección incorrecta)…
4. No quiero pensar que él (salir con otra mujer)…

B·40   **Ideas, por favor**   Den su opinión y sus consejos sobre las siguientes situaciones. Después, compártanlos con otros compañeros de clase.

MODELO   E1:   *Siempre he querido perder peso y he empezado a comer y beber cosas más saludables como manzanas, lechuga y agua.*

E2:   *¡Excelente! Es importante que hayas empezado a comer cosas saludables como frutas y verduras. También es bueno que hayas empezado a beber mucha agua porque llena el estómago.*

1. Quiero preparar una cena elegante para el aniversario de mis padres el mes que viene y ya empecé con los planes.
2. Vivo en un apartamento muy pequeño y solo tengo una estufa sin horno. Tampoco tengo espacio para un microondas. Decidí mudarme.
3. No sé cocinar y voy a tomar unas clases.
4. Después de pensarlo por solo dos días, mi hermana decidió ser vegetariana y no le gustan las verduras. ¿Qué opinas?

• Capítulo 5 •
Discussing travel, means of transportation, and technology
Connecting sentences and clauses
Depicting something that is uncertain or unknown

19. Los viajes. Repasa el vocabulario de **Los viajes** en la página 200 y haz las siguientes actividades.

B·41 **¡Juguemos!** Usando el vocabulario de **Los viajes,** jueguen al ahorcado (*Hangman*).

MODELO   (E1 escoge la palabra *el paisaje*)

E1:   __ __ __ __ __ __ __ __ __ __

E2:   *¿Hay una* a?

E1:   *Sí. Hay dos.* __ *A* __ __ *A* __ __

> ### Estrategia
> When studying vocabulary, it is good to write the words. Making a list helps you better remember vocabulary and lets you practice their spelling. Study the words from your written list by looking at each English word as a prompt and saying the Spanish word. Check off the words you know well and then concentrate on those you do not know yet.

B·42 **¡Ganamos!** Han ganado un concurso; el premio es un viaje en un crucero. Escriban una lista de todos los preparativos que tienen que hacer antes de hacer el viaje, usando el vocabulario de **Los viajes.**

20. Viajando por coche. Repasa el vocabulario de **Viajando por coche** en la página 205 y haz las siguientes actividades.

B·43 Dibujemos Escuchen mientras su profesor/a les da las instrucciones para esta actividad.

B·44 ¿Qué pasa? Describan el dibujo usando el vocabulario de **Viajando por coche.**

21. Los pronombres relativos *que* y *quien*. Repasa **Los pronombres relativos *que* y *quien*** en la página 208. Haz una lista con los usos de **que** y **quien**. Luego, haz las siguientes actividades.

B·45   El cuento de Luz Luz le escribe un e-mail a su amiga Rosario para contarle acerca de sus vacaciones. Túrnense para descubrir qué les pasó a ella y a su familia, llenando los espacios en blanco con **que** o **quien/es.**

Hola Rosario:

Mando adjunto algunas fotos (1) _____ saqué durante las vacaciones. Hicimos un crucero (2) _____ costó bastante. Conocimos cinco puertos en cinco días. El guía, (3) _____ se llamaba Gregorio, nos hizo un itinerario muy interesante. Sin embargo, las otras personas con (4) _____ viajamos eran muy diferentes a nosotros. Nosotros queríamos ver todos los monumentos (5) _____ pudiéramos ver y ellos solo querían tomar el sol. Decidimos alquilar un coche en Puerto San Miguel para conocer el paisaje. Después de dos horas manejando, nos dimos cuenta de que nos habíamos perdido. Le preguntamos a un hombre indígena (6) _____ estaba en el campo. El señor, (7) _____ era muy amable, nos dijo que ¡estábamos solo a cinco minutos del puerto! ¡Qué susto! Pero vimos muchos paisajes.

Besos,
Luz

B·46   ¿Quién puede ser? Túrnense para dar pistas (*clues*) sobre una persona hasta que tu compañero/a pueda decir quién es. Enfóquense en el uso de **que** y **quien.**

MODELO   *Estoy pensando en una persona que tiene barba.*

Es una persona a quien le gusta mucho la política…

22. Las vacaciones. Repasa el vocabulario de **Las vacaciones** en la página 211 y haz la siguiente actividad.

 B·47 **Entrevista** Completa los siguientes pasos.

Paso 1 Crea preguntas para tus compañeros/as.

1. Cuando / viajar / ¿normalmente / quedarse / en hoteles de lujo o en hoteles más económicos? ¿Por qué? E1: _____ E2: _____	2. Típicamente ¿en qué / ser / diferente / los hoteles de lujo y los hoteles más económicos? E1: _____ E2: _____	3. ¿Te / gustar / tomar el sol / o / preferir / quedarse / bajo una sombrilla / cuando / estar / en la playa? ¿Por qué? E1: _____ E2: _____
4. ¿Siempre / llevar / lentes de sol? ¿Qué marca *(brand)* / preferir? ¿Cuánto / te / costar? ¿Dónde / las / comprar? ¿Por qué / te / gustar? E1: _____ E2: _____	5. ¿Coleccionar / tarjetas postales? ¿Conocer / a alguien que / las / coleccionar? E1: _____ E2: _____	6. ¿De dónde / haber recibido / tarjetas postales? ¿A quiénes / las / haber mandado? E1: _____ E2: _____

Paso 2 Haz una encuesta de tus compañeros/as.

Paso 3 Comunica los resultados a la clase.

Estrategia

Answer in complete sentences when working with your partner. Even though it may seem mechanical at times, using complete sentences leads to increased comfort in speaking Spanish.

23. La tecnología y la informática. Repasa el vocabulario de **La tecnología y la Informática** en la página 216 y haz la siguiente actividad.

B·48 La tecnología en mi vida Juntos hagan un diagrama de Venn sobre la tecnología que usan en su trabajo o en la universidad, la que usan en su tiempo libre y la que usan en ambas situaciones. Compartan su información con otros estudiantes.

MODELO

TECNOLOGÍA QUE USO EN MI TRABAJO/ UNIVERSIDAD
el fax

TECNOLOGÍA QUE USO EN MI TRABAJO/ UNIVERSIDAD Y EN MI TIEMPO LIBRE
la computadora

TECNOLOGÍA QUE USO EN MI TIEMPO LIBRE
la cámara digital

24. El subjuntivo con antecedentes indefinidos o que no existen. Repasa la gramática **El subjuntivo con antecedentes indefinidos o que no existen** en la página 220. Explica qué quiere decir este concepto gramatical. Da algunos ejemplos de oraciones con este uso del subjuntivo. Luego, haz las siguientes actividades.

B·49 ¿Existe? Amalia y Susana son compañeras de cuarto y hablan sobre una variedad de temas. Túrnense para formular y contestar sus oraciones o preguntas.

MODELO   Busco una computadora que (*reconocer*) mi voz.

AMALIA: *Busco una computadora que reconozca mi voz.*

SUSANA: *Yo también busco una computadora que reconozca mi voz y que me llame por teléfono cuando tenga un e-mail importante.*

Estrategia

Remember that to determine whether you should use the subjunctive or the indicative, ask the question: Does the person, place, or thing/concept exist at that moment for the speaker? If it does, then use the indicative; if not, the subjunctive is needed.

1. No existen carros que (*ser*) realmente económicos.
2. ¿Hay computadoras que (*escribir*) lo que dice una persona?
3. Busco un teléfono celular que no (*ser*) muy complicado.
4. Necesito una contraseña que nadie (*poder*) copiar.
5. Quiero encontrar una impresora que (*imprimir, copiar y escanear*).
6. ¿Tienes un teléfono que (*mostrar*) películas?

B·50 **A repasar** Terminen las siguientes oraciones, primero, considerando que la(s) cosa(s) **no existe(n) todavía** y luego que **sí existe(n).**

MODELO   Quiero un teléfono celular que… (no existe todavía)

Quiero un teléfono celular que no sea tan caro.

Quiero el teléfono celular que… (existe)

Quiero el teléfono celular que cuesta veinte dólares —como el que tiene Glynis.

1. Mis padres quieren una computadora que…
2. Mis padres quieren la computadora que…
3. Necesito un teléfono celular que…
4. Necesito el teléfono celular que…
5. Busco una cámara digital que…
6. Compré la cámara digital que…

 B·51 **La computadora ideal** Hoy en día, una computadora es mucho más que una computadora—es útil pero también puede ser casi como un juguete. ¿Cuáles son las características y usos más importantes para ti? Describe en **tres** o **cuatro** oraciones la computadora perfecta para ti, usando **el subjuntivo con antecedentes indefinidos o que no existen.** Después, comparte la descripción con tus compañeros.

Estrategia

Concentrate on spelling all words correctly; for example, make sure you put accent marks where they belong with words that take accent marks. If necessary, review the rules regarding accent marks on p. 27.

MODELO   *Quiero una computadora que tenga teléfono y televisión…*

25. **Las acciones relacionadas con la tecnología.** Repasa el vocabulario de **Las acciones relacionadas con la tecnología** en la página 223 y haz las siguientes actividades.

 B·52 **¡Tengo la pantalla negra!** Acabas de terminar un informe para tu clase de literatura cuando de repente ¡tu computadora se congela! Túrnense para llamar y pedir ayuda técnica y describan en **ocho** pasos lo que hicieron. Incluyan por lo menos **cinco** de los siguientes verbos.

| apagar | borrar | descargar | encender | funcionar |
| grabar | guardar | imprimir | navegar | quemar |

MODELO   *Primero, encendí la computadora. Después…*

B·53 **¿Qué debo hacer?** Túrnense para darle consejos a su amiga Inés.

Estrategia

In **B-53**, you need to use commands to interact with Inés. Which type of command will you use with a friend? How do you form the commands? If you need extra help forming commands, go to page 94 for a review.

MODELO INÉS: Quiero mostrarles las fotos de mis vacaciones en Puerto Rico.

USTEDES: *Descarga las fotos y muéstranoslas.*

1. Tengo demasiados mensajes en mi correo electrónico.
2. Mi tableta se congeló.
3. Mi computadora funciona mal y tarda mucho en abrir las ventanas nuevas.
4. No me gusta leer los documentos que me mandan en la pantalla.
5. Este programa de computación no hace lo que necesito.
6. Necesito información sobre los cibercafés de Los Ángeles.

B·54 **Nieto/a, ¿qué quiere decir…?** Tus abuelos acaban de comprar su primera computadora y ¡te necesitan! No entienden las instrucciones. Túrnense para ayudarlos, dando definiciones para los siguientes términos.

Estrategia

As you work with your partner, always push yourself to be as creative as possible. By varying your answers, you practice and review more of the structures, which in turn helps you become a strong speaker of Spanish.

MODELO ABUELO: Nieto, ¿qué quiere decir *encender*?

NIETO: *Abuelo,* encender *quiere decir poner a trabajar la computadora.*

Nieto/a, ¿qué quiere decir…?

1. guardar
2. pegar
3. borrar
4. el mirón
5. el servidor

Y por fin, ¿cómo andas?

	Feel confident	Need to review

Having completed this chapter, I now can...

Comunicación

	Feel confident	Need to review
• describe myself, my family, others, and houses and their surroundings in detail.	☐	☐
• narrate and report on past events.	☐	☐
• share information about sports and pastimes, celebrations and life events, and food.	☐	☐
• express feelings, opinions, and reactions.	☐	☐
• express doubt, emotions, and sentiments and to recommend, suggest, request, or require something of someone	☐	☐
• discuss travel, means of transportation, and technology.	☐	☐
• depict something that is uncertain or unknown.	☐	☐

Estrategia

The *¿Cómo andas?* and *Y por fin, ¿cómo andas?* sections are designed to help you assess your understanding of specific concepts. In *Capítulo B,* there is one opportunity for you to reflect on how well you understand the concepts. Beginning with *Capítulo 7,* you will find three opportunities per chapter to stop and reflect on what you have learned. These checks help you become accountable for your own learning and determine what you need to review. Also, use the checklists as a way to communicate with your instructor about any concepts you still need to review. Additionally, you might also use your checklists as a way to study with a peer group or peer tutor. If you need to review a particular concept, more practice is available in *¡Anda!* online, where you will find online quizzes.

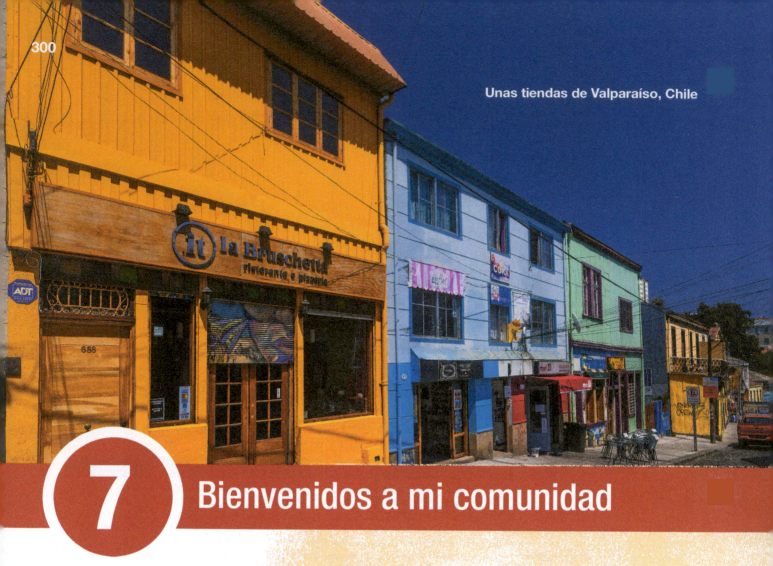

Unas tiendas de Valparaíso, Chile

7 Bienvenidos a mi comunidad

Generalmente, en una ciudad hay edificios, iglesias, casas y parques. También hay tiendas donde se venden productos especiales, como comida, ropa y mucho más. ¿Qué hay en tu ciudad? ¡Exploremos los diferentes lugares de tu comunidad!

Preguntas

1. Explica cómo es tu ciudad o pueblo.
2. ¿Qué te gusta de tu ciudad o pueblo? ¿Qué quieres cambiar?
3. Describe los edificios en las fotos. ¿Cuáles son algunos edificios que se encuentran en tu ciudad o pueblo?

¿Sabías que...?

- En América Latina y España, la plaza es un lugar de reunión y de mucha actividad social y comercial.

- La Plaza de Armas en Chile nació con la llegada de los españoles y fue creada en 1541.

La Plaza de Armas, Santiago de Chile

Una pastelería de Buenos Aires, Argentina

Learning Outcomes

By the end of this chapter, you will be able to:

✔ describe stores and other places in a city, and name items sold in stores.

✔ express uncertainty in time, place, manner, and purpose.

✔ explain how long something has been going on and how long ago something occurred.

✔ converse on the phone and indicate agreement with the speaker.

✔ identify some people whose products are sold in stores.

✔ use a dictionary effectively when writing.

✔ share information about stores, places, and products found in Chile and Paraguay.

✔ identify and share information about cultural and artistic expression through a film from Mexico and a poem by Kirmen Uribe (Spain).

Comunicación I

¡Anda! Curso elemental, Capítulo 4. Los lugares, Apéndice 2.

1 VOCABULARIO

Algunas tiendas y algunos lugares en la ciudad
Describing stores and other places in a city

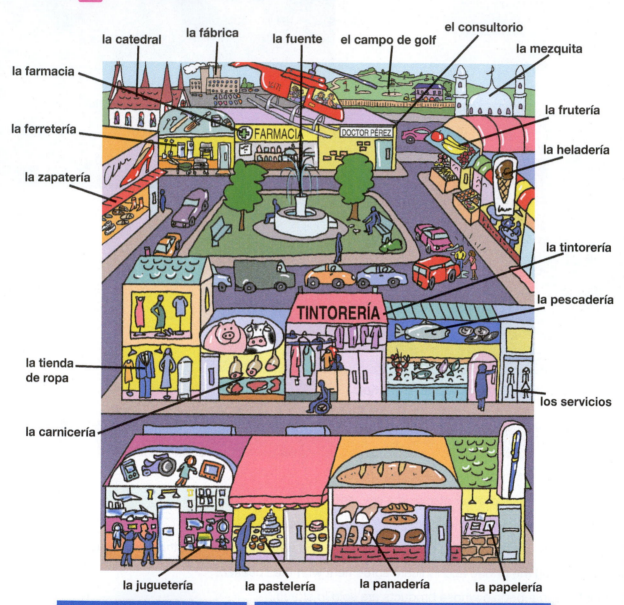

la catedral la fábrica la fuente el campo de golf el consultorio la mezquita

la farmacia

la ferretería

la zapatería

la tienda de ropa

la carnicería

la frutería

la heladería

la tintorería

la pescadería

los servicios

FARMACIA

DOCTOR PÉREZ

TINTORERÍA

la juguetería la pastelería la panadería la papelería

Fíjate

Often the suffix *-ería* is used to indicate where something is made or sold. For example, *flores* are sold in a *florería*, *carne* in a *carnicería*, and *zapatos* in a *zapatería*.

Estrategia

As you acquire more Spanish in each chapter, try to write definitions in Spanish of your new vocabulary words. Learning new vocabulary will become easier the more you practice. Writing definitions in Spanish will also help you use your new vocabulary in sentences.

Fíjate

Your instructor assigned this *Vocabulario* to be learned before you come to class. Therefore, when you come to class, you can immediately work with a partner to practice the vocabulary in context. This practice will help you become a highly successful Spanish language learner.

Otras palabras	Other words
el/la dependiente/a	*store clerk*
el dinero en efectivo	*cash*
el escaparate	*store window*
la ganga	*bargain*
la liquidación	*clearance sale*
el mostrador	*counter*
la oferta	*offer*
la rebaja	*sale; discount*

¿? Now you are ready to complete the *Preparación y práctica* activities for this chunk online.

REPASO

Ser* y *estar Choosing between *ser* and *estar*

For a complete review of **ser** and **estar,** go to *¡Anda!* online or refer to **Capítulo 4** of *¡Anda! Curso elemental* in Appendix 3 of your textbook. The vocabulary activities that follow incorporate this grammar point. Practicing new vocabulary with a review grammar point helps to strengthen and increase your knowledge of Spanish.

7·1 **¿Qué, quién o dónde?** Alejandro y Carmen conversan sobre su ciudad. Túrnense para crear oraciones con las siguientes palabras, usando siempre **ser** o **estar.**

MODELO   dependiente / detrás del mostrador
El dependiente está detrás del mostrador.

1. pastelería / en el centro de la ciudad
2. mi madre / dependienta en una tienda de moda
3. ferretería / cerca del consultorio
4. dinero en efectivo / en mi bolso
5. campo de golf / en las afueras / muy grande

7·2   ¿Dónde están?   Hoy es un día ocupado y hay muchas personas por todas partes de la ciudad. Túrnense para decidir dónde están.

¡Anda! Curso intermedio, Capítulo 2. El subjuntivo para expresar pedidos, mandatos y deseos, pág. 98.

MODELO   Mi novio me dice que me compre un vestido muy elegante pero no muy caro para llevar a la boda de su hermano.

Está en una tienda de ropa elegante.

1. Es imprescindible que Tanya prepare una cena deliciosa porque su jefe viene a cenar. Al jefe no le gusta la carne.
2. Hoy es el cumpleaños de la hija de Marisol y Luis y es importante que tengan un pastel delicioso para celebrarlo.
3. Pienso tener una fiesta y mis padres me dicen que compre unas invitaciones muy elegantes.
4. Los nietos de Paula vienen de visita y su esposo le sugiere que organice actividades para entretenerlos (*keep them entertained*).
5. El traje de Felipe está muy sucio y su madre desea que se lo ponga mañana para ir a la catedral.
6. Quiero una tarjeta de crédito nueva que tenga mi foto.

Fíjate

A *papelería* frequently sells office supplies as well as stationery and nice pens.

Fíjate

Tarjeta de crédito is the English equivalent for "credit card" and *tarjeta de débito* for "debit card."

Estrategia

In **7-2**, what verb form is *compre* in the *modelo*? What verb form is *prepare* in item 1? Also note the following verbs: 2. *tengan*, 3. *compre*, 4. *organice*, 5. *ponga*, 6. *tenga*. Why do you need to use that form in all of these sentences? If you are uncertain, review page 80 on uses of the *present subjunctive*.

¡Anda! Curso intermedio, Capítulo 4. La comida y la cocina, pág. 169; Frutas, verduras y otras comidas, pág. 174.

¡Anda! Curso elemental, Capítulo 7. La comida, Apéndice 2.

7·3   Vamos de compras   Tu compañero/a y tú van de compras. Tienen una lista de las cosas que necesitan comprar. Túrnense para decidir a qué lugares tienen que ir para comprarlas.

MODELO   E1: *¿Qué necesitamos comprar primero?*
E2: *Necesitamos comprar pan para la cena.*
E1: *¿Dónde está la panadería?*
E2: *Está enfrente de la frutería...*

Estrategia

¡Anda! Curso intermedio has provided you with recycling references to help guide your continuous review of previously learned material. Make sure to consult the indicated pages if you need to refresh your memory.

Fíjate

Some things you might buy in a hardware store are *un martillo* (a hammer), *unos clavos* (nails), and *unos tornillos* (screws).

pan
medicina
zapatos nuevos para la boda de mi prima
galletas
torta de chocolate
helado para el cumpleaños de mi suegro
cosas para reparar la casa
sandía y toronjas

7·4 **Definiciones** Crea definiciones para **cinco** de las palabras o expresiones del vocabulario nuevo, **Algunas tiendas y algunos lugares en la ciudad.** Después, compártelas con un/a compañero/a.

MODELO   E1:   *Pago con esto cuando no quiero usar ni cheques, ni tarjeta de crédito, ni tarjeta de débito. ¿Qué es?*

             E2:   *Es el dinero en efectivo.*

7·5 **Un mensaje de voz** Loli deja un mensaje para su amiga Yolanda sobre un posible trabajo. Completa los pasos para saber más sobre el trabajo.

Paso 1   Lee las preguntas del Paso 2 y después escucha el mensaje.

Paso 2   Escoge la opción correcta para cada pregunta.

1. ¿Quién está buscando trabajo?
   a. Loli
   b. Yolanda

2. ¿Cómo es la tienda?
   a. muy moderna
   b. muy pequeña

3. ¿Por qué cree Loli que Yolanda va a conocer la tienda?
   a. Es la mejor tienda de ropa.
   b. Fueron juntas la semana pasada.

4. ¿Dónde está la tienda?
   a. detrás de la papelería Romano
   b. al lado de la tintorería Moreno

5. ¿Dónde sugiere Loli que se encuentren para ir juntas a la tienda?
   a. en la puerta de la catedral
   b. en la Plaza Nueva

6. ¿A qué hora se van a encontrar?
   a. a las tres
   b. a las doce

7·6 El mejor de los mejores En tu opinión, ¿cuáles son los mejores negocios? Completa los siguientes pasos.

¡Anda! Curso elemental, Capítulo 11. Las preposiciones y los pronombres preposicionales, Apéndice 3.

Paso 1 Llena el cuadro con tus selecciones personales. Para los números 8, 9 y 10, selecciona tres lugares diferentes.

Paso 2 Entrevista a tres compañeros/as para averiguar cuáles son sus preferencias.

MODELO

E1:   *¿Cuál es el mejor restaurante?*

E2:   *Para mí, el mejor restaurante es El Caribe Grill. ¿Cuál es el mejor para ti?*

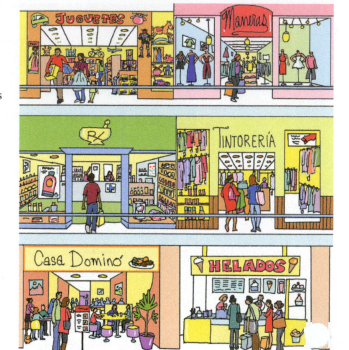

EL/LA MEJOR	YO	E1	E2	E3
1. restaurante			El Caribe Grill	
2. pastelería				
3. juguetería				
4. tienda de ropa				
5. heladería				
6. farmacia				
7. campo de golf				
8. ¿…?				
9. ¿…?				
10. ¿…?				

Paso 3 Comparte las selecciones con el/la profesor/a para saber cuáles son los negocios favoritos de la clase.

7·7 **Nuestras preferencias** Túrnense para hacerse y contestar las siguientes preguntas.

1. Cuando quieres ir de compras, ¿adónde vas? ¿Cómo pagas generalmente?
2. ¿Cuál es tu tienda favorita? ¿Qué tipo de tienda es? ¿Qué fue la última cosa que compraste allí?
3. ¿Qué tiendas tienen los escaparates más interesantes?
4. ¿Tienes una pastelería favorita? ¿Por qué es tan buena?
5. ¿Cuál es la ferretería más conocida de tu pueblo o ciudad? ¿Por qué es tan conocida? ¿Dónde está?
6. ¿Cuáles de tus prendas llevas a una tintorería?
7. ¿Cuáles son algunos de los campos de golf prestigiosos? ¿Dónde está(n)?

 ¡Anda! Curso elemental, Capítulo 4. Los lugares; Capítulo 10. Los medios de transporte; Capítulo 11. El medio ambiente, Apéndice 2.

 7·8 **Mi pueblo ideal** Tienes la gran oportunidad de trabajar en equipo con el famosísimo arquitecto español Rafael Moneo. Vas a planear una comunidad nueva, teniendo en cuenta el medio ambiente. Completa los siguientes pasos.

¡Anda! Curso intermedio, Capítulo 3. La construcción de casas y sus alrededores, pág. 120.

Paso 1 Planea la comunidad del futuro, dibujando dónde van a estar las tiendas y otros lugares de tu ciudad. Describe los materiales que se van y no se van a utilizar.

Paso 2 Preséntale tus planes a un/a compañero/a de clase en por lo menos **doce** oraciones.

Un edificio del arquitecto Moneo

2 GRAMÁTICA

El subjuntivo en cláusulas adverbiales (expresando tiempo, manera, lugar e intención)
Expressing uncertainty in time, place, manner, and purpose

You have been practicing the use of the subjunctive to express wishes, doubts, feelings, and emotions. You have also used the subjunctive to talk about things and people that may or may not exist.

Before learning additional occasions to use the subjunctive, let's review the definition of a *clause*. A clause is a group of words that has a *subject* and a *verb* and is used as a part of a sentence. A clause can be *independent/main* (it expresses a complete thought and makes sense on its own) or *dependent/subordinate* (it is not a complete thought and cannot stand alone, nor does it make sense without another part of the sentence).

Tengo que ir al banco después de que salgamos del cine.

Look at the following sentence:

I want to go to the bank . . .	**. . . after we go to the movies.**
(*independent/main clause:* It makes sense by itself)	(*dependent/subordinate clause:* This is not a complete thought and does not make sense alone without another part of a sentence.)

Dependent clauses begin with words called *conjunctions*. *Conjunctions* are words that **connect two parts of a sentence**. Conjunctions in English include *that, before, after, etc.*

You will now learn a series of words and phrases that may require the subjunctive when expressing time, manner, place, and/or purpose.

Estrategia

You may remember that an *adverb* describes the time, manner, place, or purpose of an action. It usually answers the questions *how? when? where?* or *why?*

Tengo que ir al banco <u>después</u>.
I have to go to the bank <u>afterward</u>.
(Answering the question *when?*)

1. The **subjunctive** is **always used** after the following phrases (conjunctions):

a menos que	*unless*	**en caso (de) que**	*in case*
antes (de) que	*before*	**para que**	*so that*
con tal (de) que	*provided that*	**sin que**	*without*

Nos veremos en el campo de golf **a menos que** *llueva*.	*We'll see each other at the golf course unless it rains.*
Te voy a comprar el vestido **con tal (de) que** te lo *pongas* varias veces.	*I am going to buy you the dress provided that you wear it several times.*
Pasa por la tintorería **en caso (de) que** *esté* listo mi traje.	*Stop by the dry cleaners in case my suit is ready.*

2. The **indicative** is **always used** after these phrases when they are followed by **facts:**

ahora que	*now that*	**ya que**	*since; because*
puesto que	*given that*		

David es muy generoso **ahora que** *tiene* el trabajo de dependiente.	*David is very generous now that he has the job as a store clerk.*
Puesto que Luis *va a comprar* un carro nuevo, me va a regalar el viejo.	*Given that Luis is going to buy a new car, he is going to give me the old one.*
Mi hermano siempre me trae pasteles, **ya que** *trabaja* en una pastelería.	*My brother always brings me pastries, since he works in a pastry shop.*

3. With the following phrases, both the **indicative** and the **subjunctive** can be used:

a pesar de que	*in spite of*	**después (de) que**	*after*
aun cuando	*even when*	**en cuanto**	*as soon as*
aunque	*although; even if*	**hasta que**	*until*
cuando	*when*	**luego que**	*as soon as*
de manera que	*so that*	**mientras (que)**	*while*
de modo que	*so that*	**tan pronto como**	*as soon as*

To determine whether the subjunctive or the indicative is needed, one must ask the following question:

From the point of view of the speaker, has the action already occurred?

- **3.1** If the answer is *yes*, the **indicative** is needed.
- **3.2** If the answer is *no* (e.g., the action has yet to occur), the **subjunctive** must be used.
- **3.3** When one of the preceding adverbs of time expresses a **completed** or **habitual** action known to the speaker, it is clear that the action has already taken place, therefore requiring the use of the **indicative**. Compare the following examples.

Vamos a ir a la farmacia **tan pronto como** mi hermano *salga* del consultorio.	*We will go to the pharmacy as soon as my brother leaves the doctor's office.*

(From the speaker's point of view, the brother has *not* left the doctor's office yet.)

Fuimos a la farmacia **tan pronto como** mi hermano *salió* del consultorio del médico.	*We went to the pharmacy as soon as my brother left the doctor's office.*

(From the speaker's point of view, *yes*, the brother has left the doctor's office already.)

Piensa trabajar en esa juguetería **aunque** no le *gusten* los niños.	*He is thinking about working in that toy store even though he doesn't / may not like children.*
Trabajó seis meses en esa juguetería **aunque** no le *gustaban* los niños.	*He worked in that toy store for six months although he didn't like children.*

- **3.4** In a sentence with **no change of subject**, you should use the prepositions **antes de, después de, hasta, para,** and **sin** followed by the *infinitive*.

Necesitamos pasar por el banco **antes de** *salir* de viaje.	*We need to go to the bank before leaving on the trip.*
Ayer salimos de la tienda **sin** *pagar*.	*Yesterday we left the store without paying.*

¿? Now you are ready to complete the *Preparación y práctica* activities for this chunk online.

7·9 Buenas decisiones
Cada día tomamos muchas decisiones, aunque no parecen tener mucha importancia. Túrnense para escoger la forma correcta de cada verbo en paréntesis para completar las siguientes oraciones. Después, expliquen por qué escogieron esas formas.

¡Anda! Curso intermedio, Capítulo 2. El subjuntivo, pág. 80.

1. No quiero ir al consultorio del médico a menos que (tengo, tenga) fiebre.
2. Necesitamos ir a la catedral para hablar con el cura antes de (empezar, empecemos) a planear la boda.
3. Necesitamos pasar por la panadería tan pronto como (salimos, salgamos) de clase.
4. Siempre preferimos hacer compras cuando (hay, haya) buenas ofertas.
5. La dependienta tiene que preparar los escaparates después de (cerrarse, se cierre) la tienda.
6. En cuanto (termina, termine) la tarea, necesito ir a la tintorería para recoger los trajes.

7·10 En nuestra ciudad
Todos tienen sus preferencias en sus ciudades. Túrnense para terminar las siguientes oraciones con **el subjuntivo** o **el indicativo** de los verbos en paréntesis.

1. Cuando (yo) _____ (comer) en el Restaurante Río Grande, siempre pido el pescado a la parrilla, y de postre, el pastel de tres leches.
2. Mi esposo y yo pensamos abrir una cuenta en el Banco Central con tal de que nos _____ (ofrecer) un interés alto.
3. Esta semana mis amigos y yo vamos a jugar al golf en el Campo Sur tan pronto como ellos _____ (llegar) de vacaciones a Paraguay.
4. La tienda favorita de tu padre debe de ser la Ferretería Mundo Nuevo ya que él _____ (ser) carpintero.
5. No pienso comprar nada allí hasta que _____ (empezar) la gran liquidación.

7·11 Decisiones...
Si estás en Asunción, Paraguay, hay que visitar La Alemana. ¡Es un lugar increíble! Vamos a experimentarla a través de nuestra imaginación. Crea oraciones usando elementos de las dos columnas. Después, compártelas con un/a compañero/a.

MODELO No puedo hacer un pedido (*place an order*)... a menos que ustedes me (decir) lo que quieren.

No puedo hacer un pedido a menos que ustedes me digan lo que quieren.

1. _____ Mi mamá va a querer comprar aquellos bollos de dulce de leche...
2. _____ Van a ofrecer dos pasteles nuevos la semana que viene...
3. _____ Mis hermanos siempre están contentos...
4. _____ Podemos organizar la cena...
5. _____ Hoy pienso comprar un pan dulce alemán...
6. _____ Nos encanta el helado...

a. a pesar de que nuestro postre favorito (ser) la torta.
b. a menos que (costar) más de 24,000 PYG.
c. aunque normalmente no (cambiar) la lista de productos hasta finales del mes.
d. tan pronto como ella los (ver).
e. ya que (saber) qué vamos a servir de postre.
f. cuando (tener) una torta de La Alemana en las fiestas de cumpleaños.

Nota cultural

La ropa como símbolo cultural 🔊

Cuando vayas a un país diferente, fíjate en la ropa de los escaparates de las tiendas. Muchas veces la ropa refleja la cultura del lugar. Por ejemplo, una prenda típica de los países del Caribe es *la guayabera*. Es una camisa liviana (*lightweight*) de tela fresca como el algodón, que tiene cuatro bolsillos (*pockets*), muchos pliegues (*pleats*) y se lleva fuera de los pantalones. Los hombres la llevan para estar cómodos en el clima caluroso.

En caso de que te encuentres en el medio de Sudamérica, es posible que veas una prenda asociada con la cultura paraguaya. Es la tela de *aho po'i,* y se usa igual para camisas de hombre que para blusas de mujer. Significa "ropa liviana" y suele ser de algodón con bordados a mano (*hand embroidery*).

En Bolivia, puedes encontrar unas prendas distintivas de la cultura de ese país: la pollera, una falda con muchas capas (*layers*), la manta y el sombrero tipo Borsalino de las cholas bolivianas. Las cholas llevan esta ropa para que la gente las reconozca como indígenas orgullosas de su herencia y seres dignos de respeto.

Fíjate

The *guayabera* is a comfortable shirt that is elegant in its simplicity. It has several rows of tiny pleats and can have intricate embroidery as well.

Fíjate

The name of this cloth, *aho po'i,* comes from the indigenous language *guaraní*. Along with Spanish, *guaraní* is an official language of Paraguay.

Fíjate

Las cholas refers to indigenous Bolivian women who have moved to urban areas from the countryside.

Preguntas

1. Describe las prendas mencionadas en la lectura.
2. ¿Cómo reflejan estas prendas sus culturas de origen?
3. ¿Qué prendas son típicas de tu cultura? ¿Por qué son representativas de la cultura, en tu opinión? Compara las prendas representativas de tu cultura con las que se mencionan en la lectura.

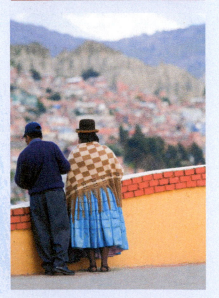

Fíjate

Your instructor assigned this *Nota cultural* to be read before you come to class. In class you will then be prepared to answer the *Preguntas* with a partner. All *Nota cultural* sections should be read before coming to class.

7·12   Excusas, siempre excusas A Pascal le encanta jugar al golf. Sin embargo, no le gusta viajar a ninguna parte, ¡prefiere dormir siempre en su propia cama! Ustedes lo invitan a acompañarlos al campo de golf Las Brisas de Santo Domingo en Chile. Túrnense para contestar las siguientes preguntas como si fueran (*as if you were*) Pascal.

MODELO   E1:   ¿Vas a ir a Chile? El campo de golf es fantástico. (a pesar de que)

E2:   *No voy a ir a Chile a pesar de que el campo de golf sea fantástico.*

1. Es uno de los mejores campos de golf de Latinoamérica. ¿Vienes? (aunque)
2. Hay un hotel magnífico cerca de Las Brisas de Santo Domingo. ¿Quieres quedarte allí? (puesto que)
3. Hay unas tiendas muy buenas también. ¿Quieres ir de compras allí? (ya que)
4. Puedes usar mi tarjeta de crédito. No tienes que preocuparte por el dinero. (aun cuando)
5. ¿Cuándo piensas comprar tu boleto de avión? (para / para que)

7·13   Un sábado de maratón Ustedes trabajan como voluntarios para una organización que ayuda a las familias sin casas. El sábado van a comprar regalos para algunas de las familias. ¿Adónde van a ir? ¿Qué van a comprar? ¿Cuándo lo van a hacer y en qué orden? Hagan una lista de las cosas que van a comprar y adonde tienen que ir para comprarlas. Usen las siguientes conjunciones.

MODELO   tan pronto como

Tan pronto como nos despertemos, vamos a salir para el centro para comprar los regalos. Primero vamos a ir a la zapatería…

1. después de que
2. en caso de que
3. cuando
4. para que
5. mientras
6. hasta que

7.14 **¿Qué hago?** Joaquín está perdido en el centro de tu ciudad. Está en la esquina de la Calle del Sol y Camino Real. Túrnense para darle indicaciones (*directions*) para llegar a los diferentes lugares de la ciudad usando las siguientes conjunciones y preposiciones.

ahora que	cuando	después de	en caso de que	para	ya que

MODELO ya que / Banco Central

Ya que estás en el parque, dobla a la izquierda en la Calle Ocho. Sigue derecho. El Banco Central está a la izquierda.

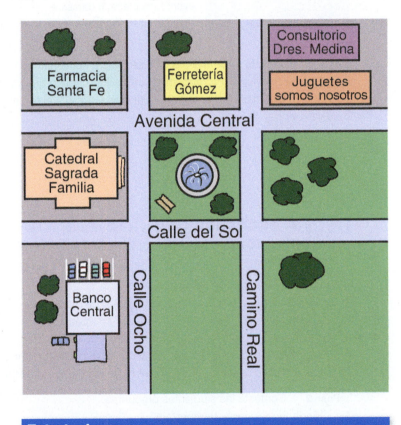

Estrategia

When giving directions, it is helpful to use these words, most of which you already know:

a la izquierda	to the left	*enfrente de*	in front of
a la derecha	to the right	*doblar*	to turn
detrás de	behind	*seguir derecho*	to go straight

1. Banco Central / la catedral
2. la catedral / Farmacia Santa Fe
3. Farmacia Santa Fe / Ferretería Gómez
4. Ferretería Gómez / Juguetes somos nosotros
5. Juguetes somos nosotros / Consultorio Doctores Medina

Escucha

Un reportaje de televisión

Estrategia	
Determining setting and purpose	Identifying the setting (place and time) and understanding the purpose of a message will help you anticipate what you will hear, thus facilitating comprehension. For example, determine where and when an event took place. If dates or hours are not identified, listen for verb tenses. Is the verb in the present, past, or future tense? To determine the purpose, ask yourself the following questions: Is the speaker selling something? Is the speaker reporting something? Is the message meant to be serious or humorous?

7·15 Antes de escuchar Vas a escuchar un reportaje de televisión. Primero, mira la foto. Describe lo que ves en la foto. ¿Qué hace la persona? ¿Cuál crees que sea el tema de este reportaje?

7·16 A escuchar Lee toda la información de los siguientes pasos. Después, escucha el reportaje. La primera vez que lo escuches, completa el **Paso 1.** Escúchalo otra vez y completa el **Paso 2.**

Paso 1 ¿Quiénes son estas personas?

1. _____ Paco
2. _____ Francisco
3. _____ Olga
4. _____ Jorge
5. _____ Yinyo

a. mujer joven de Costa Rica
b. reportero en Puerto Rico
c. hombre mayor, dueño
d. anfitrión (*host*) del programa
e. hombre de los Estados Unidos

Paso 2 Contesta las siguientes preguntas.

1. ¿Dónde tiene lugar este reportaje?
2. ¿Cuál es el tema del reportaje?

7·17 Después de escuchar Inventa un postre o un helado nuevo para la Heladería de Lares y prepara una descripción para anunciarlo en una entrevista con un reportero. Comparte tu anuncio con un/a compañero/a.

¿Cómo andas? I

Each chapter has three places at which you will be asked to assess your progress. This first assessment comes as you have completed approximately one third of the chapter. How confident are you with your progress to date?

	Feel confident	Need to review

Having completed **Comunicación I**, I now can. . .

	Feel confident	Need to review
• describe stores and other places in a city. (p. 302)	☐	☐
• choose between **ser** and **estar**. (p. 303 and online)	☐	☐
• express uncertainty in time, place, manner, and purpose. (p. 308)	☐	☐
• examine and compare culturally representative apparel. (p. 311)	☐	☐
• determine setting and purpose when listening. (p. 314)	☐	☐

❯ Comunicación II

3 VOCABULARIO

Algunos artículos en las tiendas Naming items sold in stores

la billetera
el anillo
el tacón (bajo, alto)
el reloj de pulsera
el collar
la ropa interior
las pilas
las tarjetas
la bufanda
la bombilla
el champú
el papel para envolver
el talco
el cepillo

la loción
la pasta de dientes
el chicle
el jabón
el perfume
la navaja de afeitar
los aretes
la máquina de afeitar
la colonia
el pintalabios
la crema de afeitar
el esmalte de uñas
el papel higiénico
el desodorante
el cepillo de dientes
la pulsera
el diamante

Otras palabras	*Other words*
apretado/a	*tight*
de buena/mala calidad	*good/poor (adj.) quality*
la manga corta/larga	*short/long sleeve*
media manga	*half sleeve*
hecho/a de...	*made of . . .*
nilón	*nylon*
oro	*gold*
piel	*leather; fur*
plata	*silver*

 ¡Anda! Curso elemental, Capítulo 8. Las telas y los materiales, Apéndice 2.

 ¿? Now you are ready to complete the **Preparación y práctica** activities for this chunk online.

REPASO

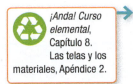

El presente progresivo   Stating what is happening at the moment and referring to ongoing actions

For a complete review of the present progressive, go to *¡Anda!* online or refer to **Capítulo 11** of *¡Anda! Curso elemental* in Appendix 3 of your textbook. The vocabulary activities that follow incorporate the present progressive. Practicing new vocabulary with a review grammar point helps to strengthen and increase your knowledge of Spanish.

7·18 Lo/La conozco bien   Es el fin de semana. Túrnense para describir lo que están haciendo sus amigos en este momento.

MODELO   Vicente

Vicente está mirando unos relojes de pulsera.

1. Laura   2. Eva   3. Kyung   4. Silvia   5. Alberto

7·19   ¿Qué está comprando Inés? Inés está en la tienda Falabella.
Completen los siguientes pasos para hablar de sus compras.

¡Anda! Curso elemental, Capítulo 9. Las construcciones reflexivas, Apéndice 3.

Paso 1   Describan lo que ven en la bolsa de Inés.

Paso 2   Túrnense para explicar para qué necesita cada artículo.

> **MODELO**   *Necesita el cepillo de dientes para cepillarse los dientes.*

Paso 3   Creen oraciones en **el presente progresivo.**

> **MODELO**   *Inés se está cepillando los dientes.*

7·20   Joyerías Helmlinger Lean la siguiente página web de esta joyería y
después contesten las siguientes preguntas.

JOYERÍAS HELMLINGER

Joyerías Helmlinger, especialistas en el diseño de joyas en Santiago de Chile, cuenta con más de treinta y dos años de experiencia en brindarle joyería fina de la más alta calidad. Tenemos para todos los gustos: diseños clásicos y de vanguardia.

Le anunciamos con orgullo que somos "joyeros de familia" y le ofrecemos una amplia selección de joyas, incluyendo en nuestra línea de productos:

- diamantes de alta calidad
- lapislázuli
- collares
- platería
- piedras preciosas: rubíes, zafiros, perlas
- anillos de oro (amarillo y blanco)
- anillos de matrimonio
- aretes
- relojes de pulsera
- y mucho más...

Estamos creando continuamente nuevos diseños exclusivos para nuestros clientes que buscan piezas de joyería únicas, fabricadas con materiales de la más alta calidad y con creatividad sin límites.

CONSULTE CON NUESTROS JOYEROS Y DESCUBRA LA DIFERENCIA EN TRADICIÓN Y DISEÑO DE JOYERÍA FINA PARA SATISFACER SUS SUEÑOS.

CALLE PROVIDENCIA 2433 ♦ TELÉFONO: 562-9324776

1. ¿Qué están promocionando en su página web?
2. ¿Qué están haciendo los diseñadores continuamente?
3. ¿Qué calidad de joyería está buscando una persona que compre en Helmlinger?
4. En tu opinión, ¿falta alguna información importante para los posibles clientes?

7·21 **Una conversación interesante** Estás en una joyería y tu compañero/a (tu amigo/a, novio/a o esposo/a) te llama al celular. Cuéntale dónde estás, qué estás haciendo, qué estás pensando comprar y por qué, etc. Usen el presente progresivo cuando puedan. Después, cambien de papel y háganlo de nuevo.

MODELO E1: *¿Marisol?*

E2: *Hola, Eduardo.*

E1: *¿Dónde estás?*

E2: *Estoy en la joyería Parker y Boles y están vendiendo todo muy barato: ¡es una liquidación!*

E1: *¿Qué estás haciendo allí? Tú no necesitas nada.*

E2: *No es verdad, Eduardo. Estoy pensando / estoy considerando…*

7·22 **La tienda Bella Vida** Vas a escuchar un anuncio de radio para la tienda Bella Vida. Completa los siguientes pasos.

Paso 1 Primero, mira el segundo dibujo de la página 316 y decide qué tipo de tienda es. Luego, lee las oraciones en Paso 2 que necesitas terminar. Después, escucha el anuncio dos veces.

Paso 2 Ahora completa las oraciones de manera lógica, según el anuncio.

1. La tienda Bella Vida vende a precios bajísimos productos…

   a. apretados   b. de máxima calidad   c. hechos de oro

2. Estas rebajas solo se ofrecen…

   a. esta semana   b. este fin de semana   c. este mes

3. La gran oferta para los hombres es una liquidación de…

   a. máquinas de afeitar   b. jabones   c. desodorantes

4. Hay una rebaja de 50% para las mujeres en perfumes, esmaltes de uñas y…

   a. pulseras   b. cepillos   c. pintalabios

5. La dirección de la tienda Bella Vida es calle Carmona, número…

   a. 47   b. 37   c. 27

4 GRAMÁTICA

Expresiones con *hacer*

Explaining how long something has been going on and how long ago something occurred

The verb **hacer** means *to do* or *to make*. You have also used **hacer** in idiomatic expressions dealing with weather.

There are some additional special constructions with **hacer** that deal with time. **Hace** is used:

> Hace seis meses que no te veo.

1. **to discuss an action that began in the past but is still going on in the present.**

   hace + *period of time* + **que** + *verb in the present tense*

Hace cuatro días **que** trabajo en la tintorería.	*I've been working at the dry cleaners for four days (and still am).*
Hace dos años **que** soy carnicero.	*I've been a butcher for two years.*

2. **to ask how long something has been going on.**

   cuánto (tiempo) + **hace** + **que** + *verb in present tense*

¿Cuántos años **hace que** vives en esta ciudad?	*How many years have you been living in this city?*
¿Cuánto tiempo **hace que** estudias medicina?	*How long have you been studying medicine?*
¿Cuántos días **hace que** los anillos están en oferta?	*How many days have the rings been on sale?*
¿Cuánto tiempo **hace que** tienes ese reloj?	*How long have you had that watch?*

3. **in the preterit to tell how long ago something happened.**

   hace + *period of time* + **que** + *verb in the preterit*

Hace seis semanas **que** empecé a trabajar en la heladería.	*I began working in the ice cream shop six weeks ago.*
Hace tres años **que** me mudé aquí para estudiar.	*I moved here three years ago to study.*

   or

   verb in the preterit + **hace** + *period of time*

Empecé a trabajar en la heladería **hace seis semanas.**	*I began working at the ice cream shop six weeks ago.*
Me mudé aquí **hace** tres años.	*I moved here three years ago.*

   Note that in this construction **hace** can either precede or follow the rest of the sentence. When it follows, **que** is not used.

4. **to ask how long ago something happened.**

   cuánto (tiempo) + **hace** + **que** + *verb in preterit*

¿Cuánto tiempo **hace que** empezaste a trabajar en la heladería?	*How long ago did you begin to work at the ice cream shop?*
¿Cuánto tiempo **hace que** te mudaste a esta ciudad?	*How long ago did you move to this city?*

> **¿?** Now you are ready to complete the *Preparación y práctica* activities for this chunk online.

7·23 **¿Qué pasa?** Julián comparte una casa con varios amigos. Hoy lo visitan su madre y su hermanita, Mari Carmen. Juntos/as completen el diálogo con las palabras apropiadas. Después lean el diálogo en voz alta (*aloud*) y de manera muy dramática.

Julián, ¡ese sofá es horrible!

MAMÁ: Julián, (1) ¿_____ tiempo hace (2) _____ vives en esta casa?

JULIÁN: Bueno, creo que (3) _____ unos dos años que vivo aquí.

MAMÁ: Y (4) ¿_____ _____ _____ que tienes ese sofá? Está muy sucio.

JULIÁN: No sé, mamá. Fue un regalo de un amigo. Lo tenía en su apartamento.

MAMÁ: Creo que (5) _____ por lo menos diez años (6) _____ tiene esas manchas (*stains*) negras. ¡Es horrible!

JULIÁN: Mamá, (7) _____ media hora (8) _____ criticas mi casa y…

MARI CARMEN: ¡Mamá! (9) ¡_____ cinco minutos (10) _____ te estoy llamando! ¡Tráeme agua!

7·24 Combinaciones Completa los siguientes pasos para practicar las expresiones con **hacer**.

Paso 1   Escribe seis oraciones diferentes utilizando palabras de cada columna, más otras palabras necesarias.

MODELO   Hace   una hora   estar…

Hace una hora que estamos en la mezquita.

Mezquita de Córdoba, España

Hace	una hora	ponerme este anillo de…
	un día	conocer esa farmacia…
	una semana	comprar en …
	un mes	utilizar el champú…
	un año	buscar (un artículo de tienda)
	mucho tiempo	ir a (tipo de tienda o lugar)

Paso 2   Comparte las oraciones con un/a compañero/a.

Paso 3   Juntos/as pongan los verbos en las oraciones en el pretérito. ¿Cómo cambia el significado de las oraciones?

MODELO   Hace una hora que estamos en la mezquita.

Hace una hora que estuvimos en la mezquita.

7·25 **Firma aquí** Circula por la clase hasta encontrar a un/a estudiante que pueda contestar afirmativamente tus preguntas.

MODELO   empezar a estudiar español hace menos de (*less than*) dos años

E1:   *¿Empezaste a estudiar español hace menos de dos años?*

E2:   *No, empecé a estudiar español hace tres años.*

E1:   (a otro estudiante) *¿Empezaste a estudiar español hace menos de dos años?*

E3:   *Sí, empecé a estudiar español hace seis meses.*

E1:   *Muy bien. Firma* (Sign) *aquí por favor.*

E3:   _____Janet_____

1. empezar a estudiar español hace menos de dos años   _____

2. jugar en un campo de golf hace menos de seis meses   _____

3. visitar una tienda de ropa hace menos de un mes   _____

4. ir al cine hace dos o tres semanas   _____

5. asistir a un concierto hace dos o tres meses   _____

6. tomar café hace una hora   _____

7. comer en un restaurante elegante hace unos días   _____

8. llevar ropa a una tintorería hace una semana   _____

9. comprar algo en una juguetería hace menos de un año   _____

10. utilizar servicios públicos hace unas horas   _____

Perfiles

🔊 Unos diseñadores

En el mundo hispano, como en los Estados Unidos, hay tiendas que se especializan en productos específicos. Aquí puedes conocer a las personas que diseñan los productos que compras en estas tiendas.

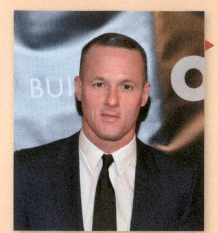

Diseñar zapatos está en la sangre del cubano-americano **Alejandro Ingelmo.** Su bisabuelo y abuelo también eran zapateros (*shoemakers*) y su padre distribuía zapatos en Florida. Los zapatos que diseña para mujeres y hombres reflejan la alta calidad de elaboración que aprendió de su familia y el estilo vanguardista de Nueva York, donde tiene su estudio. Los tacones que diseña tienen formas dramáticas, mientras que sus tenis altos (*high-top*) tienen una apariencia futurística. Famosos como Beyonce, Rihanna y Justin Timberlake han llevado sus zapatos.

Narciso Rodríguez empezó a trabajar en las compañías de moda de Donna Karan y Calvin Klein, dedicándose al diseño de *prêt-à-porter* (*ready-to-wear*) femenino para grandes almacenes. Tiene su propia línea de ropa y ha creado una colonia para hombres y un perfume para mujeres. Ha ganado premios como "mejor diseñador" en varias categorías y continúa diseñando ropa y fragancias.

Lupe Gajardo diseña ropa al estilo *prêt-à-porter* para mujeres con un estilo que se describe como innovador y fresco. Fue seleccionada como "pionera" (*trendsetter*) por el canal Fashion TV. Presentó su colección en La Semana de la Moda de Nueva York en 2015, y así se convirtió en la primera diseñadora chilena en participar en una pasarela (*catwalk*) de importancia mundial.

Preguntas

1. ¿En qué creaciones se especializan estas personas?
2. ¿Cómo se comparan sus productos con los que tú usas?
3. ¿Qué diseñadores de productos semejantes conoces en los Estados Unidos?

7·26 **Y mis amigos y yo…** Juntos/as terminen las oraciones de manera lógica para ustedes y sus amigos. Es necesario usar el vocabulario nuevo de las tiendas y los artículos de las tiendas. ¡Sean creativos!

MODELO   Hace dos días yo fui…

Hace dos días yo fui al banco que está al lado de la catedral para sacar dinero en efectivo.

1. Hace dos horas que compré…
2. Hace mucho tiempo que mis amigos y yo…
3. Hace cinco minutos que busco…
4. Hace por lo menos un año que…
5. Hace varios meses que…

7·27 **Conversando** Habla con varios/as compañeros/as de clase utilizando las siguientes preguntas para guiar la conversación.

Fíjate

Note that *cuánto* agrees with the amount of time: *cuánto tiempo; cuántas semanas/horas; cuántos años/días.*

1. ¿Cuánto tiempo hace que vives en esta ciudad? ¿Dónde vivías antes? ¿Por qué te mudaste?
2. ¿Cuánto tiempo hace que visitaste un consultorio médico? ¿Por qué fuiste? ¿Te recomendó algo el/la doctor/a o te mandó un tratamiento específico?
3. ¿Cuánto tiempo hace que alguien te regaló un reloj/reloj de pulsera, un anillo, aretes, una bufanda o una billetera? ¿Quién te lo/la regaló? ¿Cuál fue el motivo del regalo? ¿Lo tienes todavía?
4. ¿Cuánto tiempo hace que compraste algo en una pastelería? ¿Qué compraste?
5. ¿Cuánto tiempo hace que fuiste de compras? ¿A qué tienda fuiste? ¿Qué compraste?
6. ¿Cuánto tiempo hace que compraste artículos de higiene personal? ¿Qué compraste? ¿Dónde los compraste?

¡Conversemos!

Estrategias comunicativas
Conversing on the phone and expressing agreement (Part 1)

Just as in English, there are conventions for speaking on the phone in Spanish, whether we are speaking in formal circumstances or talking with our friends.

During those conversations, we have the occasion to express agreement. Using the following expressions will help you.

Conversando por teléfono	Speaking on the phone
• Aló. / Bueno. / Diga. / Dígame.	*Hello?*
• ¿Está _____ (en casa)?	*Is _____ there / at home?*
• ¿De parte de quién?	*Who shall I say is calling?*
• Le/Te habla… / Es… / Soy…	*This is. . . .*
• Lo/La/Te llamo más tarde.	*I will call him/her/you later.*
• No está. / No se encuentra.	*He/She is not home.*
• ¿Puedo tomar algún recado?	*May I take a message?*
• Gracias por haber(me) llamado.	*Thank you for calling (me).*
• Oiga… / Oye…	*Hey. . . .*
• Mire / Mira…	*Look. . . .*
• ¡No me diga/s!	*You don't say! / No way!*

Expresando acuerdo	Expressing agreement
• Eso es. / Así es.	*That's it.*
• Cómo no. / Por supuesto. / Claro que sí. / Desde luego.	*Of course.*
• Exacto. / Exactamente.	*Exactly.*
• (Estoy) de acuerdo.	*Okay, I agree.*

Fíjate
Different countries tend to have different ways of answering the phone. For example, *Diga* tends to be used in Spain, and *Bueno* in Mexico. *Aló* is used in various countries.

7·28 Diálogo Escucha el diálogo y contesta las siguientes preguntas.

1. ¿Quién contestó el teléfono? ¿Qué dijo?
2. ¿Qué le dijo Adriana a la señora que la había llamado?
3. ¿Para qué invitó la mujer a Adriana a Chicago?

♻ *¡Anda! Curso elemental,* Capítulo 3. Los colores; Capítulo 8. La ropa, Apéndice 2.

7·29 El mercado de los mercados Saliste de compras al nuevo mercado de pulgas (*flea market*). No puedes creerlo… ¡tienen de todo! Llama a tu mejor amigo/a para decirle todo lo que tienen. Completa los siguientes pasos. Después cambien de papeles y repitan los pasos.

Paso 1 Llama a tu amigo/a y otra persona contesta el teléfono. Dile que quieres hablar con tu amigo/a.

Paso 2 Descríbele a tu amigo/a las cosas que ves. (Usa el vocabulario de la página 302, **Algunas tiendas y algunos lugares en la ciudad,** y de la página 316, **Algunos artículos en las tiendas.**) Tu amigo/a reacciona a tus comentarios.

Paso 3 Tú ofreces comprarle unas cosas a tu amigo/a y él/ella está de acuerdo. Te dice lo que quiere.

7·30 **Una entrevista** Imagina que para tu trabajo tienes que entrevistar a la persona encargada de las modificaciones de la planificación de tu ciudad. Túrnense para entrevistar a esa persona por teléfono y conocer sus planes para las tiendas y otros lugares de la ciudad. En sus entrevistas incluyan las siguientes expresiones: **a menos que, en caso de que, para que, con tal de que** y **aunque.**

7·31 **Canal Véndelotodo** Están haciendo una gira por el Canal Véndelotodo. Allí hay unas estrellas con sus productos: Jennifer López con su perfume y línea de ropa, Leonardo DiCaprio con unas bombillas "verdes", etc. Túrnense para llamar a un/a pariente y contarle sobre los productos y las personas famosas que ven.

7·32 **El remate** El señor Dineral es un hombre riquísimo y muy reservado. Quiere que vayas a un remate (*auction*) especial y ofrezcas por él (*you bid on his behalf*). Durante el remate, vas a estar comunicándote con él por teléfono. Él te va a decir si quiere ofrecer por un objeto y hasta cuánto quiere gastar. Cuando llegas al remate, te das cuenta de que el señor es un poco excéntrico porque el remate es un poco "diferente". Por ejemplo, rematan una botella de esmalte de uñas que era de Kim Kardashian.

Paso 1 Con un/a compañero/a, hagan una lista de las cosas excéntricas que van a rematar.

Paso 2 Creen unos diálogos entre el señor Dineral y uno/a de ustedes durante el remate. Acuérdense de que hablan por teléfono porque el señor es muy reservado. Túrnense de papel.

MODELO   E1:   *¿Aló?*

E2:   *Sr. Dineral, le habla _____. Van a rematar una botella de esmalte de uñas de Kim Kardashian.*

E1:   *Bueno, ofrece hasta mil dólares...*

7·33 **No lo veo** Normalmente es Rafa quien hace las compras, pero hoy tiene que ir Carmen, puesto que Rafa tiene que quedarse hasta tarde en el trabajo. El problema es que Carmen no puede encontrar nada en la tienda Buena Ganga, así que Carmen tiene que llamar a Rafa para preguntarle dónde se encuentran las cosas en la tienda. Completen los siguientes pasos.

Paso 1 Creen una lista de **diez** cosas que necesitan.

Paso 2 Túrnense, interpretando los papeles de Rafa y Carmen.

Escribe

Un artículo de opinión

A key skill in writing in Spanish is learning to use the dictionary effectively. Dictionaries have conventions for presenting words, their pronunciations, and their meanings. Abbreviations are used, and there is always an abbreviation key at the beginning of the dictionary that explains them. Familiarize yourself with this key first. Sometimes other explanatory symbols and notes further explain word usage. Pay attention to all of these clues as you select the appropriate word(s) to express your meaning. Then double-check by looking up the word in reverse: if you began with English–Spanish, then check the Spanish–English version to verify that you have chosen the correct way to express your intended meaning.

7·34 Antes de escribir Vas a escribir un artículo de opinión para el periódico local, expresando tus ideas sobre los pequeños negocios comparados con una mega tienda en tu pueblo. Piensa en tus ideas y opiniones sobre la situación. Luego, organízalas lógicamente y con detalles. ¿Cuáles son algunas palabras de vocabulario que necesitas y que no conoces? Haz una lista de ellas.

7·35 A escribir Ahora, para escribir tu artículo, completa los siguientes pasos.

Paso 1   Primero, usa el vocabulario y las estructuras gramaticales de este capítulo en el artículo. Tu artículo debe consistir en por lo menos **diez** oraciones.

Paso 2   Presenta tu opinión claramente, usando las palabras nuevas del vocabulario en tus oraciones.

7·36 Después de escribir Comparte tu artículo con un grupo de compañeros de clase. ¿Entienden ellos tu punto de vista / tu opinión? Explícales las palabras que no entiendan, basándote en tu investigación en el diccionario. ¿Escogiste las palabras apropiadas para expresarte?

¿Cómo andas? II

This is your second self-assessment. You have now completed two thirds of the chapter. How confident are you with the following topics and concepts?

	Feel confident	Need to review
Having completed **Comunicación II,** I now can . . .		
• name items sold in stores. (p. 316)	☐	☐
• state what is happening at the moment. (p. 317 and online)	☐	☐
• state what was happening in the past. (online)	☐	☐
• refer to ongoing actions. (online)	☐	☐
• explain how long something has been going on and how long ago something occurred (p. 320)	☐	☐
• identify some people whose products are sold in stores. (p. 324)	☐	☐
• converse on the phone and express agreement with the speaker. (p. 326)	☐	☐
• use a dictionary effectively when writing. (p. 328)	☐	☐

Vistazo cultural

🔊 Algunos lugares y productos en las ciudades de Chile y Paraguay

Soy estudiante en la Universidad Gabriela Mistral en Santiago, Chile donde estoy siguiendo un curso de estudios para una licenciatura en la Administración de Empresas. Cuando reciba mi título, espero trabajar en uno de los grandes centros comerciales. Luego, en cuanto tenga la experiencia necesaria, deseo ser gerente del centro.

Danilo Pinilla Frías
estudiante de Administración
de Empresas

Falabella, un importante almacén de Chile

Falabella es una de las compañías más grandes de Chile. Tiene almacenes en Chile, Argentina, Perú y Colombia. Cuando empezó en el año 1889, era una sastrería (*tailor shop*), pero hoy día se vende de todo en sus tiendas.

La Mezquita de Coquimbo, Chile

La población musulmana va creciendo poco a poco en Chile. Hoy día hay más de 3.000 musulmanes en el país. La Mezquita de Coquimbo, también llamada El Centro Mohammed VI para el Diálogo de las Civilizaciones, fue inaugurada el 14 de marzo del año 2007. Su minarete, de 40 metros de altura, es una réplica de la mezquita Kutubuyya de Marrakesch en Marruecos.

El volantín: un juguete muy popular en Chile

¿Qué se puede encontrar en una juguetería? En Chile, tres juguetes muy comunes son el trompo (*top*), los zancos (*stilts*) y el volantín (*kite*). Un pasatiempo popular en Chile es hacer volar volantines. Durante las celebraciones de la independencia chilena, hay competiciones de volantines en todas partes del país.

El arpa paraguaya: instrumento nacional

En Asunción, hay fábricas donde se construyen unos instrumentos de cuerdas típicos y populares de Paraguay: el arpa paraguaya y la guitarra. El arpa paraguaya es apreciada en todas partes del mundo por su sonido distinto al de otros tipos de arpa. El arpa se hace usualmente de maderas locales.

Las cataratas del Iguazú, Paraguay

Cuando veas las cataratas del Iguazú, vas a estar sorprendido por su enormidad. Es un sistema de hasta 275 cataratas distintas en forma de semicírculo, de casi 3.000 metros de ancho y hasta 80 metros de alto. Las cataratas están justo donde se encuentran los tres países de Brasil, Argentina y Paraguay. El nombre de las cataratas viene del idioma guaraní, lengua oficial del Paraguay; significa "agua grande".

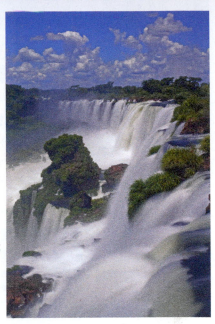

Las ruinas de las reducciones jesuitas de Trinidad, Paraguay

Cuando vayas a Paraguay, visita la Santísima Trinidad de Paraná: la mayor de las ruinas de las reducciones jesuitas y designada Patrimonio Cultural de la Humanidad por UNESCO. Trinidad era una ciudad con una plaza principal, fábricas para hacer mercancías (*goods*) y casas individuales donde vivían los indígenas protegidos por los padres jesuitas.

Preguntas

1. Identifica los lugares de las ciudades mencionadas y determina si hay productos asociados con ellos.
2. ¿Cuáles de estos lugares existen en tu ciudad o pueblo? ¿En qué son semejantes y en qué son diferentes de los lugares indicados en Chile o Paraguay? Si estos lugares no existen en tu ciudad, ¿por qué será?
3. En los capítulos anteriores, has aprendido sobre los productos y las prácticas culturales de otros países (por ejemplo, las procesiones religiosas y las comidas populares de algunos países). Piensa en algunos ejemplos y compáralos con las prácticas y los productos que ves en esta presentación.

¡Las empanadas son muy ricas!

Una panadería es una tienda donde se vende pan. Por lo tanto, es natural que la tienda donde se venden empanadas se llame empanadería. La empanada es un pastel de masa (*dough*) con un relleno (*filling*) de varias cosas: pescado, carne, verduras, queso o realmente lo que a uno le guste.

Cine

 Watch this film in *¡Anda!* online.

Nominado como Mejor Cortometraje de Ficción en los Premios Ariel de 2013

ESTATUAS

7·37 Antes de ver el cortometraje Contesta las siguientes preguntas.

1. ¿Conoces a algún héroe nacional de tu país? ¿A quién? ¿Por qué es importante?
2. ¿Conoces a alguna figura política internacional? ¿A quién? ¿Cuál es tu opinión sobre esa persona?

Estrategia	Now that you have developed the skills required to determine the topic, activate related experience, anticipate content, and view for main ideas and specific information, you are ready to use visual clues to aid in the comprehension of *cortometrajes*. Focus your attention on different visual elements, such as	body language, facial expressions, settings, clothes, cultural products, and signage to help in the understanding of the film. What do the characters facial expressions and actions say about their feelings? What does the clothing of each character say about their role in the film?
Using visual clues to aid comprehension		

Additional vocabulary practice in *¡Anda!* online

Vocabulario

apurarse	*to hurry up*
aventurarse	*to take a risk*
confiar en	*to trust somebody (to believe in somebody)*
grito	*shout; cry*
ramo de flores	*bouquet of flowers*
sobre	*envelope*
terreno	*land*
valores	*values*

7·38 Mientras ves el cortometraje Presta atención a los personajes, sus expresiones corporales y faciales y sus movimientos. ¿Qué ocurre en la historia? ¿Cómo te ayudan estas pistas visuales a comprender la historia?

1. Mi esposo se tuvo que ir porque aquí no encontraba trabajo.

2. Quería ver si me haces el favor de darle esto al señor gobernador.

3. El señor no vino…

4. Tierra y libertad fue mi grito de justicia y paz para México…

7·39 **Después de ver el cortometraje** Contesta las preguntas.

1. ¿Por qué está el niño vestido con un bigote y un sombrero?
   a. Es la fiesta de carnaval.
   b. Va a una fiesta de cumpleaños.
   c. Va a asistir a una ceremonia en homenaje a Emiliano Zapata.
2. ¿Por qué recibe la madre cartas y flores de los vecinos del pueblo?
   a. La madre va a conocer al gobernador.
   b. La madre va a la oficina de correos.
   c. Es el cumpleaños de la madre.
3. ¿De qué trata la carta que lee la mujer en la primera escena del cortometraje?
4. ¿Cómo interpretas la expresión facial de la mujer en el fotograma 3?
5. Lee el poema del niño y luego contesta esta pregunta: ¿Cómo se relaciona el contenido del poema con la realidad mexicana representada en el cortometraje?

Tierra y libertad
fue mi grito de justicia y paz
para México y el mundo.
Hoy celebramos esos valores
que han hecho de nuestro país
una nación moderna.

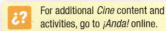

For additional *Cine* content and activities, go to *¡Anda!* online.

Literatura

El río

7·40 Antes de leer Contesta las siguientes preguntas.

1. *El río* es un poema. ¿Cuáles son las partes de un poema y los diferentes tipos de rima? ¿Cuáles son ejemplos de lenguaje figurativo usado en un poema?

2. Piensa en una ciudad moderna y grande que conoces personalmente o una de la televisión. ¿Cómo es la ciudad? Ahora piensa en tu lugar favorito en la naturaleza. ¿Cómo es diferente esta escena a la de la cuidad?

3. Piensa en cómo ha cambiado la vida moderna en términos de la construcción de ciudades grandes y la tecnología. ¿La vida es más personal ahora o menos personal gracias a Internet?

4. Piensa en la vida tan agitada que llevamos en la actualidad. ¿Crees que es difícil mantener contacto con la gente que quieres? ¿Cuál es la mejor forma de mantenerse en contacto con la naturaleza?

5. Piensa en algún momento de tu vida cuando tenías dudas (*uncertainties*), tenías miedo o te arrepentiste de algo (*regretted something*). ¿Cuál fue el contexto? ¿Cómo terminó todo? Al final, ¿hablaste con otra persona?

Estrategia

Identifying elements of texts: Tone and Voice

In addition to understanding what is being said, it is important to grasp *how* it is being said. Tone and voice are two ways of identifying *how*. Tone is the writer's attitude toward his/her readers and the subject(s). Tone reflects the feelings of the writer. Voice allows the reader to perceive a human personality through the use of language and sentence structure.

In poetry we refer to the "poetic voice" (*la voz poética*) when referring to the speaker of the poem. To help determine tone and voice ask yourself the following questions.

1. What language does the author use? Is it figurative language (i.e., similes, metaphors)?

2. Is the language serious, sarcastic, humorous or perhaps neutral?

3. What words are used to make you think so?

4. How much of the author's beliefs and opinions are in the piece? For poetry, what does the poetic voice want us to learn or believe?

5. Is the author or poetic voice a formal observer, a reporter, or a vested participant in the passage?

6. What are the sentences like? Are they short, long, descriptive? For poetry, what are the verses like and the larger stanzas? What figurative vs. literal language is used?

7·41 Mientras lees Mientras lees, presta atención al *tono* (los sentimientos que el poema evoca) y a la *voz*, o el lenguaje poético. ¿Qué implica la voz poética con este lenguaje?

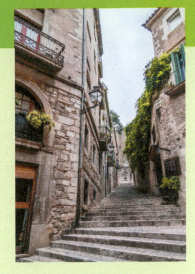

El río

Kirmen Uribe

En otro tiempo hubo un río aquí,
donde ahora hay bancos° y losetas°. — *park benches/ paving stones*
Hay más de una docena de ríos bajo la ciudad,
si hacemos caso° a los más viejos. — prestamos atención
Ahora es sólo una plaza en un barrio obrero.
Y tres chopos° son la única señal° — *poplar trees/sign*
de que el río sigue ahí abajo.

En cada uno de nosotros hay un río oculto° — *hidden*
a punto de desbordarse°. — *about to overflow*
Si no son los miedos, es el arrepentimiento°. — *regret*
Si no son las dudas°, la impotencia. — *uncertainties*

Un viento del Oeste azota° los chopos. — *thrashes*
La gente avanza a duras penas°. — con mucha dificultad
Desde el cuarto piso una mujer mayor
está tirando ropa por la ventana:
tira una camisa negra y una falda de cuadros
y un pañuelo° de seda amarillo y unas medias — *scarf*
y aquellos zapatos que llevaba
el día de invierno que llegó del pueblo.
Unos zapatos de charol°, blancos y negros. — *patent leather*
En la nieve, sus pies parecían avefrías° congeladas. — un tipo de pájaro

Los niños echan° a correr tras la ropa. — empiezan
Al final, ha sacado su vestido de boda,
se ha posado° sobre un chopo, torpemente°, — *landed/clumsily*
como si fuera° un pájaro grande. — *as if it were*

Se oye un gran ruido. Se asustan los transeúntes°. — *The passers-by are startled.*
El viento ha arrancado° de cuajo° uno de los chopos. — *torn out/by its roots*
Las raíces° del árbol parecen la mano de una mujer mayor, — *roots*
que espera que cuanto antes otra mano la acaricie°. — *caress*

7·42 Después de leer Contesta las siguientes preguntas.

1. Estudia la primera estrofa del poema y después describe cómo ha cambiado el lugar de la ciudad que la voz poética describe. ¿Cómo era antes? ¿Cómo es ahora? Señala el único elemento que nos recuerda el pasado.

2. En la segunda estrofa vemos una comparación —una metáfora— entre la ciudad que oculta un río viejo y las personas que ocultan cosas también. Pensando en *el tono* y *la voz* del poema, ¿es bueno o malo esconder estos pensamientos y sentimientos? ¿Por qué? ¿Qué escondemos dentro de nosotros mismos?

3. En la tercera y cuarta estrofas, una mujer mayor tira objetos por la ventana. ¿Qué tira? ¿Por qué crees que lo hace?

4. Piensa en el símil en la cuarta estrofa del vestido con el pájaro. Trata de visualizar la imagen y dibujarla si puedes. ¿Cuál es la función de esta imagen? ¿Qué simboliza el pájaro-vestido?

5. En la última estrofa, las raíces del árbol parecen una mano tratando de tocar otra mano. ¿Qué representa esta imagen en tu opinión? Piensa en *la voz* del poema; ¿qué trata de decirnos con los dos últimos versos? ¿Puedes visualizar esta imagen? ¿Puedes dibujarla? Al final, ¿qué simboliza el árbol?

7·43 ¿Has cambiado? Piensa en cómo eres ahora en comparación a cómo eras cuando tenías cinco y trece años y contesta las siguientes preguntas. Luego, presenta tu información a la clase.

1. ¿Qué aspectos de tu identidad y personalidad no han cambiado?
2. ¿Qué aspectos han cambiado? ¿Cómo?
3. ¿Son todos cambios positivos? ¿Por qué sí o por qué no?
4. ¿Por qué crees que has cambiado?

7·44 Mi lugar favorito El poema habla de un punto en particular dentro de una ciudad. ¿Tienes un lugar favorito cerca de tu universidad o en el lugar donde creciste? ¿Por qué te gusta? ¿Crees que va a cambiar con el tiempo? Escribe un párrafo corto en el que describas el lugar y respondas las preguntas. Presenta tu descripción a la clase.

¿? For additional *Literatura* content and activities, go to *¡Anda!* online.

Y por fin, ¿cómo andas?

Each chapter will end with a checklist like the one that follows. This is the third time in the chapter that you are given the opportunity to check your progress. Use the checklist to measure what you have learned in the chapter. Place a check in the *Feel confident* column for the topics you feel you know, and a check in the *Need to review* column for the topics that you need to practice more.

	Feel confident	Need to review
Having completed this chapter, I now can . . .		
Comunicación I		
• describe stores and other places in a city. (p. 302)	☐	☐
• choose between **ser** and **estar**. (p. 303 and online)	☐	☐
• express uncertainty in time, place, manner, and purpose. (p. 308)	☐	☐
• determine setting and purpose when listening. (p. 314)	☐	☐
Comunicación II		
• name items sold in stores. (p. 316)	☐	☐
• state what is happening at the moment. (p. 317 and online)	☐	☐
• state what was happening in the past. (online)	☐	☐
• refer to ongoing actions. (online)	☐	☐
• explain how long something has been going on and how long ago something occurred. (p. 320)	☐	☐
• converse on the phone and express agreement with the speaker. (p. 326)	☐	☐
• use a dictionary effectively when writing. (p. 328)	☐	☐
Cultura		
• examine and compare culturally representative apparel. (p. 311)	☐	☐
• identify some people whose products are sold in stores. (p. 324)	☐	☐
• share information about interesting stores, places, and products found in Chile and Paraguay. (p. 330)	☐	☐
Cine		
• converse about a film from Mexico (p. 332)	☐	☐
Literatura		
• converse about a poem from Spain. (p. 334)	☐	☐
Comunidades		
• use Spanish in real-life contexts. (online)	☐	☐

Vocabulario **activo** 🔊

Algunas tiendas y algunos lugares en la ciudad / *Some shops and places in the city*

el campo de golf	*golf course*
la carnicería	*butcher shop*
la catedral	*cathedral*
el consultorio	*doctor's office*
la fábrica	*factory*
la farmacia	*pharmacy*
la ferretería	*hardware store*
la frutería	*fruit store*
la fuente	*fountain*
la heladería	*ice cream store*
la juguetería	*toy store*
la mezquita	*mosque*
la panadería	*bread store; bakery*
la papelería	*stationery shop*
la pastelería	*pastry shop*
la pescadería	*fish store*
los servicios	*public restrooms*
la tintorería	*dry cleaners*
la tienda de ropa	*clothing store*
la zapatería	*shoe store*

Para comprar cosas... / *To buy things . . .*

el/la dependiente/a	*store clerk*
el dinero en efectivo	*cash*
el escaparate	*store window*
la ganga	*bargain*
la liquidación	*clearance sale*
el mostrador	*counter*
la oferta	*offer*
la rebaja	*sale; discount*

Algunos artículos en las tiendas / *Some items in the stores*

Artículos generales / *General items*

la bombilla	*light bulb*
el cepillo	*brush*
el cepillo de dientes	*toothbrush*
el champú	*shampoo*
el chicle	*gum*
la colonia	*cologne*
la crema de afeitar	*shaving cream*
el desodorante	*deodorant*
el esmalte de uñas	*nail polish*
el jabón	*soap*
la loción	*lotion*
la máquina de afeitar	*electric shaver*
la navaja de afeitar	*razor*
el papel para envolver	*wrapping paper*
el papel higiénico	*toilet paper*
la pasta de dientes	*toothpaste*
el perfume	*perfume*
las pilas	*batteries*
el pintalabios	*lipstick*
el talco	*talcum powder*
las tarjetas	*cards; greeting cards*

Algunas prendas, ropa y otras cosas / *Some garments, clothes, and other things*

el anillo	*ring*
los aretes	*earrings*
la bufanda	*scarf*
la billetera	*wallet*
el collar	*necklace*
el diamante	*diamond*
la pulsera	*bracelet*
el reloj de pulsera	*wristwatch*
la ropa interior	*underwear*
el tacón (alto, bajo)	*(high, low) heel*

Otras palabras	Other words
apretado/a	*tight*
de buena/mala calidad	*good/poor (adj.) quality*
la manga corta/larga	*short/long sleeve*
media manga	*half sleeve*
hecho/a de…	*made of . . .*
nilón	*nylon*
oro	*gold*
piel	*leather; fur*
plata	*silver*

En los países hispanos, hay estudiantes que estudian y trabajan al mismo tiempo.

8 La vida profesional

Como estudiantes, es importante que pensemos en nuestro futuro, que hagamos planes y que demos los primeros pasos hacia el camino que deseamos tomar. ¿Qué profesiones te interesan? ¿Prefieres trabajar con otras personas o en forma independiente? ¿En una oficina o en una fábrica, o afuera en la naturaleza? Exploremos el trabajo y la vida profesional en el mundo hispano.

Preguntas

1. ¿Para qué profesión estudias? ¿Por qué?
2. Para tu futura profesión, ¿hay algo más que necesitas hacer después de terminar tus estudios en la universidad?
3. ¿Qué profesiones tienen las personas en las fotos? ¿Conoces a alguien que practique estas profesiones?

¿Sabías que…?

- Las profesiones más comunes en Argentina son los abogados (*lawyers*), los administradores y los médicos.

- En Uruguay las tres profesiones mejor pagadas son los ingenieros civiles, los ingenieros agrónomos y los arquitectos.

Los gauchos tienen una importancia vital en la agricultura argentina.

Cada vez más empresas en el mundo hispano ofrecen oportunidades a las mujeres.

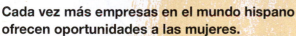

Learning Outcomes

By the end of this chapter, you will be able to:

✔ compare and contrast professions.

✔ indicate actions in the future.

✔ discuss what would happen or would be under certain conditions.

✔ consider different aspects of the business world.

✔ identify some people with interesting professions.

✔ employ appropriate greetings and closings in letters.

✔ share information about professions and the business world in Argentina and Uruguay.

✔ identify and share information about cultural and artistic expression through a film from Spain and a play by Sergio Vodanovic (Chile).

⊳ Comunicación I

1 VOCABULARIO

Algunas profesiones Comparing and contrasting professions

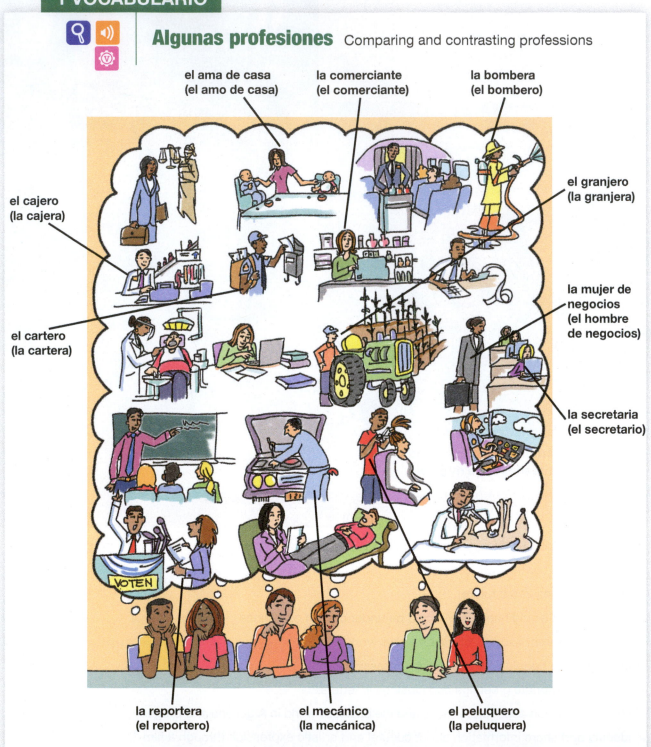

el ama de casa
(el amo de casa)

la comerciante
(el comerciante)

la bombera
(el bombero)

el cajero
(la cajera)

el granjero
(la granjera)

el cartero
(la cartera)

la mujer de
negocios
(el hombre
de negocios)

la secretaria
(el secretario)

la reportera
(el reportero)

el mecánico
(la mecánica)

el peluquero
(la peluquera)

la psicóloga (el psicólogo)

el veterinario (la veterinaria)

el político (la política)

el asistente de vuelo (la asistente de vuelo)

el maestro (la maestra)

la dentista (el dentista)

la abogada (el abogado)

la escritora (el escritor)

la piloto (el piloto)

el contador (la contadora)

¡Voten!

Otras palabras	Other words
el/la agente	agent
el/la banquero/a	banker
el/la consejero/a	counselor
el/la empleado/a	employee
el/la gerente/a	manager
el/la ingeniero/a (químico/a)	(chemical) engineer
el/la jefe/a	boss
el/la periodista	journalist
el/la propietario/a	owner; landlord
el/la supervisor/a	supervisor

 Now you are ready to complete the *Preparación y práctica* activities for this chunk online.

REPASO

Los adjetivos   Supplying details about people, places, and things

For a complete review of descriptive **adjectives** go to *¡Anda!* online or refer to **Capítulo 1** of *¡Anda! Curso elemental* in Appendix 3 of your textbook. The vocabulary activities that follow incorporate this grammar point. Practicing new vocabulary with a review grammar point helps to strengthen and increase your knowledge of Spanish.

8·1   Categorías ¿Cuáles de las profesiones y trabajos del vocabulario nuevo requieren, por regla general, título universitario? ¿Cuáles no lo requieren? ¿Cuáles requieren un título universitario avanzado? ¿Cuáles requieren otro tipo de entrenamiento? Pongan las profesiones y trabajos bajo la categoría apropiada.

Estrategia

You have noticed that *¡Anda! Curso intermedio* makes extensive use of pair and group work in the classroom to provide you with many opportunities during the class period to practice Spanish. When working in pairs or groups, it's imperative that you make every effort to speak only Spanish.

TÍTULO UNIVERSITARIO	TÍTULO UNIVERSITARIO AVANZADO	OTRO ENTRENAMIENTO	NINGÚN ENTRENAMIENTO ESPECIAL

 ¡Anda! Curso elemental, Capítulo A Para empezar. Los adjetivos de nacionalidad, Apéndice 2.

8·2   Asociaciones ¿Qué palabras (o personas) se asocian con los siguientes trabajos y profesiones? Completen los siguientes pasos.

Paso 1   Túrnense para hacer asociaciones.

MODELO   la peluquera

pelo, cepillo, peinarse...

Fíjate

A synonym for *escritor/a* is *autor/a*.

1. el banquero
2. la escritora
3. la secretaria
4. el asistente de vuelo
5. la dentista
6. el periodista
7. el abogado
8. el cajero
9. el cartero

Estrategia

Remember that an adjective of nationality must agree with its noun.

Paso 2   Para cada profesión o trabajo de la lista, añadan una nacionalidad. Después, cambien la frase a una con adjetivo que funciona como sustantivo.

MODELO   la peluquera

la peluquera española

la española

Fíjate

Adjectives can be used as nouns by adding an article. For example, *el niño bueno, el bueno.*

8·3   ¿Es verdad? Decide si las siguientes oraciones, por regla general, son **ciertas (C)** o **falsas (F)**. Si son falsas, corrígelas. Después, compara tus respuestas con las de un/a compañero/a.

MODELO   Un ingeniero químico no necesita un título universitario.

Falso. Un ingeniero químico necesita un título universitario.

C   F

1. El veterinario es un doctor de animales.
2. El periodista es también escritor.
3. Un ama de casa trabaja de nueve a cinco.
4. Generalmente, los granjeros no tienen jefes.
5. Los pilotos y los asistentes de vuelo trabajan juntos.
6. No hay ningún requisito para ser bombero/a.

8·4 **Eres asistente** Decidan cómo revisar las siguientes partes de este reporte. Usen **los adjetivos como sustantivos** y una expresión con **lo** (**lo interesante, lo bueno, lo mejor,** etc.), como en el modelo.

MODELO   Los carteros trabajan para todos los negocios del edificio. Los carteros nuevos trabajan cuarenta horas por semana y los carteros antiguos trabajan treinta horas por semana.

Lo interesante es que los carteros trabajan para todos los negocios del edificio. Los nuevos trabajan cuarenta horas por semana y los antiguos trabajan treinta horas.

1. Hay cinco contadores en total: dos de ellos tienen más de cinco años de experiencia con la compañía. Los tres contadores nuevos tienen menos de un año de experiencia con nosotros. Además, los tres contadores nuevos tienen títulos avanzados. Finalmente, de los tres contadores nuevos, dos son mujeres y uno es hombre.
2. La compañía emplea cuatro ingenieros químicos. Dos de los ingenieros se graduaron de MIT y dos se graduaron de UCLA. Los dos ingenieros de MIT tienen su doctorado. Los ingenieros de UCLA son nuevos; llevan menos de un año en la compañía. Los ingenieros de UCLA han expresado interés en continuar con sus estudios.

8·5 **¿A quién conoces que…?** Circula por la clase hasta encontrar a un/a estudiante que pueda contestar afirmativamente cada una de las siguientes preguntas.

MODELO   conocer a un/a piloto

E1:   *Marco, ¿conoces a un piloto?*

E2:   *No, no conozco a ningún piloto.*

E1:   *Sofía, ¿conoces a un piloto?*

E3:   *Sí, mi primo es piloto.*

E1:   *Firma aquí, por favor.*

PREGUNTAS	FIRMA
1. conocer a un/a piloto	Sofía
2. haber trabajado como secretario/a o recepcionista	
3. pensar que el trabajo de escritor/a es fácil	
4. creer que los abogados ganan más dinero que los veterinarios	
5. tener un/a pariente que trabaja como contador/a	
6. haber llevado su coche a un/a mecánico/a recientemente	
7. haber trabajado en un negocio que tiene más de veinte empleados	
8. tener un/a amigo/a que es propietario/a de un negocio	

8·6 En su opinión Todos tienen sus opiniones. Discutan las siguientes posibilidades, evitando siempre la repetición.

¡Anda! Curso intermedio, Capítulo 3. La construcción de casas y sus alrededores, pág. 120; Dentro del hogar, pág. 131; Capítulo 5. Las vacaciones, pág. 211.

MODELO   ¿Cuál es la profesión… ? más/menos interesante

E1:   *¿Cuál es la profesión más interesante?*

E2:   *Para mí, la más interesante es ingeniero. ¿Y para ti?*

E1:   *La más interesante es psicólogo. Para mí, la menos interesante es bombero. ¿Y para ti?*

E2:   *Para mí, la menos interesante es granjero.*

¿CUÁL ES LA PROFESIÓN…?

1. más/menos interesante
2. más/menos lucrativa
3. más/menos difícil
4. más/menos fácil
5. que requiere más/menos horas de trabajo
6. que requiere más/menos años de estudios universitarios
7. que requiere más/menos creatividad
8. que mejor sirve a la comunidad

2 GRAMÁTICA

El futuro
Indicating actions in the future

As in English, the **future** can be expressed in several ways. In Spanish so far, you have either used the present tense to indicate that an action will take place in the very near future or used the construction *ir + a +* **infinitivo** to express **to be going to do something:**

Hablamos (*present*) con el agente esta tarde.

We will speak with the agent this afternoon. / We are speaking to the agent this afternoon.

Vamos a hablar (**ir + a +** infinitivo) con el agente esta tarde.

We are going to speak with the agent this afternoon.

¡Mi hijito Juanito se graduará en menos de trece años!

1. The **future** tense can express actions that will occur in the ***near or distant future***. The future for regular verbs is formed by **adding the following endings to the infinitive**.

	hablar	**leer**	**escribir**
yo	hablar**é**	leer**é**	escribir**é**
tú	hablar**ás**	leer**ás**	escribir**ás**
Ud.	hablar**á**	leer**á**	escribir**á**
él, ella	hablar**á**	leer**á**	escribir**á**
nosotros/as	hablar**emos**	leer**emos**	escribir**emos**
vosotros/as	hablar**éis**	leer**éis**	escribir**éis**
Uds.	hablar**án**	leer**án**	escribir**án**
ellos/as	hablar**án**	leer**án**	escribir**án**

Note the following examples:

Hablaremos con el agente mañana.

We will speak with the agent tomorrow.

Mi hermano **será** escritor algún día.

My brother will be a writer someday.

¿**Sacarás** el título de veterinario?

Will you receive your veterinary science degree?

Mercedes y Cristóbal **conocerán** a mi jefa la semana próxima.

Mercedes and Cristóbal will meet my boss next week.

Yo **iré** contigo si quieres.

I'll go with you if you like.

2. The following are some common irregular verbs in the future. While the **stems are irregular, the endings remain the same as for regular verbs**.

- The following verbs **drop the infinitive vowel**:

haber	habr-	habré, habrás, habrá…
poder	podr-	podré, podrás, podrá…
querer	querr-	querré, querrás, querrá…
saber	sabr-	sabré, sabrás, sabrá…

- These verbs **replace the infinitive vowel with -d**:

poner	pondr-	pondré, pondrás, pondrá…
salir	saldr-	saldré, saldrás, saldrá…
tener	tendr-	tendré, tendrás, tendrá…
valer	valdr-	valdré, valdrás, valdrá…
venir	vendr-	vendré, vendrás, vendrá…

- These verbs have **different irregularities**.

decir	dir-	diré, dirás, dirá…
hacer	har-	haré, harás, hará…

3. The future can also be used to **indicate probability**. When you wish to express the English idea of *wonder, might, probably,* **etc.,** in Spanish you use the future:

¿Dónde **estará** el consejero?	*I wonder where the counselor is / must be.*
¿Qué **querrá** el jefe?	*What do you think the boss wants?*
¿Qué **estaremos** haciendo en quince años?	*(I wonder) What will we be doing in fifteen years?*

 Now you are ready to complete the *Preparación y práctica* activities for this chunk online.

 8·7 La corrida Escuchen mientras su profesor/a les da las instrucciones para este juego.

8·8 **Pobres Alberto y Verónica** Alberto y Verónica no consiguieron el trabajo que querían con el Banco Toda Confianza. Hicieron una lista sobre lo que podrán hacer la próxima vez para tener éxito. Túrnense para completar la conversación entre ellos con los verbos de la lista en **el futuro**.

contestar	escuchar	hablar	investigar
llamar	llevar	poder	ponerse
preguntar	tener	traer	salir

MODELO traer

Traeré cartas de referencia —decidió Alberto.

1. Yo _____ con personas que trabajan allí para entender mejor las responsabilidades del puesto (*position*) —comentó Verónica.
2. (Nosotros) _____ la página web para obtener más información sobre el negocio —se dijeron Alberto y Verónica.
3. Nosotros no _____ jeans para la entrevista. _____ unos trajes elegantes.
4. ¿_____ tú temprano para poder llegar a tiempo? —le preguntó Verónica a Alberto.
5. Verónica no les _____ sobre el salario en la primera entrevista.
6. Yo no los _____ al día siguiente para preguntarles si han tomado una decisión. _____ más paciencia —dijo Alberto. Y papá, ¿_____ tú ir conmigo? —le preguntó Alberto.

8·9 **¿Y mañana?** Combinen los elementos de las columnas A, B y C, y escriban oraciones para describir qué harán estas personas mañana.

MODELO el mecánico / reparar / el camión de mi amigo

El mecánico reparará el camión de mi amigo.

COLUMNA A	COLUMNA B	COLUMNA C
el ingeniero	dar	las muelas del juicio (*wisdom teeth*) a mi hermano
los carteros	empezar	para Europa en un avión grande
la dentista	escribir	el camión de mi amigo
el mecánico	poner	las cartas en el buzón (*mailbox*)
los periodistas	reparar	un reportaje sobre las elecciones
la consejera	sacar	consejos a todos los empleados
los pilotos	salir	con la construcción de la autopista
la política	venir	a la reunión para explicar el aumento de impuestos

¡Anda! Curso intermedio, Capítulo 2. Deportes, pág. 78, Pasatiempos y deportes, pág. 93; Capítulo 3. La construcción de casas y sus alrededores, pág. 120, Dentro del hogar, pág. 131; Capítulo 4. Las celebraciones y los eventos de la vida, pág. 158; Capítulo 5. Los viajes, pág. 200.

8-10 En quince años ¿Cómo será tu vida en quince años? Completa los siguientes pasos.

Paso 1 Túrnense para hacer y luego contestar las siguientes preguntas con un/a compañero/a.

> **MODELO** ¿Qué trabajo / tener / tú? / Descríbelo.
>
> E1: *¿Qué trabajo tendrás en quince años?*
>
> E2: *Tendré un trabajo en Cleveland. Seré veterinaria. Trabajaré con los animales y…*

1. ¿Qué trabajo / tener / tú? / Descríbelo.
2. ¿Dónde / vivir / tú? / ¿Dónde / vivir / tus amigos?
3. ¿Cómo / ser / tu casa o apartamento?
4. ¿Estar / tú / casado/a? / ¿Tener / tú / hijos?
5. ¿Cómo / pasar / tu familia y tú / su tiempo libre?
6. ¿Adónde / ir / ustedes / de vacaciones?
7. ¿En qué / gastar / ustedes / el dinero?
8. ¿Cómo / servir / tú / a la comunidad?

Paso 2 En grupos de cuatro, compartan sus ideas sobre el futuro de su compañero/a. Usen sus respuestas a las ocho preguntas anteriores.

> **MODELO** E1: *Marsha tendrá un trabajo en Cleveland. Será veterinaria. Trabajará con los animales todos los días. Vivirá en una casa con su esposo…*

8-11 **¿Qué será?** Digan qué harán las siguientes personas el año que viene.

MODELO tu madre

Mi madre empezará un trabajo nuevo en un banco cerca de su casa.

1. su(s) hermano(s)
2. sus mejores amigos
3. su profesor/a de español
4. el/la presidente(a) de los Estados Unidos
5. su(s) padre(s)
6. los estudiantes de la clase de español
7. su(s) equipo(s) de deporte(s) favorito(s)
8. su(s) conjunto(s) musical(es) favorito(s)

8-12 **El año 2040** ¿Cómo será el mundo en el año 2040? Completa los siguientes pasos.

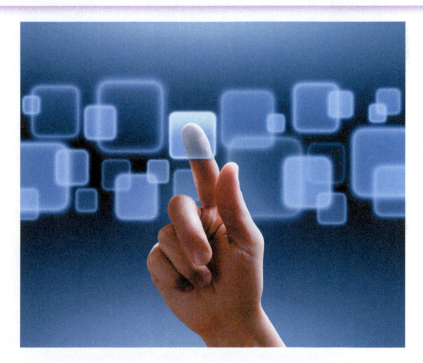

Paso 1 Escribe **cinco** preguntas sobre el futuro.

MODELO *¿Cómo cambiarán los medios de transporte?*

Paso 2 Circula por la clase para hacerles esas preguntas a tus compañeros/as. Deben incluir más detalles en sus respuestas.

MODELO E1: *¿Cómo cambiarán los medios de transporte?*

E2: *Los carros serán eléctricos y los aviones usarán una gasolina sintética. Viajaremos mucho por tren, que también usará un tipo de gasolina sintética…*

3 VOCABULARIO

Más profesiones   Exploring additional professions

la administración de hoteles	hotel management
la banca	banking
las ciencias políticas	political science
el comercio / los negocios	business
la enfermería	nursing
la ingeniería	engineering
la justicia criminal	criminal justice
el mercadeo	marketing
la pedagogía	teaching
la psicología	psychology
la publicidad	advertising
las ventas (por teléfono)	(telemarketing) sales

 Now you are ready to complete the *Preparación y práctica* activities for this chunk online.

¡Anda! Curso elemental, Capítulo 2. Las materias y las especialidades, Apéndice 2.

8·13 ¿Qué estudiarán? Los siguientes estudiantes están interesados en estos trabajos. ¿Qué necesitarán estudiar después de graduarse de la escuela secundaria? Túrnense para hacerse y contestar las preguntas.

Estrategia

Recycling previously learned vocabulary and grammar is extremely important in language learning. Therefore, combined with your new vocabulary words, employ as many previously learned vocabulary words as you can from *Las materias y las especialidades,* in *Capítulo 2* of Appendix 2.

MODELO   Víctor   médico

        E1: *¿Qué estudiará Víctor?*

        E2: *Víctor estudiará medicina.*

1. Daniel   enfermero
2. Caridad   gerente de un banco
3. Niko y Cristina   gerentes de hotel
4. Esteban   ingeniero
5. Lola y Ana Lisa   psicólogas
6. Jorge Luis   hombre de negocios
7. Graciela   mujer policía
8. Julio y Mauricio maestros
9. Tú   ¿…?

 ¡Anda! Curso elemental, Capítulo 2. Las materias y las especialidades; Capítulo 4. Servicios a la comunidad; Capítulo 8. La ropa; Capítulo 10. Los medios de transporte, El viaje; Capítulo 11. La política, Apéndice 2.

¡Anda! Curso intermedio, Capítulo 3. La construcción de casas y sus alrededores, pág. 120, Dentro del hogar, pág. 131; Capítulo 5. Los viajes, pág. 200, Las vacaciones, pág. 211; Capítulo 7. Algunas tiendas y algunos lugares en la ciudad, pág. 302, Algunos artículos en las tiendas, pág. 316.

8·14 Es interesante porque… ¿Cuáles son los aspectos positivos e interesantes de las siguientes profesiones? Juntos, hagan una lista para cada una de las siguientes profesiones.

MODELO   la enfermería

    Es interesante porque siempre trabajas con la gente. Puedes ayudar a las personas enfermas y a sus familias. Eres un factor importante en el mejoramiento del paciente.

1. la pedagogía
2. la administración de hoteles
3. la publicidad
4. la justicia criminal
5. las ciencias políticas
6. la moda
7. la ingeniería
8. la banca

¡Anda! Curso intermedio, Capítulo 5.
El subjuntivo con antecedentes indefinidos o que no existen, pág. 220.

8·15 Tenemos puestos Túrnense para terminar cada una de las siguientes oraciones con una carrera o profesión del vocabulario nuevo y con una descripción breve de la persona ideal para el puesto. No repitan las respuestas.

MODELO   Queremos _____ que _____ (saber)…
          Queremos una secretaria que sepa hablar español.

1. Buscamos un/a _____ que _____ (poder)…
2. Necesitamos un/a _____ que _____ (saber)…
3. Queremos un/a _____ que _____ (ser)…
4. Esperamos encontrar unos/as _____ que no _____ (ser)…
5. Deseamos un/a _____ que _____ (hacer)…

8·16 Algunos hispanos muy influyentes Completa los siguientes pasos.

Paso 1   Lee la siguiente información sobre estos hispanos importantes.

Sara Martínez Tucker (n. 1955) es originalmente de Laredo, Texas. Se graduó con honores de la Universidad de Texas–Austin con un título en periodismo. Fue reportera para el periódico *San Antonio Express* antes de volver a UT para sacar la maestría en comercio. Ha servido como Subsecretaria de Educación del Departamento de Educación estadounidense y como directora del Hispanic Scholarship Fund.

Alfredo Quiñones Hinojosa (n. 1968) es de Mexicali, México y cruzó la frontera de los Estados Unidos con diecinueve años y menos de $5.00 en el bolsillo. Fue trabajador migratorio cuando empezó a tomar cursos en Delta Community College. Después, se matriculó en UC–Berkeley donde decidió estudiar medicina. Se graduó cum laude de la Facultad de Medicina de Harvard, y ahora "Doctor Q" es neurocirujano, profesor y director del programa de cirugía de tumores cerebrales de Johns Hopkins.

Paso 2   Crea **cinco** preguntas sobre las carreras de estos dos hispanos y pregúntaselas a tu compañero/a. Usa **el futuro.**

Paso 3   Ahora, piensa en tu futuro profesional. Escribe una descripción sobre lo que harás.

4 GRAMÁTICA

 El condicional Discussing what would happen or what would be under certain conditions

> ...y podría dejar de trabajar y viajaría por el mundo...

To express an **action dependent upon another action,** you use the **conditional.** The **conditional** is used:

1. to explain what a person *would do* in a given situation.
2. to soften requests.
3. to refer to a past event that is future to another past event.

A. It is formed similarly to the future; that is, the **infinitive is the stem**. The following endings are attached to the infinitive:

	preparar	**comer**	**vivir**
yo	preparar**ía**	comer**ía**	vivir**ía**
tú	preparar**ías**	comer**ías**	vivir**ías**
Ud.	preparar**ía**	comer**ía**	vivir**ía**
él, ella	preparar**ía**	comer**ía**	vivir**ía**
nosotros/as	preparar**íamos**	comer**íamos**	vivir**íamos**
vosotros/as	preparar**íais**	comer**íais**	vivir**íais**
Uds.	preparar**ían**	comer**ían**	vivir**ían**
ellos/as	preparar**ían**	comer**ían**	vivir**ían**

Note the following sentences:

—Con un millón de dólares, yo **dejaría** de trabajar y **viajaría** por el mundo, ¡dos veces!

With a million dollars, I would stop working and travel around the world—twice!

—Ah, ¿sí? Yo me **compraría** una casa en la playa.

Oh, yeah? I would buy myself a house on the beach.

¿**Podrías** llamar al jefe, Violeta?

Could you call the boss, Violeta?

¿**Querría** decirme dónde está la oficina del contador?

Would you tell me where the accountant's office is?

Creíamos que **habría** menos publicidad para los puestos nuevos.

We thought there would be less advertising for the new positions.

Le dijimos al gerente que lo **llamaríamos** aquella tarde.

We told the manager that we would call him that afternoon.

Fíjate

The word "would" does not always translate as the conditional. Remember that when *would* means "used to," as in "When I was a child I would (used to) wake up early every Saturday to watch cartoons," the imperfect tense is needed.

B. The irregular conditional stems are the same as the irregular future tense stems. The following verbs **drop the infinitive vowel**:

haber	habr-	habría, habrías, habría…
poder	podr-	podría, podrías, podría…
querer	querr-	querría, querrías, querría…
saber	sabr-	sabría, sabrías, sabría…

These verbs **replace the infinitive vowel with -d**:

poner	pondr-	pondría, pondrías, pondría…
salir	saldr-	saldría, saldrías, saldría…
tener	tendr-	tendría, tendrías, tendría…
valer	valdr-	valdría, valdrías, valdría…
venir	vendr-	vendría, vendrías, vendría…

These verbs have **different irregularities**:

decir	dir-	diría, dirías, diría…
hacer	har-	haría, harías, haría…

C. Just as there is the future of probability, there is also the **conditional of probability**. It is used to make a **guess about the past and is often translated as** *wonder*.

¿**Estaría** el reportero en la reunión con ellos?	*I wonder whether the reporter was in the meeting with them.*
¿A qué hora **llegaría** la secretaria ayer?	*I wonder what time the secretary arrived yesterday.*
Sería a las ocho y media, como siempre.	*It would have been at 8:30, like always.*

¿? Now you are ready to complete the *Preparación y práctica* activities for this chunk online.

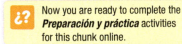

8·17 Cambios Cambien las formas del futuro al **condicional.**

MODELO   estudiaremos
          estudiaríamos

1. (yo) saldré
2. mis profesores irán
3. tú estudiarás
4. el atleta jugará
5. los estudiantes podrán
6. tú y yo pediremos
7. mis mejores amigos vendrán
8. mi familia comerá

8·18 **Aquellos años** ¿Qué harían (o no harían) si ustedes pudieran (*if you could*) volver a vivir los últimos cinco años? Compartan por lo menos **seis** ideas. Pueden usar algunas de las ideas de la lista.

MODELO estudiar

Estudiaríamos más horas al día y durante los fines de semana también.

tomar cursos	salir con los amigos	trabajar / buscar un trabajo
ir de viaje	comprar/vender algo	(no) hacer algo
estudiar	ser activo	visitar a alguien o algún lugar

8·19 **Los planes de Fernanda** Fernanda quiere ser secretaria. Expliquen lo que ella haría, sola y con sus colegas, en ese puesto.

MODELO contestar el teléfono cuando la recepcionista no está

Contestaría el teléfono cuando la recepcionista no está.

1. archivar documentos
2. escribir informes (*reportes*) con su jefa
3. hacer publicidad
4. asistir a reuniones para tomar apuntes
5. atender a los clientes con la recepcionista
6. traducir para los clientes que hablan español
7. coordinar las citas de la jefa

8·20 Consideraciones Escucha las siguientes situaciones e indica cuál es la respuesta más lógica para cada una.

_____ a. Sí, lo sé. Pero mis padres enseñan en escuelas públicas y, dada (*given*) la oportunidad, yo intentaría seguir esta profesión.

_____ b. Yo tampoco. Ese chico está loco, yo no haría para nada lo que él hace para ganarse la vida.

_____ c. Es cierto. Aunque tu hermano y tú son un poco tímidos y no son muy buenos con las matemáticas. ¿Tendrían éxito en esa profesión?

_____ d. Entiendo… y conozco a tu jefe. La verdad, no sé lo que haría en tu posición.

_____ e. ¡Es verdad! Después de un mes de tomar clases, ellos cambiarían de especialidad… por algo más fácil.

 8·21 ¿Qué pasó? Lucía ha perdido su trabajo. Escriban **seis** posibles causas de su pérdida de trabajo. Después, comparen sus razones con las de otros compañeros.

MODELO   *Llegaría tarde al trabajo.*

Nota cultural

La etiqueta del negocio hispano

Para tener éxito en el ambiente de los negocios hispanos, es recomendable seguir una etiqueta basada en las normas culturales apropiadas. Claro que hay diferencias entre los diferentes países y aun entre las compañías dentro del mismo país. En general, existen unas reglas (*rules*) que te servirán muy bien de guía al navegar por el mundo de los negocios hispanos.

1. Los títulos universitarios son muy importantes. Usarlos es un signo de respeto; serás admirado si haces el esfuerzo de emplearlos.
2. Es mejor ser formal: en el lenguaje (*usted* en vez de *tú*), en la ropa (un traje o un vestido conservador y elegante) y en la deferencia que muestras a tus colegas.
3. Una reunión de negocios empezará con una conversación personal para que los participantes se conozcan mejor. Un intento de comenzar inmediatamente con el tema principal del negocio (a la manera estadounidense), eliminando este gesto personal, sería muy mal visto y podría arruinar el negocio desde el principio.

Seguir estas normas no te asegurará (*won't guarantee you*) el éxito, pero sí te dará ciertas ventajas en el mundo hispano de los negocios.

Preguntas

1. ¿Por qué es buena idea seguir esta etiqueta de negocios?
2. ¿Cómo reflejan estas reglas la cultura hispana en particular?
3. Haz una comparación de estas reglas con las normas estadounidenses de los negocios. ¿Qué reglas serían las más difíciles para ti? ¿Cuáles serían las más fáciles? ¿Por qué?

♻ *¡Anda! Curso elemental*, Capítulo 10. Los medios de transporte; El viaje, Apéndice 2.

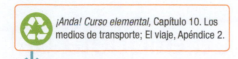

8-22 **Unas vacaciones ideales** Estás ya pensando en las vacaciones de verano. Explícale a tu compañero/a cómo serían tus vacaciones ideales.

♻ *¡Anda! Curso intermedio*, Capítulo 5. Los viajes, pág. 200; Viajando por coche, pág. 205; Las vacaciones, pág. 211.

Estrategia

Remember that in Spanish the word for "vacation" is always plural: *unas vacaciones*.

MODELO   *Para mis vacaciones ideales, yo iría a Cancún. Me quedaría en el Hotel Palacio de la Luna…*

8-23 **¡La lotería!** Compras un billete de la lotería de dos millones de dólares. En grupos de tres, compartan lo que harían con ese dinero. Pueden usar estas preguntas como guía: ¿Qué harías si ganaras (*if you won*)? ¿Seguirías trabajando? ¿Cómo cambiaría tu vida? ¿Qué harías con tanto dinero? ¿Qué comprarías?

Escucha

Una conversación entre colegas

Estrategia	When you listen to a conversation, an announcement, a podcast, etc., you usually do not need to remember exactly what was said. To repeat or	share that information, you would generally *paraphrase* what you heard—that is, retell it using different words or phrases.
Repeating/ paraphrasing what you hear		

8·24 **Antes de escuchar** Emilio y Alicia son los propietarios de un negocio de importación. Acaban de empezar el negocio y necesitan contratar a más empleados. Haz una lista de los diferentes puestos que una compañía como esa necesitaría al empezar.

8·25 **A escuchar** Completa los siguientes pasos.

Paso 1 Escucha la conversación entre Alicia y Emilio para averiguar el tema.

Paso 2 Escucha otra vez, concentrándote en:

1. lo que dice Alicia sobre su trabajo.
2. la idea que tiene Emilio.
3. cómo responde Alicia a su idea.

Paso 3 Parafrasea su conversación en **tres** oraciones.

8·26 **Después de escuchar** Compara tu paráfrasis con las de otros compañeros y juntos decidan cuáles serían las características más importantes para empleados en este momento.

¿Cómo andas? I

	Feel confident	Need to review

Having completed **Comunicación I,** I now can…

- compare and contrast professions. (p. 342) ☐ ☐
- supply details about people, places, and things. (p. 343 and online) ☐ ☐
- indicate actions in the future. (p. 347) ☐ ☐
- explore additional professions. (p. 352) ☐ ☐
- discuss what would happen or what would be under certain conditions. (p. 355) ☐ ☐
- state proper etiquette for doing business in a Hispanic setting. (p. 359) ☐ ☐
- repeat or paraphrase what I hear. (p. 361) ☐ ☐

❯ Comunicación II

5 VOCABULARIO

Una entrevista Considering different aspects of the business world

la formación

el aspirante

la aspirante

el horario

el currículum (vitae) (C.V.)

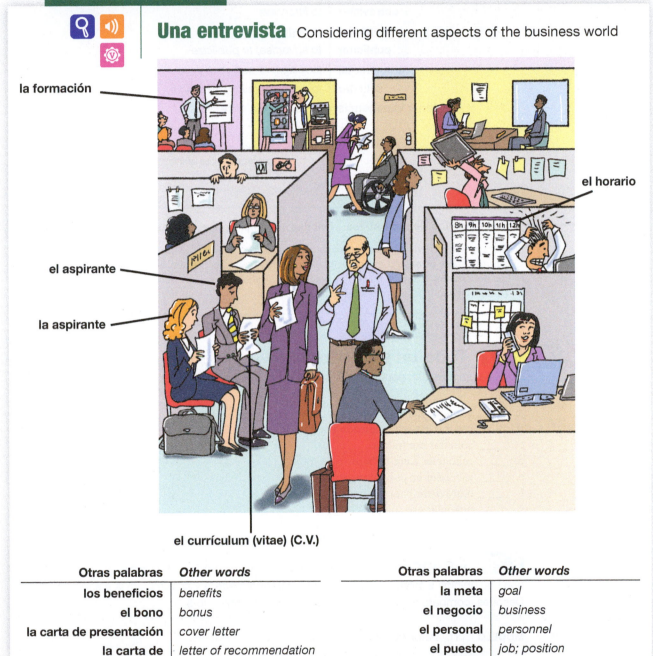

Otras palabras	Other words
los beneficios	benefits
el bono	bonus
la carta de presentación	cover letter
la carta de recomendación	letter of recommendation
la destreza	skill
la empresa	corporation; business
la jornada completa/parcial	full-time / part-time workday

Otras palabras	Other words
la meta	goal
el negocio	business
el personal	personnel
el puesto	job; position
el salario / el sueldo	salary
la solicitud	application (form)
el trabajo	job

Verbos	*Verbs*
ascender (e → ie)	*to advance; to be promoted; to promote*
contratar	*to hire*
entrenar	*to train*
entrevistar	*to interview*
negociar	*to negotiate*
publicitar	*to advertise; to publicize*
renunciar (a)	*to resign; to quit*
solicitar	*to apply for (a job); to solicit*
tener experiencia	*to have experience*

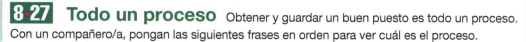

¿? Now you are ready to complete the ***Preparación y práctica*** activities for this chunk online.

REPASO

Los adjetivos demostrativos   **Pointing out people, places, or things**

For a complete review of demonstrative adjectives, go to *¡Anda!* online or refer to **Capítulo 5** of *¡Anda! Curso elemental* in Appendix 3 of your textbook. The vocabulary activities that follow incorporate this grammar point. Practicing new vocabulary with a review grammar point helps to strengthen and increase your knowledge of Spanish.

8·27   **Todo un proceso**   Obtener y guardar un buen puesto es todo un proceso. Con un compañero/a, pongan las siguientes frases en orden para ver cuál es el proceso.

a. _____ anunciar ese puesto
b. _____ contratar a ese empleado nuevo
c. _____ solicitar ese trabajo
d. _____ renunciar a ese trabajo
e. _____ ascender en esa empresa
f. _____ entrevistar para ese puesto
g. _____ negociar ese sueldo

8·28   **Amigo/a, tienes razón**   Tu amigo/a te da su opinión y tú respondes con una opinión similar. Cambia la forma de **este/a** a **ese/a** y añade (*add*) la palabra **también.** Después, compara tus oraciones con las de un/a compañero/a.

MODELO   TU AMIGO/A: Este currículum es muy interesante.

        TÚ: *Sí, y ese currículum es interesante también.*

1. Esta carta de presentación es excepcional.
2. Estos sueldos son muy altos para una empresa tan pequeña.
3. Este puesto en la escuela secundaria tiene un salario más alto que el puesto en la universidad.
4. Estas cartas de recomendación son muy buenas.
5. Estos trabajos son de jornada completa.
6. Esta oficina es impresionante.

¡Anda! Curso elemental, Capítulo 7.
El pretérito, Apéndice 2.

8·29 El puesto perfecto para Francisca Completen la historia que Francisca le cuenta a Sonia con los verbos apropiados en **el pretérito** o **el infinitivo.**

ascender	contratar	publicitar
renunciar	solicitar	ver

¡Hola, Sonia! Sabes que ya soy contadora titulada, pero llevo semanas buscando un trabajo. Acabo de (1) _____ un puesto en el negocio Sedano que es perfecto para mí. Según una amiga mía, dos de los empleados con más experiencia (2) _____ a sus puestos y la empresa empezó a (3) _____ esos trabajos solo hace una semana. Después de ver el anuncio, fue muy fácil (4) _____ uno de los trabajos porque no requerían nada más que dos cartas de recomendación y el currículum.

(UNA SEMANA DESPUÉS)

Había tres jefes en la entrevista. Me gustaron esos jefes y me parece que a ellos les gusté también. Creo que me van a (5) _____. Tienen un programa de formación muy bueno para las personas que quieren (6) _____ rápidamente. Además, el sueldo, los beneficios… ¡todo es fantástico!

8·30 **Un aspirante muy confiado** Escucha lo que dice Antonio, un aspirante con una entrevista. Luego, indica si las oraciones son ciertas (**C**) o falsas (**F**) según lo que has escuchado.

C **F**

1. Antonio se ha preparado para la entrevista.

2. Antonio tiene una buena opinión de sí mismo y de sus habilidades para el puesto.

3. Él tiene planes razonables para su carrera en esta empresa.

4. Tiene expectativas exageradas para la entrevista y la reacción de los entrevistadores.

5. Antonio ha tenido mucha experiencia para este puesto.

6. Su plan para la entrevista cumple con las normas hispanas de negocio.

8·31 **No son iguales** Hablen de los trabajos que aparecen en los anuncios.

Puestos Internacionales

Puesto:	Gerente Regional de Sucursales – Monterrey, México
Nombre de empresa:	Sol y sombra
Autorización para trabajar:	Autorizado/a para trabajar en México
Tipo de puesto:	Permanente, jornada completa
Compensación:	********
Beneficios:	Seguro médico
	Vacaciones pagadas
Viajes:	25%–50%
Idiomas:	Inglés – fluido
	Español – lengua materna
Estudios mínimos:	Título universitario
Años de experiencia mínimo:	6
CVs aceptados en:	Inglés
	Español
Carta de presentación:	No requerida
Descripción breve:	• Asistir y entrenar al personal de las sucursales
	• Crear un ambiente que conduzca al logro del crecimiento en ventas a través de un enfoque de excelencia en el servicio al cliente

Puestos Internacionales

Puesto:	Enfermeros/as (4 puestos)
Nombre de empresa:	TodaSalud
Autorización para trabajar:	Autorizado/a para trabajar en España (Madrid)
Tipo de puesto:	Jornada parcial
Compensación:	********
Viajes:	Zona Capital y Corredor del Henares
Idiomas:	Español – fluido
Estudios mínimos:	Título universitario, Enfermería
Años de experiencia mínimo:	********
CVs aceptados en:	Español
Carta de presentación:	********
Descripción breve:	Empresa líder en el sector de servicios sociales necesita enfermeros/as para MADRID CAPITAL Y CORREDOR DEL HENARES para trabajar a JORNADA PARCIAL (lunes a viernes de 8:30–14:30 y/o 16:30–20:30). Contrato estable de larga duración.

1. ¿Cuál es el más interesante? ¿Por qué?
2. ¿Cuál es el menos interesante? ¿Por qué?
3. ¿Cuáles serían los mejores puestos para ustedes? Expliquen.

6 GRAMÁTICA

 El futuro perfecto Denoting what will have happened

Like the **presente perfecto,** the **futuro perfecto** is formed with **haber + past participle.** In this case, the **future** of **haber** is used. This tense is the equivalent of *will have _____-ed* in English.

No te preocupes, Carlos. Habrás ascendido en menos de dos meses.

	solicitar	ascender	invertir
yo	habré solicitado	habré ascendido	habré invertido
tú	habrás solicitado	habrás ascendido	habrás invertido
Ud.	habrá solicitado	habrá ascendido	habrá invertido
él, ella	habrá solicitado	habrá ascendido	habrá invertido
nosotros/as	habremos solicitado	habremos ascendido	habremos invertido
vosotros/as	habréis solicitado	habréis ascendido	habréis invertido
Uds.	habrán solicitado	habrán ascendido	habrán invertido
ellos/as	habrán solicitado	habrán ascendido	habrán invertido

- The irregular past participles are the same as for the other perfect tenses.

abrir	**abierto**	hacer	**hecho**	romper	**roto**
cubrir	**cubierto**	morir	**muerto**	ver	**visto**
decir	**dicho**	poner	**puesto**	volver	**vuelto**
escribir	**escrito**	resolver	**resuelto**		

- The **futuro perfecto** expresses an action that *will have occurred* or *will be completed by an anticipated time in the future.*

Habrás ascendido en menos de dos meses. *You will have advanced in less than two months.*

Habré conseguido mis metas antes de graduarme. *I will have reached my goals before I graduate.*

Habrán publicitado la conferencia para finales de junio. *They will have publicized the conference by the end of June.*

 Now you are ready to complete the *Preparación y práctica* activities for this chunk online.

8·32 **Cambios** ¿Qué habrán hecho estas personas para el año que viene? Cambien las formas del **presente perfecto** al **futuro perfecto** para averiguarlo.

MODELO   Noé ha solicitado el trabajo.

Para el año que viene, Noé habrá solicitado el trabajo.

1. El abogado ha ascendido.
2. Los agentes han llegado a un acuerdo.
3. La ingeniera ha terminado el proyecto.
4. Mi contadora y yo hemos hecho algunos cambios en mis finanzas.
5. El gerente ha escrito un reporte sobre la huelga.
6. Yo he puesto más dinero en el banco.

8·33 **El círculo** En grupos de cinco o seis, túrnense para decir algo que habrán hecho para la semana que viene. Hay que recordar y repetir lo que acaban de decir las otras personas. Sigan hasta que cada estudiante haya dicho **dos** oraciones.

MODELO   CORINA: *Habré terminado la novela para mi clase de inglés.*

ESTEBAN: *Corina habrá terminado la novela para su clase de inglés y yo habré hecho la tarea de español.*

CARMELA: *Corina habrá terminado la novela para su clase de inglés, Esteban habrá hecho la tarea de español y yo habré limpiado todo mi apartamento...*

8·34 **Las profesiones de mis amigos** Piensa en cinco amigos o parientes de tu edad, más o menos, y di qué trabajos habrán conseguido para el año 2025. Después, comparte tu lista con un/a compañero/a.

ser	to be
hacerse	to become
conseguir un puesto de...	to get a job/position as...

MODELO   *Ignacio habrá conseguido un puesto de gerente en un hotel de lujo.*

8·35 **Para tener éxito** Piensen en las siguientes profesiones y para cada una, expliquen lo que habrá hecho una persona para llegar a tener éxito en su profesión.

MODELO el maestro

Un maestro habrá estudiado y sacado un título en pedagogía. También habrá observado a maestros con experiencia y habrá dado clases para practicar...

1. el reportero
2. la dentista
3. el abogado
4. la veterinaria
5. el profesor
6. la mujer de negocios

¡Anda! Curso intermedio, Capítulo 2. Deportes, pág. 78; Pasatiempos y deportes, pág. 93; Capítulo 3. La construcción de casas y sus alrededores, pág. 120; Dentro del hogar, pág. 131; Capítulo 4. Las celebraciones y los eventos de la vida, pág. 158; Capítulo 5. Los viajes, pág. 200; Capítulo 7. Algunos artículos en las tiendas, pág. 316.

8·36 **Para finales del mes y del año** Escribe una lista de por lo menos **seis** deportes, pasatiempos o cosas que habrás hecho para finales del mes. Luego, escribe otra lista de por lo menos **seis** cosas que habrás comprado o recibido como regalo para finales del año. Comparte tus listas con un/a compañero/a.

MODELO E1: *¿Qué habrás hecho como deporte o pasatiempo para finales del mes?*

E2: *Habré practicado yoga. También, mi padre y yo habremos hecho trabajo de carpintería...*

E1: *¿Qué habrás comprado o recibido como regalo para finales del año?*

E2: *Habré comprado una computadora nueva, un traje, unos libros...*

8·37 **El consejero de Daniel** Daniel está hablando con su consejero de trabajo. El consejero sabe que Daniel no es una persona muy organizada y además hace todo a última hora. Él le da unas fechas límites (*deadlines*) dentro de las dos semanas próximas y Daniel responde si puede o no. Desarrollen la situación en unas **ocho** a **diez** oraciones de diálogo y representen la escena para sus compañeros/as de clase.

MODELO CONSEJERO: *Hola, Daniel. ¿Has solicitado ese puesto que te interesaba tanto?*

DANIEL: *No, todavía no. He tenido mucho que hacer recientemente.*

CONSEJERO: *Pues, mira. Para el viernes ¿habrás terminado con la carta de presentación?...*

7 VOCABULARIO

El mundo de los negocios   Conveying business concepts

Algunos sustantivos	*Some nouns*
el acuerdo	*agreement*
la adquisición	*acquisition*
la agencia	*agency*
el ahorro	*savings*
la bancarrota	*bankruptcy*
la bolsa	*stock market*
la jubilación	*retirement*
la junta	*commission; board; committee*
el lucro	*profit*
la venta	*sale*
el/la vocero/a	*spokesperson*

Algunos adjetivos	*Some adjectives*
actual	*current; present*
administrativo/a	*administrative*
ejecutivo/a	*executive*
financiero/a	*financial*
laboral	*work-related*
profesional	*professional*
sin fines de lucro	*nonprofit*

Algunos verbos	*Some verbs*
ahorrar	*to save*
apropiarse	*to take over; to appropriate*
despedir (e → i → i)	*to fire (from a job)*
fabricar	*to manufacture*
hacer publicidad	*to advertise*
hacer una huelga	*to strike*
invertir (e → ie → i)	*to invest*
jubilarse	*to retire*

¿? Now you are ready to complete the *Preparación y práctica* activities for this chunk online.

 8·38 **Mímica** Hagan mímica en grupos de cuatro con el vocabulario nuevo. Sigan jugando hasta que cada estudiante represente tres palabras nuevas diferentes.

8·39 **Frases fracturadas** Usen las siguientes palabras para crear oraciones lógicas.

MODELO   acuerdo / comerciante / salvar / huelga

El acuerdo entre los comerciantes nos salvó de la huelga.

1. reportero / decir / hacer huelga / reunión inmediata / propietarios
2. junta / mandar / comerciantes / dejar de comprar / productos / fabricar / papel
3. problemas laborales / empezar / adquisición / agencia nueva / jubilación / presidente
4. venta / agencia / ser necesaria / más de un año / lucro

8·40 **En nuestra opinión** Debatan las siguientes oraciones para determinar si están de acuerdo.

1. Es muy difícil ahorrar dinero.
2. La gente se declara en bancarrota por varias razones.
3. El mercadeo es la parte más importante de un negocio.
4. Las personas deben jubilarse antes de cumplir los setenta años.
5. Invertir en la bolsa es perder dinero.

> ♺ *¡Anda! Curso intermedio,* Capítulo 4. El presente perfecto de subjuntivo, pág. 178.

 8·41 **La búsqueda** Busca a alguien que tenga experiencia o que conozca a alguien que haya tenido experiencia con cada situación indicada.

MODELO   jubilarse

TÚ: *¿Conoces a alguien que se haya jubilado?*

MANNY: *Sí, mi abuelo acaba de jubilarse.*

SITUACIÓN O EXPERIENCIA	PERSONA
1. jubilarse	el abuelo de Manny
2. participar en una huelga	
3. trabajar con una compañía sin fines de lucro	
4. saber negociar muy bien	
5. ahorrar la mitad de su sueldo	
6. servir en una junta de la universidad o del gobierno local	
7. ser periodista o reportero	
8. perder mucho dinero en la bolsa	

8 GRAMÁTICA

El condicional perfecto
Referring to what would have happened

The **condicional perfecto** is used to express an action that *would have or should have occurred under certain conditions but did not*. The English equivalent of this tense is *would have* _____ *-ed / should have* _____ *-ed*. The **condicional perfecto** is formed as follows:

Habría ahorrado dinero, pero encontré este carro fantástico y...

	ahorrar	ascender	invertir
yo	habría ahorrado	habría ascendido	habría invertido
tú	habrías ahorrado	habrías ascendido	habrías invertido
Ud.	habría ahorrado	habría ascendido	habría invertido
él, ella	habría ahorrado	habría ascendido	habría invertido
nosotros/as	habríamos ahorrado	habríamos ascendido	habríamos invertido
vosotros/as	habríais ahorrado	habríais ascendido	habríais invertido
Uds.	habrían ahorrado	habrían ascendido	habrían invertido
ellos/as	habrían ahorrado	habrían ascendido	habrían invertido

Note: This tense is formed similarly to the future perfect. Review the following sentences.

Con mejor información, **habríamos apropiado** suficiente dinero.

¿**Habrías invertido** más dinero en la bolsa el año pasado?

Mi padre **habría ascendido** al puesto de ejecutivo financiero, pero se jubiló muy joven.

With better information, we would have appropriated sufficient money/funds.

Would you have invested more money in the stock market last year?

My father would have advanced to the position of financial executive, but he retired very young.

 Now you are ready to complete the *Preparación y práctica* activities for this chunk online.

8·42 Un cambio de planes Fernanda no consiguió el trabajo de secretaria y entonces decidió estudiar mercadeo. Expliquen lo que ella habría hecho como secretaria si hubiera conseguido (*would have gotten*) el trabajo.

MODELO   contestar el teléfono cuando la recepcionista no estaba
          Habría contestado el teléfono cuando la recepcionista no estaba.

1. archivar documentos
2. escribir informes con su jefa
3. hacer publicidad
4. asistir a reuniones para tomar apuntes
5. atender a los clientes con la recepcionista
6. traducir para los clientes que hablan español
7. coordinar las citas de la jefa

8·43 Dos años después Cambien los verbos del **condicional** al **condicional perfecto** para expresar lo que estas personas habrían hecho.

MODELO   Mayra invertiría más dinero en la bolsa.
          Mayra habría invertido más dinero en la bolsa.

1. Daniel y yo ahorraríamos más dinero.
2. Papá, tú te jubilarías mucho más joven.
3. Su negocio produciría más productos "verdes".
4. Mi hermano compraría algunos de los negocios de la competencia.
5. Esos empleados harían una huelga bajo aquellas circunstancias.
6. Yo les daría más tiempo y dinero a las organizaciones sin fines de lucro.
7. El contador se lo diría todo al propietario antes de la bancarrota.

8·44 Con más… Siempre necesitamos más, ¿verdad? Terminen las siguientes oraciones de manera lógica, siguiendo el modelo.

MODELO   Con más ventas el negocio…
          Con más ventas el negocio no habría despedido a tantos empleados.

1. Con más tiempo nosotros…
2. Con más dinero mis padres…
3. Con más apoyo (*support*) yo…
4. Con más experiencia mi amigo…
5. Con más beneficios la empresa…
6. Con más solicitudes los aspirantes…

8·45 **Teléfono** Escuchen mientras su profesor/a les da las instrucciones para este juego, conocido en inglés como *Gossip*.

8·46 **La aspirante ideal** La mujer que Emilio encontró para trabajar como asistente personal de Alicia solo duró tres semanas: Alicia la despidió. Ayúdenle a Alicia a explicar cómo habría sido la asistente personal ideal (lo opuesto de esa mujer). Digan por lo menos **ocho** características y destrezas que debería haber tenido.

MODELO   *La asistente ideal habría sido muy simpática y positiva. Esa mujer era antipática y muy negativa. La aspirante ideal habría llegado a tiempo al trabajo y esa mujer siempre llegaba tarde…*

Perfiles

🔊 El trabajo y los negocios

Aquí tenemos ejemplos de personas que han tenido éxito en sus profesiones.

▶ Una de las aplicaciones de juego más populares en Latinoamérica, España y Estados Unidos no se desarrolló en Silicon Valley, sino (*but*) en Buenos Aires. **Maximo Cavazzani**, un empresario tecnológico argentino, es el creador del galardonado (*award-wining*) juego de trivia "Preguntados" (su nombre en español) / "Trivia Crack" (su nombre en inglés) y de muchos otros. El juego es adictivo y se basa en preguntas sobre temas que van desde los deportes hasta la geografía y en el que (*which*) los usuarios pueden jugar con amigos u oponentes desconocidos y sugerir sus propias preguntas.

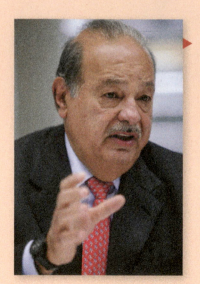

Carlos Slim Helú (n. 1940), un ingeniero muy astuto en el mundo de los negocios, es un billonario mexicano que hizo su fortuna en la industria de telecomunicaciones. Ha sido el número uno y dos en la lista de Forbes entre los años 2010 y 2015. Tal vez continúe en esta posición por muchos años más.

Ana Patricia Botín (n. 1960) es nativa de Santander, España, y viene de una familia de banqueros. En 2014, el día después de la muerte de su padre, fue nombrada Presidenta Ejecutiva de Grupo Santander, un grupo bancario con presencia en todo el mundo. Y así se convirtió en la primera mujer en dirigir un banco europeo de gran importancia. Es número 18 entre las mujeres más poderosas del mundo en la lista de Forbes de 2015.

Preguntas

1. ¿Qué profesiones tienen estas personas?
2. ¿Por qué han tenido éxito en sus trabajos?
3. Compara las carreras indicadas aquí y las carreras presentadas en las secciones de *Perfiles* en los capítulos anteriores.

8·47 Lo que habría hecho... Algo muy difícil: necesitas imaginar que tienes ochenta años y estás recordando unos momentos y eventos de tu vida. Completa los siguientes pasos.

Paso 1   Imagina lo que podrías decir en cada caso.

> **MODELO**   Con más tiempo   viajar
>
> *Con más tiempo, habría viajado a más países del mundo.*

1. viajar
2. hacer
3. trabajar
4. escribir
5. decir
6. comer
7. ¿...?
8. ¿...?

Paso 2   Comparte tus reflexiones con un/a compañero/a.

> **MODELO**   E1:   *Con más tiempo, habría viajado a muchos más países del mundo. ¿Y tú?*
>
> E2:   *Yo habría viajado a África para trabajar. ¿Qué habrías hecho tú?*
>
> E1:   *Yo habría adoptado a un niño...*

Paso 3   Ahora, hablen de las cosas que ya habrán hecho para aquel entonces (*by then*).

> **MODELO**   *Yo habré trabajado treinta años como propietario de un negocio de construcción de casas. Habré construido más de dos mil casas "verdes". Mi esposa y yo habremos estado casados por cincuenta años y habremos tenido tres hijos...*

¡Conversemos!

Estrategias comunicativas Expressing good wishes, regret, comfort, or sympathy

Whether in the world of work or on a personal basis, we sometimes need to congratulate or give condolences. As in English, there are different expressions for different occasions.

Para felicitar a alguien	Expressing good wishes
• ¡Felicidades! / ¡Lo/La felicito! / ¡Enhorabuena!	*Congratulations!*
• ¡Qué maravilloso/extraordinario/estupendo!	*How marvelous/extraordinary/stupendous!*
• ¡Sensacional! / ¡Fenomenal! / ¡Qué bueno!	*Sensational! / Phenomenal! / Good!*

Para expresar pesar / consuelo o compasión	Expressing regret / sympathy
• Lo siento.	*I'm sorry.*
• ¡Qué pena / lástima!	*What a shame/pity!*
• ¡Ánimo!	*Cheer up! / Hang in there!*
• Esto pasará pronto.	*This will soon pass.*
• No se/te preocupe/s.	*Don't worry.*
• Tranquilo.	*Relax. / Calm down.*
• Mis más sinceras condolencias.	*My most heartfelt condolences.*
• Mi más sentido pésame.	*You have my sympathy.*

🔊 **8·48 Diálogo** Escucha el diálogo y contesta las siguientes preguntas.

1. ¿Qué pasó con Lalo y cómo reaccionó Roberto?
2. ¿Qué otras expresiones habría podido decirle Roberto a Lalo al final?

👥 **8·49 ¿Qué hago?** Hace unos años, había un programa original de la televisión norteamericana que se llamaba *What's My Line?* En grupos de cuatro, uno de ustedes va a seleccionar una carrera, un puesto o una profesión sin compartirlo con sus compañeros. Los otros tres tienen que adivinar (*guess*) lo que escogiste y te hacen preguntas que requieren una respuesta de **sí** o **no**. Respondan con sus expresiones nuevas. Túrnense hasta que todos escojan una profesión.

MODELO E1: (seleccionó administración de hoteles)

E2: *¿Trabajarás en una oficina?*

E1: *A veces sí, a veces no. Ánimo.*

E3: *¿Tendrás una jornada larga?*

E1: *Sí. Lo felicito. Otra pregunta…*

Estrategia

Remember that *el futuro* can express probability (*wonder, might, probably*).

8·50 **¿Qué será?** ¿Cómo será el futuro? Crea **ocho** oraciones con **ocho** verbos diferentes con tus predicciones del futuro para ti, tu familia y el mundo en general. Tu compañero/a tiene que reaccionar a tus predicciones. Túrnense y usen **el futuro** o **el futuro perfecto**.

MODELO   E1:   *Me casaré dentro de cinco años.*

              E2:   *¡La felicito!*

              E2:   *Mi hermano habrá perdido su puesto.*

              E1:   *Lo siento. ¡Ánimo!…*

> **Estrategia**
>
> Consult p. 347 to review how to form the *future* and p. 367 for the *future perfect*.

8·51 **Situaciones de la vida** En nuestras vidas, encontraremos todo tipo de situaciones… unas felices y otras tristes. Creen personajes y conversaciones para las siguientes situaciones. Cada conversación debe tener por lo menos **cinco** oraciones.

Una conversación con un/a colega (*colleague*) que acaba de…

1. jubilarse.
2. recibir un bono.
3. renunciar a su puesto.
4. ascender en la corporación.
5. ser despedido/a de su puesto.
6. recibir la noticia de que alguien muy querido ha muerto.

8·52 **Una presentación formal** Hay muchas compañías con problemas financieros. Te invitaron a hacer una presentación sobre cómo evitar la inminente bancarrota de la Corporación X. Crea una presentación (con ilustraciones si quieres) para decirle a la junta qué habrías hecho (**el condicional perfecto**) en su lugar y lo que harías (**el condicional**) para arreglar la situación. Di por lo menos **diez** oraciones incluyendo expresiones de consuelo.

8·53 **¡Éxito!** Solicitaron un puesto y los invitaron a entrevistarse. Creen un diálogo sobre una entrevista incluyendo la siguiente información. Uno/a de ustedes hace el papel del jefe / de la jefa y el/la otro/a es el/la aspirante. Completen los siguientes pasos.

Paso 1   Después de saludarse, su entrevista debe incluir por lo menos **diez** oraciones para cada uno de ustedes. El/La aspirante debe usar **el futuro** para decir lo que hará en el puesto. El/La jefe/a puede usar **el condicional** para preguntar lo que haría el/la aspirante en ciertas situaciones.

Paso 2   Al final, el/la jefe/a le ofrecerá al/a la aspirante el puesto, y el/la aspirante reaccionará de manera apropiada.

> **Estrategia**
>
> Use the following words in your interview: *los beneficios, el bono, la carta de recomendación, el currículum, las destrezas, el horario, la jornada, la meta,* and *tener experiencia.*

> **Estrategia**
>
> Remember that when addressing an employer, you would use *usted*, not *tú*.

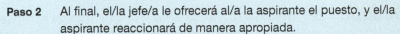

Escribe

Una carta de solicitud

Estrategia	Business and personal letters employ certain conventional phrases for beginnings and endings. Business letters often	have additional stock phrases used to indicate purpose, request information, and refer to enclosures.
Greetings and closings in letters		

CARTA COMERCIAL	*BUSINESS LETTER*
Saludos	*Greetings*
(Muy) Estimado/a señor/a García:	*Dear Mr./Mrs. García:*
Muy señor/a mío/a:	*Dear Sir/Madam:*
A quien corresponda:	*To Whom It May Concern:*
Despedidas	*Closings*
(Muy) Atentamente,	*Sincerely,*
Cordialmente,	*Cordially,*
CARTA PERSONAL	*PERSONAL LETTER*
Saludos	*Greetings*
Querido/a Raúl/Pilar:	*Dear Raúl/Pilar,*
Despedidas	*Closings*
Un (fuerte) abrazo,	*A (big) hug,*
Con cariño,	*With love,*

8·54 Antes de escribir Escribirás una carta de solicitud para obtener una entrevista con una compañía que tiene un trabajo que te interesa. Antes de escribirla, haz una lista de las cualificaciones que tienes para el trabajo.

8·55 A escribir Escribe tu carta de solicitud. Asegúrate de incluir:

- un saludo apropiado.
- una oración introductoria que presente el propósito de la carta.
- tus cualificaciones para el trabajo (incluye tu educación y tus habilidades).
- lo que vas a adjuntar (si es apropiado; por ejemplo, un C.V.).
- una despedida apropiada.

8·56 Después de escribir Revisa tu carta una vez más para corregir los errores de gramática, vocabulario y ortografía. Ese tipo de errores asegurará que tu carta no tenga el éxito que esperas.

¿Cómo andas? II

	Feel confident	Need to review
Having completed **Comunicación II,** I now can...		
• consider different aspects of the business world. (p. 363)	☐	☐
• point out people, places, or things. (p. 364 and online)	☐	☐
• denote what will have happened. (p. 367)	☐	☐
• convey business concepts. (p. 370)	☐	☐
• refer to what would have happened. (p. 373)	☐	☐
• identify some people with interesting professions. (p. 376)	☐	☐
• express good wishes or sympathy. (p. 378)	☐	☐
• employ appropriate salutations and closings in letters. (p. 380)	☐	☐

Vistazo cultural

🔊 Algunos negocios y profesiones en Argentina y Uruguay

Habría terminado con mis estudios después de sacar la licenciatura en Economía, pero me interesan los negocios y las finanzas para el beneficio de la empresa y de la sociedad. Por lo tanto, decidí continuar mi educación y para el año que viene habré terminado mi título posgrado en el programa de Costos y Gestión Empresarial (*Business Management*) en la Universidad Nacional de Rosario.

Adriana Baronio Ruiz, estudiante de posgrado en Gestión Empresarial

El gaucho: símbolo cultural de La Pampa

El gaucho es muy conocido como el vaquero (*cowboy*) de Argentina y Uruguay. Se encuentra en la Pampa y otros lugares rurales, trabajando con el ganado vacuno (de vacas). Por eso, su caballo le resulta indispensable; se dice que un gaucho sin caballo sería como un hombre sin piernas.

El tango: una profesión y una pasión

El tango es otro símbolo cultural claramente asociado con Argentina y con su mejor conocido cantante de tangos, Carlos Gardel. Bailar el tango requiere una atención y una devoción total. Así que la profesión del bailador/instructor de tango es más que un trabajo: es una pasión compartida con el pueblo argentino.

Los alfajores: el sabor argentino

El alfajor es un dulce tradicional cuyo nombre viene del árabe. Son dos galletas rellenas (*filled*) de dulce de leche (sabor a caramelo) y cubiertas de chocolate. La empresa de Alfajores Havanna en Mar del Plata empezó a producirlo en el año 1948; luego esta confección llegaría a ser un símbolo de lo argentino en todo el mundo.

La industria de vinos

La viticultura (producción de vino) argentina es una industria muy fuerte. Argentina es el quinto país del mundo en la producción de vinos, con la mayoría de la cultivación de las uvas en la provincia de Mendoza. Esta industria ha ayudado mucho al mejoramiento de la economía del país.

El mate: el símbolo del Cono Sur

El mate es el receptáculo para el consumo de yerba mate, "la bebida nacional" de Uruguay y Argentina. Los mates pueden ser sencillos o muy elaborados, según el gusto del artista que los hace. Tradicionalmente, se hacen de una calabaza, pero pueden ser de otros materiales también.

Aeromás es un negocio uruguayo

Aeromás es un negocio de transporte aéreo privado basado en Montevideo, Uruguay; inició sus operaciones en el año 1983. Se puede contratar Aeromás para transportar correo y carga (cargo). Hay vuelos para viajeros en aeronaves ejecutivas con asistentes de vuelo. La empresa también ofrece el servicio de entrenamiento de pilotos.

Punta del Este

Situada sobre una franja (*strip*) de tierra entre el río de la Plata y el océano Pacífico, Punta del Este en Uruguay es uno de los **destinos turísticos** más famosos de América Latina. La playa Mansa tiene aguas calmas por estar en el lado del río, y la playa Brava tiene aguas más turbulentas por estar en el lado del océano. Muchos uruguayos y argentinos van de vacaciones allí.

Preguntas

1. ¿Cuáles de las profesiones y los negocios te interesan? ¿Por qué?
2. ¿Cuáles de las profesiones mencionadas se pueden convertir en un negocio propio? ¿Cómo?
3. ¿Existen profesiones o negocios que son culturalmente estadounidenses? Explica.

Cine

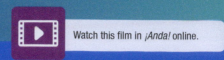 Watch this film in *¡Anda!* online.

RECURSOS HUMANOS

8·57 Antes de ver el cortometraje Contesta las siguientes preguntas.

1. ¿Tienes un trabajo? ¿En qué consiste?
2. ¿Has estado en una entrevista de trabajo recientemente? Describe cómo fue y qué preguntas te hicieron.
3. Presta atención al título del cortometraje y a los fotogramas. ¿Qué va a ocurrir?

Estrategia **Pausing to ask and answer questions**	Now that you have developed several skills to help your comprehension of the *cortometraje* (e.g., use visual clues to aid comprehension), you are ready to pause and ask and answer questions about	the *cortometrajes*. While doing this, focus your attention on specific dialogues, actions, and the scenery to identify moments in a film—plot twist—where questions arise and must be answered.

Additional vocabulary practice in *¡Anda!* online

Vocabulario

actualizar	*to update*
baja	*medical leave*
echar (a alguien)	*to fire*
estado civil	*marital status*
ONG	*NGO (non-governmental organization)*
paro	*unemployment*
poner de tu parte	*to do your bit*
realizar	*to perform*
sumar puntos	*to gain points*

8·58 Mientras ves el cortometraje Presta atención a los personajes, sus palabras y sus acciones. ¿Qué documento revisa el hombre? ¿Cuál es su actitud hacia la mujer? ¿Cómo reacciona ella a sus gestos y palabras?

1. ¿Por qué no pondrán la foto?

2. Buenos días.

3. Es de las que te gustan.

4. ¿Cuánto hace que no actualizas tu currículum?

8·59 **Después de ver el cortometraje** Contesta las siguientes preguntas.

1. ¿En qué consiste el trabajo del hombre que aparece al comienzo de la historia?
   a. contar el dinero de la empresa   b. entrevistar a los futuros empleados
   c. vender publicidad sobre la empresa
2. ¿Quién es la mujer sentada en la oficina?
   a. una empleada   b. una mujer de negocios   c. una consultora
3. ¿Por qué crees que el hombre prefiere que el currículum tenga una foto?
4. Recursos humanos es el nombre de la oficina que es responsable de entrevistar, contratar y entrenar a los trabajadores de una empresa. ¿Cómo interpretas el título del cortometraje en la relación con la historia?
5. Al final del cortometraje la mujer le dice al hombre: "¿Cuánto hace que no actualizas tu currículum?" ¿Cómo interpretas esta pregunta?

¿? For additional *Cine* content and activities, go to *¡Anda!* online.

El delantal blanco

8•60 **Antes de leer** Contesta las siguientes preguntas.

1. ¿Qué te dicen los objetos materiales que una persona compra y lo que lleva (la ropa, las joyas, los zapatos, etc.)? ¿Es importante para algunas personas tener mucho dinero y mostrarlo? ¿Por qué? ¿Te importa demasiado lo que piensan los demás?
2. Mientras lees, es útil hacerte preguntas básicas sobre los personajes, el lugar, el tiempo y la acción. ¿Qué preguntas te harías mientras lees? Aquí tienes algunos ejemplos sobre los personajes para empezar. Escribe otras sobre el tiempo, el lugar y la acción de la obra de teatro.

ELEMENTOS	PREGUNTAS
Personaje(s)	¿Qué personajes aparecen en la obra de teatro? ¿Qué hace(n)? ¿Cómo se siente(n)?
Lugar	
Tiempo	
Acción	

Estrategia

Checking comprehension and determining/adjusting reading rate

Good readers adjust their reading rates depending on their purpose for reading and the nature of the text. When reading for pleasure, one tends to read faster. When reading for memory and comprehension for later recall, one tends to read more slowly. In the latter case, readers concentrate more and reread passages to ensure comprehension. They check their hypotheses, confirm or reject them, and move forward or back in the text accordingly.

When reading a play like this one, readers may have to read dialogue more slowly and possibly reread scenes as well as stop and check for comprehension frequently.

8•61 **Mientras lees** Mientras lees, presta atención a tu ritmo de lectura y tu nivel de comprensión. ¿Lees el diálogo lentamente o tienes que leerlo varias veces? Después de leer varias líneas, haz una pausa y confirma si comprendiste lo que leíste.

El delantal blanco (fragmento)

Sergio Vodanovic

Contexto: La señora y la empleada conversan. La señora es grosera y le dice a la empleada que deje de leer una revista y que vigile a Alvarito, el hijo de la señora.

La playa. Al fondo, una carpa°. Frente a ella, sentadas a su sombra, LA SEÑORA y LA EMPLEADA. LA SEÑORA está en traje de baño y, sobre él, usa un blusón° de toalla blanca que le cubre hasta las caderas. Su tez° está tostada por un largo veraneo°. LA EMPLEADA viste su uniforme blanco. LA SEÑORA es una mujer de treinta años, pelo claro, rostro atrayente aunque algo duro. LA EMPLEADA tiene veinte años, tez blanca, pelo negro, rostro plácido y agradable.

[…]

LA EMPLEADA deja la revista y se incorpora para ir donde está Alvarito.

LA SEÑORA:	¡No! Lo puedes vigilar° desde aquí. Quédate a mi lado, pero observa al niño. ¿Sabes? Me gusta venir contigo a la playa.
LA EMPLEADA:	¿Por qué?
LA SEÑORA:	Bueno… no sé… Será por lo mismo que me gusta venir en el auto, aunque la casa esté a dos cuadras. Me gusta que vean el auto. Todos los días, hay alguien que se para al lado de él y lo mira y comenta. No cualquiera tiene un auto como el de nosotros… Claro, tú no te das cuenta de la diferencia. Estás demasiado acostumbrada a lo bueno… Dime… ¿Cómo es tu casa?
LA EMPLEADA:	Yo no tengo casa.
LA SEÑORA:	No habrás nacido empleada, supongo. Tienes que haberte criado en alguna parte, debes haber tenido padres… ¿Eres del campo?
LA EMPLEADA:	Sí.
LA SEÑORA:	Y tuviste ganas de conocer la ciudad, ¿ah?
LA EMPLEADA:	No. Me gustaba allá.
LA SEÑORA:	¿Por qué te viniste, entonces?
LA EMPLEADA:	Tenía que trabajar.
	[…]
LA EMPLEADA:	(Como para sí°.) Me gustaría casarme…
LA SEÑORA:	¡Tonterías! Cosas que se te ocurren° por leer historias de amor en las revistas baratas… Acuérdate de esto: los príncipes azules ya no existen. No es el color lo que importa, sino el bolsillo.
	[…] Sin la plata° no somos nada. Yo tengo plata, tú no tienes. Ésa es toda la diferencia entre nosotras. ¿No te parece?

Marginal glosses:
- carpa° — *beach cabana*
- blusón° — camisa grande
- tez° — piel
- veraneo° — vacaciones de verano
- vigilar° — mirar
- sí° — *talking to herself*
- ocurren° — *that occur to you*
- plata° — dinero

(continued)

LA EMPLEADA:	Sí, pero…	
LA SEÑORA:	¡Ah! Lo crees, ¿eh? Pero es mentira. Hay algo que es más importante que la plata: la clase. Eso no se compra. Se tiene o no se tiene. Álvaro no tiene clase. Yo sí la tengo. Y podría vivir en una pocilga° y todos se darían cuenta de que soy alguien. No una cualquiera.° Alguien. Te das cuenta, ¿verdad?	lugar donde viven los cerdos/*Not just anybody*
LA EMPLEADA:	Sí, señora. [...]	
LA SEÑORA:	Debe ser curioso… Mirar el mundo desde un traje de baño arrendado o envuelta° en un vestido barato… o con uniforme de empleada como el que usas tú [...] Dime… ¿Cómo se ve el mundo cuando se está vestida con un delantal blanco?	*wrapped*
LA EMPLEADA:	(Tímidamente.) Igual… La arena tiene el mismo color… las nubes son iguales… Supongo. [...]	
LA SEÑORA:	Mira. Se me ha ocurrido algo. Préstame tu delantal. [...]	

8•62 Después de leer Contesta las siguientes preguntas.

1. Como muchas obras de teatro, *El delantal blanco* empieza con una *acotación* de varias líneas sobre el escenario y algunos de los personajes. Léela otra vez y después dibuja el escenario y los personajes. Comparte tu escenario con un/a compañero/a de clase.
2. Describe con detalle a la señora y la empleada. ¿Cuál crees que será la situación socioeconómica de la señora? ¿Y la de la empleada? Explica.
3. Mira las preguntas que escribiste en la actividad 4 de *Antes de leer* sobre el lugar, el tiempo y la acción de una obra de teatro y contéstalas.
4. La señora no quiere que la empleada la deje sentada sola en la playa. ¿Por qué crees que quiere la señora que la empleada esté con ella todo el tiempo?
5. La señora y la empleada hablan del matrimonio. Según la señora, ¿qué es más importante que el amor? ¿Y aún más importante que el dinero?
6. Al final del fragmento, ¿cuál es el experimento social de la señora?

8•63 Estudiantes universitarios Esta obra de teatro trata el tema de los estereotipos sociales. Prepara una presentación donde describas algunos de los estereotipos que existen sobre los estudiantes universitarios o sobre tu cultura. ¿Qué piensas de estos estereotipos? Prepara una presentación para explicar tus ideas.

¿? For additional *Literatura* content and activities, go to *¡Anda!* online.

Y por fin, ¿cómo andas?

	Feel confident	Need to review

Having completed this chapter, I now can...

Comunicación I

- compare and contrast professions. (p. 342) ☐ ☐
- supply details about people, places, and things. (p. 343 and online) ☐ ☐
- indicate actions in the future. (p. 347) ☐ ☐
- explore additional professions. (p. 352) ☐ ☐
- discuss what would happen or what would be under certain conditions. (p. 355) ☐ ☐
- repeat or paraphrase what I hear. (p. 361) ☐ ☐

Comunicación II

- consider different aspects of the business world. (p. 363) ☐ ☐
- point out people, places, or things. (p. 364 and online) ☐ ☐
- denote what will have happened. (p. 367) ☐ ☐
- convey business concepts. (p. 370) ☐ ☐
- refer to what would have happened. (p. 373) ☐ ☐
- express good wishes or sympathy. (p. 378) ☐ ☐
- employ appropriate salutations and closings in letters. (p. 380) ☐ ☐

Cultura

- state proper etiquette for doing business in a Hispanic setting. (p. 359) ☐ ☐
- identify some people with interesting professions. (p. 376) ☐ ☐
- share information about professions and the world of business in Argentina and Uruguay. (p. 382) ☐ ☐

Cine

- Converse about a film from Spain. (p. 384) ☐ ☐

Literatura

- converse about an authentic play from Chile. (p. 386) ☐ ☐

Comunidades

- use Spanish in real-life contexts. (online) ☐ ☐

Vocabulario **activo** 🔊

Algunas profesiones — *Some professions*

el/la abogado/a	*lawyer*
el/la agente	*agent*
el amo/a de casa	*homemaker*
el/la asistente de vuelo	*flight attendant*
el/la banquero/a	*banker*
el/la bombero/a	*firefighter*
el/la cajero/a	*cashier*
el/la cartero/a	*mail carrier*
el/la comerciante	*shopkeeper; merchant*
el/la consejero/a	*counselor*
el/la contador/a	*accountant*
el/la dentista	*dentist*
el/la escritor/a	*writer/author*
el/la granjero/a	*farmer*
el hombre/la mujer de negocios	*businessman/woman*
el/la ingeniero/a (químico/a)	*(chemical) engineer*
el/la maestro/a	*teacher*
el/la mecánico/a	*mechanic*
el/la peluquero/a	*hair stylist*
el/la periodista	*journalist*
el/la piloto	*pilot*
el/la político/a	*politician*
el/la psicólogo/a	*psychologist*
el/la reportero/a	*reporter*
el/la secretario/a	*secretary*
el/la veterinario/a	*veterinarian*

Otras palabras — *Other words*

el/la empleado/a	*employee*
el/la gerente/a	*manager*
el/la jefe/a	*boss*
el/la propietario/a	*owner; landlord*
el/la supervisor/a	*supervisor*

Más profesiones — *More professions*

la administración de hoteles	*hotel management*
la banca	*banking*
las ciencias políticas	*political science*
el comercio / los negocios	*business*
la enfermería	*nursing*
la ingeniería	*engineering*
la justicia criminal	*criminal justice*
el mercadeo	*marketing*
la pedagogía	*teaching*
la psicología	*psychology*
la publicidad	*advertising*
las ventas (por teléfono)	*(telemarketing) sales*

Una entrevista — *An interview*

el/la aspirante	*applicant*
los beneficios	*benefits*
el bono	*bonus*
la carta de presentación	*cover letter*
la carta de recomendación	*letter of recommendation*
el currículum (vitae) (C.V.)	*résumé*
la destreza	*skill*
la empresa	*corporation; business*
la formación	*training; education*
el horario	*schedule; timetable*
la jornada completa/ parcial	*full-time/part-time workday*
la meta	*goal*
el negocio	*business*
el personal	*personnel*
el puesto	*job; position*
el salario / el sueldo	*salary*
la solicitud	*application form*
el trabajo	*job*

Verbos para una entrevista	Verbs for an interview
ascender (e → ie)	to advance; to be promoted; to promote
contratar	to hire
entrenar	to train
entrevistar	to interview
negociar	to negotiate
publicitar	to advertise; to publicize
renunciar (a)	to resign; to quit
solicitar	to apply for; to solicit
tener experiencia	to have experience

Algunos adjetivos	Some adjectives
actual	current; present
administrativo/a	administrative
ejecutivo/a	executive
financiero/a	financial
laboral	work-related
profesional	professional
sin fines de lucro	nonprofit

El mundo de negocios	The business world
el acuerdo	agreement
la adquisición	acquisition
la agencia	agency
el ahorro	savings
la bancarrota	bankruptcy
la bolsa	stock market
la jubilación	retirement
la junta	commission; board; committee
el lucro	profit
la venta	sale
el/la vocero/a	spokesperson

Verbos del mundo laboral	Verbs of the business world
ahorrar	to save
apropiarse	to take over; to appropriate
despedir (e → i → i)	to fire (from a job)
fabricar	to manufacture
hacer publicidad	to advertise
hacer una huelga	to strike
invertir (e → ie → i)	to invest
jubilarse	to retire

Los escultores de San Antonio de Ibarra en Ecuador trabajan la madera con mucha pasión.

9 La expresión artística

Desde las pinturas de Frida Khalo, a las esculturas de Fernando Botero, la música de Paco de Lucía y el tango de Piazzola, España y Latinoamérica le han dado al mundo grandes contribuciones a las artes. Las expresiones artísticas de los pueblos hispanohablantes tienen ricas tradiciones y algunas de ellas son muy antiguas y tienen la influencia de varios grupos culturales. ¡Vamos a descubrirlas!

Preguntas

1. ¿Qué es el arte para ti? ¿Cómo se llaman unos artistas que conoces?
2. ¿Qué tipo de arte practican las personas en las fotos? ¿Sabes hacer algunas de las actividades artísticas que ves?
3. ¿Qué talento artístico tienes?

¿Sabías que...?

- México D.F. es la ciudad que más museos tiene en el continente y la segunda en el mundo, después de Londres.

- Se estima que existen más de 3.000 lugares de arte rupestre (*rock art*) registrados en Bolivia.

El arte del telar (*loom*) en Bolivia, Ecuador y Perú es una tradición milenaria.

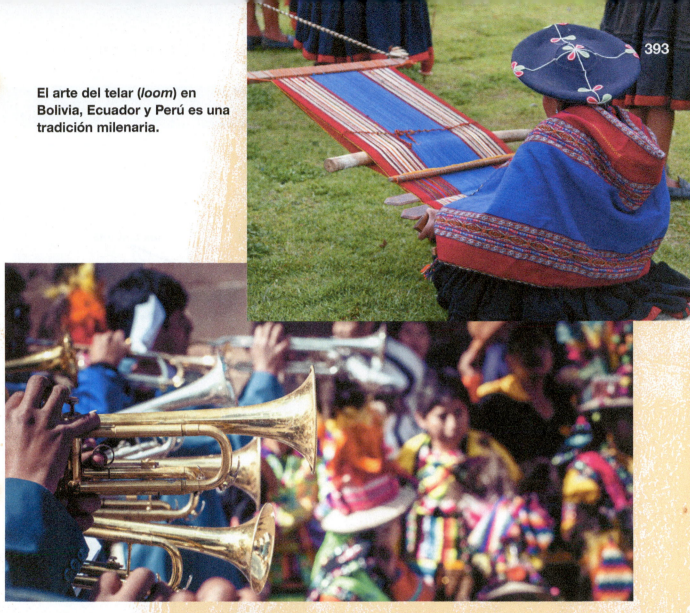

Los desfiles con música y danza son populares en Perú.

Learning Outcomes

By the end of this chapter, you will be able to:

✔ share information about visual arts and handicrafts.

✔ compare people, places, and things.

✔ describe music, theater, cinema, and television.

✔ discuss possible actions in the present and future.

✔ identify different artistic and expressive talents.

✔ create strong introductions and conclusions in your writing.

✔ relate information about art, artists, and artisans of the Hispanic world, in particular from Peru, Bolivia, and Ecuador.

✔ identify and share information about cultural and artistic expression through a film from Spain and an excerpt from a short story by Ángeles Mastretta (Mexico).

❯ Comunicación I

1 VOCABULARIO

El arte visual Exploring the visual arts

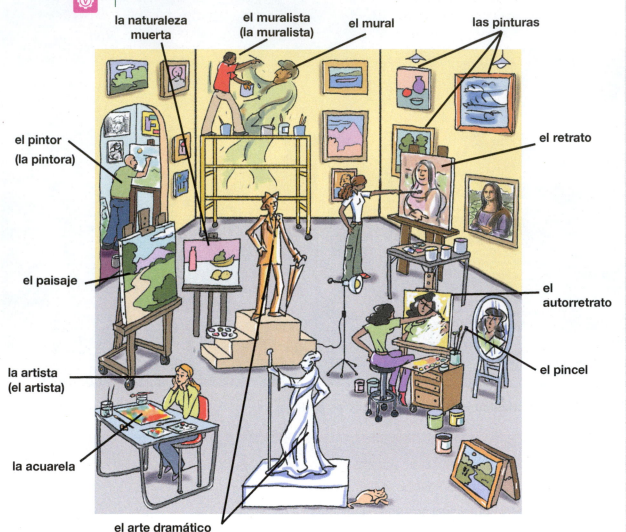

Algunos adjetivos	Some adjectives
cotidiano/a	*everyday; daily*
estético/a	*aesthetic*
gráfico/a	*graphic*
innovador/a	*innovative*
llamativo/a	*colorful; showy; bright*
talentoso/a	*talented*
técnico/a	*technical*
visual	*visual*

Fíjate

El cuadro can be both a picture and a painting. *La pintura* is a painting and can also mean paint.

Algunos sustantivos	*Some nouns*		Algunos verbos	*Some verbs*
el dibujo	*drawing*		crear	*to create*
el diseño	*design*		dibujar	*to draw*
el grabado	*etching*		encargarle (a alguien)	*to commission (someone)*
la imagen	*image*			
el lienzo	*canvas*		esculpir	*to sculpt*
el motivo	*motif; theme*		exhibir	*to exhibit*
la obra maestra	*masterpiece*		hacer a mano	*to make by hand*
el óleo	*oil painting*		reflejar	*to reflect*
el taller	*workshop; studio*		representar	*to represent*
el tema	*theme; subject*			
el valor	*value*			

 ¿? Now you are ready to complete the ***Preparación y práctica*** activities for this chunk online.

REPASO

Las comparaciones de igualdad y desigualdad Offering comparisons of equality and inequality

For a complete review of comparisons of equality and inequality, go to *¡Anda!* online or refer to **Capítulo 10** of *¡Anda! Curso elemental* in Appendix 3 of your textbook. The vocabulary activities that appear in your textbook incorporate this grammar point. Practicing new vocabulary with a review grammar point helps to strengthen and increase your knowledge of Spanish.

 9·1 **Definiciones** ¿Qué saben del mundo artístico? Túrnense para identificar a qué palabras del vocabulario corresponden las definiciones.

MODELO el lugar donde el artista produce su arte
el taller

1. el mejor cuadro de un artista; el cuadro insuperable (*unsurpassable*)
2. una pintura grande que se pinta en la pared
3. un cuadro que representa a una persona
4. una pintura de frutas o verduras, por ejemplo
5. un tipo de pintura que pones en un lienzo
6. un cuadro que representa al pintor mismo

 9·2 **El juego de tres pistas** Escuchen mientras su profesor/a les da las instrucciones de esta actividad.

MODELO taller

PISTA 1: *lugar*

PISTA 2: *artista*

PISTA 3: *trabajar*

¡Anda! Curso intermedio, Capítulo 8. Los adjetivos demostrativos, pág. 364.

9·3 **Creaciones** Combinen elementos de las columnas A, B, C y D para crear oraciones usando **más… que, menos… que, tan… como** y **tanto/a/os/as… como.**

MODELO Aquella artista más creativo/a que…

Aquella artista es más creativa que los otros artistas que conozco.

COLUMNA A	COLUMNA B	COLUMNA C	COLUMNA D
Ese cuadro	más	llamativo/a	que…
Aquel artista	menos	innovador/a	como…
Estas pinturas	tan	gráfico/a	
Estos diseños	tanto/a/os/as	creativo/a	
Esta muralista		talentoso/a	
Aquellos grabados		estético/a	
		técnico/a	

¡Anda! Curso intermedio, Capítulo 1. Algunos verbos como *gustar*, pág. 41.

9·4 **Nuestras opiniones** Imagina que tu compañero/a y tú van a un museo y que están en una exposición. Túrnense para emparejar las siguientes frases de las dos columnas para crear **seis** oraciones sobre su experiencia.

MODELO Me interesa mucho más el arte dramático… que la pintura.

Me interesa mucho más el arte dramático que la pintura.

1. _____ Me interesa el proceso de crear los grabados…
2. _____ Los dibujos de Picasso que les encantan a mis padres…
3. _____ El diseño del mural que tanto nos gusta…
4. _____ Me fascina la combinación de materiales de ese artista…
5. _____ Nos faltan unos grabados…
6. _____ No les quedan más que cinco autorretratos…

a. no son tan interesantes como sus pinturas.
b. mejores que esos para la exhibición en diciembre.
c. mucho más que aquellas combinaciones.
d. de Frida Kahlo en aquel museo.
e. tanto como el proceso de pintar cuadros.
f. es más detallado que los otros.

9·5 **¿Qué opinas?** Circula por la clase haciendo y contestando las siguientes preguntas. Llena el cuadro con tus resultados.

PREGUNTA	E1	E2	E3	E4	E5
1. ¿Te gustan más las pinturas al óleo o a la acuarela?					
2. ¿Cuáles son más impresionantes: los murales o los cuadros de tamaño normal?					
3. ¿Crees que sea tan fácil esculpir como dibujar?					
4. En tu opinión, ¿quién es el artista vivo con más talento? ¿Quién es el mejor artista muerto?					
5. ¿Te interesan los autorretratos y retratos tanto como las pinturas de naturaleza muerta?					
6. ¿Tienes la habilidad de pintar o dibujar un autorretrato?					

2 GRAMÁTICA

Repaso del subjuntivo: El subjuntivo en cláusulas sustantivas, adjetivales y adverbiales

Recommending and suggesting, expressing volition, doubt, and emotions, and describing uncertainty or the unknown

- The **indicative** mood *states or inquires about facts,* that is, **what happened, what is happening, or what will happen.**
- The **subjunctive** mood is used to *express doubt, uncertainty, influence, opinion, feelings, hope, wishes,* or *desires* about events that are happening or might be happening now, have happened or might have happened in the past, or may happen in the future.

The following is a review of the uses of the subjunctive. To review the formation of the present subjunctive, refer to page 80; for a review of the present perfect subjunctive forms, see page 178.

No creo que sepan apreciar mi arte.

1. El subjuntivo en cláusulas sustantivas

The **subjunctive** is used to express **volition** and **will, feelings** and **emotions, doubt, uncertainty,** and **probability** in the following ways:

1.1 To recommend or request

Te recomiendo que **vayas** a la exhibición de arte dramático esta tarde en el Museo de Arte Vivo.

I recommend (that) you go to the performing arts exhibit at the Arte Vivo Museum this afternoon.

Nos piden que **compremos** unos grabados de unos edificios de la universidad.

They are requesting that we buy some etchings of some university buildings.

1.2 To express wishes

Deseo que mis estudiantes **conozcan** el arte de Velázquez.

I want (desire) my students to be familiar with Velázquez's art.

Espero que **podamos** ir a España este verano para visitar sus museos.

I hope (that) we can go to Spain this summer to visit the museums there.

1.3 To report on other's requests, recommendations, or wishes

José y Gregorio **quieren** que sus padres los **lleven** al Museo del Prado este verano.

José and Gregorio want their parents to take them to the Prado Museum this summer.

Mis abuelos **nos exigen** que **vayamos** a la orquesta sinfónica.

My grandparents are demanding that we go to the symphony.

(continued)

- **Some verbs** used to express **requests, recommendations,** and **wishes** are:

aconsejar	*to recommend; to advise*	**preferir (e → ie →i)**	*to prefer*
desear	*to wish*	**prohibir**	*to prohibit*
esperar	*to hope*	**proponer**	*to suggest;*
exigir	*to demand*		*to recommend*
insistir (en)	*to insist*	**querer (e → ie)**	*to want; to wish*
necesitar	*to need*	**recomendar (e → ie)**	*to recommend*
pedir (e → i → i)	*to ask (for); to request*	**rogar (o → ue)**	*to beg*
		sugerir (e → ie → i)	*to suggest*

- The following are some common impersonal expressions that also express **requests, recommendations, wishes,** and **desires:**

Es importante que	*It's important that*	**Es necesario que**	*It's necessary that*
Es mejor que	*It's better that*	**Es preferible que**	*It's preferable that*

1.4 To express feelings and emotions

Nos gusta que **quieras** pintar un mural en este lado del edificio.

We like that you want to paint a mural on this side of the building.

Temo que no **podamos** comprar el cuadro; es muy caro.

I'm afraid we won't be able to buy the painting; it is very expensive.

- Verbs and phrases expressing **feelings** and **emotions** include:

alegrarse de	*to be happy about*
avergonzarse (o → ue) de	*to feel (to be) ashamed of*
Es bueno/malo	*It's good/bad*
Es una lástima	*It's a shame*
gustar	*to like*
sentir (e → ie → i)	*to regret*
temer / tener miedo (de)	*to be afraid (of)*

> ### Estrategia
> Remember that if there is no subject change, the infinitive is required—not the subjunctive.
>
> *Quiero hacer unos dibujos de los niños este fin de semana.*
>
> *Espero crear unos grabados interesantes de esas escenas.*

1.5 To communicate doubts and probability

Marco **no cree** que ellos **sepan** apreciar su arte.

Marco does not believe that they know how to appreciate his art.

Es probable que **podamos** terminar de renovar el taller para septiembre.

It's likely that we can finish renovating the art studio by September.

- Verbs and expressions expressing **doubts** and **probability** include:

dudar	*to doubt*
Es dudoso	*It's doubtful*
Es probable	*It's probable*
no creer	*not to believe; not to think*
no estar seguro (de)	*to be uncertain (of)*
no pensar	*not to think*

> ### Estrategia
> Remember that when there is no doubt, uncertainty, or disbelief about an action or event, the subject appears certain of the facts, and an emotion is not being expressed, the *indicative* is used.
>
> No dudo *que Luis va a pintar el mural.*
>
> Creo *que Silvia va al teatro hoy.*
>
> Me alegra *saber la verdad.*

2. El subjuntivo con antecedentes indefinidos o que no existen

2.1 The **subjunctive** is also used to express the possibility that **something or someone is uncertain or nonexistent**:

Busco un artista que **pueda** pintar unos retratos de mis hijos por un precio razonable.	*I am looking for an artist who can paint some portraits of my children for a reasonable price.*
¿En esta exhibición **hay algún** paisaje que no **sea** impresionista?	*Is there a landscape in this exhibit that is not impressionistic?*
No **conocemos** a nadie que **sepa** esculpir tan bien como tu hermano Eduardo.	*We don't know anyone who knows how to sculpt as well as your brother Eduardo.*

3. El subjuntivo en cláusulas adverbiales

> **Fíjate**
>
> *Adverbial clauses* describe actions and are introduced by adverbial conjunctions.

There are connecting words (*conjunctions*) that **may** or **may not** require the use of the **subjunctive**.

3.1 The **subjunctive** is *always* used after the following conjunctions:

a menos que, antes (de) que, con tal (de) que, en caso (de) que, para que, sin que

Nos veremos en el concierto **a menos que llueva**.	*We'll see each other at the concert unless it rains.*
Voy a ese museo primero **con tal (de) que haya** una exhibición nueva.	*I am going to that museum first provided that there is a new exhibit.*
Pasa por la galería **en caso (de) que esté** Felipe.	*Stop by the gallery in case Felipe is there.*

(continued)

3.2 The **indicative** is *always* used after the following conjunctions:

ahora que, puesto que, ya que

David es muy generoso **ahora que es** un artista muy famoso.	*David is very generous now that he is a famous artist.*
No piensan encargarle un retrato al óleo **puesto que prefieren** los retratos de fotografía.	*They are not planning on commissioning an oil portrait from him, given that they prefer photographic portraits.*

3.3 With the following conjunctions, either the **indicative** or the **subjunctive** can be used.

aun cuando	cuando	después (de) que	luego que
aunque	de manera que	en cuanto	mientras que
a pesar de que	de modo que	hasta que	tan pronto como

3.4 To determine which is needed, ask the question: **From the point of view of the speaker, has the action already occurred?**

     a. If the action **has occurred**, the **indicative** is needed.
     b. If the action **has yet to occur**, the **subjunctive** must be used.

<u>Vamos a ir</u> a ver los murales **tan pronto como lleguen** mis hermanos.	*We will go see the murals as soon as my siblings arrive.*
<u>Piensa hacer</u> los juguetes a mano **aunque** no **tenga** tiempo.	*He is thinking about making the toys by hand even though he may not have the time.*
<u>Siempre le compran</u> acuarelas **aunque cuestan** bastante dinero.	*They always buy her watercolors although they are quite expensive.*

3.5 In a sentence with **no change of subject,** the prepositions **antes de**, **después de**, and **hasta** are followed by the **infinitive.**

<u>Necesitamos pasar</u> por el taller **antes de salir** de viaje.	*We need to pass by the art studio before we go on our trip.*

¡Explícalo tú!

Having studied the previous examples, answer the following questions to complete your review:

1. Which conjunctions **always** use the **subjunctive**?
2. Which conjunctions **never** use the **subjunctive**?
3. Which conjunctions **sometimes** use the **subjunctive**?
4. What question do you ask yourself with these types of conjunctions?

    Check your answers to the preceding questions in **Appendix 1**.

¿?   Now you are ready to complete the *Preparación y práctica* activities for this chunk online.

9·6 **Fernando Botero** Fernando Botero (n. 1932) es un artista colombiano y nos está dando consejos sobre cómo apreciar el arte. Usen los siguientes verbos y **el subjuntivo** para crear sus recomendaciones.

aconsejar	proponer	recomendar
ser bueno	ser importante	sugerir

MODELO reconocer desde el principio que no les van a gustar todas las obras

Les recomiendo que reconozcan desde el principio que no les van a gustar todas las obras.

1. contemplar la obra desde varias distancias
2. observar la obra desde varios ángulos
3. determinar cómo está hecha la obra
4. estudiar el uso de los colores
5. reflexionar sobre el motivo del artista
6. ser crítico del tema y de la técnica
7. dejar que les hable la obra

Perro de Fernando Botero

9·7 **La profesora de arte** La profesora Romero comparte consejos con sus estudiantes nuevos. Completen las siguientes oraciones conjugando los verbos en **el subjuntivo** según el sujeto entre paréntesis.

MODELO recomendar, estudiar mucho (a ustedes, los estudiantes)

Les recomiendo que estudien mucho.

1. ser necesario, trabajar duro (a nosotros)
2. sugerir, hacer muchas investigaciones (a Felipe)
3. ser importante, copiar obras maestras (a nosotros) para aprender
4. aconsejar, expresar tu creatividad por diferentes medios (a Mariana)
5. esperar, sentir amor y entrega en lo que hacen (a ustedes, los estudiantes)

9·8 **La Galería de los Suárez** La familia Suárez tiene una galería de arte en Santa Cruz, Bolivia. Descubre un poco sobre la familia al crear oraciones con **el subjuntivo**, como si fueras (*as if you were*) uno de los hijos de los Suárez. Después, compara tus oraciones con las de un/a compañero/a.

MODELO Nuestra familia / esperar / los nuevos artistas / querer exhibir / obras / galería

Nuestra familia espera que los nuevos artistas quieran exhibir sus obras en la galería.

1. Mis padres / buscar / empleados / hablar inglés / entender / arte moderno
2. Mi madre / querer / hacer un viaje / Buenos Aires / antes de que / (nosotros) abrir / próxima exhibición
3. Mis hermanos y yo / trabajar / galería / en cuanto / cumplir dieciocho años
4. Mis padres / preferir / nosotros, los hijos / estudiar mucho / y sacar título / comercio
5. Sin embargo, yo / desear / estudiar / arte / para que / padres / poder vender / cuadros

  9·9 **El retrato** Joaquín se prepara para pintar el retrato de su amigo Teo. Terminen la siguiente descripción con las formas apropiadas de los siguientes verbos. Tienen que decidir en cada caso si necesitan usar **el subjuntivo, el infinitivo** o **el indicativo**.

decidir	estar	hacer	pintar	poder
quedar	reflejar	sentarse	ser	ser

Teo quiere que yo le (1) _____ un retrato. Primero, necesitamos (2) _____ si voy a hacer el cuadro al óleo, a la acuarela o si sería mejor un dibujo. Teo se decide por un retrato al óleo. Entonces, tengo que buscar un lienzo que (3) _____ del tamaño perfecto. Después, preparo la pintura y busco mis pinceles nuevos. Cuando todo (4) _____ preparado, determinamos la composición del cuadro y decidimos si queremos (5) _____ el retrato de perfil o de frente. Creo que estamos de acuerdo en que es preferible que (6) _____ de frente. Ahora, ¿lo queremos de medio cuerpo, de cuerpo entero o de cara nada más? Lo voy a hacer de medio cuerpo, así que le digo a Teo que (7) _____ para que yo (8) _____ empezar. Quiero que el retrato (9) _____ la personalidad de mi amigo; eso es lo más difícil de todo. Entonces, lo más crítico va a ser los ojos. Es necesario que (10) _____ perfectos.

9·10 **El arte y tú** ¿Qué opinan del arte? Usa las siguientes preguntas para compartir tus ideas sobre el arte con un/a compañero/a.

> **Estrategia**
>
> When you are requesting, recommending, suggesting, etc., that someone do something, the indirect object is present in the sentence. Verbs that commonly require the indirect object are *aconsejar, exigir, pedir, recomendar, rogar, sugerir, prohibir,* and *proponer.*
>
> *Yo te recomiendo que vayas a ver esa exhibición.*
>
> *Yo (les) recomiendo a mis padres que visiten el Museo Guggenheim en Bilbao, España.*

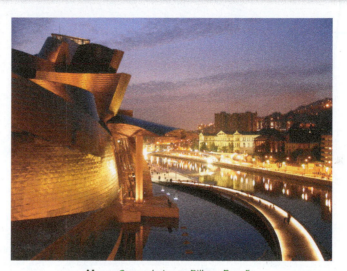

Museo Guggenheim en Bilbao, España

1. ¿Recomiendas que pintemos murales en las paredes y muros de los edificios? Explica.
2. Si quieres comprar un cuadro, ¿es importante que sea al óleo o puede ser a la acuarela u otra cosa? Explica.
3. ¿Es importante reconocer y entender el tema de un cuadro para poder apreciarlo? ¿Por qué?
4. ¿Qué medio artístico escogerías para un retrato tuyo: la fotografía, la escultura, el dibujo o la pintura? ¿Por qué?
5. ¿Quiénes son tus artistas favoritos y cuáles son tus cuadros favoritos? ¿Por qué?

9·11 **Consejos** Siempre tenemos deseos y consejos para los demás. Expresen sus deseos y consejos para las siguientes personas.

MODELO A los propietarios / Les recomendamos que…

Les recomendamos que busquen unos cuadros de artistas nuevos para exhibir en una sala aparte.

A LOS PROPIETARIOS (*OWNERS*) DE UNA GALERÍA DE ARTE	A UN/A JOVEN QUE DESEA SER ARTISTA	A UN GRUPO DE ARTISTAS RECIÉN ESTABLECIDOS
1. Les aconsejamos que…	1. Esperamos que…	1. Es importante que…
2. Es necesario que…	2. Siempre le exigimos que…	2. Le recomendamos que…
3. Sugerimos que…	3. No es importante que…	3. Esperamos que…
4. ¿Creen que…?	4. Le proponemos que…	4. No dudamos que…

3 VOCABULARIO

La artesanía Examining handicrafts and their artisans

la talla

la cestería

la artesana
(el artesano)

la tejedora
(el tejedor)

el tejido

el tapiz

la escultura

la escultora
(el escultor)

el alfarero
(la alfarera)

la alfarería

el barro

la cerámica

Otra palabra	*Another word*
las artes decorativas/aplicadas	*decorative/applied arts*

¿? Now you are ready to complete the *Preparación y práctica* activities for this chunk online.

9·12 ¿Es verdad? ¿Qué saben ustedes sobre arte? Túrnense para determinar si las siguientes oraciones son **ciertas** o **falsas.**

C   F

☐ ☐ 1. Un tapiz es un tipo de tejido.

☐ ☐ 2. Los escultores hacen la cerámica.

☐ ☐ 3. Un alfarero usa barro para crear su arte.

☐ ☐ 4. Un artesano hace las cosas a mano.

☐ ☐ 5. La cerámica es un tipo de alfarería.

☐ ☐ 6. El artesano con su cestería es como el tejedor con su tejido.

9·13 Una exhibición de artesanía en Quito Mira el dibujo en la página 404. Andrés escucha un reportaje de televisión sobre esa exhibición de artesanía mientras está preparando el almuerzo. Primero, lee las oraciones, después escucha el reportaje y escoge la opción correcta para cada una.

1. La exhibición tiene lugar en _____.
   a. una plaza
   b. un parque
   c. un taller de artesanías

2. La exhibición empezó _____.
   a. ayer
   b. la semana pasada
   c. el mes pasado

3. La exhibición se abre a las _____.
   a. 8 de la mañana
   b. 9 de la mañana
   c. 10 de la mañana

4. La exhibición se cierra a las _____.
   a. 6 de la tarde
   b. 5 de la tarde
   c. 8 de la noche

5. La exhibición no está abierta los _____.
   a. domingos
   b. lunes
   c. domingos y lunes

6. Las artesanías representadas incluyen _____.
   a. la talla y la escultura
   b. la joyería y el tejido
   c. la talla, la escultura, la joyería y el tejido

7. Además de comprar artesanía, la gente puede _____.
   a. ver demostraciones de los artesanos
   b. escuchar charlas sobre el arte
   c. crear su propia artesanía

9·14 Lo dudo Siempre hay dudas en todos los aspectos de la vida, incluyendo el arte. Cambien las siguientes oraciones para expresar duda, usando los verbos y las expresiones de la página 398.

MODELO Hay muchos artesanos en ese pueblo. (yo)

Dudo que haya muchos artesanos en ese pueblo.

1. El barro es perfecto para ese tipo de cerámica. (nosotros)
2. La alfarería de esas mujeres indígenas tiene mucho valor. (tú)
3. Estas plantas producen materia perfecta para la cestería. (ellas)
4. Ella sabe esculpir mejor que su profesor de escultura. (yo)
5. Van a exponer en su galería el tejido en que trabaja esa tejedora. (Víctor y yo)

  9·15 Más arte Imagina que tu compañero/a y tú están en Lima, Perú, para comprar arte típico de la región. Túrnense para emparejar las dos columnas y crear oraciones sobre el tipo de arte que buscan.

MODELO Busco un tapiz que… (ser) del estilo indígena

Busco un tapiz que sea del estilo indígena.

1. _____ Busco un tejedor que…
2. _____ Encontré una escultura de Jorge Piqueras que…
3. _____ ¿Hay alguna talla que…?
4. _____ Tengo unos platos de cerámica que…
5. _____ No existe un alfarero que…
6. _____ Necesitamos un tapiz que…

a. (estar) hecha de madera de olivo?
b. (querer) usar el barro de esta zona del país.
c. (hacer) diseños modernos con muchos colores vibrantes en sus tejidos.
d. (comprar) en el barrio de Miraflores en Lima.
e. (poder colgar) al lado de este muy antiguo.
f. (ser) una de las primeras que hizo.

Fíjate

In **9-15,** decide whether you need to use the subjunctive or the indicative in each of the sentences.

Fíjate

Jorge Piqueras (n. 1925) is a famous Peruvian sculptor.

Nota cultural

El Museo del Oro en Bogotá, Colombia 🔊

Para todo turista en Bogotá, Colombia, es recomendable que visite el Museo del Oro del Banco de la República; es una joya para el mundo del arte. Abrió a principios del año 1968 y ganó el Premio Nacional de Arquitectura. Fue renovado entre los años 2004–2008 para tener una nueva apariencia; es un museo con exhibiciones, servicios y tecnología del siglo XXI. La renovación fue motivada por un deseo de considerar todos los objetos del museo con una perspectiva nueva y comprensiva. Es importante que los artefactos se exhiban dentro de su contexto histórico, pero con una conexión con el presente. De esta manera, se espera que tengan más sentido para los visitantes de hoy en día.

El Museo del Oro es único: tiene más de 33.000 objetos de artesanía y orfebrería (*crafting of precious metals*) representativos del período precolombino en sus colecciones. Los diseños y las imágenes de los artefactos son verdaderamente impresionantes y muestran una técnica muy avanzada para la época.

Preguntas

1. ¿Qué contiene el museo que lo hace único?
2. ¿Por qué se considera arte el contenido de este museo?
3. ¿Cómo se compara este museo con los que conoces?

9·16 Decisiones Hagan los papeles de representantes de un museo pequeño de su pueblo o ciudad. Están encargados de comprar una obra nueva para el museo y tienen que decidir cuál de las tres obras van a escoger. ¿Cuál prefieren? Expliquen por qué.

9·17 La cerámica de Perú Investiguen la cerámica de Perú en Internet. Después, preparen un anuncio comercial para promocionar y vender esta cerámica en los Estados Unidos. Deben usar por lo menos **seis** oraciones en **el subjuntivo.**

Escucha

Una conversación entre familia de un concierto

Estrategia

Making inferences from what you hear

Sometimes when you are speaking with others, your listener may not interpret your message the way you meant it. Or, you may not express yourself exactly as you had wished. If these situations occur, the listener may *infer* (or *deduce*) a meaning different from what you intended. For example, if someone invites you to a concert and you hesitate before answering, he/she may infer that you do not really want to go. If, however, you say "I have to work," he/she will most likely think that you would like to go but have a schedule conflict.

9·18 Antes de escuchar A David y a su hermano Martín les encantaría ir al concierto de su grupo favorito, Maná. Su madre, sin embargo, piensa que necesitan pasar más tiempo con la familia y deben asistir a eventos culturales. Ella les propone varias ideas. ¿Crees que a los jóvenes les van a interesar?

9·19 A escuchar Completa los siguientes pasos.

Paso 1 Escucha la primera vez para captar la idea general de la conversación.

Paso 2 Lee las siguientes preguntas y escucha por segunda vez, ahora enfocándote en la información que necesitas para contestarlas.

1. ¿Qué deducen David y Martín que su mamá quiere que hagan?
2. ¿Qué piensas que va a pasar?

9·20 Después de escuchar Descríbele a un/a compañero/a una conversación que tuviste recientemente en la que tú o la persona con quien estabas hablando no dijo exactamente lo que estaba pensando. ¿Qué dedujiste? (*What did you deduce?*) ¿Qué era realmente lo que quería decir?

¿Cómo andas? I

	Feel confident	Need to review
Having completed **Comunicación I,** I now can…		
• discuss the visual arts. (p. 394)	☐	☐
• offer comparisons of equality and inequality. (p. 395 and online)	☐	☐
• recommend and suggest, express volition, doubt, and emotions, and describe uncertainty or the unknown. (p. 397)	☐	☐
• examine handicrafts and their artisans. (p. 404)	☐	☐
• share information about a pre-Columbian art museum. (p. 407)	☐	☐
• draw inferences about what I hear. (p. 408)	☐	☐

Comunicación II

4 VOCABULARIO

La música y el teatro   Observing the world of music and theater

♻ ¡Anda! Curso elemental, Capítulo 5. El mundo de la música, Apéndice 2.

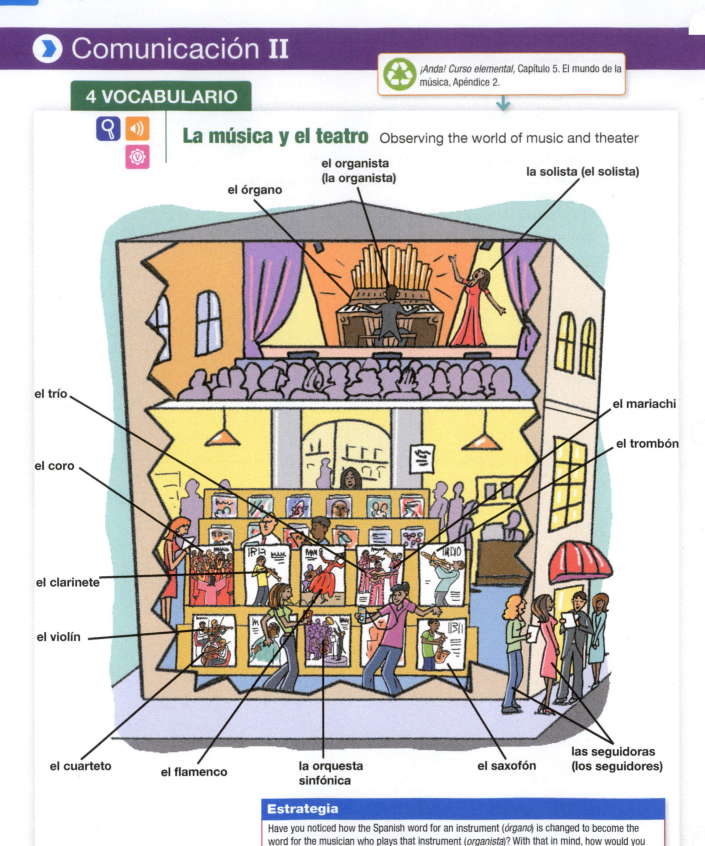

el organista (la organista)

el órgano

la solista (el solista)

el trío

el coro

el clarinete

el violín

el cuarteto

el flamenco

la orquesta sinfónica

el saxofón

el mariachi

el trombón

las seguidoras (los seguidores)

Estrategia

Have you noticed how the Spanish word for an instrument (*órgano*) is changed to become the word for the musician who plays that instrument (*organista*)? With that in mind, how would you say "saxophonist"? "Trombonist"?

el ballet

la diva

el vestuario

el escenario

La música	Music
el/la compositor/a	composer
las cuerdas	strings; string instruments
el espectáculo	show
los instrumentos de metal	brass instruments
los instrumentos de viento / de madera	woodwinds; wood instruments
el merengue	merengue
la música alternativa	alternative music
la música popular	popular music
la pieza musical	musical piece
el teclado	keyboard

El teatro	Theater
la comedia	comedy
la danza	dance
el decorado	set
el/la director/a de escena	stage manager
el drama	drama
el/la dramaturgo/a	playwright
la función	show; production
el miedo de salir a escena	stage fright
la obra de teatro	play
la tragedia	tragedy

¿? Now you are ready to complete the *Preparación y práctica* activities for this chunk online.

REPASO

El superlativo Classifying people and things in the extreme

For a complete review of the superlative, go to *¡Anda!* online or refer to **Capítulo 10** of *¡Anda! Curso elemental* in Appendix 3 of your textbook. The vocabulary activities that appear in your textbook incorporate this grammar point. Practicing new vocabulary with a review grammar point helps to strengthen and increase your knowledge of Spanish.

9·21 La mímica En grupos de cinco o seis, hagan mímica (*charades*) para practicar el vocabulario nuevo. Completen los siguientes pasos.

Paso 1 Cada estudiante debe representar por lo menos **tres** palabras o expresiones nuevas.

Paso 2 Elijan las **dos** mejores representaciones del grupo para presentárselas a todos y expliquen por qué fueron las mejores.

9·22 El/La mejor director/a de escena Hagan una lista de las responsabilidades de un/a buen/a director/a de escena. Después, decidan cuáles son las responsabilidades más importantes y cuáles son las menos importantes para el éxito de una obra de teatro.

Fíjate

You may find these words useful in the completion of this activity. *inspeccionar, planear,* and *organizar.* They are cognates—what are the English equivalents?

MODELO *Tiene que inspeccionar el decorado.*

¡Anda! Curso elemental, Capítulo 5. El mundo de la música, Apéndice 2.

9·23 Los instrumentos de orquesta

Miren la foto de la orquesta sinfónica e intenten nombrar todos los instrumentos que conozcan. Después, creen oraciones usando **el superlativo** para describir los instrumentos.

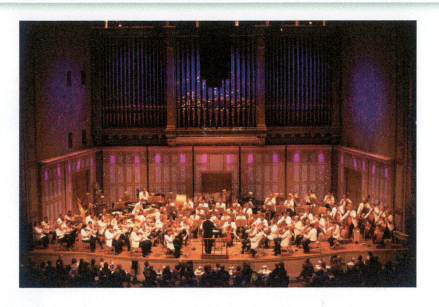

MODELO *La flauta es el instrumento más pequeño de la orquesta sinfónica.*

9·24 El mejor concierto del año

El profesor de la clase de música sinfónica habla con sus estudiantes sobre el concierto al que asistió anoche. Completa los siguientes pasos.

Paso 1 Mira la foto del concierto de la actividad 9-23. Después lee las preguntas del **Paso 2** para tener mejor idea del contexto. Entonces escucha los comentarios del profesor.

Paso 2 Escoge la opción correcta para cada pregunta.

1. ¿Cuándo fue el concierto?
   a. hoy   b. anoche   c. la semana pasada

2. ¿A qué hora empezó?
   a. a las siete y media   b. a las ocho   c. a las ocho y media

3. ¿A qué hora terminó?
   a. a las nueve   b. a las diez   c. a las diez y media

4. ¿Qué orquesta tocó?
   a. la Orquesta Sinfónica Nacional de Rusia   b. la Orquesta Sinfónica Nacional de Perú
   c. la Orquesta Sinfónica Nacional de Ecuador

5. ¿De dónde es Shlomo Mintz?
   a. Rusia   b. Israel   c. los Estados Unidos

6. ¿De cuáles grandes compositores fueron las piezas musicales?
   a. Beethoven y Rodrigo   b. Schumann, Vivaldi y Beethoven   c. Bach y Vivaldi

7. ¿Qué no pudo hacer el profesor porque fue al concierto?
   a. dormir   b. escribir un examen   c. preparar una conferencia

9.25 Personalmente Por fin, les sobran tiempo y dinero (*you have spare time and money*) para ir a un concierto, al cine o al teatro. Completen los siguientes pasos.

FESTIVAL DE ARTE

MÚSICA

viernes 10
Orquesta Sinfónica Nacional

Beethoven y Mozart
Teatro Nacional 22 h

domingo 12
Arturo Sandoval

La Rivera 22.45 y 0.45 h

viernes 17
Eddie Palmieri

El Congreso 22.45 y 0.45 h

CINE, BAILE y TEATRO

sábado 11
Romeo y Julieta

Director: Mikhail Baryshnikov
Interpretación: Fernando Rodríguez
                    Montaño y Xiomara Reyes
Teatro Colón 21 h

Paso 1   Decide adónde quieres ir y explícale a tu compañero/a por qué.

Paso 2   Ahora, túrnense para hacerse y contestar las siguientes preguntas.

1. ¿Te consideras músico/a, escritor/a, artista, etc.? ¿Cuáles son tus habilidades al respecto?
2. ¿Qué instrumentos tocas? ¿Tocas bien o mal?
3. ¿Has participado en un ballet o en una obra de teatro? ¿Cuál fue tu papel (*role*)? ¿Había decorado y vestuario?
4. ¿Has ido a muchos conciertos? ¿Cuál es el mejor al que has asistido?
5. ¿Has asistido a una orquesta sinfónica? ¿Qué tocaron?
6. ¿Qué música y bailes conoces del mundo hispano? ¿De qué países son? ¿Te gustan?

9·26 **Los mejores de los mejores** ¿Quiénes son los mejores de los mejores? Circulen por la clase para preguntarles a sus compañeros sobre sus gustos y preferencias.

MODELO E1: *¿Quién tiene la mejor voz de hombre?*

E2: *Juanes tiene la mejor voz. ¿Qué opinas tú?*

PREGUNTA	E1	E2	E3
1. la mejor voz de hombre			
2. la mejor voz de mujer			
3. el grupo musical más popular de los Estados Unidos			
4. el grupo musical más popular del mundo			
5. la compañía de ballet más conocida de los Estados Unidos			
6. el/la mejor dramaturgo/a			
7. la obra de teatro más interesante que has visto			
8. el/la violinista/pianista/guitarrista, etc., más conocido/a del mundo			

 9·27 **Una buena filántropa** La Sra. de las Morenas quiere donar dos millones de dólares a tu universidad, expresamente para las artes. La universidad ha identificado varias posibilidades y ustedes, como consejeros de la Sra. de las Morenas, tienen que ayudarla a tomar su decisión. En grupos de tres, conversen para identificar las mejores recomendaciones finales. Preparen su presentación, usando **el subjuntivo, las comparaciones de igualdad y desigualdad** y **el superlativo** cuando sea posible.

POSIBLES PROYECTOS:

1. empezar un programa para los estudiantes de escuela secundaria donde los estudiantes universitarios de arte les den clases por las tardes
2. crear fondos permanentes para que los profesores de arte puedan hacer investigaciones en otras partes del mundo
3. establecer una escuela de ballet y baile moderno con fondos suficientes para atraer como profesor/a a un/a bailarín/bailarina conocido/a
4. establecer un teatro-laboratorio para los estudiantes de teatro
5. organizar una gira anual para el coro por diferentes partes del mundo durante diez años

5 GRAMÁTICA

 ### Cláusulas condicionales de *si* (Parte 1)
Discussing possible actions in the present and future

A **si** (*if*) clause states ***a condition that must be met in order for something else to happen***. These are ***if (condition)... then (result)...*** statements.

> **Fíjate**
>
> The *then* clause is known in grammatical terms as a *resultant clause*.

When the verb in the <u>if</u> (*si*) clause is in <u>the present indicative</u>, the verb in the <u>then</u> clause will either be in <u>the present indicative</u> also, <u>the future</u> or <u>the imperative</u> (command form), depending on the exact message to be conveyed. The meanings are similar and all are possible results:

> Si no te portas bien, tendrás que pasar la tarde en tu cuarto.

1. ... (*then*) **present indicative**

Si quieres, podemos escuchar el *Concierto de Aranjuez* de Joaquín Rodrigo.

If you like, (then) we can listen to the Concierto de Aranjuez, *by Joaquín Rodrigo.*

Si quieres ir a la orquesta sinfónica esta noche, te **llevo.**

If you want to go to the symphony tonight, (then) I will take you.

2. ... (*then*) **future**

Si vas al teatro después, **iré** contigo.

If you go to the theater afterwards, (then) I will go with you.

Si el conjunto no **toca** música popular, **buscaremos** otro club.

If the band doesn't play popular music, (then) we'll find another club.

3. ... (*then*) **command**

Si tienes ganas de escuchar y bailar flamenco, **vete** al bar La Trocha.

If you feel like listening to and dancing flamenco, (then) go to the bar La Trocha.

Si te gustan las comedias, **cómprate** entradas para ese teatro.

If you like comedies, (then) buy tickets for that theater.

> **¿?** Now you are ready to complete the ***Preparación y práctica*** activities for this chunk online.

👥 **9.28** **Muy probable** ¿Cuántas oraciones lógicas puedes formar en seis minutos, combinando elementos de las columnas A y B? Crea todas las oraciones que puedas y después compáralas con las de un/a compañero/a.

MODELO *Si quieres escuchar música alternativa, no vengas a mi casa.*

COLUMNA A	COLUMNA B
Si querer escuchar música alternativa…	no poder usar esa guitarra española
Si tocar merengue…	bailar contigo
Si tener un clarinete…	no venir a mi casa
Si gustar el baile flamenco…	tocar en la orquesta
Si no tener cuerdas nuevas…	tomar lecciones con Silvia
Si no venir al espectáculo…	perder el show de los mariachis de Guadalajara

Estrategia

Remember that in the *then* (resultant) clause, it is possible to use *the present indicative, the future tense,* or a *command.*

👥 🅴 **9.29** **Fher** Fher es un músico muy conocido y muy popular del grupo Maná. Con un/a compañero/a, termina el siguiente párrafo con las formas correctas de los verbos apropiados para conocerlo.

Fíjate

To learn more about this famous rock band and to hear some of their music, research them on the Internet. (Suggested keywords: *Maná, música*)

enojarse	estar	ganar	levantarse	llegar
llevarse (bien / mal)	perder	poder	prepararse	tener

Hola, amigos. Me llamo José Fernando Emilio Olvera Sierra y soy originalmente de Puebla, México. Mis amigos me llaman Fher. Soy guitarrista, compositor y cantante principal del grupo Maná. Recientemente, hemos estado trabajando mucho, tanto en la música como en nuestra fundación Selva Negra y en otras cosas parecidas. Bueno, ustedes me preguntaron sobre un día normal para mí…

Si (1) _____ temprano, (2) _____ tiempo para leer el periódico antes de salir para el estudio. No me gusta andar corto de tiempo porque si (3) _____ tarde al ensayo (*rehearsal*), los otros miembros del grupo (4) _____ conmigo. Si no (5) _____ bien, (6) _____ tiempo y energía. Si no (7) _____ ensayar bien porque estamos frustrados o preocupados, no (8) _____ bien para nuestra presentación en los Premios Grammy Latino. Aparte de la canción que vamos a presentar, nos han nominado para cuatro premios. Y como ustedes pueden imaginar, si (9) _____ uno, (10) _____ muy contentos. Si ustedes tienen más preguntas vayan a mi página de Facebook.

9·30 **La otra parte** Aquí tienen los posibles resultados, o sea, la otra mitad de las oraciones con **si.** Inventen la parte que falta.

MODELO   …voy al museo.

Si hay una exhibición de arte precolombino, voy al museo.

1. …iremos al teatro.
2. …compro una tableta.
3. …vete sola al espectáculo.
4. …aprende a tocar el teclado.

5. …serás el solista.
6. …entrevistamos a la diva.
7. …no llegaré a tiempo a la función.
8. …pídele una audición.

9·31 **Siempre la oposición** Catrina siempre se opone a lo que sus padres le dicen. Respondan a las sugerencias de los padres como si fueran Catrina, usando siempre el vocabulario de **La música y el teatro.**

MODELO   LOS PADRES: Si tienes tiempo, puedes limpiar tu cuarto.

            CATRINA: *Si tengo tiempo, tocaré el órgano.*

1. Si puedes llegar temprano, vamos al cine.
2. Si terminas de leer el drama, podrás escribir el ensayo para la clase de inglés.
3. Si quieres comprar unas cuerdas nuevas para la guitarra vieja, vete a la tienda Música Central.
4. Si tienes miedo de salir a escena, debes ensayar delante del espejo.
5. Si ensayas más, serás mejor música.
6. Si quitas esa música fuerte, podrás oír lo que te estoy diciendo.

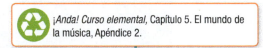
¡Anda! Curso elemental, Capítulo 5. El mundo de la música, Apéndice 2.

9·32 **Mi media naranja (*My soulmate*)** Escuchen mientras su profesor/a les da las instrucciones de esta actividad. ¡Diviértanse!

9·33 **Si lo hacemos…** Ya has estado en esta clase de español por muchas semanas, pero ¿conoces bien a tu compañero/a? ¿Cómo crees que tu compañero/a va a contestar las siguientes preguntas? Túrnense para hacérselas, adivinar las respuestas y ¡aprender la verdad!

MODELO   E1:   *Si estás seleccionando música para una fiesta en tu casa, ¿qué tipo de música escoges? Creo que dirás que escoges el rock.*

          E2:   *Tienes razón. Para una fiesta en mi casa, siempre escojo el rock.*

          E2:   *Para la pregunta número dos…*

1. Si estás seleccionando música para una fiesta en tu casa, ¿qué tipo de música escoges?
2. Si tus amigos y tú quieren ir a un concierto, ¿qué tipo de concierto prefieren: de música clásica, rock, pop, rap, etc.?
3. Si tus padres te regalan lecciones para aprender a tocar un instrumento, ¿qué instrumento prefieres?
4. Si decido ir al teatro este fin de semana, ¿qué obra debo ver?
5. Si salen con sus amigos el sábado, ¿a dónde irán?
6. Si tienes tiempo libre esta noche, ¿qué piensas hacer?

6 VOCABULARIO

♻ *¡Anda! Curso elemental*, Capítulo 5.
El mundo del cine, Apéndice 2.

El cine y la televisión Delving into the world of cinema and television

el noticiero

la telenovela

el concurso

el guion

el director (la directora)

El cine	*Cinema*
el/la cinematógrafo/a	*cinematographer*
el cortometraje	*short (film)*
los dibujos animados	*cartoons*
el equipo de cámara/sonido	*camera/sound crew*
el/la guionista	*scriptwriter; screenwriter*
el montaje	*staging; editing*
¡Silencio!	*Quiet everybody (on the set)!*
¡Se rueda!	*Action!*
los subtítulos	*subtitles*

La televisión	*Television*
el canal	*channel*
el/la televidente	*television viewer*

Algunos verbos	*Some verbs*
actuar	*to act*
aplaudir	*to applaud*
componer	*to compose*
editar	*to edit*
filmar	*to film*
hacer el papel	*to play the role*
improvisar	*to improvise*
informar	*to inform; to tell*
representar	*to perform*
rodar (en exteriores)	*to film (on location)*

¿? Now you are ready to complete the *Preparación y práctica* activities for this chunk online.

9·34 **Las diferencias** Durante las próximas vacaciones, consiguieron trabajos como guías en los estudios de 20th Century Fox. Túrnense para practicar lo que les dirán a los turistas cuando expliquen las diferencias entre las siguientes palabras.

MODELO ensayar / representar

Ensayar es prepararse para representar un papel a través de mucha práctica.

1. el cortometraje / los dibujos animados
2. la telenovela / la televidente
3. improvisar / representar
4. el montaje / el guion
5. rodar / editar
6. el cinematógrafo / la directora

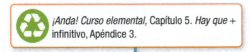 *¡Anda! Curso elemental*, Capítulo 5. *Hay que* + infinitivo, Apéndice 3.

9·35 **Todo relacionado** Son los productores de una película. Pongan en orden lo que tiene que ocurrir para que la película salga bien.

_____ Hay que seleccionar los actores, el equipo de cámara, el equipo de sonido, etc.
_____ Hay que preparar el montaje y montar el decorado.
_____ Un guionista identifica un tema o una historia para desarrollar o adaptar para el cine.
_____ Hay que rodar.
_____ Hay que hacerle publicidad a la película.
_____ El guionista o su agente les manda el guion a muchos directores de cine.
_____ Los actores tienen que ensayar mucho.

9·36 **Lo conocido** ¿Qué personas, títulos u otras cosas asocian ustedes con cada una de las siguientes palabras? Compara tus ideas con las de un/a compañero/a.

MODELO el noticiero que les gusta más

Noticiero Telemundo

1. un cortometraje
2. una película reciente de dibujos animados
3. un/a director/a famoso/a
4. un guion más interesante que la novela en la cual se basa
5. el canal más popular entre tus amigos
6. el concurso más aburrido
7. una película con subtítulos
8. una telenovela

9·37 **Profesiones sobresalientes** Elige una de las siguientes profesiones y escribe un párrafo de las cualidades, habilidades u otros requisitos para tener éxito en esa profesión. Después, en grupos de cuatro, compartan sus textos.

MODELO   *Es necesario que un músico o una música ensayen mucho. Es importante que tenga un buen instrumento. También es importante tener paciencia.*

1.

2.

3.

4.

5.

6.

Perfiles

🔊 El arte como expresión personal

El artista necesita expresarse mediante la forma más apropiada para sí mismo. Estas tres personas han expresado sus talentos artísticos y personales, cada una de forma muy distinta.

Fernando Botero (n. 1932) es considerado el artista latinoamericano vivo más cotizado (*coveted*) del mundo. El pintor y escultor colombiano tiene su propio estilo llamado "boterismo" en el que las personas y los objetos son grandes, es decir, de un volumen exagerado. Sus obras pueden representar crítica política o humor y muchas de sus esculturas se encuentran en avenidas y plazas famosas por todo el mundo, como la Rambla del Raval de Barcelona y la Avenida Park de Nueva York.

Uno de los directores del cine mexicano más conocidos es **Alejandro G. Iñárritu** (n. 1963). Ha trabajado con muchos de los actores más famosos del cine y ha dirigido varias películas excelentes como *Amores perros, Babel, Biutiful, Birdman* y *El renacido* que han sido aclamadas por la crítica a nivel mundial y han ganado premios en festivales internacionales. En 2015 recibió tres premios Óscar por su película *Birdman* en las categorías de mejor director, mejor guion original y mejor película.

No hay guitarrista que simbolice más la música flamenca que **Paco de Lucía** (1947–2014). Este músico andaluz también experimentó con otros estilos como el jazz, e inclusive incorporó el cajón, instrumento afroperuano, en sus composiciones flamencas. Si quieres conocer la música flamenca, escucha a este maestro del arte, quien es considerado uno de los mejores guitarristas de la historia.

Preguntas

1. ¿Cómo se expresan artísticamente estas personas?
2. Si piensas en estas formas de expresión artística, ¿qué otros artistas conoces o puedes nombrar?
3. Considerando todas las formas de arte, en tu opinión, ¿quién es el/la artista más importante de tu época? Si piensas en todas las épocas, ¿quién será el más importante en tu opinión? ¿Qué tipo(s) de arte representa? ¿Por qué opinas así?

9·38 **Los mejores y los peores** Escribe tus selecciones para las siguientes categorías y después, en grupos de tres, compartan la información.

	YO	ESTUDIANTE 1	ESTUDIANTE 2
mejor/peor artista			
mejor/peor grupo musical			
mejor/peor cantante			
mejor/peor canción			
mejor/peor programa de la televisión			
mejor/peor concurso de la televisión			
mejor/peor noticiero			

¡Conversemos!

Estrategias comunicativas Clarifying and using circumlocution

When speaking, you will occasionally need to clarify or elaborate what you are saying. Perhaps your listener(s) did not understand you; perhaps you felt you did not express yourself exactly as you wished; or perhaps you do not know the exact words or way to express what you wanted to say. Finding another way to say what you mean is known as using *circumlocution* and is a technique and skill that is important when communicating. Use the following expressions to begin your clarification, elaboration, or restatement.

• Es decir...	*That's to say . . .*
• O sea...	*That is . . .*
• (Lo que) quiero decir...	*(What) I mean . . .*
• Es que...	*It's that . . . / The fact is that . . .*
• En otras palabras...	*In other words . . .*

9·39 **Diálogo** Escucha la conversación entre Mariela y José Luis y contesta las siguientes preguntas.

1. Según la conversación, ¿a quién le gustan las artes modernas? ¿A quién le gustan las artes antiguas?
2. En realidad, ¿qué quería decirle Mariela a José Luis y qué quería decirle José Luis a Mariela?

9·40 **Parecidos** Dicen que por cada diez personas encontrarás diez opiniones diferentes. Sin embargo, existen semejanzas también. Completa los siguientes pasos.

Paso 1 Busca a un/a compañero/a que tenga los mismos gustos que tú en uno de los cuatro temas que siguen: el arte, la música, el teatro o el cine/la televisión. Crea **cinco** preguntas y entrevista a **cinco** compañero/as para encontrar el/la compañero/a más parecido/a a ti.

MODELO E1: ¿Te gustan las tragedias? Es decir, ¿te gustan las obras de Shakespeare?

E2: Sí, me gustan, pero no todas. O sea, no me gustan las tragedias modernas sino...

Paso 2 Hagan un reportaje oral en el que comparen sus semejanzas. Cada uno debe expresar sus ideas en por lo menos **ocho** oraciones.

9·41 **Meter la pata** ¿Cuántas veces has dicho algo que alguien interpretó mal? O, ¿cuántas veces has dicho algo que no debías? Creen diálogos de las siguientes situaciones donde metiste la pata (*put your foot in your mouth*).

a. criticaste la música de tu mejor amigo/a
b. insististe en ir a una película y el guion fue horrible y todo el mundo gastó mucho dinero
c. visitaste a un/a amigo/a y criticaste su alfarería. Resulta que era de su madre.
d. ¿...? (tu propia situación donde metiste la pata)

9•42 ¿Qué dirían? Claro que hay excepciones, pero es posible predecir las opiniones de algunas personas. Creen diálogos entre las siguientes personas sobre los temas de la lista. Cada diálogo debe tener por lo menos **doce** oraciones, usando expresiones de clarificación y de circunlocución: oraciones usando **el subjuntivo** y oraciones con *si + presente*.

a. los dibujos animados de Disney o Pixar
b. el director mexicano Alejandro González Iñárritu
c. el bailarín Fernando Rodríguez Montaño
d. la música de Paco de Lucía

e. el Museo del Oro de Bogotá en Colombia y un museo en los Estados Unidos que conozcan
f. la música alternativa
g. ¿…? (un tema que seleccionen)

9•43 Y el premio es para… Casi todos han visto los programas de premios como los Óscar, los Grammy, los Tony y los Grammy Latino. Ahora les toca a ustedes crear unos premios y aceptarlos. Completen los siguientes pasos.

Paso 1 Creen unos premios para las siguientes situaciones. Hay que describir a los candidatos y explicar por qué merecen el premio.

a. un premio a la mejor pintura, cerámica, escultura o el mejor tejido
b. la mejor canción (de género X)
c. el/la mejor cinematógrafo/a, director/a, guionista, o el mejor vestuario o la mejor producción de teatro (danza, comedia, tragedia, etc.)

Paso 2 Acepten los premios con un discurso (*speech*).

9•44 ¡Silencio! ¡Se rueda! Por fin les toca a ustedes. Hagan los papeles de las siguientes personas para crear su propio **cortometraje**: el/la cinematógrafo/a, el/la director/a, el/la guionista. También planeen el vestuario y el decorado. Finalmente, ¿hay una diva en su presentación? Si hay, ¿quién es? ¡Diviértanse!

Escribe

Un cuento corto

Estrategia	The purpose of an introduction is to draw the reader in and focus his/her attention on your topic or theme. A good introduction engages the reader's attention, identifies the subject, and often sets the tone for the writing piece. A strong	conclusion should underscore your main points in a nonfiction piece or the theme in a fictional work, maintain the reader's interest, and even motivate the reader to continue to learn about the topic or find out what happens next if it is fiction.
Introductions and conclusions in writing		

9·45 Antes de escribir Vas a escribir un cuento corto que describa una escena de una obra de arte, digamos, una pintura. (Tu profesor/a te dará opciones para la obra si no tienes un cuadro favorito.) Mira el cuadro, piensa en dos o tres ideas principales de tu cuento que describan lo que ocurre en la obra. Piensa también en una oración introductoria que capte la atención del lector. Luego, considera una oración que resuma y subraye (*underscores*) tus ideas principales. Toma notas.

9·46 A escribir Ahora que tienes tus ideas organizadas, escribe tu cuento, prestando atención a la introducción y a la conclusión sobre todo. Asegúrate de que en el cuento:

- hayas empezado con una introducción que llame la atención del lector.
- hayas descrito lo que pasa en la pintura u otra obra de arte.
- hayas terminado con una conclusión que resuma el cuento y que mantenga el interés del lector.

9·47 Después de escribir Comparte tu cuento y una imagen de la obra de arte sobre la cual escribiste con dos compañeros.

¿Cómo andas? II

	Feel confident	Need to review
Having completed **Comunicación II,** I now can...		
• comment on the world of music and theater. (p. 410)	☐	☐
• classify people and things in the extreme. (p. 412 and online)	☐	☐
• discuss possible actions in the present and future. (p. 416)	☐	☐
• delve into the world of cinema and television. (p. 419)	☐	☐
• identify different artistic and expressive talents. (p. 422)	☐	☐
• practice and use circumlocution. (p. 424)	☐	☐
• create strong introductions and conclusions in writing. (p. 426)	☐	☐

Vistazo cultural

🔊 El arte de Perú, Bolivia y Ecuador

Soy estudiante del Instituto de Música Contemporánea (IMC) de la Universidad San Francisco de Quito en Ecuador. El instituto está relacionado con la prestigiosa universidad Berklee College of Music de Boston y es una de las mejores escuelas de música en Sudamérica. Si consigo mi licenciatura en Producción Musical y Sonido este año, pronto espero encontrar trabajo como productor musical para discos.

Nicolás Zambrano Vera, estudiante de música y sonido

Susana Baca, cantante peruana
La cantante Susana Baca (n. 1944) es la mejor promotora de la música afroperuana hoy en día. Ella fundó el Centro Experimental de Música Negro Continuo en Lima para estudiar e investigar las raíces de la música negra en Perú. En el año 2011 fue nombrada Ministra de Cultura del Perú, la primera persona de raza negra en servir en el gabinete del gobierno peruano.

Mario Vargas Llosa, autor peruano
Lee una de las novelas de Mario Vargas Llosa (n. 1936), como *La casa verde* o *Conversación en la catedral*, si quieres entender algo de la cultura peruana. Es un escritor y novelista de talento enorme; ganó el Premio Nobel de Literatura en el año 2010. Es también dramaturgo, cuentista y político: se presentó como candidato para la presidencia de Perú en el año 1990.

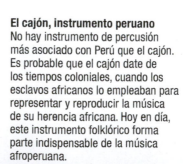

El cajón, instrumento peruano
No hay instrumento de percusión más asociado con Perú que el cajón. Es probable que el cajón date de los tiempos coloniales, cuando los esclavos africanos lo empleaban para representar y reproducir la música de su herencia africana. Hoy en día, este instrumento folklórico forma parte indispensable de la música afroperuana.

Carla Ortiz, actriz boliviana
Desde niña, la boliviana Carla Ortiz (n. 1976) quería ser actriz. Empezó como modelo y luego pasó al campo de la televisión. Se mudó a México, donde ha aparecido en muchas telenovelas. Actualmente, vive en Los Ángeles, donde sigue apareciendo en la televisión. También actuó en la película *Olvidados* (2014).

Artesanía de Otavalo, Ecuador
Ecuador es famoso por sus productos de artesanía, sobre todo en la provincia de Imbabura. Si deseas escoger entre una gran variedad de arte, debes ir al mercado de Otavalo. Allí encontrarás tejidos y tapices de colores y diseños bonitos, figuras de talla de madera bien elaboradas y mucho más.

Oswaldo Guayasamín, pintor ecuatoriano
Oswaldo Guayasamín (1919–1999), de Ecuador, fue principalmente pintor, pero también diseñaba joyería y hacía objetos de artesanía de metal y de madera. Si examinas sus pinturas, verás reflejada una preocupación por el sufrimiento del ser humano y la denuncia de la miseria que las personas tienen que aguantar en la vida.

Música folklórica boliviana
Si quieres conocer la música folklórica de los países andinos, escucha algunas canciones interpretadas por el grupo boliviano Los Kjarkas. Fundado en el año 1965, este grupo es uno de los mejores representantes de la música boliviana. Tocan instrumentos folklóricos típicos y cantan en español y en quechua.

Preguntas

1. ¿Qué formas artísticas se mencionan aquí? ¿Cuál vistazo te interesa más y por qué?
2. Identifica varias relaciones entre los artistas mencionados en este capítulo.
3. Piensa en los *Vistazos culturales* anteriores e identifica unas conexiones entre ellos y el arte que has estudiado en este capítulo. (E.g., **Capítulo 4:** los diseños de las alfombras de flores de la Semana Santa o las máscaras de Guatemala)

Cine

 Watch this film in *¡Anda!* online.

Nominado como Mejor Corto de Animación en los Premios Goya de 2013

9·48 **Antes de ver el cortometraje** Contesta las siguientes preguntas.

1. ¿Te gusta la música? ¿Qué tipo de música escuchas frecuentemente?
2. ¿Sabes tocar algún instrumento? Si este es el caso, ¿cuál? Si no sabes tocar un instrumento, ¿te gustaría aprender a tocar uno? ¿Cuál?

Estrategia	Now that you have developed several skills to help your comprehension of the *cortometraje* (such as determining the topic, anticipating content, and using visual clues to aid comprehension) you are now ready to establish a detailed	sequence of events in a *cortometraje*. Focus your attention on visual cues, body language, and cause-and-effect relationships as the film progresses to create a detailed summary of the plot's sequence of events.
Sequencing events		

Additional vocabulary practice in *¡Anda!* online

Vocabulario

atril	*music stand*
ausencia	*absence*
batuta	*baton*
cuerdas	*strings*
dirigir	*to conduct*
(tener buen) oído	*(to have good) hearing*
panfleto	*pamphlet*
partitura	*sheet music*

9·49 **Mientras ves el cortometraje** Presta atención a los créditos al comienzo, las fotografías que aparecen a lo largo de la película y las cartas que se escriben Alfred y Anna. ¿Qué importancia tienen estos elementos en la historia? Toma nota de los principales eventos que tienen lugar en el cortometraje.

1. *(music)*

2. *(music)*

3. *(music)*

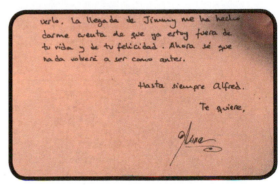

4. *(music)*

9·50 **Después de ver el cortometraje** Contesta las siguientes preguntas.

1. ¿Quiénes son Alfred y Anna? ¿Cómo es la relación entre ellos durante los créditos al comienzo del cortometraje?
2. Alfred y Anna vivían en París. ¿Por qué deciden mudarse a Hummingbird Town?
3. ¿De qué manera afecta el cierre de la fábrica a Alfred y Anna?
4. ¿Qué representan las fotografías colgadas (*hung*) en la pared? ¿Cómo interpretas el cristal roto de la foto de Alfred y Anna?
5. En la carta que Anna le escribe a Alfred, ella dice: "Ahora sé que nada volverá a ser como antes". ¿A qué se refiere?

¿? For additional *Cine* content and activities, go to *¡Anda!* online.

Literatura

La tía Paulina

Antes de leer Contesta las siguientes preguntas.

1. A lo largo de la historia, muchas personas han intentado establecer una definición de la palabra "arte". En tu opinión, ¿qué es el arte? ¿Cuál es su función en el mundo? ¿Cuál es su importancia?
2. Muchas personas también han tratado de definir la palabra "música". En tu opinión, ¿qué es la música? ¿Crees que es importante? ¿Te puedes imaginar el mundo sin música?
3. ¿Crees que hay alguna relación entre la música y el amor?

Estrategia	Inferring is drawing conclusions based on information provided, the reader's prior knowledge, and a general comprehension of the text. When you infer something, it is not explicitly	stated but rather suggested by the author. For each inference you make, pinpoint the facts in the passage and also identify the background knowledge that has led you to your conclusion.
Making inferences: Reading between the lines		

9·52 **Mientras lees** Mientras lees, completa los siguientes pasos para practicar la nueva estrategia.

1. Haz una lista de tres cosas que aprendiste sobre Paulina y otras tres sobre Webelman al leer el cuento.
2. Después haz inferencias basadas en lo que ahora ya sabes de los personajes. Por ejemplo: sabemos que el padre de Paulina la encerraba en su cuarto cada día para que ella practicara el piano. Según esta información podemos inferir que el papá era muy estricto. Haz otra lista donde escribas tres inferencias de la lectura e identifica el conocimiento previo que te ha llevado a esa conclusión siguiendo el modelo.

La tía Paulina (fragmento)
Ángeles Mastretta

Paulina Traslosheros tenía veinte años
cuando conoció a Isaac Webelman, un
músico que se detuvo en Puebla a esperar
noticias de sus parientes judíos en Nueva
York. Venía de Polonia y Sudamérica y
era un hombre distinto al común de los
hombres entre los que creció Paulina…
Era inasible° y atractivo como su música   *hard to get*
preferida, a la que él atribuía un sinnúmero de virtudes, más la principal: llamarse y
ser Inconclusa°. —En realidad —le dijo a Paulina, al poco tiempo de conocerla—, los   *unfinished*
finales son indignos° del arte. Las obras de arte son siempre inconclusas. Quienes las   *unworthy*
hacen, no están seguros nunca de que las han terminado. Sucede lo mismo con las
mejores cosas de la vida.
[…]
Webelman tenía fama de ser un gran músico, y en cuanto llegó a Puebla se hizo° de   *got*
una cantidad de alumnos sólo comparable al tamaño que tenía en cada poblano°   *person from Puebla*
la veneración por lo extranjero… El músico Webelman se presentó como maestro
de piano, violín, flauta, percusiones y chelo. Tuvo alumnos para todo, hasta uno de
nombre Victoriano Álvarez que intentó aprender percusiones antes de convertirse
en político como un modo más eficaz de hacer ruido. Paulina Traslosheros tocaba el
piano con mucho más conocimiento y elegancia que cualquiera de las otras alumnas,
no en balde° su padre la había encerrado todas las tardes de su infancia en la sala de   *not in vain*
arriba. Primero, era una obligación estarse ahí dos horas practicando escalas hasta
morirse de tedio°, pero después le tomó cariño a° ese lugar.   *boredom /*
[…]   *started to care*
Hasta ahí llegaba Isaak Webelman con su Inconclusa todas las tardes, de seis a ocho.
Le gustaba hacer discursos y a la tía le gustaba escucharlos… —Eres un fantasioso —
dijo Paulina agradecida. Tanto tiempo había vivido rodeada de verdades contundentes°   *forceful*
o irrefutables, que las odiaba. —Mejor dicho, tú eres una incrédula° —contestó   *skeptic*
Isaak Webelman—. Vuelve a darme ese Re que sonó a brinco°. La tía Paulina   *jump*
obedeció. —No, así no. Así estás demostrándome cuán° virtuosa puedes ser, cuán   *how*
hábil, pero no cuán artista. Una cosa es hacer sonar un instrumento y otra muy
distinta hacer música. La música tiene que tener magia y la magia depende de
algunos trucos, pero más que nada de los buenos impulsos. Mira —dijo, pasando
un brazo por la cintura de la tía—: Tú quieres dar este Re con más énfasis, no sabes
cómo. En apariencia no tienes más que un dedo y una tecla° para hacerlo, pero   *key*
con el dedo y la tecla no haces más que un ruido, lo demás tienes que sacarlo de
tu cabeza, de tu corazón, de tus entrañas°. Porque ahí es donde está, con toda   *guts*
exactitud, el sonido que deseas. Cuando lo sabes, no tienes más que sacarlo.
¡Sácalo! La tía Paulina obedeció° hipnotizada. El piano de la abuelita sonó como   *obeyed*
nunca antes con el mismo Para Elisa de toda la vida. —Aprendes —dijo Webelman
sentado junto a ella. Luego se la quedó mirando como si ella misma fuera Elisa…

9·53 Después de leer Contesta las siguientes preguntas.

1. Fíjate en los personajes principales del cuento. ¿De dónde es Paulina? ¿Cuántos años tiene? ¿Qué instrumento toca? ¿Cómo fue su infancia?
2. ¿De dónde es Isaac Webelman? ¿Qué instrumentos enseñaba en sus clases?
3. La autora describe la personalidad de Webelman y la compara con su música. Escribe dos características de su personalidad similares a su música. Usa las comparaciones de igualdad que aprendiste en este capítulo.
4. Según Webelman, ¿cuál era la diferencia entre hacer música y hacer sonar un instrumento?
5. Según Webelman, ¿qué tiene que tener la música? ¿Qué es la música para él?
6. ¿Cuál es la relación entre la música y el amor en este cuento? Vuelve a leer el último párrafo de la selección y explícalo en tus propias palabras.

9·54 Los finales ¿Por qué dice Webelman que "los finales son indignos del arte"? ¿Qué piensas de esta afirmación? Responde a estas preguntas oralmente y comparte tus ideas con tus compañeros de clase.

9·55 En primera persona Imagina que la narradora en primera persona es la tía Paulina. ¿Cómo contaría el cuento? Reescribe el último párrafo desde la perspectiva de Paulina y compártelo con tus compañeros.

¿? For additional *Literatura* content and activities, go to *¡Anda!* online.

Y por fin, ¿cómo andas?

	Feel confident	Need to review

Having completed this chapter, I now can...

Comunicación I

- discuss the visual arts. (p. 394) ☐ ☐
- offer comparisons of equality and inequality. (p. 395 and online) ☐ ☐
- recommend and suggest, express volition, doubt, and emotions, and describe uncertainty or the unknown. (p. 397) ☐ ☐
- examine handicrafts and their artisans. (p. 404) ☐ ☐
- draw inferences about what I hear. (p. 408) ☐ ☐

Comunicación II

- comment on the world of music and theater. (p. 410) ☐ ☐
- classify people and things in the extreme. (p. 412 and online) ☐ ☐
- discuss possible actions in the present and future. (p. 416) ☐ ☐
- delve into the world of cinema and television. (p. 419) ☐ ☐
- practice and use circumlocution. (p. 424) ☐ ☐
- create strong introductions and conclusions in writing. (p. 426) ☐ ☐

Cultura

- share information about a pre-Columbian art museum. (p. 407) ☐ ☐
- identify different artistic and expressive talents. (p. 422) ☐ ☐
- share information about Peru, Bolivia, and Ecuador. (p. 428) ☐ ☐

Cine

- converse about a film from Spain. (p. 430) ☐ ☐

Literatura

- converse about a short story from Mexico. (p. 432) ☐ ☐

Comunidades

- use Spanish in real-life contexts. (online) ☐ ☐

Vocabulario **activo** 🔊

El arte visual — *Visual arts*

la acuarela	*watercolor*
el arte dramático	*performance art*
el autorretrato	*self-portrait*
el dibujo	*drawing*
el diseño	*design*
el grabado	*etching*
el mural	*mural*
la naturaleza muerta	*still life*
el óleo	*oil painting*
el paisaje	*landscape*
la pintura	*painting*
el retrato	*portrait*
el/la artista	*artist*
el/la muralista	*muralist*
el/la pintor/a	*painter*
la imagen	*image*
el lienzo	*canvas*
el motivo	*motif; theme*
la obra maestra	*masterpiece*
el pincel	*paintbrush*
el taller	*workshop; studio*
el tema	*theme; subject*
el valor	*value*

Algunos adjetivos — *Some adjectives*

cotidiano/a	*everyday; daily*
estético/a	*aesthetic*
gráfico/a	*graphic*
innovador/a	*innovative*
llamativo/a	*colorful; showy; bright*
talentoso/a	*talented*
técnico/a	*technical*
visual	*visual*

Algunos verbos — *Some verbs*

crear	*to create*
dibujar	*to draw*
encargarle (a alguien)	*to commission (someone)*
esculpir	*to sculpt*
exhibir	*to exhibit*
hacer a mano	*to make by hand*
reflejar	*to reflect*
representar	*to represent*

La artesanía — *Arts and crafts*

la alfarería	*pottery; pottery making*
las artes decorativas/aplicadas	*decorative/applied arts*
el barro	*clay*
la cerámica	*ceramics*
la cestería	*basket weaving; basketry*
la escultura	*sculpture*
la talla	*wood sculpture; carving*
el tapiz	*tapestry*
el tejido	*weaving*
el/la alfarero/a	*potter*
el/la artesano/a	*artisan*
el/la escultor/a	*sculptor*
el/la tejedor/a	*weaver*

El mundo de la música y del teatro	The world of music and theater
La música	*Music*
el clarinete	*clarinet*
el coro	*choir*
el cuarteto	*quartet*
las cuerdas	*strings; string instruments*
el espectáculo	*show*
el flamenco	*flamenco*
los instrumentos de metal	*brass instruments*
los instrumentos de viento / de madera	*woodwinds; wood instruments*
el mariachi	*mariachi*
el merengue	*merengue*
la música alternativa	*alternative music*
la música popular	*popular music*
el órgano	*organ*
la orquesta sinfónica	*symphony orchestra*
la pieza musical	*musical piece*
el saxofón	*saxophone*
el teclado	*keyboard*
el trío	*trio*
el trombón	*trombone*
el violín	*violin*
el/la compositor/a	*composer*
el/la organista	*organist*
los/las seguidores/as	*fans; groupies; followers*
el/la solista	*soloist*
El teatro	*Theater*
el ballet	*ballet*
la comedia	*comedy*
la danza	*dance*
el decorado	*set*
el drama	*drama*
el escenario	*stage*
la función	*show; production*
el miedo de salir a escena	*stage fright*
la obra de teatro	*play*
la tragedia	*tragedy*
el vestuario	*costume; wardrobe; dressing room*
el/la director de escena	*stage manager*
la diva	*diva*
el/la dramaturgo/a	*playwright*

El mundo del cine y la televisión	The world of cinema and television
El cine	*Cinema*
el cortometraje	*short (film)*
los dibujos animados	*cartoons*
el equipo de cámara/sonido	*camera/sound crew*
el guion	*script*
el montaje	*staging; editing*
¡Silencio!	*Quiet everybody (on the set)!*
¡Se rueda!	*Action!*
los subtítulos	*subtitles*
el/la cinematógrafo/a	*cinematographer*
el/la director/a	*director*
el/la guionista	*scriptwriter; screenwriter*
La televisión	*Television*
el canal	*channel*
el concurso	*game show; pageant*
el noticiero	*news program*
la telenovela	*soap opera*
el/la televidente	*television viewer*

Algunos verbos	Some verbs
actuar	*to act*
aplaudir	*to applaud*
componer	*to compose*
editar	*to edit*
filmar	*to film*
hacer el papel	*to play the role*
improvisar	*to rehearse; to improvise*
informar	*to inform; to tell*
representar	*to perform*
rodar (en exteriores)	*to film (on location)*

El Salto Ángel, Venezuela, la catarata más alta del mundo

10 Un planeta para todos

El mundo hispano posee una enorme riqueza natural. La región de la Amazonía en América del Sur, por ejemplo, es una de las áreas más ricas en diversidad biológica. Se estima que la región contiene el 10% de la biodiversidad que hasta hoy se conoce. Es decir que una de cada diez especies —de plantas y animales— del planeta Tierra habita en la Amazonía. Hoy día cuidar de ella no es una opción, es una necesidad.

Preguntas

1. ¿Por qué es importante proteger la biodiversidad?
2. ¿Qué haces para proteger el medioambiente?
3. Describe lo que ves en las fotos. Menciona algún lugar, planta o animal que necesita protección en tu región.

¿Sabías que…?

- Se estima que más de 460 especies de animales desaparecieron (*disappeared*) entre 1900-2000.

- Si la tasa (*rate*) de extinciones continúa igual hasta el 2100, la Tierra habrá perdido (*will have lost*) la mitad de su biodiversidad.

Una flor delicada de Colombia

Un tucán centroamericano muy colorido

Learning Outcomes

By the end of this chapter, you will be able to:

✔ describe the environment, geographical features, and animals.

✔ communicate prior recommendations, wants, doubts, and emotions.

✔ convey hypothetical or contrary-to-fact information.

✔ express agreement, disagreement, or surprise.

✔ identify three Hispanic environmental activists.

✔ link your sentences to be more persuasive, cohesive, and clear.

✔ compare and contrast conservation initiatives in Colombia and Venezuela.

✔ identify and share information about cultural and artistic expression through a film from Colombia and a fable by Augusto Monterroso (Guatemala).

Comunicación I

¡Anda! Curso elemental , Capítulo 11.
El medio ambiente, Apéndice 2.

1 VOCABULARIO

El medio ambiente
Describing the environment

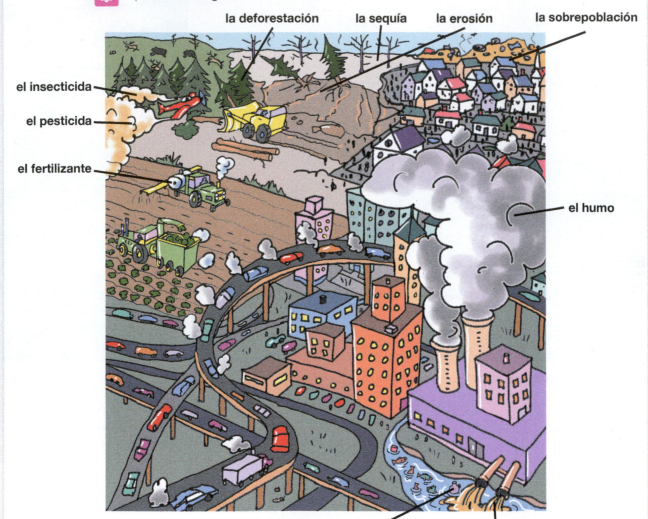

la deforestación   la sequía   la erosión   la sobrepoblación

el insecticida

el pesticida

el fertilizante

el humo

el envase   el contaminante

Algunos sustantivos	Some nouns		
los animales en peligro de extinción	endangered species	la escasez	scarcity
el clima	climate	el esmog	smog
el combustible	fuel	el hábitat	habitat
el consumo	consumption	la infraestructura	infrastructure
el daño	harm	la naturaleza	nature
el desperdicio	waste	el peligro	danger
el ecosistema	ecosystem	el riesgo	risk
el efecto invernadero	greenhouse effect	la sustancia	substance

Algunos verbos	Some verbs
amenazar	to threaten
conservar	to conserve
cosechar	to harvest
dañar	to damage; to harm
desaparecer	to disappear
descongelar	to thaw
desperdiciar	to waste
destruir	to destroy
fabricar	to make; to produce
hacer ruido	to make noise
mejorar	to improve
preservar	to preserve
prevenir	to prevent
reducir	to reduce
reemplazar	to replace
rescatar	to rescue
sobrevivir	to survive
sostener	to sustain

Algunos adjetivos	Some adjectives
árido/a	arid; dry
biodegradable	biodegradable
climático/a	climatic
ecológico/a	ecological
exterminado/a	exterminated
renovable	renewable
tóxico/a	poisonous

Estrategia

When discussing *El medio ambiente,* include previously learned vocabulary that connects with this theme. For example, in *¡Anda! Curso elemental* you learned *el daño, el efecto invernadero,* and *la naturaleza.* For more review vocabulary on the environment, go to Appendix 3, *Capítulo 11.*

 Now you are ready to complete the *Preparación y práctica* activities for this chunk online.

REPASO

Las preposiciones y los pronombres preposicionales   Indicating purpose, time, and location

For a complete review of prepositions and prepositional pronouns, go to *¡Anda!* online or refer to **Capítulo 11** of *¡Anda! Curso elemental* in Appendix 3 of your textbook. The vocabulary activities that follow incorporate this grammar point. Practicing new vocabulary with a review grammar point helps to strengthen and increase your knowledge of Spanish.

 10·1 **Definiciones** Completen los siguientes pasos.

Paso 1   Túrnense para decir las definiciones y adivinar las palabras.

> **MODELO**   todo lo que nos rodea (*surrounds us*) y que debemos cuidar <u>para</u> mantenerlo limpio
> *el medio ambiente*

Estrategia

Remember that *la tierra* means "land" or "soil," whereas *la Tierra* refers to the planet Earth.

1. la falta o insuficiencia de algo, por ejemplo el agua o la energía
2. una sustancia química tóxica que echamos encima de las plantas para controlar los insectos
3. la falta de agua en la Tierra
4. tener demasiadas personas viviendo dentro de un área de la Tierra
5. preparar con anticipación lo necesario para evitar algo
6. liberar de peligro o daño
7. tener la posibilidad de hacer algo de nuevo, o de volverlo a su estado original
8. elementos o servicios que son necesarios para la creación y buen funcionamiento de una organización

Paso 2   Ahora túrnense para decir las preposiciones que hay en cada definición.

10·2 Nuestros problemas Delia y Fabián acaban de participar en el Día Mundial del Medio Ambiente. Lean la conversación entre ellos y completen los pasos.

Paso 1   Subrayen todas **las preposiciones.**

DELIA: Fabián, ¿qué opinas de los problemas del medio ambiente?

FABIÁN: Bueno, creo que el crecimiento tan rápido de la población humana y el desarrollo tecnológico están produciendo un deterioro cada vez más acelerado en la calidad del medio ambiente y en su capacidad de sostener vida.

DELIA: Sí, estoy totalmente de acuerdo. Además, según los expertos, el dióxido de carbono atmosférico se ha incrementado un treinta por ciento en los últimos doscientos cincuenta años. El problema es que eso puede impedir que la radiación de onda larga escape al espacio exterior. Parece que producimos más calor que el que puede escapar.

FABIÁN: Sí, y ya sé a dónde vas —la temperatura global de la Tierra está subiendo. Yo creo que el cambio climático es la cuestión crítica de nuestra época. Entonces las organizaciones nacionales e internacionales tienen que exigir que las empresas y las comunidades busquen la manera de reducir las emisiones de gases de invernadero.

DELIA: Y para que esto sea realidad, hay que buscar maneras de reducir emisiones de carbono. Todo eso va a requerir un gran mejoramiento en la eficiencia energética y en las fuentes alternativas de energía.

FABIÁN: Y no te olvides de los bosques, los ríos y los océanos —el consumo tiene que ser ecológico para poder proteger y conservar la belleza que tenemos en nuestro mundo.

Paso 2   Túrnense para contestar las siguientes preguntas.

1. Según Fabián, ¿qué está causando el deterioro en la calidad del medio ambiente?
2. Según Delia, ¿cuánto ha aumentado el nivel de dióxido de carbono en los dos últimos siglos?
3. ¿Cuál puede ser el efecto de ese aumento en el dióxido de carbono?
4. ¿Qué necesitan hacer tanto los países como la comunidad global para combatir eso y para proteger nuestro mundo?

10·3 Así es Emparejen las frases de las dos columnas para formar oraciones completas.

1. _____ Alguien bota el envase en el río y…
2. _____ El consumo de la energía para mantener el nivel de vida…
3. _____ Según las cifras (*figures*), los Estados Unidos desperdicia más…
4. _____ Antes de destruir todos los bosques…
5. _____ El mundo se está calentando hasta el punto de…
6. _____ Para reducir el consumo de petróleo…
7. _____ Sin preservar los recursos naturales…
8. _____ Después de dañar tanto a la Madre Tierra…

   a. que cualquier otro país del planeta.
   b. descongelar los polos norte y sur.
   c. es impresionante ver cómo nos sigue sosteniendo.
   d. el mundo será muy diferente para las generaciones del futuro.
   e. es un gran desperdicio.
   f. tenemos que usar los coches de gasolina mucho menos que ahora.
   g. necesitamos un mejor plan para reforestar.
   h. termina en el mar.

👥👥 **10·4** **Encuesta** ¿Eres "verde"? Completa los siguientes pasos para averiguarlo.

Paso 1 Indica con qué frecuencia haces las siguientes acciones.

	NUNCA	A VECES	CASI SIEMPRE	SIEMPRE
1. hablar con mis amigos y parientes para animarlos a reciclar				
2. no importarme pagar más por los productos que son orgánicos y/o biodegradables				
3. reciclar todo el papel que uso				
4. reciclar todos los envases posibles de vidrio, plástico, cartón y lata				
5. no pensar comprar nada que dañe el ecosistema, incluso los pañales (*diapers*)				
6. conducir menos para conservar energía y reducir la contaminación del aire				
7. conducir más lento y menos agresivamente para conservar energía				
8. leer el periódico y las revistas en Internet				
9. buscar artículos y programas de televisión para poder aprender más sobre la ecología				
10. preocuparme por el agotamiento (*depletion*) de los recursos naturales				

Paso 2 Crea preguntas y házselas a por lo menos **cinco** compañeros/as de clase. Escribe sus respuestas.

> **MODELO** E1: *¿Hablas con tus amigos y parientes para animarlos a reciclar?*
> E2: *Sí, les hablo a veces.*

Paso 3 En grupos de cuatro o cinco, discutan sus respuestas y creen gráficas que representen sus resultados.

hablar con amigos

pagar más por los productos orgánicos

10·5 **Problemas del medio ambiente** Escucha los problemas del medio ambiente e indica el número de cada problema que corresponde a la solución más apropiada.

_____ a. Para tener el aire limpio necesitamos reducir el esmog y el humo producidos por las fábricas.

_____ b. Tenemos que aprender a reciclar y reusar los envases y solo usar productos biodegradables.

_____ c. Tenemos que promulgar leyes que protejan los árboles y prevengan la deforestación.

_____ d. Necesitamos rescatar a los animales antes de que desaparezcan por completo.

_____ e. Es necesario aprender a no desperdiciar los recursos naturales.

 10·6 **Selva Negra** En el **Capítulo 9,** hablamos de Maná. ¿Sabían que la fundación ecológica Selva Negra es el brazo social de este grupo de rock? Vayan a Internet para ver artículos y fotos de algunos de sus proyectos dedicados a la protección y preservación del medio ambiente. Después, preparen una presentación de por lo menos **quince** oraciones sobre uno de los proyectos.

Fíjate

Suggested keyword for your Internet search include: *Selva negra, Maná, conservación,* and *fundación.*

10·7 **Debate** Formen equipos para debatir las posibles causas y soluciones a los siguientes problemas.

¡Anda! Curso elemental, Capítulo 11. El medio ambiente, Apéndice 2.

Estrategia

For some useful phrases to express agreement or disagreement, consult the *¡Conversemos!* section of this chapter on p. 466.

1.

la sobrepoblación de algunos países del mundo

2.

la deforestación

3.

el alto consumo de petróleo

4.

la dependencia de la energía de combustibles fósiles

2 GRAMÁTICA

El imperfecto de subjuntivo

Specifying prior recommendations, wants, doubts, and emotions

You already have learned and practiced when to use the subjunctive versus the indicative. You have been using the present and present perfect subjunctive. Now we will explore the past subjunctive, or **el imperfecto de subjuntivo.**

Para el artista era importante que se reciclara.

1. The **imperfect subjunctive** is used to refer to **past events that can include those that were incomplete, hypothetical, unreal, or indefinite.** It is used to express **past wishes**, **doubts**, and **suggestions**.

El granjero dudaba que la deforestación **pudiera** causar tanta erosión.	*The farmer doubted that deforestation could cause so much erosion.*
Los televidentes pidieron que **hubiera** más programas de temas ecológicos.	*The television viewers requested that there be more programs about ecological topics.*

2. The **imperfect subjunctive** is also used to make **polite requests or statements** using **querer**, **poder**, and **deber**.

Quisiera saber cómo este pueblo piensa rescatarse.	*I would like to know how this town is planning to save itself.*
¿**Pudieras** recomendarme un insecticida menos tóxico?	*Could you recommend a less toxic insecticide?*
Debieras ir a la conferencia sobre el medio ambiente.	*You should go to the conference on the environment.*

3. You may use the **imperfect subjunctive** with **ojalá** when it means *I wish*.

Ojalá (que) **pudiéramos** rescatar los animales que casi están en peligro de extinción.	*I wish we could rescue the animals that are on the verge of extinction.*

4. The **imperfect subjunctive** of regular and irregular verbs is formed by:
   a. **taking the third-person plural of the preterit,**
   b. **dropping the -ron ending,**
   c. **adding the following endings:**

		conservar	sostener	sobrevivir
		(conserva**ron**)	(sostuvie**ron**)	(sobrevivie**ron**)
yo	**-ra**	conserva**ra**	sostuvie**ra**	sobrevivie**ra**
tú	**-ras**	conserva**ras**	sostuvie**ras**	sobrevivie**ras**
Ud.	**-ra**	conserva**ra**	sostuvie**ra**	sobrevivie**ra**
él, ella	**-ra**	conserva**ra**	sostuvie**ra**	sobrevivie**ra**
nosotros/as	**-ramos**	conservá**ramos**	sostuvié**ramos**	sobrevivié**ramos**
vosotros/as	**-rais**	conserva**rais**	sostuvie**rais**	sobrevivie**rais**
Uds.	**-ran**	conserva**ran**	sostuvie**ran**	sobrevivie**ran**
ellos/as	**-ran**	conserva**ran**	sostuvie**ran**	sobrevivie**ran**

Note: A **written accent** is required on the *final vowel of the stem* in the **nosotros** form (first person plural).

¿? Now you are ready to complete the ***Preparación y práctica*** activities for this chunk online.

10·8   La corrida Escuchen mientras su profesor/a les explica la actividad. Van a jugar este juego rápido para practicar las formas del **imperfecto de subjuntivo.**

10·9   ¿Qué más? Acaban de ver un documental en la televisión sobre la protección del medio ambiente donde hablaron muchos expertos y personas oficiales del gobierno. Terminen las siguientes oraciones usando siempre **el imperfecto de subjuntivo.**

¡Anda! Curso elemental, Capítulo 11. El medio ambiente; La política, Apéndice 2.

MODELO   El alcalde nos exigió que… (reducir)
El alcalde nos exigió que redujéramos la cantidad de basura que producíamos.

1. Los expertos esperaban que la gente… (saber)
2. Era esencial que yo… (no destruir)
3. El gobierno deseaba que los estados… (no utilizar)
4. Los oficiales nos sugirieron que… (prevenir)
5. Un experto buscaba un oficial que… (poder apoyar)
6. Nos mandó que… (evitar)

¡Anda! Curso elemental, Capítulo 11. El medio ambiente; La política, Apéndice 2.

10·10   Mis deseos ¿Cuáles son sus deseos o recomendaciones acerca del medio ambiente? Expresen sus recomendaciones usando **el imperfecto de subjuntivo**.

¡Anda! Curso intermedio, Capítulo 9. Repaso del subjuntivo, pág. 397.

MODELO   E1:   la deforestación
E2:   *¡Ojalá que pudiéramos plantar dos árboles por cada uno que cortamos!*

Estrategia

Remember that *ojalá* signals the use of the subjunctive. Also remember that the use of *que* is optional.

Ojalá (que) pudiera convencerlos.

I wish (that) I could convince them.

1.
la escasez de agua

2.
el esmog

3.
la lluvia tóxica

4.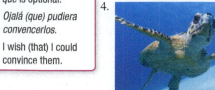
los animales en peligro de extinción

5.
el efecto invernadero

6.
el desperdicio

10·11 **En el pasado** ¿Qué hacía la gente en el pasado para proteger el medio ambiente? Túrnense para hacerse y contestar las preguntas sobre sus acciones usando **el imperfecto de subjuntivo**.

MODELO conservar el agua

E1: *¿Qué hacían para conservar el agua?*

E2: *Era importante que las duchas fueran cortas y que no se usara mucha agua en el jardín para regar el césped y las plantas…*

1. conservar la gasolina
2. reducir la basura
3. evitar el uso de contaminantes
4. proteger la tierra
5. proteger los animales salvajes/desplazados (*displaced*)

¡Anda! Curso elemental, Capítulo 11. El medio ambiente, Apéndice 2.

 10·12 **Por favor** Su amigo Tomás siempre tiene excusas para no ayudar a proteger el medio ambiente. Túrnense para pedirle favores, usando **el imperfecto de subjuntivo**, y para responder con excusas creativas.

MODELO cosechar el maíz

E1: *Tomás, hoy mi padre empieza a cosechar el maíz. ¿Pudieras ayudarnos?*

E2: *Me gustaría ayudarlos, pero tengo que llevar a mi abuelo al médico.*

1. trabajar en el centro de reciclaje
2. reemplazar las bombillas en todos los edificios de la universidad
3. llevar todas las sustancias químicas tóxicas a un vertedero especial
4. reforestar el bosque detrás de la universidad
5. rescatar unos animales desplazados

¡Anda! Curso elemental, Capítulo 10. Los medios de transporte; Capítulo 11. El medio ambiente; La política, Apéndice 2.

 10·13 **Un futuro mejor** Imagina que dentro de veinte años estás hablando con tus padres sobre "aquellos tiempos" cuando el planeta estaba en más peligro y la sociedad tenía más problemas. Completa los siguientes pasos.

¡Anda! Curso intermedio, Capítulo 7. Algunos artículos en las tiendas, pág. 316; Capítulo 9. Repaso del subjuntivo, pág. 397.

Paso 1 Escribe por lo menos **ocho** comentarios sobre lo que hacías para mejorar el medio ambiente. Necesitas usar **el imperfecto de subjuntivo** en cada oración.

MODELO E1: *Papá, en aquel entonces* (back then) *tú querías que compráramos un coche muy pequeño que usara menos gasolina. En casa, nos exigías que… En el jardín…*

Paso 2 En parejas, túrnense para compartir sus comentarios.

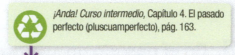
¡Anda! Curso intermedio, Capítulo 4. El pasado perfecto (pluscuamperfecto), pág. 163.

3 GRAMÁTICA

 El pasado perfecto de subjuntivo
Discussing actions completed before others in the past

The **past perfect subjunctive** (also known as the *pluperfect subjunctive*) is used under the same conditions as the ***present perfect*** subjunctive (**haya -ado / -ido, hayas -ado / -ido, etc.**), **but** it is used to refer to **an event prior to another past event**. This includes **events that were doubted or that one wished had already occurred**.

¡No había nadie que hubiera reciclado más que mis padres!

Sentíamos que el gobierno **hubiera dejado** que cortaran tantos árboles.

We were sorry that the government had allowed them to cut so many trees.

Esperaba que ya **hubieras reciclado** tus latas.

I hoped that you had already recycled your cans.

Dudaba que ya **hubieran comprado** los productos biodegradables.

He doubted that they had already bought the biodegradable products.

Note: The first verb in each of the sample sentences is in the **imperfect** (**Sentíamos, Esperaba,** and **Dudaba**). Those first verbs are in the *main clause*, which is also known as the *independent clause*.

- The **pasado perfecto de subjuntivo** is formed in the following manner:
  imperfect subjunctive form of *haber*+ participio pasado (-ado /-ido)

yo	**hubiera**	
tú	**hubieras**	
Ud.	**hubiera**	
él, ella	**hubiera**	**dañado**
nosotros/as	**hubiéramos**	**sostenido**
vosotros/as	**hubierais**	**sobrevivido**
Uds.	**hubieran**	
ellos/as	**hubieran**	

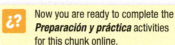 Now you are ready to complete the ***Preparación y práctica*** activities for this chunk online.

 10-14 **El pasado** ¿Cómo se sentían en el pasado? Cambien las siguientes oraciones usando **el pasado perfecto de subjuntivo.**

MODELO Dudo que mis amigos hayan pensado en la basura que producen.

Dudaba que mis amigos hubieran pensado en la basura que producían.

1. Dudo que nuestros vecinos hayan reciclado tanto como nosotros.
2. No puedo creer que el presidente de la universidad no haya apoyado los esfuerzos de nuestra organización "campus verde".
3. Me molesta que nuestros compañeros hayan puesto tantos periódicos en la basura.
4. Nos alegra que la universidad haya dejado de usar sustancias químicas tóxicas para la limpieza de los edificios.
5. No creemos que hayan cambiado los pesticidas por unos biodegradables.

¡Anda! Curso elemental, Capítulo 11. El medio ambiente, Apéndice 2.

10·15 Tiempo y modo Expresen sus opiniones sobre el medio ambiente usando **el pasado perfecto de subjuntivo.**

MODELO es bueno / rescatar / el oso panda

Era bueno que hubiera rescatado el oso panda.

1. (yo) sentir / dañar / ese bosque
2. ser dudoso / sobrevivir / animales
3. ser importante / sostener / infraestructura
4. (nosotros) no creer / amenazar / dueños de la fábrica
5. ser lástima / destruir / cosecha

¡Anda! Curso elemental, Capítulo 11. El medio ambiente, Apéndice 2.

10·16 En el centro de reciclaje Ayer se presentaron varios voluntarios, pero pasaron el día charlando y mucho se quedó sin hacer (*a lot was left undone*). Ahora ustedes y sus amigos tienen que hacerlo todo. Cambien los verbos del pasado perfecto de indicativo al **pasado perfecto de subjuntivo.**

MODELO Cuando llegamos al centro:

No habían hecho nada del trabajo del día anterior. (molestarnos)

Cuando llegamos al centro, nos molestó que no hubieran hecho nada del trabajo del día anterior.

Cuando llegamos al centro:

1. No habían separado los periódicos. (molestarnos)
2. Habían dejado muchas cajas de plástico en la entrada. (sorprenderme)
3. Alguien había escrito "latas" en el recipiente general para el aluminio. (frustrarnos)
4. El director del centro nos dijo que había buscado otras personas para ayudar en el futuro. (alegrarnos)
5. No había venido nadie que pudiera levantar una caja enorme de vidrio. (extrañarme)

10·17 El verano pasado Imaginen que los siguientes eventos ocurrieron el verano pasado. Túrnense para explicar cómo hubieran reaccionado usando **el pasado perfecto de subjuntivo.**

MODELO ir de vacaciones a Venezuela (yo / ellos)

E1: *Me encantó que hubieran ido de vacaciones a Venezuela.*

1. recibir un coche nuevo de sus padres (yo / Mariela)
2. romper con tu novio/a (nosotros / tú)
3. ganar $5.000 en la lotería (Jorge / Gustavo y Rafi)
4. casarse con la prima de Tami (a ellos / tú)
5. romperse la pierna (yo / Víctor)
6. perder su bolso (Cecilia / Amalia)

10·18 Lo que hubiera hecho Túrnense para entrevistarse y averiguar todo lo que esperaban que el gobierno hubiera hecho en los últimos veinte años para conservar el medio ambiente. Usen **el pasado perfecto de subjuntivo.**

MODELO   *Esperaba que ya hubiera existido un programa de reciclaje en las escuelas primarias…*

10·19 Un año académico en Latinoamérica Imaginen que acaban de volver de un año académico en un país latinoamericano. Hagan comentarios sobre **ocho** aspectos (inventados) del año y lo que hubieran hecho antes de viajar a Latinoamérica. Usen **el pasado perfecto de subjuntivo.**

MODELO   *No pensaba que hubiera sido posible quedarme un año completo lejos de mi casa…*

Fundación Natura Colombia

Fundada en 1983, la Fundación Natura Colombia es una organización dedicada a la conservación de la biodiversidad de Colombia y al uso sostenible de los recursos naturales. La organización trabaja a escala local para hacer frente a (*confront*) los desafíos (*challenges*) medioambientales a nivel global: el cambio climático, la contaminación de la atmósfera y del agua, la deforestación, la erosión, los animales en peligro de extinción y el agotamiento (*depletion*) de los recursos naturales. Para llevar a cabo sus programas de conservación, la Fundación trabaja tanto con los funcionarios (*civil servants*) de los gobiernos locales, regionales y nacionales como con las comunidades que viven en estas áreas.

Algunos de sus servicios son: estrategias para la conservación, capacitación (*training*), educación, ecoturismo y manejo (*management*) de ecosistemas con énfasis en restauración. Además, tiene programas como "Adopta una Hectárea", un programa que ayuda a combatir la deforestación, y "Regala un Árbol", un programa que ayuda a restaurar la ecología de ciertas áreas del país. Otro programa es "Adopta una Tortuga", una manera de proteger las tortugas marinas, una de las especies en peligro de extinción.

Preguntas

1. Explica su misión en tus propias palabras. ¿Cómo cumplen con esta misión?
2. ¿Qué programa adoptarías? ¿Por qué?
3. ¿Con qué organizaciones de los Estados Unidos puedes comparar Fundación Natura Colombia? ¿En qué son semejantes y en qué son diferentes? ¿Qué opinas de organizaciones así?

Escucha

Un comentario de radio

If you are listening to a political commentary, a news broadcast, or some other type of public announcement, your listening is often guided by your personal interest as well as your own opinions and feelings regarding the topic. When you know something about a topic, your background knowledge will help you understand and remember more of what you hear. The degree to which you need to attend to a message depends on what you are listening to and who is delivering it.

10·20 **Antes de escuchar** Has escuchado anuncios de radio antes. Piensa en ellos y contesta las siguientes preguntas. ¿Has visto o escuchado anuncios sobre el medio ambiente? ¿Cuáles eran sus mensajes? ¿Qué recomendaban?

10·21 **A escuchar** Vas a escuchar un anuncio de la radio sobre el medio ambiente, dirigido a los jóvenes ecuatorianos. Completa los siguientes pasos.

Paso 1 Escucha la primera vez para captar la idea general del anuncio.

Paso 2 Escucha de nuevo, esta vez enfocándote en la información necesaria para contestar las siguientes preguntas.

1. Según el anuncio, ¿cuál es la primera cosa que debemos hacer en nuestras propias casas para proteger el medio ambiente?
2. ¿Qué debemos tener en cuenta cuando usamos productos, por ejemplo para la limpieza?
3. ¿Cómo podemos reutilizar los envases?

10·22 **Después de escuchar** Escribe tu propio anuncio para los jóvenes de tu pueblo o ciudad sobre un aspecto del medio ambiente que te interese. Después, compártelo con tus compañeros de clase.

¿Cómo andas? I

Having completed **Comunicación I,** I now can...

	Feel confident	Need to review
• describe the environment. (p. 440)	☐	☐
• indicate purpose, time, and location. (p. 441 and online)	☐	☐
• specify prior recommendations, wants, doubts, and emotions. (p. 445)	☐	☐
• discuss actions completed before others in the past. (p. 448)	☐	☐
• share information about an environmental protection foundation. (p. 450)	☐	☐
• distinguish different contexts. (p. 451)	☐	☐

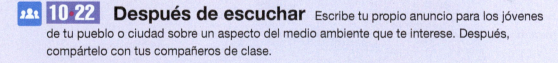

Comunicación II

♻ *¡Anda! Curso elemental*, Capítulo 11.
Los animales, Apéndice 2.

4 VOCABULARIO

Algunos animales
Identifying a variety of animlas

el mono

el puma   el tigre   la paloma   la abeja   el dinosaurio   la mariposa   el murciélago

el venado

el gorila   la jirafa

el rinoceronte   el loro

la cabra   el picaflor

el pato   el camello

la iguana   la ardilla

el manatí   el zorro

el pulpo   el gallo

el saltamontes

el pingüino

la foca

la ballena

el tiburón   el lobo   el cangrejo   la tortuga   la oveja

¿? Now you are ready to complete the *Preparación y práctica* activities for this chunk online.

REPASO

El uso del infinitivo después de las preposiciones Communicating agency, purpose, and source

For a complete review of the use of infinitives after prepositions, go to *¡Anda!* online or refer to **Capítulo 11** of *¡Anda! Curso elemental* in Appendix 3 of your textbook. The vocabulary activities that follow incorporate this grammar point. Practicing new vocabulary with a review grammar point helps to strengthen and increase your knowledge of Spanish.

10·23 **Categorías** Organiza los animales del vocabulario según las siguientes categorías: **insecto, reptil, mamífero**, **ave** y **pez.** Después, compara tus listas con las de un/a compañero/a.

INSECTO	REPTIL	MAMÍFERO	AVE	PEZ/MOLUSCO/ CRUSTÁCEO
la abeja			el loro	

10·24 **Los hábitats** Están organizando un nuevo museo de historia natural en su pueblo o ciudad y quieren que ayuden con la organización de los animales para seis hábitats. Túrnense para indicar el hábitat de cada animal de la lista. **¡OJO!** Hay animales que pertenecen a más de un hábitat.

¡Anda! Curso elemental, Capítulo 11. Los animales, Apéndice 2.

LA GRANJA	EL BOSQUE	EL OCÉANO	LA SELVA TROPICAL	EL DESIERTO	LA LLANURA (*PLAIN*)

1. la oveja
2. el rinoceronte
3. la cabra
4. el tigre
5. el cangrejo
6. el venado
7. la mariposa
8. la ardilla
9. la foca
10. el gallo
11. el gorila
12. el camello
13. la iguana
14. el lobo
15. el pulpo

¡Anda! *Curso elemental*, Capítulo 11.
Los animales, Apéndice 2.

10·25 ¿Qué harían? Hoy en día está muy de moda viajar a donde puedes interactuar con animales "exóticos". Expliquen a dónde irían o qué harían para poder hacer las siguientes cosas.

¡Anda! *Curso intermedio*, Capítulo 8. El condicional, pág. 355.

MODELO para montar en camello

Para montar en camello, tendría que ir al desierto del Sahara, por ejemplo, y buscar a alguien que tenga camellos.

1.

para atraer los picaflores

2.

para ver una jirafa

3.

para observar las ballenas

4.

para evitar una serpiente peligrosa

5.

para aprender más sobre los gorilas

10·26 ¿Qué significan para ti? Para muchas culturas, incluso para muchas personas, los animales son utilizados como símbolos. Juntos escojan **seis** animales que puedan ser símbolos e indiquen qué representan.

MODELO

la paloma

La paloma blanca es un símbolo de la paz.

10·27 **Cadenas** En grupos de cinco, van a crear oraciones sobre animales, usando siempre **el infinitivo después de las preposiciones.** Un/a compañero/a empieza con una oración y cada uno/a tiene que añadir una oración sobre el mismo animal.

MODELO

E1: *Acabo de ver una paloma en el jardín de mi casa.*

E2: *Después de ver la paloma, saqué una foto.*

E3: *Antes de ver la paloma, estaba leyendo.*

E4: *Para ver una paloma, yo necesito ir al parque.*

E5: *Entre ver una paloma y ver un picaflor, prefiero el picaflor.*

1.

2.

3.

4.

5.

6.

7.

8.

9.

¡Anda! Curso intermedio, Capítulo 1. El presente perfecto de indicativo, pág. 51; Capítulo 4. El pretérito y el imperfecto, pág. 159; Capítulo 5. El pretérito y el imperfecto (cont.), pág. 217.

 10-28 Búsqueda Circula por la clase buscando personas que hayan hecho las siguientes cosas. Si la persona lo ha hecho, debe firmar y explicar dónde y cuándo lo hizo.

MODELO   ¿Quién… intentar comunicarse con un gorila?

E1:   *¿Has intentado comunicarte con un gorila?*

E2:   *Sí, cuando tenía diez años fui con mis padres al parque zoológico y me fascinaron los gorilas. Intenté comunicarme con gestos (gestures).*

E1:   *Pues, firma aquí…*

¿QUIÉN…?

 nadar cerca de tiburones	 cargar (*to carry*) una serpiente	 ir de safari y estar cerca de un rinoceronte
_____	_____	_____
 capturar un saltamontes	 ver un zorro en el jardín de su casa	 comer pulpo
_____	_____	_____
 ir a un museo para ver los huesos de un dinosaurio	 tener un pato como animal doméstico	 tocar una iguana
_____	_____	_____

5 GRAMÁTICA

 Cláusulas de *si* (Parte 2)
Conveying hypothetical or contrary-to-fact information

In **Capítulo 9,** you learned about *si* clauses with the **present indicative.** You will remember that the "formula" for sentence formation is:

Si + **present indicative** + (then)   **present indicative**
                                                         + (then)   **future**
                                                         + (then)   **command**

You can also use *si* clauses to express **hypothetical and contrary-to-fact information.**

- The "formula" for these sentences is:

Si + **imperfect subjunctive + conditional**
Si + **past perfect subjunctive + conditional perfect**

Note: The *si* clause can come either at the **beginning or at the end of a sentence.**

Si hubiera sido Tarzán, habría vivido con los monos.

Note the following examples that express *hypothetical and contrary-to-fact information:*

Si fuera Tarzán, **viviría** con los monos.

If I were Tarzan, I would live with monkeys

Si hubiera sido Tarzán, **habría vivido** con los monos.

If I had been Tarzan, I would have lived with monkeys.

Si Fernando **pudiera** ir de safari, no **cazaría**; **sacaría** muchas fotos.

If Fernando could go on a safari, he would not hunt; he would take many photos.

Si Fernando **hubiera podido** ir de safari, no **habría cazado**; **habría sacado** muchas fotos.

If Fernando had been able to go on a safari, he would not have hunted; he would have taken many photos.

Si encontrara unos huesos importantes de dinosaurio en mi jardín, **sería** famosa.

If I found some important dinosaur bones in my yard, I'd be famous.

Si hubiera encontrado unos huesos importantes de dinosaurio en mi jardín, **habría sido** famosa.

If I had found some important dinosaur bones in my yard, I'd have been famous.

Verían muchos pingüinos **si vivieran** en el sur de la Patagonia.

They would see many penguins if they lived in the southern part of Patagonia.

Habrían visto muchos pingüinos **si hubieran vivido** en el sur de la Patagonia.

They would have seen many penguins if they had lived in the southern part of Patagonia.

 Now you are ready to complete the *Preparación y práctica* activities for this chunk online.

10-29   **¡Ay! ¡Los animales!** Posiblemente ¿qué les pasaría? Túrnense para determinarlo emparejando los elementos de las dos columnas.

1. _____ Nos preguntaríamos si era un vampiro…
2. _____ Veríamos muchos pingüinos…
3. _____ Podríamos criar patos…
4. _____ Montaríamos en camello…
5. _____ No necesitaríamos cortar el césped tanto…
6. _____ Tendríamos una buena comida…

a. si compráramos unas cabras.
b. si viviéramos en un lago.
c. si quisiéramos cocinar el pulpo.
d. si estuviéramos en la Antártida.
e. si nos mordiera un murciélago.
f. si tuviéramos que cruzar el desierto del Sahara.

10-30   **Teléfono** Escuchen mientras su profesor/a les da las instrucciones para este juego.

10-31   **Si yo fuera…** Forma oraciones completas indicando el número de cada frase que escuchas con las frases de la lista.

_____ a. si visitara las islas Galápagos.
_____ b. si quisiera capturar una para mi cena.
_____ c. si fuera un dinosaurio.
_____ d. nunca nadaría cerca de los barcos de pesca.
_____ e. … no entraría en una cueva al atardecer.

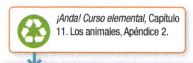

¡Anda! Curso elemental, Capítulo 11. Los animales, Apéndice 2.

10-32   **Si pudiera** Completen los siguientes pasos.

Paso 1   ¿Cómo terminarían las siguientes oraciones? Túrnense para completarlas.

    MODELO   Si hubiera una serpiente venenosa en mi casa…

                 Si hubiera una serpiente venenosa en mi casa, saldría inmediatamente y gritaría "¡socorro!" (help!).

1. Si pudiera hacer un safari fotográfico…
2. Si viera en persona un animal salvaje…
3. Si tuviera una granja de ovejas…
4. Si estuviera en el desierto de Atacama…
5. Si quisiera proteger las tortugas…
6. Si hubiera muchos saltamontes en mi jardín…

Paso 2   Comparen sus reacciones. ¿Harían lo mismo o tendrían reacciones diferentes?

10·33 **La otra mitad** Es interesante considerar qué provocaría alguna solución u otra. Túrnense y terminen las siguientes oraciones con **cláusulas de *si***.

MODELO   … no nadaría en el mar por mucho tiempo.

Si viera tiburones cerca de la playa, no nadaría en el mar por mucho tiempo.

1. … iría a África.
2. … me compraría unas cabras.
3. … llamaría al 911 para que me llevaran al hospital inmediatamente.
4. … tendría los hábitats más naturales posibles para todos los animales.
5. … compraría unos patos.

10·34 **El círculo** Escuchen mientras su profesor/a les da las instrucciones para este juego.

MODELO   E1:   *Si no quisiera estudiar español…* (tira la pelota)

E2:   (toma la pelota) *no estaría en esta clase.* (tira la pelota)

E3:   (toma la pelota) *Si estuviera en Colombia…* (tira la pelota)

E4:   (toma la pelota) *¡iría a la playa ahora mismo!* (tira la pelota)…

10·35 **La conferencia** Completen los siguientes pasos.

Paso 1   Tu compañero/a y tú fueron a una conferencia sobre el medio ambiente el fin de semana pasado. Escriban **cinco** oraciones de lo que podría ocurrir si realmente quisiéramos dedicarnos a preservar el medio ambiente. Usen siempre **cláusulas de *si*.**

Paso 2   Compartan sus oraciones con otros compañeros y juntos elijan las **tres** mejores oraciones para compartirlas con el/la profesor/a.

MODELO   *Si dejáramos de desperdiciar tanto, habría menos basura.*
Si camináramos más y condujéramos menos…

6 VOCABULARIO

Algunos términos geográficos Illustrating
geographic features

el arrecife

la catarata

el volcán

la sierra

el pantano

Otros términos geográficos	Other geographical terms
el arroyo	*stream*
la bahía	*bay*
el desierto	*desert*
la isla	*island*
la llanura	*plain*
el mar	*sea*
la playa	*beach*
el río	*river*
el valle	*valley*

¿? Now you are ready to complete the *Preparación y práctica* activities for this chunk online.

10·36 **Lugares famosos** ¿Pueden nombrar algunos lugares conocidos para cada término geográfico? Después, digan dónde se encuentran esos lugares.

MODELO   bahías

la bahía de Campeche, la bahía Vizcaína (bahía Biscayne)…

La bahía de Campeche está en la costa este de México, cerca de Yucatán.

La bahía Vizcaína está en el sur de Florida…

1. ríos
2. sierras
3. valles
4. cataratas
5. desiertos
6. islas
7. mares
8. volcanes

¡Anda! Curso elemental,
Capítulo 11. El medio
ambiente, Apéndice 2.

10·37 Los deportes y los pasatiempos

¿Qué deportes y pasatiempos pueden disfrutar en los siguientes lugares? Usen **gustar** y algunos **verbos como gustar.**

¡Anda! Curso intermedio, Capítulo 1. Algunos verbos como *gustar;* pág. 41; Capítulo 2. Deportes, pág. 78; Pasatiempos y deportes, pág. 93.

MODELO   en el lago

E1:   *¿Qué te gusta hacer en el lago?*

E2:   *Me encanta nadar, pescar y esquiar en el lago. ¿Y a ti?*

E1:   *Me gusta pasear en barco de vela.*

1. en las montañas
2. en la playa
3. en el río
4. en el bosque
5. en el océano/mar

10·38 Tres pistas

Escoge **cuatro** palabras del vocabulario nuevo y escribe **tres** pistas para cada una. Las pistas deben empezar por lo más general e ir hasta lo más específico. Después, en grupos de cuatro, compartan sus pistas para que los demás adivinen las palabras.

¡Anda! Curso elemental, Capítulo 11. El medio ambiente; Los animales, Apéndice 2.

MODELO   el desierto

PISTA 1:   No hay ni muchos animales ni muchas plantas.

PISTA 2:   Hace mucho calor.

PISTA 3:   Es un lugar de mucha sequía.

10·39 ¿Qué harías?

Acaban de ver un documental que trata del medio ambiente y los/las inspiró. Expliquen qué harían para mejorar el medio ambiente en los siguientes lugares o situaciones. Usen **cláusulas de *si.***

¡Anda! Curso elemental, Capítulo 11. El medio ambiente, Apéndice 2.

MODELO   el arrecife

E1:   *¿Qué harías para proteger los arrecifes?*

E2:   *Si fuera posible, prohibiría que los barcos se acercaran y mandaría que no botaran basura. ¿Y tú? ¿Qué harías?*

1. el río
2. la playa
3. la selva
4. el bosque
5. con dos millones de dólares
6. ser el/la director/a de una fundación para proteger el medio ambiente

10·40 **Preguntas** ¿Son semejantes o diferentes las experiencias y opiniones de tus compañeros de clase? Completa los siguientes pasos para averiguarlo.

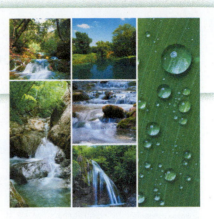

Paso 1 Crea preguntas para tus compañeros.

MODELO *Si pudieras navegar por cualquier río, ¿cuál sería? ¿Por qué?*

1. Si / poder navegar / por cualquier río / ¿cuál / ser? / ¿Por qué? _____ _____	5. ¿Cuáles / ser / algunos países / que / tener / volcanes activos? ¿Ver (*Have you seen*) / tú / un volcán en persona? _____ _____
2. Si /estar / ahora mismo en la playa / ¿con quién(es) / te gustar / estar? _____ _____	6. ¿Nadar (*have you swum*) / tú / alrededor de una catarata? Si / poder visitar / tú / unas cataratas famosas / ¿cuáles / visitar? _____ _____
3. ¿Cuáles / ser / las mejores playas? (pueden ser de los Estados Unidos o de cualquier parte del mundo) _____ _____	7. Si / poder / tú /¿dónde / bucear o hacer snorkel? _____ _____
4. ¿Vivir / tú / cerca de un bosque? / ¿Caminar / tú / / por un bosque de vez en cuando? / ¿Ver (*have you seen*) / tú / algunos animales allí? _____ _____	8. ¿Cuál / ser / el lugar más interesante / que / conocer / tú? / ¿Por qué / ser / tan interesante? _____ _____

Paso 2 Haz una encuesta de tus compañeros.

Paso 3 Comparte tus resultados con un/a compañero/a.

Perfiles

🔊 Algunas personas con una conciencia ambiental

A propósito o no, el ser humano ha contribuido mucho a la destrucción del medio ambiente. Estas tres personas admirables han dedicado sus vidas al combate de los problemas ambientales.

El Parque Nacional Madidi no existiría si no fuera por la determinación de **Rosa María Ruiz,** una activista ecológica boliviana. Por medio de su trabajo, se protege esta vasta área que incluye una geografía muy variada: desde la cordillera de los Andes hasta los valles de la selva tropical amazónica.

El colombiano **Andrés Hurtado García** (n. 1941) tiene una gran pasión por preservar el medio ambiente. Escribe una columna interesante e informativa en el periódico *El Tiempo* sobre temas medioambientales como los efectos negativos de herbicidas sobre el medio ambiente y los seres humanos. También es un reconocido fotógrafo de la naturaleza. Ha recorrido toda Colombia y ha captado la belleza del país a través de más de tres millones de fotos.

Tal vez no se habría investigado el peligro que causan los clorofluorocarbonos (CFC) en la capa de ozono si a **Mario José Molina Henríquez** (n. 1943 México, D.F.) no le hubiera interesado tanto la química de joven. Descubrió que estos gases dañan la estratosfera. En el año 1995, recibió el Premio Nobel con otros dos científicos por sus investigaciones.

Preguntas

1. ¿Cómo han contribuido estas personas a la conciencia del público sobre el estado del medio ambiente?
2. ¿Qué piensas de la crisis del medio ambiente?
3. ¿Qué puedes hacer para mejorar el medio ambiente?

10·41 **Conversación** Ya es hora de conocer mejor a tus compañeros de clase. Completa los siguientes pasos.

Paso 1 Con un/a compañero/a, túrnense para contestar las siguientes preguntas.

1. Si pudieras vivir en cualquier lugar, ¿preferirías vivir en la sierra, la llanura, la costa u otro lugar? ¿Por qué? ¿Cómo sería el lugar perfecto para ti?
2. ¿Vivirías en un lugar donde pudiera ocurrir un desastre natural?
3. ¿Es importante que tu vida sea como la de tus padres? Explica.
4. ¿Cómo sería la vida perfecta para ti?
5. Si tu trabajo te mandara a otro país, ¿adónde te gustaría ir? Explica.
6. Cuando eras chico/a, ¿había algo que tus padres siempre querían que hicieras?
7. ¿Crees que haya más interés en el medio ambiente entre los jóvenes o las personas mayores?
8. ¿Quiénes tienen la responsabilidad de proteger el medio ambiente?

Paso 2 Selecciona **dos** de las preguntas y házselas a **diez** compañeros/as de clase.

10·42 **El Parque Nacional Madidi** Investiga el maravilloso Parque Nacional Madidi que se encuentra en Bolivia. Escribe un párrafo con la información que encontraste e incluye tres oraciones con *si*. Después comparte tu párrafo con un/a compañero/a.

MODELO *El Parque Nacional Madidi no existiría si no fuera por Rosa María Ruiz.*
Esperamos que ella continúe sus esfuerzos como...

Fíjate

Suggested keywords for your Internet search include: *El Parque Madidi*, *Bolivia*, and *conservación*.

¡Conversemos!

Estrategias Comunicativas   Expressing agreement, disagreement, or surprise

When conversing, you have many occasions to express agreement, disagreement, or surprise about what you hear or read. What follows are useful expressions for you to use.

Para expresar acuerdo	To express agreement	Para expresar desacuerdo	To express disagreement
• Absolutamente.	Absolutely.	• Al contrario.	On/To the contrary.
• Claro que sí. / Por supuesto. / ¡Cómo no! / Desde luego.	Of course.	• Claro que no.	Of course not.
		• De ninguna manera.	No way.
• Está bien.	Okay. / It's all right.	• En mi vida.	Never in my life.
• (Estoy) de acuerdo.	I agree. / Okay.	• Me estás tomando el pelo.	You're kidding me / pulling my leg.
• Eso es. / Así es.	That's it.	• Nada de eso.	Of course not.
• Es verdad. / Es cierto.	It's true.	• ¡Ni lo sueñes!	Don't even think about it!
• Exacto. / Exactamente.	Exactly.	• No estoy de acuerdo.	I don't agree.
• No hay duda. / No cabe duda.	There's no doubt. / Without a doubt.	• No puede ser.	It can't be.
• No hay más remedio.	There's no other way/ solution.	• ¡Qué va!	No way!

Para expresar sorpresa	To express surprise
• ¡Imagínate! / ¡Figúrate!	Imagine!
• ¡No me digas!	You don't say!

Para expresar acuerdo	To express agreement
• Precisamente. / Efectivamente.	Precisely.
• Sin duda.	Without a doubt. / No doubt.
• Te digo. / Ya lo creo.	I'm telling you… / I'll say.

10·43 Diálogo Rosario acaba de recibir una llamada y quiere compartirla con su esposo, Marco. Escucha la conversación entre Rosario y Marco y contesta las siguientes preguntas.

1. ¿Está Marco de acuerdo con lo que Rosario le dice? ¿Cómo lo sabes?
2. Al final, ¿cómo se expresa Marco?

10·44 Una entrevista ¡Qué suerte! Tienes la oportunidad de entrevistar a Al Gore, a Leonardo DiCaprio o a Rosa María Ruiz, tres personas que se han dedicado a asuntos "verdes". Completa los siguientes pasos.

Paso 1 Crea preguntas para hacerles.

Paso 2 En parejas, túrnense para hacer los papeles del/de la entrevistador/a y el/la medioambientalista.

Estrategia

Remember that you can use the imperfect subjunctive to soften requests. You may wish to use them when formulating your questions or comments for your interviews.

10·45 **Tiempo para jugar** En grupos de tres, túrnense para completar este juego. Una persona sale del grupo y los otros dos estudiantes escogen un animal. Su compañero/a regresa al grupo y hace preguntas para adivinar el animal.

MODELO   (el picaflor)

E1:   *¿Es un mamífero?*

E2:   *No.*

E1:   *¿Es un pájaro?*

E3:   *Así es...*

10·46 **Si pudieras ser...** Es hora de ser creativos. Hablen de los siguientes temas.

1. Si pudieras ser cualquier animal, ¿cuál serías y por qué?
2. ¿Qué animal es el más incomprendido y por qué?
3. ¿Qué animal es el más inteligente y por qué?
4. ¿Cuál es el animal que menos te gustaría encontrar?
5. ¿Cuál es el animal que más te gustaría ver en su hábitat natural?

10·47 **Un ecotour** ¿Tienes ganas de conocer los arrecifes de Puerto Rico, la catarata más alta del mundo en Venezuela o el desierto de Atacama en Chile? Con un/a compañero/a, completen los siguientes pasos para planear un ecotour virtual.

Paso 1   Escojan un lugar. Mientras deciden el lugar, usen las expresiones comunicativas nuevas para mostrar si están de acuerdo o no.

Paso 2   Sugieran ideas de lo que la gente podría hacer para proteger y conservar el lugar para futuras generaciones.

10·48 **¡Eres el/la jefe/a!** Imagina que eres o el/la alcalde/sa de tu pueblo o ciudad, o el/la gobernador/a de tu estado, ¡o aun el/la presidente/a del país! Haz una presentación o un discurso para convencer a un grupo de ciudadanos (*citizens*) de la importancia de conservar el medio ambiente. Incluye por lo menos **quince** oraciones. Por lo menos **dos** de las oraciones deben usar **el imperfecto de subjuntivo** y por lo menos **dos** deben usar **cláusulas de si**. Túrnate para compartir tu presentación con un/a compañero/a, quien va a añadir comentarios cuando esté de acuerdo o no con lo que dices.

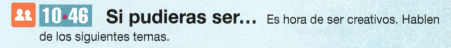

Escribe

Un ensayo convincente

Estrategia		
More on linking sentences	In **Capítulo 2,** you learned how to use linking words to connect simple sentences, making them into more complex expressions of thought. The	linking words below represent a progression toward an even more sophisticated connection of ideas.

Más palabras nexo	*Additional linking words*
además	*besides*
mientras	*while*
no obstante	*notwithstanding*
por eso	*for this reason*
por otro lado	*on the other hand*
sin embargo	*nevertheless*
sino	*but rather*

10·49 **Antes de escribir** Vas a escribir un ensayo en el cual tratas de convencer a tu comunidad de que participe en un proyecto para mejorar el medio ambiente.

1. Primero, piensa en el proyecto "verde" que quieres proponer. Concibe una explicación sencilla pero informativa de ello.
2. Después, haz una lista de los beneficios que este proyecto les dará a las personas de la comunidad. También enumera las desventajas para el medio ambiente si el proyecto no logra completarse.

10·50 **A escribir** Usa lo que has aprendido sobre la escritura de los capítulos anteriores (por ejemplo: emplea una introducción y una conclusión). Menciona por lo menos **tres** beneficios y **tres** desventajas que se puedan relacionar con el proyecto. Tu ensayo debe consistir de **cuatro** o **cinco** párrafos. Usa por lo menos **tres cláusulas de *si* condicionales.**

10·51 **Después de escribir** Lee tu ensayo a la clase. Luego, solicita voluntarios para trabajar en el proyecto. Así verás si has logrado persuadir a los compañeros de clase o no.

¿Cómo andas? II

	Feel confident	Need to review
Having completed **Comunicación II**, I now can...		
• identify a variety of animals. (p. 452)	☐	☐
• communicate agency, purpose, and source. (p. 453 and online)	☐	☐
• convey hypothetical or contrary-to-fact information. (p. 457)	☐	☐
• illustrate geographic features. (p. 460)	☐	☐
• name three Hispanic environmental activists. (p. 464)	☐	☐
• express agreement, disagreement, and surprise. (p. 466)	☐	☐
• link sentences when writing to be more cohesive, persuasive, and clear. (p. 468)	☐	☐

Vistazo cultural

🔊 **La naturaleza y la geografía de Colombia y Venezuela**

Para mí, no hay nada más importante que preservar la naturaleza de mi país. Para lograr esto, estoy cursando un doctorado en Ecología Tropical aquí en el Instituto de Ciencias Ambientales y Ecológicas de la Facultad de Ciencias en la Universidad de los Andes (ULA) de Mérida, Venezuela.

María Luisa Briceño Bolívar,
estudiante doctoral de
Ecología Tropical

Un tepuy de Venezuela

El Monte Roraima es el mejor conocido y el más alto de los tepuyes del Parque Nacional Canaima. Es una meseta (*plateau*) de unos 2.800 metros de altura, difícil de escalar. Por este aislamiento, los tepuyes son valorados por las especies de vegetación endémicas que existen en sus zonas más altas.

El Parque Nacional Archipiélago Los Roques, Venezuela

Si Los Roques no hubiera sido creado en el año 1972 para proteger el ecosistema marino, tal vez el archipiélago no tendría hoy día los arrecifes mejor conservados del Caribe. El archipiélago contiene unas cincuenta islas diferentes. Sus playas de arena blanca atraen mucho turismo; también es un refugio para muchas especies de fauna.

Misión árbol: Un país petrolero implementa una política "verde"

Tal vez si no se implementara la iniciativa Misión árbol, Venezuela continuaría sufriendo de una tasa (*rate*) alta de deforestación. Esta misión tiene varias etapas: recolección de semillas (*seeds*), plantación y mantenimiento por cuatro años continuos. El objetivo es crear en la población una conciencia ambiental sobre la importancia de mantener un equilibrio ecológico y animarla a que contribuya al uso sostenible de los bosques.

El Día sin Carro

Un día cada febrero se denomina el "Día sin Carro" en Bogotá, Colombia. Si no fuera por las ciclovías (*bike lanes*) y el transporte público en Bogotá, sería difícil circular durante El Día sin Carro. Aunque es más conveniente conducir, los ciudadanos votaron para continuar con esta tradición e incluso el alcalde ha propuesto que se haga una vez al mes.

ProAves y los pájaros de Colombia

Si pudiera proteger todas las especies de pájaros en peligro de extinción, ProAves lo haría. Esta fundación colombiana se dedica a estudiar las aves y a conservar su hábitat en la naturaleza. Colombia tiene el número más alto de especies de aves en el mundo.

La Feria de las Flores

Si no fuera por la industria de floricultura en Colombia, posiblemente no tendrías rosas para el Día de la Madre o de San Valentín. Colombia es el segundo país del mundo en la exportación de flores, detrás de Holanda. En Medellín, cada año se celebra La Feria de las Flores.

El manatí amazónico

Colombia tiene una gran biodiversidad de fauna. Entre las muchas especies que existen en los ecosistemas colombianos se encuentra el manatí amazónico, el más pequeño de todos los manatís. Se encuentra en los ríos de la parte sureste de Colombia y figura en la lista de animales en peligro de extinción.

Preguntas

1. Identifica los vistazos que representan un esfuerzo para proteger el medio ambiente. ¿Qué opinas de estas acciones?
2. ¿Por qué es importante considerar la interrelación entre todos los factores del medio ambiente? ¿Qué pasaría si no consideráramos estos factores?
3. Considera los otros países que has estudiado. ¿Qué hacen (o no hacen) para promover la protección del medio ambiente?

Cine

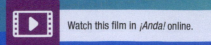 Watch this film in *¡Anda!* online.

Amador & Caridad

10·52 **Antes de ver el cortometraje** Contesta las siguientes preguntas.

1. ¿Reciclas con frecuencia? ¿Qué tipo de objetos reciclas?
2. ¿Por qué es importante reciclar?

Estrategia	Now that you have developed several skills to help your comprehension of the *cortometraje* (such as determining the topic, using visual clues to aid comprehension, and establishing a sequence of events) you are now ready	to summarize what was viewed in a *cortometraje*. Focus your attention on key dialogue, visual clues, and any narration provided in the film. Write a two- or three-sentence summary of the main events of the *cortometraje*.
Summarize what was viewed		

Additional vocabulary practice in *¡Anda!* online

Vocabulario

(el) bien común	*the common good*
camión de la basura	*garbage truck*
compadre	*buddy; pal*
encargo	*order; request*
herramientas	*tools*
inservible	*useless*
tapón	*cap; top (of a bottle)*

10·53 **Mientras ves el cortometraje** Presta atención a las acciones de los personajes, sus diálogos y lenguaje corporal y toma nota de todo lo que consideres importante.

1. (Que) Dios se lo pague.

2. Buenas tardes, profesora.

3. Eso vale un jurgo (*a lot*).

4. *(music)*

10·54 Después de ver el cortometraje Contesta las siguientes preguntas.

1. ¿A qué se dedica Amador?
   a. Es bombero.   b. Es mecánico.   c. Es trabajador del servicio de limpieza.
2. ¿Qué anota Amador en su libreta? ¿Qué objetos encuentra Amador para sus vecinos y amigos?
3. Mira el fotograma 4. ¿Dónde está Caridad? ¿Cómo es el lugar y qué objetos tiene? ¿Cómo se siente ella?
4. Al final de la historia el narrador nos cuenta qué ocurre con Amador y Caridad. Resume los eventos más importantes de sus vidas.
5. Los nombres de los protagonistas en el cortometraje tienen un significado específico. ¿Cómo se relaciona el significado de sus nombres con la historia?

¿? For additional *Cine* content and activities, go to ¡*Anda!* online.

Literatura

El Conejo y el León

10·55 **Antes de leer** Contesta las siguientes preguntas.

1. "El Conejo y el León" es una fábula. ¿Has leído o escrito una? ¿Te gustan las fábulas? Explica tu respuesta. ¿Cuáles son algunas de las características generales de una fábula?
2. Si tú pudieras ser cualquier animal, ¿cuál serías? ¿Qué características tendrías?
3. Mira el título de la fábula. ¿Qué características tiene normalmente un león? ¿Y un conejo?
4. Si tú tuvieras que elegir entre ser un conejo y ser un león, ¿cuál escogerías? ¿Por qué?

Estrategia **Identifying details and supporting elements**	In literature, main ideas may appear in many different places: at the beginning, middle or end of a passage or even an entire work. In fables, the main idea or moral typically appears at the end. Supporting elements such as details	explain or clarify the main idea. To identify supporting elements, you might want to use a graphic organizer such as a web to help categorize several main ideas and their details.

10·56 **Mientras lees** Completa la siguiente actividad.

1. Mientras lees, identifica la moraleja de la fábula y después identifica en no más de dos oraciones algunos detalles que apoyan la idea principal o moraleja.

El Conejo y el León
Augusto Monterroso

Un célebre Psicoanalista se encontró cierto día en medio de la Selva, semiperdido. Con la fuerza que dan el instinto y el afán° de investigación logró° fácilmente subirse a un altísimo árbol, desde el cual pudo observar a su antojo° no sólo la lenta puesta del sol° sino además la vida y costumbres de algunos animales, que comparó una y otra vez con las de los humanos.

zeal for / pudo

whim / sunset

Al caer la tarde vio aparecer, por un lado, al Conejo; por otro, al León. En un principio no sucedió° nada digno° de mencionarse, pero poco después ambos animales sintieron sus respectivas presencias y, cuando toparon° el uno con el otro, cada cual reaccionó como lo había venido haciendo desde que el hombre era hombre. El León estremeció° la Selva con sus rugidos°, sacudió° la melena° majestuosamente como era su costumbre y hendió° el aire con sus garras° enormes; por su parte, el Conejo respiró con mayor celeridad°, vio un instante a los ojos del León, dio media vuelta y se alejó corriendo.

pasó
worth
bumped

shook / roars
shook / his mane
clawed at / claws
faster

De regreso a la ciudad el célebre Psicoanalista publicó cum laude su famoso tratado en que demuestra que el León es el animal más infantil y cobarde° de la Selva, y el Conejo el más valiente y maduro: el León ruge° y hace gestos y amenaza al universo movido por el miedo; el Conejo advierte esto, conoce su propia fuerza, y se retira° antes de perder la paciencia y acabar con aquel ser° extravagante y fuera de sí°, al que comprende y que después de todo no le ha hecho nada.

coward
roars

leaves
being
outraged

10·57 Después de leer Contesta las siguientes preguntas.

1. ¿Cuál es el trabajo del hombre que está en la selva? ¿Qué estudia normalmente en su vida profesional?
2. ¿Qué vio el hombre desde lo alto del árbol? ¿Qué tipo de comparaciones hizo?
3. ¿Qué hizo el león cuando vio al conejo? ¿Cómo reaccionó el conejo?
4. ¿A qué conclusiones llegó el hombre después de observar el encuentro entre el conejo y el león? ¿Estás de acuerdo con sus conclusiones?
5. ¿Has conocido alguna vez a una persona que actúa como el león? ¿Y a alguien que actúa como el conejo?
6. ¿Cuál es la moraleja de esta fábula?

10·58 El hombre Imagina que el conejo y el león se dan cuenta de que el hombre los está observando desde árbol. ¿Qué dirían acerca de él? Escribe una conversación entre los dos personajes.

10·59 Situaciones de la vida Las fábulas sirven para ejemplificar situaciones de la vida real. ¿Cómo y en qué situaciones de la vida real se puede aplicar lo que ocurre entre los personajes de la historia? ¿Con cuál te identificas? ¿Por qué? Escribe una composición e ilustra tus ideas con ejemplos.

¿? For additional *Literatura* content and activities, go to *¡Anda!* online.

Y por fin, ¿cómo andas?

	Feel confident	Need to review
Having completed this chapter, I now can...		

Comunicación I

- describe the environment. (p. 440) ☐ ☐
- indicate purpose, time, and location. (p. 441 and online) ☐ ☐
- specify prior recommendations, wants, doubts, and emotions. (p. 445) ☐ ☐
- discuss actions completed before others in the past. (p. 448) ☐ ☐
- distinguish different contexts. (p. 451) ☐ ☐

Comunicación II

- identify a variety of animals. (p. 452) ☐ ☐
- communicate agency, purpose, and source. (p. 453 and online) ☐ ☐
- convey hypothetical or contrary-to-fact information. (p. 457) ☐ ☐
- illustrate geographic features. (p. 460) ☐ ☐
- express agreement, disagreement, or surprise. (p. 466) ☐ ☐
- link sentences when writing to be more cohesive, persuasive, and clear. (p. 468) ☐ ☐

Cultura

- share information about an environmental protection foundation. (p. 450) ☐ ☐
- name three Hispanic environmental activists. (p. 464) ☐ ☐
- compare and contrast conservation initiatives in Colombia and Venezuela. (p. 470) ☐ ☐

Cine

- converse about a film from Colombia. (p. 472) ☐ ☐

Literatura

- converse about a fable from Guatemala. (p. 474) ☐ ☐

Comunidades

- use Spanish in real-life contexts. (online) ☐ ☐

Vocabulario **activo**

El medio ambiente	The environment
los animales en peligro de extinción	endangered species
el clima	climate
el combustible	fuel
el consumo	consumption
el contaminante	contaminant
el daño	harm
la deforestación	deforestation
el desperdicio	waste
el ecosistema	ecosystem
el efecto invernadero	greenhouse effect
el envase	package; container
la erosión	erosion
la escasez	scarcity
el esmog	smog
el fertilizante	fertilizer
el hábitat	habitat
el humo	smoke
la infraestructura	infrastructure
el insecticida	insecticide
la naturaleza	nature
el peligro	danger
el pesticida	pesticide
el riesgo	risk
la sequía	drought
la sobrepoblación	overpopulation
la sustancia	substance

Algunos verbos	Some verbs
amenazar	to threaten
conservar	to conserve
cosechar	to harvest
dañar	to damage; to harm
desaparecer	to disappear
descongelar	to thaw
desperdiciar	to waste
destruir	to destroy
fabricar	to make; to produce
hacer ruido	to make noise
mejorar	to improve
preservar	to preserve
prevenir	to prevent
reducir	to reduce
reemplazar	to replace
rescatar	to rescue
sobrevivir	to survive
sostener	to sustain

Algunos adjetivos	Some adjectives
árido/a	arid; dry
biodegradable	biodegradable
climático/a	climatic
ecológico/a	ecological
exterminado/a	exterminated
renovable	renewable
tóxico/a	poisonous

Algunos animales	Some animals
la abeja	bee
la ardilla	squirrel
la ballena	whale
la cabra	goat
el camello	camel
el cangrejo	crab
el dinosaurio	dinosaur
la foca	seal
el gallo	rooster
el gorila	gorilla
la iguana	iguana
la jirafa	giraffe
el lobo	wolf
el loro	parrot
el manatí	manatee
la mariposa	butterfly
el mono	monkey
el murciélago	bat
la oveja	sheep
la paloma	pigeon; dove
el pato	duck
el picaflor	hummingbird
el pingüino	penguin
el pulpo	octopus
el puma	puma
el rinoceronte	rhinoceros
el saltamontes	grasshopper
el tiburón	shark
el tigre	tiger
la tortuga	turtle
el venado	deer
el zorro	fox

Algunos términos geográficos	Some geographical terms
el arrecife	coral reef
el arroyo	stream
la bahía	bay
la catarata	waterfall
el desierto	desert
la isla	island
la llanura	plain
el mar	sea
el pantano	marsh
la playa	beach
el río	river
la sierra	mountain range
el valle	valley
el volcán	volcano

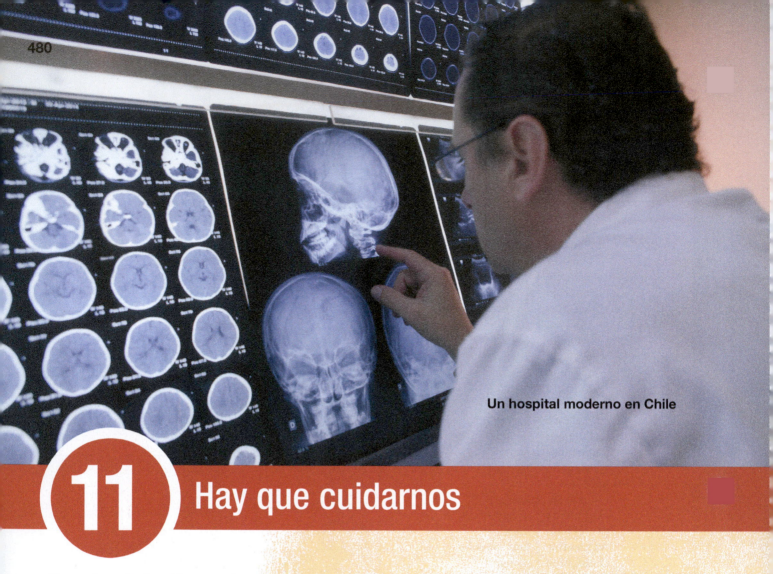

Un hospital moderno en Chile

11 Hay que cuidarnos

Es muy importante cuidarse mucho para sentirse bien y no enfermarse. La buena salud es muy importante para el cuerpo entero: el aspecto físico, mental y emocional. Todos estos factores contribuyen a que tengamos una vida de buena calidad. ¡Así que hay que cuidarnos bien!

Preguntas

1. ¿Qué haces para cuidarte? ¿Qué es necesario hacer para sentirse bien?
2. ¿Cuáles son las diferentes dimensiones de la salud?
3. Las fotos muestran medicina muy moderna y más tradicional. ¿Qué experiencia personal tienes con la medicina moderna y la tradicional?

¿Sabías que...?

- Algunos países como Cuba tienen un sistema de salud universalista en el cual todos los servicios son gratuitos. En otros, como en la República Dominicana, el sistema es mixto.

- Montevideo, la capital de Uruguay, es la ciudad de Latinomamérica con la mejor calidad de vida.

Las hierbas medicinales para síntomas comunes

Insomnio Depresión

Circulación de la sangre

Colesterol

148 FARMACIA DE Lᴰᴼ A. SAIZ GARCIA 148

ESPECIALIDADES FARMACEUTICAS SUEROS VACUNAS

FARMACIA LABORATORIOS

PRODUCTOS QUIMICOS AGUAS MINERALES

FARMACIA

Una farmacia familiar en España

Learning Outcomes

By the end of this chapter, you will be able to:

✔ describe the human body and discuss symptoms, ailments, and possible treatments.

✔ relate what is or was caused by someone or something and indicate unplanned occurrences.

✔ express yourself using the appropriate verb tense and mood.

✔ pause, suggest alternatives, and express disbelief.

✔ identify three famous Hispanic physicians/scientists.

✔ determine audience and purpose for your writing.

✔ talk about health care topics in Cuba, Puerto Rico, and the Dominican Republic.

✔ identify and share information about cultural and artistic expression through a film from Spain and an excerpt of a short story by Horacio Quiroga (Uruguay).

Comunicación I

¡Anda! Curso intermedio, Capítulo 1. El aspecto físico y la personalidad, pág. 36.

¡Anda! Curso elemental, Capítulo 9. El cuerpo humano, Apéndice 2.

1 VOCABULARIO

El cuerpo humano   Describing different parts of the body

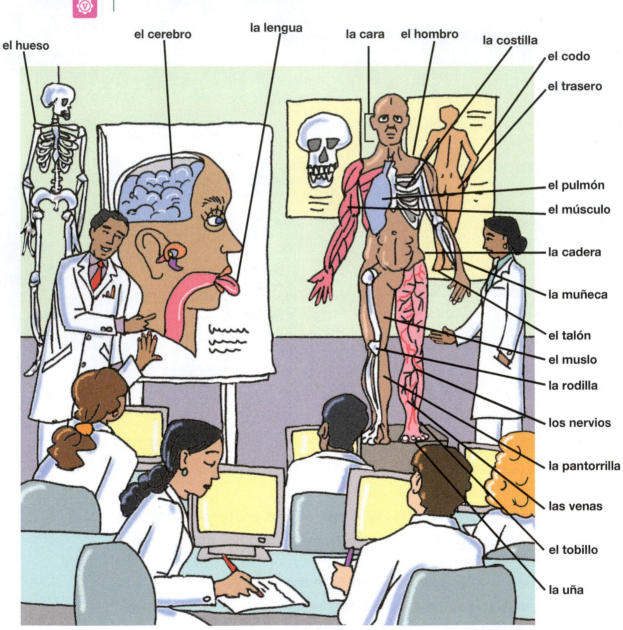

el hueso
el cerebro
la lengua
la cara
el hombro
la costilla
el codo
el trasero
el pulmón
el músculo
la cadera
la muñeca
el talón
el muslo
la rodilla
los nervios
la pantorrilla
las venas
el tobillo
la uña

¿? Now you are ready to complete the *Preparación y práctica* activities for this chunk online.

REPASO

Los verbos reflexivos Expressing actions one does to oneself

For a complete review of reflexive verbs, go to *¡Anda!* online or refer to **Capítulo 9** of *¡Anda! Curso elemental* in Appendix 3 of your textbook. The vocabulary activities that follow incorporate this grammar point. Practicing new vocabulary with a review grammar point helps to strengthen and increase your knowledge of Spanish.

 ¡Anda! Curso elemental, Capítulo 9. El cuerpo humano, Apéndice 2.

 11·1 **¿Qué parte?** Decidan con qué categorías se asocia cada una de las siguientes palabras.

 *¡Anda! Curso intermedio,* Capítulo 1. El aspecto físico y la personalidad, pág. 36.

CATEGORÍAS		
la cabeza	la pierna y el pie	el cuerpo (parte interior, no visible)
la cara	el brazo y la mano	el cuerpo (parte exterior, visible)

MODELO la lengua

la cara / la cabeza / el cuerpo (parte interior, no visible)

1. los pulmones
2. las venas
3. la piel
4. el talón
5. el cerebro
6. la muñeca
7. las uñas
8. la rodilla
9. las costillas
10. el codo
11. los hombros
12. la pantorrilla
13. las mejillas
14. el hueso
15. los labios
16. la frente

  11·2 **La parte necesaria** Para cada una de las siguientes acciones, túrnense para determinar con qué partes del cuerpo se puede asociar.

¡Anda! Curso elemental, Capítulo 9. Algunas enfermedades y tratamientos médicos, Apéndice 2.

MODELO levantarse

las piernas y los pies

1. maquillarse
2. olvidarse
3. sentarse
4. peinarse
5. afeitarse
6. ducharse

11·3 **Escucha bien** Tu profesor/a te va a describir a una "persona". Necesitas dibujar exactamente lo que él/ella te diga. Después, compara tu dibujo con el de un/a compañero/a.

¡Anda! Curso elemental, Capítulo 9. El cuerpo humano, Apéndice 2.

ancho/a	wide	fuerte	strong
corto/a	short	largo/a	long

11·4 **Procesos naturales** Están en una clase de anatomía. Describan los procesos que se asocian con las siguientes acciones.

doblar	to bend	estirarse	to stretch	meterse	to get into

MODELO   sentarse

      Hay que doblar las piernas y ponerse en una silla.

1. acostarse
2. correr
3. caerse

4. bañarse
5. levantarse

11·5 **La rutina diaria de Winston Churchill** Gracias a los poderes mágicos de una máquina del tiempo, tu amiga Pilar ha podido viajar al pasado para conocer a tu persona favorita de la historia: Winston Churchill. Ella lo entrevistó y grabó la conversación. Escucha la entrevista y luego escoge la opción correcta de cada oración para ayudar a Pilar a escribir un artículo sobre esta persona importante de la historia inglesa.

1. Winston Churchill se levanta a las _____.
   a. 7:30   b. 11:00   c. 5:00
2. Winston Churchill come el desayuno _____.
   a. en la cocina   b. en el comedor   c. en la cama
3. Pasa la mañana leyendo _____.
   a. unas novelas   b. los periódicos nacionales   c. cartas de los votantes
4. Come el almuerzo _____.
   a. a las doce   b. a la una   c. a las dos
5. El almuerzo típicamente dura _____.
   a. media hora   b. una hora   c. tres horas
6. Cada día Winston Churchill se baña _____.
   a. dos veces   b. tres veces   c. cuatro veces
7. Come la cena a las _____.
   a. 6:00   b. 8:00   c. 10:00
8. Luego se acuesta _____.
   a. a las 11:00   b. a medianoche   c. a eso de las 2:00

11·6 **¿Qué le pasa?** Alberto está en la oficina de sus doctores para un examen físico anual y se queja de algunos síntomas. Túrnense utilizando el vocabulario para darle sus opiniones.

MODELO

ALBERTO:	Me duele la pierna.
E1 (DOCTOR/A 1):	*Quizás sean los nervios o las venas de la pierna.*
E2 (DOCTOR/A 2):	*Quizás sea un músculo.*

1. Tengo la lengua muy blanca e hinchada.
2. No puedo caminar mucho.
3. No respiro muy bien.
4. Tengo problemas cuando juego al béisbol.
5. Me caí en el hielo.

 *¡Anda! Curso elemental,* Capítulo 9. El cuerpo humano, Apéndice 2.

 11·7 **Seminario de la salud** Imagina que tu compañero/a y tú asistieron a un taller (*workshop*) sobre el cuerpo. Digan lo que aprendieron, usando el vocabulario nuevo y el vocabulario que aprendieron en capítulos anteriores. Pueden hacer dibujos si quieren.

¡Anda! Curso intermedio, Capítulo 1. El aspecto físico y la personalidad, pág. 36.

MODELO

E1: *Aprendí que las cejas y las pestañas son para proteger los ojos.*

E2: *Sí. Hablando de la cara, también es necesario proteger las mejillas y la frente con crema cuando tomas el sol.*

E1: …

Estrategia

Include reflexive verbs and new vocabulary in your questions. See how many of the new vocabulary words you can use.

2 GRAMÁTICA

Estoy segura de que ella ha tenido cirugía plástica…

La secuencia de los tiempos verbales
Sequencing temporal events

You have learned and have been practicing a number of tenses over the course of your Spanish studies. What follows is a synthesis and summary of what tenses go together to express certain conditions in the subjunctive.

USING THE SUBJUNCTIVE

1. When the verb in the main clause is in the **present**, **present perfect**, or **future indicative**, or is **a command**, the **present** or **present perfect subjunctive** is generally used in the subordinate clause.

MAIN CLAUSE VERB	SUBORDINATE CLAUSE VERB
present, present perfect, future, **or** *command*	*present subjunctive* **or** *present perfect subjunctive*
El médico **sugiere**	que no **fumemos** tanto.
Te sentirás mejor	en cuanto **empieces** a hacer ejercicio.
Dudo	que el paciente **haya seguido** la dieta recetada todos los días.

2. When the verb in the main clause is in the **preterit, imperfect,** or **conditional indicative**, the **imperfect/ past subjunctive** or the **past perfect subjunctive** form is generally used in the **subordinate clause**.

MAIN CLAUSE VERB	SUBORDINATE CLAUSE VERB
preterit, imperfect, **or** *conditional indicative*	*imperfect/past subjunctive* **or** *past perfect subjunctive*
La señora **quería**	que sus hijas **se peinaran** antes de salir de casa.
Sería difícil	que él **se afeitara** sin agua caliente y espuma.
Al anciano **le pareció** imposible	que **se le hubiera olvidado** el nombre de su doctor.

In simple terms, if the main clause verb is in some form of the present, present perfect, future or a command and causes or triggers the use of subjunctive, then a form of the present subjunctive (present or present perfect subjunctive) will be used. Likewise, if the main clause verb is in some form a past tense such as preterit, imperfect, or conditional and requires or triggers the use of the subjunctive, then a form of the past subjunctive (past or past perfect subjunctive) will be used. Until this becomes automatic for you, the following abbreviated graphic may help:

MAIN CLAUSE	SUBORDINATE CLAUSE
presente →	**presente**
pasado →	**pasado**

 Now you are ready to complete the **Preparación y práctica** activities for this chunk online.

11·8 Identificación Subrayen **una** vez el verbo de la cláusula principal y **dos** veces el verbo de la cláusula subordinada de cada oración.

1. Es bueno que fortalezcas los huesos con vitamina D.
2. Los médicos me sugirieron que redujera la cantidad de grasa que como para mejorar mi dieta.
3. Ella no quiso hacer ejercicio hasta que hubiera recibido una recomendación de la doctora.
4. Quiero que el enfermero deje el agua al lado de la cama en mi habitación de hospital.
5. No encontré a nadie que hubiera tenido solamente 11 costillas.
6. Volveremos a casa en cuanto nos hayan despedido del hospital.

11·9 Formas La práctica hace al maestro. Túrnense para completar las siguientes oraciones con las formas correctas de los verbos entre paréntesis.

1. Su novia quería que (afeitarse) antes de besarla.
2. No creía que el maquillaje (poder) hacer tanta diferencia en su apariencia.
3. Nos habría gustado que ellos (dejar) de fumar en la sala de espera.
4. Los doctores exigen que la gente (prestar) más atención a su estado físico.
5. Ellos vendrán a vernos tan pronto como nosotros (llegar) del trabajo.
6. El año pasado buscamos a alguien que (querer) estudiar anatomía con nosotros.

11·10 A terminar ¿Cómo terminarían las siguientes oraciones? Usen una forma apropiada del **subjuntivo** y el **vocabulario** según la secuencia de tiempos.

1. Mis amigos me dicen que no van a correr otro maratón hasta que…
2. Para la próxima presentación, el/la profesor/a quiere que…
3. Después de ver la cantidad de huesos rotos que sufrió ese chico, yo dudaba que…
4. Cuando mi papá vio mi muñeca torcida (*sprained*), temía que…
5. Insistimos en que…
6. Ojalá que…

11·11 Soluciones Mucha gente está en mala forma. Piensen en los factores que afectan el estado físico de las personas en general. ¿Qué se podría hacer para solucionar algunos problemas y para evitar problemas en el futuro? Túrnense para discutir los siguientes problemas y usen **el subjuntivo** cuando sea posible.

MODELO *Es importante que los restaurantes dejen de servir platos llenos de comida.*

Es necesario que las personas hagan ejercicio que las haga moverse.

En el pasado, no era tan crítico que…

POSIBLES PROBLEMAS:

1. el consumo excesivo de comida y bebida
2. la reducción de los pasatiempos que requieren la actividad al aire libre
3. los efectos de los celulares en la visión y el oído
4. el trato de los minusválidos / personas con discapacidades físicas
5. las dietas de moda pasajera

3 VOCABULARIO

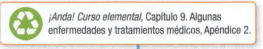

¡Anda! Curso elemental, Capítulo 9. Algunas enfermedades y tratamientos médicos, Apéndice 2.

La atención médica   Discussing ailments and mentioning possible treatments

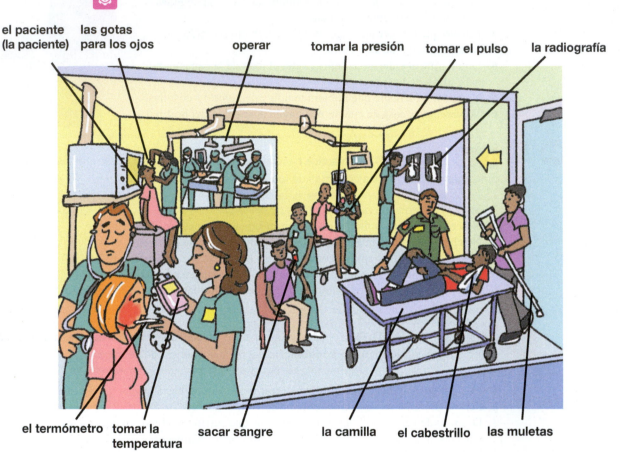

el paciente (la paciente) · **las gotas para los ojos** · **operar** · **tomar la presión** · **tomar el pulso** · **la radiografía**

el termómetro · **tomar la temperatura** · **sacar sangre** · **la camilla** · **el cabestrillo** · **las muletas**

Otros sustantivos	Other nouns
las alergias	allergies
el antihistamínico	antihistamine
la cura	cure
la dosis	dosage
el/la drogadicto/a	drug addict
la enfermedad	illness
el examen físico	physical exam
los medicamentos	medicines
la penicilina	penicillin
las pruebas médicas	medical tests
el resultado	result
el síntoma	symptom
el tratamiento	treatment
la vacuna	vaccination

Otros verbos y expresiones	Other verbs and expressions
enyesar	to put a cast on
fracturar(se)	to break; to fracture
hacer gárgaras	to gargle
respirar	to breathe

Now you are ready to complete the *Preparación y práctica* activities for this chunk online.

11·12 **No va** Túrnense para elegir la palabra o expresión que no va con las otras y expliquen por qué.

MODELO   las pruebas médicas, los síntomas, el tratamiento, la vacuna

E1:   *"La vacuna" no va con las otras palabras. Las vacunas no se usan como tratamiento.*

E2:   *Estoy de acuerdo. Las otras palabras tienen una progresión. Si una persona tiene síntomas, va al consultorio para realizar pruebas médicas y luego sigue un tratamiento.*

1. la penicilina, el antihistamínico, la camilla, la vacuna
2. respirar, sacar sangre, tomar la presión, tomar el pulso
3. la radiografía, las pruebas médicas, la cura, el examen físico
4. operar, el tratamiento, los medicamentos, el drogadicto

11·13 **Haciendo preguntas** ¿Cuántas preguntas pueden crear? Completen los siguientes pasos.

Paso 1   Formen oraciones interrogativas con los elementos de las tres columnas más otras palabras necesarias.

MODELO   cuál(es)   síntomas   el cáncer

¿Cuáles son unos síntomas del cáncer?

COLUMNA A	COLUMNA B	COLUMNA C
quién(es)	cura	el cáncer
cómo	resultados	el hueso del pie
dónde	síntomas	aquella enfermedad
cuándo	fracturarse	las pruebas médicas
cuál(es)	ocurrir	la máquina de radiografía
por qué	sacar sangre	ser alérgico al medicamento
qué	estar mal la dosis	tomar la presión

Paso 2   Ahora contesten las preguntas que crearon.

MODELO   E1:   *¿Cuáles son unos síntomas del cáncer?*

E2:   *Unos síntomas incluyen el cansancio, perder peso...*

11·14   Un examen físico muy completo

Piensen en ocasiones en que fueron al médico para un examen físico y completen los siguientes pasos.

¡Anda! Curso elemental. Capítulo 4. Las expresiones afirmativas y negativas; Capítulo 9. Algunas enfermedades y tratamientos médicos, Apéndice 2.

Paso 1   Hagan una lista de las acciones del/de la médico/a durante un examen físico muy completo.

     MODELO   1. *preguntarle al paciente si tiene problemas físicos*

                   2. *sacarle sangre...*

Paso 2   Piensen en los exámenes físicos que han tenido ustedes. Digan si los/las médicos/as les han hecho estas cosas **siempre, a veces** o **nunca.**

     MODELO   E1: *Siempre me preguntan si tengo problemas físicos. ¿Y tú?*

                     E2: *A veces me preguntan si tengo problemas. ¿A ti siempre te miran el oído?...*

11·15   Encuentra a alguien que...

Circula por la clase para averiguar la frecuencia con que tus compañeros se han encontrado en las siguientes situaciones. Luego, comparte los resultados con otros compañeros/as de clase.

Estrategia

Remember that when completing signature search activities like **11-15**, it is important to move quickly around the room, trying to get as many different signatures as possible while asking and answering all questions in Spanish.

Estrategia

You may wish to report the results of your survey in the form of pie charts or bar graphs.

MODELO   fracturarse una pierna

     E1: *¿Te has fracturado una pierna?*

     E2: *Sí, una vez me fracturé una pierna cuando tenía diez años.*

     E1: *Firma aquí, por favor.*

	NO	UNA VEZ	MÁS DE UNA VEZ	DIARIAMENTE
1. fracturarse un brazo o una pierna		Maribel		
2. hacer gárgaras				
3. tomar penicilina para una infección				
4. usar un termómetro para tomar la temperatura				
5. tener alergias				
6. ponerse gotas en los ojos				
7. sacarse una radiografía				
8. tomar muchos medicamentos				
9. respirar de manera profunda				

4 GRAMÁTICA

 La voz pasiva Relating what is or was caused by someone or something

Just as English does, Spanish has both the *active* and *passive voice*. Let's look at the construction in English first.

A. In an **active voice sentence,** the *subject does the acting* expressed by the verb, and the *direct object receives the action:*

> **subject (doer) + verb + object (recipient)**

Tina **took** the medicine.   *Tina **tomó** la medicina.*

B. A **passive voice sentence** is the reverse of the active voice. That is, the *subject receives the action* and the *doer is expressed with a prepositional phrase* (**by + doer**):

Se fuman muchos cigarrillos en este país.

> **subject (recipient) + to be (*ser*) + past participle + preposition + doer**

The medicine **was taken** by Tina.   *La medicina **fue tomada** por Tina.*

- As you can see, the passive voice construction in Spanish is similar to the English passive construction. The difference is that Spanish has **two ways** of expressing the **passive voice:**

  1. **Passive** with *ser*, as in the examples above, and
  2. **Passive** *se*.

C. In the **passive** *se* construction:

- *se* is considered an unchanging part of the verb.
- the *thing* being acted upon becomes the subject of the sentence.
- the *thing* will always necessitate either a *third person singular* or *plural verb.*

The formula for the **passive** *se* is:

> *Se* **+ third-person singular or plural verb + the** *thing* **being acted upon**

Se mandó dinero a los enfermos.   *Money was sent to the sick people.*

Se compraron muchos medicamentos para curarlos.   *A lot of medicine was purchased to cure them.*

D. What follows is an explanation of when you should use the **passive** with *ser* and when you should use **passive** *se*.

1. When the **passive** with *ser* is used, the doer of the action is usually either stated in the sentence, introduced by the preposition **por,** or strongly implied through context.
2. The **passive** with *ser* is not as commonly used in spoken Spanish as the **passive** *se*. **Passive** with *ser* is more common in writing, generally used to vary style.
3. When the *doer is unknown or unimportant* to the message, the **passive** *se* should be used.
4. In general, when the *doer is known,* the **active voice** is used in Spanish rather than the **passive** with *ser*.

(*continued*)

Study the following examples.

1. The **passive** with *ser*:

El pulso **fue tomado** por la enfermera.   *The pulse was taken by the nurse.*
La presión **será tomada** por el médico.   *The blood pressure will be taken by the doctor.*
Los resultados **son escritos** por la cirujana.   *The results are written by the surgeon.*
Las recetas **fueron escritas** por el neurólogo. *The prescriptions were written by the neurologist.*

2. The **passive** *se:*

Se tomó el pulso.   *The pulse was taken.*
Se toma la presión.   *The blood pressure is taken.*
Se han escrito los resultados.   *The results have been written.*
Se escribieron las recetas.   *The prescriptions were written.*

¡Explícalo tú!

1. What are the nouns (*people, places, or things*) in the sample sentences of the **passive** with *ser*?
2. In the **passive** with *ser* sentences,

   a. what form (person: e.g., first, second, third) of each verb is used?
   b. what determines whether each verb is singular or plural?
   c. with what does each past participle (**-ado / -ido**) agree?

3. With the **passive** *se* sentences, do you still have the same subjects and objects as in the **passive** with *ser*?
4. What form of the verb is used with the **passive** *se*? What determines whether that form is singular or plural?
5. Is the doer clear in the **passive** *se* sentences?

   ✔   Check your answers to the preceding questions in **Appendix 1.**

¿? Now you are ready to complete the **Preparación y práctica** activities for this chunk online.

¡Anda! Curso elemental, Capítulo 5. El pretérito: Los verbos regulares; Capítulo 7. Algunos verbos irregulares en el pretérito, Apéndice 3.

11·16   Práctica   Rogelio y Yolanda escucharon a escondidas (*eavesdropped*) una conversación entre una pareja en el café. Repitan lo que oyeron usando **el *ser* pasivo.**

MODELO   Los problemas (causar) principalmente por el dolor.
Dijeron que los problemas fueron causados principalmente por el dolor.

1. La causa de las alergias (descubrir) por su médico.
2. Ayer las pruebas médicas (hacer) por esas enfermeras.
3. El drogadicto (detener) por la policía después de robar el banco.
4. Los síntomas (escribir) por la enfermera.
5. La vacuna (dar) por el médico asociado.

11·17 **Más práctica** Imagina que entrevistaste a un médico de tu universidad y te explicó algunos de los casos de ayer. Crea las respuestas del médico con oraciones del *se* **pasivo**. Usa las formas apropiadas del **pretérito** de los infinitivos. Después, comparte tus oraciones con un/a compañero/a.

MODELO curar la enfermedad con una combinación de dieta y medicamentos

Se curó la enfermedad con una combinación de dieta y medicamentos.

1. descubrir la enfermedad en un examen médico
2. tratar los síntomas con antibióticos
3. sacar la radiografía para saber si el tobillo estaba roto o torcido (*sprained*)
4. sacar sangre porque no podían identificar el problema
5. enyesar la pantorrilla

11·18 **Los beneficios** Dicen que los ejercicios de resistencia son tan importantes como los ejercicios aeróbicos. ¿Cuáles son los beneficios de hacer este tipo de ejercicio? Túrnense para crear una oración con **el *se* pasivo** para cada beneficio mencionado.

Estrategia

Take advantage of activities like **11-18** to challenge yourself to go beyond simple answers, providing as much pertinent information as you can.

MODELO regenerar la energía

Al hacer ejercicios de resistencia, se regenera la energía.

1. aumentar la masa muscular
2. fortalecer los huesos
3. quemar grasa
4. aumentar la fuerza
5. mejorar la coordinación
6. mantener el cuerpo flexible

11·19 En el hospital Siempre hay reglas para todos los lugares públicos. Generalmente, ¿qué cosas se pueden hacer y qué cosas no se pueden hacer en un hospital? Completen los siguientes pasos.

Hospital de la Santa Creu i de Sant Pau,
Barcelona, España

Paso 1   Hagan dos listas: una de las cosas que se hacen y otra de las cosas que no se hacen en un hospital.

MODELO   <u>SE HACE(N)</u>   <u>NO SE HACE(N)</u>

Se comen las verduras.   No se fuman cigarrillos.

Se escriben los resultados todos los días.

Paso 2   Creen letreros para algunas acciones de las listas.

MODELO

Se permite comer en la cafetería.

No se permite fumar en el hospital.

11·20 **Un hospital lleno de sonrisas** Miren el anuncio del Hospital Universitario Virgen del Rocío, y después contesten las siguientes preguntas.

Hospital Universitario Virgen del Rocío

Un hospital lleno de sonrisas

Desde el primer momento en que usted entra a nuestro hospital, notará una gran diferencia. Recibirá la atención personal que usted merece de profesionales dedicados a cambiar vidas y apasionados por este compromiso. Creemos que un equipo contento y satisfecho resulta en pacientes contentos y satisfechos. Para nosotros, curar significa mucho más que tratar con medicamentos —tratamos al ser completo.

Hospital Universitario Virgen del Rocío

Ubicado en el corazón de Sevilla, usted nos puede encontrar en la Avenida Manuel Siurot s/n, SEVILLA.

Teléfonos: Centralita 955 012000
Atención al usuario 955 012125
Fax 955 013473

MODELO   ¿Qué se nota desde el primer momento?

Se nota una gran diferencia entre este hospital y los otros.

1. ¿Qué se recibe desde el primer momento?
2. ¿Qué parte del ser (paciente) se trata en este hospital?
3. ¿Dónde se encuentra el hospital?
4. ¿Qué se ofrece para ponerse en contacto con el hospital?

La medicina tradicional o alternativa 🔊

Según la Organización Mundial de la Salud (OMS), el ochenta por ciento de la población mundial utiliza alguna forma de medicina tradicional regularmente. Como la gente en muchos países del mundo, en los países hispanos las personas tienen acceso a la atención médica y a médicos que son expertos en sus campos respectivos de la salud. Hay oficinas de consulta y hospitales para tratar cualquier problema que se presente. Además, hay "farmacias de turno" que están abiertas las veinticuatro horas del día, ofreciendo las medicinas necesarias.

Pero en muchos de estos países hay también una fuerte tradición de medicina alternativa. Las personas, particularmente en las zonas rurales de Latinoamérica, suelen emplear remedios caseros (*home remedies*) o tradicionales, en vez de buscar el consejo y la ayuda de los profesionales médicos, que a veces no se encuentran en estos lugares lejanos. En los mercados al aire libre se vende todo tipo de hierbas para curar cualquier dolor, enfermedad o síntoma dañino (*harmful*) para la salud.

Se debe mencionar también el curanderismo, otra tradición muy arraigada (*rooted*) en la cultura hispana. Los curanderos suelen emplear las hierbas, el masaje y a veces los rituales para curar a sus pacientes física y espiritualmente.

Preguntas

1. ¿Qué tipos de cuidado de salud se mencionan aquí? ¿Con cuáles tienes experiencia?
2. ¿Quiénes usan formas alternativas de medicina? ¿Por qué crees que se usan?
3. ¿Qué tipos de remedios caseros o tradicionales conoces? ¿Qué opinas de la medicina alternativa?

Escucha

Un informe de radio

Estrategia	Sometimes it is not enough to just understand what you have heard. You may need to use the information you have just learned in some way in a real-world setting. For example, you may need to respond to something	you have heard by taking some sort of action. Or you may want to make a comment to someone about what you have heard. Beyond simply reporting the facts, you also react by adding your own comments.
Commenting on what you heard		

11·21 **Antes de escuchar** Vas a escuchar un informe de radio. Primero completa los siguientes pasos.

Paso 1 Mira la foto. Describe lo que ves en la foto.

Paso 2 Contesta las siguientes preguntas.

1. ¿Estás preocupado/a por tu salud?
2. ¿Sigues una dieta especial?
3. ¿Haces ejercicio?
4. ¿Tienes un entrenamiento (*training*) físico especial?

11·22 **A escuchar** Completa los siguientes pasos.

Paso 1 Escucha el informe y contesta las siguientes preguntas.

1. ¿Cuál es el tema del informe?
2. Según el informe, ¿cuáles son los tres puntos más importantes para perder peso?

Paso 2 Escucha el informe otra vez y apunta (*jot down*) **cuatro** comentarios sobre el informe.

11·23 **Después de escuchar** Comparte tus comentarios en grupos de tres o cuatro estudiantes. ¿Con quiénes estás de acuerdo? ¿Con quiénes de tu grupo no estás de acuerdo y por qué?

¿Cómo andas? I

	Feel confident	Need to review

Having completed **Comunicación I,** I now can...

- describe different parts of the body. (p. 482)
- express actions one does to oneself. (p. 483 and online)
- relate impersonal information. (online)
- sequence temporal events. (p. 486)
- discuss medical conditions, ailments, and treatments. (p. 488)
- relate what is or was caused by someone or something. (p. 491)
- designate reciprocal actions. (online)
- explore methods of health care and treatment. (p. 496)
- comment on what I hear. (p. 497)

 Comunicación II

♻ *¡Anda! Curso elemental,* Capítulo 9. Algunas enfermedades y tratamientos médicos, Apéndice 2.

5 VOCABULARIO

Algunos síntomas, condiciones y enfermedades
Identifying symptoms, conditions, and illnesses

Estrategia

Note how many of the words in the list on the following page are cognates. You may want to master these words first and then add those that are unfamiliar to you.

(continued)

Algunas condiciones y enfermedades	Some conditions and illnesses
el alcoholismo	alcoholism
la apendicitis	appendicitis
la artritis	arthritis
el ataque al corazón	heart attack
la bronquitis	bronchitis
el cáncer	cancer
la depresión	depression
la diabetes	diabetes
la drogadicción	drug addiction
la hipertensión	high blood pressure
la jaqueca	migraine; severe headache
la mononucleosis	mononucleosis
la obesidad	obesity
las paperas	mumps
la presión alta/baja	high/low (blood) pressure
la quemadura	burn
el sarampión	measles
el SIDA	AIDS
la varicela	chicken pox

Algunos síntomas	Some symptoms
el dolor de cabeza	headache
los escalofríos	chills
la inflamación	inflammation
el mareo / los mareos	dizziness
las náuseas	nausea

Algunos verbos	Some verbs
dejar de fumar (cigarrillos)	to quit smoking (cigarettes)
desmayarse	to faint
hincharse	to swell
perder peso	to lose weight
torcerse	to sprain
vomitar	to vomit

¿? Now you are ready to complete the **Preparación y práctica** activities for this chunk online.

REPASO

Las expresiones afirmativas y negativas   Making affirmative and negative statements

For a complete review of affirmative and negative expressions, go online or refer to **Capítulo 4** of *¡Anda! Curso elemental* in Appendix 3 of your textbook. The vocabulary activities that follow incorporate this grammar point. Practicing new vocabulary with a review grammar point helps to strengthen and increase your knowledge of Spanish.

 11·24 **Algunos síntomas**   Un amigo te habla de algunos síntomas. ¿Cuáles son las posibles enfermedades que corresponden?

MODELO   ¡Qué dolor! No puedo ni pensar ni concentrarme en nada. La luz me molesta y también el ruido…

Posiblemente tienes una jaqueca.

1. No me vacunaron y ahora me están saliendo unas manchitas rojas. También tengo fiebre…
2. Tengo dolores de estómago muy fuertes —tan fuertes que vomito a causa del dolor…
3. Me duele el pecho y cuando toso, tengo una tos profunda…
4. Me duelen las articulaciones (*joints*) de los dedos de la mano y las tengo hinchadas…
5. Siento un dolor fuerte de pecho que se extiende también por el hombro y el brazo izquierdo. Estoy sudando y tengo mareo…
6. Estaba corriendo por el parque y pisé una piedra bastante grande. Me caí y al caerme, escuché un ruido como "pop" y sentí dolor. Tengo el tobillo inflamado…

11·25 **Están equivocados** Samuel y Rosario siempre dicen que no hay ningún beneficio en hacer ejercicio regularmente. Corrijan sus comentarios usando **expresiones afirmativas.**

MODELO   Jamás ayuda a tratar la depresión.

Hacer ejercicio siempre ayuda a tratar la depresión.

1. No disminuye ningún riesgo de tener una enfermedad grave.
2. No reduce ningún efecto de la depresión.
3. No aumenta nada la energía.
4. Nunca te ayuda a perder peso.
5. No alivia ni la obesidad ni la diabetes.
6. No ayuda nada a mantener los tendones y los ligamentos flexibles.

11·26 **No, mil veces no** Gabriela siempre responde negativamente a todo. Túrnense para contestar como Gabriela contestaría.

MODELO   ¿Experimentas náuseas a veces?

No, nunca experimento náuseas. / No, no experimento náuseas nunca.

1. Entre la gente famosa, ¿conoces a alguien que sufra de alcoholismo?
2. ¿Conoces a alguien que tenga una enfermedad grave?
3. ¿La pierna te duele a causa de alguna enfermedad?
4. ¿Necesitas alguna vacuna para el viaje?
5. ¿Siempre te duele algo?
6. De niño/a, ¿tuviste o varicela o sarampión?
7. ¿Alguien en tu familia ha sufrido un ataque al corazón?
8. ¿Te han enyesado alguna parte del cuerpo?

11·27 **Una enfermedad común** ¿Han tenido fascitis plantar, o conocen a alguien que haya sufrido de esta irritación del pie? Completen los siguientes pasos.

¡Anda! Curso elemental, Capítulo 9. Algunas enfermedades y tratamientos médicos, Apéndice 2.

Paso 1   Lean la descripción de esta enfermedad.

TODO MÉDICO

La fascitis plantar es una de las causas más comunes del dolor en la parte trasera del talón, del arco o de ambas áreas. La faja plantar es un ligamento grueso y fibroso en la parte trasera del pie que tiene muy poco estiramiento o flexibilidad. Este ligamento se une al talón y se estira a lo largo del pie hasta la bola. Los dolores causados por la fascitis plantar son bastante comunes en adultos, generalmente a partir de los veinte años, y en atletas.

Las dos indicaciones más comunes de esa enfermedad son el dolor al caminar, sobre todo al levantarse, y la inflamación (que puede causar que esa parte del pie se hinche). Algunas posibles causas incluyen: aumento de peso; aumento repentino de actividades físicas que involucran movimientos forzados, golpes o mala técnica (como correr, tenis, fútbol y básquetbol); caminar descalzo°; tener una pierna más corta que la otra; estar de pie muchas horas a largo plazo; y usar zapatos que no soportan el arco, no amortiguan° bien o que no son lo suficientemente flexibles.

Como tratamiento, las recomendaciones incluyen:
- descansar el pie, o sea, hacer menos ejercicio que implique poner peso en esa parte del pie
- levantar el pie para reducir la hinchazón
- aplicar hielo en el talón y el arco por unos veinte minutos tres veces al día

- utilizar plantilla ortopédica en el zapato que amortigüe el talón
- estirar el pie con ejercicios específicos para aumentar la flexibilidad del plantar
- evitar ir descalzo

El tiempo que tarda en recuperarse de la fascitis plantar depende de las actividades o problemas que la causaron. Pueden pasar semanas o hasta meses de recuperación antes de que la fascitis plantar se sane° por completo. En casos más problemáticos, se recomiendan medicamentos antiinflamatorios y/o posibles inyecciones de esteroides.

sin zapatos

absorb shock

heals

Fíjate

Hinchazón and the verb *hincharse* are from the same word family. What do you think *hinchazón* means?

Paso 2   Escriban **cinco** quejas que una persona que sufra de esa enfermedad pueda tener.

MODELO   *No puedo llevar zapatos con tacones porque me duele demasiado el pie.*

Paso 3   Escriban **tres** quejas o síntomas que una persona pueda tener para **dos** de las siguientes enfermedades:

la depresión   la hipertensión   la diabetes

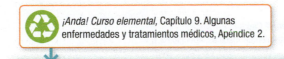

¡Anda! Curso elemental, Capítulo 9. Algunas enfermedades y tratamientos médicos, Apéndice 2.

11·28 ¿Adónde se va cuando…? ¿Adónde se va para curarse o buscar tratamiento para los siguientes síntomas y enfermedades? Completa los siguientes pasos.

Paso 1 Pon una equis (**X**) en la(s) columna(s) apropiada(s).

Estrategia

Personalize the list with two additional medical conditions.

SÍNTOMA/ENFERMEDAD	A LA CAMA	A LA FARMACIA	AL CONSULTORIO DEL MÉDICO	AL HOSPITAL	A LA SALA DE URGENCIAS
1. una jaqueca	X	X			
2. inflamación de un dedo a causa de una herida					
3. un ataque al corazón					
4. la bronquitis					
5. los mareos y las náuseas					
6. una quemadura grave de la cara					
7. el sarampión					
8. los escalofríos					
9. un dolor de espalda					
10. ¿…?					
11. ¿…?					

Paso 2 Comparte tus resultados con un/a compañero/a.

MODELO la jaqueca

E1: *Cuando se tiene jaqueca, primero se va a la farmacia y después a la cama para descansar.*

E2: *Estoy de acuerdo. Cuando tengo jaqueca, también voy primero a la farmacia y luego a la cama para descansar.*

♻ *¡Anda! Curso elemental,* Capítulo 9. Algunas enfermedades y tratamientos médicos, Apéndice 2.

♻ *¡Anda! Curso intermedio,* Capítulo 8. El condicional, pág. 355; Capítulo 10. Cláusulas de *si* (Parte 2), pág. 457.

11·29 **¿Que harían?** En grupos de cuatro, hablen de lo que ustedes harían en las siguientes situaciones.

MODELO   torcerse el codo

> E1: *¿Qué harían si se torcieran el codo?*
>
> E2: *Iría a la sala de urgencias.*
>
> E3: *Yo también, pero primero llamaría a alguien para que me ayudara. Le diría que me pusiera un cabestrillo.*
>
> E4: *Yo no. Un cabestrillo puede causar más daño, ¿no? Querría ir rápidamente a una clínica o al hospital y tomaría algo para el dolor.*

> **Fíjate**
>
> In *Capítulo 4* you learned the verb *hervir* (e → ie → i). Therefore, what is *agua hirviente*?

1. tener náuseas y estar vomitando
2. toser mucho y no poder respirar bien
3. quemarse con agua hirviente
4. torcerse la rodilla
5. tener fiebre alta, escalofríos y dolores en todo el cuerpo

♻ *¡Anda! Curso elemental,* Capítulo 9. Algunas enfermedades y tratamientos. Apéndice 2.

11·30 **¿Somos sanos?** Van a hablar de las enfermedades que han tenido. Entrevístense usando las siguientes preguntas como guía, y creen **cinco** preguntas adicionales.

1. ¿Cuáles son las enfermedades que tuviste de niño/a?, ¿de adolescente?, ¿de adulto?
2. ¿Cuáles fueron los tratamientos que te dieron para esas enfermedades?
3. ¿Cuántas veces has sido paciente en un hospital?
4. ¿Cuántas veces has estado en una sala de urgencias?
5. ¿Cuántas veces al año sueles ir al médico?

6 GRAMÁTICA

 | **El *se* inocente (*Se* for unplanned occurrences)**
Indicating unplanned occurrences

The **passive *se*** is used with certain verbs to indicate something *unplanned*, *unexpected*, and *no one's fault*.

- In this use of **se**:

  1. **Se** is invariable.
  2. The indirect object pronoun refers to the person the action "happens to."
  3. The subject (which comes at or toward the end of the sentence) and verb agree.
  4. Optional nouns or pronouns can be used for clarification.

- The "formula" for this use of **se** is:

Al médico se le perdieron los papeles.

(Optional noun or pronoun) + ***se*** + **Indirect Object Pronoun** + **Verb** + **Subject** + **(rest of sentence)**

Note the following color-coded examples.

A Hortensia se le rompieron los lentes.   *Hortensia broke her glasses.*

Se me olvidaron las gotas para las alergias.   *I forgot the drops for my allergies.*

Se les quedó el dinero para pagar la factura del   *They left the money to pay the hospital bill*
hospital en casa.   *at home.*

- The following verbs frequently use this construction with *se:*

  acabar *(to run out)* **caer escapar ir ocurrir olvidar perder quedar romper**

Note: With the *se* of unplanned occurrences, a definite (**el, la, los, las**) or indefinite (**un, unos, una, unas**) article is used *instead of* a possessive adjective (**mi/s, tu/s, etc.**), which is used in English.

¿Se te torció el tobillo?   *Did you twist your ankle?*

¿Se te ocurre un tratamiento?   *Does a treatment occur to you?*

Se me quitó el dolor de cabeza.   *My headache went away.*

Se les hincharon las manos.   *Their hands swelled up.*

You may remember a similar usage of definite articles with parts of the body or clothing from **Capítulo 3**.

Se le rompieron *los brazos* en el accidente.   *He broke **his** arms in the accident.*

Se puso *el suéter* porque tenía frío.   *She put on **her** sweater because she was cold.*

¿? Now you are ready to complete the **Preparación y práctica** activities for this chunk online.

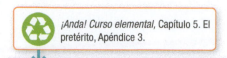

¡Anda! Curso elemental, Capítulo 5. El pretérito, Apéndice 3.

¡Anda! Curso intermedio, Capítulo 1. El pretérito, pág. 49.

11·31 **¿Qué les pasó?** Miren los dibujos y descríbanlos, usando las siguientes palabras y **el *se* inocente**.

acabar   caer   escapar   olvidar   perder   romper

MODELO

Sonia

A Sonia se le olvidaron los lentes.

1.

Esteban

2.

Lucía y Beto

3.

Sra. García

4.

Mateo

5.

Lola

11·32 **Un día muy malo para el Dr. Gómez** Lean sobre lo que le pasó ayer al Dr. Gómez y completen los siguientes pasos.

Fíjate

Mondial Assistance is an international road assistance company similar to AAA in the United States.

Ayer fue uno de los peores días que el Dr. Gómez, un médico nuevo del Hospital Universitario Virgen del Rocío en Sevilla, España, ha tenido jamás. Desde el primer momento, todo fue de mal en peor (*from bad to worse*). Para empezar se le olvidó poner el despertador y se levantó tarde. Tenía que estar en el hospital muy temprano porque iba a operar a un paciente a las siete. Salió de casa a eso de las siete menos cuarto. De camino al hospital, el coche se quedó parado porque se le acabó la gasolina. Llamó a *Mondial Assistance* y por fin lo rescataron (*they rescued him*).

Cuando llegó al hospital, todo el mundo lo estaba esperando. ¡Qué vergüenza! No se le había ocurrido llamar a nadie para decirle lo que le había pasado y todos estaban muy preocupados. Les pidió perdón a todos y por fin entraron en la sala de operaciones. Cuando estaban a punto de empezar, se dieron cuenta de que se les habían perdido las radiografías. Buscaban por todas partes cuando una enfermera las encontró debajo de la bandeja (*tray*) de los instrumentos. ¿Qué más le podía ocurrir al médico joven? Pues, siempre puede haber algo peor… Al recoger las radiografías, la enfermera le dio a la bandeja con el codo y ¡se le cayeron todos los instrumentos al suelo! Con tres horas de retraso (*delay*), empezaron la operación. Menos mal que eso les salió bien. El resto del día fue más o menos normal hasta el momento de irse el doctor a casa. Se cayó en el estacionamiento y se le rompió el tobillo. ¿Lo puedes creer?

Paso 1   Subrayen los usos del **se** inocente.

Paso 2   Sin volver a mirar el pasaje, traten de recordar todo lo que le pasó al Dr. Gómez aquel día. Túrnense para hacer una lista de todas las acciones imprevistas (*unforeseen*).

Paso 3   Revisen la lista para confirmar el orden cronológico. ¿Cuántas acciones imprevistas encontraron?

11·33 **¿Cómo responde el Dr. Gómez?** El jefe del Dr. Gómez recibe una queja (*complaint*) y lo llama para enterarse de lo que realmente ocurrió. Túrnense para contestar como si fueran el Dr. Gómez.

MODELO   ¿Por qué no me llamaste? (olvidar)

Lo siento. Se me olvidó llamarte.

1. ¿Por qué no llegaste a tiempo? (quedar)
2. ¿Por qué tuviste que llamar a la asistencia en carretera *Mondial Assistance*? (acabar)
3. ¿Por qué estaban preocupados todos tus compañeros? (olvidar)
4. ¿Por qué no pudieron empezar la operación en seguida? (perder/caer)
5. ¿Por qué no puedes trabajar mañana? (romper)

11·34 **Leo** Nuestro amigo Leo siempre está entre el hospital y la casa; creemos que es hipocondríaco. Túrnense para terminar las oraciones de Leo, usando siempre **el *se* inocente**.

MODELO   Vamos a la farmacia porque (acabar)…

Vamos a la farmacia porque se me acabaron los medicamentos.

1. Me tienen que hacer de nuevo la prueba de hipertensión porque (perder)…
2. La enfermera me pidió perdón porque (olvidar)…
3. Hoy tengo una jaqueca terrible porque (quedar)…
4. No puedo tomarme la temperatura porque (caer)…
5. Mi médico tiene que hablar con unos especialistas porque no (ocurrir)…

11·35 **Peripecias de la vida** Escucha mientras Ana narra lo que le pasó durante el peor día de su vida. Luego, indica si las oraciones son ciertas (**C**) o falsas (**F**), según la narración.

C	F	
☐	☐	1. A Ana se le cortó la electricidad y el despertador no funcionó.
☐	☐	2. Se tomó su tiempo para arreglarse bien antes de ir a la oficina.
☐	☐	3. Se le olvidaron unos papeles importantes en casa.
☐	☐	4. Estuvo atrapada en un atasco y se le acabó la gasolina.
☐	☐	5. Le escribió un mensaje de disculpa a su jefe por haber faltado a la reunión.
☐	☐	6. Cuando salió del trabajo al final del día, descubrió que alguien le robó el coche.
☐	☐	7. Por la frustración, dio una patada al coche y se le fracturó el dedo gordo del pie.

*¡Anda! Curso
intermedio,*
Capítulo 1. El
presente perfecto de
indicativo, pág. 51.

11·36   ¿Qué nos ocurre? Circula por la clase para encontrar a compañeros a quienes les han ocurrido las siguientes acciones imprevistas. Hay que usar **el presente perfecto** en las preguntas y es importante elaborar tus respuestas.

MODELO   ocurrir una solución a un problema grande

TÚ: *¿Se te ha ocurrido una solución a un problema grande?*

MARTA: *Sí, se me ha ocurrido una solución a un problema grande. Tuve un accidente de carro y me costó mucho dinero reparar el carro. Se me ocurrió que sería una buena idea vender el coche y comprar uno más barato.*

ACCIÓN IMPREVISTA	COMPAÑERO/A
ocurrir una solución a un problema grande	Marta
romper una pierna	
perder las llaves	
quedar el coche sin gasolina en la autopista	
olvidar pagar una factura importante	
caer los libros en un charco (*puddle*)	
acabar el dinero antes de terminar el semestre	

11·37   ¿Y qué más? Revisen la lista de acciones imprevistas de la actividad **11-36** y luego hagan su propia lista de **cuatro** acciones imprevistas que se les ocurrieron a ustedes que no aparecen en la lista. Después, túrnense para explicar lo que les ocurrió (qué, cuándo, con quiénes, cuál fue el resultado, etc.) con otros compañeros de clase.

7 GRAMÁTICA

 El subjuntivo: repaso general Expressing yourself accurately with the indicative or the subjunctive mood

By now you have practiced quite a bit with the different forms and uses of the subjunctive in Spanish. Here is a final brief summary of the subjunctive that will reinforce your knowledge.

> **Fíjate**
>
> You have already seen many presentations of uses of the subjunctive in previous chapters. You can refer back to them in Chapters 2, 3, 4, 5, 7, 9, and 10.

Ojalá que su amor dure muchos años.

General rules for using the subjunctive:

1. Except after the expressions *ojalá (que), tal vez,* and *quizás,* you will always have two different clauses: one independent and one dependent. The subjunctive occurs in the dependent clause.

   - El médico nos recomienda que **sigamos** una dieta sana.
   - **Ojalá** no **sufra** de ninguna enfermedad grave.

2. The dependent clause will begin with *que,* an adverbial conjunction such as *cuando, a menos que,* or *si* in a hypothetical statement.

   - El paciente no quería **que** le **sacara** sangre una vez más.
   - **Cuando llegue** la doctora, el examen físico comienza.
   - Yo iría contigo **si** no **tuviera** el brazo en cabestrillo.

3. Use of the subjunctive is "triggered" by verbs or expressions of emotion, doubt or uncertainty, negation, volition or influence, impersonal expressions, indefinite or unknown antecedents, and certain conjunctions that always require the subjunctive.

   - ¡**Qué bueno** que se **haya recuperado** del cáncer!
   - El cirujano **dudó** que **pudiera** operar bajo estas condiciones.
   - Los entrenadores nos **recomiendan** que **hagamos** ejercicio todos los días.
   - **Es importante** que **comamos** muchas verduras y frutas.
   - **No hay** atleta exitoso que no **practique** mucho.
   - Le enyesaron la pierna **para que pudiera** caminar más fácilmente.

4. A change of subject is also necessary for use of the subjunctive. If there is no change of subject, the infinitive is used.

   - (Yo) Me **alegro de que** (tú) ya no **sufras** de depresión.
   - Me **alegro de ya no sufrir** de depresión.

 Now you are ready to complete the *Preparación y práctica* activities for this chunk online.

11·38 **La recuperación** Eres paciente en el hospital y estás pensando en las recomendaciones de los médicos. Completa cada oración, decidiendo cuál forma del verbo es más apropiada.

¡Ay! Se me (1) (rompió / rompa) el brazo y me lo enyesaron hasta el hombro para que no le (2) (haga / hago) más daño. Primero, (3) (fue / sea) necesario que me lo (4) (fracturaron / fracturaran) de nuevo antes de ensalmarlo (*set it*) porque los huesos no (5) (se unieron / unirse) correctamente. El médico me dice que no (6) (mueva / muevo) ni el brazo ni los dedos hasta que (7) (estoy / esté) completamente sano. Es posible que esto (8) (tomar / tome) unas 4 o 6 semanas. ¡Dios mío! Tendré que (9) (leo / leer) mucho durante estas semanas.

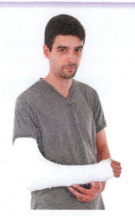

11·39 **La visita** Tu amigo Raúl, compañero del equipo de natación, está en casa recuperándose después de una cirugía en el hombro; tú has venido para visitarlo. Completa la conversación con la forma correcta del verbo en cada oración.

TÚ: Raúl, vine en cuanto (1) _____ (saber) de tu cirugía. ¿Qué tal estás?

RAÚL: Pues, me alegro de (2) _____ te (ver). Gracias por venir. Estoy contento de que ellos (3) _____ (haber terminado) con la operación. ¡Fue un éxito! Me dicen que puedo nadar otra vez dentro de unos meses.

TÚ: ¡Qué bueno que tú (4) _____ (ir) a recuperar el uso completo del brazo! Los otros miembros del equipo van a estar muy contentos de (5) _____ (oír) esto también.

RAÚL: Pues, sí. La cirujana recomienda que una gran parte de mi recuperación (6) _____ (ser) los ejercicios en la piscina. Je je, qué suerte, ¿no?

TÚ: Mira, es necesario que tú (7) _____ (ponerse) mejor cuanto antes. Tenemos un gran torneo en tres meses y es importante que todos nosotros (8) _____ (poder) contar con tu participación.

RAÚL: No te preocupes. Es imposible que yo no (9) _____ (estar) listo, hombre.

11·40 Tu opinión Con un/a compañero/a, túrnense para ofrecer sus opiniones sobre estos comentarios de la salud y una vida sana. Usen las expresiones como *creo que*; *no creo que*; *dudo que*; *es imposible que*; *es probable que*. Defiendan su opinión.

MODELO Caminar es mejor que correr.

E1: *Creo que caminar es mucho mejor que correr porque no duele tanto.*

E2: *No creo que caminar sea mejor que correr porque toma mucho más tiempo.*

1. Nadar es el mejor ejercicio.
2. Comer mucha carne roja daña el sistema digestivo.
3. Debemos evitar el consumo de todo tipo de cafeína.
4. Comer demasiado azúcar contribuye a adquirir la diabetes.
5. La jaqueca es un problema psicológico.
6. Es mejor no tomar ningún tipo de medicamento ni pastillas.
7. Comer un desayuno grande y nutritivo ayuda a tener una vida sana.
8. Se puede estar en buena forma sin hacer ejercicio.
9. La mononucleosis es una enfermedad contraída por los besos.

11·41 Quiero ir a un hospital que… Imagínense que ustedes o uno de sus parientes tienen que ingresar (*to be admitted*) en el hospital. ¿Cuáles son sus consideraciones al escoger el mejor hospital? Creen **seis** oraciones y usen **el subjuntivo** y **el se pasivo**.

¡Anda! Curso intermedio, Capítulo 5. El subjuntivo con antecedentes indefinidos o que no existen, pág. 220.

MODELO *Buscamos un hospital en que se encuentren médicos excelentes.*

11·42 ¿Qué nos recomiendan? Miren la gráfica sobre la buena salud y digan **ocho** recomendaciones que se pueden derivar de ella. Usen el subjuntivo.

Es recomendable que…
Es imprescindible (*essential*) que…
Es importante que…
Es necesario que…

MODELO Es recomendable que Ud. coma 10 porciones de frutas y verduras cada día.

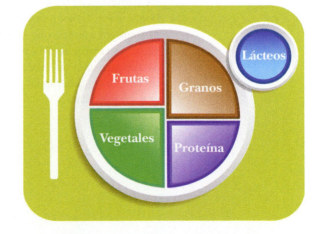

11·43   Para una vida más sana y tranquila En parejas, seleccionen una de las situaciones y piensen en posibles recomendaciones para ese caso. Luego dramaticen la situación y las recomendaciones para la clase.

1. Tengo 50 años y hago ejercicio todos los días. Como una dieta sana con muchas frutas y verduras. Quisiera bajar cinco kilos pero no logro hacerlo. ¿Qué puedo hacer?
2. Tengo un trabajo con mucho estrés. Me duele el estómago todo el tiempo y duermo muy poco de noche. Me encanta mi trabajo y me pagan muy bien. ¿Cómo puedo aliviar esta situación?
3. Sufro de obesidad. Cada vez que intento seguir una dieta extrema, es un fracaso y no bajo de peso. Llevo una vida bastante sedentaria porque no tengo energía para hacer ejercicio. ¿Qué me recomienda?
4. Hago ejercicio dos o tres horas al día. Voy al gimnasio, nado, levanto pesas, hago de todo. Mis amigos quieren que salga con ellos para pasear pero no tengo tiempo porque necesito hacer más ejercicio. Me parece que mis amigos me están abandonando. ¿Qué puedo hacer?
5. No me gustan ni las verduras, ni las frutas, ni hacer ejercicio. Tampoco sé cocinar. Me encanta la comida rápida pero estoy engordando bastante. ¿Qué me sugiere para mejorar mi vida no muy sana?

Perfiles

 ### Algunas personas innovadoras en el campo de la medicina

Con la posibilidad de contagiarse de tantas enfermedades, es difícil cuidarse por completo. Cuando uno se enferma, es bueno recibir tratamiento médico. Estas tres personas han contribuido de manera importante en el campo de la medicina.

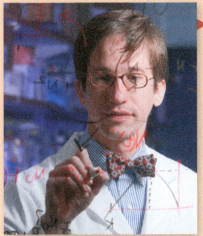

Enfermedades como el Alzheimer, el Parkinson y la diabetes son el producto de proteínas mal plegadas (*folded*). En el Laboratorio Schnell del Centro Brehm para Investigaciones de Diabetes de la Universidad de Michigan, el **Doctor Santiago Schnell** de Venezuela realiza análisis computacional para poder entender los mecanismos que producen estas proteínas deformes. Sus descubrimientos pueden ayudar al desarrollo de terapias médicas contra estas enfermedades.

El Premio Nobel de Fisiología y Medicina del año 1980 fue otorgado al **Doctor Baruj Benacerraf** (1920–2011) y dos colegas por su trabajo sobre la estructura de las superficies (*surfaces*) celulares que son genéticamente determinadas y que afectan las reacciones inmunológicas. El patólogo nació en Venezuela y era de herencia judeo-española.

El **Doctor René Favaloro** (1923–2000) fue cirujano e inventor de un procedimiento fenomenal. En el año 1962, viajó a la Clínica Cleveland donde se especializó en cirugía torácica y cardiovascular. En el año 1967, realizó con éxito la técnica del *bypass* vascular. En el año 1971, volvió a Argentina, su país natal, para trabajar.

Preguntas

1. ¿Cómo han contribuido estas personas al campo de la medicina?
2. ¿Qué son otros cambios en el campo de la medicina que fueron inventados para nuestro beneficio (*benefit*)?
3. En el **Capítulo 10,** aprendiste sobre varios individuos que han hecho una contribución positiva al planeta en el campo del medio ambiente. ¿Cómo se comparan los hechos (*deeds*) de esas personas con las que se presentan aquí?

¡Conversemos!

Estrategias comunicativas Pausing, suggesting an alternative, and expressing disbelief

There are times when communicating that you need to pause and take time to compose your thoughts. On still other occasions you may need to suggest an alternative or express disbelief. Use these new expressions with the others you have learned in *¡Anda! Curso intermedio* to initiate and maintain conversations on a wide variety of topics!

Pausas	*Pauses*	Para sugerir una alternativa	*To suggest an alternative*
• **A ver...**	*Let's see . . .*	• **¿No crees/creen que...?**	*Don't you think that . . .?*
• **Bueno...**	*Well . . . / Okay . . .*	• **Propongo que...**	*I propose that . . .*
• **Este...**	*Well . . . / Um . . .*	• **Sería mejor...**	*It would be better to . . .*
• **La verdad es que...**	*The truth is . . .*	• **Recomiendo que...**	*I recommend that . . .*
• **O sea...**	*That is . . .*	• **Sugiero que...**	*I suggest that . . .*
• **Pues...**	*Um . . . / Well . . .*		
• **Sabes...**	*You know . . .*		

Para expresar incredulidad	*To express disbelief*
• **¿De veras?**	*Really?*
• **¿En serio?**	*Seriously?*
• **Lo dudo.**	*I doubt it.*
• **¡No me diga(s)!**	*You don't say! / No way!*
• **No lo creo.**	*I don't believe it. / I don't think so.*
• **¡No puede ser!**	*It can't be!*
• **Parece mentira.**	*It's hard to believe.*

🔊 **11·44 Diálogo** Gregorio llegó a la casa de su amigo y se encontró con una sorpresa. ¡Carlos había tenido un accidente! Escucha para descubrir qué pasó y contesta las siguientes preguntas.

1. ¿Quién usa más pausas, Gregorio o Carlos? ¿Por qué?
2. ¿Cuáles son algunas de las expresiones que Gregorio utiliza para expresar su incredulidad?

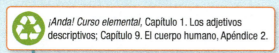

♻ *¡Anda! Curso elemental,* Capítulo 1. Los adjetivos descriptivos; Capítulo 9. El cuerpo humano, Apéndice 2.

👥 **11·45 Doctor, me duele...** Hagan los papeles de un/a médico/a y un/a paciente. Completen los siguientes pasos.

Paso 1 Si haces el papel del/de la paciente, completa el formulario y haz una lista de tus síntomas.

Paso 2 Si haces el papel del/de la médico/a, haz una lista de tus preguntas.

Paso 3 Al final, el/la médico/a debe darle al/a la paciente sus conclusiones y recomendar un tratamiento usando por lo menos **ocho** oraciones.

HOSPITAL GENERAL DE MÉXICO

Por favor complete este formulario con la mayor precisión posible. Toda la siguiente información es confidencial y será utilizada en caso de emergencia.
Escriba legiblemente, por favor.

NOMBRE _____
DIRECCIÓN _____

1. ¿Está bajo tratamiento por alguna enfermedad? Explique.
_____
2. ¿Toma algún tipo de medicamento? _____
3. ¿Qué medicinas toma? _____
_____

CONDICIONES MÉDICAS
Indique cualquier enfermedad que haya tenido en el pasado, poniendo la fecha en que comenzó.

____ alergias	____ cáncer	____ mononucleosis
____ apendicitis	____ diabetes	____ náuseas
____ artritis	____ glaucoma	____ presión alta / baja
____ ataque cardíaco	____ jaqueca	____ sarampión
____ bronquitis	____ mareos	____ varicela

¿Ha tenido otra condición que no se menciona aquí?
_____

11·46 **Investigaciones criminales** Son científicos forenses como en el programa de televisión *CSI*. Investiguen los siguientes casos y creen diálogos entre ustedes para hacer hipótesis sobre los mismos.

a. el cuerpo de un adolescente masculino encontrado en el parque principal debajo de un árbol
b. el cuerpo de un anciano encontrado en su casa
c. los cuerpos de una mujer y un hombre en el arrecife
d. el cuerpo de una mujer en un valle cerca del desierto

11·47 **Las radiografías** Un médico de otra ciudad quiere consultar con ustedes sobre los siguientes casos. Miren las radiografías y creen un diálogo sobre las posibles enfermedades y los tratamientos necesarios.

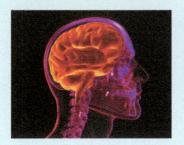
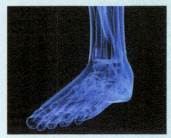
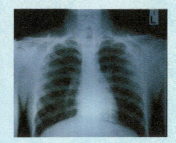

> ♻ *¡Anda! Curso elemental,* Capítulo 11. Los animales. Apéndice 2.

11·48 **Los animales nos necesitan también**
Imaginen que trabajan en una oficina veterinaria con animales domésticos o en el campo con animales salvajes. Hagan el papel de veterinarios para determinar las enfermedades de los animales.

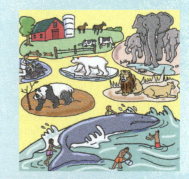

el ala	*wing*
la cola	*tail*
la garra	*claw*
la pata	*foot; paw*
el pico	*beak*

Fíjate

Suggested keywords for your Internet search include: *médicos sin fronteras* and *organización médica humanitaria.*

11·49 **Médicos sin fronteras** Fundada en el año 1971, *Médicos sin fronteras* es una organización humanitaria que provee ayuda a más de setenta países de todo el mundo. Investiguen en Internet y comuniquen lo que encuentren. Escriban por lo menos **ocho** oraciones sobre lo que aprendan.

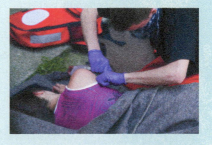

Escribe

Un guion de cortometraje

Estrategia	As a writer, you must decide on a purpose and select the audience for whom you are writing.	your audience. Is your writing directed to a friend, to someone you do not know, or to the general public? Is it a
Determining audience and purpose	Your purpose is your goal for writing. For example, do you want to convince or inform?	narration or is it intended as a directive to someone? If your audience is of a more formal nature, you will need to use a formal style to convey your message.
	After determining your purpose, you need to consider	

11·50 **Antes de escribir** Vas a escribir un guion para un cortometraje. El tema es la atención médica.

1. Primero, decide el tema sobre la atención médica y el propósito (*purpose*) del video.
2. Entonces, piensa en el público objetivo del video, o sea ¿será el público otros estudiantes de tu universidad o el público en general?
3. Después, organiza tus ideas y haz una lista de los detalles que quieres precisar.

11·51 **A escribir** Al escribir tu guion, considera lo siguiente:

1. Piensa en las otras estrategias de escritura de los capítulos anteriores como "conectando tus oraciones".
2. Emplea la gramática y el vocabulario que has aprendido no solo en este capítulo, sino también durante este semestre y los anteriores.
3. Considera usar un "editor" de tu clase (*peer editor*).

Sample Peer-Editing Guide / Worksheet

I. Clarity of expression

1. What is the main idea (purpose) of the narration and who is the audience? State it in your own words; then verify with the author.
   _____
   _____

2. My favorite part is:
   _____
   _____

3. Something I do not understand:
   _____
   _____

II. Grammar and punctuation

The peer editor should check for the following:

1. Agreement
   _____ subject/verb agreement
   _____ noun/adjective agreement

2. _____ Usage of the preterit and the imperfect, where appropriate

3. _____ Usage of subjunctive, where appropriate

4. _____ Spelling and accent marks

11·52 **Después de escribir** Preséntale tu guion a la clase. Si hay tiempo, improvisa y rueda tu cortometraje.

¿Cómo andas? II

	Feel confident	Need to review
Having completed **Comunicación II,** I now can...		
• identify symptoms, conditions, and illnesses. (p. 499)	☐	☐
• make affirmative and negative statements. (p. 500 and online)	☐	☐
• indicate unplanned occurrences. (p. 505)	☐	☐
• express myself correctly with the subjunctive. (p. 509)	☐	☐
• name three famous Hispanic physicians/scientists. (p. 513)	☐	☐
• pause, suggest an alternative, and express disbelief. (p. 514)	☐	☐
• determine audience and purpose for writing. (p. 516)	☐	☐

Vistazo cultural

🔊 La medicina y la salud en Cuba, Puerto Rico y la República Dominicana

Obtuve mi bachillerato en Educación Física para Educación Especial y Elemental en la Universidad de Puerto Rico, en el Recinto de Bayamón. Trabajo en una escuela de niños con necesidades especiales y los ayudo a superar las limitaciones físicas. De noche trabajo como entrenadora personal; creo que es muy importante para todos mantenerse en buena forma.

Lic. Blanca Berríos Aledo,
maestra de educación física
para educación especial

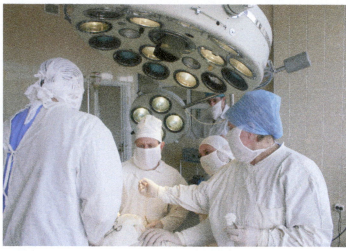

El cuidado médico cubano
El cuidado médico cubano tiene fama de ser gratis y de alta calidad; existen hospitales con personal de buena formación y de costos muy bajos. Pero hay personas que dicen que esta asistencia médica de buena reputación no está disponible para los cubanos, sino que sólo es para los extranjeros.

Cirujano general puertorriqueño
Richard Carmona nació en el Harlem hispano de Nueva York en el año 1949 de familia puertorriqueña. Fue designado Cirujano General de los Estados Unidos por el Presidente Bush y sirvió en ese puesto hasta el año 2006. Su abuela lo inspiró cuando le dijo que nunca es tarde para mejorar la salud.

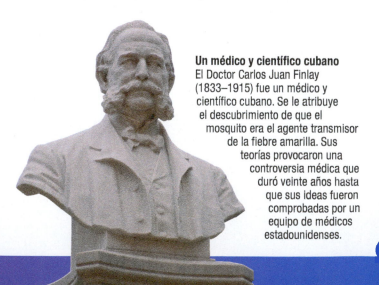

Un médico y científico cubano
El Doctor Carlos Juan Finlay (1833–1915) fue un médico y científico cubano. Se le atribuye el descubrimiento de que el mosquito era el agente transmisor de la fiebre amarilla. Sus teorías provocaron una controversia médica que duró veinte años hasta que sus ideas fueron comprobadas por un equipo de médicos estadounidenses.

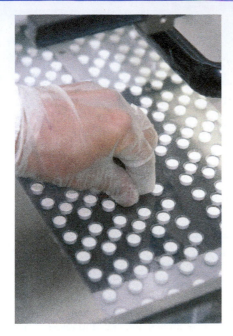

Puerto Rico: un líder en la industria farmacéutica

Desde el año 1957, cuando se abrió la primera fábrica farmacéutica, Puerto Rico ha sido un líder mundial en la industria que fabrica y prepara productos químicos medicinales. Todas las compañías principales de esta industria mantienen plantas en la isla y se aprovechan del sistema favorable de impuestos e incentivos ofrecidos.

Medicinas herbales y tradiciones dominicanas

El uso de las medicinas herbales y tradicionales prevalece en la República Dominicana, como en otros países hispanohablantes, sobre todo en las áreas rurales donde la gente no tiene acceso ni a la tecnología ni a los servicios modernos de la medicina. Se dice que el conocimiento dominicano de estas medicinas se parece al de los indígenas.

Cundeamor: un remedio casero dominicano

Cundeamor es una planta trepadora (*climbing*) cuyo fruto tiene la apariencia de un pequeño pepino arrugado con verrugas (*warts*). Se usa de remedio casero para tratar la diabetes, la hipertensión y la colitis. En aplicación externa, se emplea en el tratamiento de las erupciones de la piel y para la limpieza de la cara, en forma de sauna facial.

Anamú: planta medicinal

Anamú es una planta herbácea perenne tropical que se usa para los tratamientos médicos en Cuba, Puerto Rico y la República Dominicana, entre otros países. Tiene fuerte olor a ajo y se le atribuyen propiedades que ayudan con la inflamación, el dolor de cabeza y hasta con los tumores causados por el cáncer.

Preguntas

1. Identifica los vistazos que representan la medicina tradicional y los que representan la medicina alternativa. ¿En qué son semejantes y en qué son diferentes?

2. ¿Cómo se considera la medicina alternativa entre las personas que conoces? ¿Cuál es tu opinión sobre los tratamientos alternativos o tradicionales?

3. ¿Por qué es importante considerar el cuerpo entero cuando se trata de curar una enfermedad? ¿Cuáles son las dimensiones que hay que tratar?

Cine

▶ Watch this film in *¡Anda!* online.

pelucas

11·53 **Antes de ver el cortometraje** Contesta las siguientes preguntas.

1. ¿Qué enfermedades graves conoces? ¿Por qué crees que el cortometraje se llama *Pelucas*? ¿Cómo crees que este título se relaciona con alguna enfermedad grave?
2. En tu opinión, ¿qué importancia tiene la apariencia física de una persona en conexión con su autoestima (*self esteem*)?

Estrategia	
Relate to the content	Now that you have developed the skills required to understand and summarize a *cortometraje*, you are ready to focus on relating your own experience to the action and themes of the film in a more meaningful way. Film is a genre that not only tells a story but that also provokes deep reflection and	conversation. Focus your attention on the emotions evoked by the *cortometraje* and the major themes it discusses. Relate these emotions, themes, and ideas to your own experience and knowledge and discuss how films allow us to see the world in different ways.

Additional vocabulary practice in *¡Anda!* online

Vocabulario

bata de baño	*bath robe*
calvo/a	*bald*
camerino	*dressing room (for actors)*
estar en condiciones	*to be in a position to*
maniquí	*mannequin*
maquillaje	*make up*
pañuelo	*scarf or handkerchief*
payaso	*clown*

11·54 **Mientras ves el cortometraje** Presta atención a los diálogos entre los personajes y sus acciones. Presta atención también a las emociones expresadas por las protagonistas. ¿Qué ocurre en la historia? Toma nota de los principales eventos que tienen lugar en el cortometraje.

1. (music)

2. (music)

3. Hasta que no te recuperes no puedes seguir actuando.

4. Pero si no pareces enferma.

11·55 **Después de ver el cortometraje** Contesta las siguientes preguntas.

1. ¿Dónde tiene lugar la acción del cortometraje?
2. ¿Qué planes tiene María para la noche del 17 de octubre? ¿Cómo se siete ella? Justifica tu respuesta con ejemplos del cortometraje.
3. ¿Qué relación existe entre María y Silvia? ¿Cómo le demuestra Silvia su apoyo a María?
4. ¿Por qué esconde María su peluca en un cajón?
5. ¿Cómo interpretas la decisión de María acerca de la peluca al final del cortometraje?

¿? For additional *Cine* content and activities, go to *¡Anda!* online.

Literatura

La tortuga gigante

11·56 Antes de leer Contesta las siguientes preguntas.

1. ¿Te encantan los animales? Explica tu respuesta. ¿Tienes o has tenido una mascota en el pasado? Si no, ¿qué tipo de mascota tendrías si tuvieras la oportunidad?
2. ¿Cómo es la relación entre algunas personas y sus mascotas? ¿Crees que los animales tienen la habilidad de pensar lógicamente? Defiende tu opinión.

Estrategia **Assessing a passage, responding, and giving an opinion**	When reading critically, you need to make assessments about the work you are reading. In a work of non-fiction, you often will assess clarity of presentation, credibility of evidence offered, and logic of examples. In a work of fiction, you often will assess whether elements are realistic or fantasy, the plausibility of the plot, and how the use of figurative language adds to or detracts from the work. Questions to ask yourself may be: 1. Are you persuaded and/or convinced by the author's point of view? (non-fiction)	2. Are all sides of an issue represented? (non-fiction) 3. If all sides are not represented, do you agree or disagree with the side presented? (non-fiction) 4. Are the elements of the plot realistic or fantastical? (fiction) 5. Is the conflict presented in the plot resolved? Is the resolution plausible considering the context of the rest of the work? (fiction) 6. What role does figurative language play in the development of the plot, characters, setting, and theme of the work? (fiction)

11·57 Mientras lees Completa las siguientes actividades.

1. Utiliza las estrategias presentadas en otros capítulos (buscar cognados, leer superficialmente, identificar el género de la obra, etc.) para reconocer los elementos básicos del cuento.
2. Después, lee con cuidado y escribe una oración para resumir el tema de cada sección del texto. ¿Está desarrollado bien el tema?
3. Lee otra vez y subraya las oraciones que describen algunos elementos realistas de la obra. Indica con un asterisco (*) las oraciones que describen algunos elementos fantásticos de la obra. ¿Por qué son fantásticos?
4. ¿Qué tipo de narrador tiene la obra? ¿Cuál es su punto de vista? ¿Cómo te ayuda a entender lo que quiere comunicar el autor?

La tortuga gigante (fragmento)
Horacio Quiroga

(Contexto: Un hombre de Buenos Aires se enferma y su médico y uno de sus amigos le recomiendan que vaya al bosque para recuperarse. Mientras está en el bosque, se siente mucho mejor. Un día, está cazando y ve un tigre atacando una tortuga. El hombre mata al tigre. La tortuga está gravemente herida, pero en lugar de matarla y comérsela, el hombre la cura. Poco después, el hombre se enferma. La tortuga todavía está con él en este momento.)

[…]

—Voy a morir —dijo el hombre—. Estoy solo, ya no puedo levantarme más, y no tengo quien me dé agua, siquiera.

[…]

Pero la tortuga lo había oído. Y ella pensó entonces: —El hombre no me comió la otra vez, aunque tenía mucha hambre, y me curó. Yo le voy a curar a él ahora. Fue entonces a la laguna, buscó una cáscara° de tortuga chiquita, y después de limpiarla bien con arena y ceniza° la llenó de agua y le dio de beber al hombre. Se puso a buscar enseguida raíces° ricas y yuyitos tiernos,° que le llevó al hombre. El hombre comía sin darse cuenta de quién le daba la comida, porque tenía delirio con la fiebre.

shell
ashes
plant roots / young plants used in healing

[…]

El cazador comió así días y días sin saber quién le daba la comida, y un día recobró el conocimiento. Miró a todos lados, y vio que estaba solo, pues allí no había más que él y la tortuga, que era un animal. —Estoy solo en el bosque, la fiebre va a volver de nuevo, y voy a morir aquí, porque solamente en Buenos Aires hay remedios para curarme. Pero también esta vez la tortuga lo había oído, y se dijo:

—Si queda aquí en el monte se va a morir, tengo que llevarlo a Buenos Aires.

[…]

(La tortuga lleva al hombre a Buenos Aires en su espalda. Es un viaje muy largo, duro y lento, de muchas semanas.)

Pero llegó un día, en que la pobre tortuga no pudo más. Había llegado al límite de sus fuerzas, y no podía más. No tenía más fuerza para nada […] [E]staba ya en Buenos Aires, y ella no lo sabía. Iba a morir cuando estaba ya al fin de su heroico viaje. Pero un ratón de la ciudad encontró a los dos viajeros moribundos°. —¡Qué tortuga! —dijo el ratón—. Nunca he visto una tortuga tan grande. ¿Y eso que llevas en el lomo,° qué es? ¿Es leña°?

muriendo
espalda / madera

(continued)

—No —le respondió con tristeza la tortuga—. Es un hombre. —¿Adónde vas con ese hombre? —añadió el ratón. —Quería ir a Buenos Aires —respondió la pobre tortuga—. Pero vamos a morir aquí, porque nunca llegaré [...] —¡Nunca vi una tortuga más zonza! ¡Si ya has llegado a Buenos Aires! Esa luz que ves allá, es Buenos Aires. Al oír esto, la tortuga se sintió con una fuerza inmensa, porque aún tenía tiempo de salvar al cazador, y emprendió° la marcha.

empezó

[...]

(Desenlace: La tortuga y el hombre sobrevivieron. El hombre se curó de su enfermedad original y de la enfermedad que desarrolló en el bosque. La tortuga vive felizmente en el zoológico donde trabaja el amigo del hombre que le recomendó ir al bosque al principio del cuento. Y todo acaba bien para los dos.)

11·58 Después de leer Contesta las siguientes preguntas.

1. ¿Cómo reaccionó la tortuga a la situación del hombre?
2. ¿Qué decisión toma la tortuga en cuanto al hombre? ¿Por qué la toma?
3. ¿Cómo fue el viaje de la tortuga y el hombre?
4. ¿Qué descubrió la tortuga durante su conversación con el ratón?
5. En tu opinión, ¿por qué decidió Quiroga usar a una tortuga como personaje en el cuento? ¿Serviría otro animal para este papel? ¿Qué animal? ¿Por qué?
6. En tu opinión, ¿cómo es esta obra representativa del conflicto entre el hombre y la naturaleza? Basa tu respuesta en la biografía de Quiroga en línea y en los elementos del cuento.
7. En este cuento, hay animales que hablan. En el Capítulo 10, leíste una fábula en la que los animales también hablaban. ¿Cuáles son las semejanzas y las diferencias entre este cuento y la fábula que leíste?

11·59 ¿Qué harías? Si tú fueras el hombre, ¿salvarías a la tortuga? Si tú fueras la tortuga, ¿salvarías al hombre? Responde a las preguntas oralmente y comparte tus ideas con tus compañeros de clase.

11·60 Monólogo Imagina que el ratón hablara con otros ratones sobre la tortuga. ¿Cómo contaría el cuento? Escribe un monólogo desde el punto de vista del ratón y compártelo con tus compañeros de clase.

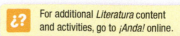

¿? For additional *Literatura* content and activities, go to *¡Anda!* online.

Y por fin, ¿cómo andas?

	Feel confident	Need to review

Having completed this chapter, I now can...

Comunicación I

- describe different parts of the body. (p. 482) ☐ ☐
- express actions one does to oneself. (p. 483 and online) ☐ ☐
- relate impersonal information. (online) ☐ ☐
- sequence temporal events. (p. 486) ☐ ☐
- discuss medical conditions, ailments, and treatments. (p. 488) ☐ ☐
- relate what is or was caused by someone or something. (p. 491) ☐ ☐
- designate reciprocal actions. (online) ☐ ☐
- comment on what I hear. (p. 497) ☐ ☐

Comunicación II

- identify symptoms, conditions, and illnesses. (p. 499) ☐ ☐
- make affirmative and negative statements. (p. 500 and online) ☐ ☐
- indicate unplanned occurrences. (p. 505) ☐ ☐
- express myself correctly with the subjunctive. (p. 509) ☐ ☐
- pause, suggest an alternative, and express disbelief. (p. 514) ☐ ☐
- determine audience and purpose for writing. (p. 516) ☐ ☐

Cultura

- explore methods of health care and treatment. (p. 496) ☐ ☐
- name three famous Hispanic physicians/scientists. (p. 513) ☐ ☐
- investigate health care topics in Cuba, Puerto Rico, and the Dominican Republic. (p. 518) ☐ ☐

Cine

- converse about a film from Spain. (p. 520) ☐ ☐

Literatura

- converse about an excerpt of a short story from Uruguay. (p. 522) ☐ ☐

Comunidades

- use Spanish in real-life contexts. (online) ☐ ☐

Vocabulario activo 🔊

El cuerpo humano	The human body
la cadera	hip
la cara	face
el cerebro	brain
el codo	elbow
la costilla	rib
el hombro	shoulder
el hueso	bone
la lengua	tongue
la muñeca	wrist
el músculo	muscle
el muslo	thigh
los nervios	nerves
la pantorrilla	calf
el pulmón	lung
la rodilla	knee
el talón	heel
el tobillo	ankle
el trasero	buttocks
la uña	nail
las venas	veins

La atención médica	Medical attention
el antihistamínico	antihistamine
el cabestrillo	sling
la camilla	stretcher
la cura	cure
la dosis	dosage
las gotas para los ojos	eyedrops
las muletas	crutches
el/la paciente	patient
la penicilina	penicillin
la radiografía	X-ray
el resultado	result
el síntoma	symptom
el termómetro	thermometer
la vacuna	vaccination

Algunos verbos y expresiones	Some verbs and expressions
enyesar	to put a cast on
fracturar(se)	to break; to fracture
hacer gárgaras	to gargle
operar	to operate
respirar	to breathe
sacar sangre	to draw blood
tomar la presión	to take someone's blood pressure
tomar el pulso	to take someone's pulse
tomar la temperatura	to check someone's temperature

Otras palabras	Other words
las alergias	allergies
el/la drogadicto/a	drug addict
la enfermedad	illness
el examen físico	physical exam
los medicamentos	medicines
las pruebas médicas	medical tests
el tratamiento	treatment

Algunas condiciones y enfermedades	*Some conditions and illnesses*
el alcoholismo	*alcoholism*
la apendicitis	*appendicitis*
la artritis	*arthritis*
el ataque al corazón	*heart attack*
la bronquitis	*bronchitis*
el cáncer	*cancer*
la depresión	*depression*
la diabetes	*diabetes*
la drogadicción	*drug addiction*
la hipertensión	*high blood pressure*
la jaqueca	*migraine; severe headache*
la mononucleosis	*mononucleosis*
la obesidad	*obesity*
las paperas	*mumps*
la presión alta/baja	*high/low (blood) pressure*
la quemadura	*burn*
el sarampión	*measles*
el SIDA	*AIDS*
la varicela	*chicken pox*

Algunos síntomas	*Some symptoms*
el dolor de cabeza	*headache*
los escalofríos	*chills*
la inflamación	*inflammation*
el mareo / los mareos	*dizziness*
las náuseas	*nausea*

Otros verbos	*Other verbs*
dejar de fumar (cigarillos)	*to quit smoking (cigarettes)*
desmayarse	*to faint*
hincharse	*to swell*
perder peso	*to lose weight*
torcerse	*to sprain*
vomitar	*to vomit*

12 Y por fin, ¡lo sé!

This final chapter is designed for you to see just how much Spanish you have acquired thus far. The **major points** of Capítulos 7–11 are recycled here, and no new vocabulary is presented.

All learners are different in terms of what they have mastered and what they still need to practice. Therefore, take the time with this chapter to determine what you feel confident with and what you personally need to work on. And remember, language learning is a process. Like any skill, learning Spanish requires practice, review of the basics, and then more practice!

Before we begin revisiting the important grammar concepts, go to the end of each chapter, to the **Vocabulario activo** summary sections, and review the vocabulary that you have learned. Doing so now will help you successfully and creatively complete the following recycling activities. Continue to consult the **Vocabulario activo** summary pages frequently as you progress through this chapter.

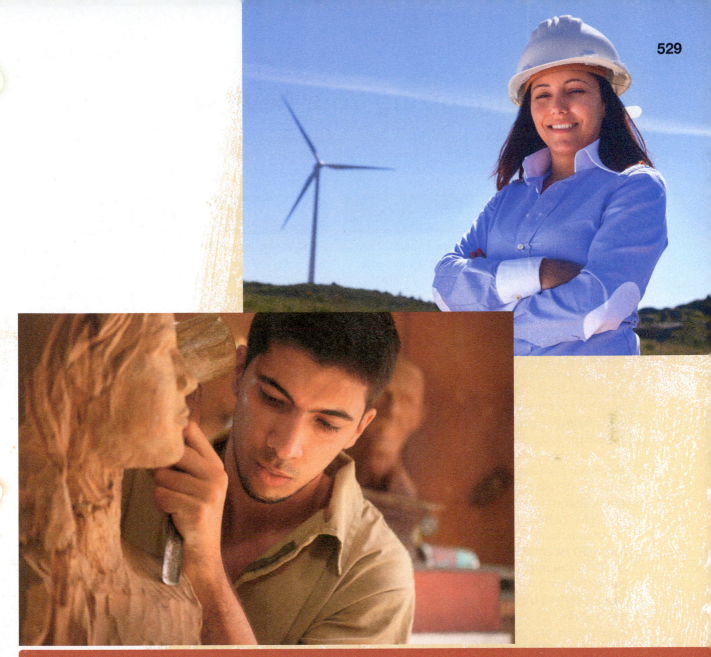

Learning Outcomes

After reviewing Chapters 7–11, you will be able to:

✔ articulate thoughts on topics such as shopping and commerce, professions and the business world, the arts, animals and the environment, and health-related issues.

✔ convey ideas about present, past, and future events.

✔ express wishes, wants, hopes, desires, and opinions on a variety of topics.

✔ make cause and effect statements.

✔ compare and contrast cultural themes and information from the countries in these chapters.

✔ review and reflect on the authentic literature and film from these chapters.

Organizing Your Review

Successful language learners use certain processes for reviewing a world language. What follows are tips to help you organize your review. There is no one correct way to study, but these are some strategies that will best utilize your time and energy.

1 Reviewing Strategies

1. Make a list of the *major* topics you have studied and need to review, dividing them into categories: *vocabulary, grammar*, and *culture*. These are the topics on which you need to focus the majority of your time and energy.
   Note: The two-page chapter openers for each chapter can help you determine the major topics.

2. Allocate a minimum of an hour each day over a period of days to review. Budget the majority of your time for the major topics. After beginning with the major grammar and vocabulary topics, review the secondary/supporting grammar topics and the culture. Cramming the night before an exam is *not* an effective way to review and retain information.

3. Many educational researchers suggest that you start your personal review with the most recent chapter or, for this review, with **Capítulo 11.** The most recent chapter is the freshest in your mind, so you tend to remember the concepts better, and you will experience quick success in your review. Go over all the chapters and concepts *before* you begin the activities in **Capítulo 12.** Your personal review will give you an overview before you begin to follow this chapter's organized approach to putting it all together.

4. Spend the largest amount of time on concepts in which you determine *you* need to improve. Revisit the self-assessment tools **Y por fin, ¿cómo andas?** in each chapter to see how you rated yourself. Those tools are designed to help you become good at self-assessing what *you* need to work on the most.

2 Reviewing Grammar

1. When reviewing grammar, begin with the *major* points. In intermediate Spanish, the major points are the *present* and *imperfect* (or *past*) *subjunctive* and their uses. Yes, you have had other grammar points over the course of this semester and your previous Spanish studies that merit attention, such as the *future* and *conditional*, but the subjunctive is where you should focus the majority of your attention. Once you feel confident using the subjunctive, then proceed with the additional grammar points and review them. These would include not only the new grammar such as the *future* and *conditional* tenses, but also the **Repaso** grammar points such as the *preterit* and the *imperfect.*

2. Good ways to review include redoing activities in your textbook and (re)doing activities online.

3 Reviewing Vocabulary

When studying vocabulary, there is a variety of techniques that you will find useful.

1. It is helpful to group words thematically. Use the drawings and photos from each vocabulary presentation to create sentences, using all of the vocabulary words possible.
2. Attempt to define words in Spanish.
3. For some vocabulary, it may be most helpful to look at the English word, and then say or write the word in Spanish.
4. Make a special list of words that are difficult for you to remember, writing them in a small notebook. Pull out the notebook every time you have a few minutes (between classes, waiting in line at the grocery store, etc.) to review the words. Practice putting these words in meaningful sentences and saying them to yourself during these "extra" moments.
5. The **Vocabulario activo** summary pages at the end of each chapter will help you organize the most important words of each chapter.
6. Saying vocabulary (which includes verbs) out loud helps you retain the words better and incorporate them into your personal active vocabulary.

4 Overall Review Techniques

1. Get together with someone with whom you can practice speaking Spanish. It is always good to structure your oral practice. One way of doing this is to take the drawings and photos from each vocabulary presentation in *¡Anda! Curso intermedio* and say as many things as you can about each image. Have a friendly challenge to see who can make more complete sentences or create the longest story about the images. You can also structure the practice by creating solely *subjunctive* sentences, for example, or expressing *if/then* ideas as you speak. This practice will help you build your confidence and practice stringing sentences together to speak in paragraphs.

2. Yes, it is important for you to know "mechanical" pieces of information such as verb endings for tenses. *But it is much more important* for you to be able to take those mechanical pieces of information and put them all together, communicating in a meaningful and creative way in your speaking and writing on the themes of **Capítulos 7–11**. Also remember that **Capítulos 7–11** are built upon previous knowledge that you acquired in the beginning chapters of *¡Anda! Curso intermedio.*

3. Learning a language is like learning any other skill, such as playing a musical instrument, playing a sport, cooking, or doing a craft. It takes practice to perfect such a skill. For example, musicians may spend hours and hours practicing scales or arpeggios. We also learn from our mistakes. For example, golfers analyze their swings and baseball pitchers analyze their pitches when they are not satisfied with their performance. Learning Spanish is the same. You will need to practice the basics—such as using the subjunctive correctly—in context. Repeat activities online or create dialogues in your head or with a friend: consciously use the new structures or vocabulary. You will also need to analyze your personal errors so that you can learn from them in an attempt not to repeat the same mistakes.

4. You are on the road to success when you can demonstrate that you can speak and write in paragraphs that express the present, past, and future tenses. Along with expressing ideas in the three major time frames, it is important to demonstrate the richness of your vocabulary, employing a wide variety of verbs and other types of words. Keep up the good work!

Comunicación

Capítulo 7

Capítulo 7

 ¡Anda! Curso intermedio, Capítulo 7. Algunas tiendas y algunos lugares en la ciudad, pág. 302; *Ser* y *estar*, pág. 303; El subjuntivo en cláusulas adverbiales, pág. 308.

 ¡Anda! Curso elemental, Capítulo 4. Los lugares, Apéndice 2; Capítulo 11. Las preposiciones y los pronombres preposicionales, Apéndice 3.

12-1 Turistas Unas familias bolivianas de Rurrenabaque llegaron a la ciudad donde Uds. viven para pasar unas semanas. Organicen una gira por su pueblo/ciudad para orientarlos, mostrándoles por lo menos **diez** tiendas y lugares y cómo llegar allí. Completen los siguientes pasos.

Estrategia

Before beginning each activity, make sure that you have carefully reviewed the identified recycled concepts so that you are able to move seamlessly through the activities as you put it all together.

Estrategia

Before beginning **12-1,** you may wish to make yourself a chart of the conjunctions (*connecting words*) that use the subjunctive, the ones that do not, and the ones that use the subjunctive sometimes, depending on the circumstance. Put this chart in a handy place where you can access it to study.

Estrategia

Another way to approach **12-1** is to do *Paso 3* as if you were talking on the phone. That way, you can practice your communicative strategies from p. 326.

Fíjate

Most of the activities in this chapter are designed to be done with a partner. Your instructor may modify the activity directions so that you do them on your own.

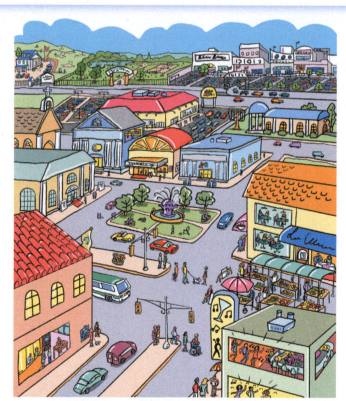

Paso 1 Hagan un mapa con las tiendas y los lugares. Si no existe un lugar, por ejemplo, si no hay una pescadería, recomiéndenles otro lugar donde se puede comprar pescado.

Paso 2 Repasen las conjunciones que se usan con **el subjuntivo** (por ejemplo: **a menos que, antes de que,** etc.) o que no se usan con el subjuntivo (por ejemplo: **ahora que, puesto que,** etc.) o que dependen del contexto (por ejemplo: **a pesar de que, hasta que, tan pronto como**). Hagan una lista de las tres categorías de conjunciones. Si necesitan ayuda, consulten las páginas 308 y 309.

Paso 3 Túrnense para describir las tiendas o lugares, **hace cuánto tiempo** que operan estos negocios en este lugar y que los visitaron, cómo se llega allí y qué cosas se encuentran en cada tienda. Usen por lo menos **ocho** de las conjunciones.

¡Anda! Curso elemental, Capítulo 4. Los lugares, Apéndice 2; Capítulo 5. Los pronombres de complemento directo, Apéndice 3.

 ¡Anda! Curso intermedio, Capítulo 7. Algunos artículos en las tiendas, pág. 316; El presente progresivo, pág. 317.

12·2 Túrnense La visita de las familias de la actividad **12-1** fue un éxito. Para agradecerles su atención, ellos los invitaron a su ciudad, Rurrenabaque, o "Rurre", como la llaman los residentes. Como ustedes van a quedarse unas semanas, necesitan comprar unas cosas. Usen el mapa que les dieron y completen los siguientes pasos.

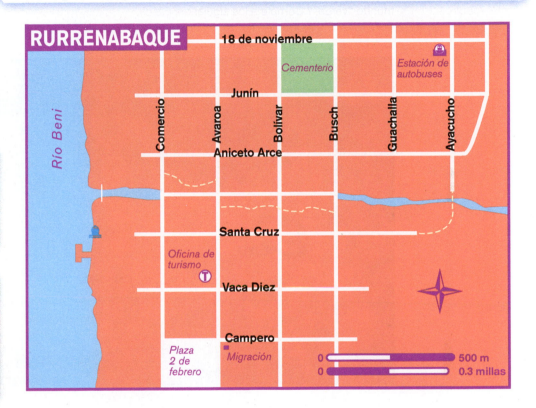

Estrategia

You may wish to review the *Estrategias comunicativas* for giving directions, in *Capítulo 4*, on p. 184.

Estrategia

Organize your thoughts in chronological order and use transitions in your paragraphs. Consider words such as *primero*, *segundo*, *tercero*, *luego*, *después*, and *finalmente*.

Estrategia

Focus on being creative with **12-2**, thinking of as many instances as possible in which you could use the *subjunctive*, as well as using the richest possible vocabulary.

Paso 1 Hagan una lista de las cosas que necesitan o que quieren comprar.

Paso 2 Pregúntenles a sus familias anfitrionas dónde pueden comprar cada cosa. Pueden empezar sus preguntas con "Estoy buscando… ".

Paso 3 Túrnense para hacer los papeles del/de la turista y de alguien de la familia anfitriona. Si haces el papel del/de la boliviano/a, dile a tu compañero/a cómo se llega a cada tienda o lugar, usando el mapa de Rurre.

MODELO E1 (TURISTA): *Estoy buscando unas pilas. Las necesito para que funcione mi despertador. ¿Dónde puedo comprarlas?*

E2 (ANFITRIONA): *Las venden en la ferretería. Hay una ferretería en…*

¡Anda! Curso intermedio, Capítulo 3. La construcción de casas y sus alrededores, pág. 120; Dentro del hogar: la sala, la cocina y el dormitorio, pág. 131; Capítulo 7. Algunos artículos en las tiendas, pág. 316.

 ¡Anda! Curso elemental, Capítulo 4. Los lugares, Apéndice 2.

12-3   Una ciudad verde Es importante vivir una vida "verde" para proteger el planeta, no solo para nosotros sino también para las futuras generaciones. Si pudieras planear la ciudad ideal de una manera "verde", ¿cómo sería? También piensa en las cosas que usamos diariamente o que queremos como lujo (*luxury*). ¿Cómo forman parte de un mundo "verde"? Completa los siguientes pasos.

Paso 1   Planea tu ciudad "verde". Dibuja dónde se encuentran los edificios y los lugares. Haz un cartel o una presentación con ilustraciones describiendo tu ciudad.

Paso 2   Describe la construcción de las casas y de los edificios.

Paso 3   ¿Qué cosas tienen o no tienen las familias que viven en tu comunidad? Por ejemplo, ¿se usan las bombillas "verdes"?

Paso 4   Comparte tu presentación con tus compañeros.

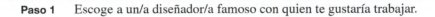

12·4 ¿Eres diseñador/a? Estás buscando trabajo con un/a diseñador/a. Lee sobre estos diseñadores hispanos famosos. Completa los siguientes pasos.

¡Anda! Curso elemental, Capítulo 3. La casa: Los muebles y otros objetos de la casa; Capítulo 8. La ropa, Apéndice 2.

¡Anda! Curso intermedio, Capítulo 3. Dentro del hogar: la sala, la cocina y el dormitorio, pág. 131; Capítulo 7. El subjuntivo en cláusulas adverbiales, pág. 308, El presente progresivo, pág. 317.

Paso 1 Escoge a un/a diseñador/a famoso con quien te gustaría trabajar.

Matías Ruiz Malbrán es un diseñador chileno de sillas, lámparas y otras cosas para la casa. En sus creaciones se enfoca en la simplicidad y la forma del objeto.

Otro diseñador/arquitecto es el mexicano Marco Aldaco. Su arquitectura es de estilo caribeño con edificios elegantes que incorporan elementos como las palapas (*palm roofs*). Diseña muebles y murales también.

Manolo Blahnik es también otro diseñador famoso. Es español, nació en las Islas Canarias y diseña zapatos, esmaltes de uñas para Estée Lauder y otros productos. Hay muchos otros diseñadores famosos como Carolina Herrera (ropa/moda) y Lupe Gajardo (ropa).

Paso 2 Escribe un perfil personal donde te presentes. Explica quién eres, qué trabajo estás haciendo y **cuánto tiempo hace** que tienes este trabajo, qué cosas son importantes para ti, etc. Debes incluir por lo menos **diez** oraciones. Piensa en los usos del **subjuntivo** y **el presente progresivo.**

Paso 3 Prepara una presentación oral diciendo por qué mereces trabajar con el/la diseñador/a. También presenta algunas de tus ideas para crear productos nuevos. Debes incluir por lo menos **diez** oraciones. De nuevo, ten en cuenta los usos del **subjuntivo** y **el presente progresivo.**

Paso 4 Comparte tu perfil y tu presentación oral con un/a compañero/a.

Rúbrica

All aspects of our lives benefit from self-reflection and self-assessment. Learning Spanish is an aspect of our academic and future professional lives that benefits greatly from just such a self-assessment. Also coming into play is the fact that, as college students, you are personally being held accountable for your learning and are expected to take ownership for your performance. Having said that, we instructors can assist you greatly by letting you know what we expect of you. It will help you determine how well you are doing with the recycling of **Capítulo 7.** This rubric is meant first and foremost for you to use as a self-assessment, but you also can use it to peer-assess. Your instructor may use the rubric to assess your progress as well.

	3 **EXCEEDS EXPECTATIONS**	**2** **MEETS EXPECTATIONS**	**1** **APPROACHES EXPECTATIONS**	**0** **DOES NOT MEET EXPECTATIONS**
Duración y precisión	• Has at least 10 sentences and includes all the required information. • May have errors, but they do not interfere with communication.	• Has 7–9 sentences and includes all the required information. • May have errors, but they rarely interfere with communication.	• Has 4–7 sentences and includes some of the required information. • Has errors that interfere with communication.	• Supplies fewer sentences and little of the required information in *Approaches Expectations*. • If communicating at all, has frequent errors that make communication limited or impossible.
Gramática nueva del *Capítulo 7* (e.g., the subjunctive with conjunctions and expressions with *hacer*)	• Makes excellent use of the chapter's new grammar. • Uses a wide variety of verbs when appropriate.	• Makes good use of the chapter's new grammar. • Uses a variety of verbs when appropriate.	• Makes use of some of the chapter's new grammar. • Uses a limited variety of verbs when appropriate.	• Uses little, if any, of the chapter's new grammar. • Uses few, if any, of the chapter's verbs.
Vocabulario nuevo del *Capítulo 7* (e.g., stores and places)	• Uses many of the new vocabulary words.	• Uses a variety of the new vocabulary words.	• Uses some of the new vocabulary words.	• Uses few, if any, new vocabulary words.
Gramática y vocabulario de repaso/ reciclaje del *Capítulo 7* (e.g., *ser* and *estar* and the present progressive)	• Does an excellent job using recycled grammar and vocabulary to support what is being said. • Uses a wide array of review verbs. • Uses review vocabulary, but focuses predominantly on new vocabulary.	• Does a good job using recycled grammar and vocabulary to support what is being said. • Uses an array of review verbs. • Uses some review vocabulary, but focuses predominantly on new vocabulary.	• Does an average job using recycled grammar and vocabulary to support what is being said. • Uses some review verbs. • Uses mostly review vocabulary and some new vocabulary.	• If speaking at all, relies almost completely on vocabulary from beginning Spanish course. • Verbs are almost solely in the present tense. • Vocabulary is almost solely review vocabulary.
Esfuerzo	• Clearly the student made his/her best effort.	• The student made a good effort.	• The student made an effort.	• Little or no effort went into the activity.

Capítulo 8

 ¡Anda! Curso intermedio, Capítulo 3. La construcción de casas y sus alrededores, pág. 120; Capítulo 8. Algunas profesiones, pág. 342; Más profesiones. pág. 352; El futuro. pág. 347.

12·5 **¿Qué harán?** ¿Puedes ver el futuro? Imagina que tienes una bola de cristal y puedes ver el futuro. Completa los siguientes pasos.

Paso 1 Mira estas imágenes y escoge la profesión o el trabajo que una de estas persona hará y dale pistas a tu compañero/a para que lo adivine. Túrnense y usen el futuro.

MODELO E1: *Esta mujer trabajará con las manos. Cuidará a la gente. Ella también trabajará con personas enfermas. ¿Quién es y qué será?*

E2: *Es la mujer con la ropa blanca. Será una doctora…*

Paso 2 Ahora, túrnense para darse pistas y adivinar la profesión de su compañero/a en el futuro.

12·6　Mi recomendación sería…　Tienes la oportunidad de trabajar como consejero profesional. Tienes clientes que quieren empezar sus carreras profesionales y otros que quieren cambiar de profesión. Completa los siguientes pasos.

¡Anda! Curso intermedio, Capítulo 2. El subjuntivo para expresar pedidos, mandatos y deseos, pág. 98; Capítulo 8. Algunas profesiones, pág. 342; Más profesiones, pág. 352; El condicional, pág. 355.

Paso 1　Para poder hacer tus recomendaciones, hazle las preguntas de este cuestionario a tu cliente.

MODELO　E1:　*¿Es necesario que trabajes con las manos?*

　　　　　　E2:　*No, detesto trabajar con las manos. Quiero trabajar en una oficina…*

PREGUNTA: ¿ES NECESARIO QUE…?	ME ENCANTA	ME MOLESTA	ME DA IGUAL (*IT'S ALL THE SAME TO ME*)
trabajar con las manos			
trabajar con la gente			
trabajar solo/a			
escribir			
usar tecnología			
viajar			
ser el/la jefe/a			
hacer experimentos científicos			
arreglar cosas			
trabajar con animales			
estar al aire libre			
estar en una oficina			
tener una rutina			

Estrategia

Make sure you review the formation of the conditional on p. 355 before doing *Paso 2* of **12-6** and **12-7**.

Paso 2　Haz tus recomendaciones basadas en las respuestas de tu cliente. Usa **el condicional** en tus recomendaciones.

MODELO　*Veo que escribiste que te molesta trabajar con las manos. Entonces no sería buena idea considerar los trabajos de mecánico o granjero…*

¡Anda! Curso elemental, Capítulo 3. Los muebles y otros objetos de la casa; Capítulo 7. La comida; Capítulo 8. La ropa; Capítulo 11. Los medios de transporte, Apéndice 2.

12·7 **¿Qué o quién serías?** Quizás hayas ido a una fiesta donde han jugado *Si pudieras ser cualquier persona o cosa, ¿quién o qué serías y por qué?* Juega con un/a compañero/a. Túrnense usando **el condicional** y por lo menos **seis** razones en sus descripciones. ¡Diviértanse!

¡Anda! Curso intermedio, Capítulo 3. Dentro del hogar: la sala, la cocina y el dormitorio, pág. 131; Capítulo 4. La comida y la cocina, pág. 169; Capítulo 5. Viajando por coche, pág. 205; La tecnología y la informática, pág. 216; Capítulo 7. Algunos artículos en las tiendas, pág. 316; Capítulo 8. El condicional, pág. 355.

Si fuera...

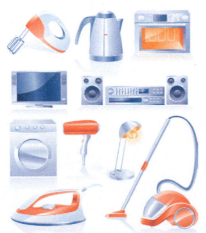

1. un tipo de zapato

2. un aparato eléctrico

3. un mueble

4. un medio de transporte

5. una comida

MODELO *Si fuera un zapato, sería un zapato con tacón alto. El tacón tendría diamantes, y la piel sería fina y suave. Caminaría en los hoteles de lujo...*

12·8 ¿Qué habrás hecho? Es el año 2025. ¿Qué habrán hecho tus amigos y tú profesionalmente? Dile a tu compañero/a **ocho** cosas que habrán hecho.

Estrategia

What do *Habré solicitado* and *se habrán mudado* mean in the *modelo*? What is the rule for forming *I, you, they,* etc., *will have _____ed?*

MODELO   *Habré solicitado un trabajo y me habré entrevistado para varios puestos. Me habrán contratado en una compañía buena. Mis amigos habrán hecho lo mismo; algunos se habrán mudado a otros estados...*

12·9 Si hubieran tenido más... ¡Esta casa necesita mucho trabajo! Si las personas que vivían allí hubieran tenido más dinero y más tiempo, ¿qué habrían hecho? Túrnense para describir los arreglos que habrían hecho a un/a compañero/a en por lo menos **diez** oraciones, incluyendo todos los detalles posibles (muebles, colores, etc.).

MODELO   *Si aquella familia hubiera tenido más tiempo, habría renovado la cocina. Probablemente, las personas habrían pintado la cocina de color amarillo...*

Si hubiera(n) tenido más dinero y tiempo, habría(n)...

Rúbrica

Estrategia

You and your instructor can use this rubric to assess your progress for **12-5** through **12-9**.

	3 EXCEEDS EXPECTATIONS	2 MEETS EXPECTATIONS	1 APPROACHES EXPECTATIONS	0 DOES NOT MEET EXPECTATIONS
Duración y precisión	• Has at least 8 sentences and includes all the required information. • May have errors, but they do not interfere with communication.	• Has 5–7 sentences and includes all the required information. • May have errors, but they rarely interfere with communication.	• Has 4 sentences and includes some of the required information. • Has errors that interfere with communication.	• Supplies fewer sentences and little of the required information in *Approaches Expectations*. • If communicating at all, has frequent errors that make communication limited or impossible.
Gramática nueva del *Capítulo 8* (e.g., the future, conditional, future perfect, and conditional perfect)	• Makes excellent use of the chapter's new grammar. • Uses a wide variety of verbs when appropriate.	• Makes good use of the chapter's new grammar. • Uses a variety of verbs when appropriate.	• Makes use of some of the chapter's new grammar. • Uses a limited variety of verbs when appropriate.	• Uses little, if any, of the chapter's new grammar. • Uses few, if any, of the chapter's verbs.
Vocabulario nuevo del *Capítulo 8* (e.g., professions and the business world)	• Uses many of the new vocabulary words.	• Uses a variety of the new vocabulary words.	• Uses some of the new vocabulary words.	• Uses few, if any, new vocabulary words.
Gramática y vocabulario de repaso/reciclaje del *Capítulo 8* (e.g., descriptive adjectives and demonstrative adjectives)	• Does an excellent job using recycled grammar and vocabulary to support what is being said. • Uses a wide array of review verbs. • Uses review vocabulary, but focuses predominantly on new vocabulary.	• Does a good job using recycled grammar and vocabulary to support what is being said. • Uses an array of review verbs. • Uses some review vocabulary, but focuses predominantly on new vocabulary.	• Does an average job using recycled grammar and vocabulary to support what is being said. • Uses some review verbs. • Uses mostly review vocabulary and some new vocabulary.	• If speaking at all, relies almost completely on vocabulary and grammar from beginning Spanish course. • Verbs are almost solely in the present tense. • Vocabulary is almost solely review vocabulary.
Esfuerzo	• Clearly the student made his/her best effort.	• The student made a good effort.	• The student made an effort.	• Little or no effort went into the activity.

Capítulo 9

 ¡Anda! Curso intermedio, Capítulo 3. El subjuntivo para expresar sentimientos, emociones y dudas, pág. 136; Capítulo 9. El arte visual, pág. 394; La artesanía, pág. 404.

12·10 Es posible que... Imaginen cómo es la vida de los artistas y artesanos. Túrnense para crear ocho oraciones sobre su proceso creativo usando **el subjuntivo.**

MODELO   E1:   *Es posible que el alfarero use un barro local.*

          E2:   *El artista no quiere que llueva para poder pintar un paisaje.*

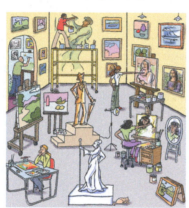 

12·11 El arte nos inspira Dicen que el famoso artista mexicano Diego Rivera dijo: *Sueño mucho. Pinto más cuando no estoy pintando. Está en el subconsciente.* Completen los siguientes pasos para ver cómo el arte ocupa una parte importante de nuestras vidas.

 ¡Anda! Curso intermedio, Capítulo 9. El arte visual, pág. 394; La artesanía, pág. 404.

Paso 1   Selecciona a un artista visual o de la artesanía. Puedes seleccionar entre los siguientes artistas:

Diego Velázquez	Oswaldo Guayasamín	José Clemente Orozco
Pablo Picasso	Carmen Lomas Garza	Fernando Botero
Frida Kahlo	Diego Rivera	Manuel Jiménez

Estrategia

Before beginning **12-11**, review the vocabulary on pp. 394 and 404 in *Capítulo 9*, and incorporate as many of the words as possible in your responses.

Paso 2   Investiga sobre una de sus obras de arte y descríbela. Utiliza por lo menos **ocho** oraciones, usando **el subjuntivo.**

Paso 3   Habla sobre tu artista con un/a compañero/a. Incluye en tu informe una foto del/de la artista y una foto de una de sus obras de arte.

Fíjate

Manuel Jiménez is a Mexican wood carver of *alebrijes.*

Estrategia

You and your partner may wish to structure **12-11** as a conversation between two of the artists. Or you could have a conversation with one of the artists, in which either you or your partner plays the role of the artist.

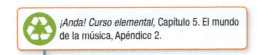

¡Anda! Curso elemental, Capítulo 5. El mundo de la música, Apéndice 2.

¡Anda! Curso intermedio, Capítulo 9. La música y el teatro, pág. 410.

12·12 ¡Adivinanza!

Piensa en algunas personas o en cosas asociadas con la música o el teatro. Crea pistas para que tu compañero/a pueda adivinar quién o qué es.

MODELO

E1: *Es un instrumento que se oye en muchos tipos de música. No es un instrumento de cuerdas sino de metal. Si quieres escuchar este instrumento, puedes comprar un álbum del Trío Pancho o un álbum de la orquesta sinfónica de Cleveland o de Nueva York. ¿Qué instrumento es?*

E2: *¿Será la trompeta?*

E1: *¡Correcto!*

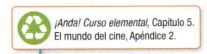

¡Anda! Curso elemental, Capítulo 5. El mundo del cine, Apéndice 2.

¡Anda! Curso intermedio, Capítulo 9. El cine y la televisión, pág. 419; Cláusulas condicionales de *si,* pág. 416.

12·13 ¿Supiste lo que pasó?

¿Te gustan las películas o prefieres la televisión? Completa los siguientes pasos.

Paso 1 Descríbele detalladamente a un/a compañero/a una película o un programa de televisión que hayas visto últimamente o que te gustaría ver porque dicen que es bueno/a. **Usa el vocabulario del mundo del cine y de la televisión,** usando por lo menos **diez** oraciones y **las cláusulas de** *si* **en el presente.**

Paso 2 Explícale a la clase lo que te dijo tu compañero/a.

Estrategia

It is rare that a person remembers *everything* he or she hears! It is important that you feel comfortable asking someone to repeat information or requesting clarification.

Rúbrica

Estrategia

You and your instructor can use this rubric to assess your progress for **12-10** through **12-13**.

	3 EXCEEDS EXPECTATIONS	2 MEETS EXPECTATIONS	1 APPROACHES EXPECTATIONS	0 DOES NOT MEET EXPECTATIONS
Duración y precisión	• Has at least 8 sentences and includes all the required information. • May have errors, but they do not interfere with communication.	• Has 5–7 sentences and includes all the required information. • May have errors, but they rarely interfere with communication.	• Has 4 sentences and includes some of the required information. • Has errors that interfere with communication.	• Supplies fewer sentences and little of the required information in *Approaches Expectations*. • If communicating at all, has frequent errors that make communication limited or impossible.
Gramática nueva del *Capítulo 9* (e.g., the subjunctive and *si* clauses)	• Makes excellent use of the chapter's new grammar. • Uses a wide variety of verbs when appropriate.	• Makes good use of the chapter's new grammar. • Uses a variety of verbs when appropriate.	• Makes use of some of the chapter's new grammar. • Uses a limited variety of verbs when appropriate.	• Uses little, if any, of the chapter's new grammar. • Uses few, if any, of the chapter's verbs.
Vocabulario nuevo del *Capítulo 9* (e.g., art, handicrafts, music, television, and cinema)	• Uses many of the new vocabulary words.	• Uses a variety of the new vocabulary words.	• Uses some of the new vocabulary words.	• Uses few, if any, new vocabulary words.
Gramática y vocabulario de repaso/reciclaje del *Capítulo 9* (e.g., comparisons of equality and inequality, and the superlative)	• Does an excellent job using recycled grammar and vocabulary to support what is being said. • Uses a wide array of review verbs. • Uses review vocabulary, but focuses predominantly on new vocabulary.	• Does a good job using recycled grammar and vocabulary to support what is being said. • Uses an array of review verbs. • Uses some review vocabulary, but focuses predominantly on new vocabulary.	• Does an average job using recycled grammar and vocabulary to support what is being said. • Uses some review verbs. • Uses mostly review vocabulary and some new vocabulary.	• If speaking at all, relies almost completely on vocabulary and grammar from beginning Spanish course. • Verbs are almost solely in the present tense. • Vocabulary is almost solely review vocabulary.
Esfuerzo	• Clearly the student made his/her best effort.	• The student made a good effort.	• The student made an effort.	• Little or no effort went into the activity.

Capítulo 10

Capítulo 10

 ¡Anda! Curso elemental, Capítulo 11.
El medio ambiente, Apéndice 2.

12·14 **Reportando...** Imagina que eres un/a periodista de un periódico importante de Costa Rica y que escribiste uno de los artículos sobre el medio ambiente. Completa los siguientes pasos.

 ¡Anda! Curso intermedio, Capítulo 10.
El medio ambiente, pág. 440; El imperfecto de subjuntivo, pág. 445; El pasado perfecto de subjuntivo, pág. 448; Algunos animales, pág. 452; Algunos términos geográficos, pág. 460.

Paso 1 Escoge uno de los temas y cuéntale a tu compañero/a lo que reportaste en el artículo. Túrnense y usen **el imperfecto de subjuntivo** o **el pasado perfecto de subjuntivo** cuando sea apropiado.

Paso 2 Ahora escojan juntos/as otro tema. ¿Quién de ustedes puede decir más oraciones sobre el tema? De nuevo, usen **el imperfecto** o **el pasado perfecto de subjuntivo** cuando sea apropiado.

Estrategia

You may wish to review the imperfect subjunctive on p. 445 and the past perfect subjunctive on p. 448 to assist you with **12-14** and **12-15**.

 ¡Anda! Curso elemental, Capítulo 11. Los animales; El medio ambiente, Apéndice 2.

12·15 **Un cortometraje** Creen un guion para un cortometraje sobre el mundo de los animales. Completen los siguientes pasos.

 ¡Anda! Curso intermedio, Capítulo 10.
El medio ambiente, pág. 440; El imperfecto de subjuntivo, pág. 445; El pasado perfecto de subjuntivo, pág. 448; Algunos animales, pág. 452; Algunos términos geográficos, pág. 460.

Paso 1 Escojan entre **cinco** y **ocho** animales.

Paso 2 Investiguen cómo han cambiado sus hábitats a causa de los cambios del medio ambiente.

Paso 3 Incluyan por lo menos **dos** oraciones que empiecen con **Si hubieran hecho/ conservado / Si no hubieran destruido…**

Paso 4 El guion de su cortometraje debe tener por lo menos **quince** oraciones.

Rúbrica

Estrategia

You and your instructor can use this rubric to assess your progress for **12-14** through **12-15**.

	3 EXCEEDS EXPECTATIONS	2 MEETS EXPECTATIONS	1 APPROACHES EXPECTATIONS	0 DOES NOT MEET EXPECTATIONS
Duración y precisión	• Has at least 12 sentences and includes all the required information. • May have errors, but they do not interfere with communication.	• Has 8–11 sentences and includes all the required information. • May have errors, but they rarely interfere with communication.	• Has 5–7 sentences and includes some of the required information. • Has errors that interfere with communication.	• Supplies fewer sentences and little of the required information in *Approaches Expectations*. • If communicating at all, has frequent errors that make communication limited or impossible.
Gramática nueva del *Capítulo 10* (e.g., **the past subjunctive, the past perfect subjunctive,** and *si* **clauses**)	• Makes excellent use of the chapter's new grammar. • Uses a wide variety of verbs when appropriate.	• Makes good use of the chapter's new grammar. • Uses a variety of verbs when appropriate.	• Makes use of some of the chapter's new grammar. • Uses a limited variety of verbs when appropriate.	• Uses little, if any, of the chapter's new grammar. • Uses few, if any, of the chapter's verbs.
Vocabulario nuevo del *Capítulo 10* (e.g., **the environment, animals,** and **geographic terms**)	• Uses many of the new vocabulary words.	• Uses a variety of the new vocabulary words.	• Uses some of the new vocabulary words.	• Uses few, if any, of the new vocabulary words.
Gramática y vocabulario de repaso/reciclaje del *Capítulo 10* (e.g., **prepositions and prepositional pronouns,** and **infinitives after prepositions**)	• Does an excellent job using recycled grammar and vocabulary to support what is being said. • Uses a wide array of review verbs. • Uses review vocabulary, but focuses predominantly on new vocabulary.	• Does a good job using recycled grammar and vocabulary to support what is being said. • Uses an array of review verbs. • Uses some review vocabulary, but focuses predominantly on new vocabulary.	• Does an average job using recycled grammar and vocabulary to support what is being said. • Uses some review verbs. • Uses mostly review vocabulary and some new vocabulary.	• If speaking at all, relies almost completely on vocabulary and grammar from beginning Spanish course. • Verbs are almost solely in the present tense. • Vocabulary is almost solely review vocabulary.
Esfuerzo	• Clearly the student made his/her best effort.	• The student made a good effort.	• The student made an effort.	• Little or no effort went into the activity.

Capítulo 11

Capítulo 11

¡Anda! Curso elemental, Capítulo 9. El cuerpo humano; Algunas enfermedades y tratamientos médicos, Apéndice 2.

12·16 Ayudándolos

En 2011, el complejo volcánico chileno Puyehue-Cordón Caulle hizo erupción con consecuencias que siguieron hasta 2012. La Oficina Nacional de Emergencia (ONE) anunció que había granjeros y animales en peligro. Si hubieras estado allí, ¿qué habrías hecho para ayudarlos? Completa los siguientes pasos.

¡Anda! Curso intermedio, Capítulo 11. El cuerpo humano, pág. 482; La atención médica, pág. 488; La voz pasiva, pág. 491; El *se* inocente, pág. 505.

Paso 1 Como parte del equipo médico, haz una lista de las partes del cuerpo de los granjeros y los animales en peligro que habrías examinado.

Paso 2 Después de hacer tu lista de las partes del cuerpo que habrían necesitado atención, ¿qué habrías hecho? Dile a tu compañero/a por lo menos **diez** oraciones sobre lo que se habría podido hacer. Túrnense y usen **se (pasivo e inocente)** cuando sea necesario.

¡Anda! Curso elemental, Capítulo 9. Algunas enfermedades y tratamientos médicos, Apéndice 2.

12·17 Nuestras prioridades

Por todo el mundo se encuentran dificultades a la hora de establecer prioridades en la salud pública. Con recursos económicos limitados, los políticos y otros profesionales tratan de establecer cuáles deben ser sus prioridades. Completen los siguientes pasos.

¡Anda! Curso intermedio, Capítulo 11. La atención médica, pág. 488; Algunos síntomas, condiciones y enfermedades, pág. 499.

Paso 1 Con un/a compañero/a, pongan la lista de enfermedades de la página 500 (Capítulo 11) en su orden de prioridad.

Paso 2 Justifiquen sus decisiones.

Paso 3 ¿Fue difícil hacer la lista de prioridades? ¿Por qué? Comparen su lista con las de otros estudiantes.

¡Anda! Curso intermedio, Capítulo 11. La atención médica, pág. 488; Algunos síntomas, condiciones y enfermedades, pág. 499, El *se* inocente, pág. 505; La voz pasiva, pág. 491.

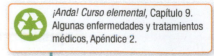 *¡Anda! Curso elemental*, Capítulo 9. Algunas enfermedades y tratamientos médicos, Apéndice 2.

 12·18   Los hábitos de la salud Mantener la buena salud a veces es una cuestión de formar buenos hábitos. Completen los siguientes pasos.

Paso 1 Con un/a compañero/a, conversen sobre su actitud hacia la salud y hablen de sus propios hábitos. ¿Siempre han pensado así? ¿Ha cambiado su actitud hacia la salud? ¿Por qué o por qué no? Cada uno/a necesita mencionar **cinco** hábitos mínimo.

Paso 2 Juntos/as, creen una lista de seis hábitos positivos y otra lista de seis hábitos negativos. Para los hábitos positivos, expliquen por qué los siguen. Para los hábitos negativos, hagan recomendaciones para cambiarlos. Usen frases **como *es importante, para que, antes de que, en caso de que,*** etc.

12·19   Un lema *(slogan)* para todo El mercadeo y los políticos nos bombardean con lemas. Ahora te toca a ti. Completa los siguientes pasos.

Paso 1 Crea **cinco** lemas para la salud, usando **se** y **la voz pasiva.**

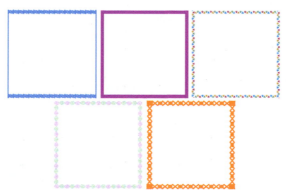

¡Hagamos ejercicio!

Se hacen más fuertes los pulmones y los músculos con sólo treinta minutos de ejercicio diario.

Paso 2 Comparte tus lemas con tres compañeros.

Paso 3 Seleccionen los **tres** mejores lemas de tu grupo para compartir con sus compañeros.

Rúbrica

	3 EXCEEDS EXPECTATIONS	**2 MEETS EXPECTATIONS**	**1 APPROACHES EXPECTATIONS**	**0 DOES NOT MEET EXPECTATIONS**
Duración y precisión	• Has at least 8 sentences and includes all the required information. • May have errors, but they do not interfere with communication.	• Has 5–7 sentences and includes all the required information. • May have errors, but they rarely interfere with communication.	• Has 4 sentences and includes some of the required information. • Has errors that interfere with communication.	• Supplies fewer sentences and little of the required information in *Approaches Expectations.* • If communicating at all, has frequent errors that make communication limited or impossible.
Gramática nueva del *Capítulo 11* (e.g., **sequence of tenses, the passive voice, *se inocente***, and **general review of the subjunctive**)	• Makes excellent use of the chapter's new grammar. • Uses a wide variety of verbs when appropriate.	• Makes good use of the chapter's new grammar. • Uses a variety of verbs when appropriate.	• Makes use of some of the chapter's new grammar. • Uses a limited variety of verbs when appropriate.	• Uses little, if any, of the chapter's new grammar. • Uses few, if any, of the chapter's verbs.
Vocabulario nuevo del *Capítulo 11* (e.g., **the human body** and **health**)	• Uses many of the new vocabulary words.	• Uses a variety of the new vocabulary words.	• Uses some of the new vocabulary words.	• Uses few, if any, new vocabulary words.
Gramática y vocabulario de repaso/reciclaje del *Capítulo 11* (e.g., **reflexive verbs** and **affirmative and negative statements**)	• Does an excellent job using recycled grammar and vocabulary to support what is being said. • Uses a wide array of review verbs. • Uses review vocabulary, but focuses predominantly on new vocabulary.	• Does a good job using recycled grammar and vocabulary to support what is being said. • Uses an array of review verbs. • Uses some review vocabulary, but focuses predominantly on new vocabulary.	• Does an average job using recycled grammar and vocabulary to support what is being said. • Uses some review verbs. • Uses mostly review vocabulary and some new vocabulary.	• If speaking at all, relies almost completely on vocabulary and grammar from beginning Spanish course. • Verbs are almost solely in the present tense. • Vocabulary is almost solely review vocabulary.
Esfuerzo	• Clearly the student made his/her best effort.	• The student made a good effort.	• The student made an effort.	• Little or no effort went into the activity.

Un poco de todo

12·20 **Nuestro medio ambiente y aún más** ¡Son famosos! Descubrieron que tu compañero/a y tú son expertos en uno de los siguientes temas y los invitaron a presentar sus investigaciones en un programa de PBS. Completen los siguientes pasos.

Paso 1 Creen juntos un reportaje para la televisión sobre uno de los siguientes temas:

1. el medio ambiente, los animales y el mundo "verde"
2. cómo prepararse para la jubilación
3. la salud y cómo cuidarse
4. el arte, la música, el cine y la television

Paso 2 Preséntenles su reportaje a sus compañeros de clase.

12·21 **Consejos de un/a especialista** Escoge una de las enfermedades o condiciones físicas que aprendiste en el Capítulo 11 y escribe un artículo sobre ella. Debes identificar sus características y sugerir varias maneras para evitarla o recuperarse de ella. Escribe por lo menos **diez** oraciones.

12·22 **¡Mentiras!** Piensa en tu **cortometraje** favorito de los capítulos 7 a 11, y escribe **diez** oraciones falsas sobre él. Tu compañero/a tiene que corregirlas. Dale un punto por cada oración que haya corregido. ¿Quién gana?

Capítulo 7: *Estatuas*

Capítulo 8: *Recursos humanos*

Capítulo 9: *Alfred y Anna*

Capítulo 10: *Amador y Caridad*

Capítulo 11: *Pelucas*

12·23 **¿Sabías que…?** Completa los siguientes pasos.

Paso 1   Escribe **una** o **dos** cosas interesantes que no sabías antes pero que aprendiste sobre cada uno de los siguientes países.

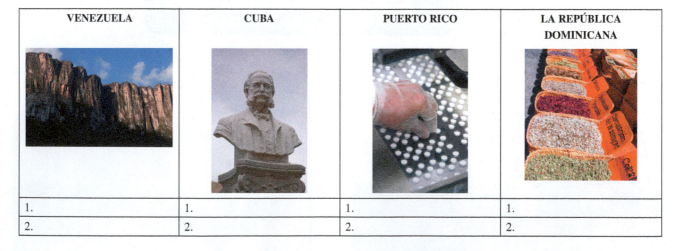

CHILE	PARAGUAY	ARGENTINA	URUGUAY
1.	1.	1.	1.
2.	2.	2.	2.

PERÚ	BOLIVIA	ECUADOR	COLOMBIA
1.	1.	1.	1.
2.	2.	2.	2.

VENEZUELA	CUBA	PUERTO RICO	LA REPÚBLICA DOMINICANA
1.	1.	1.	1.
2.	2.	2.	2.

Paso 2   Compara la información con el lugar donde tú vives, el estado o el país. ¿En qué son semejantes y en qué son diferentes?

12·24 **Los símbolos nacionales** Escoge **tres** países distintos y un símbolo que represente a cada uno. Describe los símbolos que has escogido para cada nación y habla de cómo y por qué son representativos de esos países. Después, haz una comparación entre los países y sus símbolos.

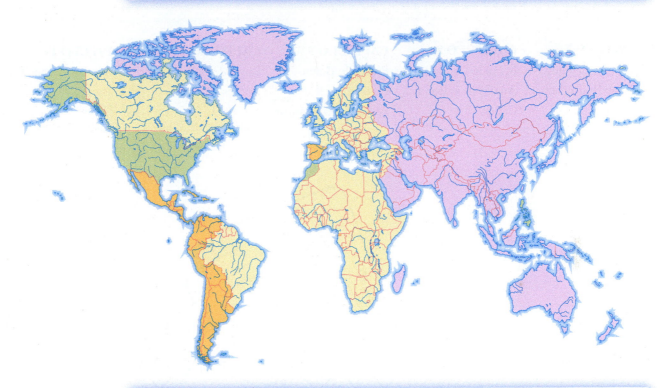

12·25 **¿El ecoturismo o una expedición científica?** ¡Qué suerte! Recibiste la distinción de ser el/la mejor estudiante de español y puedes elegir entre un viaje de ecoturismo o una expedición antropológica en Latinoamérica. Completa los siguientes pasos.

Paso 1 Piensa en lo que aprendiste de cada país y decide adónde quieres ir para divertirte e investigar más.

Paso 2 Describe el lugar específico que vas a visitar y explica por qué, cómo, cuándo, etc. Si hay dos países con lugares semejantes, compáralos e indica por qué seleccionaste uno en particular.

Paso 3 Selecciona a algunas personas de aquel país a quienes te gustaría conocer. Si están muertos, ¿por qué te habría gustado conocerlos?

12·26 **¿Qué más quieres saber?** Has aprendido un poco acerca de algunas personas distinguidas de los países que estudiamos en los capítulos anteriores. ¿Qué más quieres saber de ellos? Escribe por lo menos **diez** preguntas que quieres hacerles. Si se han muerto, ¿qué te habría gustado preguntarles? Usa **el subjuntivo** y **la gramática** de este semestre.

CAPÍTULO 7	**CAPÍTULO 8**	**CAPÍTULO 9**	**CAPÍTULO 10**	**CAPÍTULO 11**
Alejandro Ingelmo	Maximo Cavazzani	Fernando Botero	Rosa María Ruiz	Dr. Santiago Schnell
Narciso Rodríguez	Ana Patricia Botín	Paco de Lucía	Andrés Hurtado García	Dr. Baruj Benacerraff
Lupe Gajardo	Carlos Slim	Alejandro G. Iñárritu	Mario José Molina Henríquez	Dr. René Favaloro

12·27 **Querido/a autor/a...** Escríbele una carta a uno de los autores de las selecciones de **Literatura**. Dile lo que más te gusta de su obra y lo que no te gusta o lo que no entiendes muy bien. Compara su obra literaria con la de otro/a autor/a que leíste.

Y por fin, ¿cómo andas?

	Feel confident	Need to review
Having completed this chapter, I now can…		

Comunicación

- articulate on topics such as shopping and commerce, professions and the business world, the arts, animals and the environment, and health-related issues. ☐ ☐
- convey ideas about present, past, and future events. ☐ ☐
- express wishes, wants, hopes, desires, and opinions on a variety of topics. ☐ ☐
- make cause and effect statements. ☐ ☐

Cultura

- share information about Chile, Paraguay, Argentina, Uruguay, Peru, Bolivia, Ecuador, Venezuela, Colombia, Cuba, Puerto Rico, and the Dominican Republic. ☐ ☐
- compare and contrast cultural themes and information from the countries in *Capítulos 7–11*. ☐ ☐

Cine y Literatura

- review and reflect on the authentic film and literature from *Capítulos 7–11*. ☐ ☐

Comunidades

- use Spanish in real-life contexts. (online) ☐ ☐

APÉNDICES

APPENDIX 1

Answers to *¡Explícalo tú!* (Inductive Grammar Answers)

Capítulo Preliminar A

5. Los verbos con cambio de raíz

1. What is a rule that you can make regarding all four groups (**e → ie, e → i, o → ue,** and **u → ue**) of stem-changing verbs and their forms?
   Nosotros / vosotros **look like the infinitive.**
   All the other forms have a spelling change.

2. With what group of stem-changing verbs would you place each of the following verbs?
   demostrar   o → ue   encerrar   e → ie
   devolver   o → ue   perseguir   e → i

7. Repaso de *ser* y *estar*

Compare the following sentences and answer the questions below.

   Su hermano **es** simpático.
   Su hermano **está** enfermo.

1. Why do you use a form of **ser** in the first sentence?
   It is a characteristic that remains relatively constant.

2. Why do you use a form of **estar** in the second sentence?
   It describes a physical condition that can change.

8. El verbo *gustar*

1. To say you like or dislike one thing, what form of **gustar** do you use?
   gusta

2. To say you like or dislike more than one thing, what form of **gustar** do you use?
   gustan

3. Which words in the examples mean *I?* (**me**) *You?* (**te**) *He/She?* (**le**) *We?* (**nos**) *You (all)?* (**les/os**) *They?* (**les**)

4. If a verb is needed after **gusta/gustan,** what form of the verb do you use?
   You use the infinitive form of the verb.

Capítulo 2

2. Los mandatos de *nosotros/as*

1. Where are object pronouns placed when used with affirmative commands?
   They follow, and are attached to, the commands.

2. Where are object pronouns placed when used with negative commands?
   They precede the commands.

3. When do you need to add a written accent mark?
   Add a written accent mark when pronunciation would change without it.

4. El subjuntivo para expresar pedidos, mandatos y deseos

Based on the sentences on page 98,

1. In **Part A,** how many verbs are in each sample sentence?
   There are two verbs in each sentence.

2. Which verb is in the present indicative: the verb in blue or the one in red?
   The verb in blue is in the present indicative.

3. Which verb is in the present subjunctive: the verb in blue or the one in red?
   The verb in red is in the present subjunctive.

4. Is there a different subject for each verb?
   yes

5. What word joins the two distinct parts of the sentence?
   the conjunction *que*

6. State a rule for the use of the subjunctive in the sentences from **Part A.**
   The present subjunctive is used when the verb in the present indicative requests or suggests something. There must be a change of subject also.

7. State a rule for the sentences in **Part B.**
   If the subject does not change, the infinitive is used.

Capítulo 3

2. *Estar* + el participio pasado

Based on the examples above, what rule can you state with regard to what determines the endings of the past participles (**-ado** / **-ido**) when used as adjectives?

When used as an adjective, the past participle must agree in number and gender with the noun it modifies.

4. El subjuntivo para expresar sentimientos, emociones y dudas

After studying the previous presentation on the subjunctive, answer the following questions:

1. In which part of the sentence do you place the verb that expresses feelings, emotions, or doubts: to the right or to the left of **que**?
   to the left

2. Where do you put the subjunctive form of the verb: to the right or to the left of **que**?
   to the right

3. What word joins the two parts of the sentence?
   the conjunction *que*

4. When you have only one subject/group of people and you are expressing **feelings, emotions, doubt,** or **probability,** do you use a subjunctive sentence?
   No, the infinitive is used.

Capítulo 4

2. El pasado perfecto (pluscuamperfecto)

1. How do you form the past perfect tense?
   It is formed with the imperfect tense of *haber* **and the past participle.**

2. How does the form compare with the present perfect tense (**he hablado, has comido, han ido,** etc.)?
It is similar, but *haber* must be in the imperfect (a past) tense.

3. To make the sentence negative in the past perfect, where does the word *no* go?
It goes before / in front of the form of *haber*.

4. Which verbs have irregular past participles?
several verbs: e.g., abrir, decir, escribir, hacer, morir, poner, volver, ver

5. El presente perfecto de subjuntivo

1. How is the present perfect subjunctive formed?
It is formed with the present subjunctive of *haber* and the past participle.

2. When is it used?
It is used when the subjunctive mood is needed in a sentence.

Capítulo 9

2. Repaso del subjuntivo: El subjuntivo en cláusulas sustantivas, adjetivales y adverbiales

El subjuntivo en cláusulas sustantivas

Having studied the preceding examples of the **subjunctive**, answer the following questions to complete your review:

1. How many verbs are in each sentence?
two

2. Which verb in the sentence is *not* in the **subjunctive**?
the one in the main clause / before (to the left of) *que*

3. Which verb is in the **subjunctive**?
the verb in the subordinate clause / after (to the right of) *que*

4. Is there a different subject for each verb?
yes

5. What word joins the two distinct parts of the sentence?
que

6. State a rule for the use of the **subjunctive** to express **volition** and **will, feelings** and **emotions, doubt, uncertainty,** and **probability.**
When the verb in the main clause expresses doubt, uncertainty, influence, opinion, feelings, hope, wishes, or desires and there is a change of subject, the verb in the second (subordinate) clause must be in the subjunctive.

El subjuntivo con antecedentes indefinidos o que no existen

Having read the previous examples:

1. What kinds of verbs tell you that there is a possibility that something or someone is uncertain or nonexistent?
verbs such as *buscar, no conocer,* and *dudar*

2. If you know that something or someone exists, do you use the **indicative** or the **subjunctive**?
If the person, place, or thing being talked about exists in the mind of the speaker, then the indicative is used. If not, the subjunctive is needed.

El subjuntivo en cláusulas adverbiales

Having studied the previous examples, answer the following questions to complete your review:

1. Which conjunctions **always** use the **subjunctive**?
   The subjunctive is always used after these conjunctions: *a menos que, antes (de) que, con tal (de) que, en caso (de) que, para que,* **and** *sin que.* **After** *aunque, a pesar de que, cuando, en cuanto, tan pronto como,* **and** *después que,* **you use the subjunctive if the action has not yet occurred.**

2. Which conjunctions **never** use the **subjunctive**?
   The indicative is always used after these conjunctions: *ahora que, puesto que,* **and** *ya que.*

3. Which conjunctions **sometimes** use the **subjunctive**?
   Aun cuando, aunque, a pesar de que, cuando, de manera que, de modo que, después (de) que, en cuanto, hasta que, luego que, mientras que, **and** *tan pronto como* **sometimes use the subjunctive.**

4. What question do you ask yourself with these types of conjunctions?
   With these conjunctions, you must ask yourself whether the action has already occurred. If so, the indicative is used; if not, the subjunctive is used.

Capítulo 11

4. La voz pasiva

1. What are the nouns (*people, places, or things*) in the sample sentences of the **passive with** *ser*?
   a. **el pulso** (*subject*), **la enfermera** (*object of preposition*)
   b. **la presión** (*subject*), **el médico** (*object of preposition*)
   c. **los resultados** (*subject*), **la cirujana** (*object of preposition*)
   d. **las recetas** (*subject*), **el neurólogo** (*object of preposition*)

2. In the **passive with** *ser* sentences,
   a. what form (person: e.g., first, second, third) of each verb is used?
      3rd person
   b. what determines whether each verb is singular or plural?
      the subject
   c. with what does each past participle (**-ado / -ido**) agree?
      the subject

3. With the **passive** *se* sentences, do you still have the same subjects and objects as in the **passive with** *ser*?
   no, only subjects (recipients)

4. What form of the verb is used with the **passive** *se*? What determines whether that form is singular or plural?
   third person; must agree with the subject

5. Is the doer clear in the **passive** *se* sentences?
   no

Vocabulary from *¡Anda! Curso elemental*

Capítulo A Para empezar de *¡Anda! Curso elemental*

Los saludos *Greetings*

Buenos días. *Good morning.*
Buenas noches. *Good evening; Good night.*
Buenas tardes. *Good afternoon.*
¡Hola! *Hi! Hello!*
—————————————

¿Cómo está usted? *How are you?* (formal)
¿Cómo estás? *How are you?* (familiar)
¿Qué tal? *How's it going?*
—————————————

Bastante bien. *Just fine.*
Bien, gracias. *Fine, thanks.*
Más o menos. *So-so.*
Muy bien. *Really well.*
Regular. *Okay.*
—————————————

¿Y tú? *And you?* (familiar)
¿Y usted? *And you?* (formal)

Las despedidas *Farewells*

Adiós. *Good-bye.*
Chao. *Bye.*
Hasta luego. *See you later.*
Hasta mañana. *See you tomorrow.*
Hasta pronto. *See you soon.*

Las presentaciones *Introductions*

¿Cómo te llamas? *What is your name?* (familiar)
¿Cómo se llama usted? *What is your name?* (formal)
—————————————

Encantado/a. *Pleased to meet you.*
Igualmente. *Likewise.*
Mucho gusto. *Nice to meet you.*
—————————————

Me llamo… *My name is...*
Soy… *I am...*
—————————————

Quiero presentarle a… *I would like to introduce you to...* (formal)
Quiero presentarte a… *I would like to introduce you to...* (familiar)

Expresiones útiles para la clase *Useful classroom expressions*

Preguntas y respuestas *Questions and answers*

¿Cómo? *What? How?*
¿Cómo se dice… en español? *How do you say... in Spanish?*
¿Cómo se escribe… en español? *How do you write... in Spanish?*
¿Qué es esto? *What is this?*
¿Qué significa? *What does it mean?*
¿Quién? *Who?*
—————————————

Comprendo. *I understand.*
Lo sé. *I know.*
No. *No.*
No comprendo. *I don't understand.*
No lo sé. *I don't know.*
Sí. *Yes.*

Expresiones de cortesía *Polite expressions*

De nada. *You're welcome.*
Gracias. *Thank you.*
Por favor. *Please.*

Mandatos para la clase *Classroom instructions (commands)*

Abra(n) el libro en la página… *Open your book to page...*
Cierre(n) el/los libro/s. *Close your book/s.*
Conteste(n). *Answer.*
Escriba(n). *Write.*
Escuche(n). *Listen.*
Lea(n). *Read.*
Repita(n). *Repeat.*
Vaya(n) a la pizarra. *Go to the board.*

Las nacionalidades *Nationalities*

alemán/alemana *German*
canadiense *Canadian*
chino/a *Chinese*

cubano/a *Cuban*
español/a *Spanish*
estadounidense (norteamericano/a) *American*
francés/francesa *French*
inglés/inglesa *English*
japonés/japonesa *Japanese*
mexicano/a *Mexican*
nigeriano/a *Nigerian*
puertorriqueño/a *Puerto Rican*

Los números 0–30 *Numbers 0–30*

cero *0*
uno *1*
dos *2*
tres *3*
cuatro *4*
cinco *5*
seis *6*
siete *7*
ocho *8*
nueve *9*
diez *10*
once *11*
doce *12*
trece *13*
catorce *14*
quince *15*
dieciséis *16*
diecisiete *17*
dieciocho *18*
diecinueve *19*
veinte *20*
veintiuno *21*
veintidós *22*
veintitrés *23*
veinticuatro *24*
veinticinco *25*
veintiséis *26*
veintisiete *27*
veintiocho *28*
veintinueve *29*
treinta *30*

La hora *Telling time*

A la…/A las… *At... o'clock.*
Es la…/Son las… *It's... o'clock.*

¿A qué hora… ? *At what time...?*
¿Qué hora es? *What time is it?*

… de la mañana *... in the morning*
… de la noche *... in the evening, at night*
… de la tarde *... in the afternoon, early evening*

la medianoche *midnight*
el mediodía *noon*
menos cinco *five minutes to the hour*
y cinco *five minutes after the hour*

Los días, los meses y las estaciones
Days, months, and seasons

Los días de la semana *Days of the week*

lunes *Monday*
martes *Tuesday*
miércoles *Wednesday*
jueves *Thursday*
viernes *Friday*
sábado *Saturday*
domingo *Sunday*

Los meses del año *Months of the year*

enero *January*
febrero *February*
marzo *March*
abril *April*
mayo *May*
junio *June*
julio *July*
agosto *August*
septiembre *September*
octubre *October*
noviembre *November*
diciembre *December*

Las estaciones *Seasons*

el invierno *winter*
la primavera *spring*
el otoño *autumn; fall*
el verano *summer*

Expresiones útiles *Useful expressions*

¿Cuál es la fecha de hoy? *What is today's date?*
¿Qué día es hoy? *What day is today?*

Hoy es el 1° (primero) de septiembre. *Today is September first.*
Hoy es lunes. *Today is Monday.*
Mañana es el dos de septiembre. *Tomorrow is September second.*

Expresiones del tiempo *Weather expressions*

Está nublado. *It's cloudy.*
Hace buen tiempo. *The weather is nice.*
Hace calor. *It's hot.*
Hace frío. *It's cold.*
Hace mal tiempo. *The weather is bad.*
Hace sol. *It's sunny.*
Hace viento. *It's windy.*
Llueve. *It's raining.*
la lluvia *rain*
Nieva. *It's snowing.*
la nieve *snow*
la nube *cloud*
¿Qué tiempo hace? *What's the weather like?*

el sol *sun*
la temperatura *temperature*
el viento *wind*

Algunos verbos *Some verbs*

gustar *to like*
ser *to be*

Capítulo 1 de ¡Anda! Curso elemental

La familia *Family*

el/la abuelo/a *grandfather/grandmother*
los abuelos *grandparents*
el/la esposo/a *husband/wife*
el/la hermano/a *brother/sister*
los hermanos *brothers and sisters; siblings*
el/la hijo/a *son/daughter*
los hijos *sons and daughters; children*
la madrastra *stepmother*
la madre/la mamá *mother/mom*
el/la nieto/a *grandson/grandaughter*
el padrastro *stepfather*
el padre/el papá *father/dad*
los padres *parents*
el/la primo/a *cousin*
los primos *cousins*
el/la tío/a *uncle/aunt*
los tíos *aunts and uncles*

La gente *People*

el/la amigo/a *friend*
el/la chico/a *boy/girl*
el hombre *man*
el/la joven *young man/young woman*
el/la muchacho/a *boy/girl*
la mujer *woman*
el/la niño/a *little boy/little girl*
el/la novio/a *boyfriend/girlfriend*
el señor (Sr.) *man; gentleman; Mr.*
la señora (Sra.) *woman; lady; Mrs.*
la señorita (Srta.) *young woman; Miss*

Los adjetivos descriptivos *Descriptive adjectives*

La personalidad y otros rasgos *Personality and other characteristics*

aburrido/a *boring*
antipático/a *unpleasant*
bueno/a *good*
cómico/a *funny; comical*
inteligente *intelligent*
interesante *interesting*
malo/a *bad*
paciente *patient*
perezoso/a *lazy*
pobre *poor*
responsable *responsible*

rico/a *rich*
simpático/a *nice*
tonto/a *silly; dumb*
trabajador/a *hard-working*

Otras palabras *Other words*

muy *very*
(un) poco *(a) little*

Las características físicas *Physical characteristics*

alto/a *tall*
bajo/a *short*
bonito/a *pretty*
débil *weak*
delgado/a *thin*
feo/a *ugly*
fuerte *strong*
gordo/a *fat*
grande *big; large*
guapo/a *handsome/pretty*
joven *young*
mayor *old*
pequeño/a *small*

Los números 31–100 *Numbers 31–100*

treinta y uno *31*
treinta y dos *32*
treinta y tres *33*
treinta y cuatro *34*
treinta y cinco *35*
treinta y seis *36*
treinta y siete *37*
treinta y ocho *38*
treinta y nueve *39*
cuarenta *40*
cuarenta y uno *41*
cincuenta *50*
cincuenta y uno *51*
sesenta *60*
setenta *70*
ochenta *80*
noventa *90*
cien *100*

Un verbo *A verb*

tener *to have*

Capítulo 2 de ¡Anda! Curso elemental

Las materias y las especialidades　*Subjects and majors*

la administración de empresas　*business administration*
la arquitectura　*architecture*
el arte　*art*
la biología　*biology*
las ciencias (pl.)　*science*
el derecho　*law*
los idiomas (pl.)　*languages*
la informática　*computer science*
la literatura　*literature*
las matemáticas (pl.)　*mathematics*
la medicina　*medicine*
la música　*music*
la pedagogía　*education*
el periodismo　*journalism*
la psicología　*psychology*

---

el curso　*course*
el semestre　*semester*

En la sala de clase　*In the classroom*

los apuntes (pl.)　*notes*
el bolígrafo　*ballpoint pen*
el borrador　*eraser*
el/la compañero/a de clase　*classmate*
la composición　*composition*
el cuaderno　*notebook*
el escritorio　*desk*
el/la estudiante　*student*
el examen　*exam*
el lápiz　*pencil*
el libro　*book*
el mapa　*map*
la mesa　*table*
la mochila　*book bag; backpack*
el papel　*paper*
la pared　*wall*
la pizarra (interactiva)　*chalkboard; (interactive) whiteboard*
el/la profesor/a　*professor*
la puerta　*door*
la sala de clase　*classroom*
la silla　*chair*
la tarea　*homework*
la tiza　*chalk*
la ventana　*window*

Los verbos　*Verbs*

abrir　*to open*
aprender　*to learn*
comer　*to eat*
comprar　*to buy*
comprender　*to understand*
contestar　*to answer*
correr　*to run*
creer　*to believe*
enseñar　*to teach; to show*
escribir　*to write*
esperar　*to wait for; to hope*
estar　*to be*

estudiar　*to study*
hablar　*to speak*
leer　*to read*
llegar　*to arrive*
mirar　*to look (at); to watch*
necesitar　*to need*
preguntar　*to ask (a question)*
preparar　*to prepare; to get ready*
recibir　*to receive*
regresar　*to return*
terminar　*to finish; to end*
tomar　*to take; to drink*
trabajar　*to work*
usar　*to use*
vivir　*to live*

Las palabras interrogativas　*Interrogative words*

¿Adónde?　*To where?*
¿Cómo?　*How?*
¿Cuál?　*Which (one)?*
¿Cuáles?　*Which (ones)?*
¿Cuándo?　*When?*
¿Cuánto/a?　*How much?*
¿Cuántos/as?　*How many?*
¿De dónde?　*From where?*
¿Dónde?　*Where?*
¿Por qué?　*Why?*
¿Qué?　*What?*
¿Quién?　*Who?*
¿Quiénes?　*Who? (pl.)*

Los números 100–1.000　*Numbers 100–1,000*

cien　*100*
ciento uno　*101*
ciento dos　*102*
ciento dieciséis　*116*
ciento veinte　*120*
doscientos　*200*
doscientos uno　*201*
trescientos　*300*
cuatrocientos　*400*
quinientos　*500*
seiscientos　*600*
setecientos　*700*
ochocientos　*800*
novecientos　*900*
mil　*1,000*

Los lugares　*Places*

el apartamento　*apartment*
la biblioteca　*library*
la cafetería　*cafeteria*
el centro estudiantil　*student center; student union*
el cuarto　*room*
el edificio　*building*
el estadio　*stadium*
el gimnasio　*gymnasium*
el laboratorio　*laboratory*

la librería *bookstore*
la residencia estudiantil *dormitory*
la tienda *store*

La residencia *The dorm*

la calculadora *calculator*
el/la compañero/a de cuarto *roommate*
la computadora *computer*
el despertador *alarm clock*
el dinero *money*
el DVD *DVD*
el horario (de clases) *schedule (of classes)*
el radio/la radio *radio*
el reloj *clock; watch*
la tableta *tablet*
el teléfono celular *cell phone*
la televisión *television*

Los deportes y los pasatiempos *Sports and pastimes*

bailar *to dance*
caminar *to walk*
el equipo *team*
escuchar música *to listen to music*
hacer ejercicio *to exercise*
ir de compras *to go shopping*

jugar al básquetbol *to play basketball*
jugar al béisbol *to play baseball*
jugar al fútbol *to play soccer*
jugar al fútbol americano *to play football*
jugar al golf *to play golf*
jugar al tenis *to play tennis*
montar en bicicleta *to ride a bike*
nadar *to swim*
patinar *to skate*
la pelota *ball*
tocar un instrumento *to play an instrument*
tomar el sol *to sunbathe*
ver la televisión *to watch television*

Emociones y estados *Emotions and states of being*

aburrido/a *bored* (*with* estar)
cansado/a *tired*
contento/a *content; happy*
enfermo/a *ill; sick*
enojado/a *angry*
feliz *happy*
nervioso/a *upset; nervous*
preocupado/a *worried*
triste *sad*

Capítulo 3 de *¡Anda! Curso elemental*

La casa *The house*

el altillo *attic*
el balcón *balcony*
el baño *bathroom*
la cocina *kitchen*
el comedor *dining room*
el cuarto *room*
el dormitorio *bedroom*
la escalera *staircase*
el garaje *garage*
el jardín *garden*
la oficina *office*
el piso *floor; story*
la sala *living room*
el sótano *basement*
el suelo *floor*
el techo *roof*

---

la planta baja *ground floor*
el primer piso *second floor*
el segundo piso *third floor*
el tercer piso *fourth floor*

Los verbos *Verbs*

conocer *to be acquainted with*
dar *to give*
decir *to say; to tell*
hacer *to do; to make*
oír *to hear*
poder *to be able to*

poner *to put; to place*
querer *to want; to love*
salir *to leave; to go out*
traer *to bring*
venir *to come*
ver *to see*

Los muebles y otros objetos de la casa *Furniture and other objects in the house*

La sala y el comedor *The living room and dining room*

la alfombra *rug; carpet*
el estante *bookcase*
la lámpara *lamp*
el sillón *armchair*
el sofá *sofa*

La cocina *The kitchen*

la estufa *stove*
el lavaplatos *dishwasher*
el microondas *microwave*
el refrigerador *refrigerator*

El baño *The bathroom*

la bañera *bathtub*
el bidé *bidet*
la ducha *shower*
el inodoro *toilet*
el lavabo *sink*

El dormitorio *The bedroom*

la almohada *pillow*
la cama *bed*
la colcha *bedspread; comforter*
la cómoda *dresser*
la manta *blanket*
las sábanas *sheets*

Otras palabras *Other words*

el armario *armoire; closet; cabinet*
la cosa *thing*
el cuadro *picture; painting*
el mueble *piece of furniture*
los muebles *furniture*
el objeto *object*
la ropa *clothes*
─────────────────
amueblado/a *furnished*

Los quehaceres de la casa *Household chores*

arreglar *to straighten up; to fix*
ayudar *to help*
cocinar, preparar la comida *to cook; to prepare a meal*
guardar *to put away; to keep*
hacer la cama *to make the bed*
lavar los platos *to wash dishes*
limpiar *to clean*
pasar la aspiradora *to vacuum*
poner la mesa *to set the table*
sacar la basura *to take out the garbage*
sacudir los muebles *to dust*
─────────────────
desordenado/a *messy*
limpio/a *clean*
sucio/a *dirty*

Los colores *Colors*

amarillo *yellow*
anaranjado *orange*
azul *blue*
beige *beige*
blanco *white*
gris *gray*
marrón *brown*
morado *purple*
negro *black*
rojo *red*
rosado *pink*
verde *green*

Expresiones con *tener* *Expressions with* tener

tener... años *to be... years old*
tener calor *to be hot*
tener cuidado *to be careful*
tener éxito *to be successful*
tener frío *to be cold*
tener ganas de + *(infinitive)* *to feel like + (verb)*
tener hambre *to be hungry*
tener miedo *to be afraid*
tener prisa *to be in a hurry*
tener que + *(infinitive)* *to have to + (verb)*
tener razón *to be right*
tener sed *to be thirsty*
tener sueño *to be sleepy*
tener suerte *to be lucky*
tener vergüenza *to be embarrassed*

Los números 1.000–100.000.000 *Numbers 1,000–100,000,000*

mil *1,000*
mil uno *1,001*
mil diez *1,010*
dos mil *2,000*
treinta mil *30,000*
cien mil *100,000*
cuatrocientos mil *400,000*
un millón *1,000,000*
dos millones *2,000,000*
cien millones *100,000,000*

Los números ordinales *Ordinal numbers*

primer, primero/a *first*
segundo/a *second*
tercer, tercero/a *third*
cuarto/a *fourth*
quinto/a *fifth*
sexto/a *sixth*
séptimo/a *seventh*
octavo/a *eighth*
noveno/a *ninth*
décimo/a *tenth*

Un verbo *A verb*

hay *There is./There are.*
hay que + *(infinitive)* *It's necessary to...*

Capítulo 4 de *¡Anda! Curso elemental*

Los lugares *Places*

el almacén *department store*
el banco *bank*
el bar; el club *bar; club*
el café *café*
el cajero automático *ATM machine*
el centro *downtown*

el centro comercial *mall; business/shopping district*
el cibercafé *Internet café*
el cine *movie theater*
la iglesia *church*
el mercado *market*
el museo *museum*
la oficina de correos; correos *post office*

el parque *park*
la plaza *town square*
el restaurante *restaurant*
el supermercado *supermarket*
el teatro *theater*
el templo *temple*

Algunos verbos *Some verbs*

buscar *to look for*
ir *to go*
mandar una carta *to send/mail a letter*
saber *to know*

Otras palabras *Other words*

la ciudad *city*
la cuenta *bill; account*
la película *movie; film*
el pueblo *town; village*

Actividades y acciones cotidianas *Common everyday activities and occurrences*

(Verbos con cambio de raíz) *(Stem-changing verbs)*

almorzar (ue) *to have lunch*
cerrar (ie) *to close*
comenzar (ie) *to begin*
costar (ue) *to cost*
demostrar (ue) *to demonstrate*
devolver (ue) *to return (an object)*
dormir (ue) *to sleep*
empezar (ie) *to begin*
encerrar (ie) *to enclose*
encontrar (ue) *to find*
entender (ie) *to understand*
jugar (ue) *to play*
mentir (ie) *to lie*
morir (ue) *to die*
mostrar (ue) *to show*
pedir (i) *to ask for*
pensar (ie) *to think*
perder (ie) *to lose; to waste*
perseguir (i) *to chase*
preferir (ie) *to prefer*
recomendar (ie) *to recommend*
recordar (ue) *to remember*
repetir (i) *to repeat*
seguir (i) *to follow; to continue (doing something)*

servir (i) *to serve*
volver (ue) *to return*

Servicios a la comunidad *Community service*

apoyar a un/a candidato/a *to support a candidate*
ayudar a las personas mayores/los mayores *to help elderly people*
circular una petición *to circulate a petition*
dar un paseo *to go for a walk*
deber *ought to; should*
el deber *obligation; duty*
hacer artesanía *to make arts and crafts*
hacer una hoguera *to light a campfire*
ir de camping *to go camping*
ir de excursión *to take a short trip*
llevar a alguien al médico *to take someone to the doctor*
montar una tienda de campaña *to put up a tent*
organizar *to organize*
participar en una campaña política *to participate in a political campaign*
repartir comidas *to hand out/deliver food*
trabajar como consejero/a *to work as a counselor*
trabajar como voluntario/a en la residencia de ancianos *to volunteer at a nursing home*
trabajar en un campamento de niños *to work in a summer camp*
trabajar en política *to work in politics*
viajar en canoa *to canoe*
el voluntariado *volunteerism*

Expresiones afirmativas y negativas *Affirmative and negative expressions*

a veces *sometimes*
algo *something; anything*
alguien *someone*
algún *some; any*
alguno/a/os/as *some; any*
o… o *either... or*
siempre *always*

jamás *never; not ever* (emphatic)
nada *nothing*
nadie *no one; nobody*
ni… ni *neither... nor*
ningún *none*
ninguno/a/os/as *none*
nunca *never*

Capítulo 5 de *¡Anda! Curso elemental*

El mundo de la música *The world of music*

el/la artista *artist*
el/la cantante *singer*
el conjunto *group; band*
el/la empresario/a *agent; manager*
el/la guitarrista *guitarist*
el/la músico/a *musician*
el/la pianista *pianist*

la batería *drums*
el concierto *concert*
la gira *tour*
la guitarra *guitar*
la música *music*
la orquesta *orchestra*
el piano *piano*

el tambor *drum*
la trompeta *trumpet*

Algunos verbos *Some verbs*

cantar *to sing*
dar un concierto *to give/perform a concert*
ensayar *to practice/rehearse*
grabar *to record*
hacer una gira *to tour*
sacar una canción *to release a song*

Algunos géneros musicales *Some musical genres*

el jazz *jazz*
la música clásica *classical music*
la música folklórica *folk music*
la música popular *pop music*
la música rap *rap music*
la ópera *opera*
el rock *rock*
la salsa *salsa*

Algunos adjetivos *Some adjectives*

apasionado/a *passionate*
fino/a *fine; delicate*
lento/a *slow*
suave *smooth*

Otras palabras *Other words*

el/la aficionado/a *fan*
la fama *fame*
el género *genre*
la habilidad *ability; skill*
la letra *lyrics*
el ritmo *rhythm*
la voz *voice*

El mundo del cine *The world of cinema*

el actor *actor*
la actriz *actress*
la entrada *ticket*

la estrella *star*
la pantalla *screen*

la comedia *comedy*
el documental *documentary*

una película… *a … film; movie*
de acción *action*
de ciencia ficción *science fiction*
dramática *drama*
de guerra *war*
de misterio *mystery*
musical *musical*
romántica *romantic*
de terror *horror*

Otras palabras *Other words*

el estreno *opening*
la película *film; movie*
una película… *a … movie*
aburrida *boring*
animada *animated*
conmovedora *moving*
creativa *creative*
deprimente *depressing*
emocionante *moving*
entretenida *entertaining*
épica *epic*
de espanto *scary*
estupenda *stupendous*
imaginativa *imaginative*
impresionante *impressive*
sorprendente *surprising*
de suspenso *suspensful*
trágica *tragic*

Algunos verbos *Some verbs*

estrenar una película *to release a film/movie*
presentar una película *to show a film/movie*

Capítulo 7 de ¡Anda! Curso elemental

La comida *Food*

Las carnes y las aves *Meat and poultry*

las aves *poultry*
el bistec *steak*
la carne *meat*
la hamburguesa *hamburger*
el jamón *ham*
el perro caliente *hot dog*
el pollo *chicken*

El pescado y los mariscos *Fish and shellfish*

el atún *tuna*
los camarones (*pl.*) *shrimp*
los mariscos *shellfish*
el pescado *fish*

Las frutas *Fruit*

la banana *banana*
el limón *lemon*
la manzana *apple*
el melón *melon*
la naranja *orange*
la pera *pear*
el tomate *tomato*

Las verduras *Vegetables*

el ajo *garlic*
la cebolla *onion*
el chile *chili pepper*
la ensalada *salad*
los frijoles (*pl.*) *beans*
la lechuga *lettuce*

el maíz *corn*
la papa/la patata *potato*
las papas fritas (*pl.*) *french fries; potato chips*
la verdura *vegetable*

Los postres *Desserts*

los dulces *candy; sweets*
la galleta *cookie; cracker*
el helado *ice cream*
el pastel *pastry; pie*
el postre *dessert*
la torta *cake*

Las bebidas *Beverages*

el agua (con hielo) *water (with ice)*
el café *coffee*
la cerveza *beer*
el jugo *juice*
la leche *milk*
el refresco *soft drink*
el té (helado/caliente) *tea (iced/hot)*
el vino *wine*

Más comidas *More foods*

el arroz *rice*
el cereal *cereal*
el huevo *egg*
el pan *bread*
el queso *cheese*
la sopa *soup*
la tostada *toast*
el yogur *yogurt*

Las comidas *Meals*

el almuerzo *lunch*
la cena *dinner*
la comida *food; meal*
el desayuno *breakfast*
la merienda *snack*

Verbos *Verbs*

beber *to drink*
cenar *to have dinner*
cocinar *to cook*
desayunar *to have breakfast*
merendar *to have a snack*

La preparación de comidas *Food preparation*

Los condimentos y las especias *Condiments and spices*

el aceite *oil*
el aliño; el aderezo *salad dressing*
el azúcar *sugar*
la mantequilla *butter*
la mayonesa *mayonnaise*

la mermelada *jam; marmalade*
la mostaza *mustard*
la pimienta *pepper*
la sal *salt*
la salsa de tomate *ketchup*
el vinagre *vinegar*

Algunos términos de cocina *Cooking terms*

a la parrilla *grilled*
al horno *baked*
asado/a *roasted; grilled*
bien cocido/a *well done*
bien hecho/a *well cooked*
caliente *hot (temperature)*
cocido/a *boiled; baked*
crudo/a *rare; raw*
duro/a *hard-boiled*
fresco/a *fresh*
frito/a *fried*
hervido/a *boiled*
picante *spicy*
poco hecho/a *rare*
término medio *medium*

En el restaurante *In the restaurant*

el/la camarero/a *waiter/waitress*
el/la cliente/a *customer; client*
el/la cocinero/a *cook*
la cuchara *soup spoon; tablespoon*
la cucharita *teaspoon*
el cuchillo *knife*
la especialidad de la casa *specialty of the house*
el mantel *tablecloth*
el menú *menu*
el plato *plate; dish*
la propina *tip*
la servilleta *napkin*
la tarjeta de crédito *credit card*
la tarjeta de débito *debit card*
la taza *cup*
el tenedor *fork*
el vaso *glass*

---

barato/a *cheap*
caro/a *expensive*
delicioso/a *delicious*
sabroso/a *tasty*

---

andar *to walk*
pagar *to pay*
pedir *to order*
reservar una mesa *to reserve a table*
saber bien/mal *to taste good/bad*

¡Buen provecho! *Enjoy your meal!*
La cuenta, por favor. *The check, please.*

Capítulo 8 de ¡Anda! Curso elemental

La ropa *Clothing*

el abrigo *overcoat*
la bata *robe*
la blusa *blouse*
el bolso *purse*
las botas (*pl.*) *boots*
los calcetines (*pl.*) *socks*
la camisa *shirt*
la camiseta *T-shirt*
la chaqueta *jacket*
el cinturón *belt*
el conjunto *outfit*
la corbata *tie*
la falda *skirt*
la gorra *cap*
los guantes *gloves*
el impermeable *raincoat*
los jeans (*pl.*) *jeans*
las medias (*pl.*) *stockings; hose*
la moda *fashion; style*
los pantalones (*pl.*) *pants*
los pantalones cortos (*pl.*) *shorts*
el paraguas *umbrella*
el pijama *pajamas*
las prendas *articles of clothing*
la ropa interior *underwear*
las sandalias (*pl.*) *sandals*
el sombrero *hat*
la sudadera *sweatshirt*
el suéter *sweater*
los tenis (*pl.*) *tennis shoes*
el traje *suit*
el traje de baño *swimsuit; bathing suit*
el vestido *dress*
las zapatillas (*pl.*) *slippers*
los zapatos (*pl.*) *shoes*

Algunos verbos *Some verbs*

llevar *to wear; to take; to carry*
prestar *to loan; to lend*

Algunos verbos como *gustar* *Verbs similar to* gustar

encantar *to love; to like very much*
fascinar *to fascinate*
hacer falta *to need; to be lacking*
importar *to matter; to be important*
molestar *to bother*

Las telas y los materiales *Fabrics and materials*

el algodón *cotton*
el cuero *leather*
la lana *wool*
el poliéster *polyester*
la seda *silk*
la tela *fabric*

Algunos adjetivos *Some adjectives*

ancho/a *wide*
atrevido/a *daring*
claro/a *light (colored)*
cómodo/a *comfortable*
corto/a *short*
de cuadros *checked*
de lunares *polka-dotted*
de rayas *striped*
elegante *elegant*
estampado/a *print; with a design or pattern*
estrecho/a *narrow; tight*
formal *formal*
incómodo/a *uncomfortable*
informal *casual*
largo/a *long*
liso/a *solid-colored*
oscuro/a *dark*

Otras palabras *Other words*

el/la modelo *model*
quedarle bien/mal *to fit well/poorly*

Algunas palabras y expresiones *Some words and expressions*

a menudo *often*
casi siempre *almost always*
frecuentemente *frequently*
generalmente *generally*
mientras *while*
muchas veces *many times*
mucho *a lot*
normalmente *normally*
siempre *always*
todos los días *every day*

Capítulo 9 de ¡Anda! Curso elemental

El cuerpo humano *The human body*

el brazo *arm*
la cintura *waist*
el corazón *heart*
el cuello *neck*
el cuerpo *body*
el dedo (de la mano) *finger*

el dedo (del pie) *toe*
la espalda *back*
el estómago *stomach*
la garganta *throat*
la mano *hand*
el oído *inner ear*
el pecho *chest*

el pie *foot*
la pierna *leg*

la boca *mouth*
la cabeza *head*
la cara *face*
el diente *tooth*
la nariz *nose*
el ojo *eye*
la oreja *ear*
el pelo *hair*

la salud *health*
la sangre *blood*

Algunos verbos *Some verbs*

doler (o → ue) *to hurt*
estar enfermo/a *to be sick*
estar sano/a; saludable *to be healthy*
ser alérgico/a (a) *to be allergic (to)*

Algunos verbos reflexivos *Some reflexive verbs*

acordarse de (o → ue) *to remember*
acostarse (o → ue) *to go to bed*
afeitarse *to shave*
arreglarse *to get ready*
bañarse *to bathe*
caerse *to fall down*
callarse *to get/keep quiet*
cepillarse (el pelo, los dientes) *to brush (one's hair, teeth)*
cortarse *to cut oneself*
curarse *to be cured*
despertarse (e → ie) *to wake up; to awaken*
divertirse (e → ie → i) *to enjoy oneself; to have fun*
dormirse (o → ue → u) *to fall asleep*
ducharse *to shower*
enfermarse *to get sick*
irse *to go away; to leave*
lastimarse *to get hurt*
lavarse *to wash oneself*
levantarse *to get up; to stand up*
llamarse *to be called*
maquillarse *to put on makeup*
mejorarse *to improve; to get better*
peinarse *to comb one's hair*
ponerse (la ropa) *to put on (one's clothes)*
ponerse (nervioso/a) *to get (nervous)*
probarse (o → ue) la ropa *to try on clothing*
quedarse *to stay; to remain*
quemarse *to get burned*
quitarse (la ropa) *to take off (one's clothes)*
reunirse *to get together; to meet*
romperse *to break (a bone)*
secarse *to dry off*
sentarse (e → ie) *to sit down*
sentirse (e → ie → i) *to feel*
vendarse *to bandage oneself*
vestirse (e → i → i) *to get dressed*

Algunas enfermedades y tratamientos médicos *Illnesses and medical treatments*

En el hospital *In the hospital*

el/la doctor/a *doctor*
el/la enfermero/a *nurse*
el examen físico *physical exam*
la farmacia *pharmacy*
el hospital *hospital*
el/la médico/a *doctor*
la sala de urgencias *emergency room*

Los tratamientos *Treatments*

el antiácido *antacid*
el antibiótico *antibiotic*
la aspirina *aspirin*
la curita *adhesive bandage*
la inyección *shot*
el jarabe *cough syrup*
las pastillas *pills*
la receta *prescripcion*
la venda/el vendaje *bandage*

evitar *to avoid*
guardar cama *to stay in bed*

Los síntomas y las enfermedades *Symptoms and illnesses*

el catarro/el resfriado *cold*
el dolor *pain*
el estornudo *sneeze*
la fiebre *fever*
la gripe *flu*
la herida *wound; injury*
las náuseas *nausea*
la tos *cough*

estornudar *to sneeze*
toser *to cough*

tener…
    alergia (a) *to be allergic (to)*
    (un) catarro, resfriado *to have a cold*
    (la/una) gripe *to have the flu*
    una infección *to have an infection*
    tos *to have a cough*
    un virus *to have a virus*

tener dolor de… *to have a…*
    cabeza *headache*
    espalda *backache*
    estómago *stomachache*
    garganta *sore throat*

Algunos verbos *Some verbs*

acabar de + *infinitivo* *to have just finished (something)*
ocurrir *to occur*
tratar de *to try to*

Capítulo 10 de ¡Anda! Curso elemental

Los medios de transporte *Modes of transportation*

el autobús *bus*
el avión *airplane*
el barco *boat*
la bicicleta *bicycle*
el camión *truck*
el carro/el coche *car*
el metro *subway*
la moto (motocicleta) *motorcycle*
el taxi *taxi*
el tren *train*

Algunos sustantivos *Some nouns*

la autopista *highway; freeway*
el boleto *ticket*
la calle *street*
el estacionamiento *parking*
la gasolinera *gas station*
la licencia (de conducir) *driver's license*
la multa *traffic ticket; fine*
la parada *bus stop*
el peatón/la peatona *pedestrian*
el/la policía *policeman/policewoman*
el ruido *noise*
el semáforo *traffic light*
el taller mecánico *auto repair shop*
el tráfico *traffic*

Algunas partes de un vehículo *Parts of a vehicle*

el aire acondicionado *air conditioning*
el baúl *trunk*
la calefacción *heat*
el limpiaparabrisas *windshield wiper*
la llanta *tire*
la llave *key*
el motor *motor; engine*
el parabrisas *windshield*
el volante *steering wheel*

Algunos verbos *Some verbs*

arreglar/hacer la maleta *to pack a suitcase*
bajar (de) *to get down (from); to get off (of)*
cambiar *to change*
dejar *to leave*
doblar *to turn*

entrar *to enter*
estacionar *to park*
funcionar *to work; to function*
hacer (la) cola *to stand in line*
ir a pie *to go on foot*
ir de vacaciones *to go on vacation*
ir de viaje *to go on a trip*
irse del hotel *to leave the hotel; to check out*
llenar el tanque *to fill up; to fill up the tank*
manejar/conducir *to drive*
registrarse (en el hotel) *to check in*
revisar *to check; to overhaul*
sacar la licencia *to get a driver's license*
subir (a) *to go up; to get on*
viajar *to travel*
visitar *to visit*
volar (o ➜ ue) *to fly; to fly away*

El viaje *The trip*

el aeropuerto *airport*
la agencia de viajes *travel agency*
el/la agente de viajes *travel agent*
la estación (de tren, de autobús) *(train, bus) station*
el extranjero *abroad*
la maleta *suitcase*
el pasaporte *passport*
los pasajeros *passengers*
la reserva *reservation*
el sello *postage stamp*
la tarjeta postal *postcard*
las vacaciones *vacation*
los viajeros *travelers*
el vuelo de ida y vuelta *round-trip flight*

El hotel *The hotel*

el botones *bellhop*
el cuarto doble *double room*
el cuarto individual *single room*
la propina *tip*
la recepción *front desk*

Algunos lugares *Some places*

el lago *lake*
las montañas *mountains*
el parque de atracciones *theme park*
la playa *beach*

Capítulo 11 de ¡Anda! Curso elemental

Los animales *Animals*

Los animales de la granja *Farm animals*

los animales domésticos/las mascotas *domesticated animals; pets*
el caballo *horse*
el cerdo *pig*

el conejo *rabbit*
la gallina *chicken; hen*
el gato *cat*
el insecto *insect*
la mosca *fly*
el mosquito *mosquito*
el perro *dog*

el pez (*pl.*, los peces) *fish*
la rana *frog*
la rata *rat*
el ratón *mouse*
el toro *bull*
la vaca *cow*

Los animales salvajes *Wild animals*

los animales en peligro de extinción *endangered animals*
el elefante *elephant*
la hormiga *ant*
el león *lion*
el oso *bear*
el pájaro/el ave *bird*
la serpiente *snake*

Algunos verbos *Some verbs*

cuidar *to take care of*
preocuparse (por) *to worry about; to concern oneself with*

Otras palabras *Other words*

el árbol *tree*
el bosque *forest*
la cueva *cave*
la finca *farm*
la granja *farm*
el hoyo *hole*
el océano *ocean*
el río *river*
la selva *jungle*
————————————
peligroso/a *dangerous*

El medio ambiente *The environment*

Los desastres *Disasters*

el cambio climático *climate change*
la contaminación *pollution*
el derrame de petróleo *oil spill*
la destrucción *destruction*
el efecto invernadero *greenhouse effect*
el huracán *hurricane*
el incendio *fire*
la inundación *flood*
la lluvia ácida *acid rain*
la tragedia *tragedy*
el terremoto *earthquake*
la tormenta *storm*
el tornado *tornado*
el tsunami *tsunami*

El reciclaje *Recycling*

el aluminio *aluminum*
la botella *bottle*
la caja (de cartón) *(cardboard) box*
la lata *can*
el papel *paper*
el periódico *newspaper*
el plástico *plastic*
el vidrio *glass*

El planeta *The planet*

el cielo *sky; heaven*
la naturaleza *nature*
el recurso natural *natural resource*
la selva (tropical) *(tropical) rain forest*
la tierra *land; soil*
la Tierra *Earth*

Algunos verbos *Some verbs*

botar *to throw away*
contaminar *to pollute*
hacer daño *to (do) damage; to harm*
matar *to kill*
plantar *to plant*
proteger *to protect*
reciclar *to recycle*
reforestar *to reforest*
reutilizar *to reuse*
sembrar (e → ie) *to sow*

Otras palabras *Other words*

el aire *air*
la basura *garbage*
la calidad *quality*
la ecología *ecology*
el vertedero *dump*
————————————
puro/a *pure*
vivo/a *alive; living*

La política *Politics*

Los cargos *Posts*

el alcalde/la alcaldesa *mayor*
el/la candidato/a *candidate*
el/la dictador/a *dictator*
el/la diputado/a *deputy; representative*
el/la gobernador/a *governor*
el/la juez/a *judge*
el/la presidente/a *president*
el rey/la reina *king/queen*
el/la senador/a *senator*

Las administraciones y los regímenes *Administrations and regimes*

el congreso *congress*
la democracia *democracy*
la dictadura *dictatorship*
el estado *state*
el gobierno *government*
la ley *law*
la monarquía *monarchy*
la presidencia *presidency*

Las cuestiones políticas *Political matters*

el bienestar *well-being; welfare*
la corte *court*
la defensa *defense*
la delincuencia *crime*

el desempleo *unemployment*
la deuda (externa) *(foreign) debt*
el discurso *speech*
las elecciones *elections*
la encuesta *survey; poll*
la guerra *war*
la huelga *strike*
el impuesto *tax*
la inflación *inflation*
el juicio *trial*
el partido político *political party*
el voto *vote*

Algunos verbos *Some verbs*

apoyar *to support*
combatir *to fight; to combat*
elegir *to elect*
estar en huelga *to be on strike*
llevar a cabo *to carry out*
luchar *to fight; to combat*
meterse en política *to get involved in politics*
resolver (o ➔ ue) *to resolve*
votar *to vote*

Las preposiciones *Prepositions*

a *to; at*
a la derecha de *to the right of*

a la izquierda de *to the left of*
acerca de *about*
(a)fuera de *outside of*
al lado de *next to*
antes de *before (time/space)*
cerca de *near*
con *with*
de *of; from; about*
debajo de *under; underneath*
delante de *in front of*
dentro de *inside of*
desde *from*
después de *after*
detrás de *behind*
en *in*
encima de *on top of*
enfrente de *across from; facing*
entre *among; between*
hasta *until*
lejos de *far from*
para *for; in order to*
por *for; through; by; because of*
según *according to*
sin *without*
sobre *over; about*

Grammar from *¡Anda! Curso elemental*

Capítulo A Para empezar de *¡Anda! Curso elemental*

El alfabeto

The Spanish alphabet is quite similar to the English alphabet except in the ways the letters are pronounced. Learning the proper pronunciation of the individual letters in Spanish will help you pronounce new words and phrases.

Letter	Letter Name	Examples
a	a	adiós
b	be	buenos
c	ce	clase
d	de	día
e	e	español
f	efe	por favor
g	ge	luego
h	hache	hola
i	i	señorita
j	jota	julio
k	ka	kilómetro
l	ele	luego
m	eme	madre
n	ene	noche
ñ	eñe	mañana
o	o	cómo
p	pe	por favor
q	cu	qué
r	ere	señora
s	ese	saludos
t	te	tarde
u	u	usted
v	uve	nueve
w	doble ve o uve doble	Washington
x	equis	examen
y	ye o i griega	yo
z	zeta	pizarra

Los pronombres personales

The chart below lists the subject pronouns in Spanish and their equivalents in English. As you will note, Spanish has several equivalents for *you*.

yo	*I*	**nosotros/as**	*we*
tú	*you* (fam.)	**vosotros/as**	*you* (pl., Spain)
usted	*you* (form.)	**ustedes**	*you* (pl.)
él	*he*	**ellos**	*they* (masc.)
ella	*she*	**ellas**	*they* (fem.)

Generally speaking, **tú** (you, singular) is used for people with whom you are on a first-name basis, such as family members and friends.

Usted, abbreviated **Ud.,** is used with people you do not know well, or with people with whom you are not on a first-name basis. **Usted** is also used with older people, or with those to whom you want to show respect.

Spanish shows gender more clearly than English. **Nosotros** and **ellos** are used to refer to either all males or to a mixed group of males and females. **Nosotras** and **ellas** refer to an all-female group.

El verbo *ser*

You have already learned the subject pronouns in Spanish. It is time to put them together with a verb. First, consider the verb *to be* in English. The *to* form of a verb, as in *to be* or *to see* is called an *infinitive*. Note that *to be* has different forms for different subjects.

to be			
I	**am**	we	**are**
you	**are**	you (all)	**are**
he, she, it	**is**	they	**are**

Verbs in Spanish also have different forms for different subjects.

ser (*to be*)					
Singular			**Plural**		
yo	**soy**	*I am*	nosotros/as	**somos**	*we are*
tú	**eres**	*you are*	vosotros/as	**sois**	*you are*
Ud.	**es**	*you are*	Uds.	**son**	*you are*
él, ella	**es**	*he/she is*	ellos/as	**son**	*they are*

- In Spanish, subject pronouns are not required, but rather used for clarification or emphasis. Pronouns are indicated by the verb ending. For example:

  Soy means *I am.*

  Es means either *he is, she is,* or *you* (formal) *are.*

- If you are using a subject pronoun, it will appear first, followed by the form of the verb that corresponds to the subject pronoun, and then the rest of the sentence, as in the examples:

  Yo **soy** Mark.   **Soy** Mark.

  Él **es** inteligente.   **Es** inteligente.

Capítulo 1 de ¡Anda! Curso elemental

El verbo *tener*

In **Capítulo A Para empezar** you learned the present tense of **ser.** Another very common verb in Spanish is **tener** (*to have*). The present tense forms of the verb **tener** follow.

tener (to have)

Singular		Plural	
yo	**tengo** *I have*	nosotros/as **tenemos** *we have*	
tú	**tienes** *you have*	vosotros/as	**tenéis** *you all have*
Ud.	**tiene** *you have*	Uds.	**tienen** *you all have*
él, ella	**tiene** *he/she has*	ellos/as	**tienen** *they have*

Sustantivos singulares y plurales

To pluralize singular nouns and adjectives in Spanish, follow these simple guidelines.

1. If the word ends in a vowel, add **-s**.

   herman**a** → herman**as**   abuel**o** → abuel**os**

   dí**a** → dí**as**   mi → mi**s**

2. If the word ends in a consonant, add **-es**.

   me**s** → me**ses**   ciuda**d** → ciuda**des**

   televisió**n** → televisio**nes**   jove**n** → jóve**nes**

3. If the word ends in a **-z**, change the **z** to **c**, and add **-es**.

   lápi**z** → lápi**ces**   feli**z** → feli**ces**

El masculino y el femenino

In Spanish, all nouns (people, places, and things) have gender; they are either masculine or feminine. Use the following rules to help you determine the gender of nouns. If a noun does not belong to any of the following categories, you must memorize the gender as you learn that noun.

1. Most words ending in **-a** are feminine.
   la hermana, la hija, la mamá, la tía

   *Some exceptions: **el día, el papá,** and words of Greek origin ending in **-ma,** such as **el problema** and **el programa.**

2. Most words ending in **-o** are masculine.
   el abuelo, el hermano, el hijo, el nieto

   *Some exceptions: **la foto** (*photo*), **la mano** (*hand*), **la moto** (*motorcycle*)

   *Note: **la foto** and **la moto** are shortened forms for **la fotografía** and **la motocicleta.**

3. Words ending in **-ción** and **-sión** are feminine.
   la discusión, la recepción, la televisión

   *Note: The suffix **-ción** is equivalent to the English *-tion.*

4. Words ending in **-dad** or **-tad** are feminine.
   la ciudad (*city*), **la libertad, la universidad**

   *Note: these suffixes are equivalent to the English *-ty.*

As you learned in **Capítulo A Para empezar,** words that look alike and have the same meaning in both English and Spanish, such as **discusión** and **universidad,** are known as *cognates.* Use them to help you decipher meaning and to form words.

Los artículos definidos e indefinidos

Like English, Spanish has two kinds of articles, definite and indefinite. The definite article in English is *the*; the indefinite articles are *a, an,* and *some.*

In Spanish, articles and other adjectives mirror the gender (masculine or feminine) and number (singular or plural) of the nouns to which they refer. For example, an article referring to a singular masculine noun must also be singular and masculine. Note the forms of the articles in the following charts.

Los artículos definidos			
el hermano	*the brother*	**los** hermanos	*the brothers / the brothers and sisters*
la hermana	*the sister*	**las** hermanas	*the sisters*

Los artículos indefinidos			
un hermano	*a / one brother*	**unos** hermanos	*some brothers / some brothers and sisters*
una hermana	*a / one sister*	**unas** hermanas	*some sisters*

1. *Definite articles* are used to refer to **the** person, place, or thing.

2. *Indefinite articles* are used to refer to **a** or **some** person, place, or thing.

   Adriana es **la** hermana de Eduardo y **los** abuelos de él se llaman Carmen y Manuel.

   Adriana is Eduardo's sister, and his grandparents' names are Carmen and Manuel.

   Jorge tiene **una** tía y **unos** tíos.

   Jorge has an aunt and some uncles.

Los adjetivos posesivos

You have already used the possessive adjective **mi** (*my*). Other forms of possessive adjectives are also useful in conversation.

Look at the following chart to see how to personalize talk about your family (*our* dad, *his* sister, *our* cousins, etc.) using possessive adjectives.

Los adjetivos posesivos

mi, mis	*my*	**nuestro/a/os/as**	*our*
tu, tus	*your*	**vuestro/a/os/as**	*your*
su, sus	*your*	**su, sus**	*your*
su, sus	*his, her, its*	**su, sus**	*their*

Note:

1. Possessive adjectives agree in form with the person, place, or thing possessed, *not with the possessor.*

2. Possessive adjectives agree in number (singular or plural), and in addition, **nuestro** and **vuestro** indicate gender (masculine or feminine).

3. The possessive adjectives **tu/tus** (*your*) refer to someone with whom you are familiar and/or on a first-name basis. **Su/sus** (*your*) is used when you are referring to people to whom you refer with *usted* and *ustedes,* that is, more formally and perhaps not on a first-name basis. **Su/sus** (*your* plural or *their*) is used when referring to individuals whom you are addressing with *ustedes* or when expressing possession with *ellos* and *ellas.*

mi	*my*		**mis**	*my brothers/*
hermano	*brother*		hermanos	*siblings*
tu primo	*your cousin*		**tus** primos	*your cousins*
su tía	*her/his/your/ their aunt*		**sus** tías	*her/his/your/their aunts*
nuestra	*our*		**nuestras**	*our*
familia	*family*		familias	*families*
vuestra	*your*		**vuestras**	*your*
mamá	*mom*		mamás	*moms*
su hija	*her/his/your/ their daughter*		**sus** hijas	*her/his/your* (plural)/ *their daughters*

Eduardo tiene una novia.	*Eduardo has a girlfriend.*
Su novia se llama Julia.	*His girlfriend's name is Julia.*
Nuestros padres tienen dos amigos.	*Our parents have two friends.*
Sus amigos son Jorge y Marta.	*Their friends are Jorge and Marta.*

Los adjetivos descriptivos

Descriptive adjectives are words that describe people, places, and things.

1. In English, adjectives usually come before the words they describe (e.g., **the *red* car**), but in Spanish, they usually follow the word (e.g., **el coche *rojo***).

2. Adjectives in Spanish agree with the nouns they modify in number (singular or plural) and in gender (masculine or feminine).

Carlos es un **chico** simpátic**o**.	*Carlos is a nice boy.*
Adela es una **chica** simpátic**a**.	*Adela is a nice girl.*
Carlos y Adela son (unos) **chicos** simpátic**os**.	*Carlos and Adela are (some) nice children.*

3. A descriptive adjective can also follow the verb **ser** directly. When it does, it still agrees with the noun to which it refers, which is the subject in this case.

Carlos es simpátic**o**.	*Carlos is nice.*
Adela es simpátic**a**.	*Adela is nice.*
Carlos y Adela son simpátic**os**.	*Carlos and Adela are nice.*

Las características físicas, la personalidad y otros rasgos

La personalidad	*Personality*		
aburrido/a	*boring*	**paciente**	*patient*
antipático/a	*unpleasant*	**perezoso/a**	*lazy*
bueno/a	*good*	**responsable**	*responsible*
cómico/a	*funny; comical*	**simpático/a**	*nice*
inteligente	*intelligent*	**tonto/a**	*silly; dumb*
interesante	*interesting*	**trabajador/a**	*hard-working*
malo/a	*bad*		

Las características físicas	*Physical characteristics*
alto/a	*tall*
bajo/a	*short*
bonito/a	*pretty*
débil	*weak*
delgado/a	*thin*
feo/a	*ugly*
fuerte	*strong*
gordo/a	*fat*
grande	*big; large*
guapo/a	*handsome/pretty*
joven	*young*
mayor	*old*
pequeño/a	*small*

Otras características	*Other characteristics*
pobre	*poor*
rico/a	*rich*

Otras palabras útiles	*Other useful words*
muy	*very*
(un) poco	*(a) little*

Capítulo 2 de ¡Anda! Curso elemental

Presente indicativo de verbos regulares

Spanish has three groups of verbs, which are categorized by the ending of the infinitive. Remember that an infinitive is expressed in English by the word *to: to have, to be,* and *to speak* are all infinitive forms of English verbs. Spanish infinitives end in **-ar, -er,** or **-ir.**

Verbos que terminan en *-ar*			
comprar	to buy	**necesitar**	to need
contestar	to answer	**preguntar**	to ask (a question)
enseñar	to teach; to show	**preparar**	to prepare; to get ready
esperar	to wait for; to hope	**regresar**	to return
estudiar	to study	**terminar**	to finish; to end
hablar	to speak	**tomar**	to take; to drink
llegar	to arrive	**trabajar**	to work
mirar	to look (at); to watch	**usar**	to use

Verbos que terminan en *-er*			
aprender	to learn	**correr**	to run
comer	to eat	**creer**	to believe
comprender	to understand	**leer**	to read

Verbos que terminan en *-ir*			
abrir	to open	**recibir**	to receive
escribir	to write	**vivir**	to live

To talk about daily or ongoing activities or actions, you need to use the present tense. You can also use the present tense to express future events.

Mario **lee** en la biblioteca.	*Mario reads in the library.* *Mario is reading in the library.*
Mario **lee** en la biblioteca mañana.	*Mario will read in the library tomorrow.*

To form the present indicative, drop the **-ar, -er,** or **-ir** ending from the infinitive, and add the appropriate ending. The endings are in boldface in the following chart. Follow this simple pattern with all regular verbs.

	hablar (*to speak*)	comer (*to eat*)	vivir (*to live*)
yo	habl**o**	com**o**	viv**o**
tú	habl**as**	com**es**	viv**es**
Ud.	habl**a**	com**e**	viv**e**
él, ella	habl**a**	com**e**	viv**e**
nosotros/as	habl**amos**	com**emos**	viv**imos**
vosotros/as	habl**áis**	com**éis**	viv**ís**
Uds.	habl**an**	com**en**	viv**en**
ellos/as	habl**an**	com**en**	viv**en**

La formación de preguntas y las palabras interrogativas

Asking *yes/no* questions

Yes/no questions in Spanish are formed in two different ways:

1. Adding question marks to the statement.

Antonio habla español.	→ ¿Antonio habla español?
Antonio speaks Spanish.	*Does Antonio speak Spanish?* or *Antonio speaks Spanish?*

As in English, your voice goes up at the end of the sentence. Remember that written Spanish has an upside-down question mark at the beginning of a question.

2. Inverting the order of the subject and the verb.

Antonio habla español.	→ ¿Habla Antonio español?
SUBJECT + VERB	VERB + SUBJECT
Antonio speaks Spanish.	*Does Antonio speak Spanish?*

Answering *yes/no* questions

Answering questions is also like English.

¿Habla Antonio español?	*Does Antonio speak Spanish?*
Sí, habla español.	*Yes, he speaks Spanish.*
No, no habla español.	*No, he does not speak Spanish.*

Notice that in the negative response to the question above, both English and Spanish have two negative words.

Information questions

Information questions begin with interrogative words. Study the list of question words below and remember, accents are used on all interrogative words and also on exclamatory words: **¡Qué bueno!** (*That's great!*)

Las palabras interrogativas

¿Qué?	*What?*	**¿Qué** idioma habla Antonio?	*What language does Antonio speak?*
¿Por qué?	*Why?*	**¿Por qué** no trabaja Antonio?	*Why doesn't Antonio work?*
¿Cómo?	*How?*	**¿Cómo** está Antonio?	*How is Antonio?*
¿Cuándo?	*When?*	**¿Cuándo** es la clase?	*When is the class?*
¿Adónde?	*To where?*	**¿Adónde** va Antonio?	*(To) Where is Antonio going?*
¿Dónde?	*Where?*	**¿Dónde** vive Antonio?	*Where does Antonio live?*
¿De dónde?	*From where?*	**¿De dónde** regresa Antonio?	*Where is Antonio coming back from?*
¿Cuánto/a?	*How much?*	**¿Cuánto** estudia Antonio para la clase?	*How much does Antonio study for the class?*
¿Cuántos/as?	*How many?*	**¿Cuántos** idiomas habla Antonio?	*How many languages does he speak?*
¿Cuál?	*Which (one)?*	**¿Cuál** es su clase favorita?	*Which is his favorite class?*
¿Cuáles?	*Which (ones)?*	**¿Cuáles** son sus clases favoritas?	*Which are his favorite classes?*
¿Quién?	*Who?*	**¿Quién** habla cinco idomas?	*Who speaks five languages?*
¿Quiénes?	*Who? (pl.)*	**¿Quiénes** hablan cinco idiomas?	*Who speaks five languages?*

Note that, although it is not always necessary, when the subject is included in the sentence it follows the verb.

El verbo estar

Another verb that expresses *to be* in Spanish is **estar.** Like **tener** and **ser, estar** is not a regular verb; that is, you cannot simply drop the infinitive ending and add the usual **-ar** endings.

estar (to be)

Singular		Plural	
yo	**estoy**	nosotros/as	**estamos**
tú	**estás**	vosotros/as	**estáis**
Ud.	**está**	Uds.	**están**
él, ella	**está**	ellos/as	**están**

Ser and **estar** are not interchangeable because they are used differently. Two uses of **estar** are:

1. To describe the location of someone or something.

   Manuel **está** en la sala de clase. — *Manuel is in the classroom.*

   Nuestros padres **están** en México. — *Our parents are in Mexico.*

2. To describe how someone is feeling or to express a change from the norm.

   Estoy bien. ¿Y tú? — *I'm fine. And you?*

   Estamos tristes hoy. — *We are sad today. (Normally we are upbeat and happy.)*

El verbo gustar

To express likes and dislikes you say the following:

Me gusta la profesora. — *I like the professor.*
Me gustan las clases de idiomas. — *I like language classes.*
¿**Te gustan** las novelas de Sandra Cisneros? — *Do you like Sandra Cisneros's novels?*
Te gusta el arte abstracto. — *You like abstract art.*
No **le gusta** estudiar. — *He does not like to study.*

Capítulo 3 de *¡Anda! Curso elemental*

Algunos verbos irregulares

Look at the present tense forms of the following verbs. In the first group, note that they all follow the same patterns that you learned in **Capítulo 2** to form the present tense of regular verbs, *except* in the **yo** form.

Group 1

	conocer (to be acquainted with)	dar (to give)	hacer (to do; to make)	poner (to put; to place)
yo	cono**zco**	d**oy**	ha**go**	pon**go**
tú	conoces	das	haces	pones
Ud.	conoce	da	hace	pone
él, ella	conoce	da	hace	pone
nosotros/as	conocemos	damos	hacemos	ponemos
vosotros/as	conocéis	dais	hacéis	ponéis
Uds.	conocen	dan	hacen	ponen
ellos/as	conocen	dan	hacen	ponen

Group 1 (*continued*)

	salir (*to leave; to go out*)	traer (*to bring*)	ver (*to see*)
yo	sal**go**	trai**go**	v**eo**
tú	sales	traes	ves
Ud.	sale	trae	ve
él, ella	sale	trae	ve
nosotros/as	salimos	traemos	vemos
vosotros/as	salís	traéis	veis
Uds.	salen	traen	ven
ellos/as	salen	traen	ven

Group 2

In the second group, note that **venir** is formed similarly to **tener**.

venir (*to come*)	
yo	ven**go**
tú	v**ie**nes
Ud.	v**ie**ne
él, ella	v**ie**ne
nosotros/as	venimos
vosotros/as	venís
Uds.	v**ie**nen
ellos/as	v**ie**nen

Group 3

In the third group of verbs, note that all of the verb forms have a spelling change except in the **nosotros** and **vosotros** forms.

	decir (*to say; to tell*)	oír (*to hear*)
yo	d**igo**	o**igo**
tú	dices	o**y**es
Ud.	dice	o**y**e
él, ella	dice	o**y**e
nosotros/as	decimos	oímos
vosotros/as	decís	oís
Uds.	dicen	o**y**en
ellos/as	dicen	o**y**en

	poder (*to be able to*)	querer (*to want; to love*)
yo	p**ue**do	qu**ie**ro
tú	p**ue**des	qu**ie**res
Ud.	p**ue**de	qu**ie**re
él, ella	p**ue**de	qu**ie**re
nosotros/as	podemos	queremos
vosotros/as	podéis	queréis
Uds.	p**ue**den	qu**ie**ren
ellos/as	p**ue**den	qu**ie**ren

Algunas expresiones con *tener*

The verb **tener,** besides meaning *to have*, is used in a variety of expressions.

tener… años	*to be … years old*
tener calor	*to be hot*
tener cuidado	*to be careful*
tener éxito	*to be successful*
tener frío	*to be cold*
tener ganas de + (*infinitive*)	*to feel like +* (*verb*)
tener hambre	*to be hungry*
tener miedo	*to be afraid*
tener prisa	*to be in a hurry*
tener que + (*infinitive*)	*to have to +* (*verb*)
tener razón	*to be right*
tener sed	*to be thirsty*
tener sueño	*to be sleepy*
tener suerte	*to be lucky*
tener vergüenza	*to be embarrassed*

—Mamá, **tengo hambre.** ¿Cuándo comemos?

Mom, I'm hungry. When are we eating?

—**Tienes suerte,** hijo. Salimos para el restaurante Tío Tapas en diez minutos.

You are lucky, son. We are leaving for Tío Tapas Restaurant in ten minutes.

Hay y *hay que +* (*infinitivo*)

1. In **Capítulo 2,** you became familiar with **hay** when you described your classroom. To say *there is* or *there are* in Spanish you use **hay.** The irregular form **hay** comes from the verb **haber.**

Hay un baño en mi casa.

There is one bathroom in my house.

Hay cuatro dormitorios también.

There are also four bedrooms.

—¿**Hay** tres baños en tu casa?

Are there three bathrooms in your house?

—No, no **hay** tres baños.

No, there aren't three bathrooms.

2. Earlier in **Capítulo 3** you learned that a form of *tener + que +* (infinitive) means *to have to do something.* Another way of expressing the idea of needing to do something is *hay que +* (infinitive).

Hay que limpiar el baño.

It's necessary to clean the bathroom.

Hay que poner la mesa.

It's necessary to set the table.

¿**Hay que sacar** la basura?

Is it necessary to take out the garbage?

Capítulo 4 de ¡Anda! Curso elemental

Saber y conocer

In **Capítulo 3,** you learned that **conocer** means *to know.* Another verb, **saber,** also expresses *to know.*

saber (*to know*)

Singular		Plural	
yo	**sé**	nosotros/as	**sabemos**
tú	**sabes**	vosotros/as	**sabéis**
Ud.	**sabe**	Uds.	**saben**
él, ella	**sabe**	ellos/as	**saben**

The verbs are not interchangeable. Note when to use each.

Conocer

- Use **conocer** to express *being familiar or acquainted with people, places, and things.*

  Ellos **conocen** los mejores restaurantes de la ciudad. — *They know the best restaurants in the city.*

  Yo **conozco** a tu hermano, pero no muy bien. — *I know your brother, but not very well.*

  Note:
  1. When expressing that *a person* is known, you must use the personal **a.** For example, **Conozco *a* tu hermano…**
  2. When **a** is followed by **el, a + el = al.** For example, **Conozco *al* señor (a + el señor)…**

Saber

- Use **saber** to express *knowing facts, pieces of information,* or *how to do something.*

  ¿Qué **sabes** sobre la música de Guatemala? — *What do you know about Guatemalan music?*

  Yo **sé** tocar la guitarra. — *I know how to play the guitar.*

Los verbos con cambio de raíz

In **Capítulo 3,** you learned a variety of common verbs that are irregular. Two of those verbs were **querer** and **poder,** which are irregular due to some changes in their stems. Look at the following verb groups.

Change e → ie
cerrar (*to close*)

Singular		Plural	
yo	c**ie**rro	nosotros/as	c**e**rramos
tú	c**ie**rras	vosotros/as	c**e**rráis
Ud.	c**ie**rra	Uds.	c**ie**rran
él, ella	c**ie**rra	ellos/as	c**ie**rran

Other verbs like **cerrar (e → ie)** are:

comenzar	*to begin*	**pensar**	*to think*
empezar	*to begin*	**perder**	*to lose; to waste*
entender	*to understand*	**preferir**	*to prefer*
mentir	*to lie*	**recomendar**	*to recommend*

Change e → i
pedir (*to ask for*)

Singular		Plural	
yo	p**i**do	nosotros/as	p**e**dimos
tú	p**i**des	vosotros/as	p**e**dís
Ud.	p**i**de	Uds.	p**i**den
él, ella	p**i**de	ellos/as	p**i**den

Other verbs like **pedir (e → i)** are:

- **repetir** *to repeat*
- **seguir*** *to follow; to continue (doing something)*
- **servir** *to serve*

*Note: The **yo** form of **seguir** is **sigo.**

Change o → ue
encontrar (*to find*)

Singular		Plural	
yo	enc**ue**ntro	nosotros/as	enc**o**ntramos
tú	enc**ue**ntras	vosotros/as	enc**o**ntráis
Ud.	enc**ue**ntra	Uds.	enc**ue**ntran
él, ella	enc**ue**ntra	ellos/as	enc**ue**ntran

Other verbs like **encontrar (o → ue)** are:

almorzar	*to have lunch*	**mostrar**	*to show*
costar	*to cost*	**recordar**	*to remember*
dormir	*to sleep*	**volver**	*to return*
morir	*to die*		

Change u → ue
jugar (*to play*)

Singular		Plural	
yo	j**ue**go	nosotros/as	j**u**gamos
tú	j**ue**gas	vosotros/as	j**u**gáis
Ud.	j**ue**ga	Uds.	j**ue**gan
él, ella	j**ue**ga	ellos/as	j**ue**gan

El verbo *ir*

Another important verb in Spanish is **ir**. Note its irregular present tense forms.

ir (*to go*)			
Singular		**Plural**	
yo	**voy**	nosotros/as	**vamos**
tú	**vas**	vosotros/as	**vais**
Ud.	**va**	Uds.	**van**
él, ella	**va**	ellos/as	**van**

Voy al parque. ¿**Van** ustedes también?	*I'm going to the park. Are you all going too?*
No, no **vamos** ahora. Preferimos **ir** más tarde.	*No, we're not going now. We prefer to go later.*

Ir + a + infinitivo

You can use a present tense form of **ir** + **a** + *an infinitive* to talk about actions that will take place in the future.

Voy a mandar esta carta. ¿Quieres ir?	*I'm going to mail this letter. Do you want to come?*
Sí. Luego, ¿**vas a almorzar?**	*Yes. Then, are you going to have lunch?*
Sí, **vamos a comer** comida guatemalteca.	*Yes, we are going to eat Guatemalan food.*
¡Perfecto! **Voy a pedir** unos tamales.	*Perfect! I am going to order some tamales.*
Pero, primero, ¡**vamos a ir** al banco!	*But first we are going to go to the bank!*

Las expresiones afirmativas y negativas

In the previous chapters, you have seen and used a number of the affirmative and negative expressions listed below. Study the list, and learn the ones that are new to you.

Expresiones afirmativas		Expresiones negativas	
a veces	*sometimes*	**jamás**	*never; not ever (emphatic)*
algo	*something; anything*	**nada**	*nothing*
alguien	*someone*	**nadie**	*no one; nobody*
algún	*some; any*	**ningún**	*none*
alguno/a/ os/as	*some; any*	**ninguno/a/ os/as**	*none*
o... o	*either ... or*	**ni... ni**	*neither ... nor*
siempre	*always*	**nunca**	*never*

Look at the following sentences, paying special attention to the position of the negative words, and answer the questions that follow.

—¿Quién llama?	*Who is calling?*
—**Nadie** llama. (**No** llama **nadie.**)	*No one is calling.*
—¿Vas al gimnasio todos los días?	*Do you go to the gym every day?*
—No, **nunca** voy. (No, **no** voy **nunca.**)	*No, I never go.*

Algún and ningún

1. Forms of **algún** and **ningún** need to agree in gender and number with the nouns they modify.
2. **Alguno** and **ninguno** are shortened to **algún** and **ningún** when they are followed by *masculine, singular nouns*.
3. When no noun follows, use **alguno** or **ninguno** when referring to masculine, singular nouns.
4. The plural form **ningunos** is rarely used.

Study the following sentences.

MARÍA:	¿Tienes **alguna** clase fácil este semestre?
JUAN:	No, no tengo **ninguna.** ¡Y **ningún** profesor es simpático!
MARÍA:	Vaya, ¿y puedes hacer **algún** cambio?
JUAN:	No, no puedo hacer **ninguno.** (No, no puedo tomar **ningún** otro curso.)

Un repaso de *ser* y *estar*

You have learned two Spanish verbs that mean **to be** in English. These verbs, **ser** and **estar,** are contrasted below.

SER

Ser is used:

- **To describe physical or personality characteristics that remain relatively constant**

Gregorio **es** inteligente.	*Gregorio is intelligent.*
Yanina **es** guapa.	*Yanina is pretty.*
Su tienda de campaña **es** amarilla.	*Their tent is yellow.*
Las casas **son** grandes.	*The houses are large.*

- **To explain what or who someone or something is**

El Dr. Suárez **es** profesor de literatura.	*Dr. Suárez is a literature professor.*
Marisol **es** mi hermana.	*Marisol is my sister.*

- **To tell time, or to tell when or where an event takes place**

¿Qué hora **es**?	*What time is it?*
Son las ocho.	*It's eight o'clock.*
Mi clase de español **es** a las ocho y **es** en Peabody Hall.	*My Spanish class is at eight o'clock and is in Peabody Hall.*

- **To tell where someone is from and to express nationality**

Somos de Honduras.	*We are from Honduras.*
Somos hondureños.	*We are Honduran.*
Ellos **son** de Guatemala.	*They are from Guatemala.*
Son guatemaltecos.	*They are Guatemalan.*

ESTAR

Estar is used:

- **To describe physical or personality characteristics that can change, or to indicate a change in condition**

María **está** enferma hoy.	*María is sick today.*
Jorge y Julia **están** tristes.	*Jorge and Julia are sad.*
La cocina **está** sucia.	*The kitchen is dirty.*

- **To describe the location of people, places, and things**

El museo **está** en la calle Quiroga.	*The museum is on Quiroga Street.*
Estamos en el centro comercial.	*We're at the mall.*
¿Dónde **estás** tú?	*Where are you?*

Capítulo 5 de ¡Anda! Curso elemental

Los adjetivos y los pronombres demostrativos

Los adjetivos demostrativos

When you want to point out a specific person, place, thing, or idea, you use a *demonstrative adjective*. In Spanish, they are:

Demonstrative adjectives	Meaning	From the perspective of the speaker, it refers to ...
este, esta, estos, estas	*this*, *these*	something nearby
ese, esa, esos, esas	*that*, *those over there*	something farther away
aquel, aquella, aquellos, aquellas	*that*, *those (way) over there*	something even farther away in distance and/or time ... perhaps not even visible

Since forms of **este, ese,** and **aquel** are adjectives, they must agree in gender and number with the nouns they modify. Note the following examples.

Este conjunto es fantástico.	*This group is fantastic.*
Esta orquesta es fenomenal.	*This orchestra is phenomenal.*
Estos conjuntos son fantásticos.	*These groups are fantastic.*
Estas orquestas son fenomenales.	*These orchestras are phenomenal.*
Ese conjunto es fantástico.	*That group is fantastic.*
Esa orquesta es fenomenal.	*That orchestra is phenomenal.*
Esos conjuntos son fantásticos.	*Those groups are fantastic.*
Esas orquestas son fenomenales.	*Those orchestras are phenomenal.*
Aquel conjunto es fantástico.	*That group (over there) is fantastic.*
Aquella orquesta es fenomenal.	*That orchestra (over there) is phenomenal.*
Aquellos conjuntos son fantásticos.	*Those groups (over there) are fantastic.*
Aquellas orquestas son fenomenales.	*Those orchestras (over there) are phenomenal.*

Los pronombres demostrativos

Demonstrative pronouns take the place of nouns. They are identical in form and meaning to demonstrative adjectives.

Masculino	Femenino	Meaning
este	esta	*this one*
estos	estas	*these*
ese	esa	*that one*
esos	esas	*those*
aquel	aquella	*that one (way over there / not visible)*
aquellos	aquellas	*those (way over there / not visible)*

A demonstrative pronoun must agree in gender and number with the noun it replaces. Observe how demonstrative adjectives and demonstrative pronouns are used in the following sentences.

Yo quiero ir a **este concierto**, pero mi hermana quiere ir a **ese.**	*I want to go to this concert, but my sister wants to go to that one.*
—¿Te gusta **esa guitarra**?	*Do you like that guitar?*
—No, a mí me gusta **esta.**	*No, I like this one.*
Estos instrumentos son interesantes, pero prefiero tocar **esos.**	*These instruments are interesting, but I prefer to play those.*
En **esta calle** hay varios cines. ¿Quieres ir a **aquel**?	*There are several movie theaters on this street. Do you want to go to that one over there?*

Los adverbios

An *adverb* usually describes a verb and **answers the question "how."** Many Spanish adverbs end in **-mente,** which is equivalent to the English *-ly.* These Spanish adverbs are formed as follows:

1. Add **-mente** to the *feminine singular* form of an *adjective.*

ADJETIVOS		ADVERBIOS
Masculino	**Femenino**	
rápido	→ *rápida* + -mente	→ **rápidamente**
lento	→ *lenta* + -mente	→ **lentamente**
tranquilo	→ *tranquila* + -mente	→ **tranquilamente**

2. If an *adjective* ends in a *consonant* or in *-e,* simply add **-mente.**

ADJETIVOS		ADVERBIOS
Masculino	**Femenino**	
fácil →	*fácil* + -mente →	**fácilmente**
suave →	*suave* + -mente →	**suavemente**

Note: If an adjective has a written accent, it is retained when **-mente** is added.

El pretérito: los verbos regulares –*ar*

Up to this point, you have been expressing ideas or actions that take place in the present and future. To talk about something you did or something that occurred in the past, you can use the **pretérito** (*preterit*). Below are the endings for regular **-ar** verbs in the **pretérito**.

Los verbos regulares -*ar*

Note the endings for regular **-ar** verbs in the **pretérito** below and answer the questions that follow.

-ar: escuchar	
yo	escuch**é**
tú	escuch**aste**
Ud.	escuch**ó**
él, ella	escuch**ó**
nosotros/as	escuch**amos**
vosotros/as	escuch**asteis**
Uds.	escuch**aron**
ellos/as	escuch**aron**

—¿Dónde están las entradas que **compré** ayer? — *Where are the tickets that I bought yesterday?*

—Mis primitos las **llevaron.** — *My little cousins took them.*

—¿Ah, sí? ¿Las **llevaron** a su casa? — *Really? Did they take them home?*

—No, las **llevaron** al colegio. ¡Las **regalaron** a su maestra! — *No, they took them to school. They gave them to their teacher!*

El pretérito: los verbos regulares –*er* e -*ir*

You have just practiced verbs that end in **-ar** that are regular in the preterit. Now note the endings for regular **-er/-ir** verbs below and answer the questions that follow.

-er: aprender	
yo	aprend**í**
tú	aprend**iste**
Ud.	aprend**ió**
él, ella	aprend**ió**
nosotros/as	aprend**imos**
vosotros/as	aprend**isteis**
Uds.	aprend**ieron**
ellos/as	aprend**ieron**

-ir: escribir	
yo	escrib**í**
tú	escrib**iste**
Ud.	escrib**ió**
él, ella	escrib**ió**
nosotros/as	escrib**imos**
vosotros/as	escrib**isteis**
Uds.	escrib**ieron**
ellos/as	escrib**ieron**

—¿Cuándo **aprendiste** a tocar la guitarra? — *When did you learn to play the guitar?*

—**Aprendí** a tocar la guitarra el año pasado. — *I learned to play the guitar last year.*

—¿Ah, sí? ¿Y tú **escribiste** la letra de aquella canción? — *Really? And did you write the lyrics to that song?*

—No, mi novia **escribió** aquella. Ella **insistió** en escribir esa canción para nuestra boda. — *No, my girlfriend wrote that one. She insisted on writing that song for our wedding.*

Los pronombres de complemento directo y la *a* personal

Direct objects receive the action of the verb and answer the questions *What?* or *Whom?* Note the following examples.

A: I need to do *what?*
B: You need to buy *the concert tickets* by Monday.
A: Yes, I do need to buy *them.*

A: I have to call *whom?*
B: You have to call *your agent.*
A: Yes, I do have to call *him.*

Note the following examples of *direct objects* in Spanish.

María toca **dos instrumentos** muy bien. — *María plays two instruments very well.*

Sacamos **una canción nueva** el primero de septiembre. — *We are releasing a new song on September first.*

¿Tienes **las entradas**? — *Do you have the tickets?*

No conozco a **Benicio del Toro.** — *I do not know Benicio del Toro.*

Siempre veo a **Selena Gómez** en la televisión. — *I always see Selena Gómez on television.*

Note: In **Capítulo 4,** you learned that to express knowing a person, you put **a** after the verb (**conocer + a +** person). Now that you have learned about direct objects, a more global way of stating the rule is: When direct objects refer to *people,* you must use the personal **a.** Review the following examples.

People	Things
¡Veo **a** *Cameron Díaz*!	¡Veo *el coche* de Cameron Díaz!
Hay que ver **a** *mis padres.*	Hay que ver *la película.*
¿**A** qué *actores* conoces?	¿Qué *ciudades* conoces?

As in English, we can replace direct objects nouns with *direct object pronouns.*

María **los** toca muy bien.	*María plays them very well.*
Lo sacamos el primero de septiembre.	*We are releasing it September first.*
¿**Las** tienes?	*Do you have them?*
No **lo** conozco.	*I do not know him.*
Siempre **la** veo en la televisión.	*I always see her on television.*

In Spanish, direct object pronouns *agree in gender and number with the nouns they replace.* The following chart lists the direct object pronouns.

Singular		Plural	
me	*me*	**nos**	*us*
te	*you*	**os**	*you all*
lo, la	*you*	**los, las**	*you all*
lo, la	*him, her, it*	**los, las**	*them*

Placement of direct object pronouns

Direct object pronouns are:
1. Placed before the verb.
2. Attached to *infinitives.*

¿Tienes los tambores?	→ Sí, **los** tengo.
Tengo que traer los instrumentos.	→ **Los** tengo que traer. / Tengo que traer**los.**
Tiene que llevar su guitarra.	→ **La** tiene que llevar. / Tiene que llevar**la.**

Capítulo 7 de *¡Anda! Curso elemental*

Algunos verbos irregulares en el pretérito (Parte I)

Los verbos que terminan en *–car, -zar* y *–gar* y el verbo *leer*

Several verbs have small spelling changes in the preterit. Look at the following charts.

tocar (c → qu)*		empezar (z → c)**	
yo	to**qu**é	yo	empe**c**é
tú	tocaste	tú	empezaste
Ud.	tocó	Ud.	empezó
él/ella	tocó	él/ella	empezó
nosotros/as	tocamos	nosotros/as	empezamos
vosotros/as	tocasteis	vosotros/as	empezasteis
Uds.	tocaron	Uds.	empezaron
ellos/ellas	tocaron	ellos/ellas	empezaron

jugar (g → gu)***		leer (i → y)****	
yo	ju**gu**é	yo	leí
tú	jugaste	tú	leíste
Ud.	jugó	Ud.	le**y**ó
él/ella	jugó	él/ella	le**y**ó
nosotros/as	jugamos	nosotros/as	leímos
vosotros/as	jugasteis	vosotros/as	leísteis
Uds.	jugaron	Uds.	le**y**eron
ellos/as	jugaron	ellos/as	le**y**eron

—**Toqué** la guitarra con el conjunto de mariachi en un restaurante mexicano anoche.	*I played the guitar with a mariachi band at a Mexican restaurant last night.*
—¿A qué hora **empezaste**?	*At what time did you begin?*
—**Empecé** a las nueve.	*I began at nine.*
—¿**Jugaron** tus hermanos al béisbol hoy?	*Did your brothers play baseball today?*
—No, **leyeron** un libro de recetas porque van a preparar una cena especial para nuestros padres.	*No, they read a recipe book because they are going to prepare a special dinner for our parents.*

Some things to remember:

1. With verbs that end in **-car,** the **c** changes to **qu** in the **yo** form to preserve the sound of the hard **c** of the infinitive.
2. With verbs that end in **-zar,** the **z** changes to **c** before **e.**
3. With verbs that end in **-gar,** the **g** changes to **gu** to preserve the sound of the hard **g** (**g** before **e** or **i** sounds like the **j** sound in Spanish).
4. For **leer, creer,** and **oír,** change the **i** to **y** in the third-person singular and plural.

*sacar and buscar have the same spelling change

**comenzar and organizar have the same spelling change

***llegar has the same spelling change

****creer and oír have the same spelling change

5. Useful words to discuss things that happened in the past:

anoche	*last night*
anteayer	*the day before yesterday*
ayer	*yesterday*
el año pasado	*last year*
el fin de semana pasado	*last weekend*
el martes / viernes / domingo, etc., pasado	*last Tuesday / Friday / Sunday, etc.*
la semana pasada	*last week*

Algunos verbos irregulares en el pretérito (Parte II)

The following verbs are also *irregular* in the **pretérito;** they follow patterns of their own. Study the verb charts to determine the similarities and differences among the forms.

	andar (*to walk*)	**estar**	**tener**
yo	and**uve**	est**uve**	t**uve**
tú	and**uviste**	est**uviste**	t**uviste**
Ud.	and**uvo**	est**uvo**	t**uvo**
él/ella	and**uvo**	est**uvo**	t**uvo**
nosotros/as	and**uvimos**	est**uvimos**	t**uvimos**
vosotros/as	and**uvisteis**	est**uvisteis**	t**uvisteis**
Uds.	and**uvieron**	est**uvieron**	t**uvieron**
ellos/as	and**uvieron**	est**uvieron**	t**uvieron**

—El lunes pasado llegamos a Santiago y **anduvimos** mucho por la ciudad. — *Last Monday we arrived in Santiago and walked a lot throughout the city.*

—¿**Estuvieron** en un restaurante o bar interesante? — *Were you all in an interesting restaurant or bar?*

—Sí, **tuvimos** muy buena suerte y comimos en el mejor restaurante de la ciudad. — *Yes, we were very lucky and we ate at the best restaurant in the city.*

	conducir (*to drive*)	**traer**	**decir**
yo	condu**je**	tra**je**	d**ije**
tú	condu**jiste**	tra**jiste**	d**ijiste**
Ud.	condu**jo**	tra**jo**	d**ijo**
él/ella	condu**jo**	tra**jo**	d**ijo**
nosotros/as	condu**jimos**	tra**jimos**	d**ijimos**
vosotros/as	condu**jisteis**	tra**jisteis**	d**ijisteis**
Uds.	condu**jeron**	tra**jeron**	d**ijeron**
ellos/as	condu**jeron**	tra**jeron**	d**ijeron**

—¿**Condujiste** de Santiago a Valparaíso? — *Did you drive from Santiago to Valparaíso?*

—No pude conducir porque no **traje** mi licencia. — *I couldn't drive because I didn't bring my driver's license.*

—¿Qué te **dijeron** en la agencia Avis? — *What did they tell you at the Avis (car rental) agency?*

	ir	**ser**
yo	fui	fui
tú	fuiste	fuiste
Ud.	fue	fue
él/ella	fue	fue
nosotros/as	fuimos	fuimos
vosotros/as	fuisteis	fuisteis
Uds.	fueron	fueron
ellos/as	fueron	fueron

—¿Cómo **fue** el viaje a Chile? — *How was the trip to Chile?*

—¡**Fue** increíble! Después de Valparaíso **fuimos** a la Patagonia. — *It was incredible! After Valparaíso, we went to Patagonia.*

	dar	**ver**	**venir**
yo	d**i**	v**i**	v**ine**
tú	d**iste**	v**iste**	v**iniste**
Ud.	d**io**	v**io**	v**ino**
él/ella	d**io**	v**io**	v**ino**
nosotros/as	d**imos**	v**imos**	v**inimos**
vosotros/as	d**isteis**	v**isteis**	v**inisteis**
Uds.	d**ieron**	v**ieron**	v**inieron**
ellos/as	d**ieron**	v**ieron**	v**inieron**

	hacer	**querer**
yo	h**ice**	q**uise**
tú	h**iciste**	q**uisiste**
Ud.	h**izo**	q**uiso**
él/ella	h**izo**	q**uiso**
nosotros/as	h**icimos**	q**uisimos**
vosotros/as	h**icisteis**	q**uisisteis**
Uds.	h**icieron**	q**uisieron**
ellos/as	h**icieron**	q**uisieron**

	poder	poner	saber
yo	pude	puse	supe
tú	pudiste	pusiste	supiste
Ud.	pudo	puso	supo
él/ella	pudo	puso	supo
nosotros/as	pudimos	pusimos	supimos
vosotros/as	pudisteis	pusisteis	supisteis
Uds.	pudieron	pusieron	supieron
ellos/as	pudieron	pusieron	supieron

—En Santiago **vimos** a mucha gente de la familia de Carlos.

In Santiago we saw a lot of people in Carlos's family.

—Sí, ¿y les **diste** los regalos que tu familia mandó?

Yes, and did you give them the gifts your family sent?

—Mi madre **vino** con nosotros y ella misma **pudo** darles los regalos.

My mother came with us and she was able to give them the gifts herself.

—¿Qué **hiciste** después de visitar a la familia de Carlos?

What did you do after visiting Carlos's family?

Verbos con cambio de raíz

The next group of verbs also follows its own pattern. In these stem-changing verbs, the first letters next to the infinitives, listed in parentheses, represent the present-tense spelling changes; the last letter indicates the spelling change in the **Ud./él/ella** and **Uds./ellos/ellas** forms of the **pretérito**.

	dormir (o → ue → u)	pedir (e → i → i)	preferir (e → ie → i)
yo	dormí	pedí	preferí
tú	dormiste	pediste	preferiste
Ud.	durmió	pidió	prefirió
él/ella	durmió	pidió	prefirió
nosotros/as	dormimos	pedimos	preferimos
vosotros/as	dormisteis	pedisteis	preferisteis
Uds.	durmieron	pidieron	prefirieron
ellos/as	durmieron	pidieron	prefirieron

—Cuando fuiste al restaurante en Valparaíso, ¿qué **pediste**?

What did you order when you went to the restaurant in Valparaíso?

—**Pedí** carne de res, pero mi madre **prefirió** pescado. Y después de comer mi madre **durmió** la siesta.

I ordered beef, but my mother preferred fish. And after eating, my mother took a nap.

Capítulo 8 de ¡Anda! Curso elemental

Los pronombres de complemento indirecto

The **indirect object** indicates *to whom* or *for whom* an action is done. Note these examples:

A: My mom bought this dress *for whom*?

B: She bought this dress *for you*.

A: Yes, she bought *me* this dress.

Review the chart of the indirect object pronouns and their English equivalents:

Los pronombres de complemento indirecto

me	to/for me
te	to/for you
le	to/for you (Ud.)
le	to/for him, her
nos	to/for us
os	to/for you all (vosotros)
les	to/for you all (Uds.)
les	to/for them

Some things to remember:

1. Like direct object pronouns, indirect object pronouns *precede* verb forms and can also be *attached to infinitives*.

¿**Me** quieres dar la chaqueta?
¿Quieres dar**me** la chaqueta?

Do you want to give me the jacket?

¿**Me** vas a dar la chaqueta?
¿Vas a dar**me** la chaqueta?

Are you going to give me the jacket?

Manolo **te** puede comprar la gorra en la tienda.
Manolo puede comprar**te** la gorra en la tienda.

Manolo can buy you the cap at the store.

Su hermano **le** va a regalar una camiseta.
Su hermano va a regalar**le** una camiseta.

Her brother is going to give her a T-shirt.

2. To clarify or emphasize the indirect object, a prepositional phrase (**a** + *prepositional pronoun*) can be added, as in the following sentences. Clarification of **le** and **les** is especially important since they can refer to different people (*him, her, you, them, you all*).

Le presto el abrigo **a él** pero no **le** presto nada **a ella.**

I'm loaning him my coat, but I'm not loaning her anything. (clarification)

¿**Me** preguntas **a mí**?

Are you asking me? (emphasis)

3. It is common for Spanish speakers to include both an indirect object noun and pronoun in the same sentence, especially when the third person form is used. This is most often done to clarify or emphasize something.

Gustar y verbos como gustar

As you already know, the verb **gustar** is used to express likes and dislikes. **Gustar** functions differently from other verbs you have studied so far.

- The person, thing, or idea that is liked is the *subject* (S) of the sentence.

- The person who likes the other person, thing, or idea is the *indirect object* (IO).

(A mí)	**me**	gusta el traje.	*I like the suit.*
(A ti)	**te**	gusta el traje.	*You like the suit.*
(A Ud.)	**le**	gusta el traje.	*You like the suit.*
(A él)	**le**	gusta el traje.	*He likes the suit.*
(A ella)	**le**	gusta el traje.	*She likes the suit.*
(A nosotros/as)	**nos**	gusta el traje.	*We like the suit.*
(A vosotros/as)	**os**	gusta el traje.	*You (all) like the suit.*
(A Uds.)	**les**	gusta el traje.	*You (all) like the suit.*
(A ellos/as)	**les**	gusta el traje.	*They like the suit.*

Note the following:

1. The construction **a** + *pronoun* (**a mí, a ti, a él,** etc.) or **a** + *noun* is optional most of the time. It is used for clarification or emphasis. Clarification of **le gusta** and **les gusta** is especially important since the indirect object pronouns **le** and **les** can refer to different people (*him, her, you, them, you all*).

A él le gusta llevar ropa cómoda. (clarification)	*He likes to wear comfortable clothes.*
A Ana le gusta llevar pantalones cortos. (clarification)	*Ana likes to wear shorts.*
Me gustan esos pantalones largos.	*I like those long pants.*
A mí me gustan más esos cortos (emphasis).	*I like those short ones even more.*

2. Use the plural form **gustan** when what is liked (the subject of the sentence) is plural.

Me gusta **el traje.** →	Me gustan **los trajes.**
I like the suit.	*I like the suits.*

3. To express the idea that one likes *to do* something, **gustar** is followed by an infinitive. In that case you always use the singular **gusta,** even when you use more than one infinitive in the sentence:

Me gusta ir de compras por la mañana.	*I like to go shopping in the morning.*
A Pepe **le gusta leer** revistas de moda y **llevar** ropa atrevida.	*Pepe likes to read fashion magazines and wear daring clothing.*
Nos gusta llevar zapatos cómodos cuando hacemos ejercicio.	*We like to wear comfortable shoes when we exercise.*

The verbs listed below function like **gustar:**

encantar	*to love; to like very much*
fascinar	*to fascinate*
hacer falta	*to need; to be lacking*
importar	*to matter; to be important*
molestar	*to bother*

Me encanta ir de compras.	*I love to go shopping. (I like shopping very much.)*
A Doug y a David **les fascina** la tienda de ropa Rugby.	*The Rugby clothing store fascinates (is fascinating to) Doug and David.*
¿**Te hace falta** dinero para comprar el vestido?	*Do you need (are you lacking) money to buy the dress?*
A Juan **le importa** el precio de la ropa, no la moda.	*The price of the clothing, not the style, matters (is important) to Juan.*
Nos molestan las personas que llevan sandalias en invierno.	*People who wear sandals in the winter bother us.*

Los pronombres de complemento directo e indirecto usados juntos

You have worked with two types of object pronouns, direct and indirect. Now, note how they are used together in the same sentence.

Paula **nos** está devolviendo **las botas.** →	Paula **nos las** está devolviendo.
Paula is giving us back the boots.	*Paula is giving them back to us.*
Ella nunca **nos** presta **sus zapatos.** →	Ella nunca **nos los** presta.
She never loans us her shoes.	*She never loans them to us.*
Paula **me** pide **el bolso** ahora. →	Paula **me lo** pide ahora.
Paula is asking me for my purse now.	*Paula is asking me for it now.*
Mi novio **me** compró **una blusa blanca.** →	Mi novio **me la** compró.
My boyfriend bought me a white blouse.	*My boyfriend bought it for me.*

¡**OJO!** A change occurs when you use **le** or **les** along with a direct object pronoun that begins with **l: (lo, la, los, las): le** or **les** changes to **se.**

le → se

| Paula **le** pide **el bolso a mi hermana.** | → | Paula **se lo** pide. |

Paula is asking my sister for her purse.

Paula is asking her for it.

| Su novio no **le** compró **una chaqueta.** | → | Su novio no **se la** compró. |

Her boyfriend did not buy her a jacket.

Her boyfriend did not buy it for her.

| Su novio **le** va a comprar **un traje.** | → | Su novio **se lo** va a comprar. |

Her boyfriend is going to buy her a suit.

Her boyfriend is going to buy it for her.

les → se

| Paula **les** devuelve **las botas a ellas.** | → | Paula **se las** devuelve. |

Paula is returning the boots to them.

Paula is returning them to them.

| Yo **les** presto **mis zapatos.** | → | Yo **se los** presto. |

I am loaning my shoes to them.

I am loaning them to them.

| Paula nunca **les** presta **sus cosas.** | → | Paula nunca **se las** presta. |

Paula never loans her things to them.

Paula never loans them to them.

Direct and indirect object pronouns may also be attached to infinitives. Note that when attached, an accent is placed over the final vowel of the infinitive.

¿Aquel abrigo? Mi madre **me lo** va a comprar.

¿Aquel abrigo? Mi madre va a comprár**melo.**

} *That coat over there? My mother is going to buy it for me.*

El imperfecto

In **Capítulos 5** and **7** you learned how to express certain ideas and notions that happened in the past with the preterit. Spanish has another past tense, **el imperfecto,** that *expresses habitual or ongoing past actions, provides descriptions,* or *describes conditions.*

	-ar: hablar	-er: comer	-ir: vivir
yo	habl**aba**	com**ía**	viv**ía**
tú	habl**abas**	com**ías**	viv**ías**
Ud.	habl**aba**	com**ía**	viv**ía**
él/ella	habl**aba**	com**ía**	viv**ía**
nosotros/as	habl**ábamos**	com**íamos**	viv**íamos**
vosotros/as	habl**abais**	com**íais**	viv**íais**
Uds.	habl**aban**	com**ían**	viv**ían**
ellos/as	habl**aban**	com**ían**	viv**ían**

There are only *three irregular verbs* in the imperfect: **ir, ser,** and **ver.**

	ir	ser	ver
yo	iba	era	veía
tú	ibas	eras	veías
Ud.	iba	era	veía
él/ella	iba	era	veía
nosotros/as	íbamos	éramos	veíamos
vosotros/as	ibais	erais	veíais
Uds.	iban	eran	veían
ellos/as	iban	eran	veían

The imperfect is used to:

1. **provide background information, set the stage, or express a condition that existed**

Llovía mucho.	*It was raining a lot.*
Era una noche oscura y nublada.	*It was a dark and cloudy night.*
Estábamos en el segundo año de la universidad.	*We were in our second year of college.*
Adriana **estaba** enferma y no **quería** levantarse.	*Adriana was ill and didn't want to get up / get out of bed.*

2. **describe habitual or often repeated actions**

Íbamos al centro comercial todos los viernes.	*We went (used to go) to the mall / shopping district every Friday.*
Cuando **era** pequeño, LeBron **jugaba** al básquetbol por lo menos dos horas al día.	*When he was little, LeBron played (used to play) basketball for at least two hours a day.*
Mis padres siempre **llevaban** ropa muy elegante los domingos para ir a la iglesia.	*My parents always wore elegant clothing on Sundays to go to church.*

Some words or expressions for describing habitual and repeated actions are:

a menudo	*often*
casi siempre	*almost always*
frecuentemente	*frequently*
generalmente	*generally*
mientras	*while*
muchas veces	*many times*
mucho	*a lot*
normalmente	*normally*
siempre	*always*
todos los días	*every day*

3. **express** *was or were* + *-ing*

¿**Dormías**? — *Were you sleeping?*

Me duchaba cuando Juan llamó. — *I was showering when Juan called.*

Alberto **leía** mientras Alicia **escuchaba** música. — *Alberto was reading while Alicia was listening to music.*

4. **tell time in the past**

Era la una y yo todavía **estudiaba.** — *It was 1:00 and I was still studying.*

Eran las diez y los niños **dormían.** — *It was 10:00 and the children were sleeping.*

Capítulo 9 de ¡Anda! Curso elemental

Las construcciones reflexivas

When the subject both performs and receives the action of the verb, a reflexive verb and pronoun are used.

Reflexive pronouns			
Yo	**me**	divierto	en las fiestas.
Tú	**te**	diviertes	en las fiestas.
Usted	**se**	divierte	en las fiestas.
Él / Ella	**se**	divierte	en las fiestas.
Nosotros	**nos**	divertimos	en las fiestas.
Vosotros	**os**	divertís	en las fiestas.
Ustedes	**se**	divierten	en las fiestas.
Ellos / Ellas	**se**	divierten	en las fiestas.

Reflexive pronouns follow the same rules for position as other object pronouns. Reflexive pronouns:

1. precede conjugated verbs.
2. can be attached to *infinitives* (and present participles (**-ando, -iendo**) [*Capítulo 11*]).

Te vas a dormir. Vas a dormir**te**. — *You are going to fall asleep.*

¿**Se** van a dormir esta noche? ¿Van a dormir**se** esta noche? — *Are they going to fall asleep tonight?*

¿**Se** están durmiendo? ¿Están durmiéndo**se**? — *Are you all falling asleep?*

Algunos verbos reflexivos	
acordarse (o → ue) de	*to remember*
arreglarse	*to get ready*
caerse	*to fall down*
callarse	*to get/keep quiet*
cortarse	*to cut oneself*
curarse	*to be cured*
divertirse (e → ie → i)	*to enjoy oneself; to have fun*
enfermarse	*to get sick*
irse	*to go away; to leave*
lastimarse	*to get hurt*
lavarse	*to wash oneself*
levantarse	*to get up; to stand up*
llamarse	*to be called*
mejorarse	*to improve; to get better*
ponerse (la ropa)	*to put on (one's clothes)*

ponerse (nervioso/a)	*to get (nervous)*
probarse (o → ue) la ropa	*to try on clothing*
quedarse	*to stay; to remain*
quemarse	*to get burned*
quitarse (la ropa)	*to take off (one's clothes)*
reunirse	*to get together; to meet*
romperse	*to break (a bone)*
sentarse (e → ie)	*to sit down*
sentirse (e → ie → i)	*to feel*
vendarse	*to bandage oneself*

Note: To identify all of the previous verbs as *reflexive,* the infinitives end in **-se**.

Un resumen de los pronombres de complemento directo e indirecto y reflexivos

You have already learned the forms, functions, and positioning of the *direct* and *indirect object pronouns,* as well as the *reflexive pronouns.* The following is a review:

LOS PRONOMBRES DE COMPLEMENTO **DIRECTO**		LOS PRONOMBRES DE COMPLEMENTO **INDIRECTO**		LOS PRONOMBRES **REFLEXIVOS**	
Direct object pronouns tell *what* or *who* receives the action of the verb. They replace direct object nouns and are used to avoid repetition.		Indirect object pronouns tell *to whom* or *for whom* something is done or given.		Reflexive pronouns indicate that the *subject* of a sentence or clause *receives the action of the verb.*	
me	*me*	**me**	*to/for me*	**me**	*myself*
te	*you*	**te**	*to/for you*	**te**	*yourself*
lo, la	*you*	**le (se)**	*to/for you*	**se**	*yourself*
lo, la	*him/her/it*	**le (se)**	*to/for him/her*	**se**	*himself/ herself*
nos	*us*	**nos**	*to/for us*	**nos**	*ourselves*
os	*you (all)*	**os**	*to/for you (all)*	**os**	*yourselves*
los, las	*you (all)*	**les (se)**	*to/for you (all)*	**se**	*yourselves*
los, las	*them/you*	**les (se)**	*to/for them/you*	**se**	*themselves/ yourselves*

Compré la medicina ayer. **La** compré en la Farmacia Fénix. Tengo que dár**sela** a mi hijo.	**Le** compré la medicina ayer. **Le** voy a dar la medicina esta noche.	**Me** cepillo los dientes tres veces al día.
I bought the medicine yesterday. I bought it it at Fénix Pharmacy. I have to give it to my son.	*I bought him the medicine yesterday. I am going to give him the medicine tonight.*	*I brush my teeth three times a day.*

Remember the following guidelines on position and sequence:

Position

- Object pronouns and reflexive pronouns come **before** the verb.

El doctor Sánchez **le** dio una inyección a David. — *Dr. Sánchez gave David a shot.*

Después **se** sintió aliviado. — *Then he felt relieved.*

- Object pronouns and reflexive pronouns can also be placed before or be attached to the end of infinitives.

La enfermera **me** va a llamar. ⎫
La enfermera va a llamar**me**. ⎬ *The nurse is going to call me.*

Después **se** va a ir a su casa. ⎫
Después va a ir**se** a su casa. ⎬ *Then she is going to go home.*

Sequence

- When a direct (DO) and indirect object (IO) pronoun are used together, ***the indirect object precedes the direct object.***
- If both the direct and the indirect object pronouns begin with the letter **l**, the indirect object pronoun changes from **le** or **les** to **se**, as in the following example.

Quiero mandar la carta al director ahora.

DO	IO
la	le (se)
IO	**DO**
se	la

I want to send the letter to the director now.

DO	IO

Se la quiero mandar ahora mismo. ⎫ *I want to send it to*
Quiero mandár**sela** ahora mismo. ⎬ *him right now.*

El pretérito y el imperfecto

In **Capítulos 5, 7,** and **8** you learned about two aspects of the past tense in Spanish, **el pretérito** and **el imperfecto,** which are not interchangeable. Their uses are contrasted below.

The preterit is used:	The imperfect is used:
1. To relate an event or occurrence that refers to *one specific time in the past* • **Fuimos** a Cuzco el año pasado. *We went to Cuzco last year.* • **Comimos** en el restaurante El Sol y **nos gustó** mucho. *We ate at El Sol restaurant and liked it a lot.*	**1.** To express *habitual* or often *repeated actions* • **Íbamos** a Cuzco todos los veranos. *We used to go to Cuzco every summer.* • **Comíamos** en el restaurante El Sol todos los lunes. *We used to eat at El Sol Restaurant every Monday.*
2. To relate an act *begun* or *completed in the past* • **Empezó** a llover. *It started to rain.* • **Comenzaron** los juegos. *The games began.* • La gira **terminó.** *The tour ended.*	**2.** To express *was/were + -ing* • **Llovía** sin parar. *It rained without stopping.* • **Comenzaban** los juegos cuando llegamos. *The games were beginning when we arrived.* • La gira **transcurría** sin ningún problema. *The tour continued without any problems.*

(continued)

The preterit is used:	The imperfect is used:

3. To relate a *sequence of events or actions*, each completed and moving the narrative along toward its conclusion
• **Llegamos** en avión, **recogimos** las maletas y **fuimos** al hotel.
  We arrived by plane, picked up our luggage, and went to the hotel.
• Al día siguiente **decidimos** ir a Machu Picchu.
  The next day we decided to go to Machu Picchu.
• **Vimos** muchos ejemplos de la magnífica arquitectura incaica. Después **anduvimos** un poco por el camino de los incas. **Nos divertimos** mucho.
  We saw many examples of the magnificent Incan architecture. Afterward we walked a bit on the Incan road. We had a great time.
	3. To provide *background* information, set the stage, or express a pre-existing condition
	• **Era** un día oscuro. **Llovía** de vez en cuando.
	  It was a dark day and it rained once in a while.
	• Los turistas **llevaban** pantalones cortos y lentes de sol.
	  The tourists were wearing shorts and sunglasses.
	• El camino **era** estrecho y **había** muchos turistas.
	  The path was narrow and there were many tourists.

4. To relate an action that took place within a specified or *specific amount* (segment) *of time*
• **Caminé** (por) dos horas.
  I walked for two hours.
• **Hablamos** (por) cinco minutos.
  We talked for five minutes.
• **Contemplaron** el templo un rato.
  They contemplated the temple for a while.
• **Viví** en Ecuador (por) seis años.
  I lived in Ecuador for six years.
	4. To *tell time* in the past
	• **Era** la una.
	  It was 1:00.
	• **Eran** las tres y media.
	  It was 3:30.
	• **Era** muy tarde.
	  It was very late.
	• **Era** la medianoche.
	  It was midnight.

	5. To describe physical and emotional states or characteristics • Después del viaje **queríamos** descansar. Yo **tenía** dolor de cabeza y no **me sentía** muy bien. *After the trip we wanted to rest. I had a headache and did not feel well.*

Some verbs change their meaning in the preterit:

	Present	Preterit
conocer	conozco *I know (someone, some place)*	conocí *I met (someone)*
saber	sé *I know (information, how to do something)*	supe *I found out, discovered*
poder	puedo *I can, am able to*	pude *I succeeded, managed to*
no poder	no puedo *I can't, I'm not able*	no pude *I failed to*
querer	quiero *I want*	quise *I tried to*
no querer	no quiero *I don't want*	no quise *I refused to*

WORDS AND EXPRESSIONS THAT COMMONLY SIGNAL:

Preterit	Imperfect
anoche anteayer ayer de repente (*suddenly*) el fin de semana pasado el mes pasado el lunes pasado / el martes pasado, etc. esta mañana una vez, dos veces, etc.	a menudo cada semana / mes / año con frecuencia de vez en cuando (*once in a while*) frecuentemente mientras muchas veces siempre; todos los lunes / martes, etc. todas las semanas todos los días / meses / años

Note: The **pretérito** and the **imperfecto** can be used in the same sentence.

Veían la televisión cuando **sonó** el teléfono.   *They were watching television when the phone rang.*

In the preceding sentence, an action was going on (**veían**) when it was interrupted by another action (**sonó el teléfono**).

Capítulo 10 de ¡Anda! Curso elemental

Los mandatos informales

When you need to give orders, advise, or ask people to do something, you use commands. If you are addressing a friend or someone you normally address as **tú**, you use informal commands. You have been responding to **tú** commands since the beginning of *¡Anda! Curso elemental*: **escucha, escribe, abre tu libro en la página...**, etc.

1. The affirmative *tú* command form is the same as the *él, ella, Ud.* form of the present tense of the verb:

Infinitive	Present tense	Affirmative *tú* command
llen**ar**	él, ella, Ud.	llen**a**	llen**a**
le**er**	él, ella, Ud.	le**e**	le**e**
ped**ir**	él, ella, Ud.	pid**e**	pid**e**

Llen**a** el tanque.	*Fill the tank.*
Dobl**a** a la derecha.	*Turn to the right.*
Conduc**e** con cuidado.	*Drive carefully.*
Pid**e** permiso.	*Ask permission.*

There are eight common verbs that have irregular affirmative *tú* commands:

decir	→	**di**	ir	→	**ve**
hacer	→	**haz**	poner	→	**pon**
salir	→	**sal**	tener	→	**ten**
ser	→	**sé**	venir	→	**ven**

Sé respetuoso con los peatones.	*Be respectful of pedestrians.*
Ten cuidado al conducir.	*Be careful when driving.*
Ven al aeropuerto con tu pasaporte.	*Come to the airport with your passport.*
Pon las llaves en la mesa.	*Put the keys on the table.*

2. To form the negative *tú* (informal) commands:

1. Take the **yo** form of the present tense of the verb.

2. Drop the **-o** ending.

3. Add **-es** for **-ar** verbs, and add **-as** for **-er** and **-ir** verbs.

Infinitive	Present tense		Negative *tú* command
llen**ar**	yo llen**o**	+ es	no llen**es**
le**er**	yo le**o**	+ as	no le**as**
ped**ir**	yo pid**o**	+ as	no pid**as**

No llen**es** el tanque.	*Don't fill the tank.*
No dobl**es** a la derecha.	*Don't turn to the right.*
No conduz**cas** muy rápido.	*Don't drive very fast.*
No pid**as** permiso.	*Don't ask permission.*

Verbs ending in **-car**, **-gar**, and **-zar** have spelling changes in the negative **tú** command. These spelling changes are needed to preserve the sounds of the infinitive endings.

Infinitive	Present tense		Negative *tú* command
sa**car**	yo sa**co**	**c → qu**	no sa**ques**
lle**gar**	yo lle**go**	**g → gu**	no lle**gues**
empe**zar**	yo empie**zo**	**z → c**	no empie**ces**

3. Object and reflexive pronouns are used with *tú* commands in the following ways:

a. They are *attached* to the ends of *affirmative* commands. When a command is made up of more than two syllables, a written accent mark is placed over the stressed vowel.

Se pinchó una llanta. **¡Cámbiamela!**	*I've got a flat tire. Change it for me!*
Tu bicicleta no funciona. **Revísala.**	*Your bike does not work. Check it.*
Me gusta tu coche. **Préstamelo.**	*I like your car. Lend it to me.*
Es tarde. **Duérmete** mientras conduzco.	*It's late. Fall asleep while I drive.*

b. They are placed *before negative tú* commands.

No se nos pinchó una llanta. ¡No **me la** cambies!	*We don't have a flat tire. Don't change it for me!*
Tu bicicleta funciona. No **la** revises.	*Your bicycle works. Don't check it.*
No me gusta tu coche. No **me lo** prestes.	*I don't like your car. Don't lend it to me.*
No es tarde. No **te** duermas mientras conduzco.	*It's not late. Don't fall asleep while I drive.*

Los mandatos formales

When you need to influence others by making a request, giving advice, giving instructions, or giving orders to people you normally treat as **Ud.** or **Uds.**, you are going to use a different set of commands: **formal** commands. The forms of these commands are similar to the negative **tú** command forms.

1. To form the Ud. and Uds. commands:

1. Take the **yo** form of the present tense of the verb.

2. Drop the **-o** ending.

3. Add **-e(n)** for **-ar** verbs, and add **-a(n)** for **-er** and **-ir** verbs.

Infinitive	Present tense		Ud. commands	Uds. commands
limpi**ar**	yo limpi**o**	+ e(n)	(no) limpi**e**	(no) limpi**en**
le**er**	yo le**o**	+ a(n)	(no) le**a**	(no) le**an**
ped**ir**	yo pid**o**	+ a(n)	(no) pid**a**	(no) pid**an**

Llene el tanque. **Llénelo.** *Fill up the tank. Fill it.*

No limpie el parabrisas. **No lo limpie.** *Don't clean the windshield. Don't clean it.*

Conduzca el camión. **Condúzcalo.** *Drive the truck. Drive it.*

No ponga esa gasolina cara en el coche. **No la ponga** en el coche. *Don't put that expensive gasoline in the car. Don't put it in the car.*

Traiga su licencia. **Tráigala.** *Bring your license. Bring it.*

No busquen sus llaves. **No las busquen.** *Don't look for your keys. Don't look for them.*

2. Verbs ending in -*car*, -*gar*, and -*zar* have spelling changes in the *Ud.* and *Uds.* commands. These spelling changes are needed to preserve the sounds of the infinitive endings.

Infinitive	Present tense		*Ud/Uds.* commands
sac**ar**	yo sa**c**o	**c → qu**	sa**que**(n)
lleg**ar**	yo lle**g**o	**g → gu**	lle**gue**(n)
empez**ar**	yo empie**z**o	**z → c**	empie**ce**(n)

3. These verbs also have irregular forms for the *Ud. / Uds.* commands:

dar	**dé(n)**	ir	**vaya(n)**	ser	**sea(n)**
estar	**esté(n)**	saber	**sepa(n)**		

4. Finally, compare the forms of the *tú* and *Ud. / Uds.* commands:

	Tú commands		*Ud. / Uds.* commands	
	Affirmative	**Negative**	**Affirmative**	**Negative**
hablar	habl**a**	no habl**es**	habl**e**(**n**)	no habl**e**(**n**)
comer	com**e**	no com**as**	com**a**(**n**)	no com**a**(**n**)
pedir	pid**e**	no pid**as**	pid**a**(**n**)	no pid**a**(**n**)

El comparativo y el superlativo

El comparativo

Just as English does, Spanish uses comparisons to specify which of two people, places, or things has a lesser, equal, or greater degree of a particular quality.

1. The formula for comparing unequal things follows the same pattern as in English:

más + *adjective / adverb / noun* + **que** *more ... than*

menos + *adjective / adverb / noun* + **que** *less ... than*

Los hoteles son **más** caros **que** los moteles. *Hotels are **more** expensive **than** motels.*

Este botones sube las maletas **más** rápidamente **que** aquel botones. *This bellhop brings up the suitcases **faster than** that bellhop.*

En esta ciudad hay **menos** hoteles **que** moteles. *In this city there are **fewer** hotels **than** motels.*

• When comparing numbers, **de** is used instead of **que**:

El Hotel Estrella de Bogotá tiene **más de** doscientos cuartos. *The Hotel Estrella in Bogotá has **more than** two hundred rooms.*

2. The formula for comparing two or more *equal* things also follows the same pattern as in English:

tan + *adjective / adverb* + **como** *as ... as*

tanto(a/os/as) + *noun* + **como** *as much / many ... as*

La agencia de viajes Mundotur es **tan** conocida **como** la agencia Sol. *The Mundotur travel agency is **as** well known **as** the Sol travel agency.*

Estos vuelos son **tan** caros **como** esos. *These flights are **as** expensive **as** those.*

Mi coche va **tan** rápido **como** un coche de carreras. *My car is **as** fast **as** a race car.*

No tengo **tantas** maletas **como** tú. *I don't have **as many** suitcases **as** you (do).*

No hay **tanto** tráfico **como** ayer. *There isn't **as much** traffic **as** yesterday.*

El superlativo

1. To compare three or more people or things, use the superlative. The formula for expressing the superlative is: **el, la, los, las** (*noun*) + **más / menos** + *adjective* (+ **de**)

La agencia de viajes Viking es **la** agencia **más** popular **de** nuestro pueblo. *The Viking Travel Agency is the most popular (travel) agency in our town.*

—¿Es el aeropuerto Hartsfield de Atlanta **el** aeropuerto **más** concurrido **de** los Estados Unidos? *Is Atlanta's Hartsfield Airport the busiest airport in the United States?*

—Sí, ¡y el aeropuerto de mi ciudad es **el menos** concurrido! *Yes, and my city's airport is the least busy!*

2. The following adjectives have irregular comparative and superlative forms.

Adjective		Comparative		Superlative	
bueno/a	*good*	**mejor**	*better*	**el/la mejor**	*the best*
malo/a	*bad*	**peor**	*worse*	**el/la peor**	*the worst*
joven	*young*	**menor**	*younger*	**el/la menor**	*the youngest*
viejo/a	*old*	**mayor**	*older*	**el/la mayor**	*the eldest*

Comparative:

Mi clase de español es **mejor que** mis otras clases. *My Spanish class is better than my other classes.*

Superlative:

Mi clase de español es **la mejor de** mis clases. *My Spanish class is the best (one) of my classes.*

Capítulo 11 de ¡Anda! Curso elemental

El presente progresivo

If you want to emphasize that an action is **occurring at the moment and is in progress,** you can use the ***present progressive*** tense rather than the present indicative.

The English present progressive is made up of a form of the verb ***to be + present participle (-ing)***. Look at the following sentences and formulate a rule for creating the present progressive in Spanish. Use the following questions to guide you.

—¿Qué *estás* **haciendo** este verano?

What are you doing this summer?

—*Estoy* **trabajando** en una granja, **cuidando** muchos animales.

I'm working on a farm, taking care of a lot of animals.

—¿Qué *están* **haciendo** Uds. para proteger el medio ambiente?

What are you all doing to protect the environment?

—*Estamos* **reciclando** el plástico y el vidrio y **reutilizando** el papel.

We are recycling plastic and glass and reusing paper.

Direct object pronouns, indirect object pronouns, and reflexive pronouns can either be placed before the conjugated form of **estar** or attached to the present participle:

—¿El plástico y el vidrio? **Los** estamos reciclando para proteger el medio ambiente.

—¿El plástico y el vidrio? Estamos reciclándo**los** para proteger el medio ambiente.

Plastic and glass? We are recycling them to protect the environment.

NOTE: The following are some verbs that have irregular forms in this tense.

decir	→	diciendo
mentir	→	mintiendo
pedir	→	pidiendo
preferir	→	prefiriendo
perseguir	→	persiguiendo
repetir	→	repitiendo
seguir	→	siguiendo
servir	→	sirviendo
dormir	→	durmiendo
morir	→	muriendo
creer	→	creyendo
ir	→	yendo
leer	→	leyendo

El subjuntivo

In Spanish, *tenses* such as the present, past, and future are grouped under two different moods, the **indicative** mood and the **subjunctive** mood.

Up to this point you have studied tenses grouped under the *indicative* mood (with the exception of commands) to report what happened, is happening, or will happen. The *subjunctive* mood, on the other hand, is used to express doubt,

insecurity, influence, opinion, feelings, hope, wishes, or desires that can be happening now, have happened in the past, or will happen in the future.

Present subjunctive

To form the subjunctive, take the **yo** form of the present indicative, drop the final **-o**, and add the following endings.

Present indicative	*yo* form		Present subjunctive
estudiar	estudiø	+ e	**estudie**
comer	comø	+ a	**coma**
vivir	vivø	+ a	**viva**

	estudiar	comer	vivir
yo	estudi**e**	com**a**	viv**a**
tú	estudi**es**	com**as**	viv**as**
Ud.	estudi**e**	com**a**	viv**a**
él, ella	estudi**e**	com**a**	viv**a**
nosotros/as	estudi**emos**	com**amos**	viv**amos**
vosotros/as	estudi**éis**	com**áis**	viv**áis**
Uds.	estudi**en**	com**an**	viv**an**
ellos/as	estudi**en**	com**an**	viv**an**

Irregular forms

- Verbs with irregular **yo** forms maintain this irregularity in all forms of the present subjunctive. Note the following examples.

	conocer	hacer	poner	venir
yo	cono**zca**	ha**ga**	pon**ga**	ven**ga**
tú	cono**zcas**	ha**gas**	pon**gas**	ven**gas**
Ud.	cono**zca**	ha**ga**	pon**ga**	ven**ga**
él, ella	cono**zca**	ha**ga**	pon**ga**	ven**ga**
nosotros/as	cono**zcamos**	ha**gamos**	pon**gamos**	ven**gamos**
vosotros/as	cono**zcáis**	ha**gáis**	pon**gáis**	ven**gáis**
Uds.	cono**zcan**	ha**gan**	pon**gan**	ven**gan**
ellos/as	cono**zcan**	ha**gan**	pon**gan**	ven**gan**

- Verbs ending in **-car, -gar,** and **-zar** have spelling changes in all present subjunctive forms, in order to maintain the sound of the infinitive.

		Present indicative	Present subjunctive
buscar	c → qu	**yo** bus**c**o	bus**que**
pagar	g → gu	**yo** pa**g**o	pa**gue**
empezar	z → c	**yo** empie**z**o	empie**ce**

	buscar	pagar	empezar
yo	bus**que**	pa**gue**	empie**ce**
tú	bus**ques**	pa**gues**	empie**ces**
Ud.	bus**que**	pa**gue**	empie**ce**
él, ella	bus**que**	pa**gue**	empie**ce**
nosotros/as	bus**que**mos	pa**gue**mos	empe**ce**mos
vosotros/as	bus**qué**is	pa**gué**is	empe**cé**is
Uds.	bus**quen**	pa**guen**	empie**cen**
ellos/as	bus**quen**	pa**guen**	empie**cen**

Stem-changing verbs

In the present subjunctive, stem-changing **-ar** and **-er** verbs make the same vowel changes that they do in the present indicative: **e → ie** and **o → ue**. Also, as in the present indicative, the **nosotros** and **vosotros** forms do not have a stem change.

	pensar (e → ie)	poder (o → ue)
yo	piense	pueda
tú	pienses	puedas
Ud.	piense	pueda
él, ella	piense	pueda
nosotros/as	p**e**nsemos	p**o**damos
vosotros/as	p**e**nséis	p**o**dáis
Uds.	piensen	puedan
ellos/as	piensen	puedan

The pattern is different with the **-ir** stem-changing verbs. In addition to their usual changes of **e → ie**, **e → i**, and **o → ue**, in the **nosotros** and **vosotros** forms the stem vowels change **ie → i** and **ue → u**.

	sentir (e → ie, i)	dormir (o → ue, u)
yo	sienta	duerma
tú	sientas	duermas
Ud.	sienta	duerma
él, ella	sienta	duerma
nosotros/as	s**i**ntamos	d**u**rmamos
vosotros/as	s**i**ntáis	d**u**rmáis
Uds.	sientan	duerman
ellos/as	sientan	duerman

The **e → i** stem-changing verbs keep the change in all forms.

	pedir (e → i, i)
yo	pida
tú	pidas
Ud.	pida
él, ella	pida
nosotros/as	pidamos
vosotros/as	pidáis
Uds.	pidan
ellos/as	pidan

Irregular verbs in the present subjunctive

- The following verbs are irregular in the subjunctive.

	dar	estar	saber	ser	ir
yo	dé	esté	sepa	sea	vaya
tú	des	estés	sepas	seas	vayas
Ud.	dé	esté	sepa	sea	vaya
él, ella	dé	esté	sepa	sea	vaya
nosotros/as	demos	estemos	sepamos	seamos	vayamos
vosotros/as	deis	estéis	sepáis	seáis	vayáis
Uds.	den	estén	sepan	sean	vayan
ellos/as	den	estén	sepan	sean	vayan

Dar has written accents on the first- and third-person singular forms (**dé**) to distinguish them from the preposition **de**. All forms of **estar,** except the **nosotros** form, have written accents in the present subjunctive.

Using the subjunctive

One of the uses of the subjunctive is with fixed expressions that communicate opinion, doubt, probability, and wishes. They are always followed by the subjunctive.

Opinion

Es bueno / malo / mejor que…	*It's good / bad / better that…*
Es importante que…	*It's important that…*
Es increíble que…	*It's incredible that…*
Es una lástima que…	*It's a pity that…*
Es necesario que…	*It's necessary that…*
Es preferible que…	*It's preferable that…*
Es raro que…	*It's rare that…*

Doubt and probability

Es dudoso que…	*It's doubtful that…*
Es imposible que…	*It's impossible that…*
Es improbable que…	*It's unlikely that…*
Es posible que…	*It's possible that…*
Es probable que…	*It's likely that…*

Wishes and hopes

Ojalá (que)…	*Let's hope that… / Hopefully…*
Es necesario que votemos en todas las elecciones.	*It's necessary that we vote in all elections.*
Es una lástima que algunas personas no se metan en la política.	*It's a shame that some people don't get involved in politics.*
Ojalá (que) haya menos delincuencia en nuestra ciudad con el nuevo alcalde.	*Let's hope that there is less crime in our city with our new mayor.*

Por y para

As you have seen, Spanish has two main words to express *for:* **por** and **para.** They have distinct uses and are not interchangeable.

POR is used to express:	PARA is used to express:
1. Duration of time (*during, for*) El presidente ocupa la presidencia **por** cuatro años consecutivos. *The president holds the presidency for four consecutive years.* El alcalde habló **por** más de media hora. *The mayor spoke for more than a half hour.*	**1. Point in time or a deadline** (*for, by*) Es dudoso que todos los problemas se solucionen **para** el final de su presidencia. *It is doubtful that all the problems will be solved by the end of her presidency.* Es importante que bajemos los impuestos **para** el próximo año. *It is important that we lower taxes by next year.*
2. Movement or location (*through, along, past, around*) Los candidatos van **por** la calle hablando con la gente. *The candidates are going through the streets talking with the people.* El rey saluda **por** la ventana. *The king is waving through the window.*	**2. Destination** (*for*) La reina sale hoy **para** Puerto Rico. *The queen leaves for Puerto Rico today.* Los diputados se fueron **para** el Capitolio. *The representatives left for the Capitol.*
3. Motive (*on account of, because of, for*) Decidimos meternos en política **por** nuestros hijos. Queremos asegurarles un futuro mejor. *We decided to get involved in politics because of our children. We want to assure them a better future.* En resumen, nos dijeron que hay que reciclar **por** el futuro de nuestro planeta. *In short, they told us that we must recycle for the future of our planet.*	**3. Recipients or intended person or persons** (*for*) Mi hermano escribe discursos **para** la gobernadora. *My brother writes speeches for the governor.* Necesitamos un avión **para** el dictador. *We need a plane for the dictator.*
4. Exchange (*in exchange for*) Gracias **por** su ayuda, señora Presidenta. *Thank you for your help, Madam President.* Limpiaron el vertedero **por** diez mil dólares. *They cleaned the dump for ten thousand dollars.*	**4. Comparison** (*for*) **Para** un hombre que sabe tanto de la política, no tiene ni idea sobre la delincuencia de nuestras calles. *For a man who knows so much about politics, he has no idea about the crime on our streets.* La tasa de desempleo es bastante baja **para** un país en desarrollo. *The unemployment rate is quite low for a developing country.*
5. Means (*by*) Los diputados discutieron los resultados de las elecciones **por** teléfono. *The representatives argued about the election results over the phone.* ¿Los reyes van a viajar **por** barco o **por** avión? *Are the king and queen going to travel by ship or by plane?*	**5. Purpose or goal** (*to, in order to*) **Para** recibir más votos, la candidata necesita proponer soluciones **para** los problemas con la deuda externa. *(In order) to receive more votes, the candidate needs to propose solutions for the problems with foreign debt.* Hay que luchar contra la contaminacón **para** proteger el medio ambiente. *One needs to fight pollution to protect the environment.*

Las preposiciones y los pronombres preposicionales

Besides the prepositions **por** and **para,** there is a variety of useful prepositions and prepositional phrases, many of which you have already been using throughout *¡Anda! Curso elemental.* Study the following list to review the ones you already know and to acquaint yourself with those that may be new to you.

a	*to; at*
a la derecha de	*to the right of*
a la izquierda de	*to the left of*
acerca de	*about*
(a)fuera de	*outside of*
al lado de	*next to*
antes de	*before* (time / space)
cerca de	*near*
con	*with*
de	*of; from; about*

debajo de	*under; underneath*
delante de	*in front of*
dentro de	*inside of*
desde	*from*
después de	*after*
detrás de	*behind*
en	*in*
encima de	*on top of*
enfrente de	*across from; facing*
entre	*among; between*
hasta	*until*
lejos de	*far from*
para	*for; in order to*
por	*for; through; by; because of*
según	*according to*
sin	*without*
sobre	*over; about*

El centro de reciclaje está **a la derecha del** supermercado.	*The recycling center is to the right of the supermarket.*
La alcadesa va a hablar **acerca de** los problemas que tenemos con la protección del cocodrilo cubano.	*The mayor is going to speak about the problems we are having with the protection of the Cuban crocodile.*
Vimos un montón de plástico **encima del** papel.	*We saw a mountain of plastic on top of the paper.*
Quieren sembrar flores **enfrente del** vertedero.	*They want to plant flowers in front of the dump.*
El proyecto no puede tener éxito **sin** el apoyo del gobierno local.	*The project cannot be successful without the support of the local government.*

Los pronombres preposicionales

Study the list of pronouns that are used following prepositions.

mí	*me*	**nosotros/as**	*us*
ti	*you*	**vosotros/as**	*you*
usted	*you*	**ustedes**	*you*
él	*him*	**ellos**	*them*
ella	*her*	**ellas**	*them*

Para mí, es muy importante resolver el problema de la lluvia ácida.	*For me, it's really important to solve the problem of acid rain.*
¿Qué candidato está sentado **enfrente de ti**?	*Which candidate is seated in front of you?*
Se fueron de la huelga **sin nosotros.**	*They left the strike without us.*
Trabajamos **con ellos** para proteger el medio ambiente.	*We work with them to protect the environment.*

Note that **con** has two special forms:

1. con + mí = **conmigo** *with me*
—¿Vienes **conmigo** al discurso?
Are you coming with me to listen to the speech?

2. con + ti = **contigo** *with you*
—Sí, voy **contigo**.
Yes, I'm going with you.

El infinitivo después de preposiciones

In Spanish, if you need to use a verb immediately after a preposition, it must always be in the **infinitive** form. Study the following examples:

Antes de reciclar las latas debes limpiarlas.	*Before recycling the cans, you should clean them.*
Después de pisar la hormiga, la niña empezó a llorar.	*After stepping on the ant, the little girl began to cry.*
Es fácil decidir **entre reciclar y botar**.	*It is easy to decide between recycling and throwing away.*
Necesitamos trabajar con personas de todos los países **para proteger** mejor la Tierra.	*We need to work with people from all countries in order to better protect the Earth.*
Ganaste el premio **por estar** tan interesado en el medio ambiente.	*You won the prize for being so interested in the environment.*
No podemos vivir **sin trabajar** juntos.	*We cannot live without working together.*

APPENDIX 4

Verb Charts

Regular Verbs: Simple Tenses

Infinitive / Present Participle / Past Participle	Indicative					Subjunctive		Imperative
	Present	Imperfect	Preterit	Future	Conditional	Present	Imperfect	Commands
hablar hablando hablado	hablo hablas habla hablamos habláis hablan	hablaba hablabas hablaba hablábamos hablabais hablaban	hablé hablaste habló hablamos hablasteis hablaron	hablaré hablarás hablará hablaremos hablaréis hablarán	hablaría hablarías hablaría hablaríamos hablaríais hablarían	hable hables hable hablemos habléis hablen	hablara hablaras hablara habláramos hablarais hablaran	habla (tú), no hables hable (usted) hablemos hablad (vosotros), no habléis hablen (Uds.)
comer comiendo comido	como comes come comemos coméis comen	comía comías comía comíamos comíais comían	comí comiste comió comimos comisteis comieron	comeré comerás comerá comeremos comeréis comerán	comería comerías comería comeríamos comeríais comerían	coma comas coma comamos comáis coman	comiera comieras comiera comiéramos comierais comieran	come (tú), no comas coma (usted) comamos comed (vosotros), no comáis coman (Uds.)
vivir viviendo vivido	vivo vives vive vivimos vivís viven	vivía vivías vivía vivíamos vivíais vivían	viví viviste vivió vivimos vivisteis vivieron	viviré vivirás vivirá viviremos viviréis vivirán	viviría vivirías viviría viviríamos viviríais vivirían	viva vivas viva vivamos viváis vivan	viviera vivieras viviera viviéramos vivierais vivieran	vive (tú), no vivas viva (usted) vivamos vivid (vosotros), no viváis vivan (Uds.)

Regular Verbs: Perfect Tenses

Indicative										Subjunctive			
Present Perfect		Past Perfect		Preterit Perfect		Future Perfect		Conditional Perfect		Present Perfect		Past Perfect	
he has ha hemos habéis han	hablado comido vivido	había habías había habíamos habíais habían	hablado comido vivido	hube hubiste hubo hubimos hubisteis hubieron	hablado comido vivido	habré habrás habrá habremos habréis habrán	hablado comido vivido	habría habrías habría habríamos habríais habrían	hablado comido vivido	haya hayas haya hayamos hayáis hayan	hablado comido vivido	hubiera hubieras hubiera hubiéramos hubierais hubieran	hablado comido vivido

Irregular Verbs

Infinitive Present Participle Past Participle	Indicative					Subjunctive		Imperative
	Present	Imperfect	Preterit	Future	Conditional	Present	Imperfect	Commands
andar andando andado	ando andas anda andamos andáis andan	andaba andabas andaba andábamos andabais andaban	anduve anduviste anduvo anduvimos anduvisteis anduvieron	andaré andarás andará andaremos andaréis andarán	andaría andarías andaría andaríamos andaríais andarían	ande andes ande andemos andéis anden	anduviera anduvieras anduviera anduviéramos anduvierais anduvieran	anda (tú), no andes ande (usted) andemos andad (vosotros), no andéis anden (Uds.)
caer cayendo caído	caigo caes cae caemos caéis caen	caía caías caía caíamos caíais caían	caí caíste cayó caímos caísteis cayeron	caeré caerás caerá caeremos caeréis caerán	caería caerías caería caeríamos caeríais caerían	caiga caigas caiga caigamos caigáis caigan	cayera cayeras cayera cayéramos cayerais cayeran	cae (tú), no caigas caiga (usted) caigamos caed (vosotros), no caigáis caigan (Uds.)
dar dando dado	doy das da damos dais dan	daba dabas daba dábamos dabais daban	di diste dio dimos disteis dieron	daré darás dará daremos daréis darán	daría darías daría daríamos daríais darían	dé des dé demos deis den	diera dieras diera diéramos dierais dieran	da (tú), no des dé (usted) demos dad (vosotros), no deis den (Uds.)
decir diciendo dicho	digo dices dice decimos decís dicen	decía decías decía decíamos decíais decían	dije dijiste dijo dijimos dijisteis dijeron	diré dirás dirá diremos diréis dirán	diría dirías diría diríamos diríais dirían	diga digas diga digamos digáis digan	dijera dijeras dijera dijéramos dijerais dijeran	di (tú), no digas diga (usted) digamos decid (vosotros), no digáis digan (Uds.)

Irregular Verbs (continued)

Infinitive Present Participle Past Participle	Indicative						Subjunctive		Imperative
	Present	Imperfect	Preterit	Future	Conditional		Present	Imperfect	Commands
estar estando estado	estoy estás está estamos estáis están	estaba estabas estaba estábamos estabais estaban	estuve estuviste estuvo estuvimos estuvisteis estuvieron	estaré estarás estará estaremos estaréis estarán	estaría estarías estaría estaríamos estaríais estarían		esté estés esté estemos estéis estén	estuviera estuvieras estuviera estuviéramos estuvierais estuvieran	está (tú), no estés esté (usted) estemos estad (vosotros), no estéis estén (Uds.)
haber habiendo habido	he has ha hemos habéis han	había habías había habíamos habíais habían	hube hubiste hubo hubimos hubisteis hubieron	habré habrás habrá habremos habréis habrán	habría habrías habría habríamos habríais habrían		haya hayas haya hayamos hayáis hayan	hubiera hubieras hubiera hubiéramos hubierais hubieran	
hacer haciendo hecho	hago haces hace hacemos hacéis hacen	hacía hacías hacía hacíamos hacíais hacían	hice hiciste hizo hicimos hicisteis hicieron	haré harás hará haremos haréis harán	haría harías haría haríamos haríais harían		haga hagas haga hagamos hagáis hagan	hiciera hicieras hiciera hiciéramos hicierais hicieran	haz (tú), no hagas haga (usted) hagamos haced (vosotros), no hagáis hagan (Uds.)
ir yendo ido	voy vas va vamos vais van	iba ibas iba íbamos ibais iban	fui fuiste fue fuimos fuisteis fueron	iré irás irá iremos iréis irán	iría irías iría iríamos iríais irían		vaya vayas vaya vayamos vayáis vayan	fuera fueras fuera fuéramos fuerais fueran	ve (tú), no vayas vaya (usted) vamos, no vayamos id (vosotros), no vayáis vayan (Uds.)
oír oyendo oído	oigo oyes oye oímos oís oyen	oía oías oía oíamos oíais oían	oí oíste oyó oímos oísteis oyeron	oiré oirás oirá oiremos oiréis oirán	oiría oirías oiría oiríamos oiríais oirían		oiga oigas oiga oigamos oigáis oigan	oyera oyeras oyera oyéramos oyerais oyeran	oye (tú), no oigas oiga (usted) oigamos oíd (vosotros), no oigáis oigan (Uds.)

Irregular Verbs (continued)

Infinitive Present Participle Past Participle	Indicative					Subjunctive		Imperative
	Present	Imperfect	Preterit	Future	Conditional	Present	Imperfect	Commands
poder pudiendo podido	puedo puedes puede podemos podéis pueden	podía podías podía podíamos podíais podían	pude pudiste pudo pudimos pudisteis pudieron	podré podrás podrá podremos podréis podrán	podría podrías podría podríamos podríais podrían	pueda puedas pueda podamos podáis puedan	pudiera pudieras pudiera pudiéramos pudierais pudieran	
poner poniendo puesto	pongo pones pone ponemos ponéis ponen	ponía ponías ponía poníamos poníais ponían	puse pusiste puso pusimos pusisteis pusieron	pondré pondrás pondrá pondremos pondréis pondrán	pondría pondrías pondría pondríamos pondríais pondrían	ponga pongas ponga pongamos pongáis pongan	pusiera pusieras pusiera pusiéramos pusierais pusieran	pon (tú), no pongas ponga (usted) pongamos poned (vosotros), no pongáis pongan (Uds.)
querer queriendo querido	quiero quieres quiere queremos queréis quieren	quería querías quería queríamos queríais querían	quise quisiste quiso quisimos quisisteis quisieron	querré querrás querrá querremos querréis querrán	querría querrías querría querríamos querríais querrían	quiera quieras quiera queramos queráis quieran	quisiera quisieras quisiera quisiéramos quisierais quisieran	quiere (tú), no quieras quiera (usted) queramos quered (vosotros), no queráis quieran (Uds.)
saber sabiendo sabido	sé sabes sabe sabemos sabéis saben	sabía sabías sabía sabíamos sabíais sabían	supe supiste supo supimos supisteis supieron	sabré sabrás sabrá sabremos sabréis sabrán	sabría sabrías sabría sabríamos sabríais sabrían	sepa sepas sepa sepamos sepáis sepan	supiera supieras supiera supiéramos supierais supieran	sabe (tú), no sepas sepa (usted) sepamos sabed (vosotros), no sepáis sepan (Uds.)
salir saliendo salido	salgo sales sale salimos salís salen	salía salías salía salíamos salíais salían	salí saliste salió salimos salisteis salieron	saldré saldrás saldrá saldremos saldréis saldrán	saldría saldrías saldría saldríamos saldríais saldrían	salga salgas salga salgamos salgáis salgan	saliera salieras saliera saliéramos salierais salieran	sal (tú), no salgas salga (usted) salgamos salid (vosotros), no salgáis salgan (Uds.)

Irregular Verbs (*continued*)

Infinitive / Present Participle / Past Participle	Indicative Present	Imperfect	Preterit	Future	Conditional	Subjunctive Present	Imperfect	Imperative Commands
ser / siendo / sido	soy eres es somos sois son	era eras era éramos erais eran	fui fuiste fue fuimos fuisteis fueron	seré serás será seremos seréis serán	sería serías sería seríamos seríais serían	sea seas sea seamos seáis sean	fuera fueras fuera fuéramos fuerais fueran	sé (tú), no seas sea (usted) seamos sed (vosotros), no seáis sean (Uds.)
tener / teniendo / tenido	tengo tienes tiene tenemos tenéis tienen	tenía tenías tenía teníamos teníais tenían	tuve tuviste tuvo tuvimos tuvisteis tuvieron	tendré tendrás tendrá tendremos tendréis tendrán	tendría tendrías tendría tendríamos tendríais tendrían	tenga tengas tenga tengamos tengáis tengan	tuviera tuvieras tuviera tuviéramos tuvierais tuvieran	ten (tú), no tengas tenga (usted) tengamos tened (vosotros), no tengáis tengan (Uds.)
traer / trayendo / traído	traigo traes trae traemos traéis traen	traía traías traía traíamos traíais traían	traje trajiste trajo trajimos trajisteis trajeron	traeré traerás traerá traeremos traeréis traerán	traería traerías traería traeríamos traeríais traerían	traiga traigas traiga traigamos traigáis traigan	trajera trajeras trajera trajéramos trajerais trajeran	trae (tú), no traigas traiga (usted) traigamos traed (vosotros), no traigáis traigan (Uds.)
venir / viniendo / venido	vengo vienes viene venimos venís vienen	venía venías venía veníamos veníais venían	vine viniste vino vinimos vinisteis vinieron	vendré vendrás vendrá vendremos vendréis vendrán	vendría vendrías vendría vendríamos vendríais vendrían	venga vengas venga vengamos vengáis vengan	viniera vinieras viniera viniéramos vinierais vinieran	ven (tú), no vengas venga (usted) vengamos venid (vosotros), no vengáis vengan (Uds.)
ver / viendo / visto	veo ves ve vemos veis ven	veía veías veía veíamos veíais veían	vi viste vio vimos visteis vieron	veré verás verá veremos veréis verán	vería verías vería veríamos veríais verían	vea veas vea veamos veáis vean	viera vieras viera viéramos vierais vieran	ve (tú), no veas vea (usted) veamos ved (vosotros), no veáis vean (Uds.)

Stem-Changing and Orthographic-Changing Verbs

Infinitive / Present Participle / Past Participle	Indicative Present	Imperfect	Preterit	Future	Conditional	Subjunctive Present	Imperfect	Imperative Commands
almorzar (ue) (c) almorzando almorzado	almuerzo almuerzas almuerza almorzamos almorzáis almuerzan	almorzaba almorzabas almorzaba almorzábamos almorzabais almorzaban	almorcé almorzaste almorzó almorzamos almorzasteis almorzaron	almorzaré almorzarás almorzará almorzaremos almorzaréis almorzarán	almorzaría almorzarías almorzaría almorzaríamos almorzaríais almorzarían	almuerce almuerces almuerce almorcemos almorcéis almuercen	almorzara almorzaras almorzara almorzáramos almorzarais almorzaran	almuerza (tú), no almuerces almuerce (usted) almorcemos almorzad (vosotros), no almorcéis almuercen (Uds.)
buscar (qu) buscando buscado	busco buscas busca buscamos buscáis buscan	buscaba buscabas buscaba buscábamos buscabais buscaban	busqué buscaste buscó buscamos buscasteis buscaron	buscaré buscarás buscará buscaremos buscaréis buscarán	buscaría buscarías buscaría buscaríamos buscaríais buscarían	busque busques busque busquemos busquéis busquen	buscara buscaras buscara buscáramos buscarais buscaran	busca (tú), no busques busque (usted) busquemos buscad (vosotros), no busquéis busquen (Uds.)
corregir (i, i) (j) corrigiendo corregido	corrijo corriges corrige corregimos corregís corrigen	corregía corregías corregía corregíamos corregíais corregían	corregí corregiste corrigió corregimos corregisteis corrigieron	corregiré corregirás corregirá corregiremos corregiréis corregirán	corregiría corregirías corregiría corregiríamos corregiríais corregirían	corrija corrijas corrija corrijamos corrijáis corrijan	corrigiera corrigieras corrigiera corrigiéramos corrigierais corrigieran	corrige (tú), no corrijas corrija (usted) corrijamos corregid (vosotros), no corrijáis corrijan (Uds.)
dormir (ue, u) durmiendo dormido	duermo duermes duerme dormimos dormís duermen	dormía dormías dormía dormíamos dormíais dormían	dormí dormiste durmió dormimos dormisteis durmieron	dormiré dormirás dormirá dormiremos dormiréis dormirán	dormiría dormirías dormiría dormiríamos dormiríais dormirían	duerma duermas duerma durmamos durmáis duerman	durmiera durmieras durmiera durmiéramos durmierais durmieran	duerme (tú), no duermas duerma (usted) durmamos dormid (vosotros), no durmáis duerman (Uds.)
incluir (y) incluyendo incluido	incluyo incluyes incluye incluimos incluís incluyen	incluía incluías incluía incluíamos incluíais incluían	incluí incluiste incluyó incluimos incluisteis incluyeron	incluiré incluirás incluirá incluiremos incluiréis incluirán	incluiría incluirías incluiría incluiríamos incluiríais incluirían	incluya incluyas incluya incluyamos incluyáis incluyan	incluyera incluyeras incluyera incluyéramos incluyerais incluyeran	incluye (tú), no incluyas incluya (usted) incluyamos incluid (vosotros), no incluyáis incluyan (Uds.)

Stem-Changing and Orthographic-Changing Verbs (continued)

Infinitive / Present Participle / Past Participle	Indicative					Subjunctive		Imperative
	Present	Imperfect	Preterit	Future	Conditional	Present	Imperfect	Commands
llegar (gu) llegando llegado	llego llegas llega llegamos llegáis llegan	llegaba llegabas llegaba llegábamos llegabais llegaban	llegué llegaste llegó llegamos llegasteis llegaron	llegaré llegarás llegará llegaremos llegaréis llegarán	llegaría llegarías llegaría llegaríamos llegaríais llegarían	llegue llegues llegue lleguemos lleguéis lleguen	llegara llegaras llegara llegáramos llegarais llegaran	llega (tú), no llegues llegue (usted) lleguemos llegad (vosotros), no lleguéis lleguen (Uds.)
pedir (i, i) pidiendo pedido	pido pides pide pedimos pedís piden	pedía pedías pedía pedíamos pedíais pedían	pedí pediste pidió pedimos pedisteis pidieron	pediré pedirás pedirá pediremos pediréis pedirán	pediría pedirías pediría pediríamos pediríais pedirían	pida pidas pida pidamos pidáis pidan	pidiera pidieras pidiera pidiéramos pidierais pidieran	pide (tú), no pidas pida (usted) pidamos pedid (vosotros), no pidáis pidan (Uds.)
pensar (ie) pensando pensado	pienso piensas piensa pensamos pensáis piensan	pensaba pensabas pensaba pensábamos pensabais pensaban	pensé pensaste pensó pensamos pensasteis pensaron	pensaré pensarás pensará pensaremos pensaréis pensarán	pensaría pensarías pensaría pensaríamos pensaríais pensarían	piense pienses piense pensemos penséis piensen	pensara pensaras pensara pensáramos pensarais pensaran	piensa (tú), no pienses piense (usted) pensemos pensad (vosotros), no penséis piensen (Uds.)
producir (zc) (j) produciendo producido	produzco produces produce producimos producís producen	producía producías producía producíamos producíais producían	produje produjiste produjo produjimos produjisteis produjeron	produciré producirás producirá produciremos produciréis producirán	produciría producirías produciría produciríamos produciríais producirían	produzca produzcas produzca produzcamos produzcáis produzcan	produjera produjeras produjera produjéramos produjerais produjeran	produce (tú), no produzcas produzca (usted) produzcamos producid (vosotros), no produzcáis produzcan (Uds.)
reír (i, i) riendo reído	río ríes ríe reímos reís ríen	reía reías reía reíamos reíais reían	reí reíste rio reímos reísteis rieron	reiré reirás reirá reiremos reiréis reirán	reiría reirías reiría reiríamos reiríais reirían	ría rías ría riamos riáis rían	riera rieras riera riéramos rierais rieran	ríe (tú), no rías ría (usted) riamos reíd (vosotros), no riáis rían (Uds.)

Stem-Changing and Orthographic-Changing Verbs (*continued*)

Infinitive / Present Participle / Past Participle	Indicative					Subjunctive		Imperative
	Present	Imperfect	Preterit	Future	Conditional	Present	Imperfect	Commands
seguir (i, i) (ga) siguiendo seguido	sigo sigues sigue seguimos seguís siguen	seguía seguías seguía seguíamos seguíais seguían	seguí seguiste siguió seguimos seguisteis siguieron	seguiré seguirás seguirá seguiremos seguiréis seguirán	seguiría seguirías seguiría seguiríamos seguiríais seguirían	siga sigas siga sigamos sigáis sigan	siguiera siguieras siguiera siguiéramos siguierais siguieran	sigue (tú), no sigas siga (usted) sigamos seguid (vosotros), no sigáis sigan (Uds.)
sentir (ie, i) sintiendo sentido	siento sientes siente sentimos sentís sienten	sentía sentías sentía sentíamos sentíais sentían	sentí sentiste sintió sentimos sentisteis sintieron	sentiré sentirás sentirá sentiremos sentiréis sentirán	sentiría sentirías sentiría sentiríamos sentiríais sentirían	sienta sientas sienta sintamos sintáis sientan	sintiera sintieras sintiera sintiéramos sintierais sintieran	siente (tú), no sientas sienta (usted) sintamos sentid (vosotros), no sintáis sientan (Uds.)
volver (ue) volviendo vuelto	vuelvo vuelves vuelve volvemos volvéis vuelven	volvía volvías volvía volvíamos volvíais volvían	volví volviste volvió volvimos volvisteis volvieron	volveré volverás volverá volveremos volveréis volverán	volvería volverías volvería volveríamos volveríais volverían	vuelva vuelvas vuelva volvamos volváis vuelvan	volviera volvieras volviera volviéramos volvierais volvieran	vuelve (tú), no vuelvas vuelva (usted) volvamos volved (vosotros), no volváis vuelvan (Uds.)

Spanish-English Glossary

A

a: a la derecha de to the right of (7); **a la izquierda de** to the left of (7); **a la parrilla** grilled; barbecued (4, PB); **a menos que** unless (7); **a mí también** me too (PA); **a mí tampoco** me neither (PA); **a pesar de que** in spite of (7); **A quién corresponda** To whom it may concern (8); **A ver…** Let's see … (11)

abeja, la bee (10)

abogado/a, el/la lawyer (8)

abrir to open (PA, 1)

Absolutamente. Absolutely. (10)

abuelo/a, el/la grandfather / grandmother (PA)

acabar to run out (11)

acaricia, la caress (7)

acceder to log on; to access (5)

aceituna, la olive (4)

acelerador, el accelerator; gas pedal (5)

aceptar una invitación to accept an invitation (3)

acera, la sidewalk (3)

acogedor/a cozy (4)

aconsejar to recommend; to advise; to counsel (1, 2, 4, 9)

acordarse (o, ue) de to remember (PA)

actual current; present (8)

actualizar to update (5, 8)

actuar to act (9)

acuarela, la watercolor (4, 9)

acuerdo, el compromise; agreement (8)

adelantar to pay in advance (4)

además besides (10)

adivinar to guess (PA, 8)

adjunto/a attached (PB)

administración de hoteles, la hotel management (8)

administrativo/a administrative (8)

adobe, el adobe (3)

adolescencia, la adolescence (1)

adquisición, la acquisition (8)

afán, el zeal (10)

aficionado/a, el/la fan (1, 2, 4)

agencia, la agency (8); **la agencia de viajes** travel agency (6)

agente, el/la agent (8)

agotado/a exhausted (1)

agotamiento, el depletion (10)

agradable agreeable; pleasant (1)

agua dulce, el fresh water (5)

aguacate, el avocado (4)

aguantar to tolerate (9)

ahijado/a, el/la godson/daughter (1)

ahora que now that (7)

ahorrar to save (8)

ahorro, el savings (8)

aire acondicionado, el air conditioning (3)

aislamiento, el isolation (10)

ajo, el garlic (4)

al: Al contrario. On / To the contrary. (10); **al final** at the end (4); **Al llegar a…, doble/n…** When you get to…, turn… (4); **al principio** at first, first, in the beginning (4)

alacena, la cupboard (3)

alcoba, la room (3)

alcoholismo, el alcoholism (11)

alegrarse (de) to be happy (about) (3, 9)

alegre happy; cheerful (1)

alergia, la allergy (11)

alfarería, la pottery; pottery making (9)

alfarero/a, el/la potter (9)

alfombra, la rug (4)

alma, el soul (1, 2)

almohada, la pillow (3)

almorzar (ue) to have lunch (PA)

Aló. Hello. (7)

alquilar to rent (3)

alquilar un coche to rent a car (5)

alquiler, el rent (3)

alrededores, los surroundings (3)

alta cocina, la haute cuisine (4)

altos high-top (shoes) (7)

ama de casa, el homemaker (8)

amable nice (1)

Amásela. Knead it. (4)

ambos/as both (PB)

amenaza, la threat (10)

amenazar to threaten (10)

amortiguar to absorb shock (11)

amplio/a ample (3)

añadir to add (3, 4, 8)

ancho/a wide (11)

anciano/a elderly (1)

anfitrión / anfitriona, el/la host / hostess (7, 12)

anillo, el ring (7)

animal, el animal (10)

animales en peligro de extinción, los endangered species (10)

¡Ánimo! Cheer up!; Hang in there! (8)

aniversario de boda, el wedding anniversary (4)

año pasado, el last year (PA)

anoche last night (PA)

anteayer day before yesterday (PA)

antes (de) que before (*time/space*) (4, 7)

antihistamínico, el antihistamine (11)

antojo, el whim (10)

antorcha, la torch (4)

apagar to turn off; to shut down (5)

apariencia, la appearance (1)

apendicitis, la appendicitis (11)

apio, el celery (4)

aplaudir to applaud (9)

apoyo, el support (1, 8)

aprender to learn (PA)

apretado/a tight (7)

apropiado/a appropriate (2)

apropiarse to take over; to appropriate (8)

apuntar jot down (11)

apurado/a in a hurry (3)

apurarse to hurry up (7)

aquel entonces back then (10)

árbitro/a, el/la referee; umpire (2)

archivo adjunto, el attachment (5)

archivo, el file (5)

ardilla, la squirrel (10)

arena, la sand (5)

aretes, los earrings (7)

árido/a arid; dry (10)

armar to pack (**1**)
arquitecto/a, el/la architect (**3**)
arraigado/a rooted (11)
arrancar to boot up; to start up (**5**)
arrecife, el coral reef (**10**)
arrepentimiento, el regret (**7**)
arrepentirse (ie, i) de to regret (4, 7, PB)
arroba, la at (in an e-mail address/message); @ (**5**)
arroyo, el stream (**10**)
arte del telar, el art of looming (**9**)
arte dramático, el performance art (**9**)
arte visual, el visual arts (**9**)
artes decorativas/aplicadas, las decorative/applied arts (**9**)
artesanía, la crafts (**9**)
artesano/a, el/la artisan (**9**)
articulación, la joint (11)
artista, el/la artist (**9**)
artritis, la arthritis (**11**)
asado/a grilled (**4, PB**)
asar to roast; to broil (**4**)
ascender (e, ie) to advance; to be promoted; to promote (**8**)
ascensor, el elevator (**3**)
aserrín, el sawdust (**4**)
así thus (**2**)
Así es. That's it. (**10**)
asistente de vuelo, el/la flight attendant (**8**)
aspecto físico, el physical appearance (**1**)
aspirante, el/la applicant (**8**)
asqueado/a disgusted (**1**)
asustado/a frightened (**1**)
ataque al corazón, el heart attack (**11**)
atasco, el traffic jam (**5**)
atención médica, la medical attention (**11**)
Atentamente Sincerely (**8**)
atleta, el/la athlete (**2**)
atlético/a athletic (**2**)
atletismo, el track and field (**2**)
atril, el music stand (**9**)
aun cuando even when (**7**)
aunque although; even if (**7**)
ausencia, la absence (**9**)
autoestima, la self esteem (11)
autorretrato, el self-portrait (**9**)
aventurarse to take a risk (**7**)
avergonzado/a embarrassed; ashamed (**1**)
avergonzarse (o, ue) de to feel/be ashamed of (**3, 9**)
aves, las poultry; birds (**4**)
ayer yesterday (**PA**)

azotar to thrash (**7**)
azulejos, los ceramic tiles (**3**)

B

bahía, la bay (**10**)
bailar to dance (**PA**)
baile, el dance (**4**)
baja, la medical leave (**8**)
ballena, la whale (**10**)
ballet, el ballet (**9**)
banca, la banking (**8**)
bancarrota, la bankruptcy (**8**)
bancos. los park benches (**7**)
bandeja, la tray (**11**)
banquero/a, el/la banker (**8**)
barba, la beard (**1**)
barra, la slash (*in a URL: /*) (**5**)
barro, el clay (**9**)
bastón de esquí, el ski pole (**2**)
bata de baño, la bath robe (**11**)
bate, el bat (**2**)
batido, el milkshake (**4**)
batidora, la handheld beater; mixer; blender (**3**)
batir to beat (**4**)
batuta, la baton (**9**)
bautizo, el baptism (**4**)
bebé, el/la baby (**4**)
beber to drink (**PA**)
belleza, la beauty (1)
beneficios, los benefits (**8**, 11)
besar to kiss (**11**)
bien común, (el) the common good (**10**)
bienes raíces, los real estate (**3**)
bigote, el moustache (**1**)
billetera, la wallet (**7**)
biodegradable biodegradable (**10**)
bisabuelo/a, el/la great-grandfather / great-grandmother (**1**)
bocina, la (car) horn (**5**)
boda, la wedding (3, 4)
bolsa, la stock market (**8**)
bolsillo, el pocket (**7**)
bombero/a, el/la firefighter (**8**)
bombilla, la lightbulb (**7**)
bombón, el sweet; candy (**4**)
bono, el bonus (**8**)
bordado a mano, el hand embroidery (**7**)
borrachos, los drunkards (**3**)
borrar to delete; to erase (**5**)
botana, la snack (**4**)
boxear to box (**2**)
brinco, el jump (**9**)
brindis, el toast (**3**)

bronquitis, la bronchitis (**11**)
bucear to scuba dive (**2**)
bueno: ¡Bueno! Good! (**8**); **¿Bueno?** Hello? (**7**); **Bueno…** Well … ; OK … (**11**)
bufanda, la scarf (**7**)
búho, el (owl) (**1**)
buzón, el mailbox (**8**)

C

cabestrillo, el sling (**11**)
cabra, la goat (**10**)
cacerola, la saucepan (**3**)
cada each (**PA**)
cadáver, el corpse (**9**)
cadera, la hip (**11**)
caer bien/mal to like/dislike someone (**1**)
cafetera, la coffeemaker (**3**)
caimán, el alligator (**5**)
cajero/a cashier (**8**)
calabaza, la squash; pumpkin (**4**)
calavera, la skull (**4**)
calentar (e, ie) to heat (**3, 4**)
calidad, la quality (**5**)
calificación, la qualification; score (8, 11)
callado/a quiet (**1**)
callarse to become quiet; to keep quiet (**PA**)
calvo/a bald (**1, 11**)
cámara digital, la digital camera (**5**)
cámara web, la web camera (**5**)
camarera, la housekeeper (**5**)
camarones, los shrimp (**4**)
camello, el camel (**10**)
camerino, el dressing room (for actors) (**11**)
camilla, la stretcher (**11**)
camino, el route; path; dirt road (**5**)
camión de la basura, el garbage truck (**10**)
camioneta, la van; station wagon; small truck (**5**)
campeón, el champion (male) (**2**)
campeona, la champion (female) (**2**)
campeonato, el championship (**2**)
campo, el field (**2**); **el campo de golf** golf course (**7**)
caña de azucar, la sugar cane (5)
canal, el channel (**9**)
canas, las gray hair (**1**)
cáncer, el cancer (**11**)
cancha, la court (sports) (**2**)
cangrejo, el crab (**4, 10**)
canoso/a gray (**1**)

cantar to sing (**PA**)

capa, la layer (4, 7)

capacitación, la training (10)

cara, la face (1, 11)

características personales, las personal characteristics (1)

carbón, el coal (1)

cárcel, la prison (11)

carga, la cargo (8)

cargar to carry (10)

carne, la meat (4); **la carne de cerdo** pork (4); **la carne de cordero** lamb (4); **la carne de res** beef (4); **la carne molida** ground beef (4)

carnicería, la butcher shop (7)

carpa, la beach cabana (8)

carpintero/a, el/la carpenter (3)

carrera, la career; race (2)

carretera, la highway (5)

carta, la menu (4); **la carta comercial** business letter (8); **la carta de presentación** cover letter (8); **la carta de recomendación** letter of recommendation (8); **la carta personal** personal letter (8)

cartero/a, el/la mail carrier (8)

casa de tus sueños, la dream house (PB)

casado/a married (1)

casarse to marry; to get married (1)

cáscara, la shell (11)

casco, el helmet (2)

castaño/a brunette; brown (1)

castigo, el punishment (2)

castillo, el castle (2)

catarata, la waterfall (**10**)

catedral, la cathedral (7)

cazar to go hunting (2)

ceja, la eyebrow (1, 11)

celebración, la celebration (4)

celebrar to celebrate (4)

celoso/a jealous (1)

cemento, el cement (3)

cenar to have dinner (3)

cenizas, las ashes (11)

cepillo, el brush (7); **el cepillo de dientes** toothbrush (7)

cerámica, la ceramics (9)

cerca, la fence (3)

cerebro, el brain (11)

ceremonia de premiación, la awards ceremony (1)

cereza, la cherry (4)

cerrar (ie) to close (**PA**)

césped, el grass; lawn (3)

cestería, la basket weaving; basketry (9)

champú, el shampoo (7)

Chao. Bye. (1)

charco, el puddle (11)

charla, la talk (PB)

chicle, el gum (7)

chimenea, la fireplace; chimney (3)

chistoso/a funny (1)

chopos, los poplar trees (7)

chuleta, la chop (4)

churri (5) boyfriend, husband (*colloquial - Spain*)

cicatriz, la scar (1)

ciclovías, las bike lanes (10)

ciencias (políticas), las (political) science (8)

ciertas cosas certain things (5)

cifra, la figure; number (10)

cifrar to encrypt (5)

cine, el cinema; films; movies (9)

cinematógrafo/a, el/la cinematographer (9)

cinturón de seguridad, el seat belt (5)

ciruela, la plum (4)

cita, la quote (2); date (4)

ciudadano/a, el/la citizen (10)

clarinete, el clarinet (9)

Claro que no. Of course not. (10)

Claro que sí. Of course. (7)

¡Claro! Sure! Of course! (3, 7, 10)

clavadismo, el cliff diving (2)

clave, la clue (9)

clavo, el nail (7)

clima, el climate (10)

climático/a climatic (10)

cobarde, el/la coward (10)

cocina, la kitchen (3, 4)

cocinar to cook (**PA**)

codo, el elbow (11)

col, la cabbage (4)

colar to strain (4)

coleccionar tarjetas de béisbol to collect baseball cards (2)

colega, el/la colleague (8)

colgado/a hung (9)

colgar (o, ue) to hang (3)

coliflor, la cauliflower (4)

collar, el necklace (7)

colonia, la cologne (7)

combustible, el fuel (10)

comedia, la comedy (9)

comentar en un blog to post to a blog (2)

comenzar (ie) to begin (**PA**)

comer to eat (**PA**)

comerciante, el/la shopkeeper; merchant (8)

comercio, el business (8)

comerse la cabeza to rack one's brain (5)

comida, la food (4)

comisaría, la police station (PB, 7)

Cómo: ¿Cómo? What? (2); **¿Cómo andas?** How are you doing? (*familiar*) (PA); **¡Cómo no!** Of course. (7, 10); **¿Cómo voy / llego a…?** How do I go / get to…? (4); **¿Cómo amaneció usted?** How are you this morning? (*formal*) (1); **¿Cómo amaneciste?** How are you this morning? (*familiar*) (1)

como si fuera as if it were (7)

compadre, el buddy; pal (10)

comparar con to compare with (3)

compartir to share (**PA**, 1)

compatible compatible (5)

competencia, la competition (2)

competición, la competition (2)

competir (e, i, i) to compete (2)

componer to repair; to fix an object (3); to compose (9)

comportamiento, el behavior (4)

compositor/a, el/la composer (9)

comprar to buy (**PA**)

comprender to understand (**PA**)

compromiso, el engagement (4)

computador/a, el/la computer (5)

Con cariño With love (8)

¡Con mucho gusto! It would be a pleasure! (3)

Con permiso. With your permission; Excuse me. (2)

con tal (de) que provided that (7)

concordancia, la agreement (5, 7)

concurso, el game show; pageant (9)

condición, la condition (11)

conectado/a online (5)

conectar to connect (5)

confiar en to trust somebody (to believe in somebody) (7)

confundido/a confused (1)

congelar to freeze; to crash (5)

conocer to know; to be acquainted with (**PA**)

conseguir to get (PA); **conseguir un puesto de…** to get a job / position as … (8)

consejero/a, el/la counselor (8)

conservar to conserve (10)

construir to construct (3)

consultorio, el doctor's office (7)

consumo, el consumption (10)

contador/a, el/la accountant (8)

contaminante, el contaminant (10)

contener (ie) to contain (PA)

contestar to answer (**PA**)

contraseña, la password (**5**)
contratar to hire (**8**)
contratista, el/la contractor (**3**)
contundente forceful (**9**)
copa, la goblet; wine glass (**3**)
Cordialmente Cordially (**8**)
coro, el choir (**9**)
coronar to crown (**2**)
corredor/a, el/la racer (**5**)
correo de voz, el voicemail (**5**)
correo electrónico, el e-mail (**5**)
correr to run (**PA**)
cortar to cut (**5**); **cortar el césped** to cut the grass; to mow the lawn (**3**)
cortinas, las curtains (**3**)
corto/a short (**1, 11**)
cortometraje, el short (film) (**9**)
cosechar to harvest (**10**)
coser to sew (**2**)
costar (ue) to cost (**PA**)
costilla, la rib (**11**)
cotidiano/a everyday; daily (**9**)
cotizado/a coveted (**9**)
crear to create (**9**)
crece grows (**1**)
creencia, la belief (**4**)
creer to believe (**PA**)
crema de afeitar, la shaving cream (**7**)
Creo que es... I think it is … (**PA**)
crucero, el cruise ship (**5**)
crudo/a raw (**4, PB**)
cuadra, la city block (**1, 3**)
cuadro, el painting (**4**)
cuajo by its roots (**7**)
cualquiera anybody (**8**)
cuán how (**9**)
cuando when (**2, 7**)
cuarteto, el quartet (**9**)
cuarto, el room (**3**); one quarter (**PB**)
cubrir to cover (**1, 3, 4**)
cuenta atrás, la countdown (**3**)
cuerdas, las strings (**9**); string instruments (**9**)
cuerpo humano, el human body (**11**)
cueva, la cave (**3**)
Cuídese. / Cuídate. Take care. (**1**)
cumpleaños, el birthday (**4**)
cumplir... años to have a birthday; to turn … years old (**4**)
cuñado/a, el/la brother-in-law / sister-in-law (**1**)
cuota, la installment (payment) (**4**)
cura, el priest (**4**); **la cura** cure (**11**)
currículum (vitae) (C.V.), el résumé (**8**)
cursiva italics (**11**)
cursor, el cursor (**5**)

D

dado/a given (**8**)
dañar to damage; to harm (**10**)
dañino/a harmful (**11**)
daño, el harm (**10**)
danza, la dance (**9**)
dar to give (**PA**); **dar a luz** to give birth (**4**); **darse cuenta** to realize (**4**)
datos, los information (**1**); data (**5**)
de: de buena calidad good quality (**7**); **de mal en peor** from bad to worse (**11**); **de mala calidad** poor quality (**7**); **de manera que** so that (**7**); **de modo que** so that (**7**); **De ninguna manera.** No way. (**10**); **¿De parte de quién?** Who shall I say is calling? (**7**); **de pronto** suddenly (**8**); **¿De veras?** Really? (11)
deber (+ infinitivo) should; must (**PA**); to have to (**3**)
decir to say; to tell (**PA, 1**, 3, **PB**)
decorado, el set (**9**)
decorar to decorate (**2**)
deducir to deduce (**9**)
deforestación, la deforestation (**10**)
dejar to leave (something or someone) (**1**); **dejar de fumar (cigarrillos)** to quit smoking (cigarettes) (**11**)
delantero, el forward (soccer) (**2**)
demostrar (ue) to demonstrate (**PA**)
dentista, el/la dentist (**8**)
dependiente/a, el/la store clerk (**7**)
deportes, los sports (**2**)
deportista sporty person; sports-loving person (**2**)
deportivo/a sports-related (**2**)
depresión, la depression (**11**)
deprimido/a depressed (**1**)
derretir (e, i, i) to melt (**4**)
desacuerdo, el disagreement (**10**)
desafío, el challenge (**2, 10**)
desaparecer to disappear (**10**)
desbordarse about to overflow (**7**)
descargar to download (**5**)
desconectado/a offline (**5**)
descongelar to thaw (**10**)
describir to describe (**PA**)
Desde luego. Of course. (**7, 10**)
desear to wish, to hope (**2, 9**)
desfile, el parade (**4**)
deshacer to undo (**5**)
desierto, el desert (**10**)
deslizar to swipe (**5**)
desmayarse to faint (**11**)
desodorante, el deodorant (**7**)
desorganizado/a disorganized (**1**)

despedida, la farewell (**1**); closing (*of a letter*) (**8**)
despedir (e, i, i) to fire (from a job) (**8**)
despensa, la pantry (**3**)
desperdiciar to waste (**10**)
desperdicio/desperdicios, el/los waste; waste products (**5, 10**)
despistado/a absentminded; scatterbrained (**1**)
desplazado/a displaced (**10**)
después (de) (que) afterward; after (**4, 7, 10**)
destacar(se) to stand out (**3**)
destreza, la skill (**8**)
destruir to destroy (**10**)
desventajas, las disadvantages (**2**)
detrás de behind (**7, 10**)
deuda, la debt (**2**)
devolver (ue) to return (an object) (**PA**)
Día de la Independencia, el Independence Day (**4**)
Día de la Madre, el Mother's Day (**4**)
Día de las Brujas, el Halloween (**4**)
Día de los Muertos, el Day of the Dead (**4**)
Día de San Valentín, el Valentine's Day (**4**)
Día del Padre, el Father's Day (**4**)
diabetes, la diabetes (**11**)
diamante, el diamond (**1, 7**)
diarios, los periódicos (**2**)
dibujar to draw (**9**)
dibujo, el drawing (**PA, 9**)
dibujos animados, los cartoons (**9**)
Diga. / Dígame. Hello? (**7**)
digital digital (**5**)
digitalizar to digitalize (**5**)
digno/a worthy (**10**)
diligencias, las errands (**5**)
dinero en efectivo, el cash (**7**)
dinosaurio, el dinosaur (**10**)
dirección, la direction; address (**1, 5**)
director/a, el/la stage manager; director (**9**)
dirigir to direct (**1**); to conduct (**9**)
discapacitado/a physically / psychologically handicapped (**1**)
disco duro, el hard drive (**5**)
discordia, la discord (**3**)
Disculpa. / Discúlpame. Excuse me. (*familiar*) (**2**)
Disculpe. / Discúlpeme. Excuse me. (*formal*) (**2**)
Disculpen. / Discúlpenme. Excuse me. (*form., pl.*) (**2**)
discurso, el speech (**9**)

discutir to argue; to discuss (**4**)
diseñador/a, el/la designer (**3**)
diseño, el design (**9**)
disfrazarse to wear a costume; to disguise oneself (**4**)
disfrutar to enjoy (**2**)
diva, la diva (**9**)
divertirse (e, ie, i) to enjoy oneself; to have fun (**PA**)
divorciado/a divorced (**1**)
divorciarse to divorce; to get divorced (**1**)
doblar to turn (**7**)
Doble/n a la derecha / izquierda. Turn right / left. (**4**)
dolor, el pain (**1**); **el dolor de cabeza** headache (**11**)
dona, la donut (**4**)
dondequiera wherever (**3**)
dormir (ue, u) to sleep (**PA**)
dormirse to fall asleep (PA)
dormitorio, el bedroom (**3**)
dosis, la dosage (**11**)
drama, el drama (**9**)
dramaturgo/a, el/la playwright (**9**)
drogadicción, la drug addiction (**11**)
drogadicto/a, el/la drug addict (**11**)
duda, la doubt (**3**); uncertainties (**7**)
dudar to doubt (**3, 9**)
dueño/a, el/la owner (**3**)
dulce sweet (**3**)
dulces, los candies (**4**)
durazno, el peach (**4**)

E

echar cast (**1**); **echar (a alguien)** to fire (**8**)
ecológico/a ecological (**10**)
ecosistema, el ecosystem (**10**)
editar to edit (**9**)
educado/a polite (**1**)
Efectivamente. Precisely. (**10**)
efecto invernadero, el greenhouse effect (**10**)
egoísta selfish (**1**)
ejecutivo/a, el/la executive (**8**)
el the (**PA**)
él he (**PA**)
electricista, el/la electrician (**3**)
e-mail, el e-mail (**5**)
embarazada pregnant (**1**)
embarazo, el pregnancy (**4**)
empaquetar to pack up (**12**)
empate, el tie (game) (**2**)
empezar (ie) to begin (**PA**)

empleado/a, el/la employee (**8**)
empresa, la corporation; business (**8**)
empresario/a, el/la entrepreneur (**5**)
en: en aquel entonces back then (**10**); **en balde** for a reason (**9**); **en caso (de) que** in case (**7**); **en cuanto** as soon as (**7**); **En mi vida.** Never in my life. (**10**); **En otras palabras...** In other words ... (**9**); **en seguida** immediately (after) (**4**); **¿En serio?** Seriously? (**11**)
enamorado/a in love (**1**)
enamorarse (de) to fall in love (with) (**4**)
encantar to love; to like very much (**1**)
encargarle (a alguien) to commission (someone) (**9**)
encargo order; request (**10**)
encender (ie) to start (**5**)
encerrar (ie) to enclose (**PA**)
enchufar to plug in (**3, 5**)
enchufe, el plug (**5**)
encontrar (ue) to find (**PA**)
enfermedad, la illness (**11**)
enfermería, la nursing (**8**)
enfocarse (en) to focus on (**PB**)
enfrente de in front of (**7**)
engañar to deceive (**4**)
engaños, los deceptions (**1**)
¡Enhorabuena! Congratulations! (**8**)
enlace, el link (**5**)
ensalmar to set it (**11**)
ensayo, el rehearsal (**9**)
enseñar to teach; to show (**PA**)
entender (ie) to understand (**PA**)
enterarse to find out (**1**)
entonces then, next (**4, 8**)
entrañas, las guts (**9**)
entre sí among themselves (**1**)
entrenador/a, el/la coach; trainer (**2**)
entrenamiento, el training (**2**)
entrenar to train (**2, 8**)
entretener (ie) to entertain (**7**)
entrevistar to interview (**8**)
envase, el package; container (**10**)
envejecer to grow old; to age (**1**)
envuelto/a wrapped (**8**)
enyesar to put a cast on (**11**)
equipaje, el luggage (**5**)
equipo de cámara/sonido, el camera/ sound crew (**9**)
equipo deportivo, el sporting equipment (**2**)
equipo, el team (**2**)
erosión, la erosion (**10**)
es: es bueno / malo to be good / bad (**9**); **Es cierto.** It's true. (10); **Es decir...**

That's to say... (**9**); **es dudoso** it's doubtful (**9**); **Es importante que...** It is important that ... (**2, 9**); **Es mejor que...** It's better that/than ... (**2, 9**); **Es necesario que...** It's necessary that ... (**2, 9**); **Es preferible que...** It's preferable that... (**2, 9**); **es probable** it's probable (**9**); **Es que...** It's that ...; The fact is that... (**9**); **es una lástima** it's a shame (**9**); **Es verdad.** It's true. (**10**)
escalar to climb (**2**)
escalofríos, los chills (**11**)
escanear to scan (**5**)
escáner, el scanner (**5**)
escaparate, el store window (**7**)
escasez, la scarcity (**10**)
escenario, el stage (**9**)
escolar school (*adj.*) (**2**)
escribir to write (**PA, 1**)
escritor/a, el/la writer, author (**8**)
esculpir to sculpt (**9**)
escultor/a, el/la sculptor (**9**)
escultura, la sculpture (**9**)
esfuerzo, el effort (**6**)
esmalte de uñas, el nail polish (**7**)
esmog, el smog (**10**)
Eso es. That's it. (**7, 10**)
espárragos, los asparagus (**4**)
espectáculo, el show (**9**)
espejo retrovisor, el rearview mirror (**5**)
espejo, el mirror (**3**)
esperanza, la hope (**3**)
esperar to wait for; to hope (**PA, 2, 9**)
espinacas, las spinach (**4**)
esqueleto, el skeleton (**4**)
esquiar (en agua; en nieve) to ski (on water; on snow) (**2**)
¿Está (en casa)? Is there? / at home? (**7**)
Está bien. Okay; It's alright. (**10**)
¿Está/s/n libre/s...? Are you (all) free...? (**3**)
estado civil, el marital status (**8**)
estanque, el pond (**3**)
estar to be (**PA, 7**); **estar comprometido/a** to be engaged (**4**); **estar embarazada** to be pregnant (**4**); **estar en condiciones** to be in a position to (**11**)
este east (**5**)
Este... Well ... ; Um ... (**11**)
estético/a aesthetic (**9**)
Estimado/a señor/a... Dear Mr. / Mrs. ... (**8**)
estirarse to stretch (**11**)
Esto pasará pronto. This will soon pass. (**8**)

Estoy de acuerdo. Okay; I agree. (PA, 7, 10)
Estoy perdido/a. I'm lost. (4)
(Estoy) de acuerdo. I agree. / Okay. (10)
estrenar to show for the first time (1)
estrépito, el racket (2)
estudiar to study (PA)
etapas de la vida, las stages of life (1)
evento de la vida, el life event (4)
Exactamente. Exactly. (7, 10)
Exacto. Exactly. (7, 10)
examen físico, el physical exam (11)
excursionista, el/la hiker (2)
exhibir to exhibit (9)
exigir to demand (2, 9)
explicación, la explanation (6)
exterminado/a exterminated (10)
extranjero, el abroad (5)
extrovertido/a extroverted (1)

F

fábrica, la factory (2, 7)
fabricar to manufacture; to make; to produce (8, 10)
factura (mensual), la (monthly) bill (3)
faltar to need; to lack (1)
familia, la family (PA, 1)
farmacia, la pharmacy (7)
faro, el headlight (5)
fascinar to fascinate (1)
¡Felicidades! Congratulations! (8)
felicitar to express good wishes (8)
¡Fenomenal! Phenomenal! (5, 8)
ferretería, la hardware store (7)
fertilizante, el fertilizer (10)
festejar to celebrate (6)
¡Figúrate! Imagine! (10)
filmar to film (9)
fin de semana pasado, el last weekend (PA)
finalmente finally (4)
financiero/a financial (8)
firmar (los documentos) to sign (documents) (5, 7)
flamenco, el flamenco (9)
flan, el caramel custard (4)
flojo/a lazy (1)
florero, el vase (3)
flores, las flowers (3)
flotante floating (2)
foca, la seal (10)
fondos, los funds (9)
formación, la training; education (8)
¡Formidable! Super! (5)
fracturar(se) to break; to fracture (11)

franja, la strip (8)
fregadero, el kitchen sink (3)
freír (e, i, i) to fry (4)
frenesí, el frenzy (6)
frenos, los braces (1); brakes (5)
frente, la forehead (1, 11)
fresa, la strawberry (4)
frito/a fried (4, PB)
frontera, la border (5)
fruta, la fruit (4)
frutería, la fruit store (7)
fuego, el fire (3); **el fuego (lento, mediano, alto)** (low, medium, high) heat (4)
fuente, la fountain (7); source (8)
fuera de sí outraged (10)
fuerte strong (11)
función, la show; production (9)
funcionarios. los civil servants (10)
funda (de almohada), la pillowcase (3)
furioso/a furious (1)

G

galardonado/a award-wining (8)
gallo, el rooster (10)
ganar to win (2)
ganar la vida to earn a living (2)
ganga, la bargain (7)
garras, las claws (10)
gastador/a extravagant; wasteful (1)
gastar to spend; to wear out (3)
gemelos, los twins (1)
generoso/a generous (1)
geográfico/a geographical (10)
gerente/a, el/la manager (4, 8)
gestión empresarial, la business management (8)
gesto, el gesture (8, 10)
gorila, el gorilla (10)
gorra, la cap (2)
gotas para los ojos, las eyedrops (11)
grabado, el etching (9)
grabar to record (5)
Gracias por haber(me) llamado. Thank you for calling (me). (7)
gradas, las bleachers (2)
graduación, la graduation (4)
gráfico/a graphic (9)
granjero/a, el/la farmer (8)
grito, el shout; cry (7)
grosero/a rude (1)
guardar to save; to file (5)
guardia de seguridad, el/la security guard (5)
guía, el/la guide (5)
guion, el script (9)

guionista, el/la scriptwriter; screenwriter (1, 9)
guisado, el stew (4)
guisantes, los peas (4)
gustar to like (3, 9)
Gusto en verlo/la/te. Nice to see you. (1)

H

habitación, la room (3)
habitar to live in (3)
hábitat, el habitat (10)
hablar to speak (PA)
hacer to do; to make (PA, 1, 7); **hacer a mano** to make by hand (9); **hacer clic** to click (5); **hacer el papel** to play the role (3, 9); **hacer falta** to need; to be lacking (1); **hacer frente a** to confront (10); **hacer gárgaras** to gargle (11); **hacer jogging** to jog (2); **hacer juego** to match (3); **hacer mímica** to play charades (PA, 9); **hacer pilates** to do Pilates (2); **hacer publicidad** to advertise (8); **hacer ruido** to make noise (10); **hacer surf** to surf (2); **hacer trabajo de carpintería** to do woodworking (2); **hacer un crucero** to go on a cruise (5); **hacer un pedido** to place an order (7); **hacer un brindis** to make a toast (3); **hacer una huelga** to strike; to go on strike (8); **hacer yoga** to do yoga (2); **hacerse** to become (8)
hacia toward (1)
harina, la flour (4)
harto/a fed up (1)
hasta (que) until (7)
Hasta la próxima. Till the next time. (1)
hay que + (infinitivo) to have to (3)
hecho, el deed (11)
hecho/a de… made of… (7)
heladería, la ice cream store (7)
herencia, la inheritance (1)
hermanastro/a, el/la stepbrother / stepsister (1)
hermano/a, el/la brother / sister (PA)
hermoso/a handsome, beautiful (1)
herramientas, las tools (3, 10)
hervido/a boiled (4, PB)
hervir (e, ie, i) to boil (4)
hierba, la weed (3)
hijastro/a, el/la stepson / stepdaughter (1)
hijo/a, el/la son / daughter (PA); **el/la hijo/a único/a** only child (1)
hincharse to swell (11)

hipertensión, la high blood pressure (**11**)
hipoteca, la mortgage (**3**)
hogar, el home (**3**)
hombre de negocios, el businessman (**8**)
hombro, el shoulder (**11**)
homenajado/a honored (**4**)
honesto/a honest (**1**)
hongos, los mushrooms (**4**)
horario, el schedule; timetable (**8**)
horno, el oven (**3**)
hotel de lujo, el luxury hotel (**5**)
huelga, la strike (**8**)
hueso, el bone (**10**, **11**)
huésped, el/la guest (**5**)
humo, el smoke (**10**)

I

icono, el icon (**5**)
igual same (**1**)
iguana, la iguana (**10**)
imagen, la image (**5**, **9**)
¡Imagínate! Imagine! (**10**)
importar to matter; to be important (**1**)
imprescindible essential (**11**)
impresora, la printer (**5**)
imprimir to print (**5**)
improvisar to improvise (**9**)
inasible to be hard to get (**9**)
inconclusa unfinished (**9**)
incredulidad, la disbelief (**11**)
incrédulo/a skeptical (**9**)
indigno/a unworthy (**9**)
inflamación, la inflammation (**11**)
informar to inform; to tell (**9**)
infraestructura, la infrastructure (**10**)
ingeniería, la engineering (**8**)
ingeniero/a (químico/a), el/la (chemical) engineer (**8**)
ingrediente, el ingredient (**4**)
ingresar to be admitted (**11**)
innovador/a innovative (**9**)
insecticida, el insecticide (**10**)
inservible useless (**10**)
insistir (en) to insist (**2**, **9**)
inspeccionar to inspect (**9**)
instrumentos de metal, los brass instruments (**9**)
instrumentos de viento/madera, los wood instruments; woodwinds (**9**)
insuperable unsurpassable (**9**)
interesar to interest (**1**)
Internet, el Internet (**5**)
introvertido/a introverted (**1**)
invertir (e, ie, i) to invest (**8**)
invitados, los guests (**5**)

ir to go (**PA**); **ir de camping** to go camping (**2**); **irse** to go away; to leave (**PA**)
isla, la island (**10**)
itinerario, el itinerary (**5**)

J

jabón, el soap (**7**)
jadeando panting (**2**)
jaqueca, la migraine; severe headache (**11**)
jardinería, la gardening (**3**)
jardinero/a, el/la gardener (**3**)
jarra, la pitcher (**3**)
jefe/a, el/la boss (**8**)
jirafa, la giraffe (**10**)
jornada completa / parcial, la full-time / part-time workday (**8**)
joyería, la jewelery store (**4**)
jubilación, la retirement (**1**, **8**)
jubilarse to retire (**8**)
juego, el set (**3**)
jugar (u, ue) to play (**PA**); **jugar a las cartas** to play cards (**2**); **jugar a las damas** to play checkers (**2**); **jugar a videojuegos** to play video games (**2**); **jugar al ajedrez** to play chess (**2**); **jugar al boliche** to bowl (**2**); **jugar al hockey (sobre hielo; sobre hierba)** to play hockey (ice; field) (**2**); **jugar al horcado** to play hangman (**PB**); **jugar al póquer** to play poker (**2**); **jugar al voleibol** to play volleyball (**2**)
juguete, el toy (**1**, **5**)
juguetería, la toy store (**7**)
junta, la commission; board; committee (**8**)
junto/a together (**PA**)
justicia criminal, la criminal justice (**8**)
justo/a just; right (**4**)
juventud, la youth (**1**)

K

kilogramo, el kilogram (2.2 pounds) (**4**)

L

la sala living room (**3**)
La verdad es que… The truth is … (**11**)
labio, el lip (**1**, **11**)
laboral work-related (**8**)
lacio straight (**1**)
ladrillo, el brick (**3**)
lágrimas, las tears (**1**)
langosta, la lobster (**4**)
largo/a long (**1**, **11**)

Lástima pero… It's a shame / pity but … (**3**)
lavadora, la washing machine (**3**)
lavarse to wash oneself (**PA**)
le you (formal); he/she (**PA**)
Le / Te habla… This is… (**7**)
¿Le / Te importa (si…)? Do you mind (if…)? (**5**)
¿Le / Te parece bien? Do you like the suggestion? (**5**)
lectores, los readers (**4**)
leer to read (**PA**)
lema, el slogan (**12**)
leña, la madera (**11**)
lengua, la language (**PA**); tongue (**11**)
lentes de sol, los sunglasses (**5**)
les you (all) (formal); they (**PA**)
lesión, la injury (**2**)
levadura, la yeast (**4**)
levantar pesas to lift weights (**2**)
levantarse to get up; to stand up (**PA**)
ley, la law (**5**)
leyenda, la caption (**1**)
lienzo, el canvas (**9**)
limusina, la limousine (**5**)
liquidación, la clearance sale (**7**)
liquidez, la liquidity (**4**)
liviano/a lightweight (**7**)
llamar to call (**1**)
llamarse to be called/named (**PA**)
llamativo/a striking; colorful; showy; bright (**3**, **9**)
llanura, la plain (**10**)
llave, la lock (**5**)
llegar to arrive (**PA**)
llorar to cry (**1**)
llover a gritos rain cats and dogs (**5**)
Lo / La / Te llamo más tarde. I will call you later. (**7**)
¡Lo / La felicito! Congratulations! (**8**)
Lo dudo. I doubt it. (**11**)
(Lo que) quiero decir… (What) I mean… (**9**)
Lo siento. I'm sorry. (**8**)
lobo, el wolf (**10**)
loción, la lotion (**7**)
lomo, el back (**11**)
loro, el parrot (**10**)
losetas, las paving stones (**7**)
lucro, el profit (**8**)
luego then; next (**4**); **luego que** as soon as (**7**)
lujo, el luxury (**12**)
lumbre, la fire (**1**)
luna de miel, la honeymoon (**4**)
lunar, el beauty mark; mole (**1**)

M

madera, la wood (**3**)

madrina, la godmother (**1**)

maestro/a, el/la teacher (**8**)

maleducado/a impolite; rude (**1**)

mamá, la mom (**PA**)

manatí, el manatee (**10**)

manchas, las stains (**7**)

manejo, el management (**10**)

manga corta, la short sleeve (**7**); **la manga larga** long sleeve (**7**)

mango, el mango (**4**)

manguera, la garden hose (**3**)

maniquí, el mannequin (**11**)

mantener (ie) to maintain (**PA, 2**)

maquillaje, el makeup (**11**)

maquillarse to put on makeup (**PA**)

máquina de afeitar, la electric shaver / razor (**7**)

máquina de fax, la fax machine (**5**)

mar, el sea (**10**)

marca, la brand (**5, PB**)

marcar to mark (**8**)

mareo/mareos, el/los dizziness (**11**)

mariachi, el mariachi (**9**)

marido, el husband (**1**)

mariposa, la butterfly (**10**)

mariscos, los seafood (**4**)

martillo, el hammer (**7**)

más tarde later (**4**)

masa, la dough (**7**)

materiales de la casa, los housing materials (**3**)

me I (**PA**); **Me da igual.** It's all the same to me. (**12**); **Me da mucha pena pero…** I'm really sorry but … (**3**); **Me estás tomando el pelo.** You're kidding me / pulling my leg. (**10**); **Me podría/n decir cómo se llegar a…?** ¿ Could you (all) tell me how to get to …? (**4**)

mecánico/a, el/la mechanic (**8**)

medalla, la medal (**2**)

media manga, la half sleeve (**7**)

media naranja, la soulmate (**9**)

medicamento, el medicine (**11**)

medio ambiente, el environment (**10**)

mejilla, la cheek (**1, 11**)

mejorar to improve (**10**)

melena, la mane (**10**)

menos de less than (**7**)

mensaje de texto, el text message (**5**)

mentir (ie, i) to lie (**PA**)

mentón, el chin (**1**)

mercadeo, el marketing (**8**)

mercado de pulgas, el flea market (**7**)

mercancías, las goods (**7**)

merengue, el merengue (**9**)

meseta, la plateau (**10**)

meta, la goal (**8**)

meter la pata to put your foot in your mouth (**9**)

meterse to get in (to) (**11**)

mezcla, la mixture (**1**)

mezclar to mix (**4**)

mezquita, la mosque (**7**)

mi my (**PA**); **Mi más sentido pésame.** You have my sympathy. (**8**)

mí me (**PA**)

miedo de salir en escena, el stage fright (**9**)

miel, la honey (**4**)

miembros, los members (**1**)

mientras (que) while (**7, 10**)

mío/a/os/as mine (**PA**)

Mire… / Mira… Look … (**7**)

mirón, el lurker (**5**)

mis my (**PA**); **Mis más sinceras condolencias.** My most heartfelt condolences. (**8**)

mismo/a oneself (**2**)

mitad, la half (**PB**)

mito, el myth (**2**)

molestar to bother (**1**)

molesto/a annoyed (**4**)

molido/a ground (**4**)

mono, el monkey (**10**)

mononucleosis, la mononucleosis (**11**)

monopatín, el skateboard (**2**)

montaje, el staging; editing (**9**)

montar a caballo to go horseback riding (**2**)

montes, los hills (**1**)

monumento nacional, el national monument; monument of national importance (**5**)

moreno/a black (hair)

morir (ue, u) to die (**PA, 1**)

mostrador, el counter(top) (**3, 7**)

mostrar (ue) to show (**PA**)

motivo, el motif; theme (**9**)

mudarse to move (**3**)

muela de juicio, la wisdom tooth (**8**)

muerte, la death (**1**)

mujer de negocios, la businesswoman (**8**)

mujer, la wife (**1**)

muletas, las crutches (**11**)

multitarea, la multitasking (**5**)

mundialmente worldwide (**PB**)

muñeca, la wrist (**11**)

mural, el mural (**9**)

muralista, el/la muralist (**9**)

murciélago, el bat (**10**)

muro, el wall (around a house) (**3**)

músculo, el muscle (**11**)

música, la music (**9**) **la música alternativa** alternative music (**9**); **la música popular** popular music (**9**)

muslo, el thigh (**11**)

musulmán/musulmana Muslim (**7**)

Muy atentamente Sincerely (**8**)

(Muy) Buenas. Hello. (**1**)

Muy estimado/a señor/a… Dear Mr. / Mrs.… (**8**)

Muy señor/a mío/a… Dear Sir / Madam… (**8**)

N

nacer to be born (**1**)

nacimiento, el birth (**1, 4**)

Nada de eso. Of course not. (**10**)

naturaleza, la nature (**10**); **la naturaleza muerta** still life (**9**)

náuseas, las nausea (**11**)

navaja de afeitar, la razor (**7**)

navegador, el browser (**5**); **el navegador personal** GPS; navigation system (**5**)

navegar to navigate; to surf (**5**)

Navidad, la Christmas (**4**)

necesitar to need (**PA, 2, 9**)

negociar to negotiate (**8**)

negocio/negocios, el/los business (**PB, 8**)

negro black (**1**)

nena (**5**) darling, honey (*colloquial - Spain*)

nervio, el nerve (**11**)

¡Ni lo sueñes! Don't even think about it! (**10**)

nilón nylon (**7**)

niñez, la childhood (**1**)

nivel, el level (**4**)

no: No cabe duda. There's no doubt. ; Without a doubt. (**10**); **no correspondido** unrequited (**2**); **¿No cree(s)(n) que…?** Don't you think … ? (**11**); **no creer** not to believe; not to think (**3, 9**); **¿No debería ser…?** Shouldn't it be … ? (**PA**); **No está.** He / She is not home. (**7**); **no estar seguro (de)** to be uncertain (**3, 9**); **No estoy de acuerdo.** I don't agree. (**PA, 10**); **No hay duda.** There's no doubt; Without a doubt. (**10**); **No hay más remedio.** There's no other way / solution. (**10**); **No lo creo.** I don't believe it.; I don't think so. (**11**) ; **¡No me diga/s!** You don't say!;

No way! (**5, 7, 10, 11**); **no obstante**
notwithstanding (**10**); **no pensar (e,
ie)** not to think (**3, 9**); **¡No puede ser!**
This / It can't be! (**5, 10, 11**); **No se
encuentra.** He / She is not home. (**7**);
No se/te preocupe/s. Don't worry. (**8**)
noreste northeast (**5**)
noroeste northwest (**5**)
norte north (**5**)
nos we (**PA**); **Nos / Me encantaría
(pero)…** We / I would love to
(but) … (**3**); **Nos vemos.** See you. (**1**)
noticias, las news (**PA**)
noticiero, el news program (**9**)
novato/novata, el/la novice, beginner,
(rookie) (**2**)
noviazgo, el engagement period;
courtship (**4**)
novio/a, el/la boyfriend/girlfriend;
groom/bride (**4**)
nuera, la daughter-in-law (**1**)
nuestro/a/os/as our/s (**PA**)
número de ayuda, el help line (**6**)

O

O sea… That is … (**9, 11**)
o/u or (**2**)
obedecer to obey (**9**)
obesidad, la obesity (**11**)
obra de teatro, la play (**9**)
obra maestra, la masterpiece (**9**)
obrero/a, el/la worker (**3**)
obtener (e, ie) to obtain (PA)
ocultar to hide (**3**)
oculto/a hidden (**7**)
ocurrirse to occur (to oneself) (**8**)
oeste west (**5**)
oferta, la (special) offer (**5, 7**)
oficina de turismo, la tourism office (**5**)
ofrecer to bid (**7**)
oído, el inner ear (**11**); hearing (**9**)
Oiga… Hey… (*formal*) (**7**)
oír to hear (**PA**)
ojalá (que) I hope so (**2**)
óleo, el oil painting (**9**)
olla, la pot (**3**)
ONG, la NGO (non-governmental
organization) (**8**)
operar to operate (**11**)
ordenador, el computer (**5**)
orfebrería, la crafting of precious
metals (**9**)
organista, el/la organist (**9**)
organizado/a organized (**1**)
organizar to organize (**9**)

órgano, el organ (**9**)
orgullo, el pride (**5**)
orgulloso/a proud (**1**)
oro gold (**7**)
orquesta sinfónica symphony
orchestra (**9**)
os you (all) (**PA**)
oveja, la sheep (**10**)
Oye… Hey… (*familiar*) (**7**)

P

paciente, el/la patient (**11**)
padrino, el godfather (**1**)
página principal / inicial, la
homepage (**5**)
paisaje, el countryside (**5**); landscape (**9**)
palma, la palm tree (**1**)
palo (de golf; de hockey), el golf club;
hockey stick (**2**)
paloma, la pigeon; dove (**10**)
palomitas de maíz, las popcorn (**4**)
pan dulce, el sweet roll (**4**)
panadería, la bread store; bakery (**7**)
pañal, el diaper (**10**)
panfleto, el pamphlet (**9**)
panqueque, el pancake (**4**)
pantalla, la screen (**5**)
pantano, el marsh (**10**)
pantorrilla, la calf (**11**)
pañuelo, el scarf; handkerchief (**7, 11**)
papaya, la papaya (**4**)
papel, el paper (**7**); role (**9**); **el papel
de envolver** wrapping paper (**7**); **el
papel higiénico** toilet paper (**7**)
papelería, la stationery shop (**7**)
papeles, los immigration documents (**4**)
papelito, el little piece of paper (**PA**)
paperas, las mumps (**11**)
paquete, el package (**5**)
para aquel entonces by then (**8**)
para que so that (**7**)
parachoques, el bumper (**5**)
Parece mentira. It's hard to believe. (**11**)
parecer to seem; to appear (**1**)
pareja, la couple; partner (**1**)
pariente/a, el/la relative (**1**)
paro, el unemployment (**8**)
partitura, la sheet music (**9**)
pasar to proceed (into a place), to pass
through (a place) (**1**)
pasarela, la catwalk (**7**)
pasarlo bien to have a good time (**4**)
pasarlo mal to have a bad time (**4**)
pasatiempos, los pastimes (**2**)
Pascua, la Easter (**4**)

pasear en barco (de vela) to sail (**2**)
pasillo, el hall (**3**)
paso de peatones, el crosswalk (**5**)
pata dura, la klutz/clumsy person (**2**)
patinar en monopatín to skateboard (**2**)
patines, los skates (**2**)
pato, el duck (**10**)
patrocinador/a, el/la patron (**9**)
pavo, el turkey (**4**)
payaso/a, el/la clown (**11**)
pecado, el sin (**2**)
pecas, las freckles (**1**)
pedagogía, la teaching (**8**)
pedazo, el piece (**4**)
pedido, el request; order (**2, 5**)
pedir (e, i, i) to ask (for); to request (**PA,
2, 9**)
pegar to hit (**1**); to paste (**5**)
pelar to peel (**4**)
pelear(se) to fight (**2, 4**)
peligro, el danger (**10**)
pelirrojo/a red-haired (**1**)
pelo, el hair; **el pelo corto** short hair; **el
pelo lacio** straight hair; **el pelo largo**
long hair; **el pelo rizado** curly hair (**1**)
peluca, la wig (**1**)
peluquero/a, el/la hair stylist (**8**)
penicilina, la penicillin (**11**)
pensar (ie) to think (**PA**)
peor worse; **peor, el/la** the worst (**9**)
pepino, el cucumber (**4**)
perder (e, ie) to lose; to waste (**PA**);
perder (e, ie) peso to lose weight
(**11**); **perderse (e, ie)** to get lost (**5**)
**Perdón, ¿sabe/n usted / ustedes llegar
al…?** Pardon, do you (all) know how
to get to…? (**4**)
Perdón. / Perdóname. Pardon.
(*familiar*) (**2**)
Perdóneme. Pardon. (*formal*) (**2**)
perfil, el profile (**1**)
perforación del cuerpo, la body
piercing (**1**)
periodista, el/la journalist (**8**)
pero but (**2**)
perseguir (i) to chase (**PA**)
persianas, las blinds (**3**)
personal, el personnel (**8**)
personalidad, la personality (**1**)
personas, las people (**2**)
pesado/a dull; tedious (**1**)
pesar, el regret; sorrow (**8**)
pesas, las weights (**2**)
pescado, el fish (**4**)
pescar to fish (**2**)
pestañas, las eyelashes (**1, 11**)

pesticida, el pesticide (**10**)
petardos, los firecrackers (**3**)
picaflor, el hummingbird (**10**)
piel, la skin (**1**, **11**); fur; leather
pieza musical, la musical piece (**9**)
piloto, el/la pilot (**8**); **el/la piloto de carreras** race car driver (**5**)
pimiento, el pepper (**4**)
piña, la pineapple (**4**)
pinceles, los brushes (**2**, **9**)
pingüino, el penguin (**10**)
pintar to paint (**2**, **3**)
pintor/a, el/la painter (**9**)
pintura, la painting (**9**)
pionero/a, el/la trendsetter (**7**)
pisar to step on (**2**)
piscina, la swimming pool (**3**)
pista, la track; rink (**2**); clue (**5**, **PB**)
planear to plan (**9**)
plata, la silver (**7**)
plátano, el plantain (*Lat. America*) (**4**)
platillo, el saucer (**3**)
plato, el main dish (**4**)
playa, la beach (**10**)
plegado/a folded (**11**)
pliegues, los pleats (**7**)
plomero/a, el/la plumber (**3**)
poblano/a, el/la person from Puebla (**9**)
poder (ue) to be able to (**PA**)
poderoso/a powerful (**1**)
¿Podría/s/n venir…? Could you (all) come … ? (**3**)
político/a, el/la politician (**8**)
poner(se) to put; to place (**PA**, **1**); **poner de tu parte** to do your bit (**8**); **ponerse (la ropa)** to put on (one's clothes) (**PA**); **ponerse (nervioso/a)** to become (nervous) (**PA**); **ponerse de acuerdo** to agree; to reach an agreement (**2**, **3**)
por: por ciento percent (**PB**); **por dentro** inside (**3**); **por eso** for this reason (**10**); **por fin** finally; in the end (**PA**, **4**, **5**); **por medio de** by means of (**10**); **por otro lado** on the other hand (**10**); **por suerte** luckily (**PA**); **¡Por supuesto!** Sure!; Of course! (**3**, **5**, **7**, **10**); **por último** last (in a list) (**4**)
porque because (**2**)
portarretrato, el frame (**1**)
portarse bien to behave well (**1**)
portarse mal to misbehave (**1**)

portero/a, el/la door attendant (**3**, **5**)
posado/a landed (**7**)
postre, el dessert (**4**)
practicar artes marciales to do martial arts (**2**)
practicar ciclismo to go cycling (**2**)
practicar lucha libre to wrestle (**2**)
Precisamente. Precisely. (**10**)
precisar to say exactly; to specify (**11**)
preferir (e, ie, i) to prefer (**PA**, **2**, **9**)
preguntar to ask (a question) (**PA**)
premio, el award, prize (**PA**)
preparar to prepare; to get ready (**PA**)
preparativos, los preparations (**PB**)
preservar to preserve (**10**)
presión alta/baja, la high/low (blood) pressure (**11**)
preso/a trapped (**2**)
préstamo, el loan (**3**)
presumido/a conceited; arrogant (**1**)
presupuesto, el budget (**3**)
prevenir (e, ie) to prevent (**10**)
primer día / mes, el the first day/month (**4**)
primera comunión, la First Communion (**4**)
primero at first, first, in the beginning (**4**)
primo/a, el/la cousin (**PA**)
probar (ue) to try (**1**)
procedente coming (**8**)
profesión, la profession (**8**)
profesional professional (**8**)
programa de computación, el software (**5**)
prohibir to prohibit (**2**, **9**)
pronóstico del tiempo, el weather report (**2**)
pronto soon (**4**)
propietario/a, el/la owner; landlord (**8**, **9**)
proponer to suggest; to recommend (**2**, **9**)
Propongo que… I propose that… (**11**)
propósito, el purpose (**11**)
prueba médica, la medical test (**11**)
psicología, la psychology (**8**)
psicólogo/a, el/la psychologist (**8**)
publicidad, la advertising (**8**)
publicitar to advertise; to publicize (**8**)
¿Puede/n usted / ustedes decirme dónde está…? Can you tell me where … is? (**4**)
¿Puedo tomar algún recado? Can I take a message? (**7**)

puerto, el port (**5**)
pues well; since (**2**); **Pues…** Um …; Well … (**11**)
puesta del sol, la sunset (**10**)
puesto que given that (**7**)
puesto, el job; position (**8**)
pulmón, el lung (**11**)
pulpo, el octopus (**10**)
pulsar el botón derecho to right-click (**5**)
pulsera, la bracelet (**7**)
puma, el puma (**10**)
punto, el dot (*in a URL*) (**5**)
que that, who (**2**); which (**8**); **Que le / te vaya bien.** Take care. (**1**)

Q

Qué: ¡Qué barbaridad! How awful! (**5**); **¡Qué bueno!** Good! (**5**); **¿Qué dice/s?** What do you say? (**5**); **¿Qué dijiste / dijo?** What did you say? (**2**); **¡Qué emoción!** How exciting!; How cool! (**5**); **¡Qué estupendo!** How stupendous! (**8**); **¡Qué extraordinario!** How extraordinary! (**8**); **¡(Qué) Gusto en verlo/la/te!** How nice to see you! (**1**); **¿Qué hay de nuevo?** What's up / new? (**1**); **¿Qué le / te parece?** What do you think (about the idea)? (**5**); **¡Qué maravilloso!** How marvelous! (**8**); **¿Qué me cuentas?** What do you say?; What's up? (**1**); **¿Qué opina/s?** What do you think? (**5**); **¡Qué pena / lástima!** What a pity / shame! (**5**, **8**); **¿Qué quiere decir…?** What does … mean? (**2**); **¿Qué significa…?** What does … mean? (**2**); **¿Qué tal amaneció usted?** How are you this morning? (*formal*) (**1**); **¿Qué tal amaneciste?** How are you this morning? (*familiar*) (**1**); **¡Qué va!** No way! (**10**)
quedar to have something left (**1**); **quedarse** to stay; to remain (**PA**)
queja, la complaint (**11**)
quemadura, la burn (**11**)
quemar to burn (**3**)
querer (e, ie) to want; to love; to wish (**PA**, **2**, **9**)
Querido/a… Dear… (**8**)
quien(es) that; who (**2**); whom (**5**)
quinceañera, la fifteenth birthday celebration (**4**)
quincena, la biweekly pay (**4**)

Quisiera invitarte/le/les... I would like to invite you (all)... (**3**)

quitarse (la ropa) to take off (one's clothes) (**PA**)

quizás maybe (**2**)

R

radiografía, la X-ray (**11**)

raíces, las roots (**7, 11**)

rallado/a grated (**4**)

ramo de flores, el bouquet of flowers (**7**)

raqueta, la racket (**2**)

raro/a strange (**1**)

ratón, el mouse (**5**)

realizar to perform (**8**)

rebaja, la sale; discount (**7**)

recalentar (ie) to reheat (**4**)

recámara, la room (**3**)

recepcionista, el/la receptionist (**5**)

receta, la recipe (**4**)

recibir to receive (**PA**)

recién recently (**PB**)

recoger to pick up (**1**)

recomendar (e, ie) to recommend (**PA, 2, 9**)

Recomiendo que... I recommend that... (**11**)

recordar (o, ue) to remember; to remind (**PA, 1**)

recortes, los clippings (**2**)

recuerdos, los memories (**3**); souvenirs (**5**)

reducir to reduce (**10**)

reemplazar to replace (**10**)

reflejar to reflect (**9**)

regalo, el present (**4**)

regar (e, ie) (con la manguera) to water (with the hose) (**3**)

regla, la rule (**8**)

regresar to return (**PA**)

reiniciar to reboot (**5**)

relleno, el filling (**7**)

relleno/a filled (**8**)

reloj de pulsera, el wristwatch (**7**)

remar to row (**2**)

remate, el auction; sale (**7**)

remedio casero, el home remedy (**11**)

remodelar to remodel; to renovate (**3**)

remojado/a soaked (**4**)

reñir (i) to scold (**1**)

renovable renewable (**10**)

renovar (o, ue) to remodel; to renovate; to renew (**3, 5**)

renunciar (a) to resign; to quit (**8**)

reparaciones, las repairs (**3**)

reparar to repair (**3**)

repetir (i) to repeat (**PA**)

Repite/a, por favor. Repeat, please. (**2**)

reportero/a, el/la reporter (**8**)

representar to represent; to perform (**9**)

rescatado/a rescued (**2**)

rescatar to rescue (**10, 11**)

resolver (ue) to solve (**1**)

respirar to breathe (**11**)

responder to answer (**1**)

restaurar to restore (**5**)

resultado, el result; score (**2, 11**)

reto, el challenge (**2**)

retraso, el delay (**11**)

retrato, el portrait (**9**)

reunirse to get together; to meet (**PA**)

revista, la magazine (**3**)

riesgo, el risk (**10**)

rinoceronte, el rhinoceros (**10**)

río, el river (**10**)

rizado/a curly (**1**)

rodar (o, ue) (en exteriores) to film (on location) (**9**)

rodear to surround (**10**)

rodilla, la knee (**11**)

rogar (o, ue) to beg (**2, 9**)

romper to break (**1**)

ropa, la clothing (**7**); **la ropa interior** underwear (**7**)

rubio/a blond (**1**)

rugidos, los roars (**10**)

S

Sabes... You know ... (**11**)

sabor, el flavor (**4**)

sabotear to hack (**5**)

sacar fotos to take pictures / photos (**5**)

sacar la mala hierba to weed (**3**)

sacar la sangre to draw blood (**11**)

salario, el salary (**8**)

salchicha, la sausage (**4**)

saldo, el balance (**4**)

salir (con) to go out (with) (**PA, 4**)

saltamontes, el grasshopper (**10**)

saludo, el greeting (**1, 8**)

Saludos a (nombre) / todos por su / tu casa. Say hi to (*name*) / everyone at home. (**1**)

sanarse to heal (**11**)

sandía, la watermelon (**4**)

sarampión, el measles (**11**)

sardinas, las sardines (**4**)

sartén, la skillet; frying pan (**3**)

sastrería, la tailor shop (**7**)

saxofón, el saxophone (**9**)

se you (formal); he/she; you (all); they (**PA**)

¡Se rueda! Action! (**9**)

secadora, la dryer (**3**)

secretario/a, el/la secretary (**8**)

seguidores/as, los/las fans; groupies; followers (**9**)

seguir (i) to follow; to continue (doing something) (**PA**); **seguir (i) derecho** to go straight (**7**)

según according to (**1**)

seguro del coche, el car insurance (**5**)

selva nubosa, la cloud forest (**5**)

semana pasada, la last week (**PA**)

semejante similar (**1, 3**)

semejanza, la similarity (**3, 6**)

semillas, las seeds (**10**)

seminario, el seminar (**1**)

señal, el sign (**7**)

señalar to point out (**5**)

sencillo/a modest; simple (**1, 3**)

sendero, el path (**4**)

¡Sensacional! Sensational! (**8**)

sensible sensitive (**1**)

sentarse (e, ie) to sit down (**PA**)

sentir (e, ie, i) to regret (**3, 9**); **sentirse (e, ie, i)** to feel (**PA**)

separarse to separate; to get separated (**1**)

sequía, la drought (**10**)

ser to be (**PA, 8**); **ser buena gente** to be a good person (**1**); **ser bueno** to be good (**3**)

ser dudoso to be doubtful (**3**); **ser mala gente** to be a bad person (**1**); **ser malo** to be bad (**3**); **ser probable** to be probable (**3, 9**); **ser una lástima** to be a shame (**3, 9**)

ser humano, el human being (**5**)

Sería mejor... It would be better to... (**11**)

serio/a serious (**1**)

servicio, el room service (**5**)

servicios, los public restrooms (**7**)

servidor, el server (**5**)

servir (e, i) to serve (**PA**)

si if (**PA, 9**)

sí yes (**PA**)

SIDA, el AIDS (**11**)

sierra, la mountain range (**10**)

Siga/n derecho / todo recto. Go straight. (**4**)

siglo, el century (**6**)

significar to mean (**6**)

signo, el sign (**8**)

silenciador, el muffler (**5**)

¡Silencio! Quiet everybody (on the set)! (**9**)

simpatía, la sympathy (**8**)

Sin duda. Without a doubt.; No doubt. (10)

sin embargo nevertheless (**10**)

sin fines de lucro nonprofit (**8**)

sin que without (**7**)

sinfónica, la symphony orchestra (**9**)

sino but (rather) (**8**, **10**)

síntoma, el symptom (**11**)

sobre, el envelope (**5**, **7**)

sobrepoblación, la overpopulation (**10**)

sobrevivir to survive (**10**)

sobrino/a, el/la nephew / niece (**1**)

sociedad de acciones, la holding company (**1**)

¡Socorro! Help! (**10**)

soler (ue) to be accustomed to (**4**)

solicitar to apply for (a job); to solicit (**8**)

solicitud, la application form (**8**)

solista, el/la soloist (**9**)

soltero/a, el/la single man; single woman; bachelor; bachelorette (**1**)

sombra, la shadow (**6**)

sombrilla, la umbrella (**5**)

sometido a subjected to (**2**)

sonido, el sound (**7**)

sopera, la soup bowl (**3**)

sorprendido/a surprised (**1**)

sostener (ie) to sustain (**10**)

sótano, el basement (**3**)

Soy... This is... (**7**)

su/s your (*formal*); his, her, its; your (*formal*); their (**PA**)

subir to rise (**PA**)

subtítulos, los subtitles (**9**)

suburbios, los refers to a poor area of a city (*Lat. Am.*) (**2**)

suceso, el event (**1**)

suegro/a, el/la father-in-law / mother-in-law (**1**)

sueldo, el salary (**8**)

suelo, el ground (**1**)

sueño, el dream (**6**)

sugerir (e, ie, i) to suggest (**2**, **3**, **9**); **sugerir una alternativa** to suggest an alternative (**11**)

Sugiero que... I suggest that... (**11**)

sumar puntos to gain points (**8**)

superficialmente skim (**2**)

superficie, la surface (**11**)

supervisor/a, el/la supervisor (**8**)

sur south (**5**)

sureste southeast (**5**)

suroeste southwest (**5**)

sustancia, la substance (**10**)

sustantivo, el noun (**PA**)

susto, el scare (**PB**)

suyo/a/os/as his, hers; yours (for.); theirs (**PA**)

T

tabla de surf, la surfboard (**2**)

tacaño/a cheap (**1**)

tacón (alto, bajo), el heel (high, low) (**4**, **7**)

talco, el talcum powder (**7**)

talentoso/a talented (**9**)

talla, la wood sculpture; carving (**9**)

taller, el workshop; studio (**9**, **11**)

talón, el heel (*of the foot*) (**11**)

tamaño, el size (**3**)

tampoco nor; neither (**PA**)

tan pronto como as soon as (**7**)

tan... como as ... as (**9**)

tanto/a/os/as... como as much / many ... as (**9**)

tapar to cover (**4**)

tapiz, el tapestry (**9**)

tapón, el cap; top (of a bottle) (**10**)

tarjeta, la card; greeting card (**7**); **tarjeta de crédito, la** credit card (**7**); **tarjeta de débito, la** debit card (**7**)

tarta, la cake (**4**)

tasa, la rate (**10**)

tatuaje, el tattoo (**1**, **3**)

tazón, el bowl (**3**)

te you (**PA**)

Te digo... I'm telling you... (**10**)

teatro, el theater (**9**)

tecla, la key (**9**)

teclado, el keyboard (**5**, **9**)

técnico/a technical (**9**)

tecnología, la technology (**5**)

tejedor/a, el/la weaver (**9**)

tejer to knit (**2**)

tejido, el weaving (**9**)

telefonista, el/la telephone operator (**5**)

teléfono de ayuda, el help line (**6**)

telenovela, la soap opera (**9**)

televidente, el/la television viewer (**9**)

televisión, la television (**9**)

tema, el theme; subject (**9**)

temer to fear; to be afraid (of) (**3**, **9**)

temporada, la season (**2**)

tener (ie) to have (**PA**); **tener buen oído** to have good hearing (**9**); **tener experiencia** to have experience (**8**); **tener miedo (de)** to be afraid (of) (**9**); **tener que + (infinitivo)** to have to (**3**); **tener una cita** to have a date (**4**)

teñido/a dyed (hair) (**1**)

teñirse (i) el pelo to dye one's hair (**1**)

terco/a stubborn (**1**)

terminar to finish; to end (**PA**)

término de la cocina, el cooking term (**4**)

termómetro, el thermometer (**11**)

ternera, la veal (**4**)

terreno, el land (**7**)

tertulia, la social gathering (**3**)

tesis, la thesis (**PB**)

ti mismo/a yourself (**PB**)

tibio/a warm (**4**)

tiburón, el shark (**10**)

tienda de ropa, la clothing store (**7**)

tierra, la land (**10**); **la Tierra** Earth (**10**)

tigre, el tiger (**10**)

tímido/a shy (**1**)

tintorería, la dry cleaners (**7**)

tío/tía, el/la uncle / aunt (**PA**)

tirar to throw (**PA**, **1**, **3**); **tirar un disco volador** to throw a frisbee; to play frisbee (**2**)

toalla, la towel (**3**)

tobillo, el ankle (**11**)

tocar to tap (**5**); **tocar (un instrumento)** to play (an instrument) (**9**)

tocino, el bacon (**4**)

tomar to take; to drink (**PA**); **tomar el pulso** to take someone's pulse (**11**); **tomar la presión** to take someone's blood pressure (**11**); **tomar la temperatura** to check someone's temperature (**11**)

Tome/n un taxi / autobus. Take a taxi / bus. (**4**)

torcerse (ue) to sprain (**11**)

tornillo, el screw (**7**)

toronja, la grapefruit (**4**)

torpemente clumsily (**7**)

tortuga, la turtle (**10**)

toser to cough (**11**)

tóxico/a poisonous (**10**)

trabajar to work (**PA**); **trabajar en el jardín** to garden (**2**)

trabajo, el job (**8**)

traer to bring (**PA**)

tragedia, la tragedy (**9**)

traje, el dress/suit (**4**)

Tranquilo. Relax.; Calm down. (**8**)

transcúntes, los passers-by (**7**)

transmisión, la transmission (**5**)

trapo de cocina, el kitchen cloth (**4**)

trasero, el buttocks (**11**)

traslado, el transfer (**5**)
tratamiento, el treatment (**11**)
trenza, la braid (**1**)
trepador/a climbing (**11**)
tres cuartos/as three quarters (**PB**)
tribu, la tribe (**3**)
trío, el trio (**9**)
trofeo, el trophy (**2**)
trombón, el trombone (**9**)
trompo, el top (**7**)
tú you (**PA**)
tu/s your (*fam.*) (**PA**)
turnarse to take turns (**PA**)
turno, el work shift (**4**)
tuyo/a/os/as yours (*fam.*) (**PA**)

U

Un (fuerte) abrazo A (big) hug (**8**)
uña, la nail (**11**)
untar to spread (**4**)
usar to use (**PA**)

V

vacaciones, las vacations (**5**, 8)
vacuna, la vaccination (**11**)
valija, la suitcase (**1**)
Valió la pena. It was worth it. (**3**)
valle, el valley (**10**)
valor, el value (**7**, **9**)
vaquero, el cowboy (**8**)

varicela, la chicken pox (**11**)
Vaya/n derecho/todo recto. Go straight. (**4**)
vecino/a, el/la neighbor (**3**)
vehículo utilitario deportivo, el sport utility vehicle (SUV) (**5**)
vejez, la old age (**1**)
vela, la candle (**3**)
velatorio, el wake, funeral parlor (**1**)
velocidad, la speed (**5**)
vena, la vein (**11**)
venado, el deer (**10**)
venir (ie) to come (**PA**)
ventajas, las advantages (**2**)
ventanilla, la ticket window (**2**)
ventas (por teléfono), las (telemarketing) sales (**6**, **8**)
ver to see; to watch (**PA**, **1**)
verdadero/a true (PB)
verdura, la vegetable (**4**)
verruga, la wart (**11**)
verso, el line; verse (**4**)
verter (e, ie) to pour (**4**)
vestuario, el costume; wardrobe; dressing room (**9**)
veterinario/a, el/la veterinarian (**8**)
viajes, los travel; trips (**5**)
violín, el violin (**9**)
visual visual (**9**)
viudo/a, el/la widower / widow (**1**)

vivir to live (**PA**)
vocero/a, el/la spokesperson (**8**)
volantín, el kite (7)
volcán, el volcano (**10**)
volver (o, ue) to return (**PA**, **1**)
vomitar to vomit (**11**)
voz poética, la poetic voice (7)
vuestro/a/os/as your/s (*fam. pl. Spain*) (**PA**)

Y

y/e and (**2**)
Ya lo creo. I'll say. (**10**)
¡Ya no lo aguanto! I can't take it anymore! (**5**)
ya que since; because (**7**)
yerno, el son-in-law (**1**)
yeso, el plaster (**3**)
yuyitos, los young plants used in healing (**11**)

Z

zanahoria, la carrot (**4**)
zancos, los stilts (**7**)
zapatería, la shoe store (**7**)
zapatero/a, el/la shoemaker (**7**)
zapatos de charol, los patent leather shoes (**7**)
zorro, el fox (**10**)

English-Spanish Glossary

A

A (big) hug Un (fuerte) abrazo (**8**)
able, to be poder (ue) (**PA**)
about to overflow, to be desbordarse (7)
abroad el extranjero (**5**)
absence la ausencia (9)
absentminded despistado/a (**1**)
Absolutely. Absolutamente. (10)
absorb shock, to amortiguar (**11**)
accelerator el acelerador (**5**)
accept an invitation, to aceptar una invitación (**3**)
access, to acceder (**5**)
according to según (1)
accountant el/la contador/a (**8**)
accustomed, to be soler (ue) (**4**)
acquainted with, to be conocer (**PA**)
acquisition la adquisición (**8**)
act, to actuar (9)
Action! ¡Se rueda! (**9**)
add, to añadir (**3, 4, 8**)
address la dirección (**1, 5**)
administrative administrativo/a (**8**)
admitted, to be ingresar (**11**)
adobe el adobe (**3**)
adolescence la adolescencia (**1**)
advance, to ascender (e, ie) (**8**)
advantages las ventajas (2)
advertise, to hacer publicidad; publicitar (**8**)
advertising la publicidad (**8**)
advise, to aconsejar (1, 2, 4, 9)
aesthetic estético/a (**9**)
afraid (of), to be tener miedo (de) (**9**); temer (**3, 9**)
after; afterward después (de) (que) (**4, 7, 10**)
age, to envejecer (**1**)
agency la agencia (**8**)
agent el/la agente (**8**)
agree, to ponerse de acuerdo (**2, 3**)
agreeable agradable (**1**)
agreement la concordancia (**5, 7**); el acuerdo (**8**)
AIDS el SIDA (**11**)

air conditioning el aire acondicionado (**3**)
alcoholism el alcoholismo (**11**)
allergy la alergia (**11**)
alligator el caimán (**5**)
alternative music la música alternativa (**9**)
although aunque (**7**)
among themselves entre sí (1)
ample amplio/a (3)
and y/e (**2**)
animal el animal (**10**)
ankle el tobillo (**11**)
answer, to contestar (**PA**); responder (1)
antihistamine el antihistamínico (**11**)
anybody cualquiera (**8**)
appear, to parecer (**1**)
appearance la apariencia (**1**)
appendicitis el apendicitis (**11**)
applaud, to aplaudir (9)
applicant el/la aspirante (**8**)
application form la solicitud (**8**)
apply for (a job), to solicitar (**8**)
appropriate apropiado/a (**2**)
appropriate, to apropiarse (**8**)
architect el/la arquitecto/a (**3**)
Are you (all) free … ? ¿Está/s/n libre/s…? (**3**)
argue, to discutir (**4**)
arid árido/a (**10**)
arrive, to llegar (**PA**)
arrogant presumido/a (**1**)
arthritis el artritis (**11**)
artisan el/la artesano/a (**9**)
artist el/la artista (**9**)
as … as tan… como (9)
as if it were como si fuera (7)
as much / many … as tanto/a/os/as… como (9)
as soon as en cuanto; luego que; tan pronto como (**7**)
ashamed avergonzado/a (**1**)
ashes la ceniza (**11**)

ask (a question), to preguntar (**PA**)
ask (for), to pedir (e, i, i) (**PA, 2, 9**)
asparagus los espárragos (**4**)
at (in an e-mail address/message; @) el arroba (**5**)
at first al principio; primero (**4**)
at the end al final (**4**)
athlete el/la atleta (**2**)
athletic atlético/a (**2**)
attached adjunto/a (**PB**)
attachment el archivo adjunto (**5**)
auction el remate (**7**)
aunt la tía (**PA**)
author el/la escritor/a (**8**)
avocado el aguacate (**4**)
award el premio (**PA**); **awards ceremony** la ceremonia de premiación (**1**); **award-wining** el/la galardonado/a (**8**)

B

baby el/la bebé (**4**)
bachelorette la soltera (**1**)
back el lomo (**11**)
back then (en) aquel entonces (10)
bacon el tocino (**4**)
bad, to be ser malo (**3**)
bakery la panadería (**7**)
balance el saldo (**4**)
bald calvo/a (**1, 11**)
ballet el ballet (**9**)
banker el/la banquero/a (**8**)
banking la banca (**8**)
bankruptcy la bancarrota (**8**)
baptism el bautizo (**4**)
barbecued a la parrilla (**4, PB**)
bargain la ganga (**7**)
basement el sótano (**3**)
basketry; basket weaving la cestería (**9**)
bat el bate (**2**); el murciélago (**10**)
bathrobe la bata de baño (**11**)
baton la batuta (**9**)
bay la bahía (**10**)

be, to estar (**PA**, 7); ser (**PA**, 8); **to be a good/bad person** ser buena/mala gente (**1**)

beach la playa (**10**); **beach cabana** la carpa (8)

beard la barba (**1**)

beat, to batir (**4**)

beauty la belleza (1); **beauty mark** lunar (**1**)

because porque (**2**); ya que (**7**)

become, to hacerse (**8**); **to become (nervous)** ponerse (nervioso/a) (**PA**); **to become quiet** callarse (**PA**)

bedroom el dormitorio (**3**)

bee la abeja (**10**)

beef la carne de res (**4**)

before (time/space) antes (de) que (**4**, **7**)

beg, to rogar (o, ue) (**2, 9**)

begin, to comenzar (ie); empezar (ie) (**PA**)

beginner el/la novato/novata (**2**)

behave well, to portarse bien (**1**)

behavior el comportamiento (**4**)

behind detrás de (7, **10**)

belief la creencia (**4**)

believe, to creer (**PA**); **to believe in somebody** confiar en alguien (**7**)

benefits los beneficios (**8**, 11)

besides además (10)

bid, to ofrecer (**7**)

bike lanes los ciclovías (**10**)

biodegradable biodegradable (**10**)

birds las aves (**4**)

birth el nacimiento (1, **4**)

birthday el cumpleaños (**4**)

biweekly pay la quincena (**4**)

black negro (**1**); **black (hair)** moreno/a

bleachers las gradas (2)

blender la batidora (**3**)

blinds las persianas (**3**)

blond rubio/a (**1**)

board la junta (**8**)

body piercing la perforación del cuerpo (**1**)

boil, to hervir (e, ie, i) (**4**)

boiled hervido/a (4, **PB**)

bone el hueso (10, **11**)

bonus el bono (**8**)

boot up, to arrancar (**5**)

border la frontera (**5**)

born, to be nacer (**1**)

boss el/la jefe/a (**8**)

both ambos/as (**PB**)

bother, to molestar (**1**)

bouquet of flowers el ramo de flores (**7**)

bowl el tazón (**3**)

bowl, to jugar al boliche (**2**)

box, to boxear (**2**)

boyfriend el novio (**1**); churri (*colloquial - Spain*) (**5**)

bracelet la pulsera (**7**)

braces los frenos (**1**)

braid la trenza (**1**)

brain el cerebro (**11**)

brakes los frenos (**5**)

brand la marca (5, **PB**)

brass instruments los instrumentos de metal (**9**)

bread store la panadería (**7**)

break, to romper (**1**); fracturar(se) (**11**)

breathe, to respirar (**11**)

brick el ladrillo (**3**)

bride la novia (**1**)

bright llamativo/a (3, **9**)

bring, to traer (**PA**)

broil, to asar (**4**)

bronchitis el bronquitis (**11**)

brother el hermano (**PA**); **brother-in-law** el cuñado (**1**)

brown castaño/a (**1**)

browser el navegador (**5**)

brunette castaño/a (**1**)

brush el cepillo (**7**)

brushes los pinceles (2, **9**)

buddy el compadre (**10**)

budget el presupuesto (**3**)

bumper el parachoques (**5**)

burn la quemadura (**11**); **to burn** quemar (**3**)

business el comercio; la empresa (**8**); el negocio/los negocios (PB, **8**); **business letter** la carta comercial (8); **business management** la gestión empresarial (8); **businessman** el hombre de negocios (8); **businesswoman** la mujer de negocios (8)

but (rather) pero (2); sino (8, **10**)

butcher shop la carnicería (**7**)

butterfly la mariposa (**10**)

buttocks el trasero (**11**)

buy, to comprar (**PA**)

by: by its roots cuajo (7); **by means of** por medio de (10); **by then** para aquel entonces (8)

Bye. Chao. (**1**)

C

cabbage el col (**4**)

cake la tarta (**4**)

calf la pantorrilla (**11**)

call, to llamar (1); **to be called/named** llamarse (**PA**)

Calm down. Tranquilo. (**8**)

camel el camello (**10**)

camera/sound crew el equipo de cámara/sonido (**9**)

Can I take a message? ¿Puedo tomar algún recado? (7); **Can you tell me where… is?** ¿Puede/n usted / ustedes decirme dónde está…? (4)

cancer el cáncer (**11**)

candies los dulces (**4**)

candle la vela (**3**)

candy el bombón (**4**)

canvas el lienzo (**9**)

cap la gorra (2); **cap or top (of a bottle)** el tapón (**10**)

caption la leyenda (**1**)

car insurance el seguro del coche (**5**)

(car) horn la bocina (**5**)

caramel custard el flan (**4**)

card la tarjeta (**7**)

career la carrera (**2**)

caress la acaricia (**7**)

cargo la carga (**8**)

carpenter el/la carpintero/a (**3**)

carrot la zanahoria (**4**)

carry, to cargar (**10**)

cartoons los dibujos animados (**9**)

carving la talla (**9**)

cash el dinero en efectivo (**7**)

cashier el/la cajero/a (**8**)

cast echar (**1**)

castle el castillo (**2**)

cathedral la catedral (**7**)

catwalk la pasarela (**7**)

cauliflower el coliflor (**4**)

cave la cueva (**3**)

celebrate, to celebrar (**4**); festejar (6)

celebration la celebración (**4**)

celery el apio (**4**)

cement el cemento (**3**)

century el siglo (**6**)

ceramics la cerámica (**9**); **ceramic tiles** los azulejos (**3**)

certain things ciertas cosas (5)

challenge el desafío (2, **10**); el reto (2)

champion la campeona (*female*); el campeón (*male*) (**2**)

championship el campeonato (**2**)

channel el canal (**9**)

chase, to perseguir (i) (**PA**)

cheap tacaño/a (**1**)

check someone's temperature, to tomar la temperatura (**11**)

cheek la mejilla (**1**, **11**)
Cheer up! ¡Ánimo! (**8**)
cheerful alegre (**1**)
cherry la cereza (**4**)
chicken pox la varicela (**11**)
childhood la niñez (**1**)
chills los escalofríos (**11**)
chimney la chimenea (**3**)
chin el mentón (**1**)
choir el coro (**9**)
chop la chuleta (**4**)
Christmas la Navidad (**4**)
cinema el cine (**9**)
cinematographer el/la cinematógrafo/a (**9**)
citizen el/la ciudadano/a (**10**)
city block la cuadra (1, **3**)
civil servants los funcionarios (10)
clarinet el clarinete (**9**)
claws las garras (10)
clay el barro (**9**)
clearance sale la liquidación (**7**)
click, to hacer clic (**5**)
cliff diving el clavadismo (**2**)
climate el clima (**10**)
climatic climático/a (**10**)
climb, to escalar (**2**); **climbing** trepador/a (11)
clippings los recortes (**2**)
close, to cerrar (ie) (**PA**)
closing (of a letter) la despedida (**8**)
clothing la ropa (**7**); **clothing store** la tienda de ropa (**7**)
cloud forest la selva nubosa (5)
clown el/la payaso/a (**11**)
clue la clave (**9**); la pista (5, PB)
clumsily torpemente (**7**)
coach el/la entrenador/a (**2**)
coal el carbón (1)
coffeemaker la cafetera (**3**)
colleague el/la colega (**8**)
collect baseball cards, to coleccionar tarjetas de béisbol (**2**)
cologne la colonia (**7**)
colorful llamativo/a (3, **9**)
come, to venir (ie) (**PA**)
comedy la comedia (**9**)
coming procedente (**8**)
commission la junta (**8**)
commission (someone), to encargarle (a alguien) (**9**)
committee la junta (**8**)
common good, the (el) bien común (**10**)
compare with, to comparar con (**3**)
compatible compatible (**5**)
compete, to competir (e, i, i) (**2**)
competition la competencia; la competición (**2**)

complaint la queja (11)
compose, to componer (**9**)
composer el/la compositor/a (**9**)
compromise el acuerdo (**2**)
computer el/la computador/a; el ordenador (**5**)
conceited presumido/a (**1**)
condition la condición (**11**)
conduct, to dirigir (**9**)
confront, to hacer frente a (10)
confused confundido/a (**1**)
Congratulations! ¡Enhorabuena!; ¡Felicidades!; ¡Lo/La felicito! (**8**)
connect, to conectar (**5**)
conserve, to conservar (10)
construct, to construir (**3**)
consumption el consumo (**10**)
contain, to contener (ie) (**PA**)
container el envase (**10**)
contaminant el contaminante (**10**)
continue (doing something), to seguir (i) (**PA**)
contractor el/la contratista (**3**)
cook, to cocinar (**PA**)
cooking term el término de la cocina (4)
coral reef el arrecife (**10**)
Cordially Cordialmente (8)
corporation la empresa (**8**)
corpse el cadáver (9)
cost, to costar (ue) (**PA**)
costume el vestuario (**9**)
cough, to toser (11)
Could you (all) come…? ¿Podría/s/n venir…? (**3**);**Could you (all) tell me how to get to…?** ¿Me podría/n decir cómo se llegar a…? (**4**)
counsel, to aconsejar (1, 2, 4, 9)
counselor el/la consejero/a (**8**)
countdown la cuenta atrás (**3**)
counter(top) el mostrador (3, **7**)
countryside el paisaje (**5**)
couple la pareja (**1**)
court (sports) la cancha (**2**)
courtship el noviazgo (**4**)
cousin el/la primo/a (**PA**)
cover letter la carta de presentación (**8**)
cover, to cubrir (**1**, **3**, **4**); tapar (**4**)
coveted cotizado/a (9)
coward el cobarde (10)
cowboy el vaquero (8)
cozy acogedor/a (**4**)
crab el cangrejo (4, **10**)
crafts la artesanía (**9**); **crafting of precious metals** la orfebrería (9)
crash, to congelar (**5**)
create, to crear (**9**)
credit card la tarjeta de crédito (7)

criminal justice la justicia criminal (**8**)
crosswalk el paso de peatones (**5**)
crown, to coronar (**2**)
cruise ship el crucero (**5**)
crutches las muletas (**11**)
cry el grito (**7**); **to cry** llorar (**1**)
cucumber el pepino (**4**)
cupboard la alacena (**3**)
cure la cura (**11**)
curly rizado/a (1); **curly hair** el pelo rizado (**1**)
current actual (**8**)
cursor el cursor (**5**)
curtains las cortinas (**3**)
cut, to cortar (**5**); **to cut the grass** cortar el césped (**3**)

D

daily cotidiano/a (**9**)
damage, to dañar (**10**)
dance el baile (**4**); la danza (**9**); bailar (**PA**)
danger el peligro (**10**)
darling nena (*colloquial - Spain*) (**5**)
data los datos (**5**)
date la cita (**4**)
daughter la hija (**PA**); **daughter-in-law** la nuera (**1**)
day: day before yesterday anteayer (**PA**); **Day of the Dead** el Día de los Muertos (**4**)
Dear… Querido/a…; **Dear Mr. / Mrs…** Estimado/a señor/a…; Muy estimado/a señor/a…; **Dear Sir / Madam…** Muy señor/a mío/a… (**8**)
death la muerte (**1**)
debit card la tarjeta de débito (**7**)
debt la deuda (**2**)
deceive, to engañar (**4**)
deceptions los engaños (**1**)
decorate, to decorar (**2**)
decorative/applied arts las artes decorativas/aplicadas (**9**)
deduce, to deducir (9)
deed el hecho (**11**)
deer el venado (**10**)
deforestation la deforestación (**10**)
delay el retraso (11)
delete, to borrar (**5**)
demand, to exigir (2, **9**)
demonstrate, to demostrar (ue) (**PA**)
dentist el/la dentista (**8**)
deodorant el desodorante (**7**)
depletion el agotamiento (10)
depressed deprimido/a (**1**)
depression la depresión (**11**)

describe, to describir (**PA**)

desert el desierto (**10**)

design el diseño (**9**)

designer el/la diseñador/a (**3**)

dessert el postre (**4**)

destroy, to destruir (**10**)

diabetes la diabetes (**11**)

diamond el diamante (**1**, **7**)

diaper el pañal (**10**)

die, to morir (ue, u) (**PA**, **1**)

digital digital (**5**); **digital camera** la cámara digital (**5**)

digitalize, to digitalizar (**5**)

dinosaur el dinosaurio (**10**)

direct, to dirigir (**1**)

direction la dirección (**1**, **5**)

director el/la director/a (**9**)

dirt road el camino (**5**)

disadvantages las desventajas (**2**)

disagreement el desacuerdo (**10**)

disappear, to desaparecer (**10**)

disbelief la incredulidad (**11**)

discord la discordia (**3**)

discount la rebaja (**7**)

discuss, to discutir (**4**)

disguise oneself, to disfrazarse (**4**)

disgusted asqueado/a (**1**)

disorganized desorganizado/a (**1**)

displaced desplazado/a (**10**)

diva la diva (**9**)

divorce, to divorciarse (**1**)

divorced el/la divorciado/a (**1**)

dizziness el mareo / los mareos (**11**)

do, to hacer (**PA**, **1**, **7**); **to do martial arts** practicar las artes marciales (**2**); **to do Pilates** hacer pilates (**2**); **to do woodworking** hacer trabajo de carpintería (**2**); **to do yoga** hacer yoga (**2**); **Do you like the suggestion?** ¿Le / Te parece bien? (**5**); **Do you mind (if…) ?** ¿Le / Te importa (si…)? (**5**); **to do your bit** poner de tu parte (**8**)

doctor's office el consultorio (**7**)

Don't even think about it! ¡Ni lo sueñes! (**10**); **Don't worry.** No se/te preocupe/s. (**8**); **Don't you think…** ¿No cree(s)(n) que…? (**11**)

donut la dona (**4**)

door attendant el/la portero/a (**3**, **5**)

dosage la dosis (**11**)

dot (in a URL) punto (**5**)

doubt la duda (**3**)

doubt, to dudar (**3**, **9**) **to be doubtful** es dudoso (**9**); ser dudoso (**3**)

dough la masa (**7**)

dove la paloma (**10**)

download, to descargar (**5**)

drama el drama (**9**)

draw, to dibujar (**9**); **to draw blood** sacar la sangre (**11**)

drawing el dibujo (PA, **9**)

dream el sueño (**6**); **dream house** la casa de tus sueños (**PB**)

dress el traje (**4**)

dressing room el vestuario (**9**); el camerino (**11**)

drink, to beber; tomar (**PA**)

drought la sequía (**10**)

drug addict el/la drogadicto/a; **drug addiction** la drogadicción (**11**)

drunkards los borrachos (**3**)

dry árido/a (**10**); **dry cleaners** la tintorería (**7**)

dryer la secadora (**3**)

duck el pato (**10**)

dull pesado/a (**1**)

dyed (hair) teñido/a (**1**); **to dye one's hair** teñirse (i) el pelo (1)

E

each cada (PA)

earn a living, to ganarse la vida (**2**)

earrings los aretes (**7**)

Earth la Tierra (**10**)

east este (**5**)

Easter la Pascua (**4**)

eat, to comer (**PA**)

ecological ecológico/a (**10**)

ecosystem el ecosistema (**10**)

edit, to editar (**9**)

editing el montaje (**9**)

education la formación (**8**)

effort el esfuerzo (**6**)

elbow el codo (**11**)

elderly el/la anciano/a (**1**)

electric shaver la máquina de afeitar (**7**)

electrician el/la electricista (**3**)

elevator el ascensor (**3**)

e-mail el correo electrónico; el e-mail (**5**)

embarrassed avergonzado/a (**1**)

employee el/la empleado/a (**8**)

enclose, to encerrar (ie) (**PA**)

encrypt, to cifrar (**5**)

end, to terminar (**PA**)

endangered species los animales en peligro de extinción (**10**)

engaged, to be estar comprometido/a (**4**)

engagement el compromiso (**4**); **engagement period** el noviazgo (4)

engineer (chemical) el/la ingeniero/a (químico/a) (**8**)

engineering la ingeniería (**8**)

enjoy, to disfrutar (**2**); **to enjoy oneself** divertirse (e, ie, i) (**PA**)

entertain, to entretener (ie) (**7**)

entrepreneur el/la empresario/a (**5**)

envelope el sobre (**5**, **7**)

environment el medio ambiente (**10**)

erase, to borrar (**5**)

erosion la erosión (**10**)

errands las diligencias (**5**)

essential imprescindible (**11**)

etching grabado (**9**)

even if aunque (**7**)

even when aun cuando (**7**)

event suceso (**1**)

everyday cotidiano/a (**9**)

Exactly. Exactamente. Exacto. (**7**, 10)

excuse: Excuse me. Disculpa./ Discúlpame. (*familiar*); **Excuse me.** Disculpen./Discúlpenme. (*form., pl.*); **Excuse me.** (*formal*) Disculpe. Discúlpeme. (**2**)

executive el/la ejecutivo/a (**8**)

exhausted agotado/a (**1**)

exhibit, to exhibir (**9**)

explanation la explicación (**6**)

express good wishes, to felicitar (**8**)

exterminated exterminado/a (**10**)

extravagant gastador/a (**1**)

extroverted extrovertido/a (**1**)

eyebrows las cejas (**1**, **11**)

eyedrops las gotas para los ojos (**11**)

eyelashes las pestañas (**1**, **11**)

F

face la cara (**1**, **11**)

factory la fábrica (**2**, **7**)

faint, to desmayarse (**11**)

fall asleep, to dormirse (**PA**)

fall in love (with), to enamorarse (de) (**4**)

family la familia (PA, **1**)

fan aficionado/a (1, 2, 4); los/las seguidores/as (**9**)

farewell la despedida (**1**)

farmer el/la granjero/a (**8**)

fascinate, to fascinar (**1**)

Father's Day el Día del Padre (**4**); **father-in-law** el suegro (**1**)

fax machine la máquina de fax (**5**)

fear, to temer (**3**, **9**)

fed up harto/a (**1**)

feel, to sentirse (e, ie, i) (**PA**); **to feel/ be ashamed of** avergonzarse (o, ue) de (**3**, **9**)

fence la cerca (**3**)

fertilizer el fertilizante (**10**)
field el campo (**2**)
fifteenth birthday celebration la quinceañera (**4**)
fight, to pelear(se) (**2**, **4**)
figure la cifra (10)
file el archivo (**5**); **to file** guardar (**5**)
filled relleno/a (**8**)
filling el relleno (**7**)
film, to filmar; **to film (on location)** rodar (o, ue) (en exteriores) (**9**)
films el cine (**9**)
finally finalmente (**4**); por fin (PA, **4**, **5**)
financial financiero/a (**8**)
find, to encontrar (ue) (**PA**); **to find out** enterarse
finish, to terminar (**PA**)
fire el fuego (**3**); lumbre (**1**); **to fire (from a job)** despedir (e, i, i); echar (a alguien) (**8**)
firecrackers los petardos (**3**)
firefighter el/la bombero/a (**8**)
fireplace la chimenea (**3**)
first al principio; primero (**4**); **First Communion** la primera comunión (**4**)
fish el pescado (**4**); **to fish** pescar (**2**)
fix an object, to componer (**3**)
flamenco el flamenco (**9**)
flavor sabor (**4**)
flea market el mercado de pulgas (**7**)
flight attendant el/la asistente de vuelo (**8**)
floating flotante (**2**)
flour la harina (**4**)
flowers las flores (**3**)
focus on, to enfocarse (en) (**PB**)
folded plegado/a (**11**)
follow, to seguir (i) (**PA**)
followers los/las seguidores/as (**9**)
food la comida (**4**)
for a reason en balde (**9**); **for this reason** por eso (**10**)
forceful contundente (**9**)
forehead la frente (**1**, **11**)
forward (soccer) el delantero (**2**)
fountain la fuente (**7**)
fox el zorro (**10**)
fracture, to fracturar(se) (**11**)
frame el portarretrato (**1**)
freckles las pecas (**1**)
freeze, to congelar (**5**)
frenzy el frenesí (**6**)
fresh water el agua dulce (**5**)
fried frito/a (**4**, **PB**)
frightened asustado/a (**1**)

from bad to worse de mal en peor (**11**)
fruit la fruta (**4**); **fruit store** la frutería (**7**)
fry, to freír (e, i, i) (**4**)
frying pan el sartén (**3**)
fuel el combustible (**10**)
full-time/part-time workday la jornada completa/parcial (**8**)
funds los fondos (**9**)
funeral parlor el velatorio (**1**)
funny chistoso/a (**1**)
fur la piel (**1**, **11**)
furious furioso/a (**1**)

G

gain points, to sumar puntos (**8**)
game show el concurso (**9**)
garbage truck el camión de la basura (**10**)
garden, to trabajar en el jardín (**2**); **garden hose** la manguera (**3**)
gardener el/la jardinero/a (**3**)
gardening la jardinería (**3**)
gargle, to hacer gárgaras (**11**)
garlic el ajo (**4**)
gas pedal el acelerador (**5**)
generous generoso/a (**1**)
geographical geográfico/a (**10**)
gesture el gesto (**8**, 10)
get, to conseguir (**PA**); **to get a job/ position as...** conseguir un puesto de... (**8**); **to get divorced** divorciarse (**1**); **to get together** reunirse (**PA**); **to (get) in** meterse (**11**); **to get lost** perderse (e, ie) (**5**); **to get married** casarse (**1**); **to get ready** preparar (**PA**); **to get separated** separarse (**1**); **to get up** levantarse (**PA**)
giraffe la jirafa (**10**)
girlfriend la novia (**4**)
give, to dar (**PA**); **to give birth** dar a luz (**4**)
given dada (**8**); **given that** puesto que (**7**)
go, to ir (**PA**); **to go away** irse (**PA**); **to go camping** ir de camping (**2**); **to go cycling** practicar ciclismo (**2**); **to go horseback riding** montar a caballo (**2**); **to go hunting** cazar (**2**); **to go on a cruise** hacer un crucero (**5**); **to go on strike** hacer una huelga (**8**); **to go out (with)** salir (con) (**PA**, **4**); **to go straight** seguir derecho (**7**); **Go straight.** Siga/n derecho / todo recto./ Vaya/n derecho/todo recto. (**4**)

goal meta (**8**)
goat cabra (**10**)
goblet la copa (**3**)
godfather el padrino; **godmother** la madrina; **godson/daughter** el/la ahijado/a (**1**)
gold el oro (**7**)
golf club el palo de golf (**2**)
golf course el campo de golf (**7**)
good quality de buena calidad (**7**)
Good! ¡Bueno! (**8**); ¡Qué bueno! (**5**)
good, to be ser bueno (**3**); **it is good** es bueno/malo (**9**)
goods las mercancías (**7**)
gorilla el gorila (**10**)
GPS el navegador personal (**5**)
graduation la graduación (**4**)
grandfather el abuelo; **grandmother** la abuela (**PA**)
grapefruit la toronja (**4**)
graphic gráfico/a (**9**)
grass el césped (**3**)
grasshopper el saltamontes (**10**)
grated rallado/a (**4**)
gray canoso/a (**1**); **gray hair** las canas; pelo canoso (**1**)
great-grandfather/great-grandmother el/la bisabuelo/a (**1**)
greenhouse effect el efecto invernadero (**10**)
greeting el saludo (**1**, **8**); **greeting card** la tarjeta (**7**)
grilled asado/a; a la parrilla (**4**, **PB**)
groom el novio (**4**)
ground molido/a (**4**); el suelo (**1**)
ground beef la carne molida (**4**)
groupies los/las seguidores/as (**9**)
grow, to crecer (**1**); **to grow old** envejecer (**1**)
guess, to adivinar (**PA**, **8**)
guest el/la huésped (**5**)
guests los invitados (**5**)
guide el/la guía (**5**)
gum el chicle (**7**)
guts las entrañas (**9**)

H

habitat el hábitat (**10**)
hack, to sabotear (**5**)
hair el pelo (**1**); **hair stylist** el/la peluquero/a (**8**)
half la mitad (**PB**); **half sleeve** la media manga (**7**)
hall el pasillo (**3**)
Halloween el Día de las Brujas (**4**)

hammer el martillo (7)

hand embroidery bordado a mano (7)

handheld beater la batidora (3)

handkerchief el pañuelo (7, 11)

Hang in there! ¡Ánimo! (8)

hang, to colgar (o, ue) (3)

happy alegre (1); **to be happy (about)** alegrarse (de) (3, 9)

hard drive el disco duro (5)

hard to get inasible (9)

hardware store ferretería (7)

harm el daño; **to harm** dañar (10)

harmful dañino/a (11)

harvest, to cosechar (10)

haute cuisine la alta cocina (4)

have, to tener (ie) (**PA**); deber + (infinitivo) (3); hay que + (infinitivo) (3); tener que + (infinitivo) (3); **to have a bad time** pasarlo mal (4); **to have a birthday** cumplir… años (4); **to have a date** tener una cita (4); **to have a good time** pasarlo bien (4); **to have dinner** cenar (3); **to have experience** tener experiencia (8); **to have fun** divertirse (e, ie, i) (**PA**); **to have (good) hearing** tener (buen) oído (9); **to have lunch** almorzar (ue) (**PA**); **to have something left** quedar (1)

he él; le; se (**PA**); **He / She is not home.** No está.; No se encuentra. (7)

headache el dolor de cabeza (11); **(severe) headache** la jaqueca (11)

headlight el faro (5)

heal, to sanarse (11)

hear, to oír (**PA**)

heart attack el ataque al corazón (11)

heat, to calentar (e, ie) (3, 4); **heat (low, medium, high)** fuego (lento, mediano, alto) (4)

heel (high, low) el tacón (alto, bajo) (4, 7); el talón (11)

Hello. Aló. (7); (Muy) Buenas. (1); **Hello?** ¿Bueno?; Diga. / Dígame. (7)

helmet el casco (2)

Help! ¡Socorro! (10); el número de ayuda; el teléfono de ayuda; **help line** (6)

her suyo/a/os/as; su/s (**PA**)

hers suyo/a/os/as (**PA**)

Hey… Oye… (*familiar*) (7); Oiga… (*formal*) (7)

hidden oculto/a (7)

hide, to ocultar (3)

high blood pressure la hipertensión (11); **high/low (blood) pressure** la presión alta/baja (11)

high-top (shoes) altos (7)

highway la carretera (5)

hiker la excursionista (2)

hills los montes (1)

hip la cadera (11)

hire, to contratar (8)

his suyo/a/os/as; su/s (**PA**)

hit, to pegar (1)

hockey stick el palo de hockey (2)

holding company la sociedad de acciones (1)

home el hogar (3); **home remedy** el remedio casero (11)

homemaker el ama de casa (8)

homepage la página principal/ inicial (5)

honest honesto/a (1)

honey la miel (4); nena (*colloquial - Spain*) (5)

honeymoon la luna de miel (4)

honored homenajado/a (4)

hope, to esperar (**PA**, 2, 9); desear (2, 9); **hope** la esperanza (3)

host / hostess el/la anfitrión/anfitriona (7, 12)

hotel management la administración de hoteles (8)

housekeeper el/la camarero/a (5)

housing materials los materiales de la casa (3)

how cuán (9); **How are you doing?** ¿Cómo andas? (*familiar*) (**PA**); **How are you this morning?** ¿Cómo amaneció usted? (*formal*) (1); **How are you this morning?** ¿Cómo amaneciste? (*familiar*) (1); **How are you this morning?** ¿Qué tal amaneció usted? (*formal*) (1); **How are you this morning?** ¿Qué tal amaneciste? (*familiar*) (1); **How awful!** ¡Qué barbaridad! (5); **How do I go / get to…?** ¿Cómo voy / llego a…? (4); **How exciting!**; **How cool!** ¡Qué emoción! (5); **How marvelous!** ¡Qué maravilloso! (8); **How nice to see you!** ¡(Qué) Gusto en verlo/la/te! (1); **How stupendous!** ¡Qué estupendo! (8); **How extraordinary!** ¡Qué extraordinario! (8)

human being el ser humano (5); **human body** el cuerpo humano (11)

hummingbird la picaflor (10)

hung colgado/a (9)

hurry up, to apurarse (7)

husband el marido (1); churri (*colloquial - Spain*) (5)

I me (**PA**); **I agree.** Estoy de acuerdo. (**PA**, 7, 10); **I can't take it anymore!** ¡Ya no lo aguanto! (5); **I don't agree.** No estoy de acuerdo. (**PA**, 10); **I don't believe it.** No lo creo. (11); **I don't think so.** No lo creo. (11); **I doubt it.** Lo dudo. (11); **I hope so** ojalá (que) (2); **I propose that …** Propongo que… (11); **I recommend that …** Recomiendo que… (11); **I suggest that …** Sugiero que… (11); **I think it is …** Creo que es… (**PA**); **I will call you later.** Lo / La / Te llamo más tarde. (7); **I would like to invite you (all) …** Quisiera invitarte/le/les… (3); **I'll say.** Ya lo creo. (10); **I'm lost.** Estoy perdido/a. (4); **I'm really sorry but …** Me da mucha pena pero… (3); **I'm sorry.** Lo siento. (8); **I'm telling you …** Te digo… (10)

ice cream store la heladería (7)

icon el icono (5)

if si (**PA**, 9)

iguana la iguana (10)

illness la enfermedad (11)

image la imagen (5, 9)

Imagine! ¡Figúrate!; ¡Imagínate! (10)

immediately (after) en seguida (4)

immigration documents los papeles (4)

impolite maleducado/a (1)

important, to be importar (1)

improve, to mejorar (10)

improvise, to improvisar (9)

in: in a hurry apurado/a (3); **in case** en caso (de) que (7); **in front of** enfrente de (7); **in love** enamorado/a (1); **In other words …** En otras palabras… (9); **in spite of** a pesar de que (7); **in the beginning** al principio; primero (4); **in the end** por fin (PA, 4, 5)

Independence Day el Día de la Independencia (4)

inflammation la inflamación (11)

inform, to informar (9)

information los datos (1)

infrastructure la infraestructura (10)

ingredient el ingrediente (4)

inheritance la herencia (1)

injury la lesión (2)

inner ear el oído (11)

innovative innovador/a (9)

insecticide la insecticida (10)

inside por dentro (3)

insist, to insistir (en) (2, 9)

inspect, to inspeccionar (**9**)
installment (payment) la cuota (**4**)
interest, to interesar (**1**)
Internet el Internet (**5**)
interview, to entrevistar (**8**)
introverted introvertido/a (**1**)
invest, to invertir (e, ie, i) (**8**)
Is there? / at home? ¿Está (en casa)? (**7**)
island la isla (**10**)
isolation el aislamiento (10)
it: It can't be! ¡No puede ser! (**5**, 10, 11); **It is important that …** Es importante que… (**2**, **9**); **It was worth it.** Valió la pena. (**3**); **It would be a pleasure!** ¡Con mucho gusto! (**3**) **It would be better to…** Sería mejor… (**11**) **It's a shame/pity but …** Lástima pero… (**3**); **It's all the same to me.** Me da igual. (12) **It's alright.** Está bien. (10) **It's better that/than …** Es mejor que… (**2**, **9**); **It's hard to believe.** Parece mentira. (**11**); **It's necessary that …**Es necesario que… (**2**, **9**); **It's preferable that …** Es preferible que… (**2**, **9**); **It's that …** Es que… (**9**); **It's true.** Es cierto. (10)
italics cursiva (**11**)
itinerary el itinerario (**5**)
its suyo/a/os/as; su/s (**PA**)

J

jealous celoso/a (**1**)
jewelery store la joyería (**4**)
job el trabajo; el puesto (**8**)
jog, to hacer jogging (**2**)
joint la articulación (**11**)
jot down, to apuntar (**11**)
journalist el/la periodista (**8**)
jump el brinco (**9**)
just justo/a (**4**)

K

keep quiet, to callarse (**PA**)
key la tecla (**9**)
keyboard el teclado (**5**, **9**)
kilogram (2.2 pounds) kilogramo (**4**)
kiss, to besar (**11**)
kitchen la cocina (**3**, **4**); **kitchen cloth** el trapo de cocina (**4**); **kitchen sink** el fregadero (**3**)
kite el volantín (**7**)
klutz/clumsy person la pata dura (**2**)
Knead it. Amásela, (**4**)

knee la rodilla (**11**)
knit, to tejer (**2**)
know, to conocer (**PA**)

L

lack, to faltar (**1**); **to be lacking** hacer falta (**1**)
lamb la carne de cordero (**4**)
land el terreno (**7**); la tierra (**10**)
landed posado/a (7)
landlord el/la propietario/a (**8**, **9**)
landscape el paisaje (**9**)
language la lengua (**PA**)
last: last (in a list) por último (**4**); **last night** anoche (**PA**); **last week** la semana pasada (**PA**); **last weekend** el fin de semana pasado (**PA**); **last year** el año pasado (**PA**)
later más tarde (**4**)
law la ley (**5**)
lawn el césped (**3**)
lawyer el/la abogado/a (**8**)
layer la capa (**4**, 7)
lazy flojo/a (**1**)
learn, to aprender (**PA**)
leather la piel (**1**, **11**)
leave, to irse (**PA**); **to leave (something or someone)** dejar (**1**)
less than menos de (7)
Let's see … A ver… (11)
letter of recommendation la carta de recomendación (**8**)
level el nivel (**4**)
lie, to mentir (ie, i) (**PA**)
life event el evento de la vida (**4**)
lift weights, to levantar pesas (**2**)
lightbulb la bombilla (**7**)
lightweight liviano/a (7)
like, to gustar (**3**, **9**); **to like very much** encantar (**1**); **to like/dislike someone** caer bien/mal (**1**)
limousine la limusina (**5**)
line el verso (**4**)
link el enlace (**5**)
lip el labio (**1**, **11**)
liquidity la liquidez (**4**)
little piece of paper el papelito (**PA**)
live, to vivir (**PA**); **to live in** habitar (**3**)
living room la sala (**3**)
loan el préstamo (**3**)
lobster la langosta (**4**)
lock la llave (**5**)
log on, to acceder (**5**)
long largo/a (**1**, **11**); **long hair** el pelo largo (**1**); **long sleeve** la manga larga (**7**)

knee la rodilla (**11**)

Look … Mire… / Mira… (**7**)
looming (the art of) el arte del telar (9)
lose, to perder (e, ie) (**PA**); **to lose weight** perder (e, ie) peso (**11**)
lotion la loción (**7**)
love, to encantar (**1**); querer (e, ie) (**PA**, **2**, **9**)
luckily por suerte (**PA**)
luggage el equipaje (**5**)
lung el pulmón (**11**)
lurker el mirón (**5**)
luxury lujo; **luxury hotel** el hotel de lujo (**12**)

M

made of… hecho/a de… (**5**)
madera la leña (**7**)
magazine la revista (**11**)
mail carrier el/la cartero/a (**8**)
mailbox el buzón (**8**)
main dish el plato (**4**)
maintain, to mantener (ie) (**PA**, **2**)
make, to hacer (**PA**, **1**, 7); fabricar (**8**, **10**); **to make a toast** hacer un brindis (**3**); **to make by hand** hacer a mano (**9**); **to make noise** hacer ruido (**10**)
makeup el maquillaje (**11**)
management el manejo (**10**)
manager el/la gerente/a (**4**, **8**)
manatee el manatí (**10**)
mane la melena (10)
mango el mango (**4**)
mannequin el maniquí (**11**)
manufacture, to fabricar (**8**, **10**)
mariachi el mariachi (**9**)
marital status el estado civil (**8**)
mark, to marcar (**8**)
marketing el mercadeo (**8**)
married casado/a (**1**)
marry, to casarse (**1**)
marsh el pantano (**10**)
masterpiece la obra maestra (**9**)
match, to hacer juego (**3**)
matter, to importar (**1**)
maybe quizás (**2**)
me mí (**PA**); **me neither** a mí tampoco (**PA**); **me too** a mí también (**PA**)
mean, to significar (**6**)
measles el sarampión (**11**)
meat la carne (**4**)
mechanic el/la mecánico/a (**8**)
medal la medalla (**2**)
medical attention la atención médica (**11**)
medical leave la baja (8)

medical test la prueba médica (**11**)
medicine el medicamento (**11**)
meet, to reunirse (**PA**)
melt, to derretir (e, i, i) (**4**)
members los miembros (**1**)
memories los recuerdos (**3**)
menu la carta (**4**)
merchant el comerciante (**8**)
merengue el merengue (**9**)
migraine la jaqueca (**11**)
milkshake el batido (**4**)
mine mío/a/os/as (**PA**)
mirror el espejo (**3**)
misbehave, to portarse mal (**1**)
mix, to mezclar (**4**)
mixer la batidora (**3**)
mixture la mezcla (**1**)
modest sencillo/a (**1**, **3**)
mole el lunar (**1**)
mom la mamá (**PA**)
monkey el mono (**10**)
mononucleosis el mononucleosis (**11**)
(monthly) bill la factura (mensual) (**3**)
mortgage la hipoteca (**3**)
mosque la mezquita (**7**)
Mother's Day el Día de la Madre (**4**)
    mother-in-law la suegra (**1**)
motif el motivo (**9**)
mountain range sierra (**10**)
mouse el ratón (**5**)
moustache el bigote (**1**)
move, to mudarse (**3**)
movies el cine (**9**)
mow the lawn, to cortar el césped (**3**)
muffler el silenciador (**5**)
multitasking la multitarea (**5**)
mumps las paperas (**11**)
mural el mural (**9**)
muralist el/la muralista (**9**)
muscle el músculo (**11**)
mushrooms los hongos (**4**)
music la música (**9**); **music stand** el
    atril (**9**)
musical piece la pieza musical (**9**)
Muslim el musulmán/la musulmana (**7**)
must deber + (infinitivo) (**PA**)
my mi/s (**PA**); **My most heartfelt
    condolences.** Mis más sinceras
    condolencias. (**8**)
myth el mito (**2**)

N

nail el clavo (**7**); la uña (**11**); **nail polish**
    el esmalte de uñas (**7**)
national monument el monumento
    nacional (**5**)

nature la naturaleza (**10**)
nausea la náusea (**11**)
navigate, to navegar (**5**)
navigation system el navegador
    personal (**5**)
necklace el collar (**7**)
need, to hacer falta (**1**); necesitar
    (**PA**, **2**, **9**); faltar (**1**)
negotiate, to negociar (**8**)
neighbor el/la vecino/a (**3**)
neither tampoco (**PA**)
nephew / niece el/la sobrino/a (**1**)
nerve el nervio (**11**)
Never in my life. En mi vida. (**10**)
nevertheless sin embargo (**10**)
news las noticias (**PA**); **news program**
    el noticiero (**9**)
next luego (**4**)
**NGO (non-governmental
    organization)** la ONG (**8**)
nice amable (**1**)
Nice to see you. Gusto en verlo/la/te. (**1**)
No doubt. Sin duda. (**10**)
No way! ¡Qué va! (**10**); ¡No me diga/s!
    (**5**, **7**, **10**, **11**); De ninguna
    manera. (**10**)
nonprofit sin fines de lucro (**8**)
nor tampoco (**PA**)
north norte; **northeast** noreste;
    northwest noroeste (**5**)
not to believe no creer (**3**, **9**); **not to
    think** no creer; no pensar (e, ie) (**3**, **9**)
notwithstanding no obstante (**10**)
noun el sustantivo (**PA**)
novice el/la novato/a (**2**)
now that ahora que (**7**)
number la cifra (**10**)
nursing la enfermería (**8**)
nylon el nilón (**7**)

O

obesity la obesidad (**11**)
obey, to obedecer (**9**)
obtain, to obtener (e, ie) (**PA**)
occur to (oneself), to ocurrirse (**8**)
octopus el pulpo (**10**)
Of course not. Claro que no.; Nada de
    eso. (**10**)
Of course! ¡Claro! (**3**, **7**, **10**); ¡Por
    supuesto! (**3**, **5**, **7**, **10**); Claro que sí. (**7**);
    ¡Cómo no! (**7**, **10**); Desde luego. (**7**, **10**)
offline desconectado/a (**5**)
oil painting el óleo (**9**)
OK Bueno... (**11**); Estoy de acuerdo.
    (**PA**, **7**, **10**); Está bien. (**10**)
old age la vejez (**1**)

olive la aceituna (**4**)
On the contrary. Al contrario. (**10**)
on the other hand por otro lado (**10**)
oneself mismo/a (**2**)
online conectado/a (**5**)
only child el/la hijo/a único/a (**1**)
open, to abrir (**PA**, **1**)
operate, to operar (**11**)
or o/u (**2**)
order el encargo (**10**); el pedido (**2**, **5**)
organ el órgano (**9**)
organist el/la organista (**9**)
organize, to organizar (**9**); **organized**
    organizado/a (**1**)
our/s nuestro/a/os/as (**PA**)
outraged fuera de sí (**10**)
oven el horno (**3**)
overpopulation la sobrepoblación (**10**)
owl el búho (**1**)
owner el/la dueño/a (**3**); el/la
    propietario/a (**8**, **9**)

P

pack, to armar (**1**); empaquetar (**12**)
package el paquete (**5**); el envase (**10**)
pageant el concurso (**9**)
pain el dolor (**1**)
paint, to pintar (**2**, **3**)
painter el/la pintor/a (**9**)
painting el cuadro (**4**); la pintura (**9**)
pal el compadre (**10**)
palm tree la palma (**1**)
pamphlet el panfleto (**9**)
pancake el panqueque (**4**)
panting jadeando (**2**)
pantry la despensa (**3**)
papaya la papaya (**4**)
parade el desfile (**4**)
Pardon. Perdóneme. (*formal*); **Pardon.**
    Perdón. / Perdóname. (*familiar*) (**2**);
    **Pardon, do you (all) know how to
    get to...?** Perdón, ¿sabe/n usted /
    ustedes llegar al...? (**4**)
park benches los bancos (**7**)
parrot el loro (**10**)
partner la pareja (**1**)
pass through (a place), to pasar (**1**)
passers-by los transeúntes (**7**)
password la contraseña (**5**)
paste, to pegar (**5**)
pastimes los pasatiempos (**2**)
patent leather shoes los zapatos de
    charol (**7**)
path el camino (**5**); el sendero (**4**)
patient el/la paciente (**11**)
patron el/la patrocinador/a (**9**)

paving stones las losetas (7)
pay in advance, to adelantar (4)
peach el durazno (4)
peas los guisantes (4)
peel, to pelar (4)
penguin el pingüino (10)
penicillin la penicilina (11)
people las personas (2)
pepper el pimiento (4)
percent por ciento (PB)
perform, to realizar (8); representar (9)
performance art el arte dramático (9)
personal letter la carta personal (8); **personal characteristics** las características personales (1)
personality la personalidad (1)
personnel el personal (8)
pesticide la pesticida (10)
pharmacy la farmacia (7)
Phenomenal! ¡Fenomenal! (5, 8)
physical appearance el aspecto físico (1); **physical exam** el examen físico (11)
physically/psychologically handicapped discapacitado/a (1)
pick up, to recoger (1)
piece el pedazo (4)
pigeon la paloma (10)
pillow la almohada; **pillowcase** la funda (de almohada) (3)
pilot el/la piloto (8)
pineapple la piña (4)
pitcher la jarra (3)
place, to poner (PA, 1); **to place an order** hacer un pedido (7)
plain la llanura (10)
plan, to planear (9)
plantain (*Lat. America*) el plátano (4)
plaster el yeso (3)
plateau la meseta (10)
play la obra de teatro (9)
play, to jugar (u, ue) (PA); **to play (an instrument)** tocar (un instrumento) (9); **to play cards** jugar a las cartas (2); **to play charades** hacer mímica (PA, 9); **to play checkers** jugar a las damas (2); **to play chess** jugar al ajedrez (2); **to play frisbee** tirar un disco volador (2); **to play hangman** jugar al horcado (PB); **to play hockey (ice; field)** jugar al hockey (sobre hielo; sobre hierba) (2); **to play poker** jugar al póquer (2); **to play the role** hacer el papel (3, 9); **to play video games** jugar a videojuegos (2); **to play volleyball** jugar al voleibol (2)

playwright el/la dramaturgo/a (9)
pleasant agradable (1)
pleats los pliegues (7)
plug el enchufe (5); **to plug in** enchufar (3, 5)
plum la ciruela (4)
plumber el/la plomero/a (3)
pocket el bolsillo (7)
poetic voice la voz poética (7)
point out, to señalar (5)
poisonous tóxico/a (10)
police station la comisaría (PB, 7)
polite educado/a (1)
(political) science las ciencias (políticas) (8)
politician el/la político/a (8)
pond el estanque (3)
poor area of a city (*Lat. Am.*) los suburbios (2)
poor quality de mala calidad (7)
popcorn las palomitas de maíz (4)
poplar trees los chopos (7)
popular music la música popular (9)
pork la carne de cerdo (4)
port el puerto (5)
portrait el retrato (9)
position el puesto (8); **to be in a position** estar en condiciones (11)
post to a blog, to comentar en un blog (2)
pot la olla (3)
potter el/la alfarero/a (9)
pottery; pottery making la alfarería (9)
poultry las aves (4)
pour, to verter (e, ie) (4)
powerful poderoso/a (1)
Precisely. Efectivamente. (10); Precisamente (10)
prefer, to preferir (e, ie, i) (PA, 2, 9)
pregnancy el embarazo (4)
pregnant embarazada (1); **to be pregnant** estar embarazada (4)
preparations los preparativos (PB)
prepare, to preparar (PA)
present actual (*adj.*) (8); **present** el regalo (4)
preserve, to preservar (10)
pretty bonito/a (1)
prevent, to prevenir (e, ie) (10)
pride el orgullo (5)
priest el cura (4)
print, to imprimir (5)
printer la impresora (5)
prison la cárcel (11)
prize el premio (PA)
probable, to be es probable (9); ser probable (3, 9)

proceed (in a place), to pasar (1)
produce, to fabricar (8, 10)
production la función (9)
profession la profesión (8)
professional profesional (8)
profile el perfil (1)
profit el lucro (8)
prohibit, to prohibir (2, 9)
promote, to ascender (e, ie); **to be promoted** ascender (e, ie) (8)
proud orgulloso/a (1)
provided that con tal (de) que (7)
psychologist el/la psicólogo/a (8)
psychology la psicología (8)
public restrooms los servicios (7)
publicize, to publicitar (8)
puddle el charco (11)
puma la puma (10)
pumpkin la calabaza (4)
punishment el castigo (2)
purpose el propósito (11)
put, to poner (PA, 1); **to put a cast on** enyesar (11); **to put on (one's clothes)** ponerse (la ropa) (PA); **to put on makeup** maquillarse (PA); **to put your foot in your mouth** meter la pata (9)

Q

qualification la calificación (8, 11)
quality la calidad (5)
quarter cuarto/a (PB)
quartet el cuarteto (9)
quiet callado/a (1)
Quiet everybody (on the set)! ¡Silencio! (9)
quit, to renunciar (a) (8); **to quit smoking (cigarettes)** dejar de fumar (cigarrillos) (11)
quote la cita (2)

R

race la carrera (2); **race car driver** el/la piloto de carreras (5)
racer el/la corredor/a (5)
rack one's brain, to comerse la cabeza (5)
racket el estrépito (2); la raqueta (2)
rain cats and dogs, to llover a gritos (5)
rate la tasa (10)
raw crudo/a (4, PB)
razor la máquina de afeitar; la navaja de afeitar (7)
reach an agreement, to ponerse de acuerdo (2, 3)

read, to leer (**PA**)
readers los lectores (**4**)
real estate los bienes raíces (**3**)
realize, to darse cuenta (**4**)
Really? ¿De veras? (**11**)
rearview mirror el espejo retrovisor (**5**)
reboot, to reiniciar (**5**)
receive, to recibir (**PA**)
recently recién (**PB**)
receptionist el/la recepcionista (**5**)
recipe la receta (**4**)
recommend, to aconsejar (**1, 2, 4, 9**); proponer (**2, 9**); recomendar (e, ie) (**PA, 2, 9**)
record, to grabar (**5**)
red-haired el/la pelirrojo/a (**1**)
reduce, to reducir (**10**)
referee el/la árbitro/a (**2**)
reflect, to reflejar (**9**)
regret el arrepentimiento (**7**); **to regret** arrepentirse (ie, i) de (**4, 7, PB**); pesar (**8**); sentir (e, ie, i) (**3, 9**)
rehearsal el ensayo (**9**)
reheat, to recalentar (ie) (**4**)
relative el/la pariente (**1**)
Relax. Tranquilo. (**8**)
remain, to quedarse (**PA**)
remember, to acordarse (o, ue) de (**PA**); recordar (o, ue) (**PA, 1**)
remind, to recordar (o, ue) (**PA, 1**)
remodel, to remodelar (**3**); renovar (o, ue) (**3, 5**)
renew, to renovar (o, ue) (**3, 5**)
renewable renovable (**10**)
renovate, to remodelar (**3**); renovar (o, ue) (**3, 5**)
rent el alquiler (**3**)
rent, to alquilar (**3**); **to rent a car** alquilar un coche (**5**)
repair, to to compose (**9**); reparar (**3**); **repairs** las reparaciones (**3**)
repeat, to repetir (i) (**PA**); **Repeat, please.** Repite/a, por favor. (**2**)
replace, to reemplazar (**10**)
reporter el/la reportero/a (**8**)
represent, to representar (**9**)
request el encargo (**10**); el pedido (**2, 5**); **to request** pedir (e, i, i) (**PA, 2, 9**)
rescue, to rescatar (**10, 11**); **rescued** rescatado/a (**2**)
resign, to renunciar (a) (**8**)
restore, to restaurar (**5**)
result el resultado (**2, 11**)
résumé el currículum (vitae) (C.V.) (**8**)
retire, to jubilarse (**8**)
retirement la jubilación (**1, 8**)

return, to regresar (**PA**); volver (o, ue) (**PA, 1**); **to return (an object)** devolver (ue) (**PA**)
rhinoceros el rinoceronte (**10**)
rib la costilla (**11**)
right justo/a (**4**)
right-click, to pulsar el botón derecho (**5**)
ring el anillo (**7**)
rink la pista (**2**)
rise, to subir (**PA**)
risk el riesgo (**10**)
river el río (**10**)
roars los rugidos (**10**)
roast, to asar (**4**)
role el papel (**9**)
rookie el/la novato/a (**2**)
room el alcoba (**3**); el cuarto (**3**); la habitación (**3**); la recámara (**3**); **room service** el servicio (**5**)
rooster el gallo (**10**)
rooted arraigado/a (**11**)
roots las raíces (**7, 11**)
route el camino (**5**)
row, to remar (**2**)
rude grosero/a; maleducado/a (**1**)
rug la alfombra (**4**)
rule la regla (**8**)
run, to correr (**PA**); **to run out** acabar (**11**)

S

sail, to pasear en barco (de vela) (**2**)
salary el salario; el sueldo (**8**)
sale el rebaja; el remate (**7**)
same igual (**1**)
sand la arena (**5**)
sardines las sardinas (**4**)
saucepan la cacerola (**3**)
saucer el platillo (**3**)
sausage la salchicha (**4**)
save, to ahorrar (**8**); guardar (**5**)
savings el ahorro (**8**)
sawdust el aserrín (**4**)
saxophone el saxofón (**9**)
say exactly, to precisar (**11**)
Say hi to (*name*) / **everyone at home.** Saludos a (*nombre*) / todos por su / tu casa. (**1**)
say, to decir (**PA, 1, 3, PB**)
scan, to escanear (**5**)
scanner el escáner (**5**)
scar la cicatriz (**1**)
scarcity la escasez (**10**)
scare el susto (**PB**)
scarf la bufanda (**7**); el pañuelo (**7, 11**)

scatterbrained despistado/a (**1**)
schedule el horario (**8**)
school (*adj.*) escolar (**2**)
scold, to reñir (i) (**1**)
score la calificación (**8, 11**); el resultado (**2, 11**)
screen la pantalla (**5**); el/la guionista (**1, 9**)
screw el tornillo (**7**)
script el guion (**9**); **scriptwriter** el/la guionista (**1, 9**)
scuba dive, to bucear (**2**)
sculpt, to esculpir (**9**)
sculptor el/la escultor/a (**9**)
sculpture la escultura (**9**)
sea el mar (**10**)
seafood los mariscos (**4**)
seal la foca (**10**)
season la temporada (**2**)
seat belt el cinturón de seguridad (**5**)
secretary el/la secretario/a (**8**)
security guard el/la guardia de seguridad (**5**)
see, to ver (**PA, 1**); **See you.** Nos vemos. (**1**)
seeds las semillas (**10**)
seem, to parecer (**1**)
self esteem el autoestima (**11**)
selfish egoísta (**1**)
self-portrait el autorretrato (**9**)
seminar seminario (**1**)
Sensational! ¡Sensacional! (**8**)
sensitive sensible (**1**)
separate, to separarse (**1**)
serious serio/a (**1**); **Seriously?** ¿En serio? (**11**)
serve, to servir (e, i) (**PA**)
server el servidor (**5**)
set el decorado (**9**); el juego (**3**)
set it, to ensalmar (**11**)
sew, to coser (**2**)
shadow la sombra (**6**)
shampoo el champú (**7**)
share, to compartir (**PA, 1**)
shark el tiburón (**10**)
shaving cream la crema de afeitar (**7**)
sheep la oveja (**10**)
sheet music la partitura (**9**)
shell la cáscara (**11**)
shoe store la zapatería (**7**)
shoemaker el/la zapatero/a (**7**)
shopkeeper el/la comerciante (**8**)
short corto/a (**1, 11**); **short (film)** el cortometraje (**9**); **short hair** el pelo corto (**1**); **short sleeve** la manga corta (**7**)

should deber + (infinitivo) (**PA**)

shoulder el hombro (**11**)

Shouldn't it be … ¿No debería ser…? (PA)

shout el grito (**7**)

show el espectáculo; la función (**9**); **to show** enseñar; mostrar (ue) (**PA**); **to show for the first time** estrenar (1)

showy llamativo/a (3, **9**)

shrimp los camarones (**4**)

shut down, to apagar (**5**)

shy tímido/a (**1**)

sidewalk la acera (**3**)

sign la señal (7); el signo (8); **to sign (documents)** firmar (los documentos) (**5**, 7)

silver la plata (**7**)

similar semejante (1, 3)

similarity la semejanza (3, 6)

simple sencillo/a (1, 3)

sin el pecado (2)

since pues (**2**); ya que (7)

Sincerely (Muy) Atentamente (**8**)

sing, to cantar (**PA**)

single man el soltero; **single woman** la soltera (**1**)

sister la hermana (**PA**); **sister-in-law** la cuñada (**1**)

sit down, to sentarse (e, ie) (**PA**)

size el tamaño (**3**)

skateboard el monopatín (2); **to skateboard** patinar en monopatín (**2**)

skates los patines (**2**)

skeleton el esqueleto (**4**)

skeptical incrédula (9)

ski (on water; on snow), to esquiar (en agua; en nieve) (**2**)

ski pole el bastón de esquí (**2**)

skill la destreza (**8**)

skillet la sartén (**3**)

skim superficialmente (2)

skin la piel (**1, 11**)

skull la calavera (4)

slash (*in a URL: /*) la barra (**5**)

sleep, to dormir (ue, u) (**PA**)

sling el cabestrillo (**11**)

slogan la lema (12)

small truck la camioneta (**5**)

smog el esmog (**10**)

smoke el humo (**10**)

snack la botana (**4**)

so that de manera que; de modo que; para que (**7**)

soaked remojado/a (4)

soap el jabón (**7**); **soap opera** la telenovela (**9**)

social gathering la tertulia (3)

software el programa de computación (**5**)

solicit, to solicitar (**8**)

soloist el/la solista (**9**)

solve, to resolver (ue) (**1**)

son el hijo (PA); **son-in-law** el yerno (**1**)

soon pronto (4)

sorrow el pesar (**8**)

soul el alma (1, 2)

soulmate la media naranja (9)

sound el sonido (7)

soup bowl la sopera (**3**)

source la fuente (8)

south sur; **southeast** sureste; **southwest** suroeste (**5**)

souvenirs los recuerdos (**5**)

speak, to hablar (**PA**)

offer la oferta (5, **7**)

specify, to precisar (11)

speech el discurso (9)

speed la velocidad (**5**)

spend, to gastar (**3**)

spinach las espinacas (**4**)

spokesperson el/la vocero/a (**8**)

sport utility vehicle (SUV) el vehículo utilitario deportivo (**5**)

sporting equipment el equipo deportivo (**2**)

sports los deportes; **sports-loving person** deportista; **sports-related** deportivo/a; **sporty person** el/la deportista (**2**)

sprain, to torcerse (ue) (**11**)

spread, to untar (4)

squash la calabaza (**4**)

squirrel el ardilla (**10**)

stage el escenario; **stage fright** el miedo de salir en escena; **stage manager** el/la director/a (**9**)

stages of life las etapas de la vida (**1**)

staging el montaje (**9**)

stains las manchas (7)

stand out, to destacar(se) (3) **to stand up** levantarse (**PA**)

start, to encender (ie) (**5**); **to start up** arrancar (**5**)

station wagon la camioneta (**5**)

stationery shop la papelería (**7**)

stay, to quedarse (**PA**)

step on, to pisar (**2**)

stepbrother / stepsister el/la hermanastro/a; **stepson/stepdaughter** el/la hijastro/a (**1**)

stew el guisado (4)

still life la naturaleza muerta (**9**)

stilts los zancos (7)

stock market la bolsa (**8**)

store clerk el/la dependiente/a; **store window** el escaparate (**7**)

straight lacio (**1**); **straight hair** el pelo lacio (**1**)

strain, to colar (4)

strange raro/a (**1**)

strawberry la fresa (**4**)

stream el arroyo (**10**)

stretch, to estirarse (**11**)

stretcher la camilla (**11**)

strike la huelga; **to strike** hacer una huelga (**8**)

striking llamativo/a (3, **9**)

strings cuerdas (**9**); **string instruments** las cuerdas (**9**)

strip la franja (8)

strong fuerte (**11**)

stubborn terco/a (**1**)

studio el taller (**9**, 11)

study, to estudiar (**PA**)

subject el tema (**9**); **subjected to** sometido a (2)

substance la sustancia (**10**)

subtitles los subtítulos (**9**)

suddenly de pronto (8)

sugar cane la caña de azucar (5)

suggest, to proponer (2, **9**); sugerir (e, ie, i) (**2**, 3, **9**); **to suggest an alternative** sugerir una alternativa (**11**)

suit el traje (4)

suitcase la valija (**1**)

sunglasses los lentes de sol (**5**)

sunset la puesta del sol (10)

Super! ¡Formidable! (**5**)

supervisor el/la supervisor/a (**8**)

support apoyo (1, 8)

Sure! ¡Claro! (**3**, 7, 10)

surf, to hacer surf (**2**); navegar (**5**)

surface la superficie (11)

surfboard la tabla de surf (**2**)

surprised sorprendido/a (**1**)

surround, to rodear (10)

surroundings los alrededores (**3**)

survive, to sobrevivir (**10**)

sustain, to sostener (ie) (**10**)

sweet dulce (3); bombón (**4**); **sweet roll** el pan dulce (**4**)

swell, to hincharse (**11**)

swimming pool la piscina (**3**)

swipe, to deslizar (**5**)

sympathy la simpatía (**8**)

symphony orchestra la orquesta sinfónica; la sinfónica (**9**)

symptom el síntoma (**11**)

T

tailor shop la sastrería (7)
take, to tomar (**PA**); **to take a risk** aventurarse (7); **Take a taxi/bus.** Tome/n un taxi/autobus. (4); **Take care.** Cuídese./Cuídate. (1); Que le/te vaya bien. (1); **to take off (one's clothes)** quitarse (la ropa) (**PA**); **to take over** apropiarse (8); **to take pictures / photos** sacar fotos (5); **to take someone's blood pressure** tomar la presión (11); **to take someone's pulse** tomar el pulso (11); **to take turns** turnarse (**PA**)
talcum powder el talco (7)
talented talentoso/a (9)
talk la charla (**PB**)
tap, to tocar (5)
tapestry el tapiz (9)
tattoo el tatuaje (1, 3)
teach, to enseñar (**PA**)
teacher el/la maestro/a (8)
teaching la pedagogía (8)
team el equipo (2)
tears las lágrimas (1)
technical técnico/a (9)
technology la tecnología (5)
tedious pesado/a (1)
(telemarketing) sales las ventas (por teléfono) (6, 8)
telephone operator el/la telefonista (5)
television la televisión; **television viewer** el/la televidente (9)
tell, to decir (**PA**, 1, 3, **PB**); informar (9)
text message el mensaje de texto (5)
Thank you for calling (me). Gracias por haber(me) llamado. (7)
that que; quien(es) (2); **That is ...** O sea... (9, 11); **That's to say ...** Es decir... (9); **That's it.** Así es.; Eso es. (7, 10)
thaw, to descongelar (10)
the el (**PA**); **On the contrary.** Al contrario. (10); **the first day/month** primer día/mes (4); **The truth is ...** La verdad es que... (11); **the worst** peor (9)
theater el teatro (9)
their/s su/s; suyo/a/os/as (**PA**)
theme el motivo; el tema (9)
then entonces (4, 8)
There's no doubt. No cabe duda.; No hay duda. (10); **There's no other way/solution.** No hay más remedio. (10)
thermometer el termómetro (11)
thesis la tesis (**PB**)

they les; se (**PA**)
thigh el muslo (11)
think, to pensar (ie) (**PA**)
This can't be! ¡No puede ser! (5, 10, 11); **This is...** Le / Te habla...; Soy... (7); **This will soon pass.** Esto pasará pronto. (8)
thrash, to azotar (7)
threat la amenaza (10); **to threaten** amenazar (10)
throw, to tirar (**PA**, 1, 3); **to throw a frisbee** tirar un disco volador (2)
thus así (2)
ticket window la ventanilla (2)
tie (game) el empate (2)
tiger el tigre (10)
tight apretado/a (7)
Till the next time. Hasta la próxima. (1)
timetable el horario (8)
to: **to the left of** a la izquierda de; **to the right of** a la derecha de (7)
toast el brindis (3)
together junto/a (**PA**)
toilet paper el papel higiénico (7)
tolerate, to aguantar (9)
tongue la lengua (11)
tools las herramientas (3, 10)
toothbrush el cepillo de dientes (7)
top el trompo (7)
torch la antorcha (4)
tourism office la oficina de turismo (5)
toward hacia (1)
towel la toalla (3)
toy el juguete (1, 5); **toy store** la juguetería (7)
track la pista; **track and field** el atletismo (2)
traffic jam el atasco (5)
tragedy la tragedía (9)
train, to entrenar (2, 8)
trainer el/la entrenador/a (2)
training la capacitación (10); el entrenamiento (2); la formación (8)
transfer el traslado (5)
transmission la transmisión (5)
trapped preso/a (2)
travel los viajes (5); **travel agency** la agencia de viajes (6)
tray la bandeja (11)
treatment el tratamiento (11)
trendsetter el/la pionero/a (7)
tribe el tribu (3)
trio el trío (9)
trips los viajes (5)
trombone el trombón (9)
trophy el trofeo (2)

true verdadero/a (**PB**)
trust (somebody), to confiar en (alguien) (7)
try, to probar (ue) (1)
turkey el pavo (4)
turn, to doblar (7); **to turn ... years old** cumplir... años (4); **to turn off** apagar (5); **Turn right/left.** Doble/n a la derecha/izquierda. (4)
turtle la tortuga (10)
twins los gemelos (1)

U

Um ... Este...; Pues... (11)
umbrella la sombrilla (5)
umpire el/la árbitro/a (2)
uncertainties las dudas (7); **to be uncertain** no estar seguro (de) (3, 9)
uncle el tío (**PA**)
understand, to comprender; entender (ie) (**PA**)
underwear la ropa interior (7)
undo, to deshacer (5)
unemployment el paro (8)
unfinished inconcluso/a (9)
unless a menos que (7)
unrequited no correspondido (2)
unsurpassable insuperable (9)
until hasta (que) (7)
unworthy indigno/a (9)
update, to actualizar (5, 8)
use, to usar (**PA**)
useless inservible (10)

V

vacation las vacaciones (5, 8)
vaccination la vacuna (11)
Valentine's Day el Día de San Valentín (4)
valley el valle (10)
value el valor (7, 9)
van la camioneta (5)
vase el florero (3)
veal la ternera (4)
vegetable la verdura (4)
vein la vena (11)
verse el verso (4)
veterinarian el/la veterinario/a (8)
violin el violín (9)
visual visual (9); **visual arts** el arte visual (9)
voicemail el correo de voz (5)
volcano el volcán (10)
vomit, to vomitar (11)

W

wait for, to esperar (**PA**, 2, 9)
wake el velatorio (**1**)
wall (around a house) el muro (**3**)
wallet la billetera (**7**)
want, to querer (e, ie) (**PA**, 2, **9**)
wardrobe el vestuario (**9**)
warm tibio/a (**4**)
wart la verruga (**11**)
wash oneself, to lavarse (**PA**)
washing machine la lavadora (**3**)
waste, to desperdiciar (**10**); perder (e, ie) (**PA**)
waste; waste products el desperdicio/ los desperdicios (5, **10**)
wasteful el/la gastador/a (**1**)
watch, to ver (**PA**, **1**)
water (with the hose), to regar (e, ie) (con la manguera) (**3**)
watercolor la acuarela (4, **9**)
waterfall la catarata (**10**)
watermelon la sandía (**4**)
we nos (**PA**); **We/I would love to (but) ...** Nos/Me encantaría (pero)... (**3**)
wear a costume, to disfrazarse (**4**)
wear out, to gastar (**3**)
weather report el pronóstico del tiempo (**2**)
weaver el/la tejedor/a (**9**)
weaving tejido (**9**)
web camera la cámara web (**5**)
wedding la boda (3, 4); **wedding anniversary** el aniversario de boda (**4**)
weed la hierba (3); **to weed** sacar la mala hierba (**3**)
weights las pesas (**2**)
well pues (**2**); este...; pues... (11); Bueno... (11)
west oeste (**5**)
whale la ballena (**10**)
What? ¿Cómo? (**2**); **What a pity/ shame!** ¡Qué pena/lástima! (**5**, **8**); **What did you say?** ¿Qué me

cuentas? (1); **¿Qué dijiste/dijo?** (**2**); ¿Qué dice/s? (**5**); **What do you think?** ¿Qué le/te parece?; ¿Qué opina/s? (**5**); **What does ... mean?** ¿Qué quiere decir...?; ¿Qué significa...? (**2**); **(What) I mean...** (Lo que) quiero decir... (9); **What's up / new?** ¿Qué hay de nuevo? (1); **What's up?** ¿Qué me cuentas? (1)
when cuando (2, 7); **When you get to ..., turn...** Al llegar a..., doble/n... (**4**)
wherever dondequiera (3)
which que (8)
while mientras (que) (**7**, **10**)
whim el antojo (10)
who que (**2**); quien(es) (**5**); **Who shall I say is calling?** ¿De parte de quién? (**7**)
whom quien(es) (**5**); **to whom it may concern** A quién corresponda (8)
wide ancho/a (**11**)
widower/widow el/la viudo/a (**1**)
wife la esposa; la mujer (**1**)
wig la peluca (**1**)
win, to ganar (**2**)
wine glass la copa (**3**)
wisdom tooth la muela de juicio (8)
wish, to desear (**2**, **9**); querer (e, ie) (**PA**, 2, **9**)
With love Con cariño (8); **With your permission.** Con permiso. (**2**)
without sin que (**7**); **Without a doubt.** No cabe duda.; No hay duda. (**10**); Sin duda. (10)
wolf el lobo (**10**)
wood la madera (**3**); **wood instruments** los instrumentos de viento/madera (**9**); **wood sculpture** la talla (**9**); **woodwinds** los instrumentos de viento/madera (**9**)
work, to trabajar (**PA**); **work-related** laboral (9, **11**); **work shift** turno (**4**)
worker el/la obrero/a (**3**)

workshop el taller
worldwide mundialmente (PB)
worse peor (9)
worth digno (10)
wrapped envuelto/a (8)
wrapping paper el papel de envolver (**7**)
wrestle, to practicar lucha libre (**2**)
wrist la muñeca (**11**); **wristwatch** el reloj de pulsera (**7**)
write, to escribir (**PA**, **1**)
writer el/la escritor/a (**8**)

X

X-ray la radiografía (**11**)

Y

yeast la levadura (4)
yes sí (**PA**)
yesterday ayer (PA)
you te; tú (*familiar*) (**PA**); **you (all)** os; se (**PA**); **you** le, se(*formal*) (**PA**); **you (all)** les (*formal*) (**PA**); **You don't say!** ¡No me diga/s! (**5**, **7**, **10**, **11**); **You have my sympathy.** Mi más sentido pésame. (**8**); **You know ...** Sabes... (**11**); **You're kidding me; You're pulling my leg.** Me estás tomando el pelo. (**10**)
your tu/s(*familiar*) (**PA**); **your** su/s (*formal*) (**PA**); **your/s** vuestro/a/os/as (*fam. pl. Spain*) (**PA**); **yours** tuyo/a/ os/as (*familiar*) (**PA**); **yours** suyo/a/ os/as (**PA**) (*formal*)
yourself ti mismo/a (PB)
youth la juventud (**1**)

Z

zeal el afán (10)

CREDITS

Text Credits

Chapter 1   **p. 70:** José Martí (1891)

Chapter 2   **p. 112:** "Fútbol a sol y Sombra", by Eduardo Galeano. (1995) Editorial (SIGLO XXI DE ESPAÑA EDITORES, S.A.)

Chapter 3   **p. 150:** "Soledades. Galerías. Otros poemas.", by Antonio Machado. Libreria De Pueyo. Madrid 1907.

Chapter 4   **p. 193:** Nicomedes Suárez-Araúz, "Pudín de palmito". Edible Amazonia: Twenty-One Poems from God's Amazonian Recipe Book Paperback – January 1, 2002 by Nicomedes Suárez-Araúz. Bitter Oleander Press (January 1, 2002). Reprinted by permission of the author.

Chapter 5   **p. 236:** "Viajes", Historias de Cronopios y de famas, by Julio Cortázar. © Sucesión Julio Cortázar, 1962.

Chapter 6   **p. 266:** Pedro Calderón de la Barca (1635).

Chapter 7   **p. 334:** "El río", by Kirmen Uribe. Visor Libros, S.L. Reprinted by permission.

Chapter 8   **p. 387:** "El delantal blanco" by Sergio Vodanovic (1956). Reprinted by permission.

Chapter 9   **p. 432:** "Mujeres de ojos grandes (fragmento")" by Angeles Mastretta. Mujeres de ojos grandes por Angeles Mastretta. Seix Barral (Planeta de Libros). Casanovas & Lynch Agencia Literaria.

Chapter 10   **p. 474:** "El conejo y el león" by Augusto Monterroso. International Editors' Co.

Chapter 11   **p. 511:** http://www.choosemyplate.gov/
p. 523: "La tortuga gigante", from "Cuentos de la selva", Horacio Quiroga, 1918.

Photo Credits

Chapter A   **pp. 2-3:** Focus Pocus LTD/Fotolia; **p. 5:** (t) Helga Esteb/Shutterstock; (cl) Winslow Townson-USA TODAY Sports/Reuters; (c) Gustavo Miguel Fernandes/Shutterstock; (cr) Christian Bertrand/Shutterstock; (bl) Entertainment Press/Shutterstock; (bc) Helga Esteb/Shutterstock; (br) REUTERS/Robert Galbraith; **p. 6:** (t) Brocreative/Fotolia; (b) Shutterstock; **p. 9:** (tl) 8080660/Fotolia; (tr) Jack Hollingsworth/Getty Images; (bl) Iakov Filimonov/Shutterstock; (br) Photos.com/Getty images; **p. 13:** Andresr/Shutterstock; **p. 14:** Shutterstock; **p. 15:** (tl) Debby Wong/Shutterstock; (tr) Michael Stewart/Getty images; (bl) Domenico Stinellis/AP Images; (br) lev radin/Shutterstock; **p. 18:** Jupiterimages/Getty Images; **p. 20:** humbak/Shutterstock; **p. 21:** (t) Comaniciu Dan/Shutterstock; (cl) carlo dapino/Shutterstock; (c) Photographee.eu/Shutterstock; (cr) Jose AS Reyes/Shutterstock; (bl) micro10x/Shutterstock; (bc) Tetra Images/Shutterstock; (br) Ryan McVay/Getty Images; **p. 22:** Andresr/Shutterstock; **p. 24:** Andresr/Shutterstock; **p. 27:** arek_malang/Shutterstock; **p. 30:** Fotoluminate LLC/Fotolia; **p. 31:** CREATISTA/Shutterstock; **p. 32:** Andresr/Shutterstock.

Chapter 1   **p. 34:** Shutterstock; **p. 35:** (t) Andres Rodriguez/123RF; (b) Westend61/Getty images; **p. 40:** AZP Worldwide/Shutterstock; **p. 43:** (l) Andresr/Shutterstock; (c) Fatal Sweets/Shutterstock; (r) Jupiterimages/Getty images; **p. 45:** auremar/Shutterstock; **p. 49:** R.Ashrafov/Shutterstock; **p. 53:** (t) Petinov Sergey Mihilovich/Shutterstock; (b): llaszlo/Shutterstock; **p. 54:** (tl) Michel Stevelmans/Shutterstock; (tr) BananaStock/Getty images; (bl) oliveromg/Shutterstock; (br) wizdata/Shutterstock; **p. 57:** Ray Moller/DK Images; **p. 58:** Jack Hollingsworth/Getty Images; **p. 60:** Chad Baker/Jason Reed/Ryan McVay/Getty images; **p. 61:** (t) Corbis; (c) INTERFOTO/Alamy Stock Photo; (b) YURI CORTEZ/Getty images; **p. 62:** (l) arek_malang/Shutterstock; (cl) CREATISTA/Shutterstock; (cr) Pressmaster/Shutterstock; (r) Kim Steele/Getty images; **p. 63:** (t) dwphotos/Shutterstock; (bl) Gina Smith/Shutterstock; (bc) Blend Images/Shutterstock; (br) Shutterstock; **p. 66:** (tl) Paul Matthew Photography/Shutterstock; (tr) Kris Connor/Getty images; (bl) Rita Quinn/Getty images; (br) CHRISTIAN DE ARAUJO/Shutterstock; **p. 67:** (t) Scott Heavey/Getty images; (b) Samuel Acosta/Shutterstock; (c) Nickolay Stanev/Shutterstock; **p. 69:** "De la noche a la manana", Hasta30minutos; **p. 71:** dred2010/Fotolia; **p. 72:** theartofphoto/Fotolia.

Chapter 2   **p. 76:** Photobac/Shutterstock; **p. 77:** (t) fresnel6/Fotolia; (b) nsergn/Fotolia; **p. 81:** (t) alyna Andrushko/Shutterstock; (b) Boggy/Fotolia; **p. 82:** Pressmaster/Shutterstock; **p. 87:** (t) Tadija Savic/Fotolia; (tcl) Diego Barbieri /Shutterstock; (tc) Mana Photo/Shutterstock; (tcr) Lario Tus/Shutterstock; (cl) Michael Pettigrew/Shutterstock; (cr) pjcross/Shutterstock; (bl) Roberto Caucino/Shutterstock; (bc) pirita/Shutterstock; (br) IM_photo/Shutterstock; **p. 88:** oliveromg/Shutterstock; **p. 89:** Arthur Eugene Preston/Shutterstock; **p. 90:** (tl) stefanolunardi/Shutterstock; (tc) StefanoT/Shutterstock; (tr) Darren Baker/Shutterstock; (c) Tao Associates/Getty images; **p. 91:** ARENA Creative/Shutterstock; **p. 94:** (tl) Yuri Arcurs/Getty Images; (tcl) logoboom/Shutterstock; (tcr) stefanolunardi/Shutterstock; (tr) Shutterstock; (bl) Rich Carey/Shutterstock; (bcl) Kzenon/Shutterstock; (bcr) SJ Travel Photo and Video/Shutterstock; (br) Hurst Photo/Shutterstock; **p. 95:** Andy Dean/Fotolia; **p. 96:** hammett79/Fotolia; **p. 97:** Laura Litman/Shutterstock; **p. 99:** monbibi/Shutterstock; **p. 100:** photogolfer/Shutterstock; **p. 101:** lev radin/Shutterstock; **p. 102:** (tl) Agencia el Universal/El Universal de Mexico/Newscom; (tr) Dustin Bradford/Icon Sportswire 132/Dustin Bradford/Icon Sportswire/Newscom; (b) VI-Images/Getty images; **p. 104:** maxstockphoto/Shutterstock; **p. 105:** (t) Mike Flippo/Shutterstock; (bl) elina/Shutterstock; (br) Zsolnai Gergely/Fotolia; **p. 108:** (tl) CREATISTA/Shutterstock; (bl) David Heining-Boynton; (tr) David Heining-Boynton; (br) Rich Carey/Shutterstock; **p. 109:** (tr) Steve Heap/Shutterstock; (tl) Humberto Ortega/Shutterstock; (br) steve estvanik/Shutterstock; (bl) david alayo /Shutterstock; **p. 111:** "Cristobal", Riders on the Storm; **p. 113:** ellisia/Fotolia.

Chapter 3   **p. 118:** Pawel Kazmierczak/Shutterstock; **p. 119:** (t) Ken Welsh/Getty images; (b) Sollina Images/Getty images; **p. 122:** Aaron Amat/Shutterstock; **p. 125:** StockLite/Shutterstock; **p. 126:** GG Pro Photo/Shutterstock; **p. 128:** (t) David Heining-Boynton; (b) Chad McDermott/Shutterstock; **p. 133:** Francesca Yorke/DK Images; **p. 139:** (t) Pressmaster/Shutterstock; (b) David Heining-Boynton; **p. 140:** (tl) Pedro Barrail, courtesy of Cristina Grajales Gallery, photo by Jeff Elstone.; (tr) Fotonoticias/Getty images; (b) NICOLÁS TAVIRA/NOTIMEX/Newscom; **p. 141:** Shutterstock; **p. 142:** David Heining-Boynton; **p. 143:** (t) David Heining-Boynton; (b) Comstock Images/Getty images; **p. 146:** (tl) AVAVA/Shutterstock; (bl) Alberto Novo/Shutterstock; (tr) Brian Kinney/Shutterstock; (br) aguilarphoto/Shutterstock; **p. 147:** (tl) VICTOR TORRES/Shutterstock; (tr) David Heining-Boynton; (cr) Zoonar GmbH/Alamy Stock Photo; (cl) David Heining-Boynton; (bl) Iakov Filimonov/Shutterstock; **p. 149:** "Vida Nueva", Hasta30minutos; **p. 150:** Antlio/Shutterstock; **p. 151:** Giorgio Pulcini/Fotolia; **p. 152:** pressmaster/Fotolia.

Chapter 4   **p. 156:** Gabriel Carestia/Luz Peruzzato; **p. 157:** (t) maxriesgo/Shutterstock; (b) Glow Images/Getty images; **p. 161:** Francisco Javier Alcerreca Gomez/Shutterstock; **p. 162:** (tr) (bl) Beznika/Fotolia; (tl) michele.pautasso/Fotolia; **p. 164:** (tl) rook76/Fotolia; (tr) AlexanderZam/Shutterstock; **p. 166:** Jose Gil/Shutterstock; **p. 167:** Blend Images/Shutterstock; **p. 170:** Cloud7Days/Shutterstock; **p. 171:** JackF/Fotolia; **p. 172:** (t) mrcats/Fotolia; (b) David Gilder/Shutterstock; **p. 173:** George Doyle/Getty images; **p. 174:** (all photos) David Heining-Boynton; **p. 175:** (t) ifong/Shutterstock; (b) David Heining-Boynton; **p. 180:** Lars Zahner/Shutterstock; **p. 181:** Eugenio Marongiu/Fotolia; **p. 182:** (r) Agencia el Universal/El Universal de Mexico/Newscom; (t) ERNESTO BENAVIDES/Getty images; (b) Murdo MacLeod/Polaris/Newscom; **p. 183:** Sergey Mironov/Shutterstock; **p. 185:** (t) David Heining-Boynton; (c) David Heining-Boynton; (b) michaeljung/Shutterstock; **p. 188:** (tl) mangostock/Shutterstock; (tr) Sandra A. Dunlap/Shutterstock; (bl) David Heining-Boynton; (c) David Heining-Boynton; **p. 189:** (tl) Sandra A. Dunlap/Shutterstock; (tr) Pearson Education; (c) David Heining-Boynton; (bl) Andre Nantel/Shutterstock; **p. 191:** "La boda", Teatro Meridonal S.L.; **p. 192:** Ramain/Fotolia; **p. 193:** jantima/Fotolia; **p. 194:** Francesco83/Fotolia.

Chapter 5   **p. 198:** Brandon Rosenblum/Getty images; **p. 199:** (t) Volt Collection/Shutterstock; (b) Maridav/Shutterstock; **p. 201:** Bryan Busovicki/Shutterstock; **p. 203:** Rawpixel.com/Shutterstock; **p. 204:** guentermanaus/Shutterstock; **p. 207:** Action Sports Photography/Shutterstock; **p. 209:** Daniel Wiedemann/Shutterstock; **p. 212:** (b) Ekaterina Pokrovsky/Shutterstock; (t) elnavegante/Shutterstock; **p. 213:** David Heining-Boynton; **p. 214:** REDAV/Shutterstock; **p. 218:** magraphics.eu/Fotolia; **p. 219:** Leks052/Shutterstock; **p. 221:** neirfy/Fotolia; **p. 226:** (bl) NASA Images; (tl) Courtesy of Diego Saez-Gil; (tr) Alexander Gordeyev/Shutterstock; **p. 227:** Dangubic/Fotolia; **p. 229:** (t) steve estvanik/Shutterstock; (b) Dallas Events Inc/Shutterstock; **p. 232:** (t) Photos.com/Getty Images; (cl) rj lerich/Shutterstock; (cr) charles taylor/Shutterstock; (bl) Matt Ragen/Shutterstock; (br) rj lerich/Shutterstock; **p. 233:** (tl) hagit berkovich/Shutterstock; (tr) tonisalado/Shutterstock; (bl) CREATISTA/Shutterstock; (br) Tony Northrup/Shutterstock; **p. 235:** "Yo tb tq", Samuel M Tejada; **p. 237:** JackF/Fotolia; **p. 238:** rido/123RF.

Chapter 6   **p. 242:** Volt Collection/Shutterstock; **p. 243:** (t) maxriesgo/Shutterstock; (b) Photobac/Shutterstock; **p. 245:** (l) Val Thoermer/Shutterstock; (cl) Yuri/Getty Images; (cr) Goodluz/Shutterstock; (r) Felix Mizioznikov/Shutterstock; **p. 246:** Comaniciu Dan/Shutterstock; **p. 247:** (tl) Shutterstock; (tr) Andres Rodriguez/Fotolia; (b) Shutterstock; **p. 251:** (l) Elena Elisseeva/Shutterstock; (tr) photobank.ch/Shutterstock; (br) Anthony Berenyi/Shutterstock; **p. 256:** (l) bikeriderlondon/Shutterstock; (c) Shutterstock; (r) oliveromg/Shutterstock; **p. 258:** DUSAN ZIDAR/Shutterstock; **p. 260:** Syda Productions/Fotolia; **p. 261:** (t) Mike Flippo/Shutterstock; (tl) "De la noche a la mañana", Hasta30minutos; (tr) "Cristóbal", Riders on the Storm; (c) "Vida Nueva", Hasta30minutos; (bl) "La boda", Teatro Meridonal S.L.; (br) "Yo tb tq", Samuel M Tejada; **p. 263:** auremar/Shutterstock; **p. 264:** (l) tobkatrina/Shutterstock; (r) Alexander Gordeyev/Shutterstock; **p. 265:** (T-tl) Arthur Eugene Preston /Shutterstock; (T-tr) Nickolay Stanev /Shutterstock; (T-bl) David Heining-Boynton; (T-bc) Dustin Bradford/Icon Sportswire 132/Dustin Bradford/Icon Sportswire/Newscom; (T-br) David Heining-Boynton; (B-tl) Jose Gil/Shutterstock; (B-tc) VI-Images/Getty images; (B-tr) David Heining-Boynton; (B-br) Matt Ragen/Shutterstock; (B-bc) Agencia el Universal/El Universal de Mexico/Newscom; (B-bl) Ekaterina Pokrovsky/Shutterstock.

Chapter B   **pp. 268-269:** Rawpixel.com/Shutterstock; **p. 270:** (l) Kamil Macniak/Shutterstock; (c) Tad Denson/Shutterstock; (r) Shutterstock; **p. 271:** (l) Marzolino/Shutterstock; (r) Album / Art Resource, NY; **p. 272:** AVAVA/Shutterstock; **p. 279:** Pavel L Photo and Video/Shutterstock; **p. 280:** (tl) David Heining-Boynton; (tr) David Heining-Boynton; (b) David Heining-Boynton; **p. 282:** frank ungrad/Shutterstock; **p. 284:** (t) Oshvintsev Alexander/Shutterstock; (b) StockLite/Shutterstock; **p. 285:** Robert Kneschke/Shutterstock; **p. 287:** Patrick Breig/Shutterstock; **p. 289:** (all images) David Heining-Boynton; **p. 291:** Charles Knox/Shutterstock; **p. 292:** Ruth Peterkin/Shutterstock; **p. 294:** (t) auremar/Shutterstock; (b) Christopher David Howells/Shutterstock; **p. 295:** slava296/Shutterstock; **p. 296:** Tyler Olson/Shutterstock; **p. 297:** Helder Almeida/Shutterstock; **p. 298:** auremar/Shutterstock.

Chapter 7   **p. 300:** Silvestre Machado/Getty images; **p. 301:** (t) Matyas Rehak/Shutterstock; (b) PhotoAlto/Frederic Cirou/Getty images; **p. 303:** Shutterstock; **p. 305:** Pearson Education; **p. 307:** rubiphoto/Shutterstock; **p. 311:** (t) David Heining-Boynton; (b) Edyta Pawlowska/Shutterstock; **p. 312:** holbox/Shutterstock; **p. 314:** Pressmaster/Shutterstock; **p. 318:** Sandberg/Shutterstock; **p. 319:** David Heining-Boynton; **p. 322:** Brad Pict/Fotolia; **p. 323:** Dean Drobot/Shutterstock; **p. 324:** (t) Slaven Vlasic/Getty images; (b) Taylor Hill/Getty images; (r) Arun Nevader/Getty images; **p. 325:** Creatas Images/Getty Images; **p. 326:** David Heining-Boynton; **p. 327:** (t) iko/Shutterstock; (b) Digital Vision/Getty images; **p. 330:** (tl) Jupiterimages/Getty images; (bl) Galina Barskaya/Shutterstock; (tr) FXEGS Javier Espuny/Shutterstock; (br) David Heining-Boynton; **p. 331:** (tr) DnDavis/Shutterstock; (tl) helenecanada/Getty Images; (c) Tomasz Pado/Shutterstock; (b) David Heining-Boynton; **p. 333:** "Estatuas", Instituto Mexicano de Cinematrografia; **p. 335:** duchy/Shutterstock; **p. 336:** Rido/Fotolia.

INDEX

ESTADOS UNIDOS

Mexicali
Tijuana
Nogales
Ciudad Juárez
Río Bravo del Norte
Río Grande
Nuevo Laredo
Golfo de California
Baja California
SIERRA MADRE OCCIDENTAL
Monterrey
SIERRA MADRE ORIENTAL
MÉXICO
Golfo de México
Guadalajara
Mérida
Península de Yucatán
Comala
México, D.F.
Veracruz
Taxco
Belice
Palenque
Belmopan
BELICE
Acapulco
Oaxaca
GUATEMALA
Copán
Quetzaltenango
Guatemala
Volcán Izalco
San Salvador
EL SALVADOR

OCÉANO
PACÍFICO

Islas
Galápagos
(Ec.)

✪	Capital
•	Otras ciudades
▲	Volcán
♣	Ruinas

México, América Central y el Caribe